电信千兆光宽带
定义宽带新标杆

电信千兆宽带·更快更稳更智能　千兆全光组网·光纤到房 处处千兆

美好家套餐229元　一人付费全家享

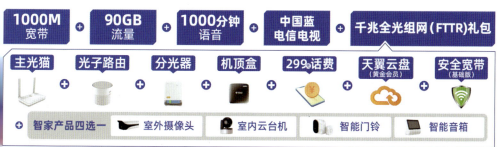

好服务更随心

一个电话 宽带到家　广告

❶本次活动时间为2023年3月15日-2023年12月31日，浙江省内用户均可参与；❷上述优惠办理电信美好家指定套餐即可享；❸参加礼包活动要求在网24个月，拆机、退订、离网需支付相应违约金；
❹不同营业厅参与活动的终端存在差异；❺欢迎拨打10000或咨询营业厅工作人员。

上**翼支付**商城
购 品 质 好 物

翼支付
商城

品质生活 精选好物

广告
合作品牌

苏炳添
男子100米短跑亚洲纪录保持者

带上全球通
和苏炳添一起出发
关怀备至 尊享品质出行

酒店礼遇	出行礼遇	国漫礼包
房费折扣	机场贵宾厅	多至10G专属国际漫游流量月包
房型升级	机场快速安检	金卡及以上可转赠1次

广告

是要素
也是核心元素

 中国移动梧桐大数据,打造优质大数据产品及专业解决方案,已实现全网数据统一采集、处理和计算,规模全球领先

科技"10"力在移动

广告

中国联通5G精品网

5G联通万物
极速畅联精彩

从智慧城市到数字乡村
5G让智慧应用于大民生

| 广覆盖 | 大带宽 |
| 低时延 | 高可靠 | 优体验 |

广告

数字惠农 智慧兴村

"联通数村"服务平台

乡村智慧党建　乡村数字治理
乡村数字经济　信息惠民服务
智慧绿色乡村　乡村网络文化

智能硬件集成服务

人脸识别门禁系统　智能办公系统
号牌识别道闸系统　视频会议系统
数字大屏显示系统　视频监控系统
无接触测温系统

智慧家庭产品与服务

家庭物联　智能控制
安防监控　家庭云
智能家电

通信服务

4G、5G移动通信服务
高速家庭宽带接入服务
IPTV3.0服务

广告

天翼安全科技有限公司（中国电信安全公司，简称"电信安全"）成立于2021年9月，是中国电信集约开展网络安全业务的科技型、平台型专业子公司，前身为中国电信股份有限公司网络安全产品运营中心。电信安全整合了中国电信集团云网、安全、数据等优势资源和能力，为内外部客户提供云网安全、数据安全、信息安全等各类安全产品和服务。

天翼安全科技有限公司

电信安全目前人员涵盖中国电信首席专家（含提名）**2**人、高级专家**5**人、国际网络安全认证专家**30**余人（CISSP/CCIE/HCIE/AACTP），包括全国技术能手在内的各类国家认定专业人员超百人，科技创新人员占比已达**70%**，"十四五"末，公司研发创新和安全运营人员队伍将实现**"双千人"**目标。

作为中国电信建设安全型企业的主力军，电信安全经过多年的技术创新和运营实践，充分发挥运营商自身资源禀赋，打造**"四可"**核心能力，率先推出拥有全球覆盖能力的"运营商级"网络攻击防护平台，助力客户打造安全可信的网络空间生态环境。

电信安全不断深入布局网络安全战略，坚持创新驱动发展，强化核心技术研发，打造全栈安全产品和服务。勇担保护国家网络安全的央企重任，始终坚持**"以传承红色基因，守护安全中国"**为使命，致力于成为数字经济时代可靠的网络安全运营商，为我国的网络安全事业、为人民的美好生活贡献电信力量。

电信安全产品图谱

 天翼安全大脑
"最后一公里"安全接入

 云堤·抗D
重新定义 DDoS攻击防护

 安全专线
更快 更安全

 天翼安全猫
端侧贴身 安全小助手

 网站安全专家
守护网站安全

 等保助手
等保合规好帮手

 可信通信
构筑5G清朗 通信网络

 广目
互联网资产暴露面排查及风险监控

 云剑服务
全方位安全保障

威胁情报
全方位安全数据赋能

安全IP
稳线路 保时延

 反诈雷达
坚决打击 涉赌涉诈

 电信数盾
数据千万条 安全第一条

 隐私哨兵
个人信息 安全卫士

 域名无忧
域名安全 高枕无忧

 密评助手
助力密码应用建设 守护系统安全防线

 云脉SASE
向简而生 一体化办公组网与安全平台

 亲情守护
让关爱时刻在线

广告

多元联结 世界从此无界

作为中国光纤光网、电力电网领域卓越的系统集成商与网络服务商
亨通构筑全产业链综合服务优势，非凡实力领衔非凡未来
自此，世界无界，精彩无限

全球信息与能源互联解决方案服务
The Service Provider for Solutions of Global Informat
and Energy Interconnect

通信　　　　　　　　　电力　　　　　　　　　海洋　　　　　　　　　新业务

广告

 中国光纤光网、电力电网领域
卓越的系统集成商与网络服务商，
3家公司在境内外上市

 多元布局通信、电力、海洋、
新能源、物联网、大数据与产业电商、
新兴材料等产业

2022—2023 中国信息通信业发展分析报告

 中国通信企业协会 编

人民邮电出版社

北京

图书在版编目（CIP）数据

2022—2023中国信息通信业发展分析报告 / 中国通信企业协会编. -- 北京：人民邮电出版社，2023.6
ISBN 978-7-115-61711-8

Ⅰ. ①2… Ⅱ. ①中… Ⅲ. ①通信技术－信息产业－产业发展－研究报告－中国－2022-2023 Ⅳ. ①F492.3

中国国家版本馆CIP数据核字(2023)第077003号

内 容 提 要

本书是一部综合反映 2022-2023 年中国信息通信业发展的研究分析报告。本书对我国 2022 年信息通信业、数字经济、互联网、5G、信息安全的发展，以及新政策、新业务、新技术和由此带来的影响等进行了深度分析，并对我国 2023 年信息通信业的发展趋势做出了预测和展望，涵盖了运营、市场、业务、技术、管理等众多方面，以及信息通信业和互联网产业链的各个环节。附录包含工业和信息化部的重要文件及政策解读，还包括翔实全面的行业数据。

本书适合对中国信息通信业发展感兴趣的人士阅读，也可供信息通信专业的师生阅读。

◆ 编　　　中国通信企业协会
　 责任编辑　王建军
　 责任印制　马振武

◆ 人民邮电出版社出版发行　北京市丰台区成寿寺路 11 号
　 邮编　100164　　电子邮件　315@ptpress.com.cn
　 网址　https://www.ptpress.com.cn
　 北京隆昌伟业印刷有限公司印刷

◆ 开本：880×1230　1/16
　 印张：22.5
　 字数：792 千字

　 彩插：96
　 2023 年 6 月第 1 版
　 2023 年 6 月北京第 1 次印刷

定价：400.00 元

读者服务热线：(010)81055493　印装质量热线：(010)81055316
反盗版热线：(010)81055315
广告经营许可证：京东市监广登字 20170147 号

顾　　　问：吴基传　原邮电部、信息产业部部长
　　　　　　朱高峰　原邮电部副部长、中国工程院原副院长、中国工程院院士
　　　　　　宋直元　原邮电部副部长、工业和信息化部通信科学技术委员会名誉
　　　　　　　　　　主任
　　　　　　谢高觉　原邮电部副部长、中国通信企业协会原会长
　　　　　　奚国华　工业和信息化部原副部长、中国通信企业协会名誉会长
　　　　　　刘利华　工业和信息化部原副部长、中国通信企业协会原会长
　　　　　　张　峰　工业和信息化部原总工程师、中国电子学会理事长
　　　　　　韩　夏　工业和信息化部原总工程师

主　　　编：奚国华　中国通信企业协会名誉会长
常务主编：郭　浩　中国通信企业协会会长
　　　　　　赵晨阳　中国工信出版传媒集团副总经理、北京信通传媒有限责任
　　　　　　　　　　公司总经理
执行主编：赵中新　中国通信企业协会副会长兼秘书长

专　家　组
组　　　长：赵俊涅　中国通信企业协会副秘书长
成　　　员：代晓慧　中国通信标准化协会副理事长兼秘书长
　　　　　　韦乐平　工业和信息化部通信科学技术委员会常务副主任
　　　　　　赵慧玲　工业和信息化部通信科学技术委员会专职常委
　　　　　　王志勤　中国信息通信研究院副院长
　　　　　　杨子真　中国信息通信研究院产业与规划研究所原副所长
　　　　　　何　霞　中国信息通信研究院政策与经济研究所原副总工程师
　　　　　　张成良　中国电信研究院院长
　　　　　　刘　涛　中国移动通信设计院原副院长
　　　　　　唐雄燕　中国联合网络通信有限公司研究院副院长、首席科学家
　　　　　　张云勇　中国联合网络通信有限公司云南省分公司党委书记、总经理
　　　　　　朱晨鸣　中通服咨询设计研究院有限公司总工程师

编 辑 组

组　　　长：梁海滨

副 组 长：房　桦　刘　婷

成　　　员：王建军　赵　娟　李娅绮　刘亚珍　张　迪　李成蹊　于　鹤
　　　　　　孙馨宇

前　言

中国共产党第二十次全国代表大会胜利召开，党的二十大对新时代新征程党和国家事业发展制定了大政方针和战略部署，描绘了全面建设社会主义现代化国家的宏伟蓝图。我们要深刻理解把握习近平新时代中国特色社会主义思想的世界观和方法论，深入学习领会党的二十大对以中国式现代化全面推进中华民族伟大复兴、高质量发展、国资国企、教育、科技和人才工作，推进国家安全体系和能力现代化及坚持党的全面领导和全面从严治党等方面的要求。

党的二十大对信息通信业做出重大战略部署，为信息通信业发展指明了前进方向，提供了根本遵循，我们应自觉肩负起建设网络强国和数字中国的使命责任。

2022年，我国信息通信产业发展稳步增长，产业创新和技术发展对国民经济发展的贡献进一步提升，为我国信息通信产业发展带来新机遇。2023年是"十四五"规划承上启下的关键之年，随着中国式现代化建设的全面推进，信息通信业发展将迎来重大机遇期。

信息通信业进入新一轮的增长周期，5G＋垂直行业融合发展全面深化，数字化服务成为信息通信业的首要增长动力；互联网行业营业收入稳步回升，研发投入规模持续提高；软件和技术服务业发展稳中向好；电子信息制造业保持较快增长；新型基础设施建设加快，推动企业数字化转型不断加深、信息通信技术赋能实体经济加速；绿色低碳发展水平持续提升，带动信息通信产业规模持续增长。

《2022—2023中国信息通信业发展分析报告》（以下简称《报告》）针对2022年信息通信业的发展重点和2023年的趋势，以专家的视点，从不同角度对5G技术及应用、数字经济、绿色数据中心、网络安全、工业互联网等热点问题进行了深度阐述。同时，本书还搜集了2022年中国信息通信业的各项重要评奖结果，并提供了大量全面反映当前信息通信业发展状况的专业统计数据。

《报告》邀请了近百位行业知名学者、专业人士、行业观察家、分析师、媒体人撰写相关稿件，并得到了中国信息通信研究院，中国电信、中国移动、中国联通等电信运营企业，通信院校和人民邮电出版社及中国通信企业协会各分支机构的大力支持，《报告》在成书过程中，北京信通传媒有限责任公司调动了大量的人力、物力，组织作者团队编写《报告》，并且进行了认真的编辑加工，使本书能够顺利出版。

《报告》还存在不足和改进之处，真诚希望业内外人士提出宝贵的意见和建议，以便我们在今后的编写过程中不断改进和提高。

中国通信企业协会
2023年4月

《2022—2023 中国信息通信业发展分析报告》征订启事

《中国信息通信业发展分析报告》由中国通信企业协会主编，人民邮电出版社出版，每年出版一本，旨在反映当年中国通信业的发展变化情况，分析行业发展的趋势，探讨行业热点、难点问题，为政府和相关部门提供行业发展方面的分析与建议。自 2006 年出版以来，其因为客观、中立的视角，翔实丰富的数据，而受到业界的欢迎和认可。

《2022—2023 中国信息通信业发展分析报告》对我国 2022 年信息通信业、互联网、5G、新基建的发展，以及新政策、新业务、新技术和由此带来的影响等进行了深度分析，并对我国 2023 年信息通信业的走向做出了预测和展望，内容涵盖了运营、市场、业务、技术、管理等众多方面，以及信息通信和互联网产业链的各个环节。

《2022—2023 中国信息通信业发展分析报告》针对 2022 年信息通信行业的发展重点和 2023 年的趋势走向，以专家的视点，从不同角度对 5G、新基建、低碳节能、网络安全、工业互联网、数字经济等热点问题进行了深度阐述。各单位如需订购，请按以下方式联系。同时，书中还提供了大量全面反映当前信息通信业发展状况的专业统计数据。

联 系 人：李娅绮　刘　婷
联系电话：010-81055492
　　　　　010-56081121
通信地址：北京市丰台区成寿寺路 11 号邮电出版大厦
邮政编码：100164
E-mail：378733088@qq.com

目　录

2023年全国工业和信息化工作会议 1
中国信息通信行业2022年十件大事 5
中国电信集团有限公司2023年工作会议 8
中国移动通信集团有限公司2023年工作会议 10
中国联合网络通信集团有限公司2023年工作会议 13
中国铁塔股份有限公司2023年工作会议 15
中国广播电视股份有限公司2023年工作会议 18

信息通信综合篇

我国信息通信业发展分析与展望 23
我国电信运营市场的分析与展望 25
2023年信息通信业的二十大趋势 28
互联网发展及趋势分析 34
5G专网发展及趋势分析 38
物联网产业发展与趋势分析 42
全球数据治理最新趋势与展望 45
元宇宙产业发展与分析 49
数据安全发展现状及未来展望 55
通信光缆光纤行业发展与分析 57
影响2023年的十大科技应用趋势 61
中国电信集团有限公司2022年发展分析 72
中国移动通信集团公司2022年发展分析 76
中国联合网络通信集团有限公司2022年发展分析 80

中国铁塔股份有限公司 2022 年发展分析 ··· 84

中国广播电视股份有限公司 2022 年发展分析 ··· 89

大宽带及网络融合篇

全球宽带服务市场回顾与展望 ·· 97

IPv6 发展趋势及分析展望 ·· 99

光网络发展趋势解读 ··· 102

智慧海缆光通信标准化进展及技术趋势 ··· 104

F5G 技术的发展及其趋势分析 ·· 108

国内外云计算行业发展及管理研究 ·· 112

浅析我国移动通信终端行业特点及细分领域发展趋势 ·· 118

我国云计算发展的五大趋势 ··· 120

基于云网融合的视频监控行业上云应用实践 ··· 122

数字经济与算力网络篇

数字经济发展分析与地方实践 ·· 127

数字经济与实体经济融合发展的困境和解决策略 ··· 136

F5G 构筑数字经济底座，赋能千行百业 ·· 138

以中国式元宇宙助力数字经济做强做优做大 ··· 146

我国算力产业发展分析与面临的挑战 ··· 150

我国算力网络发展趋势分析 ··· 153

算力网络推进"东数西算"工程 ·· 157

算力网络技术发展及落地实践 ·· 160

中国移动算力网络应用实践 ··· 164

我国数据中心绿色低碳发展路径探析 ··· 166

面向算网一体的工业 PON ··· 170

信息安全篇

2022 年国内外网络安全进展分析与展望 ··· 177

大变局下从全球路由安全看网络空间安全 …… 182
云计算安全现状分析与发展展望 …… 185
云转数改下看供应链安全问题 …… 190
数据安全发展态势研究 …… 192
我国网络安全法律体系简析 …… 194
我国数据安全法律体系简析 …… 198
我国数据跨境流动管理制度简析 …… 202
2022年工业大数据的安全风险分析及应对建议 …… 206
钢铁行业工业互联网安全体系建设 …… 210
基于等保和国产化要求自主研发的专线无忧解决方案实践 …… 215

工业互联网与人工智能篇

工业互联网应用和发展 …… 221
工业互联网安全评估评价体系研究 …… 224
"5G+工业互联网"趋势分析 …… 228
面向工业互联网的光网络单元的设计 …… 230
人工智能技术发展趋势分析 …… 233
人工智能在网络安全领域的应用和展望 …… 238
AI技术在5G消息产品的应用思考 …… 241
车联网网络与数据安全政策标准梳理分析与思考 …… 244
AIGC发展趋势报告 …… 248
中国联通AI技术融合数字乡村移动网自动路测研究与应用 …… 252

5G技术与行业应用发展篇

中移互联网5G快签助力数字中国（可信认证）应用实践 …… 257
5G新通话技术创新与实践探索 …… 261
5G工厂安全保障体系建设研究 …… 264

"5G+工业互联网"为企业赋能赋智助力企业数字化转型升级实现高质量发展 ……268

5G MR 位置数据在新业务发展方面的应用与展望 ……271

国家体育场 5G 数字人民币智能零售柜 ……274

能源电力行业 5G 工厂实践应用 ……276

专家视点与专题研究篇

2023 年 ICT 发展十大趋势 ……283

工业互联网夯实产业数字化发展根基 ……286

六大因素驱动我国数字经济加速发展 ……288

6G 架构牵引关键技术从广袤走向纵深 ……290

元宇宙的发展与安全风险对策分析 ……294

绿色金融赋能电信运营商"碳中和"的探讨及建议 ……296

中国信息通信法治建设持续推进纵深发展 ……302

互联网著作权侵权中不同类型网络服务提供者的责任认定 ……306

物联网产业关键构成要素演进特征及相关发展建议 ……309

新型信息通信技术赋能电信新业务高质量发展关键要素分析 ……313

迈向千兆时代的宽带光网络 ……315

面向金融领域的大数据联邦学习平台 ……323

附录 A

一图读懂十年来我国信息通信业发展情况 ……331

一图读懂《工业和信息化领域数据安全管理办法（试行）》 ……334

一图读懂十年来我国推动工业绿色低碳循环发展成就 ……338

附录 B

ICT 中国（2022）创新应用类案例 ……349

ICT 中国（2022）创新先锋类案例 ……373

2022 年中国通信企业团体标准 ……375

附录 C

2022 年通信业统计公报 ·· 379

2022 年 1—12 月通信业主要指标完成情况（一） ··· 387

2022 年 1—12 月通信业主要指标完成情况（二） ··· 388

2022 年 12 月电话用户分省情况 ·· 389

2022 年第四季度通信业主要通信能力 ··· 391

2022 年第四季度通信水平分省情况 ·· 392

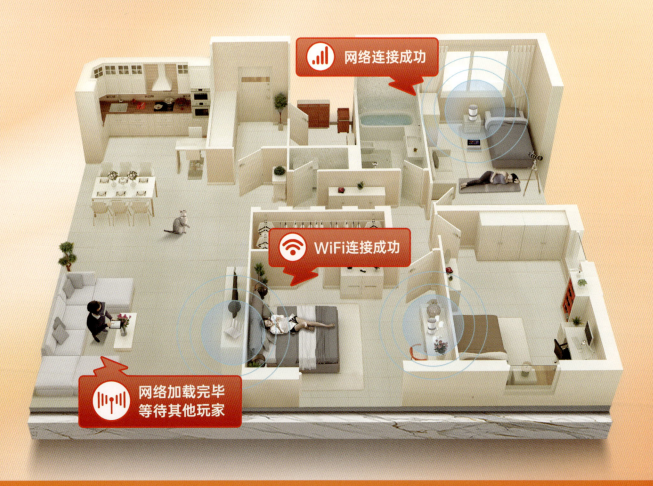

天翼云

共铸国云 智领未来

云网融合 | 安全信创 | 绿色低碳 | 生态开放

北京移动Plus会员
优惠享不停

数字生活特权 月月任意领

 美食饭票券
 优酷视频月会员
 芒果TV月会员
 美团外卖20元券
 QQ音乐月会员
 喜马拉雅月会员
 哔哩哔哩月会员
 物美超市18元代金券
 酷狗音乐月会员
 QQ阅读会员月卡
 味多美代金券
 支付宝半年包
 永辉购物券18元
 网易云音乐黑胶会员

➡ 18元档 Plus 会员数字生活特权每月任选其一，38元档 Plus 会员数字生活特权每月任选其二。权益月月领，随心换。

（因会员福利更新频繁，以实际页面为准。）

畅快通信特权 月月任您选

| 语音50分钟 | 流量1GB | 短信200条 |

每月可从通信特权中任选其一，每月十日还可根据上月使用量满足条件即可领取达量特权加量不加价，畅享通信新体验！
Plus会员18元档通信特权：每月50分钟通话；1GB通用流量；200条短信，三选一任意领。
Plus会员38元档通信特权：每月70分钟通话；2GB通用流量；300条短信，三选一任意领。

超值订购方式随心选

档位	方案订购详情	资费	开通指令	违约金	取消指令	在网要求
Plus会员 18元档	首2月1元/月（优惠17元/月）；第3-12个月16元/月（优惠2元/月）；合约到期后，第13个月默认续订连续包月产品，18元/月。	18元/月	ktplus2021（非全球通用户）；ktplusgt20212021（全球通用户）	方案提前取消需缴纳违约金，违约金为已生效优惠金额	qxplus2021（非全球通用户）；qxplusgt2021（全球通用户）	办理此方案，需保持中国移动在网12个月
Plus会员 38元档	首2月1元/月（优惠37元/月）；第3-12个月29元/月（优惠9元/月）；合约到期后，第13个月默认续订连续包月产品，38元/月。	38元/月	ktplus202138（非全球通用户）；ktplusgt202138（全球通用户）	—	qxplus202138（非全球通用户）；qxplusgt202138（全球通用户）	—

注：开通和取消指令，发送短信到10086办理。

www.10086.cn　热线10086　短信10086　服务监督10080
价格监督电话：12315、12345

关注"北京移动权益市场"微信公众号
领取权益更便捷

*使用时间：2023年3月31日至2023年12月31日
2023年3月印

广告

中国电信 CHINA TELECOM

装宽带 快打10000号

即时受理 预约安装

尊享服务
电信服务省心保障

专席办理
咨询办理专享客服

转8直达
新装宽带热线直达

广告

组网服务	宽带 / WiFi服务
语音服务	固话 / 手机卡服务
上云服务	智能监控 / 云电脑服务

相关套餐、业务销售内容及活动细则、优惠政策详见营销活动规则或业务受理内容。
活动时间：即日起至2023年12月31日。

广告

 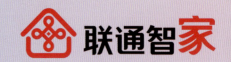

全屋光宽带
每个角落都有千兆覆盖

- 千兆全覆盖
- 网络不卡顿
- 换屋不掉线
- 布线更美观

中国联合网络通信有限公司上海市分公司

中国联合网络通信集团有限公司(简称"中国联通")于2009年1月6日在原中国网通和原中国联通的基础上合并重组而成,公司在国内31个省(自治区、直辖市)和境外多个国家和地区设有分支机构,以及130多个境外业务接入点,拥有覆盖全国、通达世界的现代通信网络和全球客户服务体系。公司连续14年入选《财富》杂志"世界500强企业",2022年排名第267位。2022年,公司荣获"北京冬奥会、冬残奥会突出贡献集体",被赋予网络安全现代产业链链长的重要使命。

近年来,中国联通全面承接新时代赋予的新使命,将"十四五"公司发展的定位明确为"数字信息基础设施运营服务国家队、网络强国数字中国智慧社会建设主力军、数字技术融合创新排头兵"。公司战略升级为"强基固本、守正创新、融合开放",更加突出强网络之基、固服务之本,练好"基本功";更加突出守网络化之正,拓数字化、智能化之新,打好"组合拳";更加突出要素融合、市场融通,与合作伙伴一起打好"团体赛"。在新定位新战略下,中国联通全面发力数字经济主航道,将"大联接、大计算、大数据、大应用、大安全"作为主责主业,实现发展动力、路径和方式的全方位转型升级,奋力开创高质量发展的新局面,以数字化网络化智能化助力中国式现代化加速向前。

广告

中国联合网络通信有限公司上海市分公司（简称"上海联通"）与中国联通集团同步完成融合重组，是中国联通在上海的重要分支机构。按照上海主要行政区划分，上海联通下设13个区分公司，全面服务于对口区域的经济建设和社会发展；专门设立智慧城市、数字政府、工业互联网、企业客户、云网生态、金融科技、交通物流、医疗健康8个事业部和联通（上海）产业互联网有限公司，组建由联通集团直属的装备制造行业军团，服务上海城市数字化转型需求，满足各行各业数字化转型需要；先后设立自贸区临港新片区分公司、张江高新区分公司、长三角办公室/虹桥商务区推进办公室等，承接国家、集团和上海地方政府有关决策部署。

近年来，在上海市和集团公司的正确领导下，在集团公司的战略指引下，上海联通将"大联接、大计算、大数据、大应用、大安全"作为主责主业，主动融入和服务国家和地方发展大局，全面发力数字经济主航道，充分发挥"网、云、数、用、安"数字技术新优势，聚焦上海"经济、生活、治理"数字化转型主航道，走出了一条以创新为引领的差异化发展道路，在善政、兴业、惠民层面做了大量的实践。公司着力发挥科创支撑引领作用，打造了以"四院八室"为核心的科创体系，科创人才占比达42%，队伍年轻、有活力、创新能力强是社会各界和政府给予上海联通的评价。

在经济效益稳步增长的同时，上海联通始终坚持党建统领全局，成功探索打造了"融入式"党建，先后荣获"全国文明单位""全国五一劳动奖状"、上海市文明行业、上海市企业文化建设示范基地、国防邮电系统最美职工之家等荣誉，蝉联3届全国文明单位称号，蝉联9届上海市文明单位称号。2022年获评"全国和谐劳动关系创建示范企业"称号。

面向未来，上海联通聚焦"大联接、大计算、大数据、大应用、大安全"五大主责主业，进一步通过创新驱动，厚植企业核心竞争力，逐步向运营能力领先、技术能力领先、产品领先的科技创新型企业转变，勇做新时代科技创新排头兵，在服务国家战略、赋能国际数字之都建设、推动上海城市数字化转型迭代升级中找准新定位，推动上海联通高质量发展取得新成效，奋力成为集团公司实践新发展战略的领头羊，为中国联通以数字化网络化智能化助力中国式现代化新征程、为全面建设社会主义现代化国家作出新的更大贡献。

广告

全屋智能
承诺使用家庭硬件融合包,享插座、音箱、门锁等全屋智能硬件

心级服务
智慧家庭服务专席 • 网络工程师上门检测服务
家宽、IPTV自助报障　家宽服务"480"标准

广告

广东联通发力900M网络建设，绘就乡村振兴好光景

在青山叠翠的田野乡间，在生机盎然的苏区河畔，在风情满满的少数民族村落……一个个900MHz低频网络基站高耸矗立，为乡村振兴构筑了坚实的新基建数字底座。

广东联通积极践行网络强国战略，落实相关文件关于全面推进乡村振兴的相关要求，加快新型信息基础设施建设，聚焦农村网络覆盖难、信号差的问题，着力推进900MHz低频网建设。2022年以来，累计投资20多亿元，新增开通900M网络基站2.4万个，累计规模达到3.6万个，覆盖全省1315个乡镇、1.94万个行政村，行政村覆盖率达99%，有力推进5G网络向乡镇和农村延伸。同时落实广东省委提出的"百县千镇万村高质量发展工程"，在坚实的网络基础上，通过一系列的智慧化应用赋能乡村经济发展，绘就了一幅乡村振兴的南粤好光景。

广东联通发力900M网络建设

一座座基站，让家乡特产走进千家万户

"现在给大家展示的商品，是我们连山壮族瑶族自治县最有名的特产——连山大米，用这种米煮出来的米饭晶莹剔透、柔而不粘，口感非常好……"在清远市连山县电商服务站，全国乡村振兴青年先锋、被网友们亲切地称为"连山九妹"的"网红"何少敏，用网络直播让家乡特产走进千家万户。

清远市连山壮族瑶族自治县是传统农业大县，在直播兴起之前，很多原生态农产品因为销售渠道不畅而遭遇"出山难"的问题。2022年以来，在广东联通的助力下，全县完成940个行政村的900M低频网络基站建设优化，新增覆盖少数民族村落213个，覆盖人口超49万，覆盖率达93%。如今，依托于坚实的通信网络底座，一批又一批的沙田柚、高山有机茶、大米、腐竹、番薯等农产品，从连山县运送到全国各地消费者手中。一座座基站，连接起山里和山外的世界，不仅何少敏走红了，也带火了家乡。电商直播和网店运营，让何少敏的团队帮助连山壮族瑶族自治县多个镇村的1000多户农户打开了新销路，大山里的乡村有了一条联通四海的致富新路。

同样的变化也发生在粤东揭阳。作为粤东地区的农业大市，揭阳先后拥有"青梅之乡""竹笋之乡""荔枝之乡"等多张城市名片。近年来，广东联通全力助力乡村产业发展，为特色农业产业做大做强提供技术支撑。2022年以来，总投资8200万元，在揭阳新建部署889个900MHz低频网络，完成1284个行政村的900MHz低频网络基站建设优化，覆盖人口超548万，覆盖率达97%。依托坚实的网络保障，广东联通率先探索并不断迭代现代农业产业园数字化模式，先后承建揭东竹笋、普宁青梅、揭西茶叶、揭西苦笋和惠来凤梨、惠来鲍鱼六大省级农业现代产业园，推动一二三产业深度融合，形成从种植基地、农事操作、生产加工、销售流通、终端消费等全产业环节信息的追溯，让农作物"种得好、管得好、卖得好、服务好"，为揭阳乡村振兴事业打开更大的发展空间。

联通5G赋能电商直播以及网店运营

一面屏幕，点亮青山叠翠间的智慧"灯塔"

走进韶关市始兴县马市镇智慧农田示范基地，一派产业兴旺、村美民富的美丽画卷尽收眼底。曾经看上去"高大上"的数字技术，如今开始走向田间地头，让农业变得智能。"在广东联通的助力下，今年我们引进了'智慧农田'智能监控技术，只要在手机屏幕上轻轻一点，就能实时监测和采集农作物生长数据，粮食产量得到了大幅提升。"谈起务农的新变化，都塘村村民李大伯笑容灿烂。

同样的智慧"蝶变"也正在云浮青山叠翠间悄然上演。依托不断建强的网络基础，广东联通为云浮市199个村镇搭建"数字乡村"平台，集合了党建引领、美丽乡村、三务公开等多项功能，村民点点屏幕，就能立马获取最新涉农政策和办事须知，还可随时在平台上反映日常诉求和意见建议，推动乡村治理实现新突破。

一系列数字化应用，激活苏区振兴"一池春水"

冬日暖阳下，梅州永和镇沙坪村紫荆摇曳、生机盎然。

"2021年初，我作为驻村第一书记来到永和镇沙坪村。入驻以来，我们因地制宜、发挥优势，村集体收入从原来每年3000元，提升到现在每年已超过20万元，乡亲们的幸福感大大提升。"驻村3年的广东联通驻村干部冯育平，见证了"老苏区"的"新变化"。

紧紧抓牢梅州建设赣闽粤原中央苏区对接融入粤港澳大湾区振兴发展先行区的历史机遇，广东联通累计投资1.2亿元，在梅州建设900MHz低频网络基站1千余个，覆盖全市111个乡镇、2056个行政村。在此基础上，以数字化优势赋能苏区振兴，研发"沃视通"智慧党建平台，服务梅州市22个镇、531个村、3万名党员，有效破解外出务工党员参加组织生活的难题，提升基层党组织凝聚力；安装"沃哨所"森林防护系统，在重点林区入口进行远程监控并播放防火安全警示，助力减轻基层防火压力；帮助永和镇政府搭建应急指挥中心，集成各系统实时监测数据，对出现的火灾疫情等风险隐患快速定位并通知到责任人，提升政府应急事件响应速度……一系列数字化应用，为乡村治理注入"智慧基因"，让"老苏区"焕发出"新活力"。

"新的一年，永和镇正在规划多个村级"通信合作社"，未来可以让村民享受到好用又便宜的千兆宽带上网服务，同时帮助村集体收入增长，日子越过越有盼头。"冯育平说。

网络全覆盖了、宽带拉到家门口了、数字化平台建好了、产业开始兴旺了、村民钱袋子越来越鼓了……一系列变化背后，是广东联通发力900MHz网络建设、强劲"通信引擎"、助推乡村振兴的生动实践。面向未来，广东联通将坚定不移加强数字信息基础设施建设，全面打造覆盖更广、能力更强、品质更佳、体验更好的5G精品网，持续深化5G网络共建共享，继续加快推进900MHz低频网建设，以5G弥合城乡数字鸿沟，助力建设数字乡村、智慧社会。

联通5G赋能下的智慧农田示范基地

从"产业兴旺"到"治理有序"，"小屏幕"带来"大变化"的背后，离不开坚实有力的网络保障。2022年以来，聚焦山区通信服务需求，广东联通整合网络资源、精准快速部署，在韶关、云浮两地累计完成900MHz基站建设1498个，推动偏远山村加速迈入5G时代。以坚实网络为基，"沃视通"智慧党建平台、"沃哨所"森林防护系统、农业产业链大数据平台等各类数字化平台不断延伸入村，点亮了乡民幸福生活的智慧"灯塔"，也让乡村振兴的图景越来越美。

广东联通以数字化优势赋能苏区振兴

广告

5G赋能 智慧入海
广东联通助力广东海洋经济高质量发展

海洋是高质量发展的战略要地。建设现代海洋牧场，发展深水网箱、养殖工船等深海远海养殖。广东作为海洋大省，海洋经济生产总值近3万亿元，已连续25年居全国前列。为助力广东海洋经济发展，广东联通加快推进广东海岸线及近海、远海海域的5G网络建设，改善海洋网络覆盖问题，并依托大数据、云计算、物联网和北斗定位等新技术，打造智慧渔船系统等创新应用，为海洋经济数字化创新筑基赋能。

广东联通加快海洋网络建设

5G赋能渔船安全高效出行

阳江拥有458.6千米海岸线，占广东海岸线的十分之一，海洋渔业是当地重要产业之一。如何做好渔船管理，守护渔民出海安全成了当地政府面临的难题。

广东联通联合华为在阳江打造了全国5G海洋专网+5G数字渔船系统解决方案，实现在61.5千米的海域范围，仍能保持下行60Mbit/s、上行2Mbit/s的接入能力，为渔业捕捞、海洋牧场等海洋经济提供坚实的网络保障。

在此基础上，5G数字渔船系统采用5G、云计算、物联网和北斗定位等多种技术，可以实现对渔船海上作业的全天候动态监测。通过智慧管理系统，渔政监管部门可以实时掌握船舶的位置信息、告警信息、台风路径信息等实时生产作业态势，及时监管渔船出海状况，让渔船监管可视化、数字化和信息化。目前，该系统已经为当地4000多艘渔船提供服务，协助当地渔政部门减轻台风或暴雨带来的灾害影响，同时令捕捞作业的安全监管得到更多的保障。

"配备数字渔船系统后，现在可以更安心出海了。"一名阳江市阳西县渔民介绍，通过联通"智通知"应用，可向家属发送船只状态信息；当遇上极端天气、发生紧急情况时，他也能立马通过客户端发送救援信息，一键报警，及时请求相关管理机构开展救援工作。

在2023世界移动通信大会（MWC2023）上，"数字渔船"项目荣获2023年GSMA（全球移动通信系统协会）颁发的"5G生产力挑战奖"，该奖项被誉为通信行业的"奥斯卡奖"，成为了政府和企业合作共赢的标杆。GSMA评委、Pringle Media资深分析师David Pringle表示："5G正在彻底改变渔民的生活，使他们能够在出海捕鱼时及时了解天气状况、销售渔货并与家人保持联接。"

广东联通在阳江打造5G智慧渔船项目

广告

5G助力渔业转型升级

湛江,是一座向海而生的城市,东濒南海,南隔琼州海峡与海南省相望,西临北部湾,独特的地理位置让湛江拥有1200多千米的大陆海岸线。2022年以来,广东联通在湛江大力推进900MHz低频网络建设,累计投资近1.53亿元,新增900MHz基站1004个,农村及边远地区网络覆盖率由原来90%提升到99%。

与此同时,湛江市海港众多,乡镇船舶数量大,缺乏有效监管。在联通超远距离的岸基网络基础上,广东联通在湛江打造智慧渔船管理平台,通过专用系统监控平台、岸基子系统、船载子系统三大平台实现一船一档、精准定位、电子围栏、实时告警、一键追踪、轨迹回放、一键求救、家庭共享、信息发布等九大核心功能,切实保障渔民安全。目前已在湛江雷州、坡头、遂溪、吴川等区县落地实施,赋能10000余艘渔船实现一体化智慧管理,得到当地政府和渔民高度认可。

此外,湛江还有"中国海鲜美食之都"之称,海产资源十分丰富。广东联通借助深海物联网、卫星遥感等创新技术,打造湛江深海网箱大数据系统平台,并建设深海大数据、全球物流、线上VR展示等子系统,将深海网箱养殖现场视频,养殖环境得盐度、溶氧度、PH值等传感器采集的数据进行远程实时回传,实现深海网箱智能化养殖。此外,该系统还将持续助力湛江构建深海网箱养殖优势产区产业园,通过深海养殖监测管理、全产业链公共服务、区域品牌宣传、深海养殖大数据、"智慧渔业"示范等内容建设,有序推进深海网箱养殖理念现代化、装备现代化、技术现代化和管理现代化发展步伐,促进海洋环境保护、海洋渔业生产、渔业产品推广、"湛渔"品牌建设,赋能湛江各大渔业企业实现信息化作业,培育优质水产品,让世界知道"湛渔"品牌,品尝到湛江生产的优质海鲜。

5G织密海上"防控网"

茂名市位于广东省西南沿海地区,全市水产品产量居全省前列,辖区范围内有涉渔生计船舶1140艘。近年来,随着渔船事故频发、救援难度增加,以及违规作业处罚难等各项安全隐患问题的发生,政府层面对现代渔业发展高度重视。广东联通在茂名加强海岸沿线的网络覆盖,为涉渔生计船舶的生产作业提供稳定的话音、数据、定位等数字化服务。当渔船遇到危险时,可通过船载定位终端配置的红色求救按钮实现"一键呼救",同步报呼救信息和位置信息推送给网格管理员。强大的北斗卫星导航定位精度可达厘米级别,真正做到快速精准救援,大大提高救援效率。此外,为进一步加强渔船安全监管与服务,广东联通在茂名电白区打造"智慧渔船"信息系统,实现对船舶信息的实时监控,台风等信息的及时预警,违规出海、越界捕捞等行为的实时告警,目前已为全区1140条涉渔生计船舶保驾护航,为海洋产业的可持续发展提供了有力的保障。

在汕头市濠江区,这里坐拥国家一级渔港和十万吨级深水大港。2022年,广东联通克服高海拔、站点偏远、建设难度大等困难,完成了100千米海岸沿线、南澳岛600米最高峰站点的建设开通,并不断进行站点调优测试,在粤东地区实现离岸30千米范围内海域超远距离网络覆盖。同年8月,启动了濠江"智慧渔船"乡镇渔船安全辅助监测设备安装,使渔民们有了"保护神",深受当地渔民群众的欢迎。

5G入海,智慧海洋的新征程悄然开启。广东联通将继续发挥网络强国、数字中国、智慧社会建设主力军作用,主动担当作为,加快推进海洋数字信息基础设施建设,积极开展海上5G应用探索,为广东省海洋经济发展做出新的更大贡献。

广东联通对海洋网络站点进行调优测试

广告

中国移动浙江公司：
注入"数智能量"，推动数字经济奋力开新局

加快发展数字经济，促进数字经济和实体经济深度融合，打造具有国际竞争力的数字产业集群。浙江省提出要以更大力度实施数字经济创新提质"一号发展工程"，推动以数字经济引领现代化产业体系建设取得新的重大进展。

"发展数字经济，基础通信运营企业是中坚力量。中国移动浙江公司锚定建立'世界一流信息服务科技创新公司'目标，全面发力'两个新型'，打造以5G、算力网络、能力中台为重点的新型信息基础设施，创新构建'连接+算力+能力'新型信息服务体系，积极融入浙江省奋力推进'两个先行'的发展大局，全面助力数字经济做大做强。"全国人大代表，中国移动浙江公司党委书记、董事长、总经理杨剑宇表示。

夯实新基建，实现网络能力向高攀升

新基建是数字经济发展的战略基石。浙江移动不断加速建设信息"高速"公路，创新运营信息"高铁"，重点建设高速泛在、天地一体、云网融合、智能敏捷、绿色低碳、安全可控的智能化综合性数字信息基础设施。目前在我省已经建立全国优质的光纤与5G网络，5G基站已遍布省内，达到10.5万个，实现了全省行政村5G全覆盖，服务的客户超过5800万，千兆宽带接入能力达2400万户，所有地市达到千兆城市标准，连接的物联网终端超过1亿个，完成省市县三级新型算力网络布局，具备6.5万机架能力、15万vCPU算力资源，建成全国算网大脑创新试验场。完善的通信网络基础设施为浙江数字经济发展奠定了良好的基础。

浙江移动5G基站已遍布省内，达到10.5万个

2022年世界互联网大会，浙江移动展厅里正在举行一场"元宇宙会议"

信息服务向新进军，推动社会数智化转型

浙江移动创新构建"连接+算力+能力"新型信息服务体系，推动生活方式、生产方式、社会治理方式的改变，全面推进全社会数智化转型。

在生活方式上，进一步加快5G运营升级，推出了5G、VR、5G云游戏、5G新通话等丰富的业务，给客户带来自由视角、3D、VR等5G视频沉浸互动新体验；构建"全千兆+云生活"服务体系，提升面向智慧家庭场景的产品服务，丰富教育、医疗、养老等智慧家庭应用。

在生产方式上，浙江移动进一步加快5G应用升级，推进5G消息建设以及5G+工业互联网应用，开展200多项5G创新应用，发布700多项5G应用成果，大力拓展5G行业应用，加快打造高质量样板房，体系化推进商品房规模复制，打造面向ToB客户的5G商城线上自助门户。

浙江移动参与打造超过28个省级未来工厂，170多个5G示范工厂，建设20余个区域级和产业集群级工业互联网平台，接入企业超千家，接入设备超万台，5G"进工厂""入海港""下矿井"，促进了企业降本增效，推动数字经济与实体经济的深度融合。

浙江移动支持建设5G电力虚拟专网赋能杭州亚运全绿电零碳示范园区

广告

与此同时，浙江移动进一步促进5G和人工智能、物联网、云计算、大数据、边缘计算信息技术群的融合创新。基于中国移动容纳9.5亿用户的梧桐大数据开放平台，实现省内数据标签超百万个，赋能超万个应用场景；基于中国移动自主研发的"九天"人工智能平台，与之江实验室、浙江大学、西湖大学等研发机构共同挖掘商业化应用场景，具备130余项AI能力；基于区块链服务网络BSN在浙江的部署，着力创新开发50余项区块链应用项目；在建设20个边缘计算节点，提供17类边缘计算特色产品基础上，建设随地可达的边缘算力；物联网连接规模超1亿，成立物联网创新中心，打造国内一流的智慧应用孵化平台；完成"立体泛在、异构多样"的算力体系布局，算网创新成果达7大类、28项，成为中国移动全集团创新的算网大脑创新试验场。

浙江移动助力打造"阳光厨房"平台，人们可以通过外卖平台内店家的"阳光厨房"端口进入观看直播

在社会治理方式上，浙江移动致力于做"数字化改革的重要参与者、数字浙江的重要建设者"，通过技术助力不断推进政府"掌上办事之省""最多跑一次"应用不断深化，推动政府运行方式的数字化、智能化，助力提升政府行政执行能力、行政监督能力、辅助决策能力。

浙江移动承建的国家医疗保障信息平台覆盖浙江省5557万参保人群；围绕"健康大脑+智慧医疗"数字化改革，助力打造"浙里急救"应用，有效提升了院前医疗急救服务能力；响应市场监督管理局要求，助力打造"阳光厨房"平台，在商家厨房安装的24小时运作智慧摄像，保障舌尖上的安全……

目前，由浙江移动主导建设的数字化改革项目达500余个，协助沉淀理论成果28项，2022年度104项省级数字化改革"最佳应用"项目中浙江参与的占61个，数字化改革15项最强大脑项目中浙江移动参与达到10个，有力推动了政府社会治理和民生服务数字化水平持续提升。

数智化赋能振兴乡村，助力共富提质美好生活

共绘美好的共富图景，离不开科技驱动、数智赋能。浙江移动全面助力浙江共同富裕示范区建设，实施"中国移动支持浙江高质量发展建设共同富裕示范区行动计划2.0版"，落实新型基础设施、打造未来社区（乡村）、推进千行百业数智化转型、助力浙江数字化改革、推进浙江山区26县高质量发展和服务保障杭州亚运会、亚残运会等方面的工作目标，并在推动共富各项工作取得切实的成效。

浙江移动助力天台后岸村率先成为未来乡村，建设5G网络、千兆宽带支撑组建村民们组织"农民主播团"开展线上土货销售

浙江移动和村里合作开发适用于手机端的"未来乡村一张图"综合应用，实现乡村智治新模式。

在浙江的田间村头，数智化赋能正在给乡村带来翻天覆地的变化——在诗画山水环绕的温州岩上村，浙江移动助力村庄打造了未来乡村平台，智能监控、智能灌溉系统、智能环境检测等硬核数智黑科技给村民们带来了智能新生活；在曾经并不富裕的金华其良村，浙江移动为村庄建起了5G基站，帮助搭建起了"其良春社"电商平台，一场场移动5G直播让山沟土货成为了"香饽饽"，撬动了"致富经"；在绍兴诸暨的乡村，通过连接着数千个移动传感及监控设备的数字化综治平台监管，各类灾害情况可以及时传达与预警……浙江移动打造金华磐安县"中药材产业大脑"、衢州开化县金星村数字乡村、丽水畲族乡"全国少数民族5G示范应用第一乡"等一批数智乡村振兴示范点，助力山区26县跨越式高质量发展，累计实施乡村数智化项目近800个，总金额达8亿元。

为了进一步赋能乡村的基层治理、健康医疗、教育文化，浙江移动深化数智化工程，集成党建引领、疫情防控、村务公开以及家宴预定等35项标准化应用，提供乡村基层治理信息化解决方案，打造数字化平台赋能我省3000余个行政村，以5G为支撑的信息化建设成为乡村振兴的重要力量。

广告

锚定"两个率先",河南联通以国家队"硬实力"全面助力社会经济创新发展

河南联通扛稳央企担当,全面落实"强基固本、守正创新、融合开放"新战略,深入推进由传统运营商向科技创新型公司转型,奋楫数字经济主航道,全力当好数字信息基础设施运营服务国家队、网络强国数字中国智慧社会建设主力军、数字技术融合创新排头兵,在科技创新、产业合作、5G应用等方面取得一系列成果,助力河南省向"数字政府、数字经济、数字社会和数字生态实现协同高质量发展"不断前行。

发力"新基建",打造数字经济新引擎

河南联通加快建设数字新基建,打牢夯实数字底座,推动河南数字基础设施建设排名全国前列,2021年10月,在全国提前实现5G乡乡通、镇镇通,惠及河南6000万农村人口。启动郑州国家互联网骨干直联点扩容工程,郑州、洛阳、开封国际互联网专用通道节点网络稳定运行。在全省提前开展"Wi-Fi测速进万家"活动,推进FTTR全光Wi-Fi组网,为构建智慧家庭和数字社会夯实网络基础。截至2022年年底,全省5G基站总数达到70000个,年新增10GPON口23.6万个,17个地级市及1个省直辖县级市均已满足"千兆城市"的标准。

在"5G+宽带+Wi-Fi"的三千兆强力保障下,河南联通加大数据中心建设,整合网络与算力资源,构建以算力为核心的算网融合新生态,提供"联接+感知+计算+智能"的算网一体化服务,全面满足河南数字经济所需。截至目前,"1+17"布局超前建设骨干云池,算力规模占中国联通1/5,中原数据基地总规模超过1.6万架。

河南联通积极落实"十大战略"

中国联通在郑州开服联通公有云河南核心节点

"十四五"期间,河南联通将继续加大投入,持续推进"双千兆"建设,深耕5G建设和运营,为各行各业的数字化转型提供坚实的网络支撑。

广告

发挥"国家队"作用，创新转型动能加速

持续打造通信行业科技研发新引擎。2022年，河南联通核心研发能力持续增强，研发经费投入6.42亿元，现有科创人员6013人、软件著作权355项、获得国家发明专利授权19项，其中，"5G+AI全智能品控计算机图形校验解决方案"荣获绽放杯解决方案赛道一等奖。积极协调中国联通5G重点实验室落地郑州，省委主要领导多次调研，推动5G新技术、新应用在河南先试先行。积极打造"5G+量子"国密安全服务平台，为多家单位提供新一代高安全办公环境。推动嵩山实验室与中国联通战略合作落地，推进国家重大科技创新平台建设。

以科技凝聚温度，以担当服务人民。2022年10月，河南联通以智慧应用发挥"国家队"科技实力，聚焦"五大赛道"，多措并举助力郑州等地区开展疫情防控工作。做深防疫大联接，将最新的5G网络切片技术应用于核酸检测支撑中，为人民群众居家办公、各类学校网课教学提供"第一联接通道"。做强防疫大计算，为高密度全员核酸检测提供"第一算力引擎"，确保核酸检测顺利进行。做活防疫大数据，为郑州市数字化疫情防控提供数据服务，筑牢防疫数字围栏。做优防疫大应用，健康码、行程码、核酸检测登记码随扫随显，智能门磁、电子哨兵等科技防疫产品被大规模推广使用，为基层抗疫注智赋能。做精防疫大安全，中原数据基地、郑州第二长线枢纽、联通政务云等重要数字基础设施、重要数字信息平台全面升级优化，发挥云网协同、算网一体的显著效应，确保涉疫重要信息平台和数据枢纽安全平稳，保障防疫指挥顺畅。

履行央企责任，重要时刻始终在线。圆满完成冬奥会等通信保障任务，共组织保障机关单位、专通局等专项保障4398次、重保电路7.3万条。自主研发应急通信指挥系统，数字化应急响应能力显著提升，增配应急装备，打造全国优秀的应急保障能力和队伍。勇当网络安全现代产业链链长，2022年9月，牵头成立河南网络信息安全联盟与网络与信息安全联合实验室，依托"一个联通、一体化能力聚合、一体化运营服务"的能力体系，全力以赴做好网络与信息安全保障工作，助力河南数字经济安全发展。

聚焦5G创新，探索融合应用新场景

河南联通以新应用、新模式、新业态助力经济社会各领域的数字化转型、智能化升级、融合化创新。

全面落实河南省与中国联通集团战略合作协议。紧密结合河南省"十大战略"，与河南省主动沟通协调，2022年8月，河南省主要领导在9个月内第二次到河南联通现场调研指导，并与中国联通集团董事长刘烈宏举行工作会谈，出席河南省与中国联通集团战略合作协议签约仪式，启动河南联通百县（区）百项"三个一批"5G新基建项目集中开工，参观河南联通5G新基建创新成果展示，高度评价中国联通长期以来对河南经济社会发展的大力支持。

深入实施5G应用"扬帆"行动计划。河南联通联合生态合作伙伴共同建立5G联合实验室，开展联合攻关，共同研发5G重点项目，近年来，实施5G创新项目5700余个，赋能千行百业，撬动经济社会数字化转型。在工业互联网、矿山、交通、医疗、文旅、教育等领域形成300余个5G标杆案例，展现出公司强大的5G应用创新能力。在第五届"绽放杯"5G应用征集大赛全国总决赛上，河南联通取得累累硕果，洛宁县马店镇关庙村"5G+智慧果园"、黄河旋风5G全连接智慧工厂等项目纷纷获奖。

全面助力社会治理水平提升。一是服务数字政府建设。承建省级电子政务外网、16个市级外网、省级政务云、省级12345政务热线等。二是打造智慧城市公共服务平台。用一朵云、一张网、联通建、政府用的创新模式，已覆盖全省26个区县，全国30个区县，为"郡县治，天下安"注入新动能。三是自主研发数字乡村平台。赋能智慧农业，帮扶乡镇提升治理体系和治理能力现代化水平，实现"人在格中走、事在网上办、网格全覆盖、服务零距离"，2022年9月，郑州联通与新郑市签订全面加快数字基础设施建设暨全省数字乡村示范县建设合作协议，以数字技术推动新郑市县域经济高质量持续发展。目前已覆盖全省852个乡镇，惠及349万人。

红旗渠5G+智慧旅游项目

第五届"绽放杯"全国一等奖：
洛宁县马店镇关庙村"5G+智慧果园"建设项目

　　全面赋能产业结构升级。一是数字赋能河南农业智慧升级。近两年，承接全省78个重点项目，在济源市高标准农田示范区、信阳市浉河区国家数字农业创新应用基地、三门峡市灵宝苹果国家现代农业产业园等地，通过河南联通智慧产业园，各农业园区的灾害抵御、农田灌溉、产品销售等均乘上"数字高铁"。二是积极推进工业企业数字化转型。聚焦智慧矿山、5G+AI质检、5G远程控制、5G智能物流等一系列场景，打造标杆214个，助力海尔5G智慧工厂、安钢工业物联网平台项目、直流特高压5G项目、中国白银城沁园产业园等一批优质项目落地。三是助力服务业数字化转型。打造龙门5G+无人摆渡车、红旗渠智慧景区等一系列智慧文旅标杆项目。开展"助力中小企业数字化"转型活动、企业上云、迁云大讲堂等一系列措施，推动中小企业数字化转型，同时以"绿化、低碳、数字化"为目标，自主研发智慧楼宇平台，已服务约近万家中小企业。

　　创新永不止步。河南联通将深入推进中国联通集团新战略落地见效，充分发挥国家队、主力军和排头兵作用，不断提升核心创新能力，踔厉奋发，勇毅前行，锚定"两个率先"目标，奋力谱写河南联通高质量发展的新篇章。

"联通数字乡村"平台助力乡村振兴

龙门联通5G无人驾驶车

广告

苏炳添
男子100米短跑亚洲纪录保持者

广告

尊享礼遇
我选全球通

- 酒店房费折扣
- 房型升级等权益

- 机场/高铁贵宾厅 至高8次/年

- 多至10G专属国际漫游流量月包
- 金卡及以上可转赠一次

- 每月26-28日 星动日尊享好礼

- 中石油加油 低至9.1折

广告

移动百分努力 为您10分满意

加快推进"两个转变",一体发力"两个新型"
谱写中国式现代化河北场景数字经济新篇章

作为网信领域驻冀央企,中国移动河北公司深入贯彻省委省政府决策部署,按照集团公司战略要求,锚定"信息服务科技创新公司"发展定位,加快推进"两个转变",一体发力"两个新型",全力以赴推动中国式现代化在河北展现出美好图景,勇当网络强省、数字河北主力军,助力经济社会数智化转型。

认真落实国家决策部署,服务国家重大战略深入实施

一是积极服务京津冀协同发展。 紧抓疏解非首都功能"牛鼻子",持续加强三地协同共享,打造IDC资源协同营销体系,为4万余家京津转入企业和单位提供优信息服务。建设开通张家口国际互联网数据专用通道,为"京津冀大数据综合试验区"提供优质网络环境。

中国移动京津冀(保定)数据中心

二是全力支撑雄安新区建设。 高质量推进"5G+千兆宽带+千兆应用+千兆服务"的全千兆城市建设,5G网络农村行政村覆盖率达到95%以上,重点区域已全部具备千兆宽带接入能力。在新区启动全国E波段高容量微波通信试点,获得全国E波段微波电台执照。全面服务雄安智慧城市建设,落地智慧社区、智慧园区、智慧工地等一批创新应用。

三是为后奥运经济发展注智赋能。 完善网络覆盖,优化网络结构,京张高铁全程5G网络覆盖持续保持良好状态。联合景区打造5G+智慧旅游,实现包括AI/VR导游、3D导览、无感入园、智慧酒店、景区直播等全新出游体验。运用大数据能力,实现旅游、服务、宣传等信息精准触达,同时为监管和管理部门提供决策依据。

系统打造以"5G、算力网络、智慧中台"为重点的新型信息基础设施,夯实数字经济发展底座

一是构筑品质一流的5G网络。 自5G商用以来,累计投资近百亿,建成5G基站4.8万个,实现了乡镇以上区域全覆盖,以及近70%的农村行政村覆盖。2023年年底5G基站将超过6万个,推动5G网络从广覆盖向深覆盖延展,不断提升全省全域网络覆盖能力和通信服务水平。

5G网络建设

二是夯实全光城市基础。 积极推进千兆光网建设,千兆平台能力实现城区和乡镇100%覆盖,10GPON端口达到20万个,千兆厚覆盖用户达到1100万,宽带覆盖总户数超过3350万户,覆盖率超过97%。推动张家口市、雄安新区顺利入选国家2022年"千兆城市"。

三是布局泛在融合的算力网络。 积极落实国家"东数西算"工程,建设石家庄、保定、廊坊、张家口四大数据中心,规划总建筑面积60万平方米,规划机架6万架。中国移动将华大北区网络云、一级IT云部署在河北,承载周边省份和全国业务。2023年移动云、网络云、IT云、边缘云服务器规模将达到5.6万台,算力能力达到286PFLOPS。

四是建设开放共享的智慧中台。 将智慧中台作为支撑企业数智化运营和全社会数智化转型的能力基座,对内形成内部资源、产品服务、用户需求的正向循环,为生产经营、管理、服务等各环节注智赋能。对外孵化并支撑行业大数据平台、区域监控、智慧旅游、智慧气象等省内数十项垂直行业信息化产品,有效助力各行各业数字化转型。

广告

创新构建"连接+算力+能力"新型信息服务体系,深化产业数智赋能

一是积极开展5G创新应用研发和实践。 建设5G实验室5个,参与各级别5G应用创新示范项目十余个,提供5G应用场景超50类。在2022年第五届"绽放杯"5G应用征集大赛中,河北移动共有14个项目进入全国决赛,并有6个获奖,其中唐山港智慧港口项目获得全国赛二等奖。

二是以生产方式数智化转型为经济赋能。 推动5G全连接工厂示范引领,实施工业区连片计划,与省内多家工业制造企业合作打造了智慧冶金、智慧工厂标杆项目。打造河北区域工业互联网平台,上线工业互联网标识解析二级节点,标识注册量达到157万个,完成标识解析量11万次。持续开展"冀优千品"河北制造网上行活动,助力政府工业电子商务推广,为560余家企业提供了"冀优千品"品牌服务。

三是以治理方式数智化转型为城市增辉。 以"数字经济、数字政府、数字社会、数字法治"为重点开展"数字保定"建设,并牵头"数字承德"的规划设计,在多地市开展5G+民生综治、5G+环境监测等应用场景创新实践,助力政府决策科学化、社会治理精准化、公共服务高效化。

四是以生活方式数智化转型为民生添彩。 坚持做"百姓身边"的信息化,为超过50万家小微企业提供优质的宽带上网、大数据精准营销、云资源和应用服务。与河北医大第一医院合作建设河北5G全场景医院,推出远程医疗、远程示教等信息化应用。打造"河北省基础教育教学资源平台",有效满足全省中小学在线教育教学需求。建立权益生态,推出上千项优质权益,为属地客户提供水、电、燃、油、商超等便利优惠。

深入贯彻以人民为中心的发展思想,提升人民群众获得感幸福感安全感

一是持续提升客户服务水平。 坚持以客户满意作为检验工作的最终标准,重点改善网络、产品、触点三大质量,通过升级开展"书记挂帅""问题溯源""阳光行动""服务文化塑造"等活动,实现服务质量和客户口碑的持续提升。坚守客户权益底线,开展"灭灯行动",解决用户投诉申诉的源头侧焦点问题。

三是助力中小企业纾困解难。 结算民营企业账款4.1万笔,为全省40余万家中小微企业客户提供企业宽带、互联网专线10%降费优惠,对承租公司房产的服务业小微企业和个体工商户房租进行减免,将惠民助企落到实处。

四是全力以赴做好重要通信保障。 以"高标准、严要求、强举措、高质量"为标准,全力以赴做好中国国际数字经济博览会等重大活动的通信服务保障,做到了"零重大网络问题、零重大安全事件、零重要客户投诉"。

总经理接待日活动

网络优化保障

二是加快推进数字乡村建设。 深入贯彻乡村振兴战略,搭建省、市、县、乡4级乡村振兴数智平台,从乡村新基建、产业、治理、教育、医疗、文化和金融等方面推进数智乡村建设,打造数字乡村"示范村"2000余个,信息化覆盖行政村超2万个。派出驻村人员160名,承担76个村帮扶任务,在美丽乡村建设、百姓致富增收等方面取得积极成效。

主动践行社会责任,展现央企使命担当

一是着力保障网信安全和生产安全。 深化落实网络安全工作责任制,实施网络数据安全保护专项行动,持续打击电信网络诈骗,深入开展"断卡"行动,及时处理涉案号码和"三无"号码,保障人民群众合法权益和财产安全。安全生产专项整治三年行动计划,创新"5G+安全"智慧园区手段,高质量完成关键时间节点安全隐患排查治理,落地落实安全生产责任。

践行绿色发展理念。 实施"C2三能——碳达峰碳中和行动计划",推动无线节能技术应用、绿色数据中心建设、极简基站建设,严控自身能源消耗和碳排放增幅,持续降低能耗强度和碳排放强度,有力践行绿色发展理念。

深耕公益慈善事业。 连年来,持续开展以救助先心病患儿为主题的爱"心"行动,已在12个地市累计完成4422例患儿筛查,为687名患儿提供了免费手术救治机会。

河北移动将责无旁贷当好数字河北建设领军者,在构建河北省数字经济高质量发展新格局中展现更大作为,为打造中国式现代化河北场景贡献更大力量。

支持乡村振兴

广告

联通全屋光宽带 FTTR
美好生活新标配

 个性定制　 专业保障　 信号满格

本宣传仅针对于本公司以往业务比较，本宣传未详尽业务办理条件及有效期详询营业厅。
经营许可证编号：A1.A2-20090003　A2.B1.B2-20090003

广告

中国联通河北省分公司

中国联通河北省分公司(以下简称"河北联通")以集团公司新战略新定位为引领,充分发挥数字化资源优势,积极推动5G、物联网、云计算、大数据、人工智能、区块链等新技术广泛应用,助力数字政府建设,赋能工业、农业、医疗、教育、应急等千行百业数智化转型。

河北联通积极落实网络强国战略,在精品网络、"东数西算"、联通云等方面持续发力,建设新型数字基础设施。5G商用3年多来,河北联通持续加大资源投入,率先建成全省规模较大的5G网络,截至2022年年底累计开通5G基站4万余套站,实现12个地市主城区、重点县城全覆盖。2022年,河北联通还获得中国信息通信研究院颁发的全国省级IPv6+1.0认证证书,成为目前全国IPv6+部署规模较大、推进较快的省级电信运营商。由河北联通承建的怀来大数据创新产业园,获批国家"东数西算"算力高效调度示范项目。

伴随着5G在工业互联网领域日益广泛的应用,河北联通聚焦省内工业特性及优势产业,深入钢铁、化工、矿山、港口、电力、快消等行业,斩获5个国家级项目、2个入选工业互联网孵化床项目、1个国家级奖励1个、30个5G绽放杯竞赛各级奖项。

2022年,按照集团公司在全国成立九大行业军团的部署,河北联通立足本地支柱产业,积极推进智慧钢铁军团建设,打造行业信息化的"专业战队",依托贯穿总部、省、地市、县的四级运营服务体系,快速响应需求、贴身服务企业。

河北联通建设5G基站

河北联通抢抓新一轮科技革命和产业变革机遇,加快传统产业数字化、网络化、智能化转型,为建设数字河北提供有力支撑。2018年4月,河北联通探索创新发展机制,组建了联通雄安产业互联网有限公司。作为科创公司,联通雄安产业互联网有限公司大力引进人才,目前已建立400余人的高精尖队伍,形成较强的自主研发能力,构建了基于5G的"云计算、大数据、物联网、人工智能、区块链、安全"一体化应用产品体系,在河北的港口、化工、电力等领域落地了一批标杆项目,为产业数字化持续输出联通智慧。

河北联通与沧州黄骅港矿石港务有限公司联合打造的5G智慧港口项目通过实现"5G+前端远程控制",让港口作业更加安全高效。

千招运、千招财、千招福
河北联通实现从"全屋网络覆盖"到"全屋千兆覆盖"

随着视频直播、在线办公、云课堂、全屋智能等应用的发展，家庭正在逐渐转变为集娱乐、办公、教育为一体的生活中心，对家庭网络高带宽、广覆盖、低延时、多并发的要求也随之而来。FTTR已成为家庭网络搭建的新方向。

2022年，河北联通全屋光宽带家庭组网服务及千兆应用收获良好市场反响，为河北百姓带来了极致的精品网络和数字家庭体验。秉持"从一根线到一个家"理念，做强全屋一张网，目前，河北联通宽带家庭渗透率达118%，端业适配千兆用户行业占比51%，FTTR用户行业占比80%。

"全屋光宽带采用万兆光猫，一拖N的模式，从进楼到进房间，全部实现光纤接入，传输能力强，降低了信号衰减，将光纤布设至每一个房间，真正实现了全屋Wi-Fi6无盲区覆盖。"经联通智家工程师现场实测，用户家中无论是客厅、卧室还是厨房，网速都能达到千兆速率。

河北联通副总经理胡乐信表示，河北联通将携手华为等合作伙伴进一步聚焦新技术、新产品、新应用，推出全屋光宽带·千招运财福系列套餐，提供数字家庭全场景一站式解决方案，推动数字家庭的快速发展，开启数字时代下的崭新蓝图。

河北联通端业适配千兆用户行业占比51%，FTTR用户行业占比80%。

全屋光宽带采用万兆光猫，一拖N的模式，从进楼到进房间，全部实现光纤接入。

隐形光纤取代传统网线作为主从光猫之间的传输介质，直径仅为1毫米。

未来，中国联通将继续在家庭组网和高品质宽带业务差异化体验提升方面进行创新，打造"全屋光宽带，联通千万家"的家庭网络新体验，助力数字家庭生态系统建设，让智慧生活走进千家万户，共建数字家庭创新生态，共同助力数字经济高质量发展。

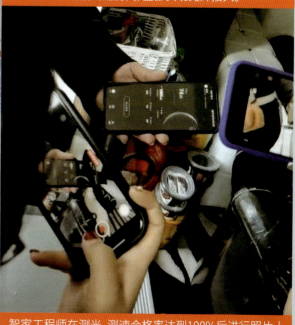

智家工程师在测光、测速合格率达到100%后进行照片上传，客户满意后在FTTR服务卡签字，以达到规范验收。

广告

云南移动
创新5G赋能千行百业 助推云南高质量发展

> 近年来,我国高度重视5G发展。2021年,《5G应用"扬帆"行动计划(2021-2023年)》发布,旨在大力推动5G全面协同发展,深入推进5G赋能千行百业,驱动生产方式、生活方式和治理方式升级,培育壮大经济社会发展新动能。
> 中国移动云南公司(以下简称云南移动)推动5G应用领域进入规模发展黄金时期。农业、工业、医疗、教育、交通……云南移动5G技术正在多个行业领域发挥赋能效应,形成多个典型应用场景,5G应用叠加倍增效应和巨大应用潜力正在不断释放,为云南经济社会高质量跨越式发展不断注入新的活力。

○ 为乡村振兴插上"数智"翅膀

"农林牧渔总产值492.5亿元,农作物总播种面积1056万亩……"在楚雄市融媒体中心,数字农业、数字治理等数据通过大屏幕滚动展示,这就是云南楚雄目前着力打造的5G+数字乡村综合服务云平台。

农业是楚雄州支柱产业之一。随着楚雄州农村网络基础设施建设加快,云南移动率先在永仁县开展了5G+卫星遥感+农业大数据应用,实现农业资源底数清、情况明。

卫星遥感数据通过对耕地类型精准分析,实现对永仁县范围内耕地、林地、草地、水域等资源的精准监测,并通过卫星通信回传到楚雄行业云平台,将各类资源分布情况进行统计、分析。在一些高价值作物地区,云南移动结合温湿度等传感器和高清摄像头,将农作物生长数据实时推送到农民和政府部门管理人员的终端和监控大屏,为保障和规划特色作物种植提供数据决策依据。

事实上,楚雄5G+数字乡村综合服务云平台正是云南移动以推进农村信息化建设助力乡村振兴的一个具体实践。

——"平安乡村"1.0为乡村建设添上"安全锁"。

安全、安心的保障是群众幸福生活的源头。针对农村普遍安防基础设施薄弱、社会治安综合治理能力亟待提高的现状,2020年以来,云南移动积极发挥自身优势,大力推进"平安乡村"建设,打造数字乡村1.0版本。

广泛安装视频监控,让政府工作人员可以在实时高清大屏上查看村里人员、车辆出入情况。一旦发生紧急情况,便可依托实时传输画面的摄像头实现远程调度和指挥。远在外地工作的村民,可通过手机,随时了解家中老人和孩子情况。此外,村民家的户外监控可与派出所、村委会的平台联动,形成从点到面、联防到户的治安防控体系。

——"综治平台"2.0助基层治理跑上"高速路"。

2021年,云南移动在数字乡村1.0版本上迭代,搭建了网格化基层社会治理平台"一屏观全域、一网管全城",实现数据"聚通用",为农村基层治理提供一站式服务,切实为基层工作减负,为基层治理提质。

依托数据计算和存储优势,云南移动建设起基层治理数据库,打通县-街道/乡镇-社区/村-网格四级数据及业务通道,整合各类社会治理资源,形成全要素数字档案。通过对基层数据全生命周期的智能化管理,让数据时刻安全可控、"保鲜"、好用。

——"生态平台"3.0促融合创新跃上"新高地"。

2022年,云南移动升级打造平台级、生态级产品——乡村振兴生态平台,进一步融入乡村振兴战略,通过技术及产品创新,快速提升乡村振兴产品优势,同时通过服务及党建创新,做好做优服务进基层、进村镇、进万家。

乡村振兴生态平台为乡村振兴提供了一整套解决方案,包含6大应用场景、19个产品,调用了5大类20个中台能力,以平台性系统解决产品的底层能力,系统为快速形成平台能力打下了坚实基础。

乡村振兴,"优"无止境。如今,云南移动的信息科技已成为乡村治理的一把"利器",不断地迭代创新将治理触角延伸到社会最小单元,实现了共治共享、造福于民。

楚雄庄甸数字乡村养殖示范基地介绍

AI智能分析摄像头语音喊话提醒村民注意垃圾分类

广告

"亚洲花都"智慧旅游

开启"亚洲花都"智慧旅游新篇章

斗南,是我国花卉交易市场和亚洲花卉拍卖中心,曾因市场信息化程度欠佳、各功能板块缺乏科学的业态研究等问题限制着其发展路径。如今,在云南移动5G技术的支持下,斗南已摇身一变,成为各地智慧旅游建设的"参考答案"。

自国家提出发展智慧旅游的规划以来,信息技术与旅游业的融合日益紧密,尤其随着5G技术的日臻完善,旅游信息化水平更是走上了高速路,向着全面智慧化的方向突飞猛进。

2019年10月,昆明市呈贡区全面实施"花卉"和全产业链创新战略,提出全面融入5G应用,将斗南花卉小镇建设为产业特色鲜明、文化气息浓厚、生态环境优美、兼具旅游与社区功能的特色小镇。基于此,云南移动利用5G+VR、5G+AR、5G+无人机等技术,为斗南花卉特色小镇打造智慧化建设项目,实现园区统一数据、农田智慧管理等多项突破。

目前,云南移动在斗南花卉小镇范围内建设室外5G宏站17个,室分3个,小基站2个,室内信号源设备1200个,以确保小镇基础网络实现5G全覆盖。同时,采用混合云的组网方式,将无人机、摄像头等设备采集的数据统一传输至云平台进行存储、交换及计算。

走进斗南国际花卉产业园区管理委员会可以看到,斗南花卉小镇智慧化项目实现了对小镇核心区3.6平方公里的数字建模,通过建筑、道路、绿化逐级可视,实现从虚拟三维可视化到花卉交易数据、人流车流数据等融入叠加,构建起了小镇管理监控、预警、诊断、分析为一体化的3D可视化平台,有力推动了园区监管能力和监管体系现代化,助力斗南精细化管理和园区产业提升。

"数智"加持的斗南,不仅给游客带来全新体验,也使更多商户受益。斗南"花花世界"多位商户表示,得益于智慧化建设,他们在斗南的生活更加便利,直播卖货等衍生业务也更为顺畅,生意越做越开阔。

在喜上农业的花田里,数以万计的玫瑰正在绽放。花田的空气湿度、温度、光照强度及每块土壤的水分、电导率,都实时呈现在智慧花田系统中。花农只需打开手机小程序,即可监控花田大棚状态。此外,花田的监控数据和种植日历还将自动定期传送到种植专家端,便于专家远程指导种植。

这正是"数智化"建设促进斗南花卉产业进一步向精准化、智能化、现代化发展的生动展现。

无人机巡检、农田智慧管理、花田沉浸式体验……昆明斗南花卉特色小镇用如同"参考答案"一般的智慧化管理和旅游服务,迎接着每一位游客的到来。

赋能有色金属
绿色智慧工厂"再升级"

有色金属行业是典型的流程工业,具有种类繁多、工艺复杂流程长、工况环境苛刻等特点。当前,有色金属企业自动化水平参差不齐,环保治理和安全生产形势严峻,整体生产组织缺乏柔性。在新一轮科技革命蓬勃发展、资源和环境约束不断增强的新形势下,如何提高资源利用率,降低能源消耗,实现精准管理以及生产智能化转型发展,是有色金属企业发展的当务之急。

云南移动瞄准了有色企业数字化、智慧化转型这一"靶心",进一步推进5G技术在有色金属行业的集成创新和融合应用,实现降本增效、产能优化。

创新5G输出有色矿山转型范式

"无人"采矿、智能巡检、远控车辆⋯⋯在云南普朗铜矿,云南移动通过5G信号覆盖及平台建设,助力采矿生产实现少人化、无人化、智能化,使该矿山成为中国实现5G工业应用的有色金属地下矿山和高海拔地区5G智能矿山,树立了全球领先、可落地、可复制、可迭代的有色领域转型范式。

普朗铜矿位于迪庆藏族自治州香格里拉市区东北部,矿区海拔为3400~4500米,高海拔、高寒、缺氧的自然环境给安全生产带来重重挑战。通过5G技术,如今工人在调度大厅就能控制数公里外的井下采矿、运输智能装备,摆脱了过去"脏、苦、险、累"的井下工作。

同时,云南移动积极进行矿山生产智能装备、智能控制系统的探索和调试,让5G智慧矿山工业应用在矿山实现成功落地。目前,已实现5G+有轨运输无人驾驶系统、5G+铲运机无人驾驶系统、5G+井下安全六大系统等科技创新工业应用,开启了井下穿脉内铲、运、卸矿作业自动化、智能化模式,进一步提升井下铲运矿设备效率和生产本质化安全水平。

2022年以来,云南移动利用云计算、大数据等技术,已完成普朗铜矿"5G+智慧园区"项目建设,推动普朗铜矿信息化水平再上新台阶。

云南移动5G+神火铝业空压机房视觉抄表

云南移动5G+神火铝业中频炉铁溶液1400°C精准分析

"智慧大脑"打造工厂降本增效标杆

2020年6月,云南移动在文山壮族苗族自治州云南神火铝业园区打造了云南基于移动5G+MEC的绿色水电铝智慧工厂,这也成为"5G+工业互联网"助力企业降本增效的标杆案例。

MEC边缘云作为工厂信息化基础平台,控制和存储着工厂的各类系统及生产数据,以实现提高企业生产效率,降低企业运营成本的目标。应急调度指挥系统、5G视频安防系统、人脸消费系统等新型技术的运营,为有色金属加工企业进行智能化生产、网络化协同提供了新模式。

通过智能化系统的部署以及数字化电解、铸造车间的建设,相较于传统铝业企业,中国移动5G+MEC边缘云工厂信息化基础平台可以为云南神火铝业减少203个人工岗位,节约2000万元/年的人工成本。基于5G高清摄像头回传图像和传感器进行安全生产控制的集中的远程操控,可以对简单重复的操作岗位进行无人化改造,起到节省人力、提高生产效率的效果。

此外,平台还助力云南神火铝业实现了节能、降耗、提质。5G大数据炉况分析系统投产后,工厂优化管理,吨铝直流电耗降低约100度,年节电约9000万度;5G中频炉铁水温度智能分析系统实现了铁水温度实时在线检测,阳极组装合格率提升15%以上⋯⋯

神火铝业5G+MEC(边缘云)智能化工厂-监控中心

践行低碳引领的行业先锋使命

在绿色低碳发展的新时代要求下，云南移动积极响应节能减排号召，充分发挥5G技术优势，赋能新型智慧城市供电能力，助力"双碳"目标实现，践行着低碳引领的行业先锋使命。

5G智慧电网点亮"万家灯火"

在楚雄州，云南移动与云南电网公司深入合作，通过5G切片技术解决无线公网与电力专网之间的网络安全防护壁垒，实现了5G无线通信与电力通信网的互联互通，并将这一技术与配网自愈技术进行结合，开展5G自愈技术的应用，为"万家灯火"保驾护航。

楚雄州，山地广布，地形复杂，过去配网网架薄弱，单环网、一线多T等问题严重，常常导致故障频发，抢修难度大、停电时间长，老百姓用电体验不佳。

基于此，云南移动与云南电网公司通过实现5G无线通信与电力通信网的互联互通，解决了将配电网进行无形连接的难题，搭建了一张精品专网，控制一个智慧电网，取得了良好的环境、社会、企业效应。同时，双方还开展了5G自愈技术应用。目前，省内基于5G的自愈项目已在禄丰市的10kV线路上成功应用。

智能电网建设

华宁县基于5G智能分布式故障自愈系统

5G自愈技术创造"4.83秒奇迹"

"当时，华宁县西南开闭所线由于枯树枝掉落导致线路故障，县供电局5G智能分布式自愈系统监测到两个设备间电流值发生变化，迅速诊断出故障处。随后，系统将故障点进行隔离，并从其他相连线路上转供电过去，及时恢复非故障区域供电，整个过程动作时间仅4.83秒。"谈起发生在2022年3月的一次供电故障处理时，华宁县供电局相关工作人员仍记忆犹新。

这个"4.83秒奇迹"背后的强大力量，来源于5G智能分布式自愈系统。

2021年，云南电网有限责任公司玉溪华宁供电局申请作为省内一家5G智能分布式自愈系统改造试点单位，旨在通过建设5G通信的智能分布式故障自愈电网，打破配电网现有技术瓶颈，由目前"集中+就地"模式的分钟级自愈提升至智能分布式的自愈，显著降低停电时户数，大幅提高供电可靠性水平，提升客户用电体验。

该系统利用中国移动5G专网实现电力设备的数据传输，在配电网发生故障时，无需人工干预即可实现自动隔离故障点，非故障区域的自动恢复供电用时仅需10秒左右，县级配电网故障隔离及自动复电时间由"分钟级"提升至"秒级"，显著降低了停电时户数，大幅提高供电可靠性水平，提升客户用电体验。同时，该系统较传统模式，节约停电时间6.7372小时，节约人力资源6人3车，效能提升2426.4倍，实现了跨越式发展。

广告

创新引领新"智"造
福建联通深度助力福建产业转型升级

> 数字潮起东南风劲，
> 5G扬帆工业互联网正当其时。

2023年4月28日，由中国联通联合承办的第六届"数字中国"建设峰会工业互联网产业生态大会在福州举行，中国联合网络通信集团有限公司党组书记、董事长刘烈宏出席并致辞。中国联通、中国工业互联网研究院多项成果重磅发布，福建联通与福建省制造业头部企业现场签约，点亮数字赋能产业转型升级无限可能。

工业互联网已成为推动数字福建建设的"优选项"、助力现代产业体系构建的"必答题"、实现弯道超车跨越发展的"杀手锏"。福建联通作为扎根八闽大地的国资央企，积极融入"数字福建"建设，全面布局"新基建"，夯实产业数字化转型底座；充分发挥大联接、大计算、大数据、大应用、大安全的能力优势，落地中国联通（福建）工业互联网研究院，推进5G+工业互联网融合发展，打造福建"工业互联网优质品牌"，为福建产业转型升级注入强劲新动能。

广告

"数"建新生态：
强强合作汇集发展力量

工业互联网是数字经济高质量发展的重要增量，工业互联网产业生态对福建打造制造强省至关重要。继2022年首届工业互联网产业生态大会召开，中国联通发布工业互联网产业生态合作战略以来，已推动落地了中国工业互联网研究院福建分院、中国联通（福建）工业互联网研究院等研究机构，吸引近百家工业互联网生态落地福建，有力推动福建产业转型升级。

今年，第六届数字中国建设峰会工业互联网产业生态大会再邀3000余名嘉宾聚首畅谈，探寻新"智"造赋能"秘钥"。中国工业互联网研究院院长鲁春丛发布了《中国工业互联网平台年度发展报告（2022）》，前瞻把握发展态势，为进一步推动工业互联网创新发展提供了参考。中国联合网络通信集团有限公司党组成员、副总经理梁宝俊发布《中国联通工业互联网2023生态共创计划》，介绍了中国联通工业现场深耕工程、中小工厂燎原工程、工业安全护航工程，汇聚了行业共识，推动了产业合作。

会上，中国工业互联网研究院福建省分院暨国家工业互联网大数据中心福建省分中心正式揭牌，全国工业互联网平台赋能深度行（福建站）正式启动，中国联通福建省分公司与永荣控股、大东海、中铝瑞闽以及金龙客车等福建省制造业头部企业进行现场签约，强强联手开启重磅合作，携手共创数字生态，为推动福建产业转型升级汇聚更大动能。

广告

"数"塑新动能：
集智聚力赋能产业转型升级

中国联通（福建）工业互联网研究院落地一年来，福建联通全力深耕工业互联网领域，正以看得见的方式，助力福建智能制造转型升级迈上新台阶。

打造了一支专家团队，福建联通发挥中国工业互联网研究院福建分院、中国联通（福建）工业互联网研究院两院联合的优势，聚焦福建电子信息、纺织轻工、装备制造、冶金建材四大万亿产业集群和工业园区成立五大事业部，打造了一支扎根福建的200人工业互联网专家团队。

构建了一套工业互联网平台体系，建成福建联通工业互联网平台，联通产业链、供应链、资金链和创新链，为中小企业提供精准便捷的产运销一体化服务；打造了全省第4个标识解析二级节点，积极服务各地市及头部企业在生产环节、消费领域、社会治理等各层面开展标识解析建设与应用实践；搭建经济运行监测平台，助力政府决策。

形成了一批5G+工业互联网融合标杆，福建联通已联合行业伙伴在纺织、电子、机械、能源、矿业等领域打造标杆项目近百个，协助凯邦锦纶、三六一度、冠捷科技、马坑矿业、蜡笔小新等头部企业实施智能化升级改造，帮助企业实现了提质降本增效。

提供了一套服务体系，担当政府智库，深度参与政府顶层规划设计。勇当企业数字化转型参谋，为近企业提供数字化转型咨询诊断服务。建设运营福建工业互联网实训基地，聚合科研机构，建立了工业互联网培训体系，为福建企业数字化转型和专业人才培养提供实践基地和智力支撑。

打造了一个融合开放的产业生态圈，中国联通连续两年在数字中国建设峰会上承办峰会重要活动——工业互联网产业生态大会。两年来，累计引入全国工业互联网合作伙伴超100家，聚集核心生态合作伙伴60余家落地福建，带动四大万亿产业集群29家头部企业的数字化、智能化改造项目落地。

"数"领新智造：
打造5G+工业互联网融合标杆

数字经济的更大势能，在于激发和带动实体经济数字化转型。

在三六一度智慧工厂，福建联通携手三六一度构建了以5G专网为核心，贯穿裁剪、拉布、裁片超市、缝制、投料、质检、包装等多个生产环节，实现企业产供销一体化的有效协同，推动实现产品不良率下降5%，订单交付及时率提升5%，人工运营成本降低8%。

在大唐火电5G+AR园区，5G AR全景智能视频管控，实现"感知、分析、服务、指挥、监管"五位一体，减少巡检与运维成本，减少安全事故，产生经济效益。

"不仅综合效能大幅提升，而且实现生产零事故"。面对企业作业环境恶劣、能耗高、流程长和国家大力倡导绿色低碳、智能化发展要求，福建联通联合龙岩马坑矿业打造了国内一流"无人矿山"，实现无人电机车在矿道内自动行驶、装矿和卸矿，降低井下作业风险。

点点标杆案例，汇集福建制造业转型星辰大海。福建联通已联合行业伙伴在纺织、电子、机械、能源、矿业等领域打造标杆项目近百个，协助凯邦锦纶、三六一度、冠捷科技、马坑矿业、蜡笔小新等头部企业实施智能化升级改造，帮助企业实现了提质降本增效。

"数"说新未来：
点亮数字经济融合无限可能

以"数"为媒，"智"胜未来。《数字中国建设整体布局规划》强调要全面赋能经济社会发展，推动数字技术和实体经济深度融合，加快数字技术创新应用。福建作为制造业大省、民营经济发达，以5G+工业互联网赋能产业转型升级大有可为。

福建联通党委书记、总经理周立松表示，福建联通作为扎根福建的国资央企，将深入贯彻落实省委"深学争优、敢为争先、实干争效"行动部署要求，围绕福建制造业"四四六"产业体系，与产业各界和产业链上下游紧密合作，巩固并进一步放大"一支专家团队、一套平台体系、一批行业标杆、一套服务体系、产业生态圈"成果优势，打造福建工业互联网技术和产品能力高地，全方位深度融入和服务先进制造业强省建设，推动制造业数字化、网络化、智能化、绿色化转型，为福建做强做优做大数字经济贡献联通力量。

广告

擎画数字时代新图景 述说难忘"津"彩好故事
天津联通积极助力智慧津城建设

九河下梢,渤海之滨,数字化发展浪潮滚滚而来。

天津市以"高质量发展、高水平改革开放、高效能治理、高品质生活"为目标导向,积极发挥"五大优势",全面推进"十项行动"高质量落地,奋力开创全面建设社会主义现代化大都市新局面。

天津联通坚决贯彻落实各级决策部署,扎实推进中国联通集团"1+9+3"战略规划体系实施,充分发挥自身资源禀赋优势,积极参与天津新型智慧城市、数字产业、新基建、工业互联网等领域建设,匠心打造高品质网络、高品质服务,持续领航智慧天津,通过全方位创新转型,赋能千行百业智能升级,全力助推智慧天津、数字天津高质量发展。

回首一载,天津联通奋斗前行的脚步不断加快,正以昂扬之姿全力以赴投身网络强国、数字中国、智慧社会建设大潮,不断用新的实践打造"天津方案""天津模式",生动讲述"津"彩故事。

坚持党建统领 凝聚发展合力

天津联通使党建工作成为推动企业高质量发展的源动力和核心竞争力,推动天津联通在高质量可持续创新规模发展的道路上奋勇前行!

坚持举旗铸魂,为高质量发展筑牢"政治基石"。天津联通党委坚持把党的政治建设摆在首位,以从严从实的理论学习锚定政治信仰的"压舱石"。严格落实"第一议题""三会一课"等学习制度,开展多项主题活动,以扎实的理论学习把牢正确前进方向。深入学习会议精神,以全方位学习、全覆盖宣讲、多形式宣传保证坚决做到全面学习、全面把握、全面落实。持续巩固党史学习教育成果,以主题观影、政治生日等活动激励全体党员干部群众牢记初心使命、开创发展新局。

始终凝心聚力,为高质量发展积蓄"红色动能"。天津联通党委坚持抓党建必须结合经营发展,抓经营必须坚持党建统领,以"六个一"工作机制为抓手深耕基层党建。持续创建党员"责任区""示范岗",打造"一个支部就是一座堡垒""一名党员就是一面旗帜",大力营造出党员带领群众共同干事创业的良好氛围。强化构建党建共建"五联"工作网,广泛联合社区、村镇、企业、友商、生态伙伴,为生产经营发展铺开宽广通畅的合作之路。成功探索结对帮扶工作模式,实现直属专业部门党支部与基层综合网格党支部结对,切实解决基层问题,实现共同提升。创新开展特色党日活动,把握住"党建+创新"的工作主题,不断激发基层责任单元活力。天津联通党委始终做到党建与中心工作同谋划、同部署、同推动,以高质量党建推动企业高质量发展。

打造千兆光网 提升百姓福祉

天津联通积极承担央企责任，落实"网络强市"政策部署，全面构建基础设施体系，大力推进千兆光网建设，加速网络品质蝶变升级，引领津城百姓数字生活新风尚。

为满足市民日益增长的高品质网络服务需求，天津联通为全市家庭提供三千兆高品质通信服务，首家提供"速率100%达标、夜间暖心修、不达标慢必赔"三项服务承诺。2022年，天津联通千兆宽带用户达到104万户，占比达到32%，千兆5G用户达到475万户，占比达到61%，千兆宽带和千兆5G用户规模占比持续保持全国前列。5G基站规模超过1.84万个，千兆宽带端口超过780万个，于2021年9月率先在全国实现"双千兆"网络全域覆盖，助力天津入选全国"千兆城市"。

今年2月，后双千兆时代"光兆津门 数智惠民"行动计划启动发布会在万丽天津宾馆举行，天津联通在会上发布了全新的"光兆津门 数智惠民"行动计划，包括光网络基础建设升级行动、数智生活融合升级行动、惠民服务升级行动三大行动，着力构建全光数智家庭产业联盟，进一步提升全光网络及全屋光Wi-Fi服务标准，引领天津宽带网络服务进入全光全屋Wi-Fi时代。

服务数字政府 构建新型格局

天津联通积极发挥数字政府建设领军企业优势，不断加大云计算、大数据、物联网、大安全、人工智能、区块链等领域的投入，扎实提升技术能力，为加快天津数字政府建设贡献联通力量。

作为天津市主导运营商，天津联通依托自有资源和品牌优势，成立产业互联网研究院，并获批"5G应用安全创新示范中心（天津）"，拥有超2000人的本地化科技创新交付团队。积极服务本市数字政府建设，为市区两级85%以上的政务内外网提供服务，参与了天津市75%以上的智慧社区建设，大幅提升社区公共服务智能化程度；为天津市各主要委办局、重点行政区提供政务云建设服务，助力政府治理流程优化、模式创新、履职能力提升；在天津城市治理、政务服务、民生服务、产业发展多个领域提供智慧交通、智慧应急、智慧医疗、智慧教育、工业互联网、智慧港口等数字化服务，积极参与一系列智能制造产业升级服务。

科技创新赋能 引领产业升级

作为天津市信息化建设主力军，天津联通持续深入落实"制造业高质量发展行动"，在5G+工业互联网领域持续领航，聚力赋能千行百业网络化、数字化和智能化升级，取得一个又一个骄人成绩。

广告

天津联通加快以5G为引领的科技创新成果赋能产业升级，全面聚合5G+物、云、数、智、链、安等资源禀赋，打造IT-CT-OT深度融合的工业企业能源管理平台、5G智能感知云平台、电力安全生产智能风险管控平台等核心能力平台，参与600余家企业工业互联网建设和智能制造升级，打造近60家5G全连接工厂，助力企业数字化、网络化、智能化转型。相继打造一系列标杆项目，其中与天津港共同打造的"5G智慧港口项目"，助力天津港实现全球首创集装箱码头全流程作业自动化，整体作业效率提升20%，该项目荣获第四届绽放杯全国标杆赛金奖，并入选2022年世界5G大会十大优秀案例；与中海油集团海洋石油工程股份有限公司共同打造的"5G海洋油气装备制造智能工厂项目"打造了5G智慧生产、5G智慧总装、5G仓储运输等多种应用成果，实现高空作业量减少1/3，总装周期缩短50%，该项目荣获第五届绽放杯全国赛一等奖。

天津联通连续2年以通信运营商战略合作伙伴的身份参展世界智能大会，并承办第六届世界智能大会的第二届5G+工业互联网高峰论坛和天津5G行业应用展，正式揭牌5G应用安全创新示范中心，落地中国联通"5G+工业互联网"和"5G+车联网"两个联合实验室，加快先进科技成果转化。

聚焦"急难愁盼" 打造卓越服务

天津联通聚焦客户"急难愁盼"问题，以为客户创造价值为核心，通过口碑引领，高目标牵引，健全长效保障机制，开展品质服务行动，打造客户感知领先的卓越服务，实现服务口碑行业前列。

全面落实"高品质服务白皮书"，以"全联通"为引领，将服务标准与负面清单相结合，引入服务监督员和三方基础服务规范暗访检查，推进全客户、全场景服务标准再升级，白皮书指标达标率持续全国前列，渠道服务满意度持续保持行业领先。为客户提供信赖的数字信息安全，严把用户入网关，结合用户使用行为、终端信息、常用基站等信息，提升防欺诈、防骚扰治理模型精准度，为客户创造良好网络使用环境。

在满意度方面多年保持行业前列，有效申诉率持续压降全国前列，秉承"一切为了客户"的服务宗旨，面向全社会发布"银龄专享"助老服务计划，从便捷服务、温情陪伴、智趣生活三方面为老年客户提供十项高品质服务，2022年累计开展助老活动2182场，为老年用户提供热线服务30.5万次。智家工程师免费上门测速15.6万次，通过中国联通App累计提供服务4100万次，装移机、修障实时测评满意度均位于全国前列。

深耕网络建设 筑牢安全屏障

天津联通坚持以人民为中心，积极践行央企责任，坚决落实国家要求，持续深耕精品网络建设，不断加强信息安全保障，进一步筑牢网络安全工作防线，全力以赴做好网安、信安工作。

高度重视网络安全保障工作，坚持综合施策、分工协作，重要岗位7×24小时实现专人值守。第一时间开展专项演练，封堵网络风险IP，处置钓鱼和垃圾邮件攻击，圆满完成北京冬奥会及冬残奥会等多次重要通信保障任务。累计重保专线电路近千条，重保期间全网运行稳定，IPTV直播转播流畅无卡顿，交出了满意答卷。

通过管理策略和技术手段双管齐下、多措并举，由内而外、由源头到终端，构筑了一道严密的通信防御网，全力保障用户的合法权益。在管理策略上，将诈骗电话治理成效及日常涉诈数据纳入公司管理部门和营销单位绩效考核，辅以严格的问责机制。在技术手段上，围绕大数据模型和行销工具管控两个方面"做文章"。在鹰眼大数据模型基础上叠加本地模型，实现自动检出、自动发送通知短信和自动关停处置，同时和公安部门建立了数据互通机制，实现风险管控关口前移，携手打赢反诈保卫战。

数字赋能"三农" 助推乡村振兴

天津联通与市农委签署"乡村振兴战略合作协议"，成立数字乡村产业联盟；持续加大农村区域资源投入，实现千余个自然村数字乡村平台全覆盖；勇当数字乡村建设主力军，以数字技术持续赋能乡村基础设施建设、治理模式创新、生产方式升级、生活方式改善，全面服务乡村经济社会发展。通过四新工程，全力助推天津市数字乡村建设；通过发挥技术创新的扩散效应，加速推进千兆连接新基建；通过发挥数字平台的集聚效应，构建乡村治理新平台；通过发挥数字技术的普惠效应，提供数字应用新服务；通过发挥数据信息的溢出效应，打造"三农"合作新生态，积极为乡村振兴开新局贡献数字力量、联通智慧。

未来将进一步加大对农村区域的资源投入，以联通数字乡村平台为载体，围绕乡村产业振兴、人才振兴、文化振兴、生态振兴、组织振兴，计划推出乡村治理、产业服务、村民生活等"智慧+"新应用，助力镇、村政府实现对辖区的智能化、数字化管理，实施打造智慧绿色乡村建设，推进智慧生态、智慧旅游、数字乡村、平安乡村，丰富村民生活，助力全面振兴。

发挥科技力量 助力共同抗疫

自2022年1月以来，天津联通在全国范围内将传统用于工业互联网领域的5G切片技术应用到民用领域中，为抗疫前线上万名工作人员开通该项服务（网速较普通用户快3倍以上），极大提升证件扫描上传速度，提高核酸筛查效率，减少百姓等候时间，以科技抗疫硬实力，为天津核酸检测跑出"加速度"。

同时，为全市各级疫情防控指挥部、核酸筛查点、隔离点、重要企事业单位提供高品质专用通信网络和科技产品（为市疫情防控指挥部提供智能语音AI平台，为市网信办扩容政务云IDC资源，为12345热线支援客服人员），全力以赴做好通信保障。

云帆高挂向渤海，风起云涌望津沽。新蓝图已绘就，新征程已开启，惟有不懈奋斗，方能不负重托。

展望未来，天津联通将继续发挥国家队、主力军、排头兵作用，持续打造规模更大、创新能力更强、用户首选的综合信息服务商，依托优质的通信网络、过硬的技术实力、优秀的服务团队，助力智慧天津发展再上新台阶，为市民百姓创造高品质智慧生活，为本市全面建成社会主义现代化大都市贡献"联通力量"。

广告

中国联合网络通信有限公司 吉林省分公司

中国联合网络通信有限公司吉林省分公司（以下简称吉林联通）是中国联通在吉林省的分支机构，下辖9个市州分公司和40个县（市）分公司，是吉林省通信行业三家主要电信运营商之一。作为支撑党政军系统、各行各业、广大人民群众的基础通信企业，吉林联通具有技术密集、全程全网、规模经济、服务经济社会与民生的特征与属性，坚定联通集团"强基固本、守正创新、融合开放"战略，积极落实网络强国、数字中国、智慧社会和人民群众对于美好信息生活的向往，全面服务吉林省数字经济发展。

坚定政治信念，拧紧思想"总开关"

2022年，吉林联通党委不断提升政治站位、扛牢政治责任，在数字经济主航道上强力领航，坚持集团公司"1+9+3"战略引领，以新气象新作为推动中国联通高质量发展取得新成效；坚持强化"严实精细快"工作作风，不断提高工作标准、工作质量和工作成效，大力营造干事创业、拼搏奋进的企业新风尚；坚持加强基础设施建设，5G基站规模建设创近十年来高峰期，成为本省5G网络规模较大的运营商；坚持创新驱动，全面助力科技防疫、数字乡村建设，推动基层治理提质增效，深层次融入和服务吉林省经济社会发展，切实将党的政治优势转化为企业发展优势、创新优势、竞争优势，以高质量党建引领保障高质量发展。

助力乡村振兴，铺就致富"数智路"

吉林联通积极践行"国家队、主力军、排头兵"使命担当，着力打造覆盖城乡、技术先进、品质优良的精品网络，精准补强乡村地区5G和光纤网络，实现各帮扶点移动网和宽带网络的100%覆盖。发挥数字化、网络化、智能化优势打造数字乡村平台，完成省内6000余个行政村的数村平台搭建，引入党建云屏、沃家神眼、水源监测、智慧种植、农村电商等特色应用，以数字化服务推动农村数字化治理与产业升级，扎实推进数字惠农、智慧兴村。精准帮扶巩固脱贫攻坚成果，结合帮扶点资源禀赋，帮助村集体开展芦花鸡、鳟鱼、肉牛养殖，榛子、五味子、黄花菜经济作物种植等产业项目，促进农业增产、农民增收。汇聚各方力量落实消费帮扶，组织开展"央企兴农周""迎春行动"等消费帮扶活动，以联通助农平台及现场展销活动为载体，带动帮扶点农畜产品销售220余万元，为脱贫群众增收、助力乡村振兴贡献联通力量。

夯实服务之本，筑牢发展"压舱石"

吉林联通以持续深化开展"我为群众办实事"实践服务为牵引，推出"百倍用心 十分满意"——"我为群众办实事"专项行动，聚焦四项用心服务，推出四项"满意邀约"流程，持续打造高品质服务口碑，以用心服务赢得客户真正满意。吉林联通全年免费上门测速60多万户，开展助民活动2600多场，350多个营业厅挂牌智慧助老体验中心与爱心驿站，为银龄客户、户外工作者提供帮助，传递公益爱心。

注：联通工作人员为老人讲解通信知识、普及防诈骗常识

中国联合网络通信有限公司 吉林省分公司

启航5G扬帆，打造智造"工具箱"

吉林联通深化落实5G应用"扬帆"行动计划，围绕数字化转型要求，为一汽红旗繁荣工厂5G智慧园区项目建设提供技术、设备、服务等支持，助力一汽打造5G汽车制造样板点。通过5G MEC为基础的5G专网架构并结合5G切片技术，根据工厂特定情况打造数字大屏，利用展拟化技术还原生产制造场景，横向拉通各业务管理系统，实现数据互通及整合，建设国际优质的移动化、数字化、全自动化新能源工厂，加速工业智能升级，推进吉林省5G与工业互联网融合发展进程。

创新智家服务，构建营服"新铁军"

2022年，吉林联通全面展开"智家工程师服务体系重塑"专项攻坚行动，建立更加严格管理考核标准，启用AI全程监管安装流程，实时上传服务过程录音，将"非现场管理"转变为"现场管理"，快速提升服务口碑，力求付出百倍用心，赢得用户高分满意度。为营造智家工程师"勤奋学习、苦练技能、精益求精、追求卓越"的良好氛围，吉林联通组织开展岗位技能认证、FTTR交付技能、入户服务礼仪等20余场次培训，分季度开展智家铁军专项运营技能大赛评比，致力打造一支服务水平高、超越客户预期的全国智家工程师标杆队伍。

2023年，吉林联通将继续创新模式、强化拓展，成为客户信赖的智慧生活创造者，为千家万户质享数字生活贡献联通力量。

服务千行百业，跑出吉林"加速度"

2023年，吉林联通与吉林省民政部门展开新一轮战略合作，双方充分发挥资源禀赋优势，共同推动民政工作数字化转型、智慧化发展、重塑性变革，在全省重大民政项目、养老事业与产业、社会救助、社会治理、公益慈善、儿童福利、残疾人福利等方面，共同推动数字技术在民政各项业务场景中的应用，统筹推进技术融合、业务融合、数据融合，为民政事业添砖加瓦。

注：2023年2月，吉林联通与吉林省民政部门签署全面战略合作协议

吉林联通积极运用视频和人工智能技术构建新的业务模式，打造镇赉"农眼综合展示平台"，包括秸秆焚烧监测服务、智能物联综合管理平台承载服务、视频存储服务、视频组网服务、视频安全加固服务、集中解码服务、智慧物联生态感知服务、智慧秸秆焚烧生态感知服务、秸秆焚烧大屏展示服务、高塔监控监测服务、火情研判分析服务、秸秆焚烧巡护服务12项子服务。致力实现信息资源全面整合、可视化管理、智能分析赋能业务，建设秸秆禁烧监管工作业务闭环体系，提高政府安全突发情况处理能力和防灾能力，提升政府指挥调度能力，推动城乡基层精细化治理。

吉林联通自主研发的智慧林长制管理平台，以林草资源及林业专题数据为基础，引入GIS引擎、工作流引擎，依托林长制网格化责任体系，采用数据共享、部门协同、多级联动等机制，打造林草资源"一张图""一套数""一体化"信息平台，使各级林长实时掌握林草资源生态保护、生态修复以及灾害防控等情况，形成智能、精准、高效的林地监管模式。该项目已在白城市四县一区、江西九江、河南南阳等地落地，并成为当地林长制落地执行的重要抓手，有效助力生态资源永续利用，为林地资源保护管理信息化、智能化提供科技创新支撑。

吉林联通充分发挥5G、云计算、大数据、物联网、区块链、网络安全、移动通信、光通信等方面的技术优势，打造"5G+智慧校园"标杆，积极参与智慧校园建设。在教育信息化、教育新型基础设施建设、通信服务、资源共享、OA办公系统、智慧校园数据整合、后勤服务应用平台、移动办公平台、5G网络覆盖、校园网等领域与相关院校开展广泛、深入、持久的合作，进一步加快信息技术与教学变革深度融合。

注：2022年6月，吉林联通与吉林相关院校签署战略合作协议

广告

 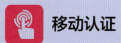

公众号搜"移动认证"

移动认证
数智化生活通行证

快捷	安全	连接	高效
一键登录 免记账密	网关技术 杜绝钓鱼党	互联互通 应用可跳转	登录即注册 转化率高

广告

星际广场
Interstellar Square

加入超时空派对
来星际广场 一起嗨

即刻通过咪咕官网首页banner登陆星际广场

广告

数智竞技 大有可为

中国移动咪咕公司联合
亚洲电子体育联合会（AESF）
打造涵盖业余、职业、国家队的
亚洲科技体育赛事IP

MCG数智竞技　　XR数智竞技　　体育实况元宇宙　　游戏电竞升级

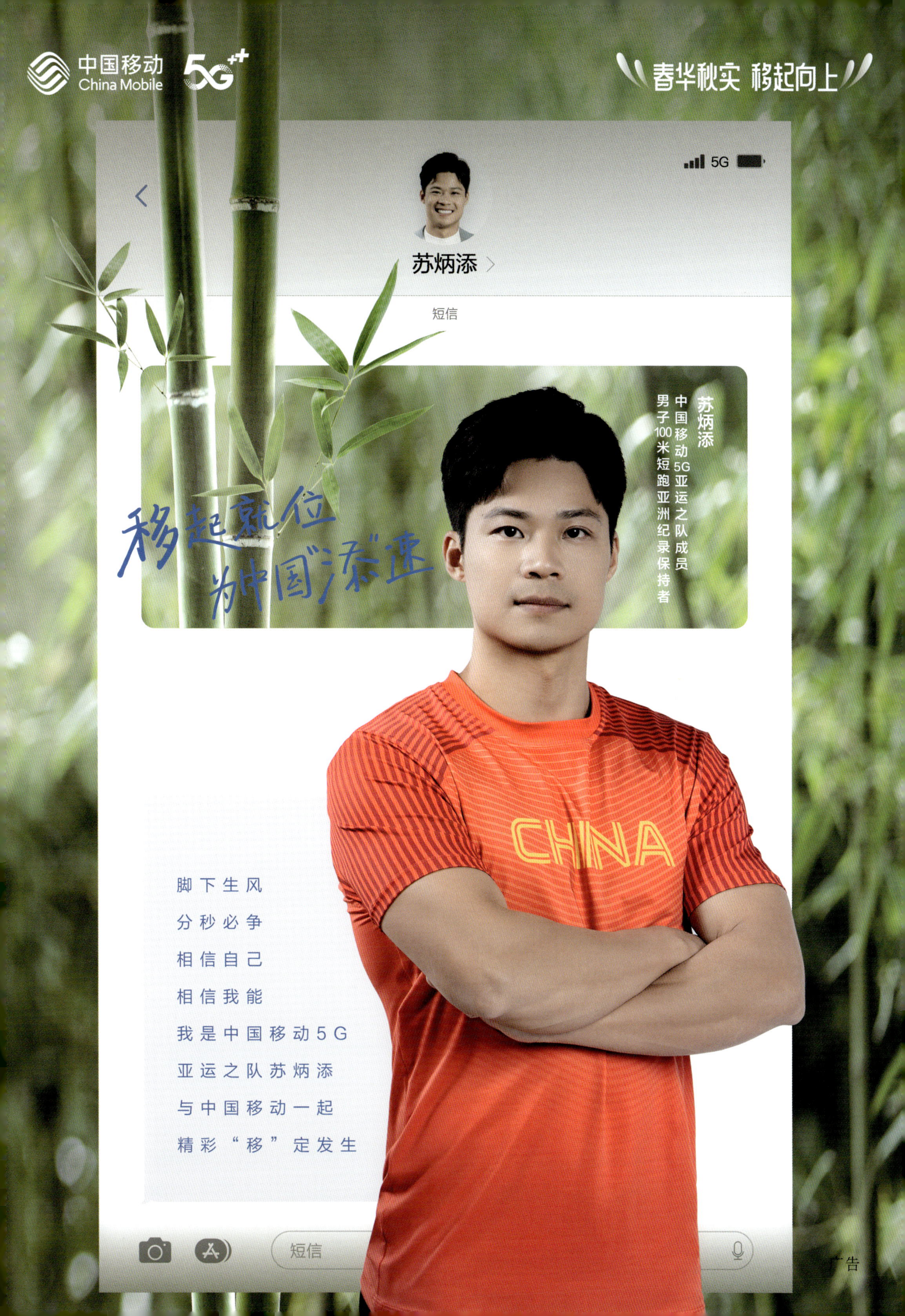
中国移动
China Mobile
5G++
春华秋实 移起向上
5G
苏炳添
短信
移起就位
为中国添速
苏炳添
中国移动5G亚运之队成员
男子100米短跑亚洲纪录保持者
脚下生风
分秒必争
相信自己
相信我能
我是中国移动5G
亚运之队苏炳添
与中国移动一起
精彩“移”定发生
CHINA
短信
广告

中国联通
第三方支付平台

联通支付有限公司（简称"联通支付"）是中国联通旗下的第三方支付平台，致力于提供"安心、便捷"的支付解决方案。联通支付自 2011 年成立以来，始终以"安全"为产品和服务的核心。 联通支付以沃支付为企业品牌，通过中国联通APP为个人用户提供综合性的民生支付应用与金融信息服务，同时为政企类客户提供一体化的支付金融解决方案。

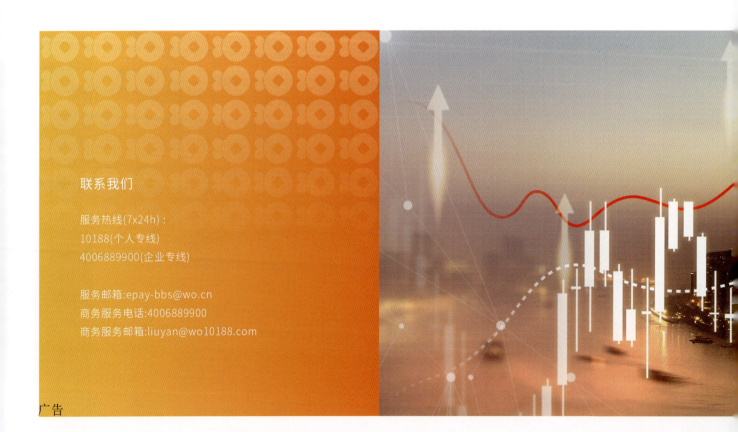

联系我们

服务热线(7x24h)：
10188(个人专线)
4006889900(企业专线)

服务邮箱:epay-bbs@wo.cn
商务服务电话:4006889900
商务服务邮箱:liuyan@wo10188.com

广告

产品布局

数字支付	数字金融	数据科技	平台生态
电子券: 通用券/终端券/权益券…	**沃分期**: 花呗先享/招联分期/联通U汇购…	**数据风控**: 数据核验/精准营销/反欺诈…	**生活服务**: 生活缴费/通信交费/信用卡还款…
资金归集: 统一收银台/智能POS/现金归集/政企资金归集…	**沃易贷**: 沃易贷/员工贷/借钱…	**数字人民币**: 软钱包/硬钱包	
沃企行: 标准支付/解决方案/资金监管…	**沃理财**: 基金/沃享赢/话费宝…	**数字藏品**: 联通数藏…	**党工团费**: 党费/团费/工会费…
沃掌柜: 激励快返/代发/体彩合作…	**沃易融**: 订单贷/供货贷…	**隐私计算**: 联邦学习/数据加密…	**电子商城**: 沃钱包商城/助农商城…

基础工具: 聚合支付 | POS收单 | 网银支付 | 代收/代付 | 快捷支付 | 余额支付 | 收银台……

广告

中国联通
支付金融解决方案

数字乡村 ◆ 助农商城解决方案

提供农产品线上销售
全流程运营支撑等服务
全面服务乡村振兴

数字政府 ◆ 一网通办政务平台支付解决方案

建设一网通办统一支付平台
提供多种方式收银服务
规范流程，服务当地居民

科技创新 ◆ 数据科技、数字人民币解决方案

提供用户行为洞察、精准营销、数据风控、隐私计算等服务。保持数字人民币产品研发和场景拓展领先，服务养老、助残、教育等领域

广告

智慧教育 ◆ 教培资金监管解决方案

提供"聚合收银+资金监管"一体化方案
助力教育"双减"
高效透明服务教育管理部门、教培机构及学生家长

惠民服务 ◆ 消费券支付解决方案

覆盖千万商户
精准灵活发放,高效清分结算
助力地方政府拉动消费

数字党建 ◆ 党工团交费解决方案

为党、工、团组织提供线上交费平台
立体化、多层级组织信息管理
提升管理效能

广告

中讯概述
ENTERPRISE OVERVIEW

隶属关系
ENTERPRISE AFFILIATION

中讯邮电咨询设计院有限公司隶属于中国联合网络通信集团有限公司

中国联合网络通信集团有限公司

中国联合网络通信集团有限公司(简称"中国联通")于2009年1月6日由原中国网通和原中国联通合并重组而成,公司在国内31个省(自治区、直辖市)和境外多个国家和地区设有分支机构,拥有覆盖全国、通达世界的现代通信网络和全球客户服务体系,用户规模达到4.6亿户。

中国联通全面承接新时代赋予的新使命,"十四五"公司发展的定位明确为"数字信息基础设施运营服务国家队、网络强国数字中国智慧社会建设主力军、数字技术融合创新排头兵"。公司战略升级为"强基固本、守正创新、融合开放"。

中国联通是一家整体进行混合所有制改革试点的中央企业,公司在2021年《财务》世界500强中位列第260位。

中国概述

企业简介
ENTERPRISE PROFILE

中讯邮电咨询设计院有限公司

1952年创建于北京，是一家综合性甲级咨询勘察设计单位，2006年成为中国联通全资子公司，2008年改制为中讯邮电咨询设计院有限公司（以下简称"中讯设计院"），是国家"高新技术企业"、国企"科改示范企业"、国资委"对标提升"标杆企业。

成立以来，中讯设计院先后承担了几十项通信高新技术工程设计，完成了中国通信骨干网50%以上的咨询设计项目，拥有通信工程、建筑工程设计、勘察、咨询甲级资质、涉密信息系统集成甲级资质、施工总承包资质、检验检测资质等多项核心资质，先后培养出7位国家工程设计大师，技术实力雄厚。

业务能力涵盖网络咨询规划设计、设计仿真软件开发、工业互联网、云网安全、双碳产品及解决方案等多领域，能够为电信运营商及政企客户提供咨询、设计、总包、软件开发、研件产品和运营支撑的全方位、全过程服务。

为提升企业核心竞争力、增强企业活力，中讯设计院于2022年引入诚通混改基金、国新科改基金、中国电科核心研投基金、广州工控资本、上海久有基金5家战略投资方，形成中国联通持股75%，战略投资方持股20%，员工持股5%的股权结构。

未来，中讯设计院将在中国联通新战略规划指引下，强基固本、守正创新，勇当"数字信息基础设施运营服务国家队、网络强国数字中国智慧社会建设主力军、数字技术融合创新排头兵"。

广告

业务布局

除传统通信网络全过程咨询外，在物联网、大数联、通信云、人工智能、工业互联网、安全领域、双碳领域、软件开发、检验检测等重点技术领域均有布局。

面向网格的研究、咨询、规划、设计服务
- 面向通信运营商的网络规划、咨询、设计服务
- 面向政府、行业的信息通信高端咨询、网络规划、设计服务

软件开发业务
- 通信领域计算机辅助工程设计软件（CAE）开发
- 通信网络各类数字化运营支撑软件系统开发
- 面向行业的各类应用、管理平台开发

面向工业互联网及行业领域的整体解决方案服务
- 基于5G的模组、各类采集终端等硬件产品研发
- 各类工业边缘网关硬件产品研发
- 面向工业互联网领域的通信网络产品研发
- 面向行业的全套产品供给及整体解决方案

面向双碳领域的咨询、规划、解决方案服务
- 双碳政策研究、标准制定、高端咨询
- 数据中心、通信机房的节能产品研发
- 数据中心智慧运营产品开发及服务
- 提供低碳数据中心、机房的综合解决方案
- 能源合同管理服务
- 数据中心土建及机电EPC总包服务

面向安全领域的综合解决方案服务
- 面向云网安全的综合解决方享和产品研发
- 面向物联网终端安全的综合解决方案及安全平台研发
- 安全手机研发及运营服务

检验检测业务
- 能源领域设备的检验检测
- 通信领域设备的检验检测
- 数据中心 Uptime、CQC等检测认证

面向通信工程的相关服务
- 工程总包
- 系统集成
- 工程监理
- 招标代理
- 工程施工
- 通信服务外包

中国概述

全球布局

历经多年发展,中讯设计院在实现对全国服务覆盖的基础上,积极响应"走出去"的国家战略,先后承担了孟加拉国、安哥拉、古巴、俄罗斯等多个海外工程的建设项目。

中讯设计院积极支持中国联通集团国际业务,涉及范围遍布美国、加拿大、德国、法国、英国、瑞典、荷兰、俄罗斯、日本、新加坡、韩国等近30个国家和地区,并为中国联通香港、美洲、欧洲、新加坡、日本、澳大利亚、缅甸、巴西等运营公司提供技术服务支撑。

广告

长飞光纤光缆股份有限公司

长飞光纤光缆股份有限公司（以下简称"长飞公司"）成立于1988年5月，是专注于光纤光缆产业链及综合解决方案领域的科技创新型企业。

长飞公司于2014年12月10日在香港联交所挂牌上市（股票代码：06869.HK），2018年7月20日在上海证券交易所挂牌上市（股票代码：601869.SH）。

长飞公司主要生产和销售通信行业广泛采用的各种标准规格的光纤预制棒、光纤、光缆，基于客户需求的各类光模块、特种光纤、有源光缆、海缆，以及射频同轴电缆、配件等产品，公司拥有完备的系统集成、工程设计服务与解决方案，为世界通信行业及其他行业（包括公用事业、运输、石油化工、医疗等）提供各种光纤光缆产品及综合解决方案，在全球90多个国家和地区提供优质的产品与服务。

长飞光纤光缆股份有限公司
YANGTZE OPTICAL FIBRE AND CABLE JOINT STOCK LIMITED COMPANY

地址 ADD：中国武汉光谷大道9号　9 Optics Valley Avenue, Wuhan, China
邮编 PC：430073　电话 Tel：400-006-6869
Email：400@yofc.com

智慧联接 美好生活
Smart Link Better Life.

秉持"智慧联接 美好生活"的使命，
长飞公司以"客户 责任 创新 共赢"为企业核心价值观，
在全业务增长、国际化、多元化、技术创新与数字化转型、
资本运营协同成长五大方面积极布局，
致力于成为信息传输与智慧联接领域的领导者。

股票代码 Stock Code:
601869.SH　06869.HK

主营业务全球引领

光纤预制棒

- 自主掌握PCVD、OVD、VAD三种主流预制棒制备技术,成功实现产业化

超低衰减大有效面积光纤

- 与国家电网合作,在特高压领域使用G.654.E光纤,陆地单跨距467km无中继传输(雅中-江西/陕北-湖北)
- 与中国电信合作,大规模正式商用G.654.E新型光纤(上海金华河源广州干线)
- 与中国移动合作建设1539.6km皮长的陆地干线G.654.E光纤线路(京津济宁一级干线)
- 与中国联通合作进行陆地干线G.654.E光纤线路(巴里坤-哈密)

全系列光缆产品助力高效建网

- 全干式光缆:中国新型光缆产品,用于墨西哥国家宽带等工程项目
- 微族光缆:微单元结构,易分歧;手动开到,施工方便
- 超大芯数光缆:在行业内率先实现批量化生产,助力横琴"智能岛"建设
- 气吹微缆:推出180um纤超细气吹微缆,打造中国气吹微缆干线(中国联通:武汉-荆门)

长飞光纤光缆股份有限公司
YANGTZE OPTICAL FIBRE AND CABLE JOINT STOCK LIMITED COMPANY

地址 ADD:中国武汉光谷大道9号 9 Optics Valley Avenue, Wuhan, China
邮编 PC: 430073   电话 Tel: 400-006-6869
Email: 400@yofc.com

相关多元化业务快速发展

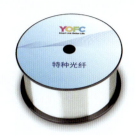

光模块

为通信设备提供高速的光接口互联，针对接入网、传输网、数据中心、无线网等应用为客户提供稳定可靠、高效灵活的光模块解决方案。

系统集成

积极拓展信息技术集成业务及相关产品的开发、研制，在多个5G垂直应用领域形成基于5G网络的综合集成、智慧园区、智慧旅游、智慧社区、智慧政务、智慧教育等解决方案，赋能千行百业。

特种产品

长飞公司在以特种光纤为核心的特种产品领域精耕细作多年，已实现了特种光纤全系列化，具备完善的特种光纤预制棒及相关原材料—全系列特种光纤—特种光纤组件及系统模块的产业链结构。长飞特种产品已广泛应用于光纤通信、光纤激光、光纤传感、智能工控等不同领域。

综合布线

iCONEC®综合布线，包含超五类系列，六类系列及超六类系列铜产品和光系统单模，多模(OM3,OM4,OM5)多系列产品，旨在为楼宇及数据中心提供高速互联、高密度、高可靠性的网络基础设施解决方案。

有源光缆

FIBBR品牌有源光缆，采用自研光电转换模组和特种抗弯光纤，可以高带宽、低时延、长距离传输4K/8K，以及VR等信号。目前推出HDMI、DP、USB、VR、DVI等多种光纤数据线，广泛应用于影音娱乐、电竞、商用工程、VR等领域。

海缆

我们提供性能优异的海底电缆、光纤复合海底电缆、海底光缆、动态缆、脐带缆，以及电缆接头、终端等产海缆产品和配件，为海底传输网络保驾护航。

YOFC Smart Link Better Life. 广告

华夏IT英才的摇篮

"双一流"建设高校　　江苏高水平大学建设高峰计划A类建设高校

因邮电而生 ◆ 随通信而长 ◆ 由信息而强

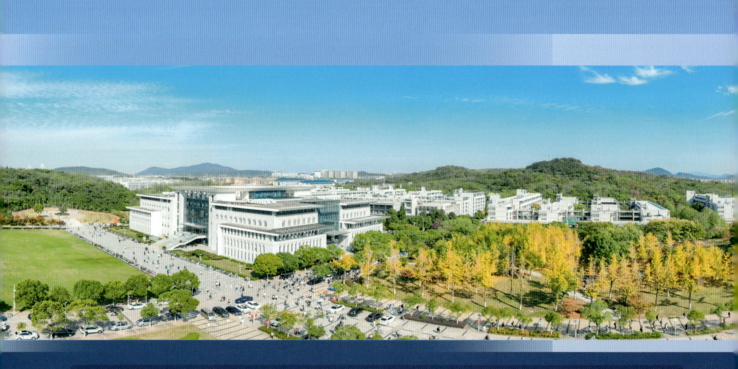

　　南京邮电大学是国家"双一流"建设高校和江苏高水平大学建设高峰计划A类建设高校。学校认真学习贯彻党的二十大精神,坚持立德树人根本任务,坚持社会主义办学方向,坚持为党育人、为国育才。办学80年以来,学校已发展成为一所以工学为主体,以电子信息为特色,理、工、经、管、文、教、艺、法等多学科相互交融,博士后、博士、硕士、本科等多层次教育协调发展的高校,为国家输送了各类优秀人才26万余名,享有"华夏IT英才的摇篮"之誉。

广告

- A 仙林校区南门
- B 通信展览馆
- C 校史馆
- D "南邮星"命名仪式
- E 办学80周年高质量发展大会
- F 圆楼亲水平台
- G 战邮广场

全面开启研究型大学建设新征程,朝着早日建成电子信息领域特色鲜明的高水平研究型大学不断迈进!

射频集成与微组装技术国家地方联合工程实验室

射频集成与微组装技术国家地方联合工程实验室（以下简称"实验室"），面向国家战略需求，针对射频集成和微组装技术的发展前沿和国民经济、社会发展及国家安全的重大科技问题，围绕产业应用急需，重点开展射频系统与天线、通信电路与系统、功率与射频集成、射频MEMS与微纳电子、微纳器件与微组装、柔性光电子等研究领域的科技创新，为解决长三角和江苏省产业电子信息经济发展的瓶颈问题提供关键共性技术支撑，并具有较好的辐射、带动作用。

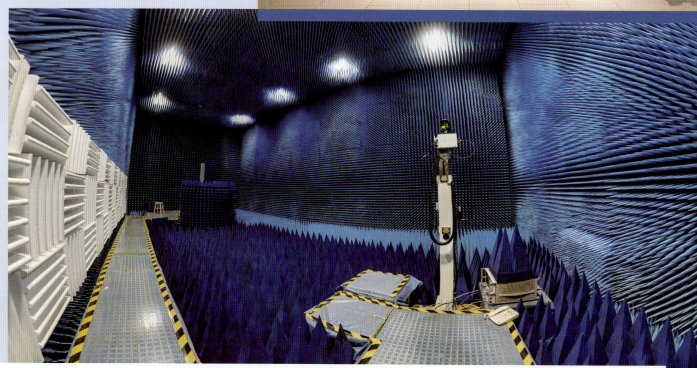

实验室依托南京邮电大学的学科优势、技术研发优势和人才优势，依托中国电子科技集团第五十五研究所国博公司（以下简称"国博"）和通富微电子股份有限公司（以下简称"通富微电"）技术的成果转化优势、产品转化优势和市场开发优势，以掌握原理实现突破性技术创新为目标，把握技术发展方向，加快技术研发，力争突破产业瓶颈，积极推动应用示范，协调推进产业体系发展，有利于我国抢占信息产业领域未来竞争的制高点和培育产业升级的核心驱动力，参与全球市场竞争。

实验室近年来引进和培养了一批具有国际影响力的优秀人才和高层次人才，组建了一支近180余人国内优秀、国际有影响力的研究团队，成为我国射频集成与微组装技术研究、产业发展以及高层次人才培养的重要基地，在区域经济转型与社会发展以及创新体系建设中发挥积极作用。工程实验室建筑面积16000多平方米。近年来，承担包括国家重大科技专项、国家重点研发计划等在内的纵向项目150余项；获得了国家自然科学奖二等奖2项、国家级教学成果奖二等奖1项、自然科学奖一等奖、江苏省科学技术奖一等奖、江苏省教学成果奖特等奖、中国电子学会科技进步一等奖等省部级以上奖项20余项；申请发明专利800多项，其中授权500余项；发表高水平研究论文600余篇，其中SCI检索280余篇；和中国移动、国家电网、华为等20多个国内知名企业共建了联合实验室，和通富微电、中电科、中航、华为等50余个国内知名企业建立了产学研合作关系，承担了500余项技术开发项目。

广告

实验室主要围绕以下四个方面开展工作：

1. 科技攻关，突破前沿。重点开展射频系统与天线、通信电路与系统、功率与射频集成、射频MEMS与微纳电子、柔性电子以及微组装技术等域的科技创新，在国际上形成我国的优势与特色，取得具有自主知识产权、高度创新实用性成果，为产业提供技术支持，促进江苏射频集成等新兴产业的超常规、跨越式发展，推动产业结构调整和经济发展模式转变，并产生良好的社会经济效益。

2. 产研合作，协同创新。有效整合南京邮电大学与合作单位在信息技术领域和行业应用领域的优势力量与资源，根据优势互补的原则进行产研合作和协同发展，聚集一批电子信息与通信技术和产业领域高端人才，建立引领全国射频技术、通信技术、集成电路技术、微组装技术与应用的发展基地，包括知识产权基地、产业孵化基地、应用示范基地、人才培养基地，打造支撑海内外射频集成与微组装产业发展的公共平台。

3. 成果转化，技术应用。和省内射频与集成电路相关企业开展深度合作，在射频系统与天线、通信电路与系统、功率与射频集成、射频MEMS与微纳电子、以及微组装技术等领域孵化和转化一批科技含量高、市场前景大的成果。通力合作，完成相关产品的后续试验、开发、应用和推广，并形成规模效应，最终达到合作共赢的目的。

4. 立德树人，人才培养。依托本实验室，开展创新人才培养，累计培养本硕博学生4000余名，毕业生主要进入华为、中芯国际等行业知名企业就职。在各级学科竞赛中成绩斐然，共获国家奖励200余项，其中，获全国大学生电子设计竞赛最高奖"瑞萨杯"(2017)、中国国际"互联网+"大学生创新创业大赛金奖(2020、2021)、"挑战杯"中国大学生创业计划竞赛中金奖(2020)、中国研究生电子设计竞赛"研电之星"第一名(2022)。

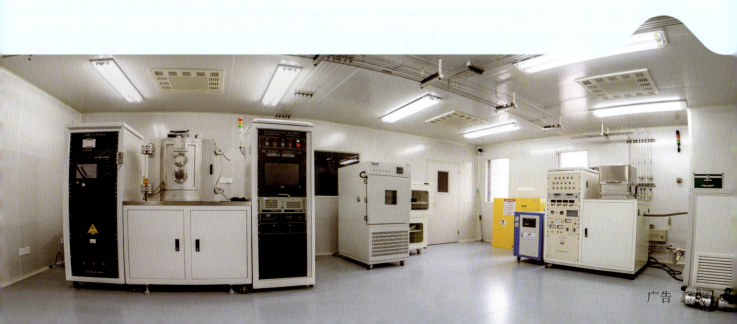

广告

广告索引

前 插

A1	中国电信股份有限公司浙江分公司
A2-5	中国电信股份有限公司
A6-9	中国移动通信集团有限公司
A10-13	中国联合网络通信有限公司
A14-15	天翼安全科技有限公司
A16	江苏亨通光电股份有限公司

企业专题

B1-4	中国电信股份有限公司北京分公司
B5-8	中国移动通信集团北京有限公司
B9-12	中国电信股份有限公司上海分公司
B13-16	中国联合网络通信有限公司上海市分公司
B17-20	中国移动通信集团广东有限公司
B21-24	中国联合网络通信有限公司广东省分公司
B25-28	中国移动通信集团浙江有限公司
B29-32	中国联合网络通信有限公司河南省分公司
B33-36	中国移动通信集团河北有限公司

B37-40	中国联合网络通信有限公司河北省分公司
B41-44	中国移动通信集团云南有限公司
B45-48	中国联合网络通信有限公司福建省分公司
B49-52	中国联合网络通信有限公司天津市分公司
B53-56	中国联合网络通信有限公司吉林省分公司
B57-60	中移互联网有限公司
B61-64	咪咕文化科技有限公司
B65-68	联通支付有限公司
B69-72	中讯邮电咨询设计院有限公司
B73-76	长飞光纤光缆股份有限公司
B77-80	南京邮电大学

跨页

C1-2	中电信数智科技有限公司
C3-4	烽火通信科技股份有限公司
C5-6	中国卫通集团股份有限公司
C7-8	中国电信股份有限公司四川分公司

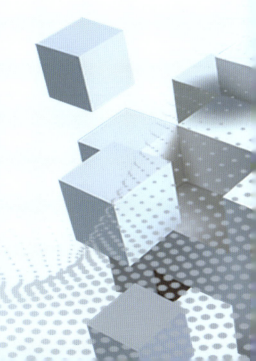

C9-10	中国移动通信集团四川有限公司
C11-12	中国电信股份有限公司浙江分公司
C13-14	中国移动通信集团福建有限公司
C15-16	中国联合网络通信有限公司山东省分公司
C17-18	中国联合网络通信有限公司四川省分公司
C19-20	中国移动国际有限公司
C21-22	中国联通(香港)运营有限公司
C23-24	中国电信股份有限公司安徽分公司
C25-26	中国联合网络通信有限公司浙江省分公司
C27-28	中国电信股份有限公司河北分公司
C29-30	中国联合网络通信有限公司湖南省分公司
C31-32	中国联合网络通信有限公司海南省分公司
C33-34	中国移动通信集团设计院有限公司

中插

D1	天翼物联科技有限公司
D2	天翼电子商务有限公司
D3	中国移动通信集团江苏有限公司

D4	博浩科技有限公司
D5	中浙信科技咨询有限公司
D6	中贝通信集团股份有限公司

后插

E1	联通视频科技有限公司
E2	中天科技光纤有限公司
E3	上海邮电设计咨询研究院有限公司
E4	元道通信股份有限公司
E5	广东省通信产业服务有限公司
E6	广东南方通信建设有限公司
E7	广西壮族自治区通信产业服务有限公司
E8	广东长实通信科技有限公司

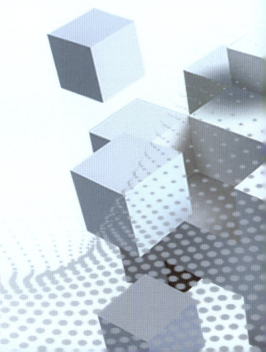

2023年全国工业和信息化工作会议

工业和信息化部

2023年1月11日，全国工业和信息化工作会议在北京召开。

会议以习近平新时代中国特色社会主义思想为指导，全面贯彻党的二十大精神，认真贯彻落实中央经济工作会议精神和党中央、国务院决策部署，总结2022年工作，部署2023年重点任务。工业和信息化部党组书记、部长金壮龙出席会议并讲话。部党组成员、副部长，国家国防科技工业局局长张克俭主持会议。工业和信息化部领导王江平、辛国斌、张云明、张建民、田玉龙出席会议。上海市、浙江省、湖北省、广东省、四川省工业和信息化主管部门和西藏自治区通信管理局负责同志作交流发言。

会议指出，2022年是党和国家历史上极为重要的一年。在以习近平同志为核心的党中央坚强领导下，工业和信息化系统坚持以习近平新时代中国特色社会主义思想为指导，深入贯彻党的二十大精神和党中央、国务院决策部署，全面落实疫情要防住、经济要稳住、发展要安全的要求，较好完成了全年重点工作任务。**工业经济总体回稳向好**。2022年，规模以上工业增加值同比增长3.6%，其中制造业增加值增长3.1%左右；制造业增加值占GDP比重为28%，比2021年提高0.5%。**重点领域创新取得新突破**。C919大型客机实现全球首架交付，国产10万吨级大型渔业养殖工船成功交付，腹腔镜手术机器人等高端医疗装备填补国内空白，国产四人雪车等冰雪装备实现"零"的突破，关键材料应用水平不断提升，中国空间站全面建成，第三艘航母"福建舰"下水。**产业链供应链韧性和安全水平持续提升**。协同推进受疫情影响企业复工达产取得显著成效，战略性矿产资源保障得到加强，新冠疫苗、药物等重点医疗物资供应保障有力有效。重点产业链强链补链有序开展，实施一批产业基础再造工程项目。创建45个国家级先进制造业集群。成功举办产业链供应链韧性与稳定国际论坛。**中小企业高质量发展取得新进展**。累计培育"专精特新"中小企业7万多家、"小巨人"企业8997家、制造业单项冠军企业1186家。加力帮扶中小微企业纾困解难，涉企违规收费专项整治行动、防范和化解拖欠中小企业账款专项行动成效明显。中小企业服务体系持续完善。成功举办全国专精特新中小企业发展大会。**制造业高端化智能化绿色化发展步伐加快**。2022年1～11月，高技术制造业增加值增长8%，装备制造业增加值增长6.2%。新能源汽车产销量突破650万辆，整车出口创历史新高。国内光伏新增和累计装机容量连续多年居全球首位。传统产业加快改造提升，质量品牌建设深入推进，工业领域及重点行业碳达峰方案印发实施，智能制造应用规模和水平进入全球领先行列。**信息通信业快速发展**。2022年电信业务总量同比增长8%。新型信息基础设施建设、互联网平台和App治理、防范治理电信网络诈骗等成效显著。累计建成开通5G基站超过230万个，新型数据中心建设成效明显。中小微企业宽带和专线平均资费降低超过10%。数据安全管理体系初步建立，电磁空间安全保障得到加强。圆满完成重大活动通信服务、网络安全、无线电安全等保障任务。我国成功连任国际电联理事国。

会议强调，党的二十大报告描绘了全面建成社会主义现代化强国、以中国式现代化推进中华民族伟大复兴的宏伟蓝图，作出推进新型工业化、加快建设制造强国和网络强国的重大部署。要深入学习贯彻党的二十大精神，深刻认识推进新型工业化的重大意义、面临的形势和使命任务，切实增强推进新型工业化的政治自觉、思想自觉、行动自觉。要保持制造业比重基本稳定，提升产业链供应链韧性和安全水平，打造现代化工业体系，推进高端化、智能化、绿色化发展，全面提升企业竞争力，提升产业治理现代化水平。要保持战略定力，坚定信心决心，主动识变、应变、求变，主动防范化解风险挑战，依靠顽强斗争打开事业发展新天地。

会议指出，2023年工业和信息化工作的总体要求是，坚持以习近平新时代中国特色社会主义思想为指导，全面贯彻党的二十大精神，认真落实中央经济工作会议精神和党中央、国务院决策部署，坚持稳中求进工作总基调，完整、准确、全面贯彻新发展理念，加快构建新发展格局，着力推动高质量发展，统筹发展和安全，大力推进新型工业化，锻长板、补短板、强基础，巩固提升传统产业，培育壮大新兴产业，支持"专精特新"企业发展，提升产业链供应链韧性和安全水平，推动制造业高端化智能化绿色化发展，实现工业和信息化质的有效提升和量的合理增长，加快建设制造强国和网络强国，为全面建设社会主义现代化国家开好局起好步提供有力支撑。

会议强调，2023年要抓好十三个方面重点任务。**一是全力促进工业经济平稳增长。**稳住重点行业，针对不同行业特点分别制定稳增长工作方案。鼓励工业大省主动挑大梁，支持中西部地区积极承接产业转移，支持东北地区制造业振兴取得新突破。稳住汽车等大宗消费，实施消费品"三品"行动，深化信息消费示范城市建设，扩大适老化家居产品和生活用品供给。支持企业加大设备更新和技术改造，做好制造业重点外资项目服务保障工作。深化产融合作，充分发挥投资基金带动作用，引导社会资本加大对制造业投入。加强经济运行监测调度，加快建设"数字工信"平台。**二是扎实推进"十四五"规划落地见效。**坚持一张蓝图干到底，健全规划实施机制，确保取得一批成果。强化统筹协调、督导落实，充分发挥各部门作用，共同推动规划实施。支持地方结合实际做好地方规划与国家规划的有效衔接，积极承担重点任务。**三是提升重点产业链自主可控能力。**围绕制造业重点产业链，找准关键核心技术和零部件"卡脖子"薄弱环节，"一链一策"推进强链补链稳链，强化产业链上下游、大中小企业协同攻关，促进全产业链发展。推进关键核心技术攻关工程，健全"揭榜挂帅"长效机制，不断丰富产业生态。**四是深入推进产业基础再造。**在重点领域布局一批产业基础共性技术中心，重点发展一批市场急需的基础零部件和关键材料，加快新型元器件产业化应用，加快突破石化、船舶、航空等重点行业工业软件，推广应用一批先进绿色基础制造工艺。继续实施制造业创新中心建设工程，做优做强工业和信息化部的重点实验室。**五是加快推进重大技术装备攻关。**加快大飞机产业化发展，推动工业母机高质量发展。坚持研发制造和推广应用两端发力，加快高端医疗装备、农机装备、深远海装备、自然灾害防治技术装备等高端专用装备发展。**六是加快改造提升传统制造业。**健全市场化、法治化、化解过剩产能的长效机制，严格执行钢铁、水泥、玻璃等产能置换政策。优化布局乙烯、煤化工等重大项目，提高钢铁等重点行业产业集中度。实施制造业数字化转型行动，出台促进装备数字化政策措施，发展服务型制造。全面落实工业领域以及重点行业碳达峰实施方案，加强绿色低碳技术改造，提高工业资源综合利用效率和清洁生产水平。实施先进制造业集群发展专项行动，推进国家新型工业化产业示范基地建设。**七是培育壮大新兴产业。**用市场化办法促进优势新能源汽车整车企业做强做大和配套产业发展。提高光伏产业全球竞争力，加快推动人工智能、物联网、车联网、绿色低碳等产业创新发展。制定未来产业发展行动计划，实施"机器人+"应用行动，鼓励支持有条件的地方先行先试。**八是加快信息通信业发展。**出台推动新型信息基础设施建设协调发展的政策措施，加快5G和千兆光网建设，启动"宽带边疆"建设，全面推进6G技术研发。完善工业互联网技术体系、标准体系、应用体系，推进5G行业虚拟专网建设。完善电信业务市场发展政策，强化App全流程、全链条治理，加强个人信息保护、用户权益保护。增强网络和数据安全保障能力，加快安全产业创新发展。**九是促进中小企业发展。**完善工作体系，全面实施《中小企业促进法》，认真落实《保障中小企业款项支付条例》，狠抓惠企纾困政策措施落实，加强中小企业合法权益保护。健全国家、省、市、县四级中小企业服务体系，打造"一起益企"、服务月等服务品牌。健全中小企业海外服务体系，推动中外中小企业合作区建设。开展数字化赋能中小企业、科技成果转化赋智中小企业、质量标准品牌赋值中小企业专项行动，力争到2023年年底，全国"专精特新"中小企业超过8万家、"小巨人"企业超过1万家。促进大中小企业融通创新，助力中小企业融入重点产业链供应链。**十是优化国防科技工业体系和布局，建设先进国防科技工业，巩固一体化的国家战略体系和能力。十一是支持部属高校"双一流"建设。**坚持立德树人根本任务，加强党建和思政工作，加大优势学科建设力度，深化科教融合、产教融合，培养造就拔尖创新人才。**十二是提升行业治理能力。**全面深化改革，促进产业与财税、金融、贸易、投资等政策协同，推进依法行政。实施新产业标准化领航工程，强化新兴领域和未来产业标准布局。做好无线电频谱资源统筹规划，提升无线电治理能力。提升行业本质安全水平，推进民爆行业高质量发展。深化国际交流合作，推进全球发展倡议框架下新工业革命伙伴关系建设，办好中国—东盟新兴产业论坛等重点活动。加强部际协调和部省合作，支持地方因地制宜发展优势产业。支持部属单位聚焦主业、紧贴行业，提高核心能力，加强智库建设，服务行业发展。**十三是全力以赴做好重点医疗物资生产保供。**千方百计稳产增产，坚持每日调度，确保春节期间生产不断、供应不断。加强供需对接，协调推动医疗物资精准投放。

会议强调，全系统要全面学习、全面把握、全面落实党的二十大精神，深刻领悟"两个确立"的决定性意义，增强"四个意识"、坚定"四个自信"、做到"两个维护"，严格对标对表党中央对工业和信息化工作作出的重大部署，全面务实推进，一件一件抓好落地见效。**要全面贯彻新时代党的建设总要求，持续强化党的创新理论武装。**深入学习贯彻习近平新时代中国特色社会主义思想和习近平经济思想，学深悟透习近平总书记关于制造强国战略的重要论述和关于网络强国的重要思想，当好"三个表率"，建设让党中央放心、让人民群众满意的模范机关。**要提升专业能力和水平。**在抓理论武装、抓顶层谋划、抓重点企业、抓重点产品、抓人才队伍建设、抓产融结合、抓政策引导上下功夫，加强干部教育培训，打造忠诚、干净、担当的高素质专业化干部队伍。**要营造干事创业的良好氛围。**弘扬伟大建党精神，继承发扬"两弹一星"精神、载人航天精神、工匠精神，倡导严慎细实、雷厉风行、团结协作、敬业规范的工作作风。部属高校、部属企事业单位以及行业协会等,要立足职责定位、发挥各自优势、积极主动作为,共同落实好全年目标任务。

会议强调,要扎实做好岁末年初各项工作。抓紧抓实工业经济运行要素协调保障、通信服务畅通、网络安全管理,抓好重点行业领域安全隐患排查整治,坚决防范重特大安全生产事故发生。倡导勤俭文明过节新风尚,组织好对离退休干部、家庭生活困难职工以及生活困难党员、老党员的慰问。

中国信息通信行业 2022 年十件大事

中国通信企业协会

2022年是党和国家历史上极为重要的一年。党的二十大胜利召开，成功举办北京冬奥会、冬残奥会。信息通信行业高质量发展取得新成效，数字中国和网络强国的建设取得新发展。

一、党的二十大提出加快数字经济发展，促进与实体经济深度融合等重大战略部署，为信息通信行业高质量发展提供了根本遵循

2022年10月16日～22日，中国共产党第二十次全国代表大会胜利召开，党的二十大就新时代新征程党和国家事业发展制定了大政方针、战略部署，描绘了全面建设社会主义现代化国家的宏伟蓝图。党的二十大对加快建设网络强国、数字中国，加快发展数字经济等做出重大战略部署，为信息通信行业发展指明了前进方向，提供了根本遵循。

党的二十大报告明确提出建设现代化产业体系，坚持把发展经济的着力点放在实体经济上，推进新型工业化，加快建设网络强国、数字中国；加快发展数字经济，促进数字经济和实体经济深度融合，打造具有国际竞争力的数字产业集群；优化基础设施布局、结构、功能和系统集成，构建现代化基础设施体系。党的二十大报告既为信息通信行业的发展指明了方向，也为信息基础设施建设、信息消费和电信业务创新提供了强大的动力，是信息通信行业推动高质量发展的根本遵循和行动指南。

二、数字经济引领作用持续显现，电信业务收入增速快于GDP增速两倍以上，电信业务总量保持两位数增长

我国前三季度国内生产总值（Gross Domestic Product，GDP）同比增长3.0%，其中，信息传输、软件和信息技术服务业及电子信息制造业等数字经济核心产业引领作用增强，增速快于所在产业的平均增速，在推动主要经济指标恢复中发挥了重要作用。

2022年，我国电信业务收入继续较快增长，电信业务总量保持两位数增长。2022年1～11月，电信业务收入累计完成14504亿元，同比增长8%，电信业务总量同比增长21.4%。5G、千兆光网、物联网等新型基础设施建设加快，网络连接终端用户规模不断扩大，云计算等技术支撑新兴业务快速增长，行业发展新动能持续增强。

我国基础电信企业的收入和利润保持较快增长。2022年前三季度，中国电信收入同比增长9.6%，归属于公司股东的净利润增长5.2%；中国移动收入同比增长11.5%，净利润增长13.3%；中国联通收入同比增长8.0%，净利润增长20.4%；中国铁塔收入同比增长6.3%，利润增长21.7%。

三、"5G+工业互联网"在国民经济各产业中取得丰硕创新成果

2022年，我国"5G+工业互联网"创新发展进入快车道，建成全球规模最大、技术领先的5G独立组网网络，5G基站数量和用户数量全球第一。

飞机、船舶、汽车、电子、采矿等一大批国民经济支柱产业开展"5G+工业互联网"创新实践，全国在建项目超过 4000 个，培育了一批高水平的 5G 工厂标杆，5G 行业虚拟专网数量超过 1 万张，5G 应用覆盖国民经济 40 个大类。"5G+工业互联网"的创新应用推动了人工智能、VR/AR 等新技术日益成熟，各种新业态蓬勃发展。

2022 年，工业互联网标识解析体系"5+2"国家顶级节点全面建成，武汉、广州、重庆、上海、北京 5 个国家顶级节点和南京、成都 2 个灾备节点相继建成上线。工业互联网以标识解析体系为纽带，标识解析体系以国家顶级节点为中枢，上联国际根节点，下联二级节点和企业节点，4 年来累计标识注册量突破 2139 亿，日解析量 1.2 亿，服务企业超 20 万家，覆盖 29 个省（自治区、直辖市）和 38 个重点行业，已成为推动数字经济创新发展、产业优化升级、生产力整体跃升的重要驱动力量。

随着"5G+工业互联网"新技术、新应用的不断推广，我国工业互联网将向更大范围、更深程度、更高水平迈进。

四、我国移动物联网连接数首超移动电话用户数，开启"物超人"时代

截至 2020 年 8 月末，3 家基础电信企业发展蜂窝物联网终端用户 16.98 亿户，较 2021 年年末净增 3 亿户，移动物联网连接终端中代表"物"连接的蜂窝物联网终端用户数，首次超出代表"人"连接的移动电话用户数，占比已达 50.3%。我国移动物联网规模应用不断提速，一些千万级应用开始涌现。统计数据显示，目前，NB-IoT 已形成水表、气表、烟感、追踪类 4 个千万级应用，白电、路灯、停车、农业等 7 个百万级应用。"物超人"时代的开启有望重新定义移动通信产业，移动物联网将成为推动千行百业转型升级、释放数据要素价值、提升社会治理水平、提高人民生活的新动能。

"物超人"对我国移动通信产业乃至经济社会发展具有重要意义，其不仅意味着移动物联网规模发展的"爆发点"已经到来，还将为数字经济蓬勃发展注入强劲新动能。

五、中共中央、国务院印发《关于构建数据基础制度更好发挥数据要素作用的意见》

2022 年 12 月，中共中央、国务院印发《关于构建数据基础制度更好发挥数据要素作用的意见》（以下简称《意见》）。《意见》指出，数据基础制度建设事关国家发展和安全大局，为加快构建数据基础制度，充分发挥我国海量数据规模和丰富应用场景优势，激活数据要素潜能，分别从数据产权制度、数据要素流通和交易制度、数据要素收益分配制度、数据要素治理制度 4 个方面提出 20 条具体指导意见。

《意见》的发布有助于我国进一步做强做优做大数字经济，增强经济发展新动能，构筑国家竞争新优势。

六、全国共有 110 个城市达到千兆城市建设标准，实现城市家庭千兆光网全覆盖

截至 2022 年 10 月底，我国共有 110 个城市达到千兆城市建设标准，实现了城市家庭千兆光网全覆盖，约占所有地级市的 1/3，其中，东部地区建成 41 个千兆城市，中部地区建成 29 个千兆城市，西部地区建成 40 个千兆城市。千兆城市平均 10Gbit/s PON 端口占比达到 46.7%。

千兆城市的建设大力推进了 5G、千兆光网等新技术在信息消费、垂直行业、社会民生、数字政府等领域的融合应用，助力地方特色产业、传统企业的数字化变革。

七、"东数西算"工程正式启动，我国加快算力基础设施一体化布局，优化资源配置

2022年，我国"东数西算"工程正式启动，行业主管部门大力推进打造数网协同、数云协同、云边协同、绿色智能的多层次算力设施体系建设，3家基础电信企业加快包括算力网络、数据中心等在内的算力基础设施建设。截至2022年6月底，我国算力总规模已超过150EFlops[1]（每秒150艾次浮点运算次数），位于全球第二。

算力已经成为支撑数字经济蓬勃发展的重要底座，是激活数据要素潜能、驱动各行各业数字化转型的新引擎。

八、《中华人民共和国反电信网络诈骗法》12月1日起实施

《中华人民共和国反电信网络诈骗法》由第十三届全国人民代表大会常务委员会第三十六次会议于2022年9月2日通过，自2022年12月1日起施行。《中华人民共和国反电信网络诈骗法》共7章50条，包括总则、电信治理、金融治理、互联网治理、综合措施、法律责任、附则。该法规定了行业主管部门的职责、企业职责和地方政府职责，明确有关部门、单位在反电信网络诈骗工作中的合作协调关系。

《中华人民共和国反电信网络诈骗法》的实施将加快跨行业、跨地域的协同配合、快速联动，加强专业队伍建设，有效打击电信网络诈骗活动，为反电信网络诈骗工作提供有力的法律支撑。

九、信息通信行业高标准高质量完成北京冬奥会、冬残奥会各项保障任务

北京冬奥会、冬残奥会举国关注、举世瞩目，在整个筹办和竞赛过程中，在行业主管部门的精心指导下，信息通信行业企业按照北京冬奥会筹办各项工作要求，紧紧围绕"简约、安全、精彩"的办赛目标，精益求精、周密部署，高标准、高质量完成了各项信息通信保障任务，交出了一份优异的答卷。在工业和信息化部的统筹指挥调度下，基础电信企业以最高标准、最高水平、最严要求做好保障工作，始终保持通信网络平稳安全运行，出色完成北京冬奥会、冬残奥会的通信保障和网络安全保障任务。北京冬奥会无线电管理协调小组办公室、中国联通冬奥会领导小组办公室荣获"北京冬奥会、冬残奥会突出贡献集体"称号。

十、中国广电5G网络服务正式启动，192号段首批放号试商用

2022年6月27日，中国广电5G网络服务启动仪式在多地同步举行。自2019年工业和信息化部颁发5G牌照后，中国广电成为继中国电信、中国移动、中国联通之后又一全国性基础电信运营商。中国广电5G试商用北京启动仪式在北京歌华大厦举行，北京广电192号段全国首批放号、首批试商用，中国广电将提供更多个性化、差异化和精准化服务。

中国广电5G网络服务的正式启动将加快形成新型广电媒体传播网、国家文化专网和国家新型基础设施网，这标志着全国有线电视网络整合和中国广电5G建设一体化发展取得新的突破性进展，我国广电网络初步形成"有线+5G"融合发展的新格局。

注：1. Flops（Floating-point operations per second，每秒浮点运算次数），E指每秒百亿亿次（10^{18}）。

中国电信集团有限公司 2023 年工作会议

2022年12月19日—21日,中国电信集团有限公司(以下简称中国电信)2023年工作会议在北京召开。工业和信息化部党组成员、副部长张云明出席会议并讲话,中国电信董事长、党组书记柯瑞文讲话,中国电信总经理、党组副书记邵广禄做工作报告,中国电信党组副书记刘桂清做总结讲话。中国电信集团业务部门和相关单位做专题交流发言,开展分组讨论,结合工作研讨贯彻落实思路。

张云明在讲话中介绍了党的十八大以来信息通信业取得的历史性成就、实现的跨越式发展,充分肯定了中国电信近年来工作取得的成绩:全面实施云改数转战略,高效赋能实体经济数字化转型和高质量发展;着力打造科技型企业,重点领域关键核心技术攻关实现多项突破;坚定履行央企责任,充分发挥新一代信息通信技术优势,有力支撑科学精准疫情防控。希望中国电信全面贯彻落实党的二十大精神和中央经济工作会议部署,发扬红色电信精神,充分发挥信息化驱动现代化的主力军、先锋队作用,以信息通信业发展现代化支撑社会主义现代化强国建设:一是加快推进基础设施现代化,增强高质量发展支撑;二是加快推进产业体系现代化,拓展高质量发展空间;三是加快推进服务体系现代化,共享高质量发展成果;四是加快推进治理和安全保障能力现代化,营造高质量发展环境。

柯瑞文做题为《党建统领 守正创新 开拓升级 担当落实 全面深入实施云改数转战略 加快建设世界一流企业》的讲话,深入学习领会党的二十大精神,传达中央经济工作会议精神,准确把握企业的历史方位,从企业实践成效来深入领会党的二十大精神。他重点分析了中国电信当前面临的形势,强调要立足"两个大局",胸怀"国之大者",主动服务和融入新发展格局,深刻理解世界一流企业的基本特征,构建中国电信对标世界一流企业的框架和指标体系,重点提升"五力",加快建设"产品卓越、品牌卓著、创新领先、治理现代"的世界一流企业的步伐,并对做好2023年的重点工作提出了明确要求。

邵广禄做工作报告,总结回顾了中国电信2022年主要工作情况,肯定了中国电信全年在业务发展、云网融合新型基础设施建设、改革创新、运营管理、履行央企责任等方面取得的成绩,强调要及时研判新变化,主动培育新动能,奋力开创新格局,明确了2023年工作的总体思路和主要经营发展目标,对具体工作进行了部署。

会议强调,全集团要深入学习领会党的二十大精神,准确把握企业的历史方位。要深刻理解把握习近平新时代中国特色社会主义思想的世界观和方法论,深入学习领会党的二十大对以中国式现代化全面推进中华民族伟大复兴、高质量发展、国资国企、教育、科技和人才工作,推进国家安全体系和能力现代化及坚持党的全面领导和全面从严治党等方面的要求。要深入学习习近平总书记关于数字中国和数字经济的一系列重要论述,加强对党的二十大关于加快建设网络强国、数字中国和发展数字经济的要求的理解,自觉肩负起建设网络强国和数字中国、维护网信安全的使命责任。全集团要在全面学习、全面把握、全面落实上下功夫,更加深刻领悟"两个确立"的决定性意义,共同推动党的二十大精神转化为企业全面深入实施云改数转战略、加快建设世界一流企业、推进高质量发展的生动实践。

会议指出,2022年,全集团以迎接和学习宣传贯彻党的二十大精神为主线，坚持用习近平新时代中国特色社会主义思想武装头脑、指导实践、推动工作，坚持稳中求进的工作总基调，全面实施云改数转战略，全面完成全年生产经营各项目标任务和重点领域布局。具体体现在业务收入增速持续保持行业领先，企业盈利创历史最好水平；业务布局持续优化，产数及天翼云成为拉动收入增长的重要动力；能力布局纵深推进，市场发展新动能快速成长；改革布局不断深化，员工活力显著增强；云网布局扎实推进，运营能力显著提升；坚持以人民为中心的发展思想，全力打造服务型企业；坚持高水平科技自立自强，全力打造科技型企业；坚持总体国家安全观，全力打造安全型企业；全面履行央企责任，圆满完成党的二十大等重要保障任务等方面。

会议认为，世界百年未有之大变局加速演进，我国发展面临新的战略机遇，数字经济成为推动经济社会高质量发展的重要支撑和关键引擎，信息消费场景不断拓展，催生数字生活新态势和服务品质新需求。新一代数字技术加速规模商用，云计算、人工智能潜力无限，正在加速从底层改变各行各业。绿色低碳发展成为普遍共识，全方位融入企业的产品和服务，安全风险挑战加大，打造安全型企业责任更加重大、任务更为紧迫。面对新的形势变化和新的任务要求，既要正视风险挑战，又要坚定战略自信，要牢牢抓住企业发展新的战略机遇，全面深入实施云改数转战略，加快建设世界一流企业。

会议强调，2023年要以习近平新时代中国特色社会主义思想为指导，全面学习贯彻党的二十大精神，认真落实中央经济工作会议部署，坚持稳中求进工作总基调，完整、准确、全面贯彻新发展理念，积极服务和融入新发展格局，坚定履行建设网络强国、数字中国和维护网信安全的使命责任，弘扬红色电信精神，坚持党建统领、守正创新、开拓升级、担当落实，坚持以高质量发展为主题、以数字化转型为主线、以改革开放创新为动力，统筹发展和安全，全面深入实施云改数转战略，持续推进服务型、科技型、安全型企业建设，以更高质量加快发展、更高水平科技创新、更加全面深化改革、更大力度开放合作、更加注重防范风险、更实作风团结奋斗，切实提升企业核心竞争力，加快建设世界一流企业。

会议深刻理解世界一流企业的基本特征，构建对标世界一流企业的框架和指标体系，坚持发挥既有优势，加快补齐短板弱项，并明确了"168"的工作要求："1"条主线，指以数字化转型为主线；"6"个"更"，指"更高质量加快发展、更高水平科技创新、更加全面深化改革、更大力度开放合作、更加注重防范风险、更实作风团结奋斗"；"8"项重点，一是推进数字化关键核心技术攻关，二是升级产品服务数字化，三是夯实数字化环境下的安全能力，四是适应数字化转型的组织机制变革，五是搭建数字化转型服务大平台，六是推进数字信息基础设施建设，七是深入推进人才强企工程，八是坚定不移全面从严治党。会议提出2023年主要经营工作要围绕"推动实现质的有效提升和量的合理增长"开展，并具体部署安排了26项重点工作。

本次会议表彰了党的二十大保障先进集体和先进个人及天翼先锋奖、收入贡献奖。

中国电信二届一次职工代表大会于同期召开，全体职工代表认真聆听学习了张云明和柯瑞文的讲话，听取并审议了邵广禄所做的工作报告及相关专题工作情况报告，选举产生集团公司职工董事，审议通过了相关制度、体系和办法。全体职工代表聚焦高质量发展、科技创新、产数业务、数字化转型、安全生产等重点工作，围绕调动发挥员工积极性、推进产业工人队伍建设改革、深化职代会民主管理等议题，积极建言献策，向广大员工发出了《云改数转我当先 踔厉奋发建新功》的倡议书，号召全体员工以时不我待的使命感、责任感和紧迫感，牢牢把握和扎实践行云改数转战略，积极主动融入数字化转型。

中国移动通信集团有限公司 2023 年工作会议

2022 年 12 月 26 日～28 日,中国移动通信集团有限公司(以下简称中国移动)学习贯彻习近平新时代中国特色社会主义思想和党的二十大精神专题轮训班暨 2023 年工作会议以线上线下相结合的方式举行。会议提出,坚持和加强党的领导,坚持稳中求进,完整、准确、全面贯彻新发展理念,服务构建新发展格局,深化创世界一流"力量大厦"发展战略实施,加快推进"两个转变",一体发力"两个新型",主动激发"五个红利",着力推动高质量可持续发展,促进数字经济与实体经济深度融合,奋力谱写世界一流信息服务科技创新公司新篇章,为全面建设社会主义现代化国家开好局起好步贡献力量。工业和信息化部党组成员、副部长张云明出席会议并讲话,中国移动党组书记、董事长杨杰讲话,中国移动党组副书记、总经理董昕做工作报告。

张云明介绍了党的十八大以来信息通信业取得的历史性成就、实现的跨越式发展,分析了当前信息通信业发展面临的新形势新要求,充分肯定了中国移动近年来工作取得的成绩:创新主体作用更加凸显,为我国 5G 产业的国际发展做出了重要贡献;网络设施建设加快推进,在算力网络领域加快布局,在人工智能、大数据等新兴领域加快突破;信息服务供给提质升级,赋能数智化生产、丰富数智化生活、服务数智化治理;履行企业责任务实有为,积极投身数字抗疫,落实"双碳"战略推进节能减排。希望中国移动以习近平新时代中国特色社会主义思想为指导,坚决贯彻党中央、国务院重大决策部署,积极发挥央企资源禀赋优势,在行业高质量发展和现代化建设进程中再创佳绩:一是在学习宣传贯彻党的二十大精神上下功夫,打造中国移动生动实践;二是在加快新型信息基础设施建设应用上下功夫,夯实数字经济底座;三是在助力高水平科技自立自强上下功夫,培育战略科技力量;四是在提供优质产品和服务供给上下功夫,激发经济发展活力;五是在统筹发展和安全上下功夫,筑牢国家安全防线。

杨杰做题为《全面学习贯彻党的二十大精神 奋力谱写世界一流信息服务科技创新公司新篇章》的讲话,要求公司上下深学细悟、常学常新,将学习贯彻党的二十大精神不断引向深入。他指出,学习贯彻党的二十大精神是一项长期政治任务,要持续在全面学习上下功夫,坚持完整系统学、原原本本学、拓宽视野学、联系实际学,全面领会党的二十大精神实质、核心要义和丰富内涵;在全面把握上下功夫,牢牢把握过去 5 年工作和新时代 10 年伟大变革的重大意义、习近平新时代中国特色社会主义思想的世界观和方法论、以中国式现代化推进中华民族伟大复兴的使命任务、以伟大自我革命引领伟大社会革命的重要要求、团结奋斗的时代要求;在全面落实上下功夫,处理好知和行的关系、长期和短期的关系、全局和局部的关系、目标引领和问题导向的关系,做到学思用贯通、知信行统一,不断用党的二十大精神统一思想、指引行动。

杨杰指出,2022 年是中国移动发展极不寻常、极不平凡的一年。公司上下紧紧围绕迎接党的二十大和学习宣传贯彻党的二十大精神这条主线,以习近平新时代中国特色社会主义思想为指导,坚决贯彻落实中央决策部署,全力推进新基建、融合新要素、激发新动能,加快构筑创世界一流"力量大厦",创建世界一流信息服务科技创新公司迈出坚实步伐。公司全力克服多重挑战,保持稳中求进发展态势,收入结构更加均衡稳健，整体抗风险能力显著提升，打造"第二曲线"取得积极成效；顺利实现A股回归，成为红筹公司A股主板上市第一股，股价呈现良好走势，资本市场影响力明显增强。2022年，中国移动全力做好服务保障党的二十大、学习贯彻党的二十大精神，推动各项工作走深走实。一体发力"两个新型"，信息服务拓展提档加速；建强科技创新引擎，技术攻关成果丰硕；圆满完成国企改革三年行动，治理效能不断提升；主动服务支撑国家战略，央企责任扎实履行；巩固深化党建成效，引领作用有力发挥。

杨杰指出，当前，国内国际"两个大局"相互交织，党和国家对网信领域中央企业赋予更大使命，也提出了更高要求。信息能量融合创新日益深化，拓展信息服务迎来广阔空间，也面临新的挑战。面向新时代新征程、展现新担当新作为，要全面学习贯彻落实党的二十大精神，深刻把握发展面临的形势变化和机遇挑战，扎实践行网信领域中央企业职责使命，积极主动将自身发展融入党和国家事业发展全局、融入中国式现代化的历史进程。要坚持系统观念、守正创新，顺时应势优化战略实施思路，始终锚定"世界一流信息服务科技创新公司"发展定位，加快推进"两个转变"，一体发力"两个新型"，主动激发"五个红利"，不断为人类社会发展和文明进步贡献力量。

杨杰提出，2023年是全面贯彻落实党的二十大精神的开局之年，也是公司"十四五"规划深化实施的关键一年，全年要重点抓好8项工作。一是保持战略定力，巩固稳中求进发展态势。与时俱进调整战略规划，因地制宜明确发展策略，分类施策精准配优资源。二是提高信息服务供给质量，拓宽转型发展空间。建强信息基础设施、夯实数智底座，丰富信息融合产品、引领创造需求，细分信息服务市场、培育壮大动能。三是强化科技创新引领，塑造人才强企发展优势。融入国家创新大局，提升科技创新效能，完善人才战略布局，优化人才管理机制。四是精耕细作打造优质服务，增强发展软实力。加强全面质量管控，加快营销服务转型，深化品牌建设运营。五是对标一流提升治理水平，激发发展内生动力。深化三项机制落地显效，推动"管战建"高效协同，加强改革系统集成与基层穿透，提升科学精益管理水平。六是扩大高水平开放合作，壮大互利共赢发展生态。拓宽产投协同"亲戚圈"，做大战略合作"朋友圈"，繁荣开放发展"生态圈"。七是扎实履行职责使命，服务构建新发展格局。支撑国内国际双循环，注智赋能乡村振兴，推进绿色低碳发展，筑牢网络安全屏障。八是持之以恒推进全面从严治党，深入推进新时代党的建设新的伟大工程，以高质量党建引领保障高质量发展。坚持党的领导，夯实公司发展的根本保证；坚持围绕中心，深化党建工作与生产经营深度融合；坚持系统推进，大力锻造干事创业的干部员工队伍；坚持强基固本，增强党组织政治功能和组织力；坚持从严从实，持续营造风清气正的良好政治生态。

董昕做题为《稳中求进推动公司高质量可持续发展》的工作报告，强调要始终坚持学习党的二十大精神，明确方向、鼓舞斗志、汲取力量。要提高站位，深刻领会党的二十大的重大意义，全面领悟党的二十大召开的历史方位、主题及重大成果。要融会贯通，围绕感悟"十年之变"、闪耀"真理之光"、照亮"复兴之梦"、铺就"强国之路"、秉持"初心之诚"、激活"动力之源"、再答"窑洞之问"、走好"必由之路"、汇聚"团结之力"、夯实"执政之基"10个方面，准确把握党的二十大精神实质。要学以致用，旗帜鲜明讲政治，持续深入抓学习，知行合一重落实，切实将党的二十大精神转化为实际工作成效。

董昕指出，2022年，中国移动克服各种困难挑战，全力做好迎接服务保障党的二十大和学习宣传贯彻党的二十大精神，加快构筑创世界一流"力量大厦"，改革发展党建各项工作取得好成效、迈上新台阶。突出表现在经营业绩继续增长，发展实力继续增强，产品经营继续拓展，改革创新继续推进，管理效能继续提升，央企责任继续彰显，党业融合继续深化，为中央企业提质增效稳增长、助力稳住经济大盘发挥积极作用。

董昕要求，各级经理层要对标"产品卓越、品牌卓著、创新领先、治理现代"的世界一流企业标准，围绕中国移动党组部署要求和董事会决策要求，紧扣"一二二五"战略实施思路和八方面重点工作，继续推进"三个坚持""七个强化""八个聚焦"工作落实体系，并以"三个六"为核心（"六个为"：大局为重、人民为本、发展为先、专注为要、质量为上、知行为责。"六个能力"：夯实网络基础能力、建强人才队伍能力、锻造科学管理能力、增强协同运营能力、提升服务供给能力、构建生态聚合能力。"六个升级"：业务布局向领域型、赛道型升级，产品服务向平台型、生态型升级，发展模式向场景型、融合型升级，体制机制向体系型、精准型升级，科技创新向原创型、引领型升级，组织运营向技术型、数据型升级）具体部署安排了重点工作。一是抓牢"三个坚持"，始终把握高质量可持续发展的正确方向。坚持党的领导，深入学习贯彻党的二十大精神，把党的二十大各项部署要求落实到公司发展的各个方面。坚持战略引领，保持战略定力，加快推动"一个发展定位""两个转变""两个新型""五个红利"战略实施思路落地见效。坚持责任担当，把公司发展放到党和国家事业发展全局中去谋划和推动，努力多做贡献。二是抓实"七个强化"，不断夯实高质量可持续发展的能力根基。强化稳中求进，继续坚持"存量保天下、增量赢未来"，全力稳固主业压舱石，加强新赛道新领域卡位布局，增强价值增长能力。强化队伍建设，完善高水平人才战略布局，加强数智化人才队伍建设，激发"人才红利"。强化创新驱动，增强创新发展能力、科技创新能力和内生创新能力，激发"创新红利"。强化改革突破，持续巩固国企改革三年行动成果，增强改革攻坚能力，激发"改革红利"。强化科学管理，巩固深化管理提升行动，全面提升管理效率、资源效率、资产效率和资本效率。强化开放合作，提高行业竞争力、产业影响力和国际话语权，激发"生态红利"。强化党业融合，推进党建工作理论创新、方法创新、实践创新和载体创新，以高质量党建引领保障高质量发展。三是抓准"八个聚焦"，全面落实高质量可持续发展的重点任务。聚焦发展，坚持求精求实的业绩导向，匹配精准灵活的资源政策，优化科学公平的结算机制，完善精简高效的考核体系，把企业做强做优做大。聚焦效益，深化降本增效，促进数智赋能，夯实企业发展根本。聚焦主业，创新推进"两个新型"，确保5G发展领先，提供算网一体服务，做厚智慧中台价值。聚焦转型，全面推动客户运营、业务运营、网络运营、运营支撑转型，充分挖掘规模价值。聚焦产品，增强高品质信息服务供给能力，打造百花齐放、百舸争流的产品库，锤炼卓越精进、业界领先的产品竞争力。聚焦服务，推动网络高速稳定、高效智慧，触点体验优化、能力互通，服务精准贴心、智能便捷，品牌创新引领、深入人心，激发"人心红利"，提高客户获得感满意度。聚焦协同，凝聚创一流发展合力，壮大属地化拓展合力，发挥"管战建"整体发展效能。聚焦安全，防范经营发展风险，提供安全信息服务，保障平稳健康运营。

扬帆沧海迎激浪，勇立潮头启新航。会议提出，中国移动将更加紧密地团结在以习近平同志为核心的党中央周围，开拓进取、勇毅前行，全面完成2023年各项目标任务，着力推动高质量可持续发展，高水平构筑创世界一流"力量大厦"，奋力谱写世界一流信息服务科技创新公司新篇章，为全面建设社会主义现代化国家、全面推进中华民族伟大复兴做出新贡献。

中国联合网络通信集团有限公司 2023 年工作会议

2023年1月3日～8日，中国联合网络通信集团有限公司（以下简称中国联通）二级机构领导班子成员学习贯彻党的二十大精神集中轮训暨2023年工作会议在北京召开。工业和信息化部党组成员、副部长张云明出席会议并讲话，中国联通董事长、党组书记刘烈宏讲话，中国联通总经理、党组副书记陈忠岳做工作报告。工业和信息化部、审计署相关领导及公司独立董事出席会议。

张云明介绍了党的十八大以来信息通信业取得的历史性成就、实现的跨越式发展，分析了当前信息通信业发展面临的新形势新要求，充分肯定了中国联通2022年工作取得的亮点成绩：坚决扛起政治责任，圆满完成党的二十大、北京冬奥会通信服务保障等重保任务；坚决扛起经济责任，全面发力数字经济主航道；坚决扛起社会责任，持续提升惠企利民水平。2023年希望中国联通按照中央经济工作会议部署和国务院领导同志批示要求，在新时代建设制造强国、网络强国、数字中国进程上展现新担当新作为，以企业高质量发展为全面建设社会主义现代化国家做出新的更大贡献：一是加快新型基础设施建设，增强数字化发展支撑；二是加快推进创新驱动发展，增强数字化发展动能；三是深化数字经济与实体经济融合，拓展数字化发展空间；四是全面提升用户服务品质，共享数字化发展成果；五是着力强化治理体系建设，筑牢数字化发展防线。

中国联通董事长、党组书记刘烈宏做题为《全面贯彻落实党的二十大精神 以新气象新作为推动中国联通高质量发展取得新成效》的讲话。中国联通总经理、党组副书记陈忠岳做题为《学习贯彻党的二十大精神 推动中国联通高质量发展》的工作报告。

会议深入总结了中国联通2022年的工作。2022年是党的二十大召开之年，也是公司全面实施新战略规划的起跑之年。2022年，面对多重超预期因素叠加冲击，中国联通认真学习宣传贯彻党的二十大精神，深刻领悟"两个确立"的决定性意义，增强"四个意识"、坚定"四个自信"、做到"两个维护"，坚决贯彻落实党中央、国务院决策部署，坚持以"数字信息基础设施运营服务国家队、网络强国数字中国智慧社会建设主力军、数字技术融合创新排头兵"的企业定位，在"强基固本、守正创新、融合开放"的战略指引下，大力发展"大联接、大计算、大数据、大应用、大安全"五大主责主业，扎实推进"1+9+3"战略规划体系见行见效，实现了新战略全面实施第一年的良好开局。2022年，中国联通在网络强国、科技创新、乡村振兴等大事要事上彰显了央企责任，在冬奥赛场、抗疫战场、重保现场等大战大考中做出了突出贡献，在化解矛盾、补齐短板、构筑优势等重点难点上展现了担当作为，奋力攻克许多长期没有解决的结构性问题，积极推进许多事关长远的基础性工作，各项工作开创了崭新发展局面。2022年，公司总体经营成效显著，经营发展的质量、效率、动力持续提升，呈现出趋势向好、结构向优、动能增强、效益跃升的高质量发展态势。

会议要求，要坚决贯彻落实党的二十大精神和中央经济工作会议部署，按照国务院国有资产监督管理委员会、工业和信息化部、国家互联网信息办公室各项部署，坚持以高质量党建引领高质量发展，着力提高核心竞争力、增强核心功能，加快建设世界一流企业，以新气象新作为推动高质量发展取得新成效，以数字化网络化智能化为中国式现代化贡献联通力量，做到"九个必须坚持、提高九个力"：必须坚持以高质量党建引领高质量发展，着力提高党建引领力；必须坚持打造领先的数字信息基础设施，着力提高网络硬实力；必须坚持打造卓越产品，着力提高产品竞争力；必须坚持高品质服务，着力提高品牌影响力；必须坚持创新驱动，着力提高科技创新力；必须坚持协调发展，着力提高系统统筹力；必须坚持现代治理，着力提高治企新活力；必须坚持人才强企，着力提高队伍战斗力；必须坚持统筹发展和安全，着力提高风险控制力。

2023年是全面贯彻落实党的二十大精神的开局之年，也是深化实施"1+9+3"战略规划体系的关键之年。面对新形势新任务，会议提出中国联通2023年工作总体要求：全面贯彻落实党的二十大精神和中央经济工作会议部署，坚持稳中求进工作总基调，完整、准确、全面贯彻新发展理念，服务加快构建新发展格局，更好统筹疫情防控和经营发展，更好统筹发展和安全，深入实施"1+9+3"战略规划体系，统筹落实"九个坚定不移"，着力提高核心竞争力和可持续发展能力，以新气象、新作为推动高质量发展取得新成效，以数字化网络化智能化助力中国式现代化。

会议强调，公司要全面贯彻落实党的二十大精神，深入实施"1+9+3"战略规划体系，以"九个坚定不移"作为贯穿全年工作的重点任务，奋力推动高质量发展取得新成效。一是坚定不移加强数字信息基础设施建设，推动网络品质再上新台阶。二是坚定不移加快推动数字经济和实体经济融合发展，实现质的有效提升和量的合理增长。三是坚定不移以数字乡村和智慧社区助力智慧社会建设，持续完善覆盖广、效能高、服务优的营服体系。四是坚定不移强化创新驱动发展，在数字技术融合创新上实现新突破。五是坚定不移落实总体国家安全观，更好统筹发展和安全，当好网络安全现代产业链链长。六是坚定不移消除发展中的不平衡、不充分、不协调问题。七是坚定不移完善中国特色现代企业制度，不断提升公司治理体系和治理能力现代化水平。八是坚定不移实施人才强企，推动人才结构实现根本性转变。九是坚定不移纵深推进全面从严治党，以高质量党建引领保障高质量发展。

会议明确了2023年着力推动的五方面重点工作。

一是聚焦主责主业，着力推动高质量发展。 加强网络供给，持续建优四张精品网，进一步提升网络质量和服务水平；加强产品供给，努力打造卓越产品、塑造卓著品牌；加强服务供给，深入落实高品质服务行动计划，进一步塑造"近悦远来"的服务新口碑。加快拓展新融合，打造基础业务增长极；加快拓展联通云，打造创新业务增长极；加快拓展数字化，打造新兴领域增长极。

二是聚合能力优势，着力推进一体化运营。 加强一体化能力聚合，加强一体化运营服务，加快数字化转型，提升一体化运营效能。

三是对标世界一流，着力深化改革与创新。 加快创新驱动发展，实施人才强企战略，深化体制机制改革。

四是强化底线思维，着力确保高水平安全。 强化依法合规经营，确保网络与信息安全，营造安全稳定环境。

五是突出引领保障，着力加强高质量党建。 全面系统学习宣传贯彻党的二十大精神，以高质量党建引领保障新战略落实见效，驰而不息地推进全面从严治党、从严治企。

中国铁塔股份有限公司 2023 年工作会议

2023 年 1 月 16 日～17 日，中国铁塔股份有限公司（以下简称中国铁塔）召开 2023 年工作会议。工业和信息化部党组成员、副部长张云明出席会议并讲话，介绍了党的十八大以来信息通信业取得的历史性成就、实现的跨越式发展，分析了当前信息通信业发展面临的新形势新要求，充分肯定了中国铁塔 2022 年在"一体两翼"发展战略指引下取得的成绩：网络建设高效推进，降本增效充分显现；"铁塔模式"成果丰硕，变通信塔为数字塔，赋能千行百业，服务国计民生；坚决落实政治责任、社会责任，圆满完成重保任务。希望中国铁塔 2023 年以新时代中国特色社会主义思想为指导，全面贯彻落实党的二十大精神和中央经济工作会议部署，在新时代建设制造强国、网络强国、数字中国的进程中展现新担当新作为，以企业高质量发展为全面建设社会主义现代化国家做出新的更大贡献：一是坚持统筹集约，加快增强网络新支撑；二是坚持创新驱动，加快培育发展新动能；三是坚持深化共享，加快拓展发展新空间；四是坚守安全底线，加快构筑发展新保障。

中国铁塔党委书记、董事长张志勇总结了公司 2022 年改革发展和党的建设取得的 5 个方面新成效，回顾了 2022 年扎实做好国务院国有资产监督管理委员会党委巡视整改、配合支撑审计署及国务院国有资产监督管理委员会审计、国企改革三年行动收官、建设数字化企业、顶层设计加强规划、与电信企业签署商务定价协议及服务协议六件大事，为公司行稳致远奠定了坚实基础。他深入分析了公司当前面临的形势任务，明确了 2023 年总体思路和工作要求，部署了重点工作任务。他强调，要把全面学习把握落实党的二十大精神作为首要政治任务，在全面学习上下功夫、在全面把握上下功夫、在全面落实上下功夫，不断用党的二十大精神统一思想和行动，确保党的二十大精神在公司深入人心、落地生根。

中国铁塔党委副书记、总经理顾晓敏总结了公司 2022 年各项工作取得的新成绩，深入分析当前工作存在的挑战、问题和不足，对 2023 年重点工作进行了安排部署。他强调，要坚持用党的创新理论和党的二十大精神武装铁塔、认识铁塔、发展铁塔，做到理论上的清醒、思想上的坚定、行动上的实效，撸起袖子加油干，在新的赶考之路上交出优异答卷。

会议指出，2022 年是党和国家历史上具有里程碑意义的一年，也是中国铁塔发展进程中极为重要的一年。中国铁塔紧紧围绕迎接、保障、学习、宣传、贯彻党的二十大这条主线，深入学习贯彻新时代中国特色社会主义思想和总书记重要指示批示精神，深刻领悟"两个确立"的决定性意义，不断增强"四个意识"、坚定"四个自信"、做到"两个维护"，坚决贯彻党中央决策部署，在电信企业的鼎力支持和帮助下，在广大干部员工的努力拼搏下，各项工作取得新成效。

一是砥砺担当，服务国家大局取得新成效。 充分发挥通信基础设施建设"国家队""主力军"作用，坚持"客户为根　服务为要"，支撑电信企业经济高效建设 5G 网络，助力我国 5G 新基建走在全球前列，筑牢网络强国"基石"。打造"数字塔"，服务国计民生，推动超 20 万座"数字塔"应用于长江禁捕、三大攻坚战、耕地保护、水网工程建设等国家重大工程，支撑数字中国、美丽中国建设。深化能源共享，加快新能源业务布局，有效助力"双碳"战略落地。多措并举进一步提升网络运行质量，网络运行指标达到历史最高水平。高质量完成北京冬奥会、党的二十大等重大应急通信保障任务，全力抗击自然灾害筑牢通信网络"生命线"，推进普遍服务站址建设，全力支撑脱贫攻坚与乡村振兴有效衔接，扎实履行国资央企责任担当。持续创新低成本建设方案，协同电信企业共同争取有利的政策环境，加大共享力度，有效降低5G铁塔使用费和社会化成本，以扎扎实实的降本成效赢得上级部委、电信企业的高度认可。

二是提质增量，经营发展取得新成效。围绕"两增、两稳、三提高"的总体目标要求，经营发展稳中有进。运营商业务保持稳健，室分业务作为第二引擎作用逐步显现。智联业务收入规模快速增长，发展质量持续向好，增收贡献进一步提升。能源业务收入和用户规模持续快速发展，业务结构持续优化，产品创新取得突破。

三是激发活力，改革创新取得新成效。坚决落实国企改革三年行动任务，全面按期完成59项改革举措，加快数字化企业建设。

四是强基固本，管理提升取得新成效。以巡视整改和迎接审计署及国务院国有资产监督管理委员会审计为契机，坚持问题导向，夯实管理基础，推动管理水平和治理能力持续提升。加强网络和信息安全，圆满完成党的二十大网络安全重保任务。

五是强根铸魂，党的建设取得新成效。以喜迎党的二十大为契机，开展五大主题活动和四项实践建功活动，加强政治思想建设，淬炼忠心，坚守初心，融入中心，凝聚人心，保持戒心。以"四个坚决"抓好巡视整改，得到国务院国有资产监督管理委员会充分肯定。加强组织建设，扎实推进人才强企。深入推进党风廉政建设和反腐败工作，实现对省公司及总部机关巡视"全覆盖"。

2023年是全面贯彻落实党的二十大精神的开局之年。会议强调，要以习近平新时代中国特色社会主义思想为指导，全面学习把握贯彻党的二十大精神，深入落实中央经济工作会议以及中央企业负责人会议部署，坚持稳中求进的工作总基调，完整、准确、全面贯彻新发展理念，服务构建新发展格局，以加快建设世界一流企业为目标，持续深化"一体两翼"战略，立足"三个服务商"定位，统筹处理好疫情防控与生产经营、质的有效提升和量的合理增长、发展与安全、当前与长远四个关系，持续构建"五化"运营体系，打造"五型"企业，保持战略定力，坚持守正创新，坚定不移推动高质量发展，一体推进"六高六新"，踔厉奋发、勇毅前行，为全面建设社会主义现代化国家开好局起好步贡献力量。

一是高质量经营打造发展新局面。持续优化建设服务模式，全面满足5G建设需求，加快塔类业务发展。增强服务主动性，持续锻造产品创新能力，加快室分业务发展，进一步强化运营商业务第二增长引擎作用。积极拓展运营商业务新领域，培育新业务。打造卓越产品，深化重点行业拓展，完善陪伴式服务，打造产业生态圈，做精智联业务。强化新能源出行服务主导者、电力保障服务提供者、综合能源服务参与者的"三者"定位，加快规模效益发展，加快产品和平台更新迭代，做专能源业务。执行好与电信企业新签署的商务定价协议和服务协议，全面服务行业高质量发展。

二是高质量技术产品创新锻造发展新动能。围绕智能运维、边缘算力网络、视频AI算法、安全解决方案、能源互联网等重点开展技术研发攻关，加快推进科技创新。打造创新平台和合作生态，完善创新体制机制和管理体系，不断激发创新活力。

三是高质量改革激发组织新活力。开展新一轮国企改革深化提升行动，积极推动能源公司混改。

四是高质量人才培育竞争新优势。落实好"十四五"人才规划，打造一支高素质管理人才队伍、一支优秀的科技人才队伍、一支优秀的专业人才队伍，不断完善机制，形成多元的人才激励体系。

五是高质量管理提高发展新效能。对标世界

一流企业，深化开展管理提升行动，推动管理水平上台阶和治理能力现代化。扎实做好审计和稽核"后半篇文章"，坚持问题导向，抓实整改推动管理提升。全面加强质量管理和标准化工作。以司库管理体系为抓手强化财务管理。加强区域建设，强化区域管理。牢牢守住安全生产底线，抓好网络和信息安全。

六是高质量党建引领保障发展新征程。 以"落实二十大 铁塔在行动"主题活动为抓手，推动党的二十大精神往深里走、往实处落。

中国广播电视股份有限公司 2023 年工作会议

2023 年 1 月 15 日，中国广播电视股份有限公司（以下简称中国广电）2023 年工作会议在北京召开。会议全面贯彻党的二十大精神和中央经济工作会议部署，认真落实全国宣传部长会议、全国广播电视工作会议要求，总结 2022 年工作，表彰先进，分析形势，部署 2023 年任务，动员全国广电网络行业聚焦数字赋能，锚定融合发展，敢字当头，稳中求进，奋力谱写广电网络高质量发展新篇章。国家广播电视总局党组成员、副局长杨小伟出席会议并讲话。中国广电党委书记、董事长宋起柱做工作报告。中国共产党中央委员会宣传部文改办，工业和信息化部信息通信管理局，财政部科教和文化司，国家广电总局网络视听节目管理司、媒体融合发展司、科技司、规划财务司有关负责同志出席会议。

杨小伟充分肯定了广电网络行业 2022 年重点工作成绩：一是广电网络重要保障期安全播出政治任务圆满完成，党的二十大、北京冬奥会和冬残奥会等重保期安全播出交出零插播、零停播、零事故的新答卷；二是全国有线电视网络整合和广电 5G 建设一体化发展取得新突破，31 个省（自治区、直辖市）广电 5G 网络服务全面启动，中国广电品牌全新亮相，"全国一网"运营管理深入推进，初步形成"有线+5G"融合传播新格局；三是支撑广电网络未来发展的政策空间持续拓展，中国广电获得了国家文化专网、广电 5G 视听融合服务平台、固定通信业务牌照等重大政策支持，试点上线了智能推荐服务、5G 频道、"直播中国"、光明影院等新产品，广电网络进一步增强了融合发展新动能。

杨小伟强调，2023 年是全面贯彻落实党的二十大精神开局之年，全国广电网络行业要深刻领会习近平总书记"发展智慧广电网络"的重要指示，深入贯彻党的二十大精神，认真落实全国宣传部长会议、全国广播电视工作会议各项部署，坚持党管网络，坚持广电特色，坚持数字化赋能，坚持融合发展，积极完善集团一体化管理体制，加快建成广电 5G 业务网、固定语音业务网、互联网业务网、广播电视业务网 4 张全国性业务网，形成"1+4"运营管理格局，以全新的基础网络、强有竞争力的业务布局和崭新的中央大型文化企业形象，引领新时代广电网络实现更高质量的发展。一是要谋战略，主动融入党和国家大局，找准企业的定位和方向，通过全业务服务经济建设和社会发展。二是要展形象，强化价值创造，提升企业能力，创造良好效益，讲好广电故事，充分展示央企使命担当。三是要打基础，努力扩大用户规模，尽早建成四张全国性业务网，夯实用户和网络底盘。四是要强管理，做强做精总部，做大做优省网，赋能行业提质增效。五是要重发展，坚持量质并重发展 5G 业务，坚持品质制胜发展宽带业务，坚持互联网思维发展电视业务，聚焦重点领域拓展政企业务，加快构建全业务运营新格局。

会议通报了全国广电网络行业 2022 年经营指标完成情况及 2023 年预算目标下达情况，表彰了 2022 年经营达标和广电 5G 建设发展先进单位，中国广电集团领导班子通过云视频方式与 31 个省（自治区、直辖市）广电网络公司、各专业子公司主要负责人签订了 2023 年经营考核目标责任书。

会议认为，2022 年是中国广电改革发展史上极不平凡、具有里程碑意义的一年。2022 年，在中国共产党中央委员会宣传部、国家广电总局的坚强领导下，在国家发展和改革委员会、工业和信息化部、财政部等的大力支持下，中国广电团结带领全国各级广电网络企业，以守正创新，勇毅前行，安播保障夺取新胜利，广电 5G 建设实现新突破，全国一网整合取得新进展，国家政策和重点项目获得新支持，融合发展开创新局面，产业经营交出新答卷，企业治理实现新升级，人才队伍建设取得新成果，党建引领取得新成效，全国有线电视网络整合和广电 5G 建设一体化发展取得重大突破，被列入《党的十八大以来宣传思想文化领域百件要事选编》，中国广电也再次入选"全国文化企业三十强"，极大地鼓舞了广电网络行业干部员工创新创业的信心和士气，为在新起点上推动广电网络行业实现更高质量发展打下了坚实的基础。

会议指出，2023 年是全面贯彻落实党的二十大精神的开局之年，做好广电网络各项工作意义十分重大。中国广电要认真贯彻落实全国宣传部长会议、全国广播电视工作会议精神，紧紧围绕学习宣传贯彻党的二十大主题主线，抢抓扩大内需、文化数字化、数字社会建设、乡村振兴等一系列战略机遇，聚焦"数字赋能"，锚定融合发展，面向"未来电视"，实施"圆心战略"和"灯塔计划"，以党建为引领，以改革为动力，以人才为保障，坚持同质化是基础、差异化是未来，敢字当头，稳中求进，继续深化全国有线电视网络整合和广电 5G 建设一体化发展，坚定不移走特色化、差异化发展道路，着力夯基础、拓服务、保用户、强管理、增效益，实现传统业务稳中向好，新兴 5G 业务和固移融合业务快速增长，不断巩固广电网络阵地，做强做优做大广电网络产业，推动广电网络实现高质量发展。

会议要求，2023 年全国广电网络行业要围绕全面抓重点、聚焦重点抓关键、盯住关键抓具体，集中主要精力，投入精兵强将，调配优质资源，扎实做好十件实事：一是稳定有线电视用户总量，扩大广电 5G 用户规模；二是稳定有线电视营业收入水平，提升广电 5G 营业收入能力；三是完善"有线＋5G"网络，提升广电网络承载能力；四是开拓新型传播渠道，打造内容特色化优势；五是擦亮国家专网名片，大力开发垂直行业应用；六是稳步推进网络整合，巩固全国一网整合成果；七是强化子公司科学管控，完善现代企业治理体系；八是精心组织主题宣传，高质量完成重保期安播任务；九是做好广播电视公共服务，彰显广电网络社会责任；十是完善创新体系，构建创新生态。

会议强调，2023 年全国各级广电网络企业要以学习宣传贯彻党的二十大精神为工作主线，全面落实党中央决策部署，进一步加强政治建设，深刻领悟"两个确立"的决定性意义，增强"四个意识"，坚定"四个自信"，做到"两个维护"，全面落实党对广电网络行业的领导，继续打造全国一网特色党建品牌，坚定不移推进全面从严治党，有效发挥群团组织在企业文化建设中的作用，以系统思维推动党建工作与业务工作深度融合，以高质量党建引领广电网络行业高质量发展。

中国广电集团、中国广电股份、中广电移动领导班子出席会议。中国有线、中广传播领导班子成员，中国广电集团各部门负责同志在主会场参会。各省（自治区、直辖市、新疆生产建设兵团）广电网络公司、中国广电广州公司、深圳天威视讯公司领导班子成员及相关部门负责同志，中广电移动各分公司总经理，中国广电各专业子公司领导班子成员和有关部门负责同志，中国广电股份、中广电移动全体中层干部在分会场参会。

信息通信综合篇

我国信息通信业发展分析与展望

一、2022年信息通信业发展情况

（一）信息通信产业持续快速增长，对GDP贡献持续提升

2022年，我国信息通信产业收入规模达29.3万亿元，同比增长9.8%，增速较2021年下降5.1%。电子信息制造业、软件和信息技术服务业、电信业、互联网业务收入分别为15.4万亿元、10.81万亿元、1.58万亿元、1.46万亿元。从产业结构上分析，电信业、互联网服务业、软件业收入占比47.4%，较2021年小幅提升，数字产业化对GDP贡献持续提升。

（二）电信业务收入增速回升，开启5G新一轮增长周期

2022年，我国电信业务收入增速维持稳定，5G带动移动通信业务进入新一轮增长周期。2022年，按照2021年价格计算的电信业务总量达1.75万亿元，同比增长21.3%，业务收入累计完成1.58万亿元，比2021年增长8.0%，增速同比减少0.1%，保持了中高速的良好增势。

数字化服务对电信业务收入的拉动能力持续提升。2022年增值及其他业务拉动电信业务收入增长6.9%，较2021年提升1.6%。数据中心、DICT、云计算等新兴业务快速增长，成为拉动电信业务收入增长的主要动力。2022年，物联网终端用户数超过移动电话用户数，首次实现"物超人"，固定宽带接入用户稳步增长、接入带宽快速提升。移动电话用户规模持续增长，但移动互联网接入流量增长放缓，移动数据及互联网业务对电信业务收入的拉动作用显著降低。

（三）互联网企业营业收入稳步回升，投融资市场高位缓降

2022年，我国互联网业务收入小幅下降，利润增速保持为正，营业成本持续上升，研发费用规模加快增长。我国规模以上互联网和相关服务企业完成业务收入1.46万亿元，同比下降1.1%，增速比2021年回落22.3%，下降趋势明显；实现营业利润1415亿元，同比增长3.3%，增速比2021年回落10%；营业成本同比增长3.3%，增速比2021年回落12.8%；研发费用为771.82亿元，同比增长7.7%，增速较2021年提高2.7%。

从细分领域分析，信息服务领域企业收入稳步增长，网络销售领域企业收入增长较快，营业收入持续快速提升，生活服务、网络销售等平台的经营活跃向好。生活服务领域企业收入大幅减少，收入同比下降17.5%。

2022年，受外部环境和自身业务发展的影响，我国上市互联网企业市值在经历了前3个季度的大幅波动后，于第四季度出现反弹上涨。

（四）软件和信息技术服务业发展稳中向好，增速开始放缓

2022年，我国软件业务收入保持较快增长。2022年软件和信息技术服务业规模以上企业超3.5万家，累计完成软件业务收入10.81万亿元，跃上十万亿元台阶，同比增长11.2%，增速较2021年同期回落6.5%；利润总额达1.27万亿元，同比增长5.7%，增速较2021年同期回落1.9%。

2022年，软件出口业务保持增长。2022年，我国软件业务出口524.1亿美元，同比增长3.0%。与2021年相比，出口增速出现回落，较2021年同期降低5.8%。

2022年，信息技术服务收入增速领先。2022年，信息技术服务收入7万亿元，同比增长11.7%，高出全行业水平0.5%，占全行业收入比重达64.9%。其中，云服务和大数据、集成电路设计、电子商务平台技术服务较2021年同期增速均出现回落，分别为8.7%、12.0%、18.5%。

（五）电子信息制造业规模保持较快增长，投资规模加速

2022年，我国电子信息制造业生产保持良好连续性，国外整机出口订单流入我国，推动我国整机制造出口数量和金额显著提升，增加值和出口交货值实现两位数增长，我国规模以上电子信息制造业增加值比2021年增长7.6%，高于全国工业增速约4%，增速有所回落；出口交货值比2021年增长1.8%，增速较2021年回落10.9%。2022年，电子信息制造业的营业收入和净利润都实现了增长，实现营业收入15.4万亿元，比2021年增长5.5%，增速较2021年回落9%，实现利润总额7390亿元，比2021年下降13.1%。

在全球集成电路制造产能持续紧张的背景下，2022年我国集成电路相关领域投资依然保持活跃，电子信息制造业固定资产投资同比增长18.8%，高于同期工业投资增速8.5%。受到5G发展和新基建等政策的拉动，通信设备类产品产量呈高速增长，但受外部环境和产业发展影响，消费类电子产品产量开始出现下降。

二、2023年信息通信业发展展望

2023年，我国开启现代化建设的新征程，数字化转型将持续加深，数据要素价值充分释放，新型基础设施建设成为信息通信业乃至整个社会新的增长引擎。预计2023年我国信息通信产业稳中有进，增速达到9.1%；"十四五"期间，信息通信产业年均增速较"十三五"将略有提升，高于国内生产总值增长速度，电信业、互联网服务业、软件业收入占比将过半。

（一）电信业全面推进加快发展数字化转型

基础电信运营商将加快推进骨干网向以数据中心为核心的云网融合架构演进，持续优化关键设施布局，推进信息通信基础设施与传统基础设施融合发展和共建共享。持续优化网络布局，加快新型数字基础设施建设，加大5G网络和千兆光网广度和深度覆盖，推动融合应用赋能提速，促进5G和千兆光网在工业、能源、医疗、教育、文旅等领域的纵深发展和应用落地。

（二）互联网服务业加快面向企业服务的布局和转型

我国互联网企业将持续深耕传统行业，赋能生产性行业数字化转型。同时，对外将继续拓展全球化业务版图，研发投入强度将持续提高，积极参与全球市场竞争。平台企业收入由互联网传统服务向云计算、企业服务等领域不断加速迁移，同时，平台企业将加速生产生活方式绿色变革，积极赋能行业应用。

（三）软件业出现恢复性增长

2022年，传统行业企业面临的经营困境或对2023年软件业的营业收入带来一定的滞后性影响，但随着2023年众多扶持政策加速落地，企业数字化转型等市场需求进一步释放，预计软件产业的收入增速将稳步回升，产业结构将持续优化。软件产品在国产操作系统、数据库、应用软件及平台等方面将持续丰富，产业生态逐步完善。

（四）电子信息制造业预计保持平稳较快增长

2023年，新型基础设施将持续加快建设，物联网应用进一步深化，半导体产线等固定资产投资将持续快速增长，推动电子信息制造业产业规模的平稳增长。同时，产业自主创新加快，在国内国际双循环的作用下，我国自主技术需求快速增长，将极大地带动国内产业的积极性，一批关键技术取得突破，在集成电路、先进计算等领域加快自主技术研发创新，推动技术向产业端转化。

（中国信息通信研究院　齐永欣）

我国电信运营市场的分析与展望

工业和信息化部发布《2022年通信业统计公报》，总结了2022年中国通信业的发展情况，同时，也在某种程度上反映了通信业发展面临的挑战。

一、5G发展进入新阶段

2022年，全国5G网络建设呈加速态势，2022年新建5G基站88.7万个，远超2020年60万个和2021年65万个的建设规模。但同时，5G投资额比2021年同期下降2.5%，显示5G网络设备产业链已进入规模发展的成熟阶段，确保了我国电信运营商能够以较为均衡的投资力度维持5G网络的快速发展。

截至2022年年底，全国5G基站总数已达231.2万个，每万人5G基站数达到16.5个。3家电信运营商已基本实现重点乡镇及以上区域的网络覆盖，为5G业务的进一步发展奠定了坚实基础。

无论是工业和信息化部的统计公报，还是3家电信运营商的经营数据，5G用户数在2022年都得到显著提升。

2022年9月，3家电信运营商的5G套餐用户合计数量突破10亿，至2022年年底已接近10.1亿。同时，工业和信息化部披露，5G移动电话用户在2022年年底达5.61亿户，已占全国移动电话用户的33.3%。这两个数据均比2021年增长50%以上，但是，这两个数据统计口径之间的差异也向我们展现了当下5G发展面临的挑战。

工业和信息化部披露的"5G移动电话用户数"定义为"报告期末在通信计费系统拥有使用信息，占用5G网络资源的在网用户"，而3家电信运营商报告的5G套餐用户数则是指订购了5G资费套餐的用户数量。2022年5G移动电话用户数与5G套餐用户数的情况如图1所示。我们可以发现，虽然5G移动电话用户数与5G套餐用户数自2021年第二季度开始有小幅攀升，但两者的比例仍基本维持在50%左右，这意味着仍有将近一半的5G套餐用户并未真正使用5G手机。

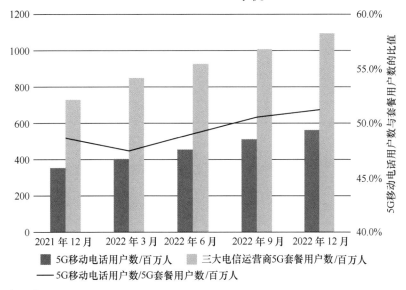

资料来源：工业和信息化部。

图1 2022年5G移动电话用户数与5G套餐用户数的情况

这种差异将影响消费者的体验，同时也将制约电信运营商提供5G特色业务、实现5G商业变现的能力。这可能也是在5G用户数快速增长的背景下，移动数据流量业务收入未能实现同步增长的原因之一。2022年全国移动数据流量业务收入同比增长仅为0.3%，可见电信运营商实现5G商业变现之路还任重道远。在这一过程中，提高5G终端普及率，缩小5G移动电话用户数与5G套餐用户数的差距，应是电信运营商首先需要面对的问题。

目前，5G终端已经占据国内终端市场的主流，中国信息通信研究院的数据显示，在2022年，5G手机出货量占同期手机出货量的78.8%，5G手机新上市机型占同期手机新上市机型的52.0%。可见，5G终端生态已经基本成熟，为加速5G终端普及创造了良好的条件。但我们也必须看到，2022年国内手机市场整体表现低迷，同样根据中国信息通信研究院的数据，2022年，国内市场手机总体出货量同比下降22.6%，5G手机出货量也下降了19.6%。同时，中国人民银行发布的《2022年第四季度城镇储户问卷调查报告》也显示，我国城镇居民的收入信心指数和就业预期指数均处于最近5年以来的低位。在这种背景之下，如何抓住经济复苏的机遇，提振消费者的信心，加快换机节奏，推动5G消费者业务的发展，是电信运营商在2023年面临的重要任务。

二、算网融合开新局

不同于移动数据流量业务的低速增长，我国电信运营商的数据中心、云计算、大数据、物联网等新兴业务在2022年实现了快速发展。工业和信息化部统计公报显示，新兴业务收入总量比2021年同比增长32.4%，在电信业务收入中的占比达19.4%，比2020年的12.8%提升超过50%，拉动电信业务收入增长5.1%。2022年主要电信业务的经营情况见表1，可见在2022年新兴业务收入已成为电信业务收入的重要组成部分，成为带动行业增长的主要引擎，标志着我国电信运营商的业务转型已取得初步成效，正在进入良性发展的新阶段。

表1　2022年主要电信业务的经营情况

	固定互联网宽带接入业务收入	移动数据流量业务收入	新兴业务收入
比2021年增长	7.1%	0.3%	32.4%
在电信业务收入中占比	15.2%	40.5%	19.4%
拉动电信业务收入增长	1.1%	0.1%	5.1%

资料来源：工业和信息化部《2022年通信业统计公报》。

在新兴业务中，云计算和大数据业务的收入增长尤为突出，收入增速连年上升。这既体现了社会数字化转型加速发展过程中对数字基础设施的强劲需求，也是电信行业顺应建设网络强国、数字中国的时代需求主动担当的战略选择。电信业云计算和大数据业务收入增速如图2所示。

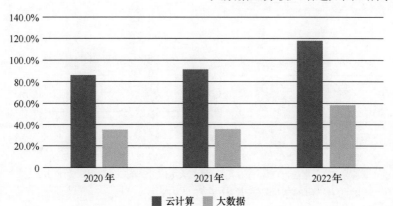

资料来源：工业和信息化部《2022年通信业统计公报》。

图2　电信业云计算和大数据业务收入增速

2022年年初,"东数西算"工程正式全面启动,从国家战略、技术发展、能源政策等多方面出发,统筹布局建设全国一体化算力网络国家枢纽节点,全面推进算力基础设施化。作为数字基础设施的重要提供商,电信运营商责无旁贷地承担起算力网络建设的重要使命,也为自身的业务转型确立了长期发展方向。

构建多层次数据中心布局体系,打造高速、扁平、可靠的互通网络,实现高效算力调度,提升安全保障能力,成为电信运营商的战略选择。同时,在进一步推动央企数字化转型,实现国资监管效能提升的背景下,自主可控的"国家云"平台呼之欲出,电信运营商有机会、有能力在"国家云"的构建中扮演重要角色,并获得新的发展机遇。

因此,3家电信运营商在2023年的工作计划中均明确提出,要"推进数字信息基础设施建设""夯实数智底座,丰富信息融合产品""加快拓展数字化,打造新兴领域增长极"。预计在2023年,以算力网络为核心的数字基础设施建设和以政企数字化转型为中心的新型信息化服务将成为电信运营商的工作重心,将使电信运营商有机会开辟一条具有中国特色的电信运营企业转型升级之路。

三、电信运营商的价值重估与重定位

综上所述,我国的电信运营商在2023年将面临机遇与挑战并存的新局面。在消费者市场,无论是5G还是光纤宽带等网络基础设施都已相对完备,但在扩大需求、提振消费等方面仍面临一定的挑战。消费者业务仍是电信运营商业务收入的基石,电信运营商必须保持对消费者业务的战略投入,力争使2023年成为消费者业务,尤其是移动数据流量业务重拾增长的新起点。

在政企市场,我国的电信运营商面临全新的发展机遇。不同于国外同行面对AWS、Azure和Google Cloud等公有云巨头竞争压力的被动局面,我国市场对数字基础设施的特色需求和对数据安全、数字主权的监管要求让电信运营商在政企数字化转型市场上扮演领袖角色,开辟全新的增长局面,创造了空前机遇。中国的电信运营商有望在数字基础设施建设和政企数字化服务等领域开拓出一条中国式发展之路,成为全球电信运营商转型发展的重要样板。

在这一背景之下,我国的电信运营商在ICT产业链上的产业定位和市场价值需要调整与重估。电信运营商将从单纯的通信连接服务提供商转变为数字化基础设施和综合ICT服务提供商,并在现代产业链、创新链的"双链融合"过程中扮演"链长"的重要角色。如果这一转变得以顺利完成,那么中国电信运营商的市场空间和产业影响力都将得到显著扩大和提升,其市场价值的评估模式也应做出相应修正,传统的连接服务提供商的估值模型将不再适用。

自中国移动于2022年年初回归A股市场之后,3家电信运营商聚首于国内资本市场,并不约而同地开始向投资者传递电信运营商发展模式转变和价值提升的信息。过去一年,3家电信运营商的股价大幅增长,显示电信运营商的转型升级正在逐渐获得投资者的理解与认同。

当然,转型之路从来不是一帆风顺的,电信运营商只有不断提升自身的能力,尤其是技术研发能力,才能应对不断发展变化的市场需求,并承担起引领产业发展和技术创新方向的重任。人才储备与能力提升应是电信运营商自身能力建设的核心,这也正是3家电信运营商2023年工作计划中均将"人才强企"作为战略重点加以强调的原因。当前,恰逢互联网行业发展出现一定调整与震荡,为电信运营商吸纳技术人才、充实人才储备提供了良好条件。希望电信运营商能够抓住机遇,完善人才战略布局,优化人才管理机制,提升科技创新效能和企业内生性发展能力。唯有如此,才能有效承担起建设网络强国、数字中国的历史责任,才能真正实现电信运营商的产业重定位与价值重估。

(Omdia 杨光)

2023年信息通信业的二十大趋势

趋势一：数字经济加快释放潜能，赋能实体经济融合发展

随着社会数字化转型的逐步深入，我国数字经济发展实现量的合理增长和质的有效提升，并加速转向深化应用、规范发展、普惠共享的新阶段，数字经济也由经济的组成部分转变为经济发展的引领力量。

2023年，我国数字经济规模将超过52万亿元，产业数字化发展进入加速轨道，各行业数字化转型成效进一步显现。5G、云计算、人工智能、元宇宙等数字技术可实现数字世界与现实世界的融合，通过数字技术实现创新驱动，以产业数字化助力经济发展和产业结构优化，这将在2023年赋能千行百业中发挥关键作用。上述数字技术正处于系统创新和智能引领的重大变革期，新一代信息技术加速集成创新和产业部署，颠覆式、前沿性、集成化的新产品相继出现，数字核心技术领域竞争将更加激烈。

趋势二：5G进入成熟期，规模化发展期待破局

2022年，全球5G网络的建设速度不断加快，截至2022年11月底，全球已经有90个国家和地区的237家电信运营商宣布提供5G服务。我国累计开通了228万个5G基站，所有地级市的市区已经实现了5G覆盖。我国5G行业应用进入了规模化发展的攻坚期，5G正在工业、医疗、教育、交通等多个行业领域发挥赋能效应，形成多个具备商业价值的典型应用场景，已覆盖国民经济97个大类中的40个，5G应用案例累计超过2万个。

2023年，5G行业应用拓展仍面临价值、成本和融合3个方面的挑战。目前，5G应用的价值还没有充分发挥出来，还需要进一步挖掘；重点行业的应用进入增长阶段，需要加快规模化发展；5G与行业的融合还面临一些挑战，现在需要把已经成熟的案例从标杆企业推广到整个行业。未来，5G发展还需要拓展行业广度、加深业务深度，加强跨行业融合标准体系建设，构建面向行业的5G融合产品体系。

趋势三：5G专网市场有望加速放量，牌照发放或是关键

5G专网是垂直行业推动5G应用创新、拓展生产效能、加速数字化转型不可或缺的手段。在产业各方的共同努力下，5G专网设备已基本成熟并全面应用落地，5G行业虚拟专网数量已超过1万张，5G应用已覆盖国民经济的40个大类，并在工业、医疗、教育、交通等多个领域逐步推广。

2023年，5G应用领域将进一步从基础连接、外围辅助环节向生产中心环节拓展，随着配套政策的落地实施，2023年5G示范项目数量将保持高位增长。以电信运营商主导、多主体参与的5G专网生态体系将进一步完善。2022年，工业和信息化部正式宣布中国商飞获全国首个企业5G专网的频率许可，用于在其工厂进行5G连接，使企业能够把握资源并部署自己的网络。随着5G专网建设成效的日益显现，其将进一步提高用户对"5G+工业互联网"的认可程度，使未来面向行业龙头企业发放更多的5G专网频率许

可成为可能，5G专网市场规模有望加速放量。

趋势四：加速构建数字底座，千兆光网促进经济发展

目前，我国已建成全球规模最大的固定宽带网络，全国地级以上城市均已实现光纤网络全面覆盖。千兆光网构筑数字底座。截至2022年年底，全国共有110个城市达到千兆城市建设标准，约占所有地级市的1/3。千兆智家发展，网络底座演进先行。在技术方面，千兆光网正在从F5G向F5G-A演进，持续提升增强宽带、全光联接、体验保障3个方面的性能，新增绿色敏捷、感知可视、可靠确定3个网络特征。FTTR是千兆光网运力底座向用户侧进一步延伸，实现用户侧千兆无缝覆盖的重要技术演进方向，2023年，信息通信业将协同加速推进架构、关键技术方案收敛和标准化。

推进应用创新和渗透赋能是千兆光网未来的发展重点。当前，千兆光网技术应用方案在部分应用场景中取得良好效果，未来将把更多千兆光网应用技术方案在行业内推广，形成成熟的商业模式。FTTR是电信运营商拓展智家业务的重中之重，随着家庭用户对安防问题的重视程度越来越高，智能安防成为电信运营商的"新蓝海"，智家业务也在向着场景化、智能化、差异化服务推进。数字技术与生物技术融合为千兆智家业务模式拓展带来新的发展机遇。

趋势五：工业互联网国家标准有望陆续出台，产业发展迈向新阶段

2023年，《工业互联网创新发展行动计划（2021—2023年）》进入收官之年。预计到2023年年底，工业互联网新型基础设施将进一步完善，融合应用成效将进一步彰显，技术创新能力将进一步提升，产业发展生态将进一步健全，安全保障能力将进一步增强。工业互联网新型基础设施建设将量质并进，新模式、新业态将得到大范围推广，产业综合实力将显著提升。

同时，随着2022年3项国家标准的出台，预计2023年工业互联网网络、平台、安全等领域会出台更多国家标准，进一步完善标准体系。但是，随着我国工业互联网发展进入新阶段，设备联网、企业上云等情况日益增多，安全风险随之加剧，这对网络安全工作提出了更高的要求。工业互联网安全仍面临工业企业网络安全意识不高、技术防护能力不足、安全监测能力不强、网络安全产业支撑不足等问题，工业互联网安全形势会更加严峻。

趋势六：5G持续演进，将走向云网融合、算网一体

如今，5.5G已经开启标准化进程，3GPP将通过R18、R19、R20版本定义5.5G技术规范，持续丰富5.5G的技术内涵。随着R18首批课题的立项，5.5G技术研究和标准化进入实质性阶段，确立了R18将面向增强型移动宽带持续增强的方向，预计兑现实现十倍能力提升的目标。未来的R19和R20版本，将面向新业务和新场景持续增强，人工智能、全双工、绿色节能网络、扩展现实、针对可穿戴设备等的5G＋物联网、5G＋卫星通信、5G＋车联网、直连通信和智能终端的增强型宽带业务，都将在之后的标准规范中持续演进。在架构层面，5.5G网络将充分考虑云原生、边缘网络、移动算力感知和调度，以及"网络即服务"理念，持续增强网络能力并最终走向云网融合、算网一体。

趋势七：6G原创技术研究加速，卫星互联网与地面蜂窝系统走向融合

我国6G原创技术研究不断推进，"产、学、研"各方加速成果转化。当前以6G为代表的新一代信息技术成为全球创新的焦点，IMT-2030推进组启动了6G原型系统的测试，包括太赫兹通信、通感一体化、智能超表面、分布式自治网络和算力网络，推动6G研发走深走实。6G顶层设计及端到端的技

术体系初步形成，我国提出的 6G 愿景与需求也为业界广泛认可。

2023 年，我国将在 6G、算力网络、卫星互联网、下一代人工智能、元宇宙和量子信息等影响重大、创新活跃的领域积极开展原创性技术研究，并通过建设 6G 试验系统、算力网络试验网、网络智能化开放创新平台等大型信息通信技术创新试验装置，助力"产、学、研"协同创新并加速成果转化。6G 星地融合关键技术将实现卫星与地面蜂窝通信的有机融合，2023 年信息通信产业将逐步开展地面测试和星地联试等工作。

趋势八：算力网络借力上"青云"，算力共享将惠及更多行业

随着算力网络概念深化培育、加快推广，"以网强算，以算促网"的产业共识深入人心，现阶段"算力网络"不再局限于狭义的计算能力，而是集"算力、存力、运力"于一体的新型生产力。2022 年 2 月，"东数西算"工程全面启动，为我国算力网络发展注入强劲动力。以算力基础设施建设推动算力产业快速增长，我国算力产业规模将持续壮大。

以"东数西算"为引，2023 年随着相关行业部署的逐渐深入，算力共享将惠及各行各业，算力基础设施的网络化将取得实质性进展；需求日益旺盛，推动算力规模进一步扩大，预计至 2023 年年底，全国数据中心总算力将超过 200EFlops；智能算力优势凸显，据预测，在新增算力中，智能算力将达到 70%～80%；边缘计算跟随 5G、工业互联网建设加速推进，放眼行业应用，"5G + 边缘计算"的工业智能算网将迎来起步阶段。

趋势九：实现自主创新安全可控，"国家云"继续高歌猛进

当前国内云计算发展受国内外竞争形势变化的影响，自主可控、数据安全被提到前所未有的高度，产业格局由此发生巨变。以自主可控、安全可信为优势，近年来，以天翼云为代表的"国家云"实现了市场份额的迅猛增长。天翼云连续 4 年在公有云基础设施即服务市场份额位列第二。

目前，"国家云"主要由电信运营商主导，央企参与。而互联网厂商在政企服务领域的话语权或将面临挑战，特别是在国内加强数据安全、隐私保障的背景下，"国家云"如果成为各地政府推行的样本，对于提供"整体解决方案"的头部云服务厂商来说，短期内确实会面临一定的压力。2023 年，以"自主可控、安全可信、普惠服务、云融数智、绿色低碳、生态开放"为优势的"国家云"，将继续统筹开展科技创新、设施建设和安全防护体系部署，服务我国数字经济发展大局。

趋势十：物联网产业价值进一步提升，健康设备市场价值预计迅猛增长

2022 年，我国成为全球主要经济体中率先实现"物超人"的国家，截至 2022 年 11 月底，3 家电信运营商发展蜂窝物联网终端用户 18.18 亿户，已超出移动电话用户数 1.34 亿户，占移动网终端连接数的比重达 51.9%。同时，物联网平台市场持续"洗牌"，2022 年下半年，谷歌、博世、IBM、爱立信等头部企业陆续宣布关闭或出售其物联网平台，平台价值低、缺乏规模效应是其退出的主要原因。

2023 年，全球将有超过 430 亿台设备连接到物联网上，它们将生成、共享、收集数据，并帮助人们以各种方式利用数据。数字孪生和元宇宙这两种非常重要的技术将融合在一起，以更好地促进信息通信业的发展。物联网安全也备受重视，2023 年以后物联网设备的数量将呈爆发式增长，企业、设备制造商和安全专家应加强合作，应对恶意攻击者，最大限度地减少其窃取宝贵数据的机会。2023 年，物联网健康设备的市场价值将迅猛增长，物联网治

理和监管更受重视，欧盟预计出台法律，要求智能设备制造商和电信运营商遵守更严格的规则，包括如何收集数据、存储数据及保护数据安全等，而这只是在世界各地实施的一系列新法规中的一部分。

趋势十一：互联网巨头发力产业互联网，数实融合催生产业新业态

随着消费互联网进入增长"瓶颈期"，互联网行业的 toC 存量市场已经趋于饱和，想继续发展就要有新的突破。互联网巨头争相发力 toB 领域，纷纷以实体经济数字化转型为抓手，将数实融合提升到前所未有的战略高度。

数实融合是数字经济的关键落脚点。如今互联网巨头顺应趋势，深耕数实板块，将消费互联网时代的技术积累与传统企业进行了有机融合。数据带来的价值洞见和驱动能力，以云为核心构建的广泛存在的敏捷能力，二者叠加构建起数云融合能力，这将成为互联网企业推动"业务数字化，数字业务化"的新价值增长引擎。2023 年，互联网行业大概率结束负增长，主要互联网企业将"脱虚向实"，进一步发力产业互联网领域，将消费互联网时代的技术积累与传统企业有机融合，推动数据、技术要素为实体经济注入新动能，助力传统产业转型升级，催生新产业、新业态。

趋势十二：元宇宙"飞入寻常百姓家"，数字人或成为企业标配

经历了爆火之后，2022 年元宇宙进入了相对务实的阶段，随着北京冬奥会等赛事活动的举办，元宇宙应用展现出独特的魅力。虚拟数字人纷纷亮相、2022 北京服贸会首推元宇宙专馆、元宇宙创新发展计划陆续出台……2022 年元宇宙不断在互联网语境里出现，在消费硬件、内容生态、基础设施方面取得阶段性进步。

2023 年是元宇宙产业局部的关键一年，随着行业应用大门的逐渐打开，2023 年企业将全力以赴抢占虚拟世界高地，推动元宇宙与"数字孪生"巧妙"联姻"，加快新型 AI 技术与虚拟现实交互能力融合发展，有望促进元宇宙在数字人、3D 渲染等应用上实现多点突破。以用户需求为导向，元宇宙有望在电商、金融、医疗、教育、政务等领域迎来应用爆发期；以实际价值为导向，元宇宙工业应用将越来越受到信息通信业的关注。

趋势十三："第二曲线"更进一步，数字化业务成为 3 家电信运营商重点发力"赛道"

2022 年上半年，得益于云计算、数据中心、算力网络等新兴业务快速拓展，3 家电信运营商发力数字经济，"第二曲线"表现抢眼。中国电信产业数字化业务收入完成 589 亿元，在增量收入中的占比接近 50%；中国移动数字化转型收入达 1108 亿元，成为推动中国移动收入增长的主要驱动力；中国联通产业互联网实现收入 369 亿元，贡献了 72% 的新增收入，成为促进业绩增长的"第一引擎"。

2023 年，围绕产业数字化、数字产业化，以及以人工智能为代表的数字智能化，3 家电信运营商数字化业务将呈"百尺竿头更进一步"之势，深耕拓展各自的特色业务，发掘数字化转型带动收入增长的内生动力。以 5G、云计算等技术为抓手，利用好先导布局优势，3 家电信运营商将着力拓展应用场景，致力于提供从终端到网络、从云端到软件服务的一体化解决方案，联合产业上下游，共同构建数字经济时代的新型信息服务体系。

趋势十四："崛起"还是"沉沦"，2023 年广电迎来发展关键期

在拿到 5G 牌照后，中国广电在 5G 网络建设和赋能行业应用方面取得重要成果。截至 2022 年 9 月，31 个省（自治区、直辖市）全部开通广电 5G 网络服务，这标志着中国广电全国有线电视网络整合与广

电5G建设一体化发展实现新突破。中国广电与中国移动积极推进5G网络共建共享，着力打造700MHz 5G网络，目前，双方已共建共享5G基站85万个。目前，中国广电的192号段用户已经超过500万户，有超过500款的5G手机支持700MHz频段。

2023年将是中国广电关键时期，中国广电在赋能产业数字化转型方面还有很长的路要走。目前，中国广电在toC业务方面还有待拓展用户，在toB领域还需要进一步扩大和丰富5G的行业应用场景。未来，中国广电还需要找到更符合自身定位的5G应用，不断深耕矿山、养老、教育、政务、工业互联网、应急广播、智慧固边等领域，充分发挥文化数字化优势和700MHz黄金频段技术能力，以高效能的5G网络服务千家万户、千行百业。

趋势十五：移动转售十周年，虚拟运营商进入物联网转售"新赛道"

过去十年，虚拟运营商经历了从试点到正式运营，再到业务全面铺开的过程。虽被寄予厚望，但并未能改变行业格局。截至2022年6月底，移动转售在网用户规模为8007万户，较2021年年底减少1011万户，移动转售行业收入累计为20.7亿元，同比增长16.9%；但收入实现正增长的企业数量为22家，较2021年减少7家。

物联网一直被认为是虚拟运营商的"新出路"。2023年年初，首张物联网转售牌照正式发放，移动转售企业正式迈入物联网转售"新赛道"。相信将有越来越多的虚拟运营商获得物联网转售牌照。在这个"物超人"的时代，物联网连接数或将达到千亿，物联网转售业务增量空间巨大。不过物联网单个设备的通信费用远低于手机用户通信费用，但围绕连接为用户提供的增量价值空间巨大，虚拟运营商若能围绕移动转售业务，做好连接服务，则可以获得更大的收益。

趋势十六：智能手机市场继续低迷，下半年有望迎来复苏

2022年智能手机市场发展低迷，数据显示，2022年1~9月全球智能手机出货量同比下降8.88%，国内智能手机出货量同比下降21.1%。受此影响，vivo、OPPO、小米等主流手机厂商均呈现负增长，纷纷进行库存调整，并不断探索新的增长点，希望通过冲击高端、进军折叠屏、自研芯片及发力智能网联汽车，获得逆势增长。

预计手机行业发展低迷将延续到2023年上半年，智能手机出货量将继续下降，换机周期将继续延长，智能手机同质化现象也将延续。但随着供应链价格的下降、高端手机和折叠屏手机市场份额的增长，以及手机影像、游戏体验的持续升级，预计2024年，中国手机市场降幅将收窄，这也是vivo、OPPO、小米等厂商继续前行的信心源泉，预计整个手机行业在2023年下半年复苏。

趋势十七：华为业务整体止跌，华为手机存变数

2022年，华为业务整体止跌，新增长动能效应凸显，ICT基础设施业务保持稳定增长，数字能源和华为云业务快速增长，智能汽车部件竞争力和用户体验感得到显著提升。但是，海思芯片的无法量产致使华为手机的竞争力锐减，出货量一降再降，华为终端业务仍在下滑。

2023年是华为在制裁常态化下维持正常运营的关键之年。华为将紧抓数字化和低碳化的发展机遇，优化5G、智能网联汽车、云等业务的资源配置，发挥产业组合优势，实现高质量增长。ICT基础设施业务要积极有为，需要抓住各行各业数字化转型的机会，实现有效增长；华为云要成为各行各业数字化的底座和使能器；数字能源要在战略机会窗口敢于投入，提升产品竞争力，有效降低全球大宗商品

供应不确定性风险；智能网联汽车部件业务聚焦关键增量部件，力争实现商用规模上量。

趋势十八：芯片产业或将面临更大跌幅，企业纷纷优化产能布局

2022年是半导体产业发展转折蓄势的一年。一方面，终端需求疲软，以消费电子为主的半导体行业进入下行周期；另一方面，5G、汽车、数据中心、工业等领域对芯片的需求上升，芯片产业新旧动能转换加快，芯片企业纷纷优化产品组合，调整产能布局，发力多个"赛道"以抵御市场风险，谋求长期增长。

2023年半导体行业发展趋势依旧不容乐观，Gartner预测，2023年芯片公司的收入将下降3.6%，半导体全球资本支出将面临2008年以来的最大跌幅。届时，芯片厂商或将在产品、产能、战略方面找到平衡点，充分应对市场风险；加之5G、自动驾驶、元宇宙等领域创新，以及折叠屏手机等新型消费电子的催化，半导体行业迎来需求增加和升级的长期趋势可以预见。2023年半导体产业市场行情有望逐步改善。

趋势十九：企业加速布局，智能网联汽车迎来高速发展期

2022年，在产业各方面的共同努力下，我国已经形成较为完善的智能网联汽车技术链，自动驾驶系统集成、激光雷达、控制决策、算法、AI芯片、智能座舱、C-V2X、北斗卫星导航定位等关键技术自主研发取得突破，已形成与全球领先厂商并跑的趋势，部分产品已经实现前装量产应用，有力地支撑了我国智能网联汽车的发展。

随着智能网联汽车行业的蓬勃发展，越来越多的企业纷纷入局。例如，终端厂商小米、苹果加大投资制造汽车，OPPO发力车机互联，华为推出了一系列智能汽车解决方案，芯片厂商高通推出座舱芯片、数字底盘，ARM持续推动汽车智能芯片创新等。2023年，电动、网联、智能等领域的技术发展将继续深刻塑造汽车行业的面貌，激发消费者的需求，预计未来5年智能网联汽车的年出货量复合增长率为16.8%，智能网联汽车市场将迎来快速发展。

趋势二十：数据安全更受重视，数据治理措施将不断完善

数据资源是推动数字经济高质量发展的源动力，随着互联网、5G、人工智能、物联网、工业互联网等技术及产业的不断发展，我国数据量持续呈爆发式增长态势，目前我国大数据产业规模已破万亿元。

数据资源的合规、高效流通使用，能充分激发数据要素潜能，赋能实体经济，全面推动数字经济做强做优。2023年，我国将更加重视数据要素的利用与治理，进一步加快数据立法进程及配套措施的完善，促进数据有效流通和开发利用。作为公共数据归集、整合、共享、开放的统一基础设施，全国一体化政务大数据体系建设将继续加快推进，针对各省（自治区、直辖市）的数据开放数量、质量、范围，以及数据应用场景、应用质量、多样性方面差距明显的现状，2023年将从制度、平台、应用等方面锚定数据要素规范使用，最大限度地促进数据流通和开发利用。

（《通信世界》）

互联网发展及趋势分析

一、信息基础设施建设

经过多年发展,我国已建成全球规模最大、技术领先的网络基础设施,新型信息基础设施底座更加坚实。

(一)双千兆网络建设

双千兆网络建设成效显著。我国5G发展渐入佳境。我国5G网络基本完成城乡室外连续覆盖,截至2022年11月底,我国累计开通5G基站总数达228.7万个,占全球5G基站总数超过60%。我国5G个人用户规模持续扩大、用户渗透率突破3成,截至2022年11月底,我国5G用户渗透率达32.2%,较2021年年底提升10.6%,5G移动电话用户达5.42亿户。我国5G行业应用向纵深发展,5G与不同行业应用呈梯次渗透特征。

截至2022年10月底,我国共有110个城市达到千兆城市建设标准,实现了城市家庭千兆光网全覆盖,约占所有地级市的1/3,其中,东部地区建成41个千兆城市,中部地区建成29个千兆城市,西部地区建成40个千兆城市。千兆城市平均10G PON端口占比达46.7%。千兆城市建设大力推进了5G、千兆光网等新技术在信息消费、垂直行业、社会民生、数字政府等领域的融合应用,助力地方特色产业、传统企业的数字化变革。

(二)移动物联网

我国移动物联网用户规模快速扩大,截至2022年年底,连接数达18.45亿户,比2021年年底净增4.47亿户,占全球总数的70%。我国形成涵盖芯片、模组、终端、软件、平台和服务等环节的较为完整的移动物联网产业链。窄带物联网形成水表、气表、烟感、追踪类4个千万级应用,形成白电、路灯、停车、农业等7个百万级应用。移动物联网终端应用于公共服务、车联网、智慧零售、智慧家居等领域的规模分别达4.96亿户、3.75亿户、2.5亿户和1.92亿户,行业应用正不断向智能制造、智慧农业、智能交通、智能物流及消费者物联网等领域拓展。

(三)IPv6部署

第6版互联网协议(Internet Protocol version 6,IPv6)部署迈出新步伐。截至2022年7月,网络基础设施全面向IPv6演进升级,IPv6活跃用户数达6.97亿。我国深入实施工业互联网创新发展战略,网络、平台、安全体系及工业互联网标识解析体系基本建成。

(四)工业互联网

工业互联网体系化建设全面推进。政府引导、场景牵引、供给侧驱动,网络、平台、安全并行推进,我国工业互联网基础设施建设成效显著,初步建成低时延、高可靠性、广覆盖的网络设施,高质量外网覆盖全国300多个城市,"5G+工业互联网"建设项目超过3100个,标识解析体系服务企业达19.5万家;构建双跨综合型、行业/区域特色型、专业技术型平台体系,具有一定影响力的工业互联网平台超过150个,赋能企业超过160万家,成为工业企业数字化转型的重要切入口;打造体系化、协同化、高效化的安全体系,工业互联网安全态势感知平台已监测覆盖全国31个省(自治区、直辖市)级平台,显著增强了工业企业防范信息风险的能力。

(五)数据中心和算力网络

数据中心和算力网络演进升级。算力基础设施达到世界领先水平。全国一体化大数据中心体系基本构建,"东数西算"工程加快实施。截至2022年6月,我国数据中心机架总规模超过590万标准机架,建成153家国家绿色数据中心,行业内先进绿色中心电能使用效率降至1.1左右,达到世界领先水平。建成一批国家新一代人工智能公共算力开放创新平台,以低成本算力服务支撑中小企业的发展需求。

二、互联网行业发展

(一)行业规模

互联网行业规模保持稳定增长。我国互联网基础设施建设不断加速,数字适老化及信息无障碍服务持续完善,推动了我国网民规模稳步增长。截至2022年6月,我国网民规模为10.51亿人,较2021年12月新增1919万人,互联网普及率达74.4%,较2021年12月提升1.4%。其中,我国手机网民规模为10.47亿人,较2021年12月新增1785万人,网民中使用手机上网的比例为99.6%。

从城乡网民规模和普及率看,截至2022年6月,我国农村网民规模为2.93亿人,占网民整体的27.9%;城镇网民规模为7.58亿人,占网民整体的72.1%,较2021年12月增长1039万人。我国城镇地区互联网普及率为82.9%,较2021年12月提升1.6%;农村地区互联网普及率为58.8%,较2021年12月提升1.2%。

(二)互联网企业营业收入情况

2022年,我国规模以上互联网企业营业成本同比增长3.3%,增速较2021年回落12.8%。实现利润总额1415亿元,同比增长3.3%,增速较2021年回落10%。分领域运行情况来看,信息服务领域企业收入稳步增长,2022年,以信息服务为主的企业(包括新闻资讯、搜索、社交、游戏、音乐视频等)互联网业务收入同比增长4.9%;生活服务领域企业收入大幅减少,2022年,以提供生活服务为主的平台企业(包括本地生活、租车约车、旅游出行、金融服务、汽车、房屋住宅等)互联网业务收入同比下降17.5%;网络销售领域企业收入较快增长,2022年,主要提供网络销售服务的企业(包括大宗商品、农副产品、综合电商、医疗用品、快递等)互联网业务收入同比增长12.6%。分地区运行情况分析,东部地区互联网业务收入增长承压,东北地区增势明显。2022年,东部地区完成互联网业务收入13244亿元,同比下降0.2%,占全国互联网业务收入的比重为90.8%。中部地区完成互联网业务收入570.8亿元,同比增长1.1%。西部地区完成互联网业务收入721.1亿元,同比下降16.9%。东北地区完成互联网业务收入53.6亿元,同比增长5.5%。

中国信息通信研究院政策与经济研究所互联网运行分析团队发布的《2022年三季度我国互联网上市企业运行情况》显示,2022年第三季度,我国上市互联网企业市值大幅下降;在美国上市企业市值占比上升,排名前十的企业市值占总市值80.4%;我国10家企业上榜全球互联网企业市值排名前30位榜单。

(三)研发创新

2022年《政府工作报告》提出,加快发展工业互联网,培育壮大集成电路、人工智能等数字产业,提升关键软硬件技术创新和供给能力。在国家科技创新战略的引领下,我国互联网企业不断加大研发投入,持续强化互联网企业创新主体地位,加强原创性、引领性科技攻关。中国互联网协会研究统计,2021年,中国互联网前百家企业的研发投入达2923.7亿元,整体研发强度6.4%,达到10年来的最高水平。数字技术研发投入逐年上升,量子计算原型机、类脑计算芯片、碳基集成电路等基础前沿领域取得原创性突破,人工智能、区块链、物联网等新兴领域形成一批自主底层软硬件平台和开源社区,关键产品技术创新能力大幅提升,初步形成规模化应用效应。2022年,互联网业务收入小幅下降,利润总额保持增长,研发经费规模加快增长。2022年,我国规模以上互联网企业共投入研发经费771.8亿元,同比增长7.7%,增速较2021年提高2.7%。

三、融合应用

5G带动网络设备营业收入增长、消费级终端设备迭代升级。2020—2022年,线上消费需求稳步增长,增速明显高于线下消费。我国网络零售、移动支付规模位居全球第一。交通、教育、医疗、文体娱乐等领域互联网应用得到快速发展。北京冬奥会和冬残奥会期间,赛事直播及AR、VR观赛等产品和服务受到广大用户的喜爱。充分彰显互联网融合应用成效。

(一)信息消费

信息消费加快增长。农村电商快速发展,打通城乡消费循环。2022年上半年,农村网络零售和农产品网络零售分别增长2.5%和11.2%。互联网推动网民消费模式变迁。在消费场景方面,网络支付与无接触支付等方式深度结合,成为继即时通信、网络视频(含短视频)后的第三大网络应用,线上线下融合消费基本成型。在消费结构方面,从以实物消费为主转变为"实物+服务"消费双轮驱动。2001年12月至2022年6月,我国网民每周上网时长从8.5小时增长至29.5小时。在消费行为方面,搜索型消费逐渐向推荐型消费转变。2020年6月至2022年6月,我国电商直播用户规模从3.09亿增长至4.69亿,年复合增长率达23.2%;网民使用率从32.9%提升到44.6%,两年增长了11.7%。

(二)产业数字化

互联网助力产业数字化,支撑三大产业高质量发展。产业数字化转型持续深化。5G与人工智能、大数据、云计算等数字技术相结合,助力激发产业数字化潜力。加快构建工业互联网网络、平台、安全体系,形成"5G+工业互联网"10个重点行业实践和20个典型应用场景,融合应用向40个国民经济大类延伸。服务业与互联网融合,互联网深入渗透批发零售业、住宿餐饮业、金融业、交通物流业等,为广大消费者带来更高质量、更个性化的服务体验。工业、农业领域的企业利用互联网加强对客户需求的认识和响应,逐步实现定制化生产和销售,不断加快产业转型步伐。

(三)数字社会服务

数字社会服务广泛开展。互联网应用的适老化及无障碍改造加快推进。2022年4月,首批325家网站和手机应用软件完成适老化改造,为老年人使用智能技术提供辅助。根据工业和信息化部"互联网应用适老化及无障碍改造专项行动"部署要求,在工业和信息化部的指导下,中国互联网协会在全国范围内开展互联网网站适老化及无障碍改造"回头看"工作。截至2022年11月10日,我国已完成对专项行动首批推进的115家重点公共服务类网站,以及其他获得评测通过的网站的问题检查工作。

5G技术在北京冬奥会上大放异彩,在网络覆盖、技术创新、应用服务3个方面实现全面突破,5G、人工智能等技术大规模深度应用于办赛、参赛、观赛各环节,实现了奥运史上5G网络最大规模的一次商用,完美阐释了科技冬奥的理念。

数字政府建设加快推进。全国一体化政务服务平台基本建成,"一网通办""异地可办""跨省通办"广泛实践。全国96.68%的办税缴费事项实现"非接触式"办理,全面数字化电子发票试点稳步推进,电子发票服务平台用户数量突破千万级。

数字惠民水平不断提升。全国中小学(含教学点)互联网接入率达100%,住房公积金小程序服务1.64亿缴存人,社会保障卡持卡数达13.63亿人,电子社保卡领用人数达6.19亿人,全国已审批设置1700多家互联网医院。

2020—2022年,线上教学、互联网诊疗、线上健身等线上服务和无接触配送有力保障了民众需求。新一代信息技术对社会发展的支撑力量得到充分发挥,助力经济社会稳定前进。

四、互联网安全与治理

(一)App生态净化

App侵害用户权益专项整治纵深推进,App生态持续净化，截至2022年年底，我国各类高质量App在架数量已超过258万款。加强源头管理，督促指导应用商店等分发平台充分发挥"守门员"作用，依法依规上架审核，2022年共组织6批次，检测151万款App，抽检合规率同比大幅提升。筑牢技术屏障，建成信息通信行业反诈大平台，2022年以来，累计拦截涉诈电话18.2亿次，加快织密织牢安全防护网。优化治理模式，常态化开展垃圾信息治理，加强行政指导，推动监管关口前移，用户投诉降至历史最低水平。

（二）互联网平台治理

2021年，我国加大对互联网平台监管和治理的力度，通过反不正当竞争和保护消费者权益，引导互联网行业回归到理性发展。2022年，我国相关政策因时因势做出调整，以常态化监管取代了重点的集中专项监管，并给出了明确的政策红线，释放了互联网行业的利好信息。2022年以来，党中央的一系列政策举措和科学部署，促进了互联网平台经济健康发展。2022年4月29日中央政治局会议提出，促进平台经济健康发展，完成平台经济专项整改，实施常态化监管，出台支持平台经济规范健康发展的具体措施。5月31日国务院提出，稳定平台企业及其共生中小微企业的发展预期。6月15日国务院常务会议指出，支持平台经济健康发展。7月21日国务院常委会议出台支持平台经济规范健康发展的具体措施，发挥好平台经济创造就业、促进消费的作用。7月28日中央政治局会议提出，要推动平台经济规范健康持续发展，完成平台经济专项整改，对平台经济实施常态化监管，集中推出一批"绿灯"投资案例。12月16日中央经济工作会议指出，要大力发展数字经济，提升常态化监管水平。支持平台企业在引领发展、创造就业、国际竞争中大显身手，要充分发挥数字平台的作用。

（三）网络安全和数据安全

2022年，《中华人民共和国网络安全法》实施5周年迎来首次修改；《中华人民共和国数据安全法》《关键信息基础设施安全保护条例》《中华人民共和国个人信息保护法》实施1周年，监管细则陆续推出；《数据出境安全评估办法》和《网络数据安全管理条例（征求意见稿）》公布。2022年以来，勒索攻击事件呈显著上升趋势；数据窃密事件攀升，且单起事件的平均损失越来越大；有组织的高级持续性威胁攻击不减；供应链安全已成为网络安全的新战场。网络攻击呈现攻击利益化、技术智能化、手段自动化的特点，互联网企业的网络安全核心能力亟待增强。

Gartner对2023年网络安全的八大预测显示：供应链和地缘政治风险将主导网络安全；安全网格架构将简化安全；零信任将在风险管理中发挥关键作用；DevSecOps将成为业务关键；自动化安全运营将增强检测能力；以数据为中心的网络安全方法、端点和工作负载将需要适应性保护；人为操作的勒索软件将成为更大的威胁。工业和信息化部等将加强系统布局谋划数据安全工作，重点抓好"一个体系（数据安全监管体系）"、发展"一个产业（数据安全产业）"。在制度机制方面，我国将制定出台工业和信息化领域数据安全管理制度，健全完善数据分类分级、重要数据保护、风险评估、应急管理等重点管理机制。在标准规范方面，我国将建立完善工业和信息化领域数据安全标准体系，研究制定车联网、工业互联网等重点领域数据安全标准，深入开展贯标达标等工作。我国将推动出台促进数据安全产业发展等政策文件，培育具有国际竞争力的数据安全领军企业、专精特新"小巨人"企业，强化关键核心技术攻关和应用示范，为国家数据安全保障提供有力支撑。

（中国互联网协会　连迎）

5G 专网发展及趋势分析

随着 5G 的普及，如何挖掘 5G 网络价值成为行业亟须解决的难题。业内人士普遍认为 5G 发展中 toB 是 5G 改变社会的重点。在推动 5G 与千行百业融合的过程中，5G 专网成为关键基础。基于 5G 专网，我国信息通信融合应用加速向工业、医疗、教育、交通等领域拓展深化。5G 专网是指采用 3GPP 5G 标准构建的企业或行业无线专网，在特定区域实现网络信号的覆盖，为特定用户在组织、指挥、管理、生产、调度等环节提供通信服务的专业网络。5G 专网对应的是 5G 公网，而两者的区别主要在于公网为社会大众服务，专网为特定对象服务。

从 2020 年 7 月开始，3 家电信运营商便开启了 5G 专网布局，拉开了我国 5G 专网发展序幕。工业和信息化部统计显示，截至 2022 年年底，我国 5G 行业虚拟专网数量突破 1 万个。

一、我国 5G 专网的发展背景及挑战

自 2019 年我国发放 5G 牌照以来，国家多次出台政策支持 5G 专网建设。例如，《5G 应用"扬帆"行动计划（2021—2023 年）》明确要求，支持各地结合区域需求，建设 5G 行业虚拟专网，探索建网新模式。

《"十四五"信息通信行业发展规划》也明确要求，面向行业应用需求，推动 5G 行业虚拟专网建设模式、运营服务、技术方案创新与成熟，促进 5G 行业虚拟专网规模化发展，提出全国 5G 虚拟专网数量要从 2020 年年底的 800 个增长到 2025 年年底的 5000 个，年均增速 44%。

自 2020 年以来，国内 5G 专网持续产生收益。中商产业研究院统计的数据显示，2020 年我国 5G 专网市场的总收益达 23 亿元。2021 年，5G 专网市场占我国物联网市场约 0.2% 的比重，总收益达 60 亿元。随着各行业数字化转型速度的加快，我国 5G 专网市场的总收益预计于 2026 年达到 2361 亿元，2021—2026 年的复合年增长率为 108.2%。

随着 5G 专网标杆建设，5G 专网在不同行业已展现其价值。但 5G 专网发展依然面临诸多挑战。

首先，企业对数字化转型内需不足，更多企业更关注传统信息化项目，对 5G 专网的需求度不高。

其次，5G 专网技术、行业标准仍处于探索阶段。5G 专网技术的可靠性、安全性仍需大规模的商业落地验证。因此，对网络安全性、可靠性要求高的企业，不愿轻易用 5G 专网替换现有的网络专线。

最后，目前只有行业头部企业选择用 5G 专网打造数字化底座，中小企业受资金、技术、人才等的限制，对 5G 专网仍持观望态度。5G 专网走向普及仍道阻且长。

二、5G 专网优势及部署方式

从专网行业发展方面分析，传统专网拥有性能可靠、低成本、定制化的特点，可满足垂直行业对网络覆盖区域、性能指标、安全隔离等的要求。

5G 专网灵活的部署模式及卓越的性能，以及与云计算、AI 等新技术更高的匹配度，成为专网市场新的主力军。5G 专网与我们生活中的公网，以及传统专网有着显著区别。公网、传统专网、5G 专网对比见表 1。

表1 公网、传统专网、5G专网对比

	公网	传统专网	5G专网
服务区域	范围广泛	限定区域	
服务对象	公众	特定行业用户	
网络部署	电信运营商	以政府与公共安全为主的行业	以制造业为主
网络结构	大容量、全网漫游	独立组网	独立部署/部分共享/完全共享
网络要求	覆盖全面、速率高	可靠、安全、定制化	

目前5G专网主要分为3种部署方式。一是独立部署（物理专网），根据行业企业需求量身定制，包括独立的无线网、承载网、核心网，这个专网与运营商的网络是完全隔离的。这种专网的特点是部署慢、成本高、安全性很好，但对运维的要求高。独立专网由企业自己运维或者请运营商代维。

二是部分共享（混合专网），可以实现数据本地卸载和功能定制优化，一部分网络功能是采用了运营商的设备，而另一部分网络功能是企业独占，并通过用户面部署到企业端，可以保证用户数据的安全性，数据不出企业园区。

三是完全共享（虚拟专网），基于公网的灵活切片配置来提供专网服务，采用切片技术实现，即把无线切片、承载网络切片、核心网切片组成一个逻辑上独立的网络，称为虚拟专网。这种专网的特点是部署快、成本低，但安全性差，虚拟专网一般是运营商自己负责运维。

5G专网3种部署方式优缺点见表2。

表2 5G专网3种部署方式优缺点

	部署方式	主要特征	优点	缺点
独立部署（物理专网）	企业基于专网频段独立自建，与公网完全隔离	采用专属频段，建设一张完全独立的5G专网	与公网完全隔离，保证企业数据安全、可靠；企业内部网络部署方式更加灵活	部署成本及后期运维成本很高，一般企业难以负担
部分共享（混合专网）	运营商基于公网频段帮助企业建立专网，并与公网隔离	采用运营商5G频段，建设一张完全独立于公网的5G专网	运营商代建代维，并拥有独立部署5G专网的所有优势	安全性弱于独立部署方式
	专网与公网之间无线接入网（Wireless Access Network, RAN）共享	与公网共享5G基站，在5G基站分流公网与专网数据	企业可以选择将敏感数据通过专网传输，节省部分部署及运维成本	非敏感数据传输公网导致网络时延较高
	专网与公网之间RAN和控制面板共享	控制面板与5G公网共享，在企业侧部署专用的移动边缘计算（Mobile Edge Computing, MEC）和用户面功能（User Plane Function, UPF）	MEC和UPF部署在企业侧，可保证网络的低时延，成本相对较低	因为与公网共用控制面板，所以数据安全性较差
完全共享（虚拟专网）	专网与公网端到端共享	基于5G公网，利用5G切片为5G专网端到端切出一个"切片子网络"	无法独立建设任何网络设施，成本最低	网络性能取决于切片能力，以及运营商5G基站的部署位置

三、3家电信运营商5G专网发展分析

2022年，无论是电信运营商，还是设备商、云厂商，都已纷纷入局5G专网市场，探索5G专网发展新模式，推动我国5G专网市场发展。

（一）中国电信

中国电信在5G专网领域推出了"致远""比邻""如翼"3类5G定制网服务模式，实现网随

云动、云网一体。

针对用户需求，中国电信在5G专网业务上形成"五库一图"解决方案知识库，创新推出"5G定制网能力魔方"能力。截至目前，5G能力魔方已规模化应用于中国电信31个省（自治区、直辖市）的5G定制网业务，覆盖钢铁、煤矿、卫健等15个行业。

中国电信专家在2022年年底表示，中国电信已累计完成4500多个5G定制网项目，1.3万多个5G行业商业项目，中国电信在全国100%的地市和本地网点亮5G定制网，推动5G应用向多领域全行业拓展。

2022年，中国电信帮助多个垂直企业深入应用5G定制网，例如，为中韩石化厂区新建了9个5G基站，实现5G定制网全覆盖；构建5G企业专网，为鸿富锦精密电子SMT工厂实现5G+IoT设备数字孪生、5G+AR设备无忧运维、5G+AI智能检测等工业互联网创新应用；依托"5G+MEC"技术建造智能工厂，帮助美的5G智能工厂实现了11个"5G+工业互联网"典型场景，顺利完成传统制造业工厂的数字化转型。

（二）中国移动

中国移动依靠全球最大的5G精品网，构建起"连接+算力+能力"的新型服务体系，并打造了5G专网运营平台，围绕场景化、可视化、生态化这3个理念持续锻造运营服务能力。中国移动提供的5G专网包括优享模式、专享模式、尊享模式3种模式。

在2022年12月举行的GSMA创新论坛之产业领袖思享汇上，中国移动董事长杨杰介绍，中国移动构建了全国最大的横跨6省市的5G专网，拓展超过1.6万个的5G商用案例。根据中国移动官方统计，2022年全年，中国移动5G累计签约超18000个项目，深耕19个细分行业。

针对行业用户的多样化需求，中国移动推出了5G专网运营平台，为用户提供"自服务、自运维、自开发"的网络服务。该平台在2022年大放异彩。例如，基于该平台，中国移动为宁德时代建成横跨福建、江苏、四川等6个省、九大基地、43个厂区，总覆盖面积超500万平方米的企业5G专网。据悉，该专网在建设中采用2.6G+4.9G双频组网，是国内首次规模商用5G UPF+方案。

整体来看，中国移动5G专网从有到优，在双域、跨域、全域全面落地，入选国务院国有资产监督管理委员会发布的《中央企业科技创新成果推荐目录（2022年版）》。

（三）中国联通

中国联通推出了虚拟专网、混合专网、独立专网3种5G行业专网部署方式，重点结合边缘计算实现网边协同。在GSMA创新论坛上，中国联通董事长刘烈宏介绍，中国联通累计服务超过3000个行业专网客户，打造1万多个5G规模化应用项目。

在5G专网产品创新方面，2022年12月，中国联通在5G应用"扬帆"创新高峰论坛暨5G应用创新联盟会员生态大会上，发布了5G行业专网产品体系3.0。据悉，中国联通还推出了5G行业专网产品体系3.0"十大场景化5G专网产品"，涵盖矿山、钢铁、装备制造、港口、电力、海洋、车联网、教育、医疗、政务十大垂直行业。

在5G专网商业方面，中国联通在2022年打造了多个标杆方案。例如，2022年9月，中国联通山东公司助力国网山东电力建成全国首个"省域广域5G行业专网"，山东省16个地市得到全覆盖；再如，2022年年底，中国联通通过5G随行专网解决方案，陆续签约中国地质大学5G校园专网、北京师范大学5G智慧校园、中国农业大学高算平台、北京科技大学公共云平台等多个项目。

四、厂商5G专网产品与方案研究分析

在5G专网发展中，华为、中兴通讯、浪潮等设备商积极推进5G专网技术及解决方案演进。

（一）华为

针对5G虚拟专网发展，华为加速推进5G+

MEC发展，推动5G专网向计算专网演进。华为在2022年发布全新移动VPN解决方案，基于业务分流控制，将互联网流量识别转换到企业内网，为用户提供高速5G网络。

（二）中兴通讯

中兴通讯2022年推出5G核心网专网2.0解决方案，提供超低成本、物理隔离、安全可靠、持续演进的新型云网一体5G专网。

（三）爱立信

爱立信发布了5G RAN切片软件解决方案，支持定制化业务模型，以满足在专网、关键沟通任务和关键IoT等领域日益增长的用例需求。

（四）浪潮

浪潮打造云网融合全栈产品和服务体系，形成多行业多场景的应用创新与实践。此外，浪潮还打造了云洲工业互联网平台这一国家级"双跨"平台，布局工业智能设备、工业通信、工业安全、工业软件、行业解决方案五大产业链。

（五）亚信科技

在亚信科技2022年系列产品发布之"云网产品专场发布会"上，亚信科技5G专网产品体系首次公开亮相，包含5G核心网、5G基站、MEC、OMC和5G专网运营平台，可"一站式"满足行业用户的专网建设需求。

（六）阿里云

2022年8月，阿里云洛神云网络推出了面向工业园区场景的5G云专网产品。阿里云5G云专网产品从企业用户实际使用场景出发，聚焦云网协同技术创新，提升用户使用体验，降低企业投入门槛。

（七）腾讯云

2022年4月，腾讯与中国电信共同发布5G电竞专网解决方案，并正式揭牌"5G电竞联合实验室"。腾讯云还围绕EnerLink、EnerTwin、能源业务构建了四大类应用——连接协同、智能降碳，智能生产、数字化运营，覆盖了电网发电、石油、钢铁、燃气、

矿山、化工等多个领域，约有10多种解决方案。

五、5G专网未来发展趋势展望

2022年，5G专网从单域到双域，从局域到广域，从园区到现场，从连接到计算，已经广泛嵌入各个行业和领域。随着产业升级，数字化转型对数据安全及数据处理提出更严苛的低时延要求，越来越多的企业将选择具有成本低廉、部署方便等特点的自有5G专网。

2023年，5G专网发展呈现以下4个发展趋势。

一是5G专网部署成本降低，5G专网性能呈一降一升。 目前，5G专网解决方案开发周期长、收费灵活度低、部署成本高等因素制约着5G专网规模部署。5G专网将在可复制推广和定制化之间寻找平衡点，强化5G专网行业复制部署能力。此外，5G专网完全共享模式，将基于5G核心网云化及切片技术发展，为中小企业带来更多的选择。运营商在5G专网发展中，也将积极尝试以租代建等新的销售模式，加速5G专网普及。

二是5G专网安全能力将持续提升。 目前，5G专网在数据传输、边缘计算等环节均存在安全隐患。运营商及设备厂商将更关注边缘节点、操作系统等安全能力，打造多种安全等级产品，满足不同企业对5G专网的安全需求。

三是行业将积极探索5G专网应用场景。 5G专网发展需要与行业融合，5G专网行业参与各方将积极探索5G专网在更多行业的应用场景，加速5G专网融入千行百业，实现行业从1到N的飞跃。

四是边缘计算将带动5G专网发展。 边缘数据中心可降低网络时延，改善用户体验，减少网络拥塞。5G专网中的微型基站在高密度、易部署、自优化及低成本方面与边缘计算平台高度兼容。因此，边缘计算发展将加速5G专网发展。

（黄海峰）

物联网产业发展与趋势分析

在 2022 年，我国正式进入"物超人"时代，也是全球主要经济体中首个实现"物超人"的国家。截至 2022 年 11 月，3 家基础电信运营商发展蜂窝物联网终端用户 18.18 亿户，已超移动电话用户数 1.34 亿户，我国"物超人"的步伐还在持续加速。

RedCap 全称为 Reduced Capability，它是 3GPP 在 5G R17 阶段推出的一种新技术标准协议，可以理解为是轻量级、简配版 5G。作为轻量级 5G 终端技术，Red Cop 是蜂窝物联网的重要演进方向。它有效兼顾了行业对技术性能和部署成本的并存需求，瞄准可穿戴设备、工业传感器和视频监控三大核心业务场景，预计到 2030 年，全球会达到近百亿连接。

一、RedCap 为实现性能与成本的平衡而生

过去几年 5G 发展迅猛，但早期 5G 芯片和终端设计复杂，研发、生产、市场投入和成本较高，不利于快速规模化商用部署。同时，很多应用场景（例如远程抄表、共享设备等）对速率、性能、功耗、成本的要求中等，要求 5G 分出部分能力覆盖中端应用场景，实现性能和成本的均衡。正是在这样的背景下，RedCap 技术应运而生。

从应用场景来看，5G 有 80% 的应用落地于物联网场景，细分为低速、中低速、中高速和超高速场景。对于现有 5G 承载网络体系：一方面，NR 可以满足 100Mbit/s 以上的超高速率物联网业务需求；另一方面，NB-IoT 承载 100kbit/s 以下的低速率物联网业务，提供低速大连接物联网（massive Machine-Type Communication，mMTC）能力。

RedCap 的引入补齐了 5G 网络中高速率业务承载能力，使 5G 网络面向各类物联网应用需求，形成了低、中低、中高、超高分级能力的技术承载体系。4G/5G 物联网技术体系如图 1 所示。

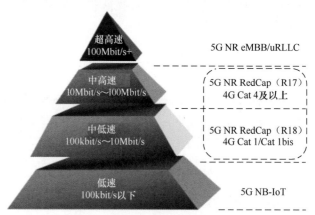

图 1　4G/5G 物联网技术体系

除了 3GPP 明确定义的可穿戴设备、工业无线传感器、视频监控三大典型应用场景，RedCap 还可以在电网、工厂、车联网、矿山、园区、港口等众多垂直行业领域应用。RedCap 三大典型应用场景见表 1。

表 1　RedCap 三大典型应用场景

性能需求	可穿戴设备	工业无线传感器	视频监控
数据参考速率	5～10Mbit/s（下行） 2～5Mbit/s（上行）	2Mbit/s	2～4Mbit/s（经济型） 7.5～25Mbit/s（高端型）
时延	—	<100ms	<500ms
可靠性/可用性		99.99%	99%～99.9%
电池寿命	几天或 1～2 周	至少几年	—
流量模型	—	上行流量大	上行流量大
移动性需求	有	无	无

注：可穿戴设备的下行峰值速率可达 150Mbit/s，上行峰值速率可达 50Mbit/s。

从技术特征来看，RedCap 具备低成本、大容量高

效共存、高集成、多功能四大特点。

特点一：低成本。在 FR1 频段上通过缩减最大终端带宽至 20MHz、减少天线数量至 1T1R 或 1T2R、降低最大调制阶数至 64QAM 等手段，将终端复杂度和成本下降 50%～65%。NR 终端与 RedCap 终端能力对比见表 2。

表 2　NR 终端与 RedCap 终端能力对比

能力	NR 终端	RedCap 终端
最大带宽	100MHz，200MHz	20MHz
天线能力	2T4R	1T1R 或 1T2R
最小下行 MIMO 层数	2 或 4	1
最大下行调制阶数	256QAM	64QAM
双工模式	TDD、FDD	TDD、FD-FDD
成本降低	0	50%～65%

特点二：大容量高效共存。RedCap 设备可以通过单独初始 BWP（Bandwidth Part，部分宽带）和小区定义的同步独立信号在 5G 网络上运行，并与增强型移动宽带设备高效共存，发挥 5G 高带宽、大容量的优势。

特点三：高集成。RedCap 数据具备在不同频率收发的能力，使连接简单可集成，设备趋向小型化。

特点四：多功能。RedCap 具有低时延、切片、定位、低功耗等特点。

二、全产业链齐发力加速 RedCap 产业成熟

RedCap 历经了 2021 年 3 月的项目立项，2022 年 6 月的标准确立，2022 年 12 月的测试结果公布，在不到 2 年的时间里，全产业链都在发力推动 RedCap 产业的成熟。3 家电信运营商作为推动 RedCap 产业发展的核心力量，在 R17 冻结之前，便已积极开展预研和产业对接工作，以挖掘行业需求、进行技术评估和推动产业生态。

（一）中国移动：发布《中国移动 5G RedCap 技术白皮书》

在标准制定方面，中国移动联合产业界完成 3GPP RedCap R17 核心标准制定，主导提出 RedCap 专属初始 BWP 方案等多项方案。此外，中国移动联合产业界完成以 RedCap 技术为核心的《5G 数字蜂窝移动通信网轻量化（RedCap）终端设备技术要求（第一阶段）》《5G 轻量化通用模组技术要求（第一阶段）》等行业标准立项。

在技术研究方面，中国移动完成可穿戴设备、工业无线传感器、视频监控等典型场景与 RedCap 技术的适配性分析，制定 RedCap 技术要求，并于 2022 年 6 月发布《中国移动 5G RedCap 技术白皮书》。

在测试验证方面，中国移动在信息港建立 RedCap 多厂商能力互通试验环境，于 2022 年 10 月携手主流网络设备厂商和芯片厂商，完成规模组网环境下的兼容性、覆盖、时延等能力测试验证，结果表明，5G RedCap 可以较好地满足多种业务场景需求，网络已具备规模商用技术能力。

（二）中国联通：2 个联盟 + 3 个实验室建立全流程合作体系

在技术标准方面，中国联通承担 3GPP、GCF RedCap 终端一致性测试项目，完成多本 RedCap 行业标准、应用标准及白皮书的发布，例如，2022 年 12 月发布的《中国联通 5G RedCap 白皮书》和《RedCap 关键技术研究》，为 RedCap 终端产品研发提供了技术依据。

在试验应用方面，2022 年 9 月，中国联通在济南莱芜完成全国首个 RedCap 终端接入 5G 网络的内场关键技术测试；2022 年 10 月，中国联通在上海完成全球首个运营商 5G 物联网 RedCap 16 个站连片部署实验局验证；2022 年 12 月，中国联通在深圳完成全国首个面向电力场景 5G RedCap 技术验证等；2023 年 1 月，中国联通 5G OPENLAB 实验室发布 5G RedCap 端网协同测试规范并完成测试验证，推动 RedCap 产业发展。

在生态认证方面，中国联通通过 2 个联盟和 3 个实验室，为业界提供生态合作、产品创新、技术攻关、测试认证、落地应用的全流程合作体系。

（三）中国电信：建成全球首个 RedCap 联合测试能力实验室

在标准制定方面，中国电信制定了《RedCap 终端模组测试规范》，为规模应用奠定了基础。

在测试验证方面，2022 年 12 月，中国电信物联网开放实验室与华为共同完成 5G RedCap 实验室技术验证，建成全球首个具备 5G R17 标准 RedCap 联合测试能力的开放实验室，并在镇江港完成全球首个 5G 专网 RedCap 测试。

在生态建设方面，中国电信联合合作伙伴，在已有定制模组、测试标准、安全能力、定制网项目和端到端方案的基础上，通过预研、实验室测试和专网测试，将标准、芯片、模组、终端、网络和行业应用打通，实现联动。

（四）设备厂商和芯片厂商也积极参与 RedCap 研发和验证

作为运营商网络建设的合作伙伴，设备厂商也在积极参与 RedCap 技术创新和测试。

2022 年 9 月和 11 月，华为分别完成全球首个 5G R17 RedCap 基站与芯片关键技术测试、R17 RedCap 关键技术外场测试；2022 年 10 月，中兴通讯完成 5G R17 RedCap 基站外场性能测试；2022 年 10 月，诺基亚贝尔完成 3GPP R17 RedCap 关键技术实验室和外场验证；2022 年 10 月，中信科移动使用 5G 中频商用基站设备测试；2022 年 10 月，爱立信携手翱捷科技顺利完成 5G R17 RedCap 实验室测试。

作为 RedCap 生态的重要组成部分，芯片厂商也在积极参与 R17 RedCap 技术研发和关键技术验证。

三、RedCap 商用化产品有望在 2023 年到来

通过 3 家电信运营商、设备厂商、芯片厂商在技术进展和产品研发多领域的全力推动，向业界释放出一个重要信号——RedCap 产业已初具雏形，预计 2023 年具备商用能力，终端芯片、模组预计于 2023 年推出先发产品，2023—2024 年具备规模商用能力，2025 年产业链逐渐成熟。

一是成本降低。 RedCap 商用初期模组价格预计在 200 元左右，随着规模化商业，模组价格将与 Cat4 持平，实现 60～80 元，有望推进 2G/3G 等蜂窝物联终端向 5G 迁移，助力行业数字转型"轻装"上阵。

二是功耗减少。 目前，RedCap 的功耗低于增强性移动宽带，但高于低功率广域网络，后续如果引入节能降耗技术，预计可比 Cat4 降低 20% 左右。

三是商用进程加速。 参考 5G 的成功经验，RedCap 也将经历从"试验试点"到"样板间打造"再到"商品房打造"的全过程，从而实现产业链的成熟，RedCap 可从工业互联网、电力行业及个人消费可穿戴设备热门领域着手，打造首批试点产品和解决方案，逐渐形成场景规模化。

打造开放生态。物联网是一个长尾市场，生态发展涉及运营商、设备厂商、芯片厂商和模组厂商等，面对一项新技术，产业链各方协作仍需时间磨合，更需要打造开放合作的产业生态。

最大的力量是同心合力，最有效的方法是和舟共济。预计在产业链合作伙伴的推动下，RedCap 将加速商用进程，产业逐渐走向成熟，为各行业的数字转型注智赋能。

（黄海峰）

全球数据治理最新趋势与展望

数据作为新型生产要素，是数字化、网络化、智能化的基础，已快速融入生产、分配、流通、消费和社会服务管理等环节，深刻改变着生产方式、生活方式和社会治理方式。随着全球数据持续快速增长，数据治理逐渐成为各国关注的焦点话题和大国竞争的关键领域。2022年是中国和全球数据治理取得重大进展的一年。从国内看，我国数据治理秉持发展与安全并重的原则，围绕数据要素市场、数据跨境流动等重点领域制定出台了一系列法规政策及配套文件，持续完善数据治理法律制度体系。从国际社会来看，主要国家和地区数据治理重点逐渐从安全保护转向数据流通利用，在完善自身数据共享规则的基础上，持续推进法域间数据流动的交流与合作。

一、国内坚持发展与安全并重，完善数据治理体系

《中华人民共和国数据安全法》明确规定，国家统筹发展和安全，坚持以数据开发利用和产业发展促进数据安全，以数据安全保障数据开发利用和产业发展。2022年，我国坚持促进数据开发利用与保障数据安全并重理念，不断细化数据要素市场政策，逐步完善数据跨境流动监管规则，持续构建各行业数据安全保障体系，积极推动地方数据立法。

（一）数据要素市场建设布局不断细化深入

当前，探索构建数据要素市场化配置基础制度已经成为做强做优做大数字经济，增强经济发展新动能的重要条件。2022年，我国出台了一系列政策文件，不断细化数据要素市场政策布局。1月，国务院办公厅印发《要素市场化配置综合改革试点总体方案》，提出从公共数据开放共享、数据流通交易、数据开发利用、数据安全保护等方面，探索建立数据要素流通规则。4月，《中共中央 国务院关于加快建设全国统一大市场的意见》发布，提出要加快培育数据要素市场，建立健全数据安全、权利保护、跨境传输管理、交易流通、开放共享、安全认证等基础制度和标准规范，深入开展数据资源调查，推动数据资源开发利用。12月，财政部发布《企业数据资源相关会计处理暂行规定（征求意见稿）》，对数据作为资产而非费用入账和会计处理进行尝试性规定，为数据确权、定价、交易提供了财务会计路径，将增加企业利润，对数据价值实现与利益分配有关键性影响。为充分发挥数据要素作用，赋能实体经济，推动高质量发展，12月，《中共中央 国务院关于构建数据基础制度更好发挥数据要素作用的意见》，也被称为"数据二十条"。"数据二十条"坚持促进数据合规高效流通使用、赋能实体经济这一主线，以充分实现数据要素价值、促进全体人民共享数字经济发展红利为目标，提出建立保障权益、合规使用的数据产权制度，合规高效、场内外结合的数据要素流通和交易制度，体现效率、促进公平的数据要素收益分配制度，安全可控、弹性包容的数据要素治理制度，并提出了4项保障措施，进一步明确了我国数据要素市场建设的具体方向和重点。

（二）数据跨境流动监管规则逐步完善

规范数据依法有序流动是我国在数据治理的重要关切。目前，《中华人民共和国网络安全法》《中华人

民共和国数据安全法》《中华人民共和国个人信息保护法》构建了以"安全评估"为核心的数据跨境流动管理制度，针对重要程度不同的数据明确监管程度不同的出境路径。2022年，我国进一步明确了安全评估、标准合同、保护认证3种出境路径的具体管理制度规则。**一是安全评估。**7月，国家互联网信息办公室出台了《数据出境安全评估办法》，全面且系统地提出了我国数据出境"安全评估"的具体要求，为重要数据、达到一定数量的个人信息出境明确了具体的安全评估程序、评估具体要求等内容。**二是标准合同。**6月，国家互联网信息办公室发布了《个人信息出境标准合同规定（征求意见稿）》，明确了通过签订标准合同的方式向境外提供个人信息的适用范围，规定了标准合同的主要内容并提供了标准合同文本。**三是保护认证。**11月，国家市场监督管理总局、国家互联网信息办公室公布《个人信息保护认证实施规则》，系统规定了个人信息保护认证的适用范围、认证依据、认证模式、认证实施程序、认证证书和认证标志等内容，明确对个人信息处理者开展个人信息收集、存储、使用、加工、传输、提供、公开、删除及跨境等处理活动进行认证的基本原则和要求。

在完善数据出境路径顶层制度设计的同时，2022年，地方层面积极开展先行先试，推进数据跨境业务的开展。1月，国家发展和改革委员会、商务部发布《深圳建设中国特色社会主义先行示范区放宽市场准入若干特别措施的意见》，明确指出要放宽数据要素交易和跨境数据业务等相关领域市场准入。2月，《中国（上海）自由贸易试验区临港新片区条例》通过表决，提出在临港新片区内探索制定低风险跨境流动数据目录，促进数据跨境安全有序流动。7月，上海出台《关于促进"五型经济"发展的若干意见意见》，推进上海数据交易所建设，开展"正面清单＋安全评估"数据跨境试点，在自贸试验区临港新片区探索跨境数据流动分类监管模式，打造国际数据港。

（三）行业数据安全体系建设加速推进

《中华人民共和国数据安全法》为开展数据安全监管和保护工作提供了法律依据和根本遵循，其中明确工业、电信、交通、金融、自然资源、卫生健康、教育、科技等主管部门承担本行业、本领域数据安全监管职责。2022年，为落实上位法律制度要求，加快推动行业领域数据安全管理工作制度化、规范化，各重点行业加速建立本行业数据安全管理体系。**一是在政务数据领域**，国务院办公厅印发《全国一体化政务大数据体系建设指南》，从统筹管理一体化、数据目录一体化、数据资源一体化、共享交换一体化、数据服务一体化、算力设施一体化、标准规范一体化、安全保障一体化8个方面，组织构建全国一体化政务大数据体系，推进政务数据依法有序流动、高效共享，有效利用、高质赋能，为营造良好数字生态，提高政府管理服务效能，推进国家治理体系和治理能力现代化提供有力支撑。**二是在工业和信息化领域**，工业和信息化部印发《工业和信息化领域数据安全管理办法（试行）》，在工业和信息化领域对国家数据安全管理制度要求进行细化，明确开展数据分类分级保护、重要数据管理等工作的具体要求，细化数据全生命周期安全义务，为行业数据安全监管提供制度保障。**三是在车联网领域**，工业和信息化部印发《车联网网络安全和数据安全标准体系建设指南》，首次规划了专门适用于车联网的网络安全和数据安全标准，包括总体与基础共性、终端与设施网络安全、网联通信安全、数据安全、应用服务安全、安全保障与支撑6个部分，为车联网产业安全健康发展提供支撑。**四是在医疗卫生领域**，国家卫生健康委员会、国家中医药局、国家疾病预防控制局联合印发《医疗卫生机构网络安全管理办法》，明确提出建立数据安全管理组织架构、每年对数据资产进行全面梳理、建立健全数据安全管理制度等数据安全管理要求。

（四）地方数据领域立法工作有序推进

随着我国数字经济的快速发展，各地纷纷抢抓数据立法先机，从发挥数据要素价值等角度出发，先行先试，积极探索出台多部地方性政策法规。一方面，通过立法加强公共数据管理，促进数据开放利用。例如，浙江、广东、山东等地积极探索完善公共数据管理制度，制定发布《浙江省公共数据条例》《广东省公共数据安全管理办法（征求意见稿）》《山东省公共数据开放办法》等，围绕公共数据定义范围、平台建设规范、收集归集规则、共享开放机制、授权运营制度、安全管理规范等方面对公共数据治理做出具体规定。这些规定对于打破部门间的"信息孤岛"、提升数据质量、赋能基层、保障安全等共性难题具有积极意义。另一方面，多地出台综合性地方数字经济或数据条例，推动本地数据管理和利用。例如，北京、重庆、河北、江苏、辽宁等出台《北京市数字经济促进条例》《重庆市数据条例》《河北省数字经济促进条例》《江苏省数字经济促进条例》《辽宁省大数据发展条例》，在一定程度上回应了释放数据价值的现实需求，鼓励基于数据的数字经济创新发展。

二、国际社会推动数据流动利用，释放数据价值

近年来，国际社会数据治理进程正从关注个体数据处理活动逐渐转变为实现数据合理合法流通利用，将释放数据潜能作为数据治理的重点，并积极推进相关立法和国际合作。

（一）持续推进数据相关立法

2022年，美国数据立法迎来重大突破，从联邦层面推动分散的隐私立法走向统一，以期平衡个人隐私保护和数据价值释放。2002年6月，美国众议院和参议院联合发布了《美国数据隐私和保护法案》，这是首个获得两党两院支持的全面的联邦隐私立法草案。该法案体现了美国一以贯之追求数据处理活动的高自由度和数据价值释放的理念，在制度设计上并不要求数据处理活动的开展具备合法性基础，而是列明了特定情况下对个人数据处理活动的限制。例如，收集、处理、向第三方传输个人敏感数据的情况必须取得相关个人的明确同意；禁止向未满17岁的个人投放定向广告；又如，受管辖实体不得以歧视性方式收集、处理或传输受保护数据等情况。除所列特定情况外，企业可以未经个人事前同意而处理数据，但个人可以"选择退出"，拒绝企业对其数据的收集、传输和处理。

欧盟也不断推进数据治理改革，进一步释放数据经济和社会价值。2002年2月，欧盟发布《数据法案》，以促进欧洲数据价值释放为目标，在保障中小企业权益、打通商业主体与公共机构（B2G）数据流通和非个人数据跨境方面做了进一步规定，同时也明确了数据处理服务提供商的相关义务，有利于欧盟有效促进并规范数据的流通共享。2022年5月，欧洲理事会批准通过了《数据治理法》，加强了欧洲数据共享机制，增强了数据的可用性，完善了公共机构与商业主体（G2B）之间及商业主体（B2B）内部数据共享的相关规定，保障数据实现更高的经济价值。

（二）细化完善监管执法机制

2022年，欧盟持续深化完善数据治理机制，不断强化数据治理领域的规则引领。**一是严格规范数字平台权利与义务**。11月1日，欧盟《数字市场法》（DMA）正式生效。DMA聚焦数字经济领域的反垄断与维护公平市场竞争秩序，强化对大型在线平台的规制，并提出一系列竞争法上的制度创新，将对全球平台经济反垄断治理产生重要影响。11月16日，欧盟《数字服务法》（DSA）正式生效。DSA建立了针对不同类型中介服务的分层责任框架，强化了对"超大型"平台的监管，目标在于更好地保护消费者和其网上基本权利，提高网络平台的透明度，建立明确的问责制框架，并促进单一市场内的创新、增长和竞争力。**二是出台指南，细化《通用数据保护条例》相关规定**。欧盟数据保护委员会（EDPB）先后发布了《关于数据主体权利——访问权的第01/2022号指南》《关于GDPR行政罚款计算的第04/2022号指南》《执法领域人脸识别技术应用指南》

《关于数据跨境传输认证机制的第 07/2022 号指南》《关于向俄罗斯联邦传输个人数据的第 02/2022 号声明》《关于确定控制者或处理者主要监管机构的第 8/2022 号指南》等文件,就不同场景下个人数据访问、人脸识别技术应用规范、个人数据泄露通知等要求做出明确和细化,以推动《通用数据保护条例》以更准确、一致的方式有效落实。

(三)强化数据流动国际合作

2022 年,主要经济体在完善自身立法的基础上,持续扩展国际合作,意图构建更坚固、更有效的"朋友圈"。3 月,欧盟委员会和美国宣布已就新的跨大西洋数据隐私框架达成原则性协议,该框架将促进跨大西洋数据流动,并解决欧盟法院在 2020 年 7 月的 Schrems II 案件裁决中提出的问题。此后,美国白宫签署了《关于加强美国信号情报活动保障措施的行政命令》,试图为恢复欧美跨大西洋数据流动提供相应的法律基础,欧盟委员会启动了《欧盟—美国数据隐私框架充分性决定草案》的推进进程。该论坛旨在通过多边合作促进可信全球数据流动建设,将亚太经合组织框架下的 CBPR 转变为一个全球所有国家都可以加入的体系。同月,美国、欧盟成员国、日本、乌克兰等 60 个国家和地区发起《互联网未来宣言》,宣称"致力于全球的可互操作的互联网""以避免使用互联网进行秘密操作信息活动,破坏别国选举"。9 月,七国集团的隐私管理机构举行了为期两天的峰会,讨论如何简化成员国之间的数据跨境流通,会议承诺"为企业创造满足其需求的数据跨境传输工具",并强调了司法公正的重要性。

三、数据治理展望

党的二十大报告指出,加快发展数字经济,促进数字经济和实体经济深度融合,打造具有国际竞争力的数字产业集群。推进数据治理,有利于充分发挥数据要素作用,做强做优做大数字经济,助力国家治理体系和治理能力现代化。未来,我国数据治理工作进一步激活数据要素价值,赋能实体经济,增加国际竞争力。**一方面,注重数据要素价值释放,加快完善数据治理体系建设**。数据治理是国家治理体系的重要组成部分,随着数据保护制度框架逐步确立,充分发挥数据价值的重要性更加凸显。要稳步推进数据治理制度体系建设,围绕构建数据基础制度,逐步完善数据产权界定、数据流通和交易、数据要素收益分配、公共数据授权使用、数据交易场所建设、数据治理等主要领域关键环节的政策及标准,充分发挥海量数据规模和丰富应用场景优势,激活数据要素潜能。**另一方面,持续深化国际合作,全面参与全球数据治理体系构建**。目前,全球数据治理面临规则碎片化的趋势,为进一步降低全球数字经济发展的不确定因素,世界各国应秉持共商共建共享理念,积极开展数据安全治理、数据开发利用等领域的交流合作,加快建设全球数据治理体系。我国应积极参与数据治理国际规则的研究和制定,在数据跨境流动、人工智能等数字治理关键议题上,贡献中国智慧和中国方案。

(中国信息通信研究院 杜安琪 何 波)

元宇宙产业发展与分析

一、概念的提出

元宇宙概念源于1992年出版的美国科幻小说《雪崩》。元宇宙最初的表现形式大多以游戏为起点,并逐渐整合互联网、数字化娱乐、社交网络等功能。从长期来看,元宇宙作为虚拟世界和现实世界融合的载体,甚至可以整合社会经济与商业生产活动。

元宇宙的本质是现实世界的虚拟化、数字化,以及与虚拟数字世界的融通。因研究出发点及视角不同,国内外各方对元宇宙概念的认知也存在一定的差异。在国外,Meta把自己擅长的虚拟现实称为元宇宙;微软把混合现实称为元宇宙;苹果则以AR为主;谷歌已经坐拥VR和AR的OS安卓,也在继续推进AR眼镜ToB产品及全息视频;英伟达因为算力的原因推广元宇宙的概念;英特尔提出算力要增加1000倍才能做成元宇宙;高通推进扩展现实芯片。在国内,腾讯的概念是全真互联。Gartner将元宇宙定义为一个由通过虚拟技术增强的物理和数字现实融合而成的集体虚拟共享空间。这个空间具有持久性,能够提供增强沉浸式体验。Gartner预测完整的元宇宙将独立于设备且不属于任何一家厂商。它将产生一个由数字货币和非同质化通证(Non Fungible Token,NFT)推动的虚拟经济体系。元宇宙在一定程度上回应了未来数字世界的必然趋势,总结各界对元宇宙的认识,其定义如下。

元宇宙是构建在新型数字基础设施之上,融合区块链、人工智能、数字孪生、大数据和物联网等技术,实现虚拟人与自然人、虚拟经济与实体经济、虚拟时空与真实时空融合的新一代互联网业态。

二、发展阶段

业界普遍认为2021年是"元宇宙元年",此后10年可以视为元宇宙发展的初级阶段。元宇宙经过区块链的孕育,Decentraland、Sandbox等平台逐渐成长起来,形成元宇宙的一极;随着Roblox的出现,真正意义上的元宇宙平台开始进入人们的视野;Omniverse、微软Mesh平台、Meta等平台紧随其后、相继兴起,使元宇宙基础平台日渐增多。另外,经过幻影UE5、Unity的长期耕耘,元宇宙的内容建设得到了有力的保障,元宇宙的第二个基础得以确立。实时动捕等技术的日益成熟与平民化也使元宇宙具有了良好的生态基础。扩展现实等设备的日渐成熟,构成了元宇宙的第3个基础。

元宇宙的发展一方面由实向虚,实现真实体验数字化;另一方面由虚向实,实现数字体验真实化;最终构建成为"虚实融合的世界"。

由实向虚是基于虚拟世界对现实世界的模仿,通过构建沉浸式数字体验,增强现实生活的数字体验,强调实现真实体验的数字化。在移动互联网时代,主要通过文字、图片、视频等2D形式建立虚拟世界,而未来在元宇宙时代,将真实的物理世界在虚拟世界实现数字化重造,建立虚拟化的平行世界。

由虚向实是基于虚拟世界的自我创造,形成独立于现实世界的价值体系,对现实世界产生影响,强调实现数字体验的真实化。例如,AR游戏通过设置与品牌联动特定地点发放限量购物券的方式,帮助品牌方吸引消费者的关注，实现数字体验带动真实的消费。

三、关键技术

技术是支撑元宇宙实现的核心要素，支撑元宇宙的技术种类多样，且每类技术都有其细分项。根据用户使用元宇宙的场景顺序，可以将元宇宙技术分为以下5类。

接入/沉浸体验类技术：包括扩展现实和数字孪生等技术群。

互动类技术：包括3D引擎、实时渲染、数字孪生等实现高仿真互动的技术群。

虚拟物品/空间创作类技术：包括游戏引擎、3D建模、实时渲染、时间戳等技术群。

规则和身份识别类技术：以区块链技术为代表，包括分布式存储、分布式账本、共识机制、数据传输及验证机制、时间戳等技术群。

网络及运算类技术：包括5G/6G、云计算、边缘计算、物联网等技术群。

元宇宙所依赖的各项技术之间呈现木桶效应，即由技术群中的"短板"决定元宇宙的实际体验。从各项技术的发展水平来看，元宇宙的支撑技术现阶段能力与预期实现的元体验之间存在很大差距，目前仅能在少量聚焦化的应用场景下，部分实现元宇宙的前期应用目标。

四、产业生态

（一）2022元宇宙产业图谱

2022年9月，由中国信息通信研究院牵头发起的"元宇宙创新探索方阵"正式成立，主要工作内容是把握元宇宙发展的方向，支撑政府有关元宇宙风险防范和产业发展政策的制定，推动元宇宙在生产、制造、生活消费、公共服务等领域的技术创新和应用落地，引导我国元宇宙产业健康发展，并发布了《2022元宇宙产业图谱》，图谱重点围绕底层技术、产品服务、行业应用三大板块，覆盖了元宇宙产业链上下游关键环节，力求全面客观地展现元宇宙产业发展的情况，为产业界提供参考。

（二）产业发展现状

1. 国外元宇宙产业发展现状

在全球范围内，韩国政府对元宇宙的反应最快，率先成立了元宇宙协会；2021年5月18日，韩国成立"元宇宙联盟"，旨在通过政府和企业的合作，在民间主导下构建元宇宙生态系统，在现实和虚拟的多个领域实现开放型元宇宙平台；2022年4月，韩国政府扶持元宇宙企业的内容开发及海外扩张；2022年5月，韩国"元宇宙首尔市政厅"向公众开放；2022年7月，韩国科技部成立元宇宙/NFT安全委员会。

日本加速构建元宇宙市场，2021年12月中旬成立元宇宙的业界团体——"一般社团法人日本元宇宙协会"；2022年4月，日本成立"元宇宙推进协议会"探讨虚拟空间；2022年6月，日本首相岸田文雄推出Web 3.0战略。

美国政府对元宇宙仍处于观望状态，尚未提出明确的元宇宙建设纲要性文件，也未作出官方表态，但美国企业持续推动政府加强对元宇宙的认知，以塑造有利的竞争和创新环境；2022年2月，谷歌和NBA合作推出元宇宙项目Google Pixel Arena，摩根大通发布元宇宙研究报告；2022年5月，微软将向川崎重工提供"工业元宇宙"业务；2022年6月，Meta、微软等科技巨头宣布成立并启动元宇宙标准论坛；2022年8月，Meta推出元宇宙身份系统Meta Accounts与Meta Profiles，Meta元宇宙应用Horizon Worlds正式推出。

欧洲对元宇宙持高度谨慎的态度，对元宇宙以加强监管为主。

2. 国内元宇宙产业发展现状

2022年1月，上海市经济和信息委员会召开会议，强调要引导企业加紧研究未来虚拟世界与现实社会交互的重要平台，被业内称为"我国地方政府对元宇宙相关产业发展的第一次正面表态"。同时，工业和信息化部表示，要培育一批进军元宇宙、区块链、人工智能等新兴领域的创新型中小企业。地方政府元宇宙扶持政策也陆续出台，2022年3月，北京市通州区发布《关于加快北京城市副中心元宇宙创新引领发展若干措施的通知》；2022年7月，上海市发布《上海市培育"元宇宙"新赛道行动方案（2022—2025年）》；2022年8月，武汉发布《武汉市促进元宇宙产业创新发展实施方案（2022—2025年）》，《北京城市副中心元宇宙创新发展行动计划（2022—2024年）》发布，首次提出跟踪NFT、聚焦数字藏品等举措。

我国基础电信企业、互联网企业、设备提供商和终端企业聚焦各自产品/服务的优势相继布局元宇宙发展战略。互联网企业聚焦于软件入口，利用云资源进行典型应用场景的深度开发；设备提供商则通过设备硬件入口掌控元宇宙的入口；基础电信企业则基于网络和算力资源的优势全面布局元宇宙。

阿里巴巴围绕两大核心优势布局元宇宙，一是基于云计算拓展元宇宙方向的解决方案，二是基于电商零售场景结合元宇宙优化体验。2021年，阿里巴巴加速元宇宙布局，成立云游戏品牌"元镜"、建立XR实验室、推出数字藏品平台鲸探等。阿里巴巴未来或将围绕淘宝、天猫等电商平台打造自身的元宇宙平台。

百度布局元宇宙的优势主要在于人工智能与硬件入口两个方面。百度形成了从搜索引擎到AI芯片、AI开源算法、智能驾驶等AI应用场景的全方位布局。百度在VR领域有多年的产品布局，且目前产品线相对全面，包括消费级VR爱奇艺的奇遇系列VR产品和面向企业场景的百度VR。在应用方面，百度结合其VR产品推出社交游戏类应用希壤，致力于打造一个多人互动的虚拟世界。

华为河图从2018年开始布局，2020年，华为AR地图发布，河图以大场景AR地图应用为切入点，通过摄像头，提供包含导航、信息、搜索、推荐、讲解、娱乐等功能的创新应用，超视觉体验。未来，运营数字世界增量空间，创造全新的商业生态。

腾讯积极布局元宇宙。以热门游戏《罗布乐思》和《堡垒之夜》为基础，腾讯构建了相关的元宇宙游戏开发团队，并持续投资了美国游戏开发销售平台Epic。基于云计算，腾讯推出了云游戏START。2021年元宇宙热火后，腾讯相继申请"QQ元宇宙""腾讯音乐元宇宙""和平精英元宇宙""王者元宇宙""绿洲元宇宙"等商标但被驳回。2022年6月，腾讯组建XR部门。2023年2月，腾讯游戏XR业务变更硬件发展路径，并调整相关业务的团队。

电信运营商也一改以往"步步为营，谋定而动"的形象，依托强大的新型数字基础设施供给能力、海量的市场资源、巨大的产业链号召能力等优势，紧跟发展趋势积极布局。

中国电信早在2020年9月就成立全渠道运营中心，运营打造国内领先的虚实共生空间互联网信息消费平台——天翼云图平台。2021年开始通过旗下上市公司新国脉战略布局元宇宙，定位于元宇宙新型基础设施建设者，启动了"盘古计划"，未来要把新国脉打造成元宇宙平台及算力的建设整合者、元宇宙软件及应用的服务集成者、元宇宙社会生态及内容建设的协同创新者。中国电信还进入虚拟数字人市场，卡位相关热门赛道。作为元宇宙行业的参与者与领跑者，天翼云图平台始终致力于推动行业创新实践发展，经过研发攻关，在Web空间定位、点云集群建图等7项核心技术上取得了创新突破，率先攻破了零硬件部署，实现室内精准导航，在实际运用中有效解决实施成本高、空间定位差、传输易中断等问题，开创性地打造服务综合体、零售商户及消费者的室内导航、智能导流、优惠推送、虚实体验的5G消费级应用并规模化交付，为实体商业构建数字商业元宇宙持续赋能。

中国移动也积极谋篇布局，在2021年全球合作伙伴大会上，通过旗下负责数字内容生产的咪咕公司发布了元宇宙MIGU演进路线图，提出搭乘5G信息高速公路，聚焦超高清视频、视频彩铃、云游戏、云 VR、云 AR 五大方向，以算力网络为能源、以游戏化引擎为驱动，通过沉浸式媒介打造虚实融合的元宇宙发展路径。中国移动还通过对 AR/VR、机器人等终端设备投资、开展战略合作等方式，广泛布局元宇宙硬件生态，结合自身的网络资源优势，在全面提升用户体验方面积极探索。从已有的成绩来看，咪咕依靠其在数字内容的厚重积累，探索出顶级赛事 IP＋元宇宙的模式，在 2022 年的冬奥会和足联世界杯上已经较为成熟。在文旅方面，咪咕 2022 年 7 月还与厦门正式签署战略协议，作为厦门市元宇宙战略合作伙伴及链长单位，成立元宇宙总部并落户厦门，打造厦门"元宇宙生态样板城市"和数字化发展新体系。

中国联通更是全面出击，2020 年 10 月就在南昌建立 AR/VR 基地，在打造数字底座方面，2021 年提出通过打造 5G 精品网、千兆宽带网及一体化算网服务体系，为 VR 产业搭建"虚实相通"的新高速公路。在产品研发上，中国联通成立灵境视讯公司，聚焦成为行业领先的 5G＋AR/VR 数字内容和服务提供商。旗下联通沃音乐打造了虚拟人"安未希"和"伊依"，推出"元宇宙商业场景创作平台"，推动虚拟人商业模式从数字娱乐场景扩大到商业、金融、媒体、教育等行业。在 2022 年中国联通合作伙伴大会数智生活论坛上，中国联通发布元宇宙战略，成立元宇宙创新产业联盟，发布《元宇宙科技创新及产业应用白皮书》，打造从底座到应用的一体化平台，全面实现云网能力、平台能力、X 应用能力深度耦合，驱动产业全面发展。

五、发展前景

2021 年 12 月，上海市经济和信息委员会印发的《上海市电子信息产业发展"十四五"规划》提出，要加强元宇宙底层核心技术基础能力的前瞻研发，推进深化感知交互的新型终端研制和系统化的虚拟内容建设，探索行业应用。这是元宇宙首次被纳入地方"十四五"规划。2022 年 1 月，工业和信息化部有关负责人在中小企业发展情况发布会上表示，要特别注重培养一批深耕专业领域工业互联网、工业软件、网络与数据安全、智能传感器等方面的"小巨人"企业，培育一批进军元宇宙、区块链、人工智能等新兴领域的创新型中小企业。除国家层面对元宇宙产业化发展的指导和支持外，2022 年，20 多个地方政府以产业政策、政府工作报告、行动计划等形式提出相关支持意见，为元宇宙发展提供培育土壤，扶持相关产业落地。例如，武汉、海口、重庆、沈阳、河南等地主要提出了元宇宙产业园建设规划。上海提出发起设立百亿元级元宇宙新赛道产业基金，打造 10 家具有国际竞争力的头部企业、100 家掌握核心技术的专精特新企业，并计划到 2025 年，上海元宇宙产业规模突破 3500 亿元。

（一）价值空间

元宇宙将改变我们与时空互动的方式，对社会和个人带来广阔的价值空间。从长远来看，元宇宙可以带给人们的价值包括以下 5 个方面。

① 娱乐体验。游戏和社交等活动。玩家进入其中获得沉浸式逼真体验，产生游戏和社交的愉悦体验。

② 第二人生。创意协作平台。创作者在虚拟空间里建造自己的个人世界，使创作者有机会体验不同于现实世界的人生。

③ 效率提升。教育、生产等领域的应用不再受时空的限制，升级体验，提高生产效率，增强效果。

④ 新的财富。虚拟货币、交易虚拟物品等，给财富一次重新"洗牌"的机会。

⑤ 新的影响力。虚拟社区将获得不同社会地位的机会。

（二）应用场景

元宇宙根据服务对象的不同可以分为消费元宇宙、产业元宇宙和政府元宇宙 3 类应用场景。不同应用场景下涉及多个领域。

1. 消费元宇宙

消费元宇宙包括娱乐、社交、教育培训、远程办公、旅游和购物等。

娱乐有望成为元宇宙的核心需求突破口。游戏是基于对现实世界的模拟、延伸、想象而构建的虚拟世界，与元宇宙的概念高度相似，可以成为元宇宙应用的一个突破口。在影视方面，虚拟世界可以打造多人参与的沉浸式观影体验，突出身临其境感。在演出、活动方面，观众以元宇宙中的虚拟身份参与，不受传统演唱会场地大小、天气、座位视角等的限制，可以带来沉浸式、多视角的丰富体验。

元宇宙社交进一步打破线上与线下的界限。元宇宙借用全息虚拟影像技术，搭建出虚拟现实平台，互动方式从语音、文字、图片、视频延伸到突破时空限制的逛街、购物、看演唱会、玩游戏等，将极大地提升用户的使用体验，增加用户的黏性。

在教育培训方面，依托 VR、AR 等技术，可以将学生置身于高还原度、高拟真、具象化的 3D 学习情境中，充分发挥虚拟三维空间的展示力和解释力，将抽象复杂的概念简单化，降低理解难度，提升学习效率。

在远程办公方面，元宇宙的"全息虚拟会议"可以打造身临其境感，戴上特制的眼镜，全息投影的会议室、产品模型、屏幕等会瞬间出现在眼前，参会的同伴也以 3D 的形式出现在自己的身边。虚拟会议还可以很好地还原空间感。例如，参会者还可以走到虚拟会议室中的黑板前展示各种想法。

2. 产业元宇宙

产业元宇宙包括研发、制造、金融、供应链、企业服务和医疗等。

元宇宙有望成为未来智慧科研领域的中坚力量。元宇宙利用人工智能、2D、3D 图像技术及强大的物理引擎为用户构建现实世界的拓展和延伸，在科研领域动态效果模拟和结论推演方面有着得天独厚的优势。通过在海量数据集上进行机器学习，元宇宙在结论推演和概率测算方面越发精准。数字孪生概念也广泛地被应用于航天、空间物理等领域。

元宇宙可以推动工业尤其是制造业的智慧化程度提升，通过构建与真实世界等比例的工业数字孪生体，收集产品研发、生产制造或商业推广等数据并进行分析，将结果反馈到现实生产中以达到最优运行状态或最优规划。在制造业数字化转型的趋势下，元宇宙基础应用将成为企业未来设计制造、规划、市场运营及服务用户重要的解决方案，并且随着人工智能技术和算力的不断提升，元宇宙及其技术在未来建设制造业中将发挥更大的潜力，助力工业从制造到智造的转变。

元宇宙将给金融业带来诸多变革。元宇宙银行可以打造无所不在的沉浸式服务。用户在元宇宙中，既可以使用虚拟分身"一键直达"银行的厅堂，享受 AI 虚拟员工的引导和服务；也可以通过特定指令在元宇宙中随时"召唤银行"，办理金融的相关业务。有别于线上金融需要用户手动输入身份证号、银行卡号等个人信息才能开立账户和使用金融服务，无感体验是元宇宙金融的另一个特征。在区块链加密技术的帮助下，用户可以感受无感式的账户开立流程，人脸识别、协议确认等，也可以更便捷地执行。

3. 政府元宇宙

政府元宇宙包括交通、基建、城市管理、政务管理等。

"十四五"规划提出加快数字化发展，推动数字化在公共服务、城市建设、乡村振兴等方面的广泛应用。上海、武汉、合肥等地方政府也陆续出台与元宇宙相关的配套政策，体现出政府对利用元宇宙技术在城市建设，尤其是智慧城市建设中发挥作用的重视程度。数字孪生作为元宇宙的核心技术之一，是数据共生、应用共建的必要场景。数字孪生的技术意义在于可以通过对数字孪生体输入不同的运行及外部环境数据，来模拟不同状态、环境下真实物体的发展或反应，为中国建立智慧城市提供了宝贵的实验环境和模拟参考价值。

但因为元宇宙仍然处于培育期，想要在短期

内盈利，仍然是非常困难的。自 2022 年年底以来，Meta、微软、腾讯、快手、字节跳动等多家公司陆续对元宇宙、XR 业务进行组织或人员调整，以进一步提升业务的效率。尽管在 2022 年也有一批元宇宙应用落地，但是在规模、体验等方面还是缺乏足够多的标杆样本验证。2023 年，元宇宙应用或将有望进入一个更大规模、更高质量、更加理性的实践阶段。

六、给信息通信行业带来的机遇和挑战

元宇宙概念的兴起将会对信息通信行业的发展带来一定的影响，机遇和挑战将会并存。

（一）机遇

一是数字基础设施的建设机遇。 元宇宙将驱动云计算产业发展。在元宇宙生态下，二维升级至三维或将带来 10 倍甚至更高数量级的基础资源需求。元宇宙将推动网络传输进一步发展，元宇宙完全沉浸感需要高分辨率、低时延的画面传输，对于网络传输的带宽、时延提出了新需求。元宇宙有望成为 5G "杀手级应用"，反向推动 5G 网络覆盖率的提升。未来，元宇宙强调"随时、随地"，对网络时延会有更高的要求，将推动基础电信企业积极开展"低轨卫星 +5G/6G"融合网络的探索。

二是感知交互设备的市场机遇。 目前，元宇宙产业对于交互设备有两种比较主流的思路：第一种是通过可穿戴设备（例如 XR 头盔、智能手环、电子皮肤等设备）采集人体活动信号，通过头显设备做输出显示，完成交互；第二种是脑机接口思路，通过体内植入或头部外接的形式，直接采集脑电波或电信号，再经计算、编译等步骤，完成人机交互。脑机接口的概念目前还处于实验状态，尚无成功商业落地的案例，从技术储备的角度来看，XR 设备是最有希望实现元宇宙现阶段发展需求的交互设备，也成为未来元宇宙基础建设的重点。

三是新兴技术体系的发展机遇。 元宇宙整体发展不仅需要底层硬件的支持，同样也需要上层应用和算法的突破，随着应用技术的迭代和算法的优化，现阶段元宇宙已初步具备游戏、娱乐、教育、生产、社交、创作和交易等现实功能，也已具备身份、朋友等社会属性。元宇宙的核心技术包括区块链、人工智能、云技术、数字孪生等，这些技术将会在元宇宙应用场景的驱动下不断创新发展，逐步迭代，促进元宇宙发展阶段的演进。

（二）挑战

一是数据量级规模增长的安全挑战。 未来元宇宙将演化成一个超大规模、极致开放、动态优化的复杂系统，将比互联网更深度融入人们的日常工作和生活。人们在元宇宙中的言行都有准确的数字记录，这些记录被非正常使用或者恶意使用，将给人们的隐私保护带来巨大风险。数据已经被视为未来经济中核心的生产要素之一。元宇宙基于三维，等多种感官体验所产生的数据量，必然出现数据量的快速增长。数据安全问题在元宇宙中显得更加重要。

二是互联网巨头算力和平台垄断的挑战。 元宇宙体系的搭建需要有实力的企业投入巨大的人力和物力，整合产业链上下游生态，组建跨地域的算力网络和跨行业的元宇宙能力平台，从而实现超大规模用户的连接交互、海量标准规范的对接统一，提供稳定成熟的运营服务。这些特征使元宇宙天生具备了垄断的基因。因此，如何避免形成高度垄断，在未来元宇宙产业发展过程中将是非常严峻的问题。

三是虚实融合业务带来的运营监管挑战。 立法和监管体系是现实世界中维系社会和经济有序运转的重要工具，元宇宙作为现实世界的延伸和拓展，同样具备社会和经济属性，元宇宙世界中也需要建立合理的法律监管体系以维持其有序运行。鉴于元宇宙具有开放性、"去中心化"和虚拟人设等特性，其监管更加复杂，监管手段也需要与时俱进。元宇宙中虚拟世界和现实世界的治理权归属，将成为复杂难解的命题。

（中国信息通信研究院　李治民）

数据安全发展现状及未来展望

一、当前数据安全现状

在当今数字时代，数据被泄露、网络被攻击和身份被盗窃等事件越来越频繁。这不仅给个人和企业带来了巨大的损失，还破坏了公众对数字世界的信任，数据安全问题已经成为全球关注的焦点。当前数据安全领域可分为数据采集安全、数据传输安全、数据存储安全、数据处理安全、数据交换安全和数据删除安全。在数据流转的全生命周期过程中，会面临许多挑战和威胁。

数据采集安全是指在数据采集过程中存在的安全问题。数据采集作为数据生命周期的开始，是保证数据安全的基础。然而在进行数据采集时，可能会面临以下数据采集安全问题：一是数据隐私被泄露，采集的数据可能包含个人身份信息、财务信息、健康记录等敏感信息，如果这些敏感数据未经允许被收集，就会造成数据隐私泄露的风险；二是数据被篡改，恶意攻击者通过篡改采集的数据以获得不正当利益，这可能会导致采集数据不真实或有误导性，影响数据的分析和决策。

数据传输安全是指数据在网络传输的过程中存在的安全问题。数据传输安全是数据全生命周期安全的关键环节，在数据传输的过程中，可能会面临以下数据传输安全问题：一是数据被泄露，指未经授权的人获得了机密数据；二是数据被篡改，指攻击者在传输过程中修改了数据；三是数据被劫持，指攻击者截获了数据并将其转发到另一个目的地。因此，数据传输安全需要满足身份认证、机密性及完整性的要求。

数据存储安全是指在数据存储的过程中存在的安全问题。数据存储安全是后续数据处理的基础。现代数据存储主要依托于云存储服务器，因此可能会面临以下数据存储安全问题：一是数据机密性与完整性问题，数据在上传、下载时，可能会被非法窃取；二是数据隔离问题，未被授权的用户可能会越界访问数据；三是隐私保护问题，用户的个人隐私信息可能会被泄露。因此，可以通过使用数据加密、数据脱敏、数据隔离、数据备份与恢复的方法处理。

数据处理安全是指在数据处理分析的过程中存在的安全问题。在数据处理的过程中，可能会面临数据被篡改的问题，攻击者在数据处理的过程中修改了数据。因此，可以通过使用数字签名和消息验证码、访问控制策略、数据脱敏处理操作等技术处理。

数据交换安全是指在数据交换共享的过程中，保护数据不被未经授权的访问、修改、窃取等操作破坏和泄露。当前，数据频繁流转，可能会存在数据泄露的问题。因此可以通过使用基于数据发布的隐私保护和针对数据挖掘的隐私保护方案、基于计算迁移的多中心协同可信服务、数据隐私保护、数据溯源技术、数字指纹技术等进行有效防护。

数据删除安全是指如何保证敏感数据在被删除后不被恢复的安全问题，主要涉及逻辑层面的数据软销毁技术与物理层面的硬销毁技术两种数据销毁技术。目前，大量的个人和商业数据被存储在各种设备和媒介中，如果这些数据在被删除后没有得到妥善的处理，就可能会泄露或被恶意使用，导致不良后果。因此，可以使用数据覆写法、基于密钥销毁的可信删除技术、基于时间过期机制的数据自销毁技术、物理销毁、化学销毁等手段，确保被删除的数据无法被恢复。

二、数据安全的未来展望

未来，数据安全将会继续成为一个重要的议题。随着技术的不断发展，数据的价值也越来越高，这使黑客攻击的频率也越来越高。以下是为了应对这些威胁，数据安全防护的一些趋势。

多层次的安全措施：企业和组织需要采取多层次的安全措施，以保护其数据。这些措施包括防火墙、数据加密、访问控制等。企业和组织需要定期更新安全措施，以应对新的威胁。

AI和机器学习：AI和机器学习将成为数据安全的重要工具，能够帮助企业和组织更快地检测到恶意攻击，并进行风险预测、异常检测等预防处置措施，帮助进行实施对抗和阻止攻击，更好地保护企业数据，加强对敏感数据的访问控制。

区块链技术：区块链技术可以帮助企业和组织更好地保护其数据。因为区块链技术具有不可篡改、"去中心化"的特性，所以可以确保数据的安全性和完整性，尤其在加密货币和数字身份认证方面发挥重要的作用。

多云环境的安全：随着越来越多的组织转向云计算，多云环境的安全将成为一个重要的问题。组织需要了解各种云提供商的安全特点，确定适合自己的云安全方案。

IoT设备安全：随着越来越多的设备（例如，家庭设备、医疗设备、工业设备等）连接到互联网，如何保护这些设备的安全将变得越来越重要，基于大数据驱动的用户实体行为分析技术将会得到快速发展。

自然语言处理（Natural Language Processing，NLP）：随着ChatGPT的爆火，其可以用来帮助识别代码中的漏洞，若利用得当，能够有效提高数据安全性。同时，NLP技术可以对数据进行智能理解，企业可以利用该技术标记敏感数据，降低误报率并提高效率。

随着技术的发展和威胁的不断增加，未来，数据安全将成为越来越重要的领域。然而，我国目前在数据安全方面的保障工作存在不足：一是法律规范仍存在欠缺，导致数据管理缺乏可供参考的依据；二是大数据相关产业的自主能力较差，核心产品主要依赖于国外，存在技术依赖和安全隐患；三是我国掌握大数据处理的核心技术仍有待提升，因此较难有效应对数据平台的攻击；四是我国数据安全人才数量较少，培训机制也不够完善。因此，我们需要加强法律规范，提升自主研发能力，加强技术攻关和投入，不断加强人才培养和培训，以保护数据安全。

政府应当逐步加强对企业和组织的监管，以确保它们遵守数据保护相关的法律和规定。同时，企业和组织需要实施全面的数据安全策略，包括加密、防火墙、访问控制、数据备份和灾难恢复计划等，以保护数据的机密性、完整性和可用性。例如，企业使用更加安全的云存储服务和加密技术来保护数据。此外，个人用户也需要提高对数据安全的意识，保护自己的个人信息，不轻易泄露敏感信息，应使用强密码，更新安全软件，防范网络攻击。

三、总结

总而言之，数据安全问题已经成为当今数字时代的一个关键问题。数据安全问题关系社会稳定和个人隐私，需要得到广泛关注和有效解决。随着技术的快速发展和敏感数据量的不断积累，数据安全保障行动刻不容缓。因此，政府、企业和个人用户都需要在这个问题上共同努力，加强数据安全保护，确保信息安全，为数字时代的稳定和发展提供坚实的基础和保障。

（中国电信安全公司　周涛）

通信光缆光纤行业发展与分析

2022年,随着"十四五"规划的深入实施,光通信行业进入了新的发展阶段,5G建设持续深入,光宽带发展继续提速,双千兆之城快速推进,产业供应链强链补链锻链新的加强。光纤制造、光缆制造、电子元器件及设备制造等成功入选01数字产品制造业分类,成为数字经济核心产业。随着《数字经济及其核心产业统计分类(2021)》的公布,光通信行业正式被纳入数字经济范畴。在运营商客户和行业企业的共同努力下,受益于持续增长的网络带宽升级和流量增长,光纤光缆行业将在健康发展的轨道上,持续赋能经济社会数字化发展,助推数字经济加速到来,行业发展有望持续向好。

一、2022年光缆光纤行业情况

(一)通信行业:电信业务收入平稳增长,继续保持发展态势

2022年前3个季度,电信业务收入累计完成11971亿元,同比增长8.2%,增速较上半年下降0.1%。电信业务总量同比增长21.7%,增速较上半年下降1.0%,电信业务总量增速呈逐步放缓趋势。其中,新兴业务、固定宽带业务仍是电信业务收入增长的主要支柱,前3个季度,固定宽带业务收入同比增长9.0%,互联网数据中心、大数据、云计算、人工智能等新兴业务收入保持较高增速,同比增长33.4%。固定宽带和移动数据流量业务对收入增长正向拉动作用分别为1.4%和0.3%,与上半年持平;新兴业务增长拉动作用为5.3%。总体来看,除新兴业务增速略有放缓,3个季度其他固网业务和移动业务基本延续了上半年的发展态势,5G用户、千兆接入用户仍为宽带增长的主要推动力。2023年全球光波导市场规模预计达66亿美元,到2028年将达到95亿美元,复合年增长率为7.3%。2020—2022年前3个季度电信业务收入增长情况如图1所示。

图1　2020—2022年前3个季度电信业务总量与电信业务收入增长情况

（二）通信线路：网络基础设施优化升级，全光网、高速网建设持续推进

2022年，新建光缆线路长度为470万千米，截至2022年年底，全国光缆线路总长度度达5958万千米，同比增长约8.2%，其中，接入网光缆、本地网中继光缆、长途干线光缆线路所占比重分别约为63%、34.5%和2.5%。截至2022年6月末，全国互联网宽带接入端口数量达10.3亿个，比2021年年末净增3370万个；其中，光纤接入（FTTH/O）端口达9.85亿个，占比由2021年年末的94.3%提升到95.2%，具备千兆网络服务能力的10G PON端口数达1103万个，比2021年年末净增318万个。进一步保障和支撑光纤通信网络服务。

（三）政策助力：政策助力光缆光纤行业向好发展

近两年，国家频发的光缆光纤网络建设相关的政策如下。

① 2021年工业和信息化部发布《"双千兆"网络协同发展行动计划》（2021—2023年）。

② 千兆光网和5G被列入政府工作报告。

③ 2021年6月3日，国家统计局公布《数字经济及其核心产业统计分类（2021）》。

④ 招投标规范相关文件《关于建立健全招标投标领域优化营商环境长效机制的通知》发布。

⑤《中华人民共和国国民经济和社会发展第十四个五年计划和2035年远景目标纲要》发布。

⑥《5G应用"扬帆"行动计划（2021—2023年）通知》发布。

⑦《"十四五"信息通信行业发展规划》。

⑧ 2022年1月国务院发布《"十四五"数字经济发展规划》。

⑨ 2023年2月国务院印发《数字中国建设整体布局规划》。

一系列与通信网络建设相关的政策，充分体现了通信网络在国家经济发展中的重要作用及国家对网络建设的高度重视，支持农村及偏远地区信息通信基础网络建设，低带宽用户加速向高带宽迁移，5G独立组网、千兆光网建设、物联网发展等，均将推动光缆光纤需求的稳定增长。

二、光缆光纤的未来发展趋势

"十四五"期间，光缆光纤会继续围绕"高密度、易施工、高性能、低碳环保"的市场需求，在5G、云计算、物联网、人工智能等应用需求的拉动下，通过提高企业自身精细化管理水平，加大新产品创新和推广力度，面对国外经济形势未来的挑战和机遇，带动行业进入健康稳定发展的局面。

（一）市场需求带动行业进入新的增长周期

CRU（Commodity Research Unit，英国商品研究所）报告显示，运营商2021—2022年度采购周期内，宣布的采购总量比前次集采提升约17%，反映行业下行周期结束后的需求回升。2022年，5G相关投资达1100亿元，建成5G基站32万个，中国市场光缆建设2024年将达到2.8亿芯顶峰，并预计持续稳定在高位。通信行业整体呈现向高质量迈进的良好发展态势。

国际市场需求方面，全球对FTTx的相关需求显著提升，其中美国和欧洲地区最为典型。中国FTTH项目接近完成，FTTx的推出和相关有线电视需求均在2016—2017年接近顶峰。然而，对于世界其他地区来说，需求要到2023年才会达到峰值。在美国，未来5年将有超过5000万户家庭需求增长；在欧洲，到2025年将有85%的用户覆盖全光网。2022年度，全球光纤光缆需求量约为5.39亿芯千米，实际比预期增涨了约7.0%。2018—2027年全球光缆需求量如图2所示。2007—2025年与全球FTTx相关的光缆需求量如图3所示，从图中可以看出，海外光缆需求将在2023年达到顶峰，之后5年需求量将保持高位并呈下降趋势。CRU最新报告对未来5年预测，

光缆年复合增长率在 4%，全球光缆耗纤 2024 年超过 6 亿芯，呈长期看好局面。

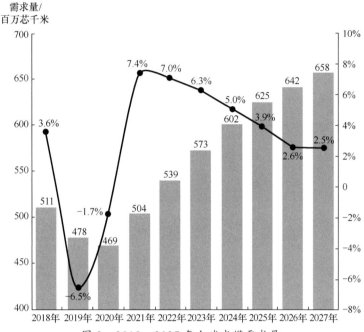

图 2　2018—2027 年全球光缆需求量

图 3　2007—2025 年与全球 FTTx 相关的光缆需求量

（二）国际局势动荡引起原材料价格波动，光缆光纤企业面临新挑战

2022 年，受国内外不利因素的影响，基础原材料价格波动比较明显，供货也受到一定影响，部分基础原料供货不足，导致光缆原材料成本上升。以光缆主要原材料为例，2022 年度内原材料价格波动情况见表 1。

表 1　2022 年度内原材料价格波动情况

序号	1	2	3	4	5	6	7
材料名称	纤膏	缆膏	钢丝	钢带	PBT	PE	LSZH
价格波动幅度	32%	27%	33%	12%	83%	8.8%	17.3%

当前，国际形势不容乐观，光缆光纤企业一方面要加强原材料的国产化替代，与原材料企业共同创新开发新材料；另一方面应加强企业自身降本增效的力度，通过制造业的数字化转型，实现工厂的智能化、数字化转型，创新工艺、技术，挖掘自身潜力，精细化生产，降低制造成本，实现企业的良性循环。

（三）围绕"高密度、易施工、高性能、低碳环保"的新需求推动企业创新发展

1. 高密度

大规模数据中心的部署，对压缩布线空间、提升线路容量提出了更高的要求。通信带宽需求的爆炸性增长，使接入光纤网络的光纤数量巨增，但同时出现管道资源紧张问题。为此需要使用大芯数光缆，例如，欧洲的电信运营商招标中已使用864芯甚至更大芯数的光缆，且对光缆外径进行了严格要求，以保证满足其气吹施工的要求，小直径光纤、光纤带光缆、微束光缆等高密度光缆受到用户青睐。

2. 易施工

发达国家和地区的人工成本在网络建设中占比较高，因此，需要尽可能地提高施工效率、减小人工工作强度和减少工作量。降低施工成本的方法主要有光缆采用气吹方式（气吹光缆）、光纤带光缆（熔接效率高）、易清洁（全干式光缆）、重量轻（轻型光缆）。

3. 高性能

不断增长的网络流量和不断提高的传输性能，推动光缆光纤的技术进步。低时延、高可靠、大带宽、长距离、灵活可调、绿色节能的高品质连接，需要建设与之相匹配的骨干光缆网和传输网，超低损耗、大有效面积的 G.654.E 光纤为目前业内首选。多芯光纤也开始崭露头角，该光纤能够突破传统单模光纤非线性效应极限，可支持波分复用，以及 C+L 波段传输，在未来还将支持模分复用，可有效解决当前的容量危机，有助于光缆通信线路提速升级。另外，数据中心将更多地执行数据信息交换、存储等任务，数据量将快速增长，光纤在数据中心布线中的占比将会越来越大，尤其是以 OM5 为代表的多模光纤带宽性能从 850nm 拓宽至 953nm，同时利用长短波波分复用技术，实现 1 个光纤上传播 4 个波长，将光纤传输容量提升 4 倍。

4. 低碳环保

在 2022 年世界电信和信息社会日大会——双碳时代 ICT 绿色发展论坛上，工业和信息化部提出，"十四五"期间，工业和信息化部将持续推动信息通信行业绿色低碳发展，打造绿色数字基础设施，支持采用绿色低碳技术和设备；构造绿色产业链供应链，提升节能低碳产品设备供给能力；助力社会节能减排降碳，以 5G、数据中心等新型基础设施为依托，促进形成绿色生产生活方式。欧盟碳关税提案在 2022 年 6 月获欧洲议会通过。节能减排降碳，是挑战也是机遇，通过识别清楚光缆光纤产品在多范围下的排放源及排放量级，利用业务流程优化、工程设计优化等进一步提升效率，减缓碳排放提升坡度，利用清洁可再生能源、可再生材料等技术，将碳排放的可能性从产业链中剔除，从而为企业自身创造新的业务增长赛道。

综上所述，市场需求会带来国内外网络建设需求的稳定增长，但也应理性看待国际市场对国内光缆光纤企业的机遇与挑战，光缆光纤企业应充分进行风险识别，并积极采取应对措施，练好内功，合规发展。

（江苏中天科技股份有限公司　刘玉琴）

影响 2023 年的十大科技应用趋势

当今世界正加速迈入数字文明时代。数字科技在电路的运行中诞生，并随着互联网的飞速发展而日益成熟。数字科技已成为全球经济复苏不可或缺的动力，也是我国数字经济和科技强国建设的重要驱动力和连接器。

面向未来创新驱动的高质量发展，我们要进一步向科技要答案、要方法。腾讯联动百位内部科学家、技术专家和外部院士专家，连续 3 年发布《数字科技前沿应用趋势》报告观察。腾讯希望携手全社会的科技生态伙伴，一起洞察未来趋势，助力更多创新，共同推动科技趋势从方向成为现实，并通过"以数强实"，共建更美好的真实世界。

一、高性能计算迈向"CPU[1]+GPU[2]+QPU[3]"时代

算力，是数字经济时代一种新的生产力，广泛融入社会生产生活的各个方面。高性能计算是先进算力的代表，也是"国之重器"。高性能计算前沿技术的发展和应用，引领着整个计算领域的发展走向，甚至引领着划时代的飞跃，值得产业界和社会持续关注。

近年来，AI 大模型、AIGC[4]、自动驾驶、蛋白质结构预测等各类人工智能应用大量涌现，对高性能计算的发展产生了重大的影响。2022 年是高性能计算技术发展的蓄力之年。高性能计算在架构、硬件和软件等方面的迭代和积累，将在"应用驱动"的持续塑造下，加速完成 2.0 的代际过渡，进入 3.0 新时代。

（一）趋势要点 1：异构计算成共识，加速高性能计算 2.0 性能突破，3.0 将探索 CPU+GPU+QPU

近年来，在各类人工智能应用的推动下，不同计算任务采用不同的计算技术，实现异构计算，已成业界共识。以核心计算单元的不同，可把高性能计算分为 3 个发展阶段：1.0——CPU 为核心计算单元；2.0——CPU+GPU；3.0——CPU+GPU+QPU。

（二）趋势要点 2：芯粒技术普及为未来算力突破蓄力，量子计算机硬件为应用转化持续积累

高性能芯片是高性能计算的核心技术。芯粒（Chiplet）技术的普及，以及基于 UCle 的互联，将促进片内异构的通用高性能芯片广泛应用，在未来帮助性能再上新台阶。

量子计算硬件技术在通往容错量子计算机的路上持续积累，并加快应用转化。

（三）趋势要点 3：AI 技术应用于高性能计算，算法和软件将成为量子计算的新驱动力

AI 算法和软件技术将由常规应用领域向科学计算领域拓展，进而推动高性能计算 2.0 演进。

适配量子计算的科学计算软件将成为量子计算发展的新驱动力，加速量子计算与高性能计算的融合，推动高性能计算 3.0 应用落地。

二、泛在操作系统加速人—机—物全面融合

操作系统是计算机系统中最为关键的一层系统软件，是计算系统的核心。人类社会、信息空间、

---

1. CPU: Central Processing Unit，中央处理器。
2. GPU: Graphics Processing Unit，图形处理单元。
3. QPU: Quantum Processing Unit，量子处理单元。
4. AIGC: AI Generated Content，是指利用人工智能技术来生成内容，被认为是 UGC、PGC 之后的新型内容生产方式。

物理世界深度融合的泛在计算时代正在开启，融合人—机—物海量、异质、异构资源的新场景正在涌现，所需管理的资源复杂度不断增加。构建一个对下管理各类泛在设施/资源、对上支撑各类场景下数字化与智能化应用的泛在操作系统已成为发展趋势。

（一）趋势要点1："软件定义"成为泛在操作系统构造的核心使能技术

"软件定义"是一种通过软件实现分层抽象的方式来驾驭系统复杂性的方法论。面向人—机—物融合泛在计算的新模式、新场景与新需求，"软件定义"的思想及其理论方法是泛在操作系统研发的主导思想及重要理论，核心技术途径是硬件资源虚拟化和管理功能可编程。

（二）趋势要点2：新应用模式正在催生多样化的应用场景操作系统

泛在操作系统分为基础平台类操作系统和应用场景类操作系统。前者可为后者提供支撑。由于泛在计算场景的领域行业特定性及泛在计算资源的广谱多样性和极端特异性，泛在操作系统的领域性和专用性将比较突出，不会有"大一统"的通用，面向不同的应用模式和场景，根据具体情况构建面向不同领域、不同需求的泛在操作系统，成为发展趋势。

多样化数实融合场景操作系统如图1所示。

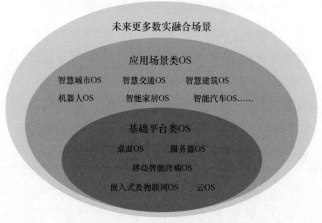

图1　多样化数实融合场景操作系统

（三）趋势要点3：云—边—端不同类型泛在操作系统更趋于交互与协同

在数实融合复杂应用场景下，云计算、边缘计算和终端计算需要更有效的连接与更深层次的协作，加速不同层次操作系统的协同技术发展。例如，在云计算环境下，服务器操作系统既可以作为单独云服务器的中枢，又可以作为云操作系统的重要组成部分，在智慧城市/智慧交通场景中，移动终端操作系统、嵌入式及物联网操作系统、云操作系统，正在与智慧城市操作系统/智慧交通操作系统进行交互和协同，共同支撑智慧化应用的构建和运行。

三、云计算向精细化、集约化和异构计算演化

云平台从计算、网络、存储等基础能力的提升，到大数据、人工智能、数字孪生、AR/VR等数字技术与云计算紧密耦合形成云原生服务，再到混合云、专有云、无服务器计算、分布式云等不断形成精细化的交付模型，并伴随全真互联的需求，云上融合GPU、数据处理单元（Data Processing Unit，DPU）等加速形成丰富的计算服务，云计算不断向精细化、集约化和异构计算方向演进。

（一）趋势要点1：交付模型持续丰富适配用户转型需求

随着数字安全、隐私合规、资源自主、服务高可用等要求的不断提升，公有云、私有云、混合云、专有云等交付模式不断兴起，混合云成为市场的主战场，具备便捷、可控、可持续等特征的专有云成为新趋势、新选择。此外，伴随着容器、无服务器等的发展，云上的服务模式也更加精细化。

用户转型需求结构图谱如图2所示。

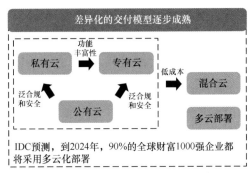
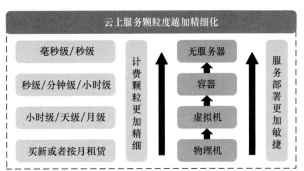

图 2 用户转型需求结构图谱

（二）趋势要点 2：人工智能、大数据等向云原生范式转变

云原生已成为下一代云计算演进的方向，AI、大数据等积极走向云原生模式，借助容器、微服务、无服务器等云原生优势，企业和开发者得以在 IT 成本优化的条件下实现 AI 算法高效训练、大数据应用敏捷开发、程序灵活部署和全生命周期管理。互联网数据中心（Internet Data Center，IDC）统计，2023 年云原生应用占比将达到 80%。

（三）趋势要点 3：全真互联计算需求推动云上异构计算体系加速构建

伴随着全真互联、元宇宙等概念的兴起，服务体验即时化、轻量化等需求激增，云端算力发展日趋高密及专用化，加速 GPU、现场可编程门阵列（Field Programmable Gata Array，FPGA）等计算资源的池化，推动云上构建计算资源丰富的、专用的异构计算系统。

四、城市复杂系统的时空 AI 应用将会普及

基于数字技术实现设施与服务的高效供需匹配，是数字技术背景下未来城市的核心特征。而实现这种基于动态时空的资源供需匹配所需要的核心技术之一，就是时空 AI 技术。

（一）趋势要点 1：时空数据管理能力开始全面统筹城市复杂系统

时空数据的高效管理，是实时、全面、系统地分析和计算的基础，时空数据来自物理世界的自然要素、人工要素、人文要素等，准确刻画各类要素的位置、属性、功能等特征，从而为数字经济、数字孪生等提供数据支撑。相关的时空感知技术包括但不限于定位、通信、视觉、数据融合和场景建图等。

1. 大规模非结构化时空数据组织能力日益受到关注

时空数据具有非结构化特征，数据项不确定，数据长度变长，记录是嵌套的，因此，时空大数据高效管理方案一方面需要有效组织大规模的时空数据，另一方面需要支持表结构组织管理非结构化数据。

2. 时空大数据管理关键技术成为重要中台能力

时空大数据管理的关键技术包括时空索引和编码、适应时空非均衡数据的负载均衡、高效查询检索、管理平台技术等。这些正在成为城市数据中台重要的基础能力。

3. 多元异构数据融合处理能力成为数字孪生建设的基础

要解决数字孪生城市各层级、各系统之间的数据融合、信息共享和业务协同机制，需要将矢量、栅格、网格、模型、点云、政务、感知等各类数据统一格式、编码，形成全周期的数据标准规范，构建多源异构数据的融合处理能力。

（二）趋势要点 2：时空数据实时计算能力正在实现城市时空资源高效匹配

时空资源供需匹配往往具有高频、实时的要求，因此，传统时空分析和串行算法难以满足规模与效率的要求，这就需要分布式计算与流式计算技术的支持。

分布式时空大数据分析的实现主要包含4个步骤：基于时空邻近性的数据分区与负载均衡；分布式两级时空索引的构建；高效空间关系计算库的实现；SQL语言时空谓词的扩展。

1. 实时时空计算引擎开始广泛应用

实时时空计算是目前的技术前沿，一些原生的流数据处理引擎在事件驱动、ETL等方面已经有了广泛的应用，并证明了其具有时延低、吞吐高、处理准确等优势，能够作为当下流式计算的行业标准。

2. 时序时空数据库成为城市时空物联网的基础

时序时空数据库是一种高性能、低成本、稳定可靠的在线时序时空数据库服务，提供高效读写、高压缩比存储、时序数据插值及聚合计算等服务，提供时空场景的查询和分析的能力，广泛应用于各种物联网场景。

3. 时空AI技术在交通、能源等领域大量应用

在出行即服务思想指导下，城市交通和出行系统的调度是典型的时空智能应用场景。智能调度可以对公共交通进行整体谋划，使多种交通方式能够紧密联系，从而使乘客出行更加便捷的同时，也使交通系统拥有更高的效率。

（三）趋势要点3：时空知识推理与计算持续增强推理与决策能力

时空推理与决策技术体系以时空大数据资产为支撑，建立在数字孪生底座之上的时序、多维、高阶的特征向量和时空知识决策模型，提供定位、评估、归因、优化一体化可解释、可归因的端到端决策分析，为时空数据与多元数据叠加融合、业务应用分析提供模型资产支撑和智能决策支持。

1. 各领域需要通过时空知识图谱建立行业知识体系

知识图谱以资源描述框架的形式对知识体系和实例数据进行统一表示，并可以通过对齐、匹配等操作对异构数据进行集成和融合，在语义搜索、问答系统、智能客服、个性化推荐等应用中占有重要地位。

2. 归因优化技术正在各种城市辅助决策场景落地

归因优化技术通过深度学习、机器学习、时空知识图谱技术等，结合应用场景任务需求，建立基于数字孪生底座的特征向量和时空知识归因模型，对城市、园区、社区、企业等归因优化场景进行辅助决策支撑。

3. 时空智能预测技术和工具开始普遍应用

时空智能预测技术是指通过挖掘时空数据中的海量语义信息，构建反映时空变量间关系的模型，对地理事件或现象未知的空间属性值或专题属性值进行估计，并预测事物变化和发展的趋势，包括时空语义信息提取、时空演化规律挖掘、预测与预警。

五、软件定义能源网络成为电网平衡先决条件

软件定义能源网络通过综合运用相关数字技术，支撑业务应用远程部署，灵活调整组织方式和运行模式，按需定制能源网络的运行状态和功能，从而实现灵活组网。

当下是软件定义能源网络的重要发展契机。在新能源转型的背景下，电网波动加剧，无法单纯凭借电气装置达到平衡，需要依靠数字化手段进行调节，数字技术从原本的降本增效转向，成为实现电网平衡的刚需。因此，软件定义能源网络是未来数字化能源系统基础设施的一个核心，代表了未来能源电力系统尤其新型电力系统的发展方向。

（一）即插即用，能源网络接口设施标准化，奠定软件定义电力的基石

能源终端即插即用是城市更好地服务能源终端用户、更充分地利用本地可再生能源资源、更灵活地盘活海量分布式能源资源的重要基础，是能源互联网的基石。《关于推进"互联网+"智慧能源发展的指导意见》明确提出，"推动不同能源网络接口设施的标准化、模块化建设，支持各种能

源生产、消费设施的'即插即用'与'双向传输'，大幅提升可再生能源、分布式能源及多元化负荷的接纳能力"。

能源网络接口设施标准趋势如图3所示。

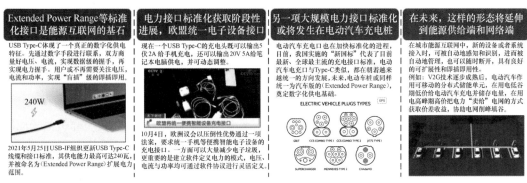

图3 能源网络接口设施标准趋势

（二）硬件蓄力，能源设备模块化革新，是实现软件定义的硬件基础

随着技术的发展，电力设备将从"模拟"态转变为"数字"态。从发电角度分析，新能源已经改变传统的发电机的模式。一个新能源电站在总体上和一个火电机组功率相当，但其是由一个可以独立关断、可以实现0/1控制的风机或者光伏组件组合而成的。

传统的单个大型发电机组变成了一个模块式的、独立小型个体组合式的发电群组。这样的发电群组可以实现从0到N的自由组合控制。从变电角度分析，模块化的变流器尤其是新能源并网核心装备逆变器将实现更大规模、更快速的发展。国内领先的逆变器企业对传统集中逆变器进行重大革新，发布了模块化逆变器产品，通过并联扩展实现灵活配置，实现新能源电站设计更灵活、发电量更高、运维更高效，在储能角度，集装箱式锂电池储能系统是模块化储能的代表。

（三）软硬兼施，能源虚拟化技术发展，实现软件定义能源网络

实现能源网络软件定义需要"软硬兼施"，其基础支撑需要前述的能源终端即插即用和能源设备模块组合，需要基于电力电子技术的能源路由器的广泛部署，还需要能源虚拟化技术的快速发展和应用。

虚拟化是指通过软件方式将物理资源抽象成虚拟资源，以提升物理资源利用率，能源虚拟化在物理基础层按照共享、可调度、可重用的模式设计形成物理资源池，以按需分配、灵活组装、动态调度的方式来提供物理资源服务，通过对物理资源的描述、抽象、配置、调度等，实现物理资源池的虚拟化，多个虚拟资源聚合形成虚拟资源池，在虚拟资源池之上形成虚拟网络。

虚拟化前，无论是电力系统还是石油天然气网络系统，其硬件与软件资源独立，软件必须与硬件紧耦合。虚拟化后，硬件和软件资源抽象形成共享资源池，软件与硬件解耦，上层操作系统从资源池中分配资源。

六、隐私和扩容技术突破加速应用向Web 3迁移

2021年，伴随海外以太坊等公链上的应用和交易剧增，Web 3的概念受到广泛关注。随着非同质化通证（Non-Fungible Token，NFT）市场的火热，区块链应用层市场被进一步打开。2021年被业界认为是Web 3飞速发展的元年，Web 3产业层面的发展刚刚拉开序幕。目前，业界就Web 3的概念形成初步共识：Web 3是区块链技术出现后，基于Web技术框架产生的概念，是一个由用户和建设者共同拥有的互联网，具有资产上链及可编程、可组合的特点。

（一）通用"去中心化"身份成为 Web 3 底座

在传统 Web 1、Web 2 的领域中，由于缺乏统一的身份层服务，一个用户实体需要在各个机构重复注册认证，导致身份数据容易被他人盗取利用，造成用户隐私泄露。建立一个通用的、稳健的数字身份体系，是未来 Web 3 生态中所有用户的切身之需。

（二）以太坊扩容有望带来大规模应用迁移

2018 年，以太坊公布了以太坊 2.0 的路线图，路线图规划了以太坊扩容阶段，扩容分为两个大阶段：第一阶段扩展无计算能力分片，结合 L2 大幅扩展性能；第二阶段提供计算能力分片，增加 L1 自身处理能力。

1. 以太坊合并解决扩展性问题

以太坊是一个"去中心化"的公共账本，用于验证和记录交易。用户可以基于智能合约在平台上创建和使用应用程序，这类应用程序被称为 DApp（"去中心化"应用程序）。

合并是以太坊解决扩展性问题的重要步骤。合并将集成以太坊生态系统中两个现有的独立链——执行层和共识层，用权益证明共识机制代替工作证明共识机制，旨在提升交易处理能力和数据存储效率，实现更环保、更可持续的愿景。

2. 分片和扩容

以太坊 2.0 会先发布分片链版本 1，提供水平的分片存储能力，它们只会向网络提供额外的数据，并不会处理交易和智能合约，但通过和 Rollup 的结合，仍然会对每秒交易数提供较大的改进。

3. Rollup 技术

Rollup 是一种二层方案，它将计算移至链下，但将每笔交易的一些数据聚合放在链上。

Rollup 分为以下两种模式。

① Optimistic rollups，其解决方案为欺诈证明，这类 Rollup 会追踪所有历史状态根及每个批处理的哈希值。

② ZK rollups，其解决方案为有效性证明，每个批处理都包含一个被称作 ZK-SNARK 的区块链工程证明，无论计算量有多大，该证明都能在链上得到极速验证。

（三）零知识证明将解决区块链性能瓶颈和隐私问题

区块链的公开透明、"去中心化"特性给用户隐私带来了挑战。同时，由于"区块链不可能三角"的限制，在保证"去中心化"和安全性的前提下，区块链的性能"天花板"制约了大规模应用的迁移。零知识证明在区块链扩容、隐私保护等方向有着无限的可能和广泛的应用场景。零知识证明的重要性日益凸显。

1. 零知识证明赋能扩容难题

零知识证明对链下信息完成统计，为其提供有效的状态证明。区块链则负责链上数据的安全和状态证明验证，大大降低了区块链上的资源消耗，达到扩容的目的。

在诸多应用中，以太坊 L2 的 ZKRollups 方案最为人熟知。随着 ZK-EVM 的优化与迭代及 ZK-SNARKs、ZK-STARKs 等技术方案的升级，ZKRollups 在未来能覆盖更为广阔的应用场景。

2. 零知识证明赋能隐私保护

用户真正掌握其自身身份、数据和数字资产所有权是 Web 3 的重要一环。

隐私计算作为零知识证明的一个重要的应用领域，在不泄露数据的条件下对链上数据进行验证，进而保护链上的交易数据、用户数字身份等隐私信息。

对于很多场景下存在的大量隐私数据，零知识证明实现了在保护隐私的前提下对敏感数据的核查。

七、柔性材料革新推动机器人仿生精进

触觉感知是目前机器人感知补全领域的攻关重点。作为 5 个知觉形式之一，触觉在机器人理解作业环境（压力、滑动、接触等）、获取接触对象特征（形态、质地、光滑程度、温湿度等）并与之交互等

关键环节发挥着无可替代的作用。尽管触觉获取的信息仅占所有模态的1.5%，但对于机器人实现智能感知和人机交互、执行家庭等非结构化场景的复杂真实任务至关重要。

触觉感知体系分为传感器和执行器。受益于柔性材料的突破性进展，触觉传感技术在科研界屡有代表性成果发布，已在触觉手套、健康检测设备、智能座舱等领域研发测试。

未来1～3年，随着柔性电子技术和机器学习算法的进步，触觉传感器的空间分辨率和精度有望大幅提升，这对于提高机器人灵巧操作水平、改善人机交互体验意义重大，能进一步拓展智能机器人应用空间和服务能级。

（一）柔性材料取得突破性科研进展，推动机器人"穿戴"高分辨率、大面积的触觉感知

近年来，柔性电子技术科研攻关获得突破性进展，依靠光学、电容、电磁等传感技术，机器人触觉传感器在空间分辨密和精度，以及重复性和强度、型材薄度等可用性指标上进步显著。机器人可以穿戴曲度更为贴合的电子皮肤，实现多自由度的触觉感知和微小柔软物体的灵巧抓取。

1. 电容式传感器新材料实现大面积应用的突破

该技术系统整体性能更为优化，在重量（约为原来的1倍）和尺寸（约为原来的2倍）上都有提升。这些系统的轻量化和灵活设计结合了密度为每平方厘米0.73个驱动器，超过了除手和脸的身体区域皮肤机械感觉的两点辨别阈值。

这种方法将从不同传感器获得的图像、声音、压力和其他形式的信息真实地转化为大面积皮肤交互的触觉形式。

2. 通用感知的电磁触觉皮肤研发成功，未来支持多场景扩展

首先，该触觉皮肤已经具有较高的时空分辨率和精度，在5万多次测试中，时间分辨率为400Hz，空间分辨率为1mm，精度高达90%。

其次，这块磁性传感器比光学传感器更轻薄，厚度仅为2～3mm，更便于在人的皮肤、机器人的手、触觉手套、手臂袖子等曲面穿戴。

得益于Meta公司在AI方面的投入，人造皮肤"ReSkin"可以利用机器自监督学习完成多个传感器的适配，在提高性能的同时展示出极高的实际应用性。

3. 超高分辨率的电触觉渲染手套实现压觉和力觉融合

该手套不仅可以帮助视力退化人群识别盲文，还可以通过手掌的触觉传感阵列和手背的外骨骼装置（执行器），渲染"撸猫"的真实感——抚摸猫的毛皮时，随着抚摸方向和速度的变化，粗糙度的变化可以传达给手掌。

（二）科技公司投身触觉感知的软硬件研发，推动机器人从触觉感知向触觉智能进化

除了科研院所，众多科技公司也将触觉感知技术的研发作为机器人和新一代交互领域的重点方向进行布局，从芯片、算法到开源生态在软硬件上均有一定突破，将推动机器人从触觉感知向触觉智能进化。

1. 软硬一体化自研系统集成让腾讯机器人利用触觉感知搬运不规则物品

Robotics X实验室与清华大学联合研发的新型压阻材料让机器人可以感知身体表面极其细微的压力变化。该材料使腾讯Ollie机器人增加触觉感知，可以对触摸动作做出回应，并挑战用头部平衡球形物体等高难度任务。

当前，物流机器人只能通过稳定的接触面搬运方形物体。而Ollie机器人利用新型触觉传感器获知球的相对位置与运动状态，实时处理数据，控制自身在不同地形实现平衡稳定行驶的基础上，保持球不掉落。其背后的领先性技术为移动机器人提升复杂场景下的自身移动与物品操控能力打下了坚实的基础。

2. 神经拟态芯片将机器人触觉识别提升千倍速率，有利于搬运不规则物品

英特尔开发的第二代神经形态芯片Loihi，面积

为 $31mm^2$，最多可封装 100 万个人工神经元，而上一代面积为 $60mm^2$，支持封装 13.1 万个人工神经元，同时，Loihi 2 比上一代速度快 10 倍，资源密度提高了 15 倍。

新加坡国立大学的研究人员利用英特尔的神经形态芯片 Loihi，开发出了一种人造皮肤，使机器人能够以比人类感觉神经系统快 1000 倍的速度检测触觉，以比眨眼快 10 倍的速度识别物体的形状、质地和硬度。

3. 软硬件开源有望推动光学触觉传感器加速市场化

Digit 是 Facebook 在 2020 年发布的基于光学的触觉传感器，其精度在亚毫秒级别，并已经实现大批量产品化，并配套了软件。此外，Facebook 利用深度神经网络模型完成玻璃球捏合测试。Facebook 对 Digit 的软硬件进行了开源，有望通过打造生态快速开拓机器人触觉感知新市场。

（三）触觉感知技术在视觉补足、视触听多模态融合方面发挥增量价值，有望在 3～5 年内实现产品级突破

触觉传感和执行逐渐分离，是理论走向应用、技术走向市场热门的标志。例如，触觉渲染的数据来自视觉这一原理，是增加 VR 设备使用体验的关键基础，触觉感知可以补足视听觉空白，增强机器人与计算机的交互水平，以及可穿戴设备的临场感。在远程医疗、可穿戴设备等场景，未来 3～5 年将有产品级应用问世。

1. 气动触觉手套配合 VR 眼镜，可为消费者提供更加完整的沉浸式体验

随着九轴陀螺仪、视觉定位等技术手段的发展，手部空间定位精度已经可以满足基本应用需求，结合 AR/VR 等头显设备，可以有效追踪用户的手部动作，提升临场感。

Meta 公司在 2021 年发布了触觉手套的原型机，可以模拟材质纹理，并通过气动装置进行压力反馈。该手套采用高速微流控处理器，可调节手套周围的气流，为模拟点拟触摸和感觉的电机提供动力。手套设置了 60 个气囊，同时在手背等位置设置了传感器补充手部形变数据。

2. 在医疗领域，触觉传感可实现临床应用，在腹腔等复杂手术中发挥视觉补足作用

美国 FDA 批准 TransEnterix 公司的新一代微创手术机器人"超敏"于 2023 年年初上市。该机器人具有压力反馈感触觉，"超敏"机器人能够将手术的组织或器官硬度反馈给医生，以调整操作手臂的力度，这是目前该产品相较于"达芬奇机器人"的重要技术突破之一。

此外，美国 Neocis 公司开发的 Yomi 牙科机器人辅助手术系统，具有实时的视觉和触觉反馈，可协助医生在看诊时抵达正确的诊疗位置、角度和深度，准确地按计划放置植入物。

3. 基于霍尔效应的触觉传感器临近产品化水平，在 2～3 年可以实现市场化

以国内帕西尼感知科技为代表的触觉传感公司，已经研发出具有较高触觉分辨率和灵敏度的霍尔传感器，灵敏度可达 0.01N，分辨率在 0.1mm，相较于国际顶尖的光学、电容传感器，具有低迟滞性、高使用频次等产品化优势，已经在智能座舱、医疗监测设备等场景开发测试。其轻薄的特点，决定其可在机器人手、末端假肢器等场景有广泛应用。

八、数字人成为全真互联交互新入口

目前，数字人产业正处于快速发展时期，离线渲染、非交互类型的数字人仍是主流，在数字化营销、文娱等领域应用广泛。而 AI 驱动的数字人在行业服务领域及虚拟分身数字人在虚拟空间的应用都处于爆发前期。

近年光场扫描、AI 等技术不断推动数字人提高制作效能，并让数字人"大脑"更加智慧，伴随全真互联时代的到来，数字人将会成为其重要的元素和新入口。

（一）技术集推动数字人制作周期大幅度缩减，算力提升助力实时渲染

3D 数字人制作涉及众多技术领域，包括建模、绑定、仿真、渲染等多个环节，其中光场建模使超写实数字人的建模周期缩短到 1 周，同时 AI 技术也助力降低工作量和成本。此外 GPU 算力的提升和渲染引擎的发展推动数字人从离线渲染发展到实时渲染。

3D 数字人制作如图 4 所示。

图 4　3D 数字人制作

（二）AI 技术发展提升多模态感知和交互能力，数字人"思想"更像人

AI 驱动的数字人目前的主流方式是围绕自然语言处理（Natural Language Processing，NLP）技术进行文本驱动，NLP 是数字人的"大脑"，直接影响交互体验。未来 AI 技术的发展是推动数字人拥有智慧"大脑"、成为数字人发展的关键驱动力。

当前数字人对语言的理解以文本为主，目前主流的方式是围绕 NLP 能力通过文本驱动，本质是通过 ASR-NLP-TTS 等 AI 技术进行感知—决策—表达的闭环来驱动数字人交互，同时需要预先设置相关的知识图谱或问答库等与数字人的对话系统对接，但目前 NLP 在通用性场景的能力还需要进一步完善。

AI 技术的重点方向是在输入端实现多模态感知输入，在输出端提升多模态交互能力，综合提升数字人的表现力，从目前的基于信息流或者文本的交互转化为基于语义的交互，特别是需要强化对人的情绪的感知和表达。

（三）数字人将成为 3D 互联网交互入口，推动渲染从本地到云端

互联网的形式和载体向沉浸式和 3D 化发展，未来实时交互、更加智能的数字人将会成为 3D 互联网重要元素和新入口，带来更真实的在场感和更大的价值。

智能数字人深度结合图谱如图 5 所示。

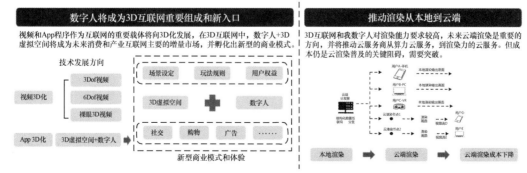

图 5　智能数字人深度结合图谱

九、数字办公加速走向在场协同和知识共创

数字办公协同正风靡全球，远程工作空间提供商 IWG 估计，全球 70% 的员工每周至少远程工作一次。此外，IDC 数据显示，2023 年，全球 2000 家企业或组织中，70% 将采用远程或混合办公优先的工作模式。云平台、音/视频处理、数字协同、数据操作、人工智能、表达渲染基本构建了数字办公技术栈。同时，知识数字化、数字协同工具的广泛应用也进一步推动数字办公协同的发展，使未来数字办公日益走向"多模态"（包括文本、图像、视频、音频等信息）与"大协同"（包含设计、研发、生产、管理等环节），并引发知识共创的范式革新。

（一）沟通从"在线"到"在场"——"把世界带到你身边"

数字办公的前提是随时随地和远方的同事面对面沟通，仿佛"把世界带到你身边"。为此，首先要实现 4 个"any"：即 anytime（任何时间）、anywhere（任何地点）、anydevice（任何设备）、anynetwork（任何网络），无论何种情况都能进行稳定流畅的沟通。在此基础上，通过智能编解码、光场显示、空间音频、触觉感知等技术，进一步增强音/视频效果，从而让参会者获得更真实的临场体验。

"沉浸式"数字办公如图 6 所示。

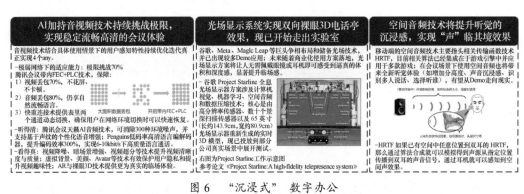

图 6 "沉浸式"数字办公

（二）数字协作技术提升数字办公"四维"生产力

数字办公的目标是组织基于数据、数字工具和业务逻辑的协同生产，高效达成业绩。数字协作技术的进一步成熟，使办公协同体验有了质的突破，"一专、多能、一张图"将是未来数字办公新范式，数字办公生产力在"人—内容—功能"协同维度得到提升；而自然语言处理技术的进一步普及，将使更多的人工智能功能与人协同，数字办公生产力将增加"人—AI"协同新维度。

（三）数字生产力从办公外溢，图谱化协作引发知识共创范式革新

数字办公的价值在于人与人协同创造知识，并通过知识实践来实现个人、产业和社会的价值。数据、资讯、知识和智慧等不同层次的知识数字化，即将从"记录"走向"全真"。数字协同技术发展及协作架构的"图谱化"，将加速推动知识创造的"大协同"，引发知识共创范式革新。

十、多元技术促进产业安全"一站式"和场景化

随着数实融合的深入发展，数字技术在各行业中广泛应用，引发了潜在的新型基础设施安全、数据安全、数字产业链安全、网络安全等一系列安全问题，面对挑战，一体化防护和"一站式"数据治理、零信任安全体系、威胁情报、AI、大数据、隐私技术等技术及理念驱动解决新型安全问题的新思

路、新方法和新路径。

（一）数字化上云进程加快，一体化防护和"一站式"治理将成为最优解

随着中国云计算市场整体规模的快速增长，传统应用加速向云原生应用转型，云原生已成为企业数字化转型的重要引擎，未来算力将是一个覆盖中心、边缘甚至端侧协同的算力网络，传统的安全防御边界不断扩张，未来云原生安全向体系化和一体化发展。此外，伴随数据的爆炸式增长，"一站式"数据治理是未来的数据安全的核心趋势。

（二）混合办公时代已来，零信任体系破局安全变革

在传统职场固定边界的办公模式向新职场更灵活、无边界的模式切换的过程中，因为员工远程办公、合作伙伴接入等业务需求，需要将内部的业务发布到互联网上，造成业务面的风险暴露，再加上终端用户安全意识参差不齐，极易因终端安全问题给业务带来安全风险。

零信任方案通过持续验证、永不信任的理念，重新以软件模式定义安全边界，对终端用户的身份、行为、设备等安全因素进行持续动态的检测验证，确保终端安全、应用安全、身份安全、网络安全与数据安全。

同时，对外隐藏业务风险暴露面，尽可能消除安全死角，最终形成一整套闭环的新型安全机制，做到以万全应万变。未来，实时、全面、持续的安全防护体系是零信任体系发展的重要方向和趋势。

（三）全球安全形势严峻，威胁情报共享是安全生态共建的重要路径

传统的安全防护多数依赖边界或特殊节点来部署防火墙等安全设备，实行以特征检测为主的安全监控，并基于规则匹配产生告警。该方式面对日益增多的网络空间攻击，显示出不足之处。

威胁情报推动了传统事件被动响应式的安全思维向全生命周期的主动智能响应转变，借助威胁情报能力，企业能够从网络安全设备的海量告警中解脱出来，以更加智能的方式准确掌握网络安全事件、重大漏洞、攻击手段等信息，并在第一时间采取预警和应急响应等工作。

（四）企业业务安全意识加速重塑，前沿数字技术驱动风控防线更安全

《中华人民共和国网络安全法》《中华人民共和国数据安全法》《中华人民共和国个人信息保护法》等法律陆续出台，对业务安全提出了新的要求，金融、互联网等数据密集型企业利用AI、大数据等技术不断提升自身的安全能力，未来，在多部门数据共享场景下，隐私计算技术将成为其助推器。

（腾讯研究院）

中国电信集团有限公司 2022 年发展分析

中国电信集团公司（以下简称"中国电信"）2022 年发展成绩突出。通信服务收入保持平稳较快增长，产业数字化、云服务、网络安全等新兴业务逐渐成为带动营业收入增长的主要动力，智慧家庭业务有望在未来 1~2 年成为新的重要增长点，净利润的规模值及增幅均达近 10 年的新高，通信服务收入及 5G 手机销量大幅增长是其背后的重要原因。

回顾 2022 年，中国电信的特色经验举措包括：全面实施"云改数转"发展战略；加强"四融"能力打造，加快应用升级；全面推进数字化转型，提升数字化服务能力；深化数字基础设施建设，夯实云网融合能力等。

一、业务发展业绩

2022 年是中国电信全面实施"云改数转"发展战略的一年，营业收入和利润均实现增长，企业高质量发展迈上新台阶。

（一）通信服务收入

2022 年，中国电信总营业收入达 4749.67 亿元，比 2021 年增长 9.4%，其中通信服务收入为人民币 4349 亿元，比 2021 年增长 8.0%，剔除 2021 年出售附属公司的收入影响后，比 2021 年增幅达到 8.1%，云网服务能力优势进一步扩大，产业数字化业务加速发展，综合智能信息产品和服务实现升级，带动总营业收入继续良好增长，收入结构持续优化。中国电信 2018—2022 年总营业收入及增长情况如图 1 所示，总营业收入近 5 年来一直保持增长状态。

其中，移动通信服务收入继续保持良好增长，达到 1910 亿元，比 2021 年增长 3.7%；固网及智慧家庭收入达到人民币 1185 亿元，比 2021 年增长 4.4%，智慧家庭业务快速增长，全屋 Wi-Fi、天翼看家用户分别增长 45.8%、52.7%。

以云计算为代表的产业数字化业务保持持续高增长，构筑公司核心增长引擎。2022 年产业数字化收入占比进一步提高，达到 1178 亿元，可比口径比 2021 年增长 19.7%，占主营业务收入比例提升至 27.1%，较 2021 年的 24.4% 进一步提升 2.7%。网络安全、大数据、AI、数字化平台等新兴业务逐渐成为产数发展的新动力。其中，网络安全服务收入达 47 亿元，比 2021 年增长 23.5%。此外，历经十余年发展，天翼云进入 4.0 全面商用阶段，市场份额持续提升，业务收入增幅比例最大，与 2021 年相比，增长幅度达到 107.5%，贡献了 579 亿元的业务收入增量。

（二）净利润

2022 年，中国电信净利润达 276.76 亿元，比 2021 年增长 6.3%。归属于母公司所有者的净利润为 275.93 亿元，比 2021 年增长 6.32%，中国电信 2018—2022 年归属于母公司所有者的净利润及增长情况如图 2 所示。自 2018 以来，已经连续 5 年净利润规模在 200 亿元以上，一直保持着较好的净利润水平。

除了营业收入有可观幅度的增长，近 4 年，财务费用一直处于下降的趋势。中国电信 2018—2022 年财务费用变化情况如图 3 所示。2022 年财务费用比 2021 年下降 99.46%，主要原因是公司 A 股上市后，付息债规模下降，利息支出减少。同时公司货币资金余额上升，利息收入比 2021 年有所提升。此外，基本每股收益为人民币 0.30 元。资本开支为 925 亿元。基本每股收益 0.3 元，总资产 8076.98 亿元，总负债 3712.71 亿元，资产负债率 45.97%，现金流净额为

724.65亿元，现金流净增加额为-8.2亿元。

图1　中国电信2018—2022年总营业收入及增长情况

图2　中国电信2018—2022年归属于母公司所有者的净利润及增长情况

图3　中国电信2018—2022年财务费用变化情况

（三）移动业务

2022年，中国电信移动业务用户规模、ARPU值、网络资源等关键指标均实现良好增长。

1. 用户规模与价值

中国电信紧抓数字经济发展机遇，持续加快基础业务转型，强化数字化产品供给，推进基础业务稳健增长。近几年，中国电信移动用户与5G用户规模持续平稳增长，2022年中国电信移动用户达到3.91亿户，占全行业市场份额的23.2%（中国移动用户9.75亿户，中国联通3.2亿户），中国电信2018—2022年移动用户增长情况如图4所示；5G套餐用户达到2.68亿户，渗透率达到68.5%，比2021年提升18.1%，2022年累计净增8016万户，中国电信2019—2022年5G用户增长情况如图5所示。移动增值及应用价值贡献持续提升，移动用户ARPU值达到45.2元，比2021年增长0.4%。中国电信移动用户占全行业份额有较大提升，比2021年提升3.9%。2018—2022年3家运营商移动业务用户在全行业份额占比情况如图6所示。

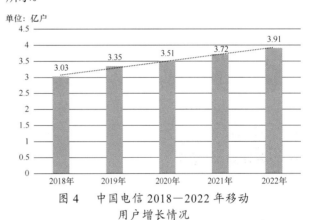

图4　中国电信2018—2022年移动用户增长情况

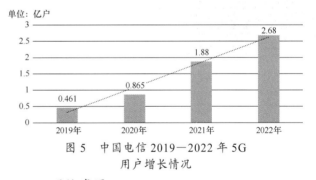

图5　中国电信2019—2022年5G用户增长情况

2. 网络资源

2022年，在4G/5G网络领域，中国电信与中国联通全面深化共建共享，双方累计共建共享5G基站超过100万个，比2021年增加31万个；共享4G基站超过110万个，为全球通信行业贡献了共建共享关键技术和运营管理经验。

（四）固网业务

2022年，固网及智慧家庭实现营业收入1185亿元，宽带用户规模达到1.81亿户，创历史新高，净增1119万户；千兆用户渗透率达到16.8%，比2021年提升9.1%；宽带综合ARPU值达到人民币46.3元，比2021年增长0.9%。客户综合满意度持续保持行业领先。智慧家庭业务价值贡献持续提升，全屋 Wi-Fi、天翼看家用户分别增长45.8%、52.7%。

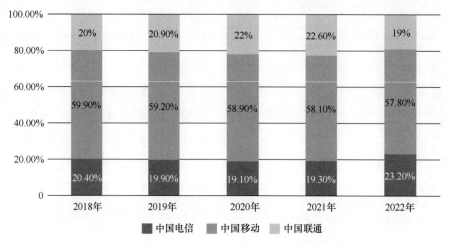

图6 2018—2022年3家运营商移动业务用户在全行业份额占比情况

（五）科创研发

由于近年来持续推进"云改数转"战略的实施，深化布局云网融合、5G、AI等核心技术，不断增强核心能力自主掌控，中国电信研发投入逐年较大幅度增加。中国电信2018—2022年研发费用收入趋势如图7所示。2022年，中国电信研发费用为105.6亿元，比2021年同期增长52.31%，研发投入总额占营业收入比例为2.8%，比2021年增加0.6%。2022年，三大运营商均加大了在科技创新方向的投入力度，中国电信的研发总额虽然低于中国移动，但在研发费同比增幅与研发占收比两个核心指标上，中国电信都保持较大领先。3家运营商2022年研发费用对比分析如图8所示。

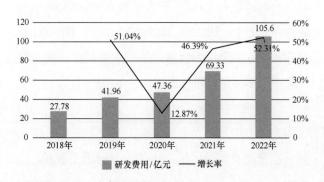

图7 中国电信2018—2022年研发费用投入趋势

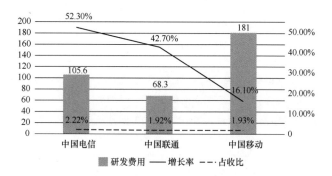

图8 3家运营商2022年研发费用对比分析

（六）产业数字化业务

中国电信牢牢把握数字经济时代下网络化、数字化、智能化的综合信息服务需求，打造"云网能力底座＋行业应用平台"深度融合的产业数字化发展模式，为千行百业提供数字化整体解决方案，坚持以融云、融AI、融安全、融平台为驱动，向纵深推进新兴业务能力布局，推动"第二增长曲线"快速发展，赋能数字经济高质量发展。网络安全、大数据、AI、数字化平台等新兴业务逐渐成为产数发展的新动力。2022年，中国电信产业数字化业务收入达到1178亿元，可比口径比2021年增长19.7%。规模和市场份额继续保持行业领先。该项业务占公司服务收入比重达27.1%，比2021年提升了2.5%，拉动公司服务收入增加4.7%，成为公司收入增量的主力业务收入。基础业务与产业数字化业务的双轮驱动，对公司收入拉动贡献提升。

其中，IDC业务目前仍是产业数字化收入的主要贡献来源，2022年，中国电信IDC营业收入达333亿元，同比增长5.4%，约占产业数字化收入的28.3%，IDC规模达到51.3万架，机架利用率超过70%。十年筑云，天翼云已经位居我国公有云第一阵营，在强手如云的国内云计算市场，一直稳居第一梯队。2022年，天翼云营业收入达人民币579亿元，同比增长107.5%，网络安全服务收入达人民币47亿元，同比增长23.5%。物联网实现"物超人"，用户规模超4亿户；天翼视联网发展迅速，用户规模超过4600万户，明厨亮灶、平安慧眼、智慧商企、天翼应急等应用场景实现规模商用。

二、特色经验举措

（一）加强"四融"能力打造，加快应用升级

中国电信面向网络化、数字化、智能化的综合信息服务需求，聚焦融云、融AI、融安全、融平台"四融"建设，加速构筑"第二增长曲线"。

在"融云"方面，中国电信加速天翼云发展，加强云计算核心技术自主可控，先后突破分布式数据库、云操作系统等50余项关键核心技术。推进天翼云4.0全面商用，目前已成为全球最大的运营商云和国内最大的混合云，专属云市场份额第一。

在"融AI"和"融安全"方面，中国电信持续深化布局。在AI方向，中国电信建成业内首个十亿参数量级城市治理领域的大模型，核心算法能力覆盖图像、语音、语义等领域，上线AI算法超过5000种。在安全方向，持续强化产品服务能力，建成并持续优化覆盖全网的"云堤"平台和一体化安全基础设施平台"安全大脑"；持续优化自研量子安全服务平台，并发布业内收个量子安全通话产品"量子密话"。

在"融平台"方面，中国电信依托5G、云计算、物联网、视联网等自有核心能力，面向B端加快打造5G定制网客户自服务运营平台，构建统一行业数字化平台底座，持续沉淀丰富的原子能力，推动5G行业应用及数字平台的业务能力和服务水平向纵深发展，2022年新增5G面向B端的项目8000余个，累计达到近15000个。

（二）全面推进数字化转型，提升数字化服务能力

中国电信发挥云网优势，持续优化产品数字化形态加载、在线化开通及数字化运营能力；不断深化线上产品供应、业务处理、线上线下一体化交付能力，完善渠道等销售费用数字化管理系统；不断强化基于AI和大数据技术的精准营销和服务能力，通过加强数据标签的应用，构建精准用户档案，完善用户的价值洞察、业务维护、发展提升的全链条数字化管理；不断加大数智新技术应用，引入AI数字化客服，加快提升10000号服务的效率，打造全天候、全方位智能服务新体验，推动传统服务与智能创新相结合。

（三）深化数字基础设施建设，夯实云网融合能力

在千兆光网领域，中国电信建成规模最大的千兆光纤网络，10Gbit/s PON端口数超过630万个，服务区内覆盖超过2.5亿家庭用户；在4G/5G网络领域，与中国联通全面深化共建共享，双方累计共建共享5G基站超过100万个，共享4G基站超过110万个。

在算力领域，中国电信持续优化"2+4+31+X+O"的算力布局，在京津冀、长三角、粤港澳大湾区、成渝等区域中心节点，打造天翼云4.0自研多AZ能力，"一城一池"覆盖超过240个城市，边缘算力节点超过800个，建设覆盖全国的"全网—区域—边—端"四级AI算力，汇集5000余个算法和上百个场景化解决方案，积极响应国家"东数西算"战略，聚焦八大枢纽节点加大布局，IDC资源在国内数量最多、分布最广。

在绿色低碳领域，中国电信推进云网基础设施绿色低碳转型，采用定制化、高性能服务器等手段提升算效，应用各类节能新技术提升数据中心和电信机房的能效，加快AI技术在移动基站和老旧机房的节能应用，年节电超过6亿kW·h，为经济社会的绿色低碳转型贡献行业力量。

（中通服咨询设计研究院有限公司　王浩宇）

中国移动通信集团公司 2022 年发展分析

中国移动通信集团公司（以下简称"中国移动"）2022 年转型发展成效显著。主营业务收入和净利润均有较大回升，CHBN 四大市场（个人市场、家庭市场、政企市场、新兴市场）全面发展，进一步巩固夯实基础能力。个人市场收入、用户规模均稳中有升，5G 用户规模领先，ARPU 值等发展质量指标有明显提升；家庭市场收入及用户规模保持较好增长势头；政企市场 DICT 业务持续高速增长；新兴市场总体营业收入初见起色，各项细分业务均呈现良好的发展势头。

回顾 2022 年，中国移动的特色经验举措包括：融合运营，驱动主营市场增长；坚持投资，巩固网络能力；强化营销，提升服务感知等。

一、业务发展情况

（一）营业收入持续增长

2022 年，中国移动总营业收入达 9372.59 亿元，同比增长 10.5%，营业收入稳步增长，增长速度与 2021 年保持基本一致。中国移动 2018—2022 年营业收入及增长情况如图 1 所示。中国移动 2022 年发展成绩突出，总营业收入增速位列 3 家运营商之首，继续引领行业增长。中国电信、中国移动、中国联通总营业收入增速对比如图 2 所示。

其中，中国移动主营业务收入（通信服务收入）为 8120.58 亿元，同比增长 8.1%，创 2019 年以来增速新高。

个人市场收入稳中有升，实现营业收入 4888 亿元，比 2021 年增长 1.1%，占主营业务收入比例达到 60.2%，仍为主营业务收入的主要部分。

家庭市场保持快速增长，营业收入达到 1166 亿元，比 2021 年增长 16%，占主营业务收入 14.4%。

政企市场营业收入规模为 1682 亿元，比 2021 年增长 22.6%，占主营业务收入的 20.7%，成为 2022 年带动中国移动主营业务收入增长的主要市场部分。

作为中国移动 CHBN 的最后一环，新兴市场 2022 年的营业收入规模达到 385 亿元，比 2021 年增长 26.9%，占主营业务收入的 4.7%。

从收入结构来看，中国移动转型发展成效显著，得益于 5G 应用、移动云、数字内容、智慧家庭等业务的快速拓展。HBN 收入占主营业务收入比达 39.8%，3 年提升 8.4%。被视为"第二曲线"的数字化转型的营业收入达到 2077 亿元，比 2021 年增长 30.3%，对通信服务收入增量贡献达到 79.6%，占通信服务收入比提升至 25.6%，成为营业收入增长的核心引擎。

图 1 中国移动 2018—2022 年营业收入及增长情况

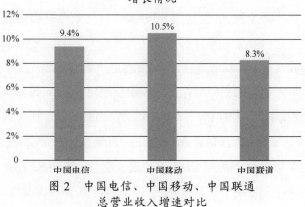

图 2 中国电信、中国移动、中国联通总营业收入增速对比

（二）净利润保持良好增长

2022年，中国移动的营业利润为1613亿元，比2021年增长6.1%；归属于母公司股东的净利润1254.59亿元，比2021年增加8.33%，净利润稳步增长。近年来，中国移动的净利润规模均在1000亿元以上，保持了较高的净利润规模水平，净利润远远超过另外两家运营商，盈利能力继续保持全球一流运营商领先水平。净资产收益率为10%，比2021年提升0.2%。中国移动2018—2022年净利润及增长情况如图3所示。

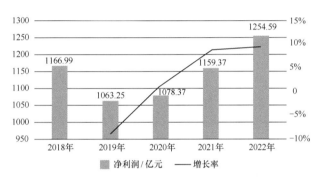

图3 中国移动2018—2022年净利润及增长情况

（三）个人市场

1. 业务结构

2022年，中国移动个人市场稳中有升，营业收入达到4888亿元，比2021年增长1.1%。其中无线上网业务基本保持稳定，2022年实现营业收入3959亿元，比2021年增长0.8%，占个人市场收入的81%，该份额比2021年上升1.7%；同时，该收入占主营业务收入的比例为48.8%，CHBN全面发展的局面正在形成。

2. 用户规模

2022年，中国移动用户9.75亿户，同比增长1.9%，净增规模创3年新高。中国移动2018—2022年用户规模及增长情况如图4所示。同时，在3家基础运营商中，市场份额远远领先。

3. 用户结构方面

2022年，5G网络用户为3.3亿户，比2021年增加59.4%，5G网络套餐用户为6.14亿户，增幅为58.7%；移动云盘月活跃用户达到1.66亿户，净增3065万户，用户规模排名业界第二；5G新通话高清视频使用用户达到9190万户，净增2682万户；云XR（扩展现实）、云游戏和5G超高清视频彩铃等新兴5G数字化产品对个人市场的价值贡献逐步显现。

4. ARPU值

得益于5G的快速迁转以及个人数字生活消费增长拉动，整体移动业务用户的ARPU值稳健增长至49元，同比增长0.4%。随着5G用户规模和渗透率的持续提升，中国移动整体移动业务用户的ARPU值或有望在未来1～2年持续提升。

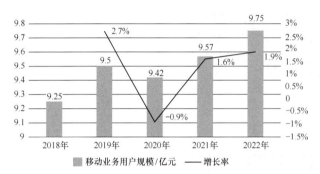

图4 中国移动2018—2022年用户规模及增长情况

（四）家庭市场

1. 收入规模及份额

2022年，中国移动家庭市场保持快速增长，营业收入达到1166亿元，比2021年增长16.0%。自2018年以来，作为家庭市场的主要贡献来源，家庭宽带业务收入规模逐年增加，2022年达1050亿元，占整体主营业务收入的12.9%。中国移动家庭宽带营业收入规模及增长情况如图5所示。

图5 中国移动家庭宽带2018—2022年营业收入规模及增长情况

2. 业务发展质量及价值

2022年，中国移动家庭宽带用户达到2.44亿户，净增2578万户；千兆家庭宽带用户规模达3833万户，持续保持行业领先。中国移动有线宽带ARPU值有所下降，有线宽带用户ARPU值为34.1元，比2021年的34.7元下降了1.7%。不过，由于带宽升级、智慧家庭生活消费增长带动家庭用户综合ARPU值比2021年增长5.8%，达到42.1元。

（五）政企市场

2022年，中国移动强化"网＋云＋DICT"一体化拓展，政企市场收入保持快速增长，达到1682亿元，2021年增长22.6%。DICT收入比2021年增长38.8%，达到864亿元。移动云收入达到503亿元，比2021年增长108.1%，综合实力迈入国内业界第一阵营。5G专网收入达到25.5亿元，比2021年增长107.4%。在面向政府的市场中，积极赋能政府管理、社会治理和民生服务，2022年，中国移动数字政府项目累计签约金额达到200亿元，标志性数字政府项目成效显著。截止2022年年底，中国移动政企用户达到2320万家，净增437万家。

（六）新兴市场

中国移动将国际业务、股权投资、数字内容、金融科技四大领域作为新兴市场，重点培育。2022年，中国移动进一步大力深耕新兴市场，新兴市场营业收入实现高速增长，达到385亿元，比2021年增长26.9%，显现出良好发展势头。国际业务收入达到167亿元，比2021年增长25.4%；在股权投资方面，立足"价值贡献，生态构建，产投协同"定位，强化"直投＋基金"双线模式，纵深拓展关键领域布局，发挥资本纽带作用，促进资本与业务相互赋能，积极构建数智化转型亲戚圈，参股企业达到31家；在数字内容方面，实现收入213亿元，比2021年增长27.2%，增速创新高；在金融科技方面，以场景和数据为驱动，大力推动产业链金融快速发展，2022年业务规模超500亿元，服务上下游合作伙伴超600家。

二、特色经验举措

（一）融合运营，驱动主营市场增长

1. 个人市场

中国移动继续以基础网络能力提升为本，加快推动4G用户向5G迁移，通过优化资费、终端等推进固移融合，同时继续深化全球通、动感地带、神州行三大用户品牌运营升级。面向个人用户数字生活消费需求，整合内外部合作资源，打造最大、最全面、体验最好的数字生活超市。

2. 家庭市场

中国移动正在加快家庭宽带向千兆升级，加强智能网联、家庭安防、场景化宽带的融合发展，推进内容运营向全渠道延伸；拓展电视、扬声器、投影仪等多终端，提供全场景电视服务；以家庭为中心，面向全屋智能、健康养老、家庭安全、家庭教育、家庭办公等智能家居应用场景，推动向数字村庄、智慧社区、街店等周边场景辐射，强化周边空间与家庭的联动。

3. 政企市场

中国移动聚焦重点产品、重点行业"政企产品清单"和"解决方案清单"，提升专线产品能力和交付服务水平，加强IDC和CDN协同，打造领先的云引擎，实现"入网即入云"，加快行业平台支撑能力建设，通过垂直行业5G从点向规模的数字化升级发展，实现5G专网收入的突破。

4. 新兴市场

在国际业务方面，中国移动不断扩大国际业务规模，增强5G产业解决方案、物联网等重点产品能力在相关业务中的落地应用；在股权投资方面，中国移动聚焦网络安全、工业互联网等重点领域，充分发挥直接投资与基金联动、合作、互补、相互促进的作用，进一步拓展金融科技等信息服务合作圈。在数字内容方面，以"内容＋技术＋集成创新"为牵引，持续营造行业领先的内容生态圈，实现咪咕视频、云游戏、视频彩铃活

跃用户迅速增长。在金融科技方面，互联网金融收入同比增长79.9%，月活跃用户比2021年增长59%。数字人民币已在多个场景中实现，并建立了支付能力聚合平台。

（二）坚持投资，巩固网络能力

中国移动着力构建以"5G+计算能力网络＋能力中心"为核心的新型信息基础设施，在网络覆盖、质量、技术、用户感知等方面处于领先地位，以扎实的网络能力支撑其CHBN市场全面增长。截至2022年12月底，中国移动以超600万个基站开通规模位列全球电信运营商首位，建成全球最大的网络云基础设施，光缆长度2594万千米，政企专用传输网带宽超过74.7 Tbit/s，骨干传输网带宽超过809 Tbit/s；CMNET、云专网、IP专网带宽超过473Tbit/s。

在国际信息基础设施方面，截至2022年12月底，中国移动共有80余条海陆缆资源、123Tbit/s的国际传输总带宽；拥有230个POP点，覆盖全球主要国家和地区；国际漫游服务覆盖264个方向，5G开通60个方向，牵手计划覆盖全球超30亿用户。

2022年，中国移动各项资本开支合计约1852亿元，2023年公司预计资本开支合计约为1832亿元，主要用于保持网络连接质量优势，优化计算资源布局，其中5G网络资本支出约830亿元。

（三）强化营销，提升服务感知

1. 渠道转型

中国移动着力推动渠道转型与新型渠道拓展，强化与头部互联网公司合作，重点业务线上销售占比快速提升；积极拓展异业泛渠道合作，围绕用户生活、工作场景，深化合作生态体系建设，用户服务触点延伸至千行百业。优化基层网格化运营，建立考核、产品、任务三个清单，推动一线减负，不断提升管理者为一线人员提供服务的倒三角支撑效率。

2. 品牌运营

中国移动丰富用户品牌的高品格内涵，面向目标用户精准运营与维系，增强了用户黏性。全球通、动感地带、神州行三大品牌分类施策打造专属产品，持续做大用群规模，提升用户的价值。2022年，中国移动三大用户品牌的用户规模超2.58亿，综合认知度达到77.6%。

3. 用户服务

中国移动以用户感知为中心，建立服务质量标准体系，形成将用户感知要素逐步映射到内部运营的三级标准体系，推动服务标准管理要求融入到各条线生产全流程中，提升端到端的服务质量。开展保护用户权益的"阳光行动"和解决投诉焦点的"熄灯行动"，强化大声音平台建设，创新"中国移动心级服务"品牌传播运营等，努力提高用户的认知度。2022年，中国移动5G互联网和家庭宽带互联网用户满意度持续提升，CHBN用户满意度全面提升，用户投诉量明显下降。

（李晓霞）

中国联合网络通信集团有限公司 2022 年发展分析

中国联合网络通信集团有限公司（以下简称"中国联通"）2022 年经营态势稳中有进，规模效益持续提升，综合实力再上台阶，取得"四个新高"：一是实现总营业收入 3549 亿元，比 2021 年增长 8.3%，增速创近 9 年新高；二是实现中国联通权益持有者应占盈利 167 亿元，比 2021 年增长 16.5%，在剔除非经营性损益后，中国联通权益持有者应占盈利规模创中国联通上市以来新高；三是产业互联网占服务收入比首次突破 20%，创新业务收入占比达到历史新高；四是 EBITDA 达到 992 亿元，创中国联通上市以来新高。

上述成绩的取得与中国联通加速向数字科技领军企业的转变关系紧密。回顾 2022 年，中国联通实现 4 个维度的转型升级：一是连接规模和连接结构升维，大力发展物联网和工业互联网；二是核心功能升维，加强大连接、大计算、大数据、大应用、大安全五大主责主业的建设；三是服务和赋能水平升维，基于 5G、云计算、大数据、人工智能等新一代信息技术，服务数字政府、数字社会、数字经济的能力持续提升；四是发展理念升维，市场驱动和创新驱动相结合，加大科技创新投入。

■ 一、业务发展成绩

（一）主营业务收入规模及增速均实现新高，产业互联网业务发展迈入新阶段，成为推动发展的优质驱动力

2022 年，中国联通实现总营业收入 3549 亿元，比 2021 年增长 8.3%。其中，主营业务收入达到 3193 亿元，比 2021 年增长 7.8%，增速创下近 9 年以来的新高。中国联通 2013—2021 年主营业务收入规模及增速情况如图 1 所示。

拆解主营业务收入来看，2022 年，中国联通宽带及移动数据服务收入与 2021 年相比基本一致，实现收入 1559 亿元；语音通话及月租费比 2021 年略降，实现收入 213 亿元，比 2021 年下降 3.3%。数据及其他互联网应用收入 778 亿元，比 2021 年增长 27.9%；增值服务收入达到 261 亿元，比 2021 年增长 16.6%。产业互联网业务延续了近年来的良好发展势头，收入首破 700 亿元大关，比 2021 年增长 29%，占主营业务收入的比例首次超过 20%，成为中国联通 2022 年业绩实现较高增长的全新引擎。在产业互联网业务中，云服务业务发展成绩突出，联通云营业收入达 361 亿元，比 2021 年增长高达 121%；物联网实现收入 86 亿元，比 2021 年增长 42%，非连接收入增长 63%，增速在行业内保持领先地位。中国联通 2016—2022 年产业互联网业务收入规模及增速情况如图 2 所示。

图 1　中国联通 2013—2022 年主营业务收入规模及增速情况

图 2 中国联通 2016—2022 年产业互联网收入规模及增速情况

（二）净利润增幅创中国联通上市以来新高，开源和节流双管齐下

2022 年，中国联通的净利润实现 166.5 亿元，归属于母公司净利润实现 73 亿元，比 2021 年增长 15.8%，在剔除非经营性损益后，净利润规模创中国联通上市以来新高。

中国联通 2018—2021 年归属于公司的净利润规模及增速情况如图 3 所示。

图 3 中国联通 2018—2022 年归属于母公司净利润及增速

2022 年，中国联通基础业务实现稳健发展，产业互联网业务蓬勃发展，实现规模、增速双增长，营业收入总体继续保持良好增长，收入结构持续优化。除了营业收入有可观幅度的增长，中国联通净利润大幅增长的另一个原因在于带息负债规模下降导致利息支出减少，同时，公司货币资金规模增长、资金一体化运作能力提升导致利息收入增加，财务费用比 2021 年呈现大幅下降的现象，分别由 2021 年的近 9.67 亿元下滑至 2022 年的 -7.48 亿元，变动比例为 -871.1%。中国联通 2018—2022 年财务费用变化情况如图 4 所示。此外，由于中国联通开展提质增效专项行动，管理费用控制成效显著，比 2021 年减少 7.3%，中国联通 2018—2022 年管理费用变化情况如图 5 所示；其他收益项也有所提高，由 2021 年的 29.97 亿元提升至 2022 年的 31.67 亿元。

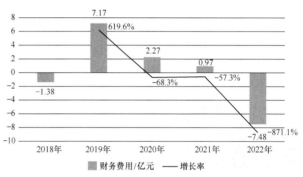

图 4 中国联通 2018—2022 年财务费用变化情况

图 5 中国联通 2018—2022 年管理费用变化情况

（三）移动业务：用户规模与价值实现双增长，未来仍有较大爆发潜力

截至 2022 年 12 月底，中国联通的移动出账用户达 32270 万户，实现平稳增长。中国联通的移动出账用户规模超过 2019 年的 31848 万户，实现历史新高。其中，5G 业务继续加速发展，中国联通 5G 套餐用户累计达到 21272 万，2022 年累计净增 5779 万户，增幅为 27.2%；5G 套餐用户渗透率达到 66%，用户结构进一步改善。中国联通 2013—2022 年移动业务用户规模及增速情况如图 6 所示。

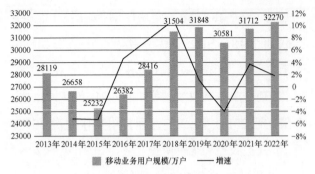

图6 中国联通2013—2022年移动业务用户规模及增速情况

同时,中国联通移动业务的用户价值持续优化,个人数智生活(产品主要包含视频彩铃、联通助理、联通云盘)取得突破,主要产品付费用户5470万户,主要产品收入提升180%。移动用户ARPU值连续3年实现正增长,2022年移动用户ARPU值达到44.3元,比2021年提高0.4元,小幅增长0.9%,用户价值进一步跃升。流量释放成效进一步显现,手机用户月户均上网流量(Data flow of Usage,DOU)约达到13.7GB,比2021年提高1GB,增长7.8%。中国联通2021—2022年移动业务主要经营指标见表1。

表1 中国联通2021—2022年移动业务主要经营指标

指标	单位	2022年	2021年
移动出账用户数	万	32270	31711.5
用户ARPU值	元	44.3	43.9
移动手机用户DOU	吉比	13.7	12.7
5G套餐用户数	万	21272	15492.8

虽然移动业务用户规模保持持续增长,中国联通2022年在全行业中的份额占比仍比2021年下降0.2%至19.1%。

(四)固网宽带:出账用户规模破亿户,智家业务快速增长,推动固网业务稳步发展

固网宽带接入用户2022年净增858万户,增幅9.2%,总规模达到1.0363亿户,用户规模首次破亿户;固网宽带接入用户ARPU值为38.8元,比2021年下降6%。融合业务渗透率达到75%,比2021年提升3%。联通智家业务快速拓展,联通组网、联通超清、联通看家、联通智能固话等付费用户达到8300万户,收入提升30%。

(五)产业互联网:核心增长动能地位进一步突显,"云、物、数"均取得突出成绩,"十四五"期间有望维持高速增长态势

中国联通将固网主营业务"其他"项下的IDCIT服务、云计算和大数据业务,以及"移动主营业务"下的物联网业务归类为产业互联网业务。产业互联网业务成为营收的亮点,2022年,中国联通产业互联网收入首破700亿元,达到704.58亿元,比2021年增长28.6%,占营收比重首次突破20%,实现规模、增速双提升;业务收入占主营业务收入的比例已超过20%,对主营业务收入增长的贡献度已达到67.5%,成为中国联通长期发展的核心引擎。随着中国联通积极培育5G+垂直行业应用创新的发展,未来产业互联网营收占比将持续上升。

中国联通产业互联网下的各项细分业务均取得较佳增长成绩,"联通云"继续翻倍增长,2022年营收规模达361亿元,比2021年增长121%。大数据实现业务收入40亿元,比2021年增长58%;物联网实现业务收入86亿元,比2021年增长42%,非连接收入增长63%,增速大幅领跑行业,连接数达到3.9亿个。大应用实现领航,截至2022年年底,累计打造1.6万个5G规模化应用项目,规模复制到国民经济52个大类,打造1600多个5G工厂,铸就"5G+工业互联网"第一品牌。大安全快速发展,专门成立网络与信息安全部和网络安全研究院,安全支撑团队超过1200人。运营中国网络安全产业创新发展联盟,拥有近400家生态合作伙伴。大安全2022年业务收入增幅近4倍,安全能力累计服务用户数过万家。

二、特色经验举措

(一)坚持夯实网络基础

2022年,面对数字经济的巨大机遇和广阔蓝海,中国联通持续加大在网络基础能力的投入，5G、宽带、政企、算力 4 张精品网建设卓有成效。2022 年全年资本支出达到 742 亿元，企业行稳致远的根本得到了巩固夯实。

5G 精品网：通过新增 31 万个 5G 中频基站和 17 万个 900MHz 基站，在行政村层面基本实现全覆盖。5G 中频段的网络规模和覆盖水平具有一定的竞争力，移动用户数达到历史新高。

宽带精品网：北方省 10Gbit/s PON 端口新增数量达到 214 万个，继续保持领先优势；同时，在南方城市的住宅覆盖率达到 80%。

政企精品网：在 307 个城市中实现商务楼宇覆盖近 15 万栋，专线业务发展持续加速。

算力精品网：积极响应国家"东数西算"战略，全年算力投资达到 124 亿元，完善优化了"＋4＋31＋X"多级架构，增强骨干网时延领先及多云联接优势。增强资源供给能力，在 170 个城市实现"一市一池"，MEC 节点超过 400 个；进一步完善算力布局，IDC 机架规模达到 36.3 万架，在 23 个省（自治区、直辖市）建成千架级数据中心，内外部云池连接达到 336 个，骨干传输时延领跑全行业。此外，中国联通还将打造全光接入、全域千兆、全屋 Wi-Fi、全天候服务的宽带精品网；打造超广覆盖、超大带宽、超低时延、超高可靠、智能体验的政企精品网；打造算力丰富、运力充沛、算网一体的算力精品网。

（二）坚持发力科技创新

中国联通连续 3 年被国务院国有资产监督管理委员会授予"科技创新突出贡献企业"荣誉称号，获得"2022 年世界互联网领先科技成果奖""2022 年世界人工智能大会一等奖"等奖项，企业科创力量快速增长。中国联通大力建设科创组织，2022 年成立中国联通科协，聘任 16 名院士作为科技委特聘专家，科技创新力量大幅增强。同时，在研发投入方面也处于行业前列。2022 年，中国联通研发投入同比增长 43%，科创人员占比达到 30%，授权专利数达到 1666 件，自主研发产品收入比 2021 年增长超过 70%。加强核心技术攻关与成果转化，信令大数据平台、5G 平台等 63 项阶段成果实现应用。

（三）开放合作共建共享

中国联通与中国电信继续推进共建共享工作，其中 5G 共享基站规模已达百万个，占到全球 5G 基站总规模的 30%。4G 共享基站达到 110 万个，杆路、管道等基础设施跨行业共建共享也在持续陆续实施和推进中。通过 5G/4G 共建共享，双方累计为国家节省投资超过 2700 亿元，节约运营成本每年超过 300 亿元，减少碳排放每年超 1000 万吨。同时，中国联通深化与腾讯、阿里巴巴、京东、百度等战投伙伴的合作，共同推进价值创造，努力为交通强国、网络强国、数字中国建设贡献中国联通的力量。

（中通服咨询设计研究院有限公司　王浩宇）

中国铁塔股份有限公司 2022 年发展分析

2022 年，中国铁塔股份有限公司（以下简称"中国铁塔"）在"一体两翼"战略指引下，牢牢立足"三个服务商"定位，持续构建"五化运营体系"，全力打造"五型"企业，各项业务发展取得良好成绩，整体经验业绩保持稳健，高质量发展不断取得新成效，持续推动企业成长和提升公司价值。在营业收入及净利润方面，受益于业务多元化步伐稳健有力，营业收入保持稳定增长，经营现金流较佳，融资成本和利息收入大幅改善，促成净利润水平有较大提升；在业务发展方面，塔类业务站址及租户数等核心资源稳步增加，室分覆盖范围持续快速扩大，智联和能源业务用户数持续快速增长，共建共享集约发展水平进一步提升。

中国铁塔 2022 年继续取得优异发展成绩，其重要经验举措在于构建了"5G + 室分"的双驱动引擎，确保运营商业务稳健发展；牢牢把握战略机遇，促进两翼业务强劲增长；严控营业开支、资本开支和融资成本，提升经营效益；从资产运营、用户服务、技术创新、改革发展等维度多管齐下，持续提升市场竞争力。

一、业务发展成绩

（一）"一体两翼"战略成效持续凸显，业务多元化发展步伐稳健有力，营业收入保持稳定增长，经营现金流较佳，融资成本和利息收入大幅改善，净利润水平有较大提升

2022 年，中国铁塔实现总营业收入 921.7 亿元，比 2021 年增长 6.5%，增速与 2021 年基本持平。2022 年，在国内和国际等不利因素影响下，中国铁塔营业收入增速保持稳定，凸显高质量发展的成色。其中，"一体两翼"发展战略中"一体"的运营商业务仍是营业收入贡献的主要来源，但占比在持续下降，2022 年其收入规模为 830.31 亿元，比 2021 年增长 3.5%；但其占总营业收入的份额降至 90.1%，降幅 2.5%。从中国铁塔近年的运营商业务收入占总营业收入的份额走势情况来看，该份额占比大概率将在未来 1 年降至 90% 以下，业务多元化健康发展有望得到进一步落实。中国铁塔 2015—2022 年总营业收入和运营商业务收入规模及运营商业务占收比情况如图 1 所示。

在运营商业务中，塔类业务与室分业务 2022 年的收入规模分别为 772.04 亿元和 58.27 亿元，比 2021 年增幅分别为 1.8% 和 34.3%；塔类业务实现稳中有升；室分业务"第二引擎"作用愈加凸显，实现加速增长，增速比 2021 年上升 11.3%，其对增量收入的贡献已达 26.6%。中国铁塔 2015—2022 年塔类业务和室分业务收入规模及增速情况如图 2 所示。

近 3 年来，5G 租户收入对运营商业务收入的增量贡献在持续快速提升，已从 2020 年的 39.8%、2021 年的 74.6% 提升至 2022 年的 84.3%，5G 网络规模部署的发展驱动作用持续凸显。

作为"两翼"的智联业务和能源业务，2022 年收入规模合计达 89.04 亿元，比 2021 年增长 45.2%，维持高速增长态势，占总营业收入的比重达到 9.7%，比 2021 年同期提升 2.6%；对整体营业收入增量贡献达到49.7%，比2021年同期提升9.7%，多点支撑的业务发展格局不断巩固。其中，智联业务和能源业务相应的收入规模分别为57.04亿元和32亿元，二者分别同比增长了40.5%和54.5%，均保持了近4年来的爆发式增长势头，已成为拉动业务收入增长的重要贡献来源。中国铁塔2018—2022年智联业务和能源业务收入规模及增速情况如图3所示。

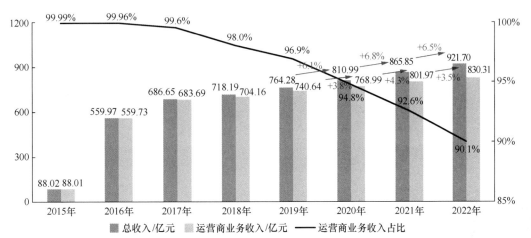

图1 中国铁塔2015—2022年总营业收入和运营商业务收入规模及运营商业务占收比情况

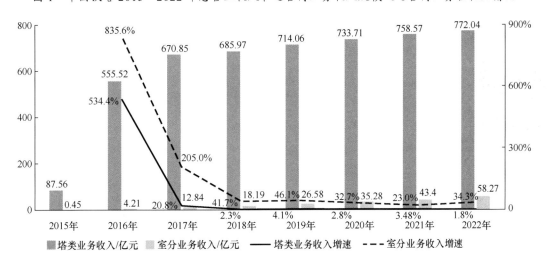

图2 中国铁塔2015—2022年塔类业务和室分业务收入规模及增速情况

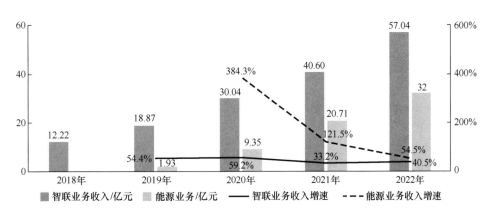

图3 中国铁塔2018—2022年智联业务和能源业务收入规模及增速情况

上述的塔类、室分、智联和能源四大业务中,塔类业务收入在总营业收入中占比为83.8%,比2021年继续有较大幅度的下降,下降3.8%。室分、智联和能源三大业务占总营业收入的比例则分别由2021年同期的5.0%、4.7%和2.4%进一步升至6.3%、6.2%和3.5%。相关业务结构的变动也进一步印证了中国铁塔"一体两翼"的发展战略正得以有效落地,向营业收入来源多元化迈出坚实的步伐,业务体系稳步壮大,抵御风险能力不断增强,长期发展前景乐观。

在"一体两翼"业务体系快速发展的引领下,营业利润按新口径[1]统计为133.12亿元,同比增长2.1%;按与2021年相同口径计算为139.5亿元,同比增长7%。在净利润方面,按新口径[2]统计为87.87亿元,同比增幅高达19.9%;按与2021年相同口径计算为86.22亿元,同比增幅也高达17.6%。营业利润和净利润二者的增速均高于营业收入增速,其中,净利润增速明显更大。

净利润增速较大的一个重要原因是经营现金流较佳,达651.34亿元,比2021年增长7.7%。在此正面影响下,中国铁塔的融资成本大幅下降,同时利息收入大幅增加;此外,"其他收益—净额"(包括增值税进项税额加计减抵等科目)的值有明显增长。2022年,中国铁塔的融资成本为30.03亿元,比2021年节省了7.42亿元,减少幅度19.8%;利息收入1.24亿元,比2021年增加1.02亿元,增幅464%。"其他收益—净额"为10.95亿元,比2021年增加7.92亿元,增幅261%。这也凸显了中国铁塔出色的现金流管理能力和丰富的金融合作资源,在融资成本管控、合理税务规划等方面均取得了较佳成绩。截至2022年年底,中国铁塔实现每股基本盈利0.0503元,同比增长20%,增幅提升6.1%;每股末期股息(税前)为0.03232元,同比增长23.2%,增幅提升5.8%,实现派息率持续多年提升,积极回报股东。

(二)塔类业务站址及租户数等核心资源稳步增加,室分覆盖范围持续快速扩大,智联和能源业务客户数持续快速增长,共建共享集约发展水平进一步提升

中国铁塔2022年塔类站址数达到205.5万个,比2021年增加1.7万个,增幅0.8%,其中,累计承建的5G站址达176.1万个,2022年新增承建5G站址数约53.5万个,增幅43.6%。塔类租户数2022年达358.3万户,比2021年增加12.4万户,同比增长3.6%,增幅提升0.7%,其中,运营商租户数336.2万户,保持平稳增长势头,同比2021年增加3.1%,增幅提升0.4%。中国铁塔2015—2022年站址数及租户数等情况见表1。

表1 中国铁塔2015—2022年站址数及租户数等情况

	2015年	2016年	2017年	2018年	2019年	2020年	2021年	2022年
塔类业务站址数/万个	151.8	172.3	185.5	192.5	199.4	202.3	203.8	205.5
室分业务								
——站址数/万个	0.25	1	1.7	2.3	—	—	—	—
——覆盖楼宇面积/亿平方米	—	—	9.6	14.6	25.7	40.6	49.9	73.9
——覆盖地铁里程/千米	—	—	1947	2887	3370	5881	8007	9611
——覆盖高铁隧道里程/千米	—	—	3421	4376	5318	6821	8899	10429
站址总数/万个	152.0	173.3	187.2	194.8				
塔类业务租户数/万户	193.9	240.3	266.4	297.8	323.9	336.1	345.9	358.3

---

1. 2022年营业利润的新统计口径对梯次电池的折旧年限进行了变更。
2. 2022年净利润的新统计口径对梯次电池的折旧年限进行了变更,并对增值税进行了加计抵减处理。

（续表）

	2015 年	2016 年	2017 年	2018 年	2019 年	2020 年	2021 年	2022 年
——运营商租户数 / 万户	—	—	264.5	283.7	306.3	317.5	326.0	336.2
——智联业务租户数 / 万户	—	—	1.9	14.1	17.6	18.6	19.9	22.1
室分业务租户数 / 万	0.35	1.36	2.36	3.14	—	—	—	—
租户总数 / 万	194.26	241.65	268.74	300.94	—	—	—	—
塔类站均租户数 /（户 / 个）	1.28	1.39	1.44	1.55	1.62	1.66	1.70	1.74
站均租户数 /（户 / 个）	1.28	1.39	1.44	1.55	—	—	—	—

2022 年，塔类租户数仍然比塔类站址数更快上升，拉动塔类站均租户数 2022 年达 1.74 户 / 个，比 2021 年上升 0.04 户 / 个，同比增幅 2.4%，铁塔建设的共享化水平进一步提升。

在塔类站址数、塔类租户数稳步发展的同时，室分业务的覆盖范围也在快速扩大。2022 年，室分站点覆盖的楼宇面积、地铁里程和高铁隧道里程分别达到 73.9 亿平方米、9611 千米和 10429 千米，比 2021 年分别增长 48.1%、20% 和 17.2%。自中国铁塔成立以来，室分业务保持了高速增长势头，2017—2022 年，上述 3 项指标的复合平均增长率分别为 50.5%、37.6% 和 25.0%。

二、特色经验举措

（一）"5G + 室分"双引擎驱动，确保运营商业务稳健发展

中国铁塔紧抓 5G 网联覆盖向纵深推进的发展契机，巩固资源统筹共享和专业化运营优势，优化建设服务模式，集约高效地满足用户网络建设的需求。

在塔类业务方面，持续推动 5G 站址纳入规划、推动建立建筑物移动通信基础设施相关规范，并据此嵌入新建建筑工程行政审批流程，提升资源统筹共享能力；创新低成本建设方案，锻造移动通信网络覆盖综合解决方案能力，持续加大共享力度和提升共享水平。

在室分业务方面，聚焦重点场景以及教育、文旅、交通、医疗等重点行业的 5G 覆盖需求，持续推进"资源 + 需求"一体化统筹发展模式。2022 年，中国铁塔高效率、高质量完成首都博物馆、国家图书馆等 16 个文旅场所，清华大学、北京大学等 34 所高校，人民医院、同仁医院等 53 家医院，以及丰台火车站、北京地铁 16 号线等交通枢纽的 5G 建设，助力智慧教育、智慧文旅、智慧交通和智慧医疗等应用落地。

（二）牢牢把握战略机遇，两翼业务强劲增长

中国铁塔牢牢把握"数字经济"发展及"双碳"目标带来的机遇，聚焦产品创新、优化业务布局、锻造竞争优势，两翼业务继续保持快速增长趋势。

在智联业务方面，聚焦"数字塔"，促进业务加速发展，服务国家战略升级。中国铁塔抓住数字经济发展机遇，主动融入国家治理体系建设，推动超 20 万个"通信塔"升级为"数字塔"；建设 5 万个森林安全防护监控点，监控覆盖面积达 47 万平方千米；建设近 4 万个耕地保护监控点、共计建成近 3 万个环境监控点位等，在生态修复、长江禁捕、耕地保护、森林防火等方面，有效支撑生态中国及美丽中国建设，提升效益和价值；产品能力升级，加大研发投入，加快产品体系的迭代升级，铁塔视联构建起"平台、数据、算法、应用、运营"五大核心能力，并围绕这 5 个方面逐步建立起产品领先优势，打造了森林智保、耕地智保、秸秆禁烧、蓝天智保、水库智保、渔政智保、乡村智保 7 款铁塔视联行业应用产品。

在能源业务方面，加快业务布局，不断增强业务发展动能。中国铁塔积极践行国家"双碳"战略，立足自身资源禀赋，持续锻造核心能力，围绕"做

专业务、做强平台、做优服务、做靓品牌"的整体策略，聚焦换电、备电等核心业务，采取"自研＋合作"模式，推动产品创新优化升级，并持续推进规模化、精细化运营。在换电业务领域，加快换电网络经济高效布局，推出换电产品3.0标准，巩固与B端用户合作，实现换电用户的规模增长。在备电业务领域，深耕通信、金融等重点行业，丰富标准化备电产品，推出大功率场景备电产品，全面推广"备电＋发电＋监控＋维护"四位一体解决方案，促进社会基础保障作用逐步凸显。在相关业务的运营和服务方面，一是持续深化精细运营，强化资产的全生命周期管理，防范资产损失风险，提升运营效益；依托全国统一的运营监控系统，加强资产调度管理，提高资产的利用率。二是致力显著提升服务能力，推广智能客服，上线 App 自助开仓，智能客服分流比例达到 70%；提升服务品质，优化用户投诉和报修流程等。

（三）严控营业开支、资本开支和融资成本，提升经营效益

在营业开支方面，2022 年，中国铁塔不断完善单站单项目核算体系，精准适配成本费用，结合资产使用状态，深入开展资产维修保养、安全隐患排查等专项行动，有效保障资产质量，提升资产长期服务能力。尤其在折旧及摊销方面，得益于运营商 5G 建设需求结构变化、中国铁塔加大技术创新和建设方案优化以及合理保障到龄资产持续运营，2022 年折旧及摊销累计发生 495.32 亿元，按可比口径比 2021 年下降 2.2%。

在资本开支方面，2022 年，中国铁塔坚持资源统筹共享，按照与发展和能力建设适配的要求配置投资，加大平台建设力度和研发创新投入，结合资产运营质量及安全生产需求增厚资产健壮性及共享潜力，2022 年资本开支 262.07 亿元，比 2021 年仅增长 4%。

在融资成本方面，中国铁塔坚持稳健的融资策略，在强化资金收支集约管理的同时，积极拓展低成本的融资渠道，优化带息债务结构，降低综合融资成本。截至 2022 年年底，公司带息负债 791.19 亿元，比 2021 年年底减少 221.85 亿元。2022 年，公司净财务费用累计发生 28.79 亿元，比 2021 年下降 22.7%。

（四）从资产运营、客户服务、技术创新、改革发展等维度多管齐下，持续提升市场竞争力

在资产运营能力精进方面，加强平台建设，支撑业务协同高效发展；推进智能运维，提高数字化和精细化水平；强化资产全生命周期管理，提升效益。

在用户服务能力建设方面，优化服务流程，构建差异化服务体系；强化服务质量，打造专属服务团队；消除服务短板，实现服务全流程闭环、全过程可视。

在技术创新能力强化方面，制定科技创新专项规划，发挥战略引领作用；聚焦重点领域，增加研发资源投入；加强室分、AI 算法等重点项目研发，提升科技攻关的水平。

在改革发展能力提升方面，推进任期制契约化管理全覆盖，强化对管理层的激励约束；实施"十四五"人才发展规划，助力人才强企；深化子企业"双百行动"改革，创新体制和机制等。

（梁张华）

中国广播电视股份有限公司 2022 年发展分析

2022 年,中国广播电视股份有限公司(以下简称"中国广电")纵深推进智慧广电建设,构建广电网络融合传播服务新格局。在业务发展方面,中国广电在有线业务、5G 网络服务、5G 视听融合服务平台应用、智能推荐频道服务等领域取得突出成绩。在一体化整合方面,中国广电全国一网整合迎来质的飞跃,并陆续打通了当前基础电信运营商所需的全渠道线路。在生态构建方面,中国广电有效协调产业链上下游,联合探索更高效发挥 700MHz 的能力。在技术标准方面,中国广电成功推动 5G NR 广播成为 ITU 国际无线移动电视标准,在众多标准中凸显影响力。在重保期安全播出方面,中国广电圆满完成相关任务,党的二十大、北京冬奥会和冬残奥会等实现零插播、零停播、零事故安全播出。

中国广电 2022 年取得的发展成绩,背后的重要原因在于有力的组织保障,并从网络、内容、融合、迁频、品牌、服务等多维度强化业务竞争力,做好业务健康发展支撑。

一、业务发展成绩

(一)纵深推进智慧广电建设,构建广电网络融合传播服务新格局,有线业务发展实现缓跌企稳向好趋势

结合政府重点惠民工程,中国广电推动实现广播电视节目综合人口覆盖率持续提升。截至 2022 年年底,全国广播节目综合人口覆盖率 99.65%,电视节目综合人口覆盖率 99.75%,分别比 2021 年提高了 0.17 和 0.09%。农村广播节目综合人口覆盖率 99.49%,农村电视节目综合人口覆盖率 99.65%,分别比 2021 年提高了 0.23 和 0.13%。农村有线广播电视实际用户 0.66 亿户,在有线网络未通达的农村地区直播卫星用户 1.50 亿户,比 2021 年增长 1.35%。广播电视服务基层、服务群众的能力和水平进一步提高。全国有线电视实际用户 2.00 亿户,比 2021 年下降 1.96%;有线电视双向数字实际用户 9820 万户,比 2021 年增长 1.23%;高清和超高清用户 1.10 亿户,与 2021 年基本持平,高清和超高清视频点播用户 3981 万户,占点播用户的比例达 94.43%;智能终端用户 3745 万户,比 2021 年增长 12.63%。

有线业务发展实现缓跌企稳向好趋势。有线电视网络业务收入降幅收窄。有线电视网络收入 719.55 亿元,比 2021 年下降 2.04%,降幅比 2021 年收窄 0.92%。其中,收视维护费、付费数字电视、落地费等传统有线电视网络业务收入 451.74 亿元,比 2021 年下降 7.35%;有线电视网络宽带、集团用户等增值业务收入 267.81 亿元,比 2021 年增长 8.44%。

(二)5G 网络服务启动,广电 5G 进入运营期

2022 年是广电 5G 的开网服务启动之年,中国广电的 5G 建设迅速发展,广电 5G 业务从规模建设期走向运营发展期。一方面,完成了广电 5G 网络分布式控制面与用户面分离的核心网建设,云化与有线电视网协同的运营支撑平台,也完成跨省的光纤网络和数据交换平台的改扩建。另一方面,中国广电 5G 业务从多元化、个性化的套餐产品和福利活动,以"有线+5G"精品网络为基础,基于"手机+电视+宽带+语音+卫星+X"全融合业务体系,向外界展示出自身的差异化优势,包括面向用户提供 700MHz 5G 网络移动通信服务,广电系的唯一号段"192"成功对外推广商用,"广电 5G"品牌建立以及渠道布局取得良好成效等。

2021年年底，中国广电已确认完成20万个700MHz 5G基站的先期建设任务。2022年，借助中国移动的硬实力，中国广电与中国移动基于共建共享合作协议完成了700MHz 5G网络剩余28万个基站的部署。根据中广电移动网络有限公司2022年12月发布的《中国广电5G手机产品白皮书（2023年版）》，中国广电5G核心网已接入4G/5G基站超过360万个，其中，4G基站234万个，5G基站126万个，可调度的4G及5G基站总量位于国内前列。

尽管按照我国已形成"2+2"的5G网络共建共享格局，但在具体业务运营上依然要回落到企业自身。3年来，中国广电与中国移动各自建设自身的核心网。从发展方向来看，在基本完成中国广电集团及大区核心网部署目标后，2022年各省级核心网节点纷纷正式启动建设。

中国广电选用最优的方式推进网络部署，通过云化极简架构方案实现短期内打造一张成本更低的700MHz 5G精品网络。2022年，中国广电及各省网也加快了承载网、业务平台、5G BOSS、IT云资源池、网安、话务中心、10099客服系统等的搭建或改造升级，且顺利完成了与3家电信运营商的网间互联互通。截至2022年年底，中国广电已建设完成5G核心网一期、IT云一期、系统平台、BOSS平台、安全系统等，并持续优化平台业务支撑能力。核心网及网络云资源池已建成南北两大区和北京、南京、广州、成都4个节点，基本实现全国市县城区、乡镇连续覆盖，重要区域、发达农村有效覆盖。

2022年6月27日，中国广电举行5G网络服务启动仪式，同日，全国有20地完成启动仪式；7月27日，第二批次的9地完成了广电5G网络服务启动仪式；随着9月27日，西藏、青海两地的仪式成功举行，意味着31个省（自治区、直辖市）的广电5G网络服务全部完成。从6月开网放号到12月，中国广电5G"192"号段用户已超过550万户，其中，江苏、湖北、山东、贵州、广西、上海等地均在较短的时间内实现了大规模新增开卡。这标志着中国广电和中国移动深入共建共享，和中国电信、中国移动、中国联通全面互联互通取得了新成果。目前，中国广电与中国移动的700MHz共建共享模式已成为全球广电和通信业界唯一的案例。

（三）广电5G视听融合服务平台首款应用"直播中国"App实现全国上线

2022年6月，中国广电旗下专业子公司——中广宽带网络有限公司开发了基于广电5G融合视听服务平台的首款综合信息客户端——"直播中国"（iOS端为"直播中国+"），众多安卓手机应用商城已正式上线该款App。"直播中国"是一款融合视听服务App，整体应用汇聚了直播（电视/电台）+点播+应急广播+视听会员+第三方视听专区（爱奇艺、B站、喜马拉雅等）的多重视听体验及其他功能。还能提供应急广播服务，能汇聚实时的权威性应急资讯和科普内容；内设"预警地图"（高德地图），实时显示定位周边区域的预警信息等。该应用平台主要依托有线、提升有线、服务有线，可为有线网提供应用，涉及了融合跨端、内容建立、宽带电视等业务。中国广电网络将建立自己的媒体平台，通过大小屏结合和差异化内容生产打造出区别于3家运营商的媒体+网络运营商。

（四）有线电视智能推荐频道服务试点上线

2022年9月30日，中国广电有线电视智能推荐频道服务在北京、上海、杭州试点上线，三地60万有线电视家庭用户可率先试用这项服务。有线电视智能推荐频道改变了传统电视频道由电视台统一编排、顺序播放固定节目的传统形态，可以根据用户家庭或个人的喜好，通过人工智能计算，从海量内容库中自动编排、连续推送定制节目，使电视频道不再千人一面。

智能推荐频道在内容上更加丰富，智能引擎结合用户需求将直播电视频道、电视录播节目、影视剧点播节目等优质节目内容自动推送给用户，使用户能够享受的视听内容更加精彩丰富。在操作上更加简便，用户通过"上""下""左""右""确认"5个按键即可完成基本操作，还可实现播出内容在有线电视大屏幕和手机小屏幕间无缝切换、多屏联动，用户可在居家、移动等多场景转换中持续收看电视节目。在服务上更加精准，频道将综合用户喜好、节目类别等多维度因素智能推荐内容，满足用户差异化、分众化、个性化的收视需求。

（五）中国广电全国一网整合迎来质的飞跃

在政策推动下，2022年，中国广电"全国一网"整合继续强势发力。实际上，自成立之初起，中国广电即以实现混合所有制改革为目标，不断引入国有资本和民营资本等战略投资合作，共同发起、组建、形成中国广电控股主导、各省网公司按母子公司制管理的全国性股份公司。最终以建成全国互联互通平台，完成有线电视网络的双向化、宽带化、智能化改造，促进有线电视网络的转型升级，实现全国一网，建成统一运营的管理体系，提升规模效益，增强有线电视网的产品和服务供给能力，提高有线电视网的竞争力。在科技创新的驱动下，中国广电正着力推进有线电视网络整合和广电5G网络建设一体化发展，更好去服务数字经济发展。

（六）有效协调产业链上下游，探索更高效发挥700MHz的能力

在网络测试阶段，中国广电就已开启了与产业链国内外主流厂商的合作探索，并得到厂商们的广泛支持。在2022年前三季度，新入网5G手机的700MHz频段支持率已超过95%，2022年8月后的主流品牌新品手机均已经实现出厂即支持广电5G网络。截至2022年年底，主流厂商已完成软件适配升级的终端型号超过了550款，覆盖了4年内主流品牌的主力机型，终端类型涵盖智能手机、穿戴设备、平板计算机、老年机和CPE等。

中国广电在寻求更广泛产业链支持的过程中，尽力探索更高效发挥700MHz的能力。一方面，在《中国广电5G手机产品白皮书（2023年版）》中，根据广电5G网络建设、融合业务发展和产业合作规划，修订了相关手机终端技术指标要求，重点在完善支持700MHz大带宽、700MHz终端增强、VoNR高清话音、5G新通话、RedCap轻量化终端、5G NR组播广播等方面提出了新要求。另一方面，基于中国广电制定的n28频段终端增强技术国际标准，联合了OPPO、中兴、真我等厂商研发推出了全球首批"超级n28"增强型700MHz手机、CPE，并推进其实现上市。

（七）陆续打通当前基础电信运营商所需的全部渠道

在渠道布局方面，随着中国广电5G开网服务及"192"预约活动的进行，中国广电陆续打通了当前运营商所需的全部渠道：在自有渠道方面，线下的中国广电5G营业厅升级改造已在各地陆续完成（上市公司为中国广电+上市公司的双品牌形象），线上的中国广电营业厅App、小程序、门户网站等已上线运营；在社会渠道方面，中国广电持续招募5G社会渠道商，在湖北等区域，广电5G网络更是与渠道代理商联合入股建立营业厅，双方积极探讨深度合作的模式；在第三方渠道方面，中国广电已和银行支付等渠道增置了广电5G网络的合作入口等，并和"学习强国"、网络视听平台、游园等合作推出了若干权益卡；在电商渠道方面，中国广电正式入驻了天猫、京东等各大电商平台并获得认证，可实现用户与官方电商店铺的直接交易等。

（八）成功推动5G NR广播成为ITU国际无线移动电视标准

2022年，中国广电主导的5G广播标准在3GPP获得通过，还与业界合作伙伴完成了Mission Critical Service over 5G Multicast broadcast service技术标准的工作。同时，中国广电在3GPP和CCSA完成或正在完成700MHz与其他频段的上下行载波聚合的标准。

2022年6月9日，3GPP第96次全会宣布5G R17标准冻结，迎来5G NR广播全新应用场景。在R17版本确定的38项课题中，中国广电重点立项的"NR Multicast and Broadcast Services"位列其间，同时，中国广电还参与了若干其他提案（包括R18）。中国广电在确定打造700MHz 5G网络服务时曾尝试性地启动广电 5G 的应用场景研究，5G NR 广播是其探索应用之一。

2022 年 9 月 30 日，ITU-R SG6（该研究组主要负责广播类业务）会议上，中国广电主导的 5G NR 广播标准进一步实现突破，成功成为国际无线移动电视标准之一，提交的 6 篇提案获得了一次性通过。会议通过了在 BT.2016 建议书、BT.2295 报告书、BT.2049 报告书中增加对 System N 以及 System L 的提案，这也意味着 LTE 5G 广播与 5G NR 广播两种技术路线的 5G 广播都将成为广播电视行业的国际标准。这标志着广播和通信采用相同的技术，首次使通信终端也可以成为电视接收机，为应急广播进入手机创造了条件。

此外，中国广电还广泛参与了众多的行业性标准及其他相关"白皮书"等文件的制定，包括广电频段的相关设备增强、网络切片、增强高功率 CPE 的标准制定等。2022 年发布的众多行业性标准中均有中国广电的身影，涉及互联互通、携号转网、5G 网络语音业务、携号转网服务、5G 异网漫游等。2022 年 11 月，IMT-2020（5G）推进组发布的《5G-Advanced 场景需求与关键技术白皮书》，以及中国移动主导的《5G-Advanced 网络技术演进白皮书 2.0（2022）》等，中国广电均作为重要参与者之一，并为相关白皮书提供了 700MHz 频率、5G 组播广播服务等需求场景的内容。

（九）重要保障期安全播出任务圆满完成，党的二十大、北京冬奥会和冬残奥会等实现零插播、零停播、零事故，冬奥视听实现科技创新

2022 年 10 月 16 日，中国共产党第二十次全国代表大会在人民大会堂开幕。全国广电系统高度重视党的二十大广播电视安全播出保障工作，坚决贯彻中央和总局各项工作部署，把确保党的二十大广播电视安全播出作为一项重大政治任务抓紧抓好，及时启动广播电视安全播出应急预案，全面加强对广播电视和网络视听节目的监听监看，以最高标准、最严要求、最实举措，全力保障党的二十大重要直播内容实现高质量、不间断地传入千家万户。

全国广电系统圆满完成北京 2022 年冬奥会和冬残奥会重要保障期广播电视安全播出任务。全国广电系统 10 万余名干部职工坚守节目制作、播出、传输、覆盖和监测监管一线，开闭幕式直播转播安全顺利，信号传输安全稳定。此外，在视听科技领域，中国有线、歌华有线联合中央广播电视总台、总局广科院、规划院、咪咕公司等单位参与了 8K 超高清转播、云直播、VR 和自由视角、冬奥专网等领域的科技攻关和运维保障，为冬奥会的科技创新提供了有力支撑。本届冬奥会不仅实现了奥运会历史上首次赛事全程 4K 直播，还以全球领先的 8K 技术制作了开闭幕式、自由式滑雪、速度滑冰等项目公共信号，实现了"科技冬奥·8K 看奥运"的目标。

二、特色经验举措

中国广电 2022 年取得的发展成绩，关键在于集团适应新形势、新业务的发展需求，打造新型业务运营的组织，吸收具有成熟资源能力的配套机构，为业务发展提供坚强组织保障；同时，从网络基础设施建设、"内容 + 网络"、5G 与传统业务和垂直行业相融相加、700MHz 频率迁移等方面着手强化业务竞争力。另外，还配套发布推广新品牌，打造优质服务体系，做好业务健康发展支撑。

（一）打造新型业务运营组织，吸收具有成熟资源能力的配套机构，为业务发展提供坚强组织保障

一是成立广电 5G 专业运营总公司。中国广电为着手未来广电 5G 实际运营，中国广电集团公司与中国广电股份公司（中国广电网络股份有限公司）于 2022 年 3 月正式注册了广电 5G 专业运营总公司——中广电移动网络有限公司。注册总资本为 200 亿元，其中，中国广电集团公司出资 120 亿元，占股比为 60%；中国广电股份公司出资 80 亿元，占股比为 40%。获准的经营范围涉及基础电信业务、5G 通信技术服务等。接着，全国 31 家中广电移动省分公司迅速完成注册，逐渐建立起广电 5G 统一运营体系。工业和信息化部无线电管理局在2022年的399号文件中已就700MHz等频率许可做相应的变更，依法将中国广电集团使用的5G公众移动通信系统频率变更为中广电移动网络有限公司使用，并为中广电移动公司颁发了703—733/758—788MHz、3300—3400MHz和4900—4960MHz频段5G公众移动通信系统频率使用许可证。

二是全资控股中广电设计研究院。 2022年11月7日，原由国家广播电视总局管理的事业单位——中广电广播电影电视设计研究院更名为"中广电广播电影电视设计研究院有限公司"，其所有制形式一并由全民所有制变更为有限责任公司（法人独资）。同时，新的中广电设计研究院公司已转为由中国广电集团公司所有，且中国广电集团公司对其控股为100%，中国广电对其认缴金额为17953.58万元。中广电设计研究院承担了我国甚至国外的许多涉及电台、电视台、融媒体中心、音乐厅、影视产业基地、广电网络等建筑设施工程项目，还包括业界重要的5G高新视频、国家文化大数据、媒体融合、"一带一路"海外项目等。另外，广电5G等众多规划、设计、工程等项目，以及全国地面数字电视700MHz频率迁移工程等也均由其负责。

（二）从网络基础设施建设、"内容+网络"、5G与传统业务和垂直行业相融相加、700MHz频率迁移等方面着手强化业务竞争力

一是着力创新打造智慧广电网络基础设施。 坚持"有线+5G"融合发展格局，着力实施全IP、全光化、云化、智能化的有线网络改造，加快建设"连接+计算+感知+泛在智能"的融合网络框架，推动形成全互联、广连接的智慧广电网络：在广电5G网络建设方面，中国广电与中国移动精诚合作深入推进5G网络的共建共享，实现乡镇以上区域的连续覆盖；在提升固移融合业务能力方面，正在加快推进有线接入网IP化及光纤化的改造，并推进千兆光纤网络和CBNET骨干网建设；在打造智慧广电算力底座方面，正在积极贯彻国家文化数字化战略、"东数西算"战略，

统筹建设国家、省级、地市边缘的多级分布数据中心，以及云计算和大数据一体化的新型算力基础设施。

二是构建"内容+5G"融合发展新业态。 中国广电创新发展高新视频业务，积极挖掘汇聚海量优质的内容资源，聚焦5G应用新场景，丰富和提升广电5G的服务体验：在强化主流内容的供给方面，依托国家文化专网，整合汇聚广电影视、文博文物、新闻出版、网络视听不同领域、不同形态的文化数字资源，创新发展高新视听业务，适配电视大屏幕、5G移动小屏幕等不同端口的消费需求；在聚合海量优质资源方面，加速打造多渠道内容引入模式，着重建设全国一网的点播内容资源库和集约化运营平台，形成优质内容的全国性汇聚中心，提供多维度、多层次的全媒体服务。

三是促进5G与传统业务和垂直行业相融相加。 在个人及家庭业务方面，面向用户提供以智能推荐为核心能力的电视新业态，并构建家庭物联网平台，为家庭用户提供线上办公、远程教育、智慧医疗、智慧养老等综合服务。同时，结合自身资源能力及移动互联网时代的需求特点，设计广电特色5G套餐，面向目标人群进行差异化竞争。广电5G标准套餐设置中明显体现出了轻语音、重流量的特色，相对而言，考虑移动互联网时代用户对移动通信大流量的实际需求，同一标准下套餐费用略低于其他运营商。在用户福利方面，广电5G在半年内推出了众多优惠活动，包括全部用户6折优惠、充话费送话费、入网送语音时长/送流量、"球迷卡"、流量卡、青春卡等，多个地区的广电网络还结合5G套餐推出了融合套餐（如"广电慧家"，兼有折扣优惠）等产品，初步形成"有线+5G"融合发展新格局。在目标人群方面，中国广电一方面争取推动有线电视网络的在网用户转化为广电5G用户，另一方面聚焦于农村乡镇等细分市场，通过特色权益卡等进行产品的差异化竞争，积极吸引忠实用户增量。在拓展集客（政企）业务、宣传文化和公共服务等方面，中国广电充分发挥广电网络基础设施资源以及700MHz

的特性优势，面向电力、海事、港口、农林、交通等垂直行业，聚焦工业互联网、车联网、生态衍生等新的场景，提供各类企业型服务。2022年6月30日，中国广电网络股份公司启动中国广电政企业务经营体系咨询服务项目比选；2022年8月16日，北京歌华有线电视网络股份有限公司、中国移动北京公司、中广电移动北京分公司签署《政企业务合作框架协议》。同时，面向全国宣传思想文化领域以及各级各类的文化机构提供文化专网服务，面向全网、全媒体提供集成播控和媒体传播等方面的服务。

四是完成 700 MHz 频率迁移。在包括中国广电、电视台站、省网公司、中国移动及广电局、通信部门等多方的协作之下，中广电设计研究院为稳步实现地面数字电视 700MHz 频段迁移改造工作制定出科学的工作方案及相应的指标文件等。全国共涉及6900 座无线电发射台站参与了频率迁移，至 2022 年年底已基本完成 700MHz 频段的频率迁移工作。

（三）发布推广新品牌，打造优质服务体系，做好业务健康发展配套支撑

一是发布"中国广电""广电 5G""广电慧家"三大品牌，牵引企业快速健康发展。2022 年 6 月 6 日，中国广电在北京举行中国广电品牌升级暨广电 5G 和融合业务品牌发布会，筹备许久的"中国广电""广电 5G""广电慧家"三大品牌标识及广告语正式对外公布。其中，"广电 5G"业务品牌以红色为主基调，定位于党媒政网，致力于打造具有温度、文化、情怀，为人民服务的 5G 新品牌。其中，"更广，更精彩"的口号充分体现了广电 5G 的初心与雄心，立足当下，助力亿万用户成就精彩生活。中国广电固移融合业务品牌"广电慧家"将会重点布局"智慧家庭"，不断树立自身品牌。"广电慧家"特色服务将提供适合于家庭场景的特色内容和应用服务，包括影视娱乐、儿童教育、健康养生、体育赛事等海量视频内容，丰富家庭娱乐生活，同时以物联网、云计算、移动互联网和大数据等新一代信息技术为支撑，实现低碳、智能、健康、舒适、安全和充满幸福感的家庭生活方式。

二是坚持用户为中心，打造优质服务体系。在业务产品方面，以电视大屏幕为基础、叠加广电 5G，为用户提供更顺心、更满意、更优质、更具性价比的文化信息综合服务。在渠道方面，中国广电将从线上线下、自有合作两个维度，完善渠道布局，形成定位清晰、重点突出的全渠道营销服务体系，为用户提供更广泛、更便捷、更安心的服务触点。在运营服务方面，中国广电秉持用户至上的原则，立足用户体验，洞察用户的需求，加快丰富用户的权益，切实兑现服务承诺。

（梁张华）

大宽带及
网络融合篇

全球宽带服务市场回顾与展望

一、新常态创造宽带发展新机遇

居家办公及在线学习、在线购物、在线医疗等新型工作和生活模式成为新常态，将极大地促进互联网应用的发展，刺激消费者和企业的联网需求。国际电信联盟（ITU）与联合国教科文组织联合发布的《2022宽带状态》报告估计，2022年全球互联网用户数比2019年增加了11亿，达到53亿，约占世界总人口数的66%。多个国家的监管机构也报告了互联网数据流量的持续增长，快速增长的市场需求推动了宽带服务渗透率的不断提高。

宽带连接正在成为新常态下工作与生活的必需品，不但通信服务提供商注意到不断增长的市场需求，而且各国政府也意识到宽带连接对社会经济发展的重要意义。ITU的数据显示，至2022年，全球已有155个国家制订了国家宽带计划或发布了包含宽带发展内容的数字化战略纲领。这些计划如果得到充分落地执行，必将对宽带服务的普及发展产生巨大的助推作用。

二、5G FWA迎来新发展

在宽带需求持续旺盛和5G生态逐渐成熟的背景下，5G固定无线接入（Fixed Wireless Access，FWA）近年来取得了显著发展，成为全球宽带市场发展的新热点。根据爱立信的研究，2022年全球提供5G FWA业务的电信服务提供商已从57个增加到88个。5G FWA的市场既包括墨西哥、南非、尼日利亚、菲律宾等人口众多的发展中国家，也有美国这样的发达国家。在2022年第三季度，美国市场前六大宽带服务提供商95%的新增用户为固定无线接入用户，可以说5G FWA主导了2022年的美国宽带服务市场。

为了加快宽带服务的普及、开辟新的市场空间，美国电信运营商纷纷引入毫米波5G网络作为FWA的解决方案。通过与网络设备供应商的深度合作，美国电信运营商已能将毫米波5G网络的有效覆盖范围从600~900m扩展到超过5km，并且仍能提供超过300Mbit/s的数据速率，使FWA业务真正具有与光纤宽带相当的业务体验，而同时FWA由于具有部署速度快、基础设施成本低等优势，成为克服"数字鸿沟"的有力工具。

即使在城市地区，5G尤其是毫米波5G网络带来的容量提升也使5G FWA能够成为一种有效的光纤替代方案，为宽带服务提供商克服"最后一百米"障碍、快速进入市场、扩大用户规模提供了有效手段。在美国市场，T-Mobile正是凭借5G FWA在半年内将自己的宽带业务用户数翻了一番，成为2022年内增长最快的美国宽带服务提供商。T-Mobile的5G FWA系统目前已覆盖4000万个美国家庭，其中，22%位于城市，43%位于郊区，35%位于乡村。5G FWA的峰值数据速率可达1Gbit/s，实际的速率均值和中位数分别可达145Mbit/s和100Mbit/s，用户满意度优于Verizon、AT&T等大多数竞争对手。

随着5G产业生态逐渐完善，尤其是5G终端型号日趋丰富、价格不断下降，以及5G Advanced等新技术的引入，5G FWA有望在相当长的时间内维持稳定增长。根据爱立信的预测，到2028年全球FWA连接数将超过3亿，约占全球固定宽带连接数的17%，其中5G FWA连接数有望达到2.35亿。可以预期，5G FWA将在全球宽带服务市场上担任重要的角色，其值得产业界长期关注。

三、新机遇要求新体验

在新常态下，不但消费者对宽带服务的需求持续上升，而且企业数字化转型的过程也对宽带服务提出新的需求。世界宽带协会（World Broadband Association，WBBA）于2021年年底对全球企业高管所做的调研显示，56%的受访者表示，他们需要更快速和更可靠的互联网连接以支持商业应用，提升用户的满意度和企业的竞争力。

在消费者市场，基于业务体验（数据速率）的定价模式已经成为固定宽带市场上主流的定价方式。即使在传统上多采用基于流量定价模式的FWA市场，基于业务体验的定价模式也正在被越来越多的服务提供商采纳。根据爱立信的研究，截至2022年年底，已有约25%的FWA服务提供商采用了基于业务体验的定价模式，比2021年之前增长了大约一倍。可见，有保障的网络服务体验已经成为宽带商业变现的重要基础。因此，网络质量尤其是网络速率，仍是全球宽带服务提供商关注的重点。

为了持续保持市场竞争力，宽带服务提供商必须考虑和关注宽带技术的长期演进，并影响甚至引领产业链上下游的技术创新和商业模式探索。目前多个国际标准化组织或电信运营商行业组织已经开始讨论下一代宽带网络标准的演进。例如，ETSI于2022年9月发布了 *F5G Advanced and Beyond* 白皮书，启动了从F5G向F5G Advanced演进的技术研究。WBBA也发布了 *Next-Generation Broadband Roadmap* 白皮书，阐述了宽带技术演进的愿景，包括更高的数据速率、更强的智能化、更加可靠、更强的感知能力、更强的连接能力及更加可信和绿色6个演进方向。

为了实现这些愿景，WBBA提出了下一代宽带系统的演进路线，并为每个发展阶段规定了相应的技术特征与指标。根据WBBA的规划，领先的宽带服务提供商当前已经能够提供BB5级的宽带网络服务，下一阶段将于2025—2027年实现BB5.5级宽带系统的早期部署，并最终于2030年前后演进至BB6级阶段。其他仍处于BB3或BB4级的宽带服务提供商，也将逐渐演进至BB5级并最终向BB5.5级和BB6级发展。在这个过程中，宽带服务提供商应与产业链上下游通力合作，确保用户体验的持续提升。宽带网络演进路线与技术特征见表1。

表1 宽带网络演进路线与技术特征

级	BB3级	BB4级	BB5级	BB5.5级	BB6级
家庭宽带数据速率	达到30Mbit/s	达到100Mbit/s	达到1Gbit/s	达到10Gbit/s	达到50Gbit/s
企业宽带速率	达到1Gbit/s	达到10Gbit/s	达到50Gbit/s	达到400~800Gbit/s	达到1.6~3.2Tbit/s
智能化	无	部分自动化（L2）	条件自动化（L3）	高度自动化（L4）	全面自动化
可靠性/时延	99.9%/无要求	99.99%/10ms	99.999%/5ms，低抖动	99.999%/1ms，非常低的抖动	确定性的可靠性/<1ms，非常低的抖动
可信和绿色	无	2倍的每比特能效	5倍的每比特能效	10倍的每比特能效/分钟级的故障检测与响应	10倍的每比特能效/秒级的故障检测与响应
连接	铜缆到户	光纤到户	光纤到房间或桌面/Gbit/s颗粒度的网络切片	光纤到机器/精细化的网络切片/10倍的物联网连接	光纤到传感器/更多10倍的物联网连接
感知能力	无	无	无	对网络运行和计算资源的感知能力	对应用和计算资源的感知能力

资料来源：WBBA。

（Omdia 杨光）

IPv6 发展趋势及分析展望

一、IPv6 部署第二阶段收官

通信技术的发展演进离不开政策牵引，我国 IPv6 发展经过 1999—2007 年的技术储备期，2008—2017 年的产业突破期，2018—2020 年的规模应用期，2021 年迎来引领发展期。

2022 年 3 月，中共中央网络安全和信息化委员会办公室、工业和信息化部等 12 个部门联合发布"IPv6 技术创新和融合应用试点名单"，加快推动 IPv6 关键技术创新、应用创新、服务创新、管理创新持续突破。2022 年 4 月，中共中央网络安全和信息化委员会办公室、国家发展和改革委员会、工业和信息化部联合印发《深入推进 IPv6 规模部署和应用 2022 年工作安排》。

我国 IPv6 规模部署第二阶段已经收官。规模部署取得积极成果，地址块数从 2017 年的 23544 块 /32 增长为 64128 块 /32，活跃用户数从 2019 年的 1.32 亿增长为 2022 年 11 月的 7.18 亿，固定网络流量占比从 2021 年的 6.41% 增长为 2022 年 11 月的 12.43%，移动通信网络流量占比从 2019 年的 1.2% 增长为 2022 年 11 月的 46.93%。

截至 2022 年 11 月，国内电信运营商网络 IPv6 改造已基本完成，全国有超过 95% 的内容分发网络（Content Delivery Network，CDN）节点支持 IPv6，国内主要 13 家云服务企业 TOP20 业务已完成改造，超过 90% 的云主机 IPv6 访问质量与 IPv4 访问质量基本一致。

IPv6 + 研究和标准作为 IPv6 发展的重要一环，基于 IPv6 的网络技术也将持续演进：在网络智能管控方面，将由带外管理向随流检测演进；在应用驱动网络方面，将由路由驱动向应用感知演进；在网络内生安全方面，将由叠加能力向内生安全演进。

二、IPv6 部署应用排头兵，电信运营商推动创新实践

在夯实基础、创新应用方面，作为 IPv6 规模部署和应用创新的"排头兵"，国内 3 家电信运营商进行了不少的探索和实践。

（一）中国电信：IPv6 高速公路建成，云网 IPv6 改造完成

中国电信早在 2003 年就开展 IPv6 业务示范和试验，2009 年在江苏和湖南现网试用实现 IPv6 商用化突破，2013 年对 10 省 21 个城市的城域网和接入网实现 IPv6 更大规模试商用部署。近年来，中国电信联合清华大学提出多域 IPv6 单栈组网总体方案，开展 IPv6 单栈试点和物联网单栈试点，为 IPv4 向 IPv6 全面快速演进探索落地方案。

历经数年耕耘，中国电信已建成端到端的 IPv6 高速公路：在基础设施方面，中国电信移动网和固网完成改造支持 IPv6；在云计算和 CDN 方面，天翼云平台完成 IPv6 改造，CDN 平台软件支持 IPv6 加速；在终端方面，90% 以上可控家庭网关开启 IPv6 能力，新增手机终端家庭网关全面要求支持 IPv6；在应用方面，中国电信门户 100% 支持 IPv6 能力，全网 21 个自营应用 App 完成 IPv6 改造，

IPv6支持度已达85%。

与此同时，中国电信积极推动IPv6应用创新：第一，中国电信与浙江亿邦通信科技有限公司合作打造基于eVPN技术，实现固定IP通信5G边缘计算网关；第二，中国电信在安徽打造首个"IPv6+"医疗行业切片专网，确保医院业务上云更安全、更稳定、更可靠。

（二）中国联通："四梁八柱"形成算网一体产品与可编程服务能力

中国联通于2018年进行IPv6试点推广和规模部署，2019年实现基础网络和应用平台就绪，2020年网络能力进一步演进提升，2021年和2022年应用流量和质量均明显提升。

第一，在强化网络承载能力方面，中国联通新建千兆光网、5G网络已同步部署IPv6，4G网络、固定宽带网络已全部完成升级改造；第二，在优化应用服务性能方面，中国联通的IDC、云平台、DNS已全部完成IPv6改造，新建节点全部支持IPv6；第三，在提升终端支持能力方面，家庭网关、家庭智能组网产品、物联网终端、企业网关等全部支持IPv6；第四，在拓展行业融合应用方面，中国联通主要门户、在线窗口、App均支持IPv6；第五，在产业生态构建方面，中国联通2022年开展"IPv6+"创新实践暨规模部署推进会，在北京、天津、河北等地推进IPv6和物联网单栈试点工作，在北京、天津、上海等18地40个城市完成SRv6改造。

2023年，面对下一阶段的规模部署，中国联通在移动网络和固定网络的IPv6流量占比分别为50%和15%，并基于"IPv6+"的"四梁八柱"，形成算网一体产品与可编程服务能力。

（三）中国移动：建成全球用户规模最大双栈网络和IPv6单栈网络

中国移动的IPv6技术研究工作同样始于2003年，历时十多年，中国移动基于IPv6/G-SRv6构建大带宽、低时延、高可靠、智能调度的IP底座，建成全球用户规模最大的双栈网络和IPv6单栈网络，并自研IPv6浓度测试工具。中国移动的承载网、核心网、IDC及移动云各种产品实现100%支持IPv6。

在持续推动IPv6创新方面，中国移动基于G-SRv6，在操作、管理和维护（Operation Administration and Maintenance，OAM）保护、路径标识等方面布局技术创新，形成完整的技术和标准体系，包括芯片、设备、控制器、测试仪表在内的G-SRv6产业链，并完成在广东、浙江、河南、福建、江苏5省端到端G-SRv6规模试点。

三、设备商、互联网企业齐努力，争做IPv6发展同路人

IPv6规模部署作为关乎产业链各个环节的系统工程，不仅需要政府部门和3家电信运营商的大力推动，也离不开以华为和中兴通讯为代表的设备商助力。

在众多ICT设备商中，华为表现出色。目前，华为IPv6+商用部署已经覆盖全行业，全球布局超过100张网络，其中，在中国部署84张网络，在欧美部署5张网络，在中东/非洲部署14张网络，在亚太其他地区部署8张网络。

华为正在从绿色超宽、泛在物联、确定性网络、算力网络、自动驾驶网络、网络安全六大方向，打造IPv6+创新高地。此外，华为还开展"IPv6+百校合作计划"，通过产教融合模式，为IPv6+人才培养提供帮助。

同样值得关注的是，中兴通讯从2019年开始与中国信息通信研究院、紫金山实验室，以及3家电信运营商就"IPv6+"课题展开深度合作，并在SRv6、BIERin6组播等技术领域的标准确立和新技术试点方面处于业界领先地位。

在IPv6+技术创新方面，2022年，新华三集团在G-SRv6、SRv6、网络切片、随流检测、确定性网络、APN6等方面都取得了优异的成绩。新华三通过了中国移动组织的G-SRv6承载全业务集采测试和Option

C组网测试,验证G-SRv6完全具备商用部署能力。新华三在IPv6随流检测技术方面提前布局,完成浙江移动随流检测现网商用及厂商实验室互通测试并形成因特网工程任务组标准草案。

目前,以腾讯、阿里巴巴为代表的互联网企业也在积极推动IPv6的规模发展:第一,阿里云、京东云等互联网企业和CDN企业持续加大相关业务对IPv6的支持度;第二,字节跳动、腾讯、百度、美团等企业持续强化App改造,提升App应用IPv6的浓度。

四、行业伙伴积极应用创新是IPv6大放异彩的关键

IPv6要发展壮大,网络部署是必要的基础条件,但应用创新才是让IPv6大放异彩的关键。

在金融行业,2017年,中国工商银行完成金融领域首个国际化门户IPv6版本上线;2019年,IPv6互联网应用及域名改造完成;2021年,骨干SRv6改造完成;2021—2025年,达成内网IPv6化、骨干SRv6和内网双栈。

在能源行业,中国石化、中国石油等联合成立石油石化行业工作组深入钻研IPv6技术特点,计划在2022—2023年,所有新建基础设施主干网、对外互联网应用全面支持IPv6。预计2024—2025年,现有存量设备和应用进行双栈改造,从双栈向IPv6单栈迈进。

在政务行业,国家电子政务外网计划到2023年年末,实现网络IPv6单栈+互联网出口和IPv6业务双栈的全面升级;到2025年年末,实现对业务应用全面升级,新建应用系统率先采用IPv6方式开展应用部署;到2030年年末,整个政务外网完成IPv6单栈方面技术演进。

2022年7月,我国首届IPv6技术应用创新大赛启动,征集1498个项目案例,涉及公共服务领域、行业应用领域和民生关切领域。

五、IPv6跑出全新"+"速度,助力构建数字中国

海量的IPv6地址让万物互联的实现具备了网络基础。据测算,通过IPv6及IPv6+的赋能创新,将在2030年创造10.8万亿美元的价值。

但大力推进IPv6技术、产品和应用的意义不止于此。一方面,加快推进IPv6规模部署,构建高速率、广普及、全覆盖、智能化的下一代互联网,对建设网络强国和数字中国的意义重大;另一方面,加强IPv6部署对国家网络安全和网络主权是同样重要的,在全球架设的25台IPv6根服务器中,我国部署了4台,打破了过去我国在IPv4体系没有根服务器的困境。

2022年,通过政策牵引、技术创新、网络应用改造等多方协力合作,有力驱动我国IPv6发展跑出全新"+"速度,助力经济社会高质量的发展。

2023年也将是我国IPv6从"通路"走向"通车"的关键阶段:首先,应该加大力度参与互联网问题解决和国际标准制定;其次,应该积极探索基于IPv6的新型融合技术;最后,IPv6与产业应用融合进一步加剧,充分释放IPv6技术的潜能和优势。

(黄海峰)

光网络发展趋势解读

一、光网络容量提升技术持续革新，典型高速率接口试点逐步启动

在算力时代，随着诸多新型业务和应用的强力驱动，信号速率、可用谱宽、复用方式、新型传输介质等多维容量提升技术持续革新发展。

首先，从接口或通路信号速率提升来看，接入网 10Gbit/s PON[1] 部署规模进一步扩大，50Gbit/s PON 技术标准整体趋于稳定，100Gbit/s、200Gbit/s PON 技术方案竞争激烈；传送网以 100Gbit/s、200Gbit/s 为主持续扩容，数据中心内部或外部互联 400Gbit/s 占比预计将显性提升，同时 800Gbit/s、1.2Tbit/s、1.6Tbit/s 等更高速率产品研发和技术标准研究协同推进，预计更的多国外光通信头部厂商将发布 1.2Tbit/s 或更高速率相干数字信号处理器（Digital Signal Processor，DSP）处理芯片产品或公开研制计划。

其次，从传输可用频谱来看，商用 C 波段逐步扩展为 C+L 波段成为业界趋同方案，实验室传输性能持续改善，同时继续开展面向 S+C+L 波段等更宽频谱的研究。

再次，从信号复用方式来看，空分复用技术将作为解决传送容量瓶颈的远期方案，基于逐步增加光纤对数的海缆系统将持续部署扩容，基于模式复用和（或）多芯复用的技术将继续深入研究，重点聚焦提升传输距离和改善传输性能。

最后，从新型传输介质来看，G.654E 超低损光纤将成为干线网络首选并加强部署，面向空分复用光纤（缆）持续研究，而近年来兴起的空芯光纤，因其具备宽谱、低时延、低非线性效应、低色散等多重优势，成为业界焦点，同时传输损耗、拉制工艺等也进一步优化。另外，从技术和产品成熟度验证、产业发展关注度等方面来看，国内运营商在 2023 年启动 DP-QPSK 400Gbit/s 长距性能、50Gbit/s PON 双模共存与对称传输能力等高速系统的现网试验验证工作，进一步验证典型高速率接口产品成熟度，并为商用部署奠定基础。

二、算力时代应用驱动光网络演进，品质化传送和接入亮点纷呈

算力时代的典型应用类型包括超算和大数据、实时采集决策、AI 机器视觉、AR/VR、视频渲染、工业控制等，基本承载需求聚焦在大宽带、低时延/低抖动、高可靠、低能耗等多个维度。作为承载网络的关键底座，光网络围绕全光组网、光业务单元（Optical Service Unit，OSU）小颗粒承载、点对多点主站（Point to Multiple Point，P2MP）传送、FTTR[2] 等热点持续革新演进，提升传送和接入承载服务品质。

首先，面向"东数西算"等应用需求，以 ROADM/OXC[3] 技术为核心的全光网络规模进一步扩大，结合光纤拓扑路由规划优化等措施，进一步支持超大带宽、低时延应用并显著降低能耗。

其次，光传送网络/波分复用（Optical Transport Network，Wavelength Division Multiplexing，OTN/WDM）应用持续向城域边缘侧下沉，基于 OSU 的

---

1. PON: Passive Optical Network，无源光网络。
2. FTTR: Fiber to The Room，指光纤敷设到远端节点。
3. ROADM: Reconfigurable Optical Add-Drop Multiplexer，可重构光分插复用器。OXC: Optical Cross-Connect，光交叉连接。

小颗粒技术研究持续推动，2023年OSU技术方案和国内外标准内容有望达成共识。

再次，随着相干技术成熟应用，近年来聚焦低时延、低能耗和低成本的点到多点相干光学技术方案引起业界关注，应用场景分析、技术局限性评估、标准化研究等工作在2023年内仍将延续。

最后，FTTR助力全光网络进一步向用户侧延伸，通过光无线协同、低时延、链路管理和无缝切换等关键技术，提升面向算网服务的端到端体验，2023年的实际部署规模将显著增加。

三、自智开放与多维协同持续推进，智能化分级与测评多方开展

首先，在自智和管控方面，重点聚焦网络组网和应用智能化、运维智能化等方面，关注热点，侧重网络智能化分级及其对应能力的提升，辅助支撑的数字孪生和大数据分析、小颗粒业务控制协议等标准化工作逐步启动。

其次，在开放解耦方面，面向数据中心互联和传送接入层等场景将持续推动部署应用，城域核心汇聚、干线网络等应用场景涉及因素较多，尚待分析评估。

最后，在多维协同方面，IP和光在协同组网、面向算力应用的网络资源信息协同感知、IP over WDM应用探索等成为关注点，传送与接入端到端协同组网进一步实践，全光交叉和OTN电交叉按需协同组网，FTTR和Wi-Fi协同提升了宽带速率和应用质量。

四、光模块集成形态或将共存竞争，硅光技术发展前景良好

随着数据接口速率和交换容量的提升，更高集成度和更低能耗等成为光通信基础单元光模块的发展需求，尤其在典型的数据中心应用场景，当交换机容量达到51.2Tbit/s及以上时，800Gbit/s及以上速率的光模块的集成形态或将面临可插拔和光电共封装技术两种集成形态的共存性竞争，除了英特尔、Broadcom等公司持续更新已有的产品及方案，并可能推出新型产品模型，其他硅光技术公司也将积极跟进研发或高度关注。

另外，在以光模块应用为主的光子集成技术方面，硅光将与III-V族半导体集成技术并存发展，鉴于硅光技术具备高集成度、高速率，以及与现有CMOS[1]工艺兼容性好等特性，硅光已在中短距可插拔光模块中逐步应用，并成为光电共封装集成形态首推探索方案，业界看好硅光技术的未来发展，其在光计算等领域的应用探索也将同步开展。

为推进国内硅光技术与产业发展，中国信息通信研究院联合上海新微、中科光芯、中兴光电子等单位，基于专项支持构建了面向5G的光电子芯片与器件技术公共服务平台，主要开展硅光、III-V族激光器等基础工艺和检测验证等共性技术研究并提供公共服务。

作为信息基础设施的关键承载底座，光网络围绕容量提升、品质承载、自智开放、多维协同、光子集成等维度持续革新演进，不断提升全光运力品质，助力推进千兆光网千行百业差异化应用。

（中国信息通信研究院　赵文玉　张海懿）

---

1. CMOS: Complementary Metal Oxide Semiconductor，互补金属氧化物半导体器件。

智慧海缆光通信标准化进展及技术趋势

海缆光通信网络是跨洋国际通信的主要网络，与陆缆光通信网络一起构筑起新一代全球信息通信基础设施的承载底座。海缆光通信网络向着智慧化的方向不断发展和进步。

一、标准化进展

（一）国际标准化进展

智慧海缆光通信的国际标准与规范工作主要聚焦海底光缆、终端设备和系统特性、光纤传感及其测试方法等方面，涉及的国际标准化组织主要是国际电信联盟电信标准化部门（ITU Telecommunication Standardization Sector，ITU-T）和国际电工委员会（International Electrotechnical Commission，IEC）。其中，ITU-T SG15 Q8 主要在海缆通信系统方面开展相关技术标准制定，已形成并发布 G.97X 系列标准，并已明确在 2022—2024 年研究周期开展基于海洋科学监测和海洋灾害预警的智慧海缆领域相关技术标准研究和制定工作；IEC 则主要在光纤传感领域制定和发布了相关技术标准。

智慧海缆光通信领域的国际标准与规范主要进展情况见表1。

表 1 智慧海缆光通信领域的国际标准与规范主要进展情况

标准组织	标准号	标准名称	进展情况
ITU-T	G.971	海底光缆系统一般特性	已发布
	G.972	海底光缆系统术语的定义	已发布
	G.973	无中继海底光缆系统的特性	已发布
	G.973.1	与无中继海底光缆系统纵向兼容的 DWDM[1] 应用	已发布
	G.973.2	用于无中继海底光缆系统的多通道 DWDM 单路光接口	已发布
	G.974	有中继器的海底光缆系统特性	已发布
	G.975	海底系统的前向纠错	已发布
	G.975.1	高速 DWDM 海底光缆系统的前向纠错	已发布
	G.976	海底光缆系统的测试方法	已发布
	G.977	使用光放大器的海底光缆系统特性	已发布
	G.977.1	有中继的海底光缆系统的横向兼容性	已发布
	G.978	海底光缆的特点	已发布
	G.979	海底光缆监测系统特性	已发布
	G.Sup41	海底光缆系统的设计指南	已发布
	G.dsssc	基于科学传感海缆系统	研究制定中
	G.smart	科学监测和可靠通信海缆系统	研究制定中
IEC	61757-1	光纤传感器的通用规范	已发布
	61757-2-1	基于布拉格光栅传感器的温度测量规范	已发布
	61757-2-2	基于分布式光纤传感器的温度测量规范	已发布

注 1. DWDM：Dense Wavelength Division Multiplexing，密集波分复用。

（二）国内标准化进展

智慧海缆光通信的国内标准主要聚焦在海底光缆、接头盒、系统、工程建设和光纤传感等方面，分为国家标准和通信行业标准。其中，光纤传感领域有光缆识别和在线监测方面的标准。目前，国内多数海缆光通信的标准发布时间相对较长，随着技术发展和智慧海缆领域的应用，相关智慧海缆光通信领域标准需要进一步更新完善和研究制定。

智慧海缆光通信领域国内标准化进度见表2。

表2 智慧海缆光通信领域国内标准化进度

标准类型	标准号	标准名称	进展情况
国家标准	GB/T 18480—2001	海底光缆规范	已发布
	GB/T 51154—2015	海底光缆工程设计规范	已发布
	GB/T 51167—2016	海底光缆工程验收规范	已发布
	—	光纤光缆线路维护技术 第3部分：基于光传感技术的光缆识别	研究制定中
通信行业标准	YD/T 2283—2020	深海光缆	已发布
	YD/T 5018—2005	海底光缆数字 传输系统工程设计规范	已发布
	YD/T 814.3—2005	光缆接头盒 第3部分：浅海光缆接头盒	已发布
	YD/T 814.5—2011	光缆接头盒 第5部分：深海光缆接头盒	已发布
	YD/T 3714.1—2020	光缆在线监测OTDR[1]模块 第1部分：DWDM系统用	已发布
	—	带中继近海光缆通信系统技术要求	研究制定中

注1：OTDR：Optical Time-Domain Reflectometer，光时域反射仪。

二、关键技术和发展趋势

海缆光通信网络是基于海底光缆为传输载体进行信息通信的网络。随着海缆光通信技术近年来的发展进步，根据开放和智能方面的明确需求，海缆光通信技术正朝着更大容量和更长距离、更加开放、更加智能的方向逐步演进。

（一）更大容量和更长距离

在更大容量方面，高速率光传输、多波段频谱扩展、空分复用（Space Division Multiplexing，SDM）等技术成为研究和应用的热点，共同推动海缆光通信系统向更大传输容量的方向持续进步。

高速率光传输技术。 高阶调制、多载波复用、灵活栅格等技术的发展，使超100Gbit/s的技术基于不同系统容量和传输距离的要求更好地提供差异化技术实现方案。

多波段频谱扩展技术。 通过提高放大器带宽的方式，已可最大实现C波段和L波段各6THz频谱（共计12THz频谱）的功率放大，是传统C波段传输带宽的3倍，显著提高系统的传输容量，且已向S波段等更多波段方向开展技术探索。

SDM技术。 采用多芯复用和模式复用的方式已成为实现光纤传输容量再突破的重要方案和演进方向之一，但纤芯数量增多使系统传输容量显著提升的同时，系统传输距离及器件成熟度还需要进一步研究加强，当前仅具备小规模应用部署的能力。

在更长距离方面，大有效面积、超低损耗光纤的规模应用及超高速线路传输性能的持续优化，使海缆光通信系统传输距离进一步快速提升。

大有效面积、超低损耗光纤。 相比传统的G.652光纤的传输性能，G.654光纤可进一步降低线路损耗，有效增加系统中每单跨段的传输距离并减少系统中继器的数量；同时，光纤有效面积增大可显著降低系统中非线性效应对信号传输的影响，减少系统传输代价并增加传输距离。

超高速线路传输技术。 基于正交相移键控（Quadrature Phase Shift Keying，QPSK）调制码型的100Gbit/s和200Gbit/s线路光信噪比（Optical Signal Noise Ratio，OSNR）容限水平持续提升，已与10Gbit/s线路传输性能水平相当，具备10000km以上超长距离传输的能力；200Gbit/s和400Gbit/s更高阶调制码型的线路OSNR容限和传输性能也在持续优化和提升，已具备1000km以上的传输能力。

（二）更加开放

在海缆光通信系统建设方面，基于开放式电缆系统的建设新模式已在ITU-T G.977.1标准中制定了系统参考配置和具体要求。开放海缆光通信系统中可采用多家供应商提供的海底线路终端设备（Submarine Line Terminal Equipment，SLTE），实现水下、岸上设备的解耦和单独设计建设和扩容升级，构建基于光波长、波段、频谱、光纤为任意颗粒的开放型光网络，且随着光通信技术的发展实现系统容量和性能的快速提升。另外，互联网厂商和运营商是海洋开放光网络相关技术的主要推动力量和应用者，海缆光通信网络建设将向着开放解耦的方向持续推进。

（三）更加智能

在智能管控方面，系统管控、智能运维及线路实时故障监测定位等子系统和功能应用到海缆光通信网络中，有效提升了网络的智能化水平。

系统管控和智能运维一体化。通过网管系统实现对网络中设备的集中管理和性能监控；通过采用大数据分析等智能应用，可实现故障分析、性能趋势分析和流量预测等智能运维。

线路实时故障监测定位。通过线路监控系统实现对海缆和中继器性能的实时监测，并实现故障情况下的自动切换、告警和故障定位，有效提高网络故障时的业务快速恢复能力和网络鲁棒性。

在海洋科学监测和灾害预警方面，海缆光通信系统可基于光纤传感相关技术提供海洋环境监测及灾害预警等功能，全面提升智慧海缆信息通信网络的能力和水平：通过海缆中增加环境传感器（压力、温度、加速度传感器等）方式获取海洋环境数据，实现海洋温度、洋流、潮汐、海平面上升等气候变化的环境监测；利用基于传感的偏振态监测技术、相干收发器对传输信号偏振态和相位跟踪技术等，通过中继器中传感器测量和监测的数据进行海啸和地震建模分析，实现海啸和地震等的监测和预警。

三、网络应用现状

目前，基于光纤通信技术构建的海缆光通信网络承载了全球95%以上的国际通信信息的传输，是国际信息交互的重要载体和基础网络。海缆和陆缆光通信网络共同构建了全球信息通信主管道。单条海缆光通信系统的设计寿命要求是25年。随着光纤通信技术的进步，海缆光通信系统传输容量和距离持续提升，例如，"和平光缆"计划海缆系统，全长达1.5万km，连接亚非欧三大洲，采用200Gbit/s波分复用技术，每纤对设计容量达16Tbit/s，总系统容量高达192Tbit/s。

从应用需求分析，海缆光通信网络除了主要承载国际间数据通信业务，在系统的开放解耦建设方式及基于海洋科学监测和灾害预警的智慧海缆方面的需求显著提升。基于开放式电缆的建设模式已成为海缆光通信系统应用部署的主要方式，Omdia数据显示，截至目前已经超过80%的新建海缆光通信系统采用开放光网络建设模式。在智慧海缆领域，由国际电信联盟（ITU）、世界气象组织（WMO）和联合国教科文组织政府间海洋学委员会（UNESCO-IOC）3个联合国机构领导的联合工作组JTF已制定Smart Cables项目，致力于开展海洋环境监测和海洋灾害预警方面的科学研究并满足应用需求。在具体应用方面，谷歌云平台2021年已通过监测PAC-1和PAC-2海缆光通信系统的偏振态数据，监测到阿拉斯加发生的8.2级地震。

四、未来发展展望

（一）多重驱动发展

海缆光通信网络发展受到需求、技术和政策的多重驱动。

需求方面。数据中心互联、5G/6G、高清视频等为代表的业务和应用对海缆光通信网络带宽的需求持续增加。

技术方面。高速率光传输、新型低损耗光纤、多波段频谱扩展等技术发展和应用，为海缆光通信网络传输能力的提升提供了技术基础。

政策方面。各海岸沿线国家政府高度重视国际通信数据的发展，特别是在"一带一路"倡议等重大政策的引领下，构建国际合作新生态，促使海缆光通信网络加快发展，推动打造国际海洋高速信息通道。

（二）网络更趋健全

海缆光通信网络建设迎来发展机遇期。TeleGeography 数据显示，2018—2022 年，全球国际总带宽年增长率均超过 25%；2022 年，全球海缆光通信网络总带宽近 1Pbit/s；预计 2027 年，全球海缆光通信网络带宽总需求将超 4Pbit/s。但面向 2030 未来网络，海缆光通信网络构建还不够健全，仍需持续发展和优化。

多数已建海缆系统的带宽无法满足当前的需求，新建海缆系统容量显著提升，将有效提升全球海缆光通信网络的带宽。

当前海缆系统以链型组网为主，不具备多重断缆保护和灵活调度能力，业务传输安全性和灵活性有待通过新建海缆系统及网络结构优化而提升。

面向元宇宙、人体全息影像等未来新型更大带宽需求的业务，海缆光通信系统传输能力和网络规模还不能满足其要求，需要通过技术进一步提升构建更大容量、更优性能的海缆光通信网络。

（三）智慧持续赋能

随着国内外对数字海洋、智慧海洋等关注度的快速提升，相关政策陆续出台，智慧海缆光通信网络需求与必要性也日益凸显。智慧海缆光通信领域技术和标准协同推进，将推动全球智慧海缆通信基础设施的新一轮建设，助力全球数字经济发展。当前，海上风电、海上钻井平台等特殊环境和应用领域，智慧海缆光通信网络已成为全球海洋通信和能源互联的中枢神经和管道。同时，随着智慧海缆光通信的新型特性持续研究和探索，可提供海洋气候和海底环境监测及海洋灾害预警、救灾和灾害响应能力，支撑和助力智慧海缆光通信系统建设和海洋信息化能力的再提升。

（中国信息通信研究院　赵　鑫　汤晓华　汤　瑞）

F5G 技术的发展及其趋势分析

■ 一、F5G 面临的挑战——千兆全光接入建网

全光接入已经成为业界共识，F5G 千兆全光接入已成为主流趋势。同时，F5G 对固定网络的能力提出更高的要求，面临的关键挑战如下。

多业务承载弱：传统网络建设为了保障差异化服务水平协议（Service Level Agreement，SLA），通过"烟囱式"网络分别接入家庭和其他高价值企业用户场景，多个网络叠加导致运维复杂、成本高。如果能利用一张全光网络承载所有业务场景接入，同时保障差异化 SLA，将有效解决总投资收益率（Return on Investment，ROI）问题。

网络成本高：主要体现在基础设施的光分配网（Optical Distribution Network，ODN）和有源设备光线路终端（Optical Line Terminal，OLT），以及光网络终端（Optical Network Terminal，ONT）。

ODN 部署：无源光网络的 ODN 是全光网建设的重要环节，占总投资的 70% 以上，传统的 ODN 部署需要专业的人员通过多道工序，耗费大量的时间，才能完成现场掏纤熔接等复杂的工作，效率低下且质量难以保障。

10G PON 升级：10G PON 是实现千兆宽带的最佳方案。传统 10G PON 的升级模式，需要新增 10G PON 板卡及外置合波器件，增加中心局站点空间及能耗，同时需要改造光纤连接，导致运维复杂。

Wi-Fi 体验差：Wi-Fi 穿墙能力弱，无法 100% 覆盖；Wi-Fi 干扰大导致用户体验速率远小于入户带宽；时延大和丢包率高导致 4K 视频无法通过 Wi-Fi 稳定承载。

运维效率差：传统网络建设以设备为中心，用户体验无法主动保障，基于投诉驱动、依赖上门维修和人工经验来定位和处理问题，属于被动低效运维模式，严重影响网络运维效率和用户满意度。

■ 二、F5G 的关键特征

相比 F4G，F5G 在连接数、带宽和用户体验 3 个方面均有飞跃式提升，其上下行速率高达对称 10Gbit/s、时延降低到 1ms、连接数提升 100 倍以上。其中，F5G 全光网通过全光接入、全光锚点、全光交换、全光自动驾驶等技术实现用户确定性体验，打造智慧城市"光立交"。

（一）"1ms"时延圈

F5G 通过全光接入、全光锚点、全光交换等技术，基于光纤高可靠、高性能、易部署、大容量等特性，以算力、运力的有效协同和扁平化的网络架构，实现边到云、云到云、边到边的"1ms"确定性网络时延，满足智慧城市业务的品质连接需求。同城、异城两地数据中心之间的"1ms"时延，犹如城际间"一小时交通圈"，通过全光节点的无损品质交换，实现数据中心之间的高速数据交互，政务、金融等专线用户时延敏感业务的超低时延传输。

（二）确定性网络联接

基于端到端的全光网络具备架构极简、链路超宽和经济节能的特点。F5G 以确定性的全光锚点布局解决接入段的不确定性问题，实现全光网与智慧城市业务在网络边缘侧的连接，打通了向终端用户侧延伸的"最后一公里"，保障了确定性接入和确定性时间。全光交换使传输时延从毫秒级降低到微秒级，网络零丢包率和 99.9999% 可靠性，实现确定的

最短传输路径，最低的网络时延。全光自动驾驶通过智能化的管控调度、网络动态的实时感知、预测性的运维，使整个网络资源弹性化，支撑业务自动化、资源自动化、维护自动化，最大化提升业务体验感知。

（三）结合自动驾驶网络技术

在未来的10年，随着万物互联，全社会的终端数量将快速增长，连接密度将不断提升。这意味着基础网络的覆盖在加厚，流量在增加，流向多元化，数据中心的规模在扩大，网络变更的频率在提升。

但是运营商的人力是不可能随着网络规模的扩大而增加的，甚至海外很多运营商还在要求减员增效。如何帮助运营商开源——提供更好的服务，提升收入；节流——降低每比特的功耗，提升运维效率，自动驾驶网络是当前业界公认的发展趋势和解决方案。

从最终用户体验的角度分析，面向消费者和行业客户提供零接触、零等待、零故障的"三零"创新网络服务和信息通信技术；从网络运维的角度分析，打造自配置、自修复、自优化的"三自网络"。产业内根据电信管理论坛（Telecom Management Forum，TMF）的代际进一步细化到L2、L3、L4维度，在产品的规划上不断推进相关能力落地。

自动驾驶网络在逻辑上和汽车的自动驾驶类似，分为网元、网络、云端3层，在每一层加上AI能力，在3层AI的基础上实现云地协同。

网元层类似汽车的传感器，聚焦网络数据的实时采集和过滤，并实现实时性本地快速闭环。网络层类似车载控制系统，提供在线AI推理和本地知识库，是支持网络智能化具体实施的关键，实现网络级的自动管理、控制、分析。云端类似汽车生产工厂的AI中心，通过大数据不断学习新场景的处理方法，并更新到现有的网络中。

三、F5G推动构筑全光智慧城市

全光智慧城市是以F5G全光智能底座为基础，融合物联网、云计算、人工智能等信息技术，形成立体感知、全域协同、精确判断和持续进化、开放的智慧城市系统，通过智能交互、智能连接、智能中枢、智慧应用共同构筑智慧城市全场景应用。

智能交互使智慧城市拥有了"五官"和"手脚"。它连通物理世界和数字世界，让软件、数据和AI算法在云、边、端自由流动。"城市大脑""一网通办""一网通管"等建设强化城市智能设施统筹布局和共性平台应用，核心能力是通过边云协同操作系统让各场景海量的物联网实时接入数据，尤其是大量新型基础设施的运行数据，使资源、数据、云服务、生态和AI协同，面向物、事、人就近提供交互能力，满足各级城市管理的需求，提供丰富及时的应用，让智慧城市可感知、能执行。

智能连接使智慧城市拥有了"躯干"，本质上是通过通信技术强化连接能力，联展智能中枢和智能交互。智能连接从连接人到连接物，再到连接应用、连接数据。智慧城市内外部资源与能力的有效连接，需要5G、光纤这样的物理连接提供千兆接入，满足个性化业务的不同时延和可靠性需求，建立统筹数据、业务、技术、运营的智慧城市数字底座，使被连接的人、物、设备都可以变为可相互交互的"数字物种"，实现资源与价值的有效转化，将"智慧"带到城市的每一个场景，实现全场景、全触点、无缝覆盖、随时享受的"沉浸式千兆体验"。

智能中枢为智慧城市构建了"大脑"和决策系统，是海量数据的汇聚点，为数据、算力、算法和智慧应用提供足够的能力支撑，使智慧城市海量数据和政企用户全业务实现全域互通，做到数据的全域共享，支撑AI发挥价值。智能中枢向下统接智能连接，向上驱动行业应用，强化关键共性能力整合和统一赋能，对各种各样的数据（数字、文字、图像、符号等）进行筛选、梳理、分析，并加入基于常识、行业知识及因果关联的判断，形成智能分析、决策和辅助行动，助力实现各行业的全场景智慧。

智慧应用使智慧城市更加"智慧"，是智慧城市价值的体现，通过政府、企业和行业参与者协同创新，加速技术与行业知识的深度融合，共同构建智慧城市发展生态，重构体验、优化流程、使能创新，让居民幸福感更强，让企业生产效率更高，让行业创造力更强。

四、F5G业务能力评价

以F5G全光智能底座为基础的全光智慧城市打造了确定性大带宽、低时延、高可靠、快速敏捷的品质运力，从关键质量指标（Key Quality Index，KQI）和网络关键绩效指标（Key Performance Index，KPI），对各领域F5G业务场景网络性能和用户体验进行评估。

（一）业务KQI

F5G高效综合运力评估，面向"云+网+业务场景"的高品质保障服务能力，从带宽、时延、可用性、开通时间、智能调度五大维度定义KQI。

带宽：实现"三千兆"全光接入、"T级带宽"全光锚点，可提供端到端超大带宽运力保障。

时延：打造"1ms"时延圈，以云配网、以网促云，可满足智慧城市各类连接场景低时延的创新应用需求。

可用性：从"尽力而为"到"确定性体验"，实现99.999%高可用率，为智慧城市的安全运行保驾护航。

开通时间：云光一体、协同控制、统一编排，实时按需获取云网资源，提供"分钟级"业务极速开通服务。

智能调度：将光连接到园区、到楼宇、到房间、到机器、到桌面，通过AI技术，应用光网智能管控平台，可提供自动化、自助化的业务体验、差异化服务能力，以及提供主动式运维和故障预判，实现网络从人工操作到工具辅助执行，再到自助决策的全流程智慧运营。

（二）网络KPI

与固定网络不同，F5G在网络性能方面具有质的飞跃，具备超高网络接入速率、超低时延、海量连接等一系列优良特性，不仅催生云虚拟现实、云游戏、云桌面、超高清视频等新兴业务，提升数字生活质量，推动数字经济的发展，而且可以渗透工业生产领域，开启信息网络技术与工业生产融合发展的新篇章。

网络接入技术：从同步数字系列、多业务传送平台到光传送网，接入速率从Mbit/s到Gbit/s，再到Tbit/s，满足全业务带宽提升的高速接入。

网络覆盖率：以业务接入全光锚点距离衡量连接密度，通过业务价值区域完善覆盖，当接入距离小于2km时，在资源预留的情况下，可实现天级业务的快速开通。

网络保护技术：通过接入侧和网络侧不同的单双链路组合，可为智慧城市业务配置不同的保护等级，提供可承诺的可用性。

电层转发跳数：基于光传送技术，实现光层的一跳直达，有效减少不必要的电层转发，不仅能降低网络建设成本，还可为业务提供更低的时延。

网络管控技术：通过引入智能化管控，提供快速业务创建、业务资源实时可视，基于时延、可用率等策略按需计算路径，并感知网络故障等能力，同时，管控系统遵循标准定义的北向接口，支持对接上层协同层或者应用层，实现跨层、跨域业务、云网业务协同发放管理。

五、F5G的意义——构建新生态

我国经济正处于经济增速放缓、结构调整、新旧动能转换的关键期，F5G可破解产业发展困境，成为促进经济增长、优化结构和转换动力的触发点，并极大改善民生。F5G将支撑新一轮消费升级，同时将推动新型产业生态加快，塑造核心技术和关键装备优势成熟，提升经济社会效益，促进信息时代包容性发展，推进新型服务型政府建设。

基于F5G全光智能底座的智慧城市依靠多种新

一代信息通信技术一体化协同发展，政府、行业、企业等社会主体共同参与建设。同时，带动上下游产业相互融合，催生更多的新技术、新业态、新场景、新应用，通过探索这些商业应用场景，促进"F5G+"应用的进一步深化与进化，构筑更大的生态系统平台，将最具确定性的极致网络体验带到更广泛的应用领域中，为每个用户带来前所未有的高品质沉浸式体验，加速千行百业的数字化转型，促进千兆产业的持续健康发展。

连接的价值与连接数的平方成正比。以5G、F5G等超宽带网络为基础的智能连接网络，通过全要素、全产业链、全价值链的全面连接，赋能传统行业数字化转型，提高全要素生产率，带动通信产业链上下游的发展，释放数字对经济发展的放大、叠加、倍增作用，有力支撑构建以国内大循环为主体、国内国际双循环相互促进的新发展格局。

应用场景包括F5G+数字政府、F5G+数字医疗、F5G+数字金融、F5G+企业上云、F5G+智慧教育、F5G+视频直播、F5G+平安城市等F5G商业模式等。

F5G实现了网络连接向数据连接、服务连接和智能连接的延伸。跨入"万物互联、千兆传输、微秒可达"的全光智慧城市一定还会产生更多想象不到的新应用，进一步丰富人民生活、激发经济生态、提升社会治理水平，更好地构建智慧社会。

六、F5G的未来演进

F5G未来演进的关键驱动因素包括面向服务和应用，以及面向网络转型两大类。

面向服务和应用的驱动因素包括新数字业务（XR、元宇宙、3D光显示等）的发展，超高清沉浸式体验服务对网络提出的新要求；企业数字化转型是固网的巨大机会；光纤网络在工业的应用是蓝海市场，并为全行业带来新的机会。

面向网络转型的驱动因素包括数字化网络运营有助于提高运营效率，提升服务布放的灵活性；光纤基础设施将继续延伸；智慧社会基础设施的发展可以提高所有人的生活质量，降低生活成本。

F5G未来的演进，将进一步提升网络的能力：网络带宽更大，以支持更多应用；网络时延更短，尽可能减少时延和抖动，以支持时延敏感的新应用；通过增加网络范围和端点数量，网络将变得更广泛；通过多种方式提高能源效率，网络将变得更绿色；通过将计算能力集成到各级网络中，信息系统将变得更加智能；网络可感知性增强，以帮助改进运营和维护。

F5G网络的持续演进，将持续驱动未来数字业务的发展，成为人类社会的基石。

（中国联通研究院　贾　武
华为技术有限公司　曾　焱
兰州文理学院　董小平）

国内外云计算行业发展及管理研究

一、国内外云计算行业发展现状

（一）云计算行业全球发展情况

全球云计算市场逐步回暖，增速实现反弹。随着经济回暖，全球云计算市场所受影响逐步减弱。Gartner 统计，2021 年以基础设施即服务（Infrastructure as a Service，IaaS）、平台即服务（Platform as a Service，PaaS）、软件即服务（Software as a Service，SaaS）为代表的全球公有云市场规模达到 3307 亿美元，增速达 32.5%。全球云计算市场规模及增速如图 1 所示。

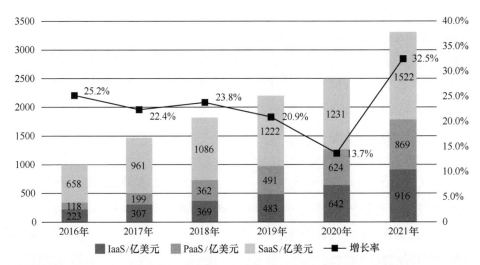

资料来源：Gartner，2022 年 4 月。

图 1 全球云计算市场规模及增速

Gartner 数据显示，2021 年，全球 IaaS 市场规模增长 42.8%，达 916 亿美元，高于 2020 年的 642 亿美元；PaaS 的市场规模为 869 亿美元，增速为 39.3%；SaaS 的市场规模为 1522 亿美元，增速为 23.6%。

（二）云计算行业国内外市场份额分析

1. 亚马逊云科技份额微跌，阿里云、华为云份额继续提升

从企业份额来看，2021 年，全球 IaaS 公有云服务市场排名第一的亚马逊云科技（AWS）的市场份额比 2020 年微跌，为 38.9%，微软、阿里云分别位居第二和第三，市场份额均有所扩大。在全球前 6 名的厂商中，有 3 家来自中国，其中，华为云、腾讯云分别位居第五和第六。2020—2021 年全球 IaaS 公有云服务市场份额如图 2 所示。

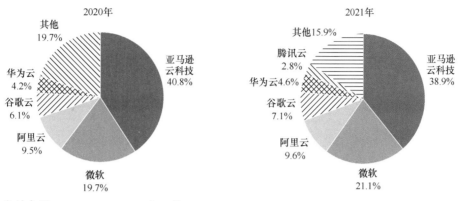

资料来源：Gartner，2022年4月。

图2　2020—2021年全球IaaS公有云服务市场份额

从地区分布来看，Gartner数据显示，亚太云计算IaaS市场增速高于全球均值，2021年规模为331.6亿美元，同比增长47.92%，其中，马来西亚、印度尼西亚、泰国等市场增速领跑亚太区域。Gartner数据显示，阿里云长期居于亚太市场份额第一，并在2021年达到25.53%，此外，AWS、微软、华为云、腾讯云依次位居第二至第四。

2. 我国云计算持续高速增长，电信运营商公有云增长突飞猛进

我国云计算市场持续高速增长。2021年，我国云计算总体处于快速发展阶段，市场规模达3229亿元，比2020年增长54.4%。其中，公有云市场继续高歌猛进，规模增长70.8%至2181亿元，有望成为未来几年我国云计算市场增长的主要动力；与此同时，私有云市场突破千亿元大关，同比增长28.7%至1048亿元。我国公有云细分市场规模及增速如图3所示。

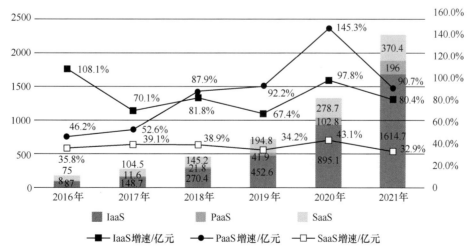

资料来源：中国信息通信研究院，2022年5月。

图3　我国公有云细分市场规模及增速

在厂商份额方面。中国信息通信研究院调查统计[1]，阿里云、天翼云、腾讯云、华为云、移动云占据我国公有云IaaS市场份额的前五[2]。2021年我国公有云IaaS市场份额占比如图4所示。

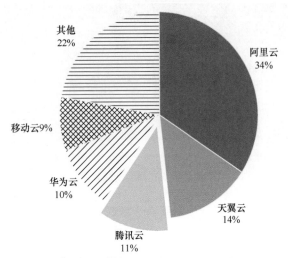

资料来源：中国信息通信研究院。

图4　2021年我国公有云IaaS市场份额占比

电信运营商强势带动公有云市场。2022年，国内互联网云厂商阿里云和腾讯云的云业务增速放缓，华为云的增速也有所放缓，但是3家电信运营商的云业务发展突飞猛进。最新财报数据显示，2022年前三季度，中国电信产业数字化收入为856.32亿元，天翼云收入继续保持翻番，服务用户超过200万户；移动云实现收入234亿元，同比增长103.6%；联通云实现收入268.7亿元，同比提升142%。业内人士普遍认为，电信运营商正在强势搅动我国公有云市场，成为不容忽视的新生力量。原因主要有以下两个方面：一方面，电信运营商做"云"具备先天优势，即在底层IDC机房、基础设施建设上，电信运营商实力雄厚，相当于云厂商的上游；另一方面，当上云的主角变成传统企业，出于对既有IT系统保护和数据安全等考虑，电信运营商更容易在竞争中脱颖而出。

二、中美云计算管理现状

（一）美国云计算注重用户隐私和安全保护

美国的云计算管理政策主要由多个政府机构共同负责，包括美国国家标准及技术协会（National Institute of Standards and Technology，NIST）、美国联邦贸易委员会（Federal Trade Commission，FTC）、美国司法部、美国国家安全局（National Security Agency，NSA）等。其中，NIST于2011年颁布的云计算安全标准——《云计算安全参考架构》——提供了一个全面的云计算安全框架，可以帮助企业和政府机构评估和管理云计算中的安全问题。FTC主要负责管理云服务提供商的数据隐私和安全问题，针对隐私泄露、欺诈和不公正行为等问题进行调查和起诉。美国司法部则主要负责打击网络犯罪和网络安全问题，例如网络攻击、攻击者非法入侵等行为。NSA主要负责网络安全和情报工作，致力于保护美国的网络安全和信息安全。

除了这些机构，美国还制定了一系列法律法规来管理云计算业务的安全和隐私问题，包括更新法律条款。在云计算业务隐私方面，美国于1986年颁布《电子通信隐私法》，以跟踪技术的进步，并解决政府访问云数据的担忧。1996年，美国颁布《美国健康保险便携与责任法案》，主要目的是规范和保护美国公民的医疗信息隐私。此外，美国还努力解决云计算使用带来的复杂法律和管理问题，包括跨境数据流动、数据主权和数据保护。例如，2018年颁布了《云计算法案》，为国际执法部门访问存储在云中的数据提供了框架。

在云计算安全领域，美国政府于1993年发布《全国安全与保护计划》，旨在确保国家重要信息基础设施的安全和保护。2011年，美国政府在云计算

---

1. 市场规模为2021年全年数据统计，主要依据企业财报、人员访谈、可信云评估、历史数据等得出。对于市场数据不明确的领域，只发布头部企业整体情况，不做具体排名。
2. 因为IaaS和CDN是两种业态，需要分别获得互联网资源协作服务业务牌照和内容分发网络业务牌照，所有IaaS不包括CDN收入，只统计计算、存储、网络等基础资源服务的收入。

安全领域推出联邦风险和授权管理计划：该计划为美国政府使用的云服务提供标准的安全评估、授权和持续监控。2011 年，NIST 发布云计算安全参考架构，该架构提供了一套实用的安全指南，帮助组织评估云计算安全风险、保护数据和确保业务连续性。2011 年 9 月，NIST 发布《基础设施即服务安全指南》，该指南提供了 IaaS 环境下的安全控制和推荐实践，有助于用户更好地理解和管理云安全风险。2021 年 5 月，美国总统拜登签署的《关于改善国家网络安全的行政命令》要求美国联邦政府向云迁移时采用零信任架构，以提升云安全防御能力；2021 年 10 月，NSA、网络安全和基础设施安全局发布的《5G 云基础设施安全指南：确保云基础设施完整性》为 5G 云安全建设提供指导。2022 年修订后的 ISO/IEC27002 新增对云安全控制的要求；2022 年美国国家网络安全与通信集成中心发布系列技术指南，包括《安全云业务应用程序技术参考框架》《可信互联网连接 3.0：云计算用例》《针对 Microsoft 365 的推荐安全配置基线》等，加强云计算环境下的安全能力。此外，美国大力推进国家安全和情报系统的云计算安全业务应用。2022 年 1 月，美国白宫发布《提升国家安全、国防和情报系统网络安全备忘录》，明确要求构建国家安全系统云技术网络安全能力。同年 3 月，美国国务院情报研究局发布《国务院情报研究局网络安全战略》，强调加快云计算环境迁移，改进网络安全风险管理。

云计算将是数字化推进的重要方向，美国政府和私营部门将继续推动云计算的安全和隐私保护，包括加强云计算安全能力、提供更多的云计算安全指南和标准、加强云计算领域的监管和法律法规制定等。美国云计算管理的趋势是在云技术的优势与保护用户数据隐私和安全的需求之间取得平衡。

（二）国内云计算法规政策

我国云计算的管理主要集中在数据安全方面，包括个人数据保护、数据跨境流动及网络安全管理。云服务提供商应当遵循我国个人信息保护、跨境数据流动及网络安全管理的相关法律规定。

我国在个人信息保护方面的法律法规包括《中华人民共和国个人信息保护法》《全国人民代表大会常务委员会关于加强网络安全保护的决定》《电信和互联网用户个人信息保护规定》等。网络安全方面的法律法规包括《中华人民共和国网络安全法》《网络安全审查办法》《互联网信息服务管理办法》《计算机信息系统安全保护条例》等。

数据跨境制度不断完善。《中华人民共和国网络安全法》的生效初步确立了以安全评估制度为核心的数据跨境的基本规则；随着《中华人民共和国数据安全法》《中华人民共和国个人信息保护法》等法律法规的出台，数据跨境制度的法律框架逐渐完善，安全评估制度在数据跨境制度中的定位也逐渐清晰。在此期间，为有效落地法律层面的制度规范，中共中央网络安全和信息化委员会办公室等有关部门、相关标准制定单位等陆续发布了不同层级的数据跨境细则、标准指南等草案文件，明晰了数据跨境合规的管理和实践方向。

近年来，我国愈发重视企业的数字化转型，陆续出台了一系列政策大力推动云计算的发展，例如，《中华人民共和国国民经济和社会发展十四个五年规划和 2030 年远景目标纲要》中提出，要加快推动数字产业化，培育云计算等新兴数字产业，实施"上云用数赋智"行动，推动数据赋能全产业链协同转型。云计算作为新基建的内容之一，有望继续快速发展。

三、云计算行业发展趋势

（一）数据量呈指数级增长，带动边缘计算爆发式增长

目前，国内外大型企业和技术公司正在加大对边缘计算的投资，以满足用户对于高速、可靠和安全的数据处理的需求：亚马逊发布 AWS Greengrass 边缘计算平台，并同时与威瑞森（Verizon）、沃达丰

（Vodafone）等国际电信运营商合作推出基于5G的AWS Wavelength边缘计算服务；谷歌发起全球移动边缘云GMEC战略，构建统一的边缘云平台，可供各大电信业者开发各种以网络为中心的应用，协助电信产业进行数字化转型；微软推出了开源的Azure IoT edge边云协同边缘计算框架，全面布局边缘计算生态；阿里云启动边缘计算云原生开源项目Open Yurt，深度挖掘"边缘计算＋云原生落地实施"的诉求，打造云、网、边、端一体化的协同计算体系；百度发布DuEdge开源平台，并建立智能边缘计算框架BAETYL，同时提供边缘智能能力；腾讯推出边缘接入和加速平台、边缘计算机器、边缘计算平台等边缘计算栈产品体系。

（二）算力需求持续增长，高性能计算云将迎来爆发式增长

2022年，OpenAI发布了一份报告，该报告分析了过去10年的AI算力增长趋势，并预测未来几年的增长速度。报告指出，自2012年起，全球头部AI模型训练算力需求每3～4个月翻一番，每年头部训练模型所需算力增长幅度高达20倍。这表明，AI算力需求的增长速度正在加快，远远超过了摩尔定律的预测。与此同时，AI推理算力的需求也将继续增长，预计到2025年将达到3.7 EFlops。ChatGPT依赖于GPT大模型，而GPT大模型则需要依靠微软Azure超算中心提供算力训练。OpenAI测算，自2012年起到2022年，人类对AI算力的需求增长了约2.8亿倍。

高性能计算云是一种结合云计算技术的高性能计算服务模式，其中，高性能计算是服务核心，云计算是服务模式创新的技术手段，多云互联是服务能力的扩展支撑。在全球数字化转型浪潮的背景下，高性能计算市场规模持续增长。IDC、Hyperion Research研究数据显示，2018—2019年，高性能计算市场继续增长且高于预期，2020年后的5年，高性能计算市场（包括服务器、软件、存储和运维服务）将达到10%的年均复合增长率。2019年，

我国高性能计算市场规模约282亿元，云服务渗透率预估约3%，远低于全球12%的水平，预计到2024年，高性能计算云服务市场规模达76亿元，年复合增长率达到45%。

（三）云安全产业飞速发展

随着越来越多的组织将其数据和应用程序转移上云，保障云计算安全和隐私已成为当务之急。云安全既融合了云化的网络安全产品技术，也包含了对云上数据和业务应用的安全防护。为了应对这些安全挑战，云服务提供商正在加强其云安全技术和措施。例如，使用数据加密、身份验证和访问控制等技术可保障数据和应用程序的安全。近年来，在云计算和网络安全产业蓬勃发展的背景下，我国云安全行业市场增速迅猛，在网络安全市场总体规模中占比不断上升。计世资讯统计，近5年，我国云安全市场保持40%以上的增速，2021年，我国云安全市场规模达到117.7亿元；2022年，行业整体规模达到173.3亿元，同比增速为47.2%。

四、结束语

全球云计算市场快速发展，国内外主流厂商都在加速布局云计算领域。云计算作为信息化时代的重要基础设施，已经深度渗透各行各业，并呈现不断融合、快速发展的趋势。云计算技术不断发展，边缘计算、人工智能、大数据等技术与云计算相互融合，将给云计算带来更多的应用场景和商业价值，边缘计算、高性能计算云将迎来爆发式增长。云安全问题受到越来越多的关注，国内外政府和管理机构都极为重视云计算安全和数据隐私，并制定了一系列法律法规及标准指南，各国企业也在不断加强云安全的建设和管理。

在我国，云计算企业应当积极响应国家的发展战略，布局边缘计算、高性能计算云等领域，提高自身的核心竞争力。建立健全云计算安全管理制度，提高云安全的技术手段，保障用户数据隐私和信息

安全。在创新引领方面,云计算企业应当积极投入研发和创新领域,不断探索和引入新的技术和业务模式,推动云计算技术的创新和发展。特别是在人工智能、大数据、区块链等新兴领域,积极拥抱技术变革,推动技术应用落地,为行业的快速发展提供支持。同时,云计算企业还应与各行业的企业、科研机构和政府部门等合作,共同推动云计算技术的创新和应用。建立行业内的合作机制和生态圈,实现各方资源共享和优势互补,推动行业的整体发展。

在政府管理方面,应该注重云计算安全与用户数据隐私等方面的政策制定。政府应该加大对云计算安全的监督和管理,制定完善的云计算管理政策和标准,并建立完善的技术标准体系,确保云计算行业的健康发展。此外,政府还应该积极引导和鼓励云计算企业加强技术研发和人才培养,推进云计算行业的创新和发展。

(中国信息通信研究院 魏 卉 马思宇)

浅析我国移动通信终端行业特点及细分领域发展趋势

一、移动通信终端行业的特点

（一）我国"物超人"步伐加大，引领全球移动物联网发展

随着移动互联网、物联网等通信技术日趋成熟，新业务、新应用层出不穷，市场对移动通信终端保持旺盛需求，尤其是物联网终端设备的规模不断增长。工业和信息化部统计数据显示，截至2022年年底，我国移动通信网络的终端连接总数已达35.28亿，其中移动物联网终端用户数达18.45亿，比2021年年底净增4.47亿，移动物联网终端用户数比移动电话用户数多1.62亿，占移动网终端连接数的比重达52.3%。在产业链各方的共同努力下，我国移动物联网连接数占全球比例已超过70%，并将持续引领全球移动物联网发展。

（二）移动通信终端从个人消费领域向行业应用领域拓展

近年来，手机技术不断成熟，创新难度加大，国内手机新产品数量从2017年的1000余款降至2022年的420余款，与此形成鲜明对比的是，物联网终端新产品数量自2017年以来呈现持续增长态势。据统计，2022年移动通信终端新产品达2200余款，其中物联网终端新产品达1800余款，占比由2017年的36%持续提升至82%。

（三）NB-IoT终端、4G（Cat 1）终端和5G终端协同发展，满足综合生态体系需求

随着4G网络成熟和5G技术推广，2G/3G加速退网，整个产业逐渐向NB-IoT、4G（Cat 1）和5G演进。从上市新产品的分布来看，2G/3G产品逐步被4G产品替代，2022年移动通信终端新产品中，NB-IoT、2G/3G、4G和5G产品占比分别为22%、1%、66%和11%。以NB-IoT满足大部分低速率场景需求、4G（Cat.1）满足中等速率物联需求和话音需求、5G满足更高速率、低时延联网需求的布局逐步形成。

（四）移动通信终端在行业应用领域的发展为中国芯片企业提供了机遇

在手机领域，我国芯片自给率低，国产芯片的占比只有约5%，5G手机几乎全部搭载高通、联发科等芯片，国产芯片的占比不足1%。而物联网领域对芯片的技术要求较低，我国芯片企业逐步发挥本土优势，据不完全统计，在2022年NB-IoT终端新产品中，搭载国产芯片的终端型号数占比超过80%，其中，采用上海移芯、芯翼和海思芯片的型号占比分别为34%、17%和16%；在4G物联网终端中，搭载紫光展锐和翱捷芯片的占比分别为29%和25%；在5G物联网终端中，采用国产芯片的型号占比近三成，主要来自紫光展锐。

二、细分领域发展趋势

（一）手机领域：5G手机持续渗透，折叠屏手机出货量持续增长

2022年全年，国内手机市场出货量2.72亿部，同比下降22.6%，年出货量为10年来的最低，较高峰期（2013年5.79亿部）下降53%。其中，国内5G手机市场出货量达2.14亿部，占比78.7%。自2021

年以来，按季度统计，国内 5G 手机出货量占比均在 70% 以上。截至 2022 年年底，5G 移动电话用户达 5.61 亿户，在移动电话用户中占比 33.3%，是全球平均水平（12.1%）的 2.75 倍。

国内主流手机厂商，在基于性能配置升级的产品正常迭代更新的基础上，开拓高附加值的折叠屏市场。截至 2022 年年底，包括华为、荣耀、小米、OPPO、vivo 在内 10 余家厂商均推出折叠屏手机。IDC 公布的 2022 年中国市场折叠屏手机出货量报告显示，2022 年中国折叠屏手机市场出货量近 330 万部，同比增长 118%。从市场份额来看，华为、三星和 OPPO 位列折叠屏手机出货量前 3 位，份额分别为 47.4%、16.5% 和 13.8%。

（二）蜂窝可穿戴设备：产品种类日益丰富，eSIM、儿童市场、健康管理为关键词

近年来，可穿戴设备呈现快速增长趋势，产品种类日益增多，包括电话手表、定位器、运动鞋、头盔、眼镜等，其中电话手表是最主要的产品形态。据统计，2022 年全年，电话手表新机型达 123 款，同比增长 15.0%，出货量约为 2200 万台，同比增长 5%。eSIM 和蜂窝网络为可穿戴设备带来更多的发展机会，2022 年全年，eSIM 电话手表出货量约 360 万台，同比增长 36%，在同期电话手表中占比 16%。目前，国内支持 eSIM 的穿戴设备绝大多数为智能手表，未来可能会有更多形态的 eSIM 设备出现。

随着人们越来越注重对自我健康的监测和管理，具有健康监测功能的智能穿戴设备的关注度上升，健康管理正在打开可穿戴设备的增量市场。智能手环、智能手表的丰富的健康功能，以及睡眠监测设备、心电监测设备、穿戴式脉搏血氧仪等产品的相继出现，进一步扩大了可穿戴设备在健康领域的应用范围。

（三）车载终端：车联网普及提升对车载无线终端的需求，5G 引领车载终端产业智能化发展

随着车联网的快速发展，汽车逐渐成为移动终端，新车 T-BOX[1] 的渗透率持续上涨。2022 年，车载无线终端新产品有 186 款，同比增长 16%。其中，T-BOX 占比约 60%，终端厂商有大陆、法雷奥、比亚迪、LG、哈曼、华为、高新兴、中移物联等公司。根据佐思汽研的数据，2022—2025 年的 T-BOX 市场需求将继续保持增长，预计 2025 年市场规模达到 311 亿元，年复合增长率高达 22.6%。

目前，车联网的发展正处于由 4G LTE 蜂窝通信网络技术向 5G C-V2X 通信技术过渡的时期。长安、比亚迪等多家厂商相继推出 5G 车载终端。截至 2022 年年底，国内市场上 5G 车载终端产品累计达到 50 余款，从产品形态上看，以 T-BOX 为主，另有少量多媒体设备、定位器、行驶记录仪等。

（四）NB-IoT 终端：NB-IoT 终端数量呈现持续增长，应用领域覆盖公共服务、智能家居、环境监测等

在数字经济大发展的背景下，NB-IoT 实现跨越式发展，进网 NB-IoT 终端数量呈持续增长态势。2022 年，国内 NB-IoT 终端新产品超 400 款，同比增长 50%，在同期进网蜂窝类物联网设备中占比 22%。

目前，NB-IoT 应用主要集中在 ToB 场景的垂直行业。应用于公共服务领域的 NB-IoT 终端产品主要包括智能水表、智能电表、智能燃气表、节能设备、泊车终端、智慧井盖等，2022 年，水、电、燃气测量终端进网新产品超百款，同比增长 7%。

NB-IoT 终端在智能家居中的产品形态不断丰富，智能锁在生活中出现的频率越来越高，感应卡、指纹识别、密码识别、面部识别等极大地提高了门禁的安全性。另外，还包括智能门窗、智能空调、紧急呼叫按钮、净水器等产品。

环境监测是 NB-IoT 技术应用的另一个主要方向，终端产品包括可燃气体探测器、智能空气监测仪、温 / 湿度调节设备等。2022 年，我国可燃气体探测器新产品达 120 款，同比增长超过 100%。

（中国信息通信研究院　王伟华）

---

1. T-BOX：Telematics-BOX，车联网控制单元。

我国云计算发展的五大趋势

随着企业上云、用云和数字化转型的进程加快，我国云计算将进入全新发展周期，在技术、模式、应用、安全和管理等方面迎来新一轮创新发展。

一、云原生技术驱动企业信息系统全面升级

云原生将深度融合企业 IT 基础设施，驱动企业信息系统全面升级。云原生技术在企业侧的应用持续深化，不仅实现了企业 IT 技术和基础设施平台升级，也深刻改变着组织和流程、软件架构和设计的发展走向，加速推进企业信息系统架构由"烟囱状、重装置和低效率"向"分布式、小型化和自动化"转变。

在基础设施管理方面，云原生构建统一的调度、管理和运行维护能力，通过统一资源管理和集群调度，实现中心、边缘、数据中心的统一管理调度，全面覆盖边缘自治、混合多云、云边一体的典型资源使用场景；通过统一流量治理，实现东西向流量、南北向流量的治理策略管理，支持跨云、跨集群的拓扑监控；通过统一运行维护，能够实现多中心的不同集群的完整运维能力协同，将云上监控、日志、审计能力延伸至混合多云架构。

在应用管理方面，云原生构建统一的治理和分发能力，通过统一应用治理，实现独立灵活的策略和应用配置，保障了应用的一次构建、多次部署运行，同时可以实现多集群间的弹性伸缩；通过统一生态管理，实现平台能力组件的快速上架、发布、订阅、部署、运维等全生命周期管理；通过统一应用分发，实现应用负载、对外发布、环境差异和数据存储等特性的应用抽象描述，统一的分发机制使应用系统在不同数据中心间提供一致的发布运行体验。

---
1. CPU: Central Processing Unit，中央处理器。
2. GPU: Graphic Processing Unit，图形处理单元。
3. FPGA: Field Programmable Gate Array，现场可编程门阵列。

未来，云原生技术将与大数据、人工智能、区块链等新技术深入融合。利用云原生技术，企业能够以标准化的方式获得海量数据分析能力和智能业务场景应用，降低数字化转型的门槛。

二、云服务向算力服务模式加速演进

一是云计算将整合异构算力，促进算力服务普惠化。云计算能够屏蔽不同硬件架构（CPU[1]、GPU[2]、FPGA[3]）的差异，输出不同类型的服务，例如，常规计算、智能计算、边缘计算等，从而实现大规模异构计算资源的统一输出，在此基础上进一步实现算力的普惠化。

二是云计算将覆盖多层级算力，促进算力服务泛在化。云计算正从单一集中式部署模式，向分布式、多层级部署的新模式演进。云、网、边一体化可以统筹网络的状态、用户的位置、数据的流动等要素，满足不同场景的需要，全面提升算力服务的调度能力，实现算力服务的泛在化。

三是云计算将统一算力输出标准，促进算力服务标准化。云计算能够实现资源标准化，是算力时代各类软件应用的"插座"。一方面，云计算具备的硬件解耦、标准化封装部署等特性，促进了算力能力的标准化输出；另一方面，云计算使异构算力应用建立统一的输出标准，避免软件被固定形式的算力需求捆绑，实现算力应用的标准化落地。

三、云上稳定性保障能力全面提升

企业对云上信息系统稳定性的需求凸显，由事前规划、事中检测、事后管理组成的流程闭环可以有效保障业务系统的稳定性和连续性。

在软件设计阶段，企业需要做好事前规划工作，

重点关注系统架构和容量规划的设计。建议设计高韧性的系统，同时配合混沌工程实验以保持、提升系统韧性。在软件运行阶段，企业需要利用可观测性技术进行系统运行全方位检测，及时发现和解决故障。同时，企业需要构建故障闭环，完善故障管理机制，构建并持续维护故障库，将已发生的故障作为演练场景贯穿软件开发、测试、运维等各个阶段，降低故障复现率，持续提升系统稳定性水平。

应用多活也将成为保障业务连续性的关键抓手。应用多活是指在同城或异地机房建立一套与本地生产系统部分或全部对应的生产系统，所有机房内的应用同时对外提供服务。当发生问题时，多活系统可实现分钟级的业务流量切换，有效保障业务系统持续、稳定地运行。

四、全流程安全体系不断完善

上云前，企业可以通过软件供应链入口管控，保障云计算安全应用。一是对软件或服务来源进行评审管理，确保来源安全可信。二是对软件自身的安全进行管控，确保不存在安全及合规风险。三是对软件供应链清单、软件及源代码版本、漏洞等信息进行统一管理。四是具备软件服务支持能力，涵盖文档材料、服务水平协议及安全服务协议等。五是具有明确的软件供应链安全事件应急响应人员及流程机制，确保安全事件处理的及时性、有效性。

上云中，企业基于"零信任"理念构建安全体系，实现不同上云场景的有效安全保障。一方面，"零信任"实现上云后的统一管控，为用户提供一致的访问体验，保护分布式的关键数据和业务。另一方面，"零信任"细化防护粒度，守护云工作负载安全。云环境涉及大量微服务应用，应用组件间交互与变化频繁，"零信任"通过技术手段能够在威胁暴露之初就加以制止。

上云后，企业可以通过统一安全运营体系打破兼容性壁垒，全面提升安全运营效率。一是汇总多源安全数据使安全分析全局化，提升对"孤岛数据"的破冰能力，使安全分析从宏观视角出发，有效提高告警的准确性与高级攻击链的溯源能力。二是提高安全组件联动能力使安全响应迅速精准，并且使安全运营在一定程度上实现自动化响应，保证安全运营质量。

五、云优化治理助力企业优化成本管理

云成本优化团队是企业实施云成本优化的基础。云成本优化不是某一个角色或某一个团队做的事情，而是需要多个角色共同参与，打破原有各管一段、各自为战的传统IT管理方式，各角色长期协作、共同努力以达到成本长期优化的目标。

云成本优化工具是企业洞察与成本优化的抓手，企业借助工具可以有效提升对云成本的管理及优化水平。成本优化往往以项目方式实施，因此由项目制驱动转为体系化的日常自助优化尤为重要。因此，企业需要将成本优化的能力沉淀为工具或平台，构建可度量指标，驱动各相关组织自主降本。

云成本优化制度是提高企业云成本优化工作成效的保障。云成本优化相应的长效运营机制在云成本管控中起到关键作用，面对云成本特殊的支出模式和账单结构，企业需要制定一套更加合适的云成本优化流程制度，确保优化流程能够在企业内部精确、高效运转。

六、云计算产业再升级

未来，在企业深度上云、用云的带动下，我国云计算产业和技术将呈现独具特色的发展趋势。

从产业链分析，围绕"促进数字经济与实体经济深度融合、赋能传统行业数字化转型升级"的核心目标，云服务商、软件应用服务商和行业用户等云计算产业链各方将形成合力，共同构建一个具有创新应用能力的云计算产业生态，从而实现整个云计算产业和服务的再升级。

从技术创新分析，云计算未来的技术发展将以企业业务需求为导向，通过业务创新带动技术创新，以技术创新促进企业业务创新，实现良性循环发展。

从行业应用分析，我国云计算行业应用将从"资源上云"正式迈入"深度用云"，以云资源管理能力提升云上资源利用率，以云原生应用开发能力提升企业应用开发效率，以新技术融合能力降低新兴技术应用复杂度，真正实现"上云用数赋智"，加速传统行业企业的数字化转型。

（中国信息通信研究院　栗　蔚）

基于云网融合的视频监控行业上云应用实践

中国联通智能视频云平台是基于云计算理念，采用视频作为"云端"向"终端"呈现处理结果的一种云计算方案，基于联通云统一技术能力底座，提供视频接入+处理+存储+播放的端到端一体化产品及解决方案。中国联通智能视频云平台架构如图1所示。

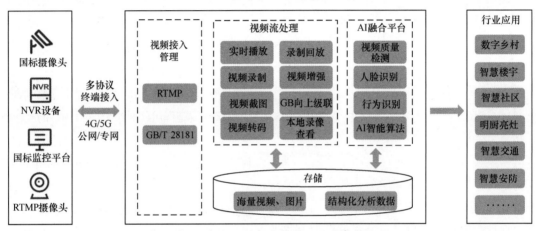

图 1 中国联通智能视频云平台架构

中国联通智能视频云平台已在数字政府、数字乡村、智慧楼宇、智慧社区、明厨亮灶、智慧交通、智慧安防等应用场景和领域获得了成功实践。

一、天津武清智慧乡村视频监控项目

近年来，随着智慧城市建设的进一步推进，逐步形成了"城市大脑+乡村小脑"的1+N多元化模式，根据《中华人民共和国国民经济和社会发展第十四个五年规划和2035年远景目标纲要》及推进农村视频监控网建设部署要求，天津市某区统筹全区农村地区的公共安全视频监控点位建设并上云，落实平安乡村专项工作，基于项目整体规划，辖区内的2000多个监控点位实现视频上云，方便居住、乡村路口、乡村道路、果园、养殖场等场景实现智慧管理。

该项目采用中国联通智能视频云——云智眼标准版和监管版，实现了监管账号的统一监管，同时，满足用户远程查看、云端留存等需求，通过互联网接入端，通过专线接入公安监控平台，确保网络安全。通过骨干云池负载均衡和对象存储等产品策略，保障海量视频流数据实时传输。中国联通智能视频云平台监控功能说明如图2所示。

在中国联通智能视频云平台，可以按不同角色进行分级管理，每种角色被赋予不同的权限，平台可用于智慧乡村、城市治理及各行各业监控，实现政府监管流程化、透明化。本项目充分利用中国联通云网融合、安全可信的基座能力，在智慧城市、智慧监管等领域发挥着至关重要的价值。

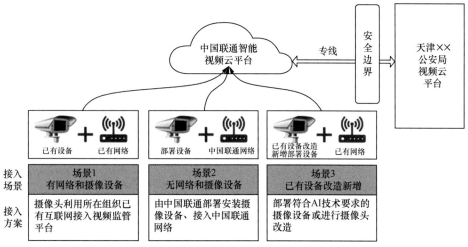

图 2 中国联通智能视频云平台监控功能说明

二、天津数字厨房明厨亮灶项目

根据天津市市场监督管理委员会下发的《关于推进餐饮服务环节"互联网+明厨亮灶"工作的指导意见》,加快数字经济和实体经济的融合,打造数字城市,建设智慧名城,让人民群众体验数字化生活新方式,天津联通迅速响应,按照政策要求集成中国联通集团自研云智眼视频汇聚能力与合作伙伴应用平台能力,实现了对餐饮企业后厨进行监管,以及监控视频实时查看等功能。

餐饮企业将厨房监控设备通过互联网接入中国联通智能视频云平台,通过平台强大接入能力快速汇聚视频监控并将其推送至数字厨房平台,将双方能力整合在一起实现监管部门的要求,同时,视频云平台开放能力赋能数字厨房 SaaS 应用,实现餐饮企业自律自查,人民群众通过平台进行监督、维权。

该项目作为明厨亮灶场景的典型案例,具有可推广和可复制的特点,为后续能力赋能场景应用提供思路,通过视频监控产品能力快速打造了数字厨房产品,助力静海、红桥和滨海新区等区餐饮监管的数字化转型。视频监控产品支持能力开放,赋能第三方 SaaS 应用,作为 PaaS 能力结合其他产品达到"1+1>2"的效果。

三、天津企业安全生产视频监控项目

在工业企业生产制造管理方面,天津联通成功为某热力公司供热设备提供 24 小时不间断监控,通过 AI 分析手段及时发出告警,随时回放查看视频,进行事件溯源。

该热力公司借助云智眼产品,通过接入前端国标协议的视频采集设备,在中国联通智能视频云平台上实现视频汇聚、视频查看、视频回放、云端存储等;实现智能运维、统一管理,集中部署,发现问题第一时间响应快速切换,保障业务连续性,减少部署时间、提高运维效率,保障数据安全。

视频云平台可以实现监控设备快速接入,对企业生产过程进行全流程监管,实现每个生产环节透明化,并且可监控。

视频云平台实现视频与业务相融合的信息化监管,实时监控生产过程,当某个环节发生异常或者速度变慢或变快时,都能进行智能调度。对生产过程的全流程监控,将 AI 算法应用于每个生产环节,满足不同环节下智能分析需求,实现实时分析预警,实现数字化监控。智能视频监控应用于安全生产领域,能够为企业降低管理成本,提升效能。

四、天津西青高速公路视频监控项目

为加强高速公路及收费站的安全监管,为事件回溯提供可靠依据,需要以各高速收费站为基点,在每条高速公路上安置视频监控点位。

该项目基于中国联通智能视频云平台，为高速公路重点点位及收费站点提供24小时视频监控服务，可实现高收费站无死角视频采集、视频汇聚、事件回溯。发挥中国联通智能视频云平台云网融合一体化的优势，利用云网专线、5G用户驻地设备实现网络快速连接，借助视频云平台级联模块完成监管单位的对接，视频监控统一传回信息指挥中心，实现统一监管。

该项目借助天津联通的云计算、大数据、物联网等新技术，解决了高速公路位置偏远、拉线困难等问题，通过统一视频汇聚接入，打破了各服务区监控的"信息孤岛"，通过AI分析，监控道路不合规场景。中国联通智能视频云平台助力智慧交通建设、打造智慧高速，通过科技手段监控管理，在保证行车安全和道路畅通方面发挥重要的作用。

中国联通智能视频云平台自2022年建设以来，助力推进和建设智慧城市进程，落地20余个视频监控项目，带动近万路视频监控上云，对接政府5个监管平台，为提高社会治理精细化、信息化水平，推进全程智慧城市建设提供了数字化手段。

（中国联合网络通信有限公司天津市分公司
王　宁）

数字经济与算力网络篇

数字经济发展分析与地方实践

党的十八大以来，以习近平同志为核心的党中央高度重视数字经济发展。党的十八届五中全会提出，实施网络强国战略和国家大数据战略，拓展网络经济空间，促进互联网和经济社会融合发展，支持基于互联网的各类创新，为数字经济发展奠定了牢固基础。党的十九大提出，推动互联网、大数据、人工智能和实体经济深度融合，建设数字中国、智慧社会，为数字经济创造了良好的发展环境。党的十九届五中全会提出，发展数字经济，推进数字产业化和产业数字化，推动数字经济和实体经济深度融合，打造具有国际竞争力的数字产业集群，掀起了我国数字经济发展的热潮。党的二十大报告中强调，加快发展数字经济，促进数字经济和实体经济深度融合，打造具有国际竞争力的数字产业集群。

一、我国数字经济总体发展情况

中国信息通信研究院 ICT 深度观察报告会公布的数据，2012—2021 年，我国数字经济年复合增长率达 16.2%，远超同期 GDP 年复合增长率 7.4%。2021 年，我国数字经济发展取得新突破，数字经济规模达到 45.5 万亿元，占 GDP 比重达 39.8%。工业和信息化部电子第五研究所发布的《中国数字经济发展指数报告（2022）》显示，在全国层面，中国数字经济发展指数高速增长。2013—2021 年，中国数字经济发展指数由 1000 上升至 5610.60，8 年间增长了 5.61 倍，年复合增长率为 24.06%，远超同期 GDP 增速。在数字产业化、产业数字化、数字基础设施、数字技术和数字人才 5 个二级指标中，数字产业化、数字基础设施和数字人才增速最快。数字经济在国民经济中的地位越来越稳固、支撑作用越来越明显，正在全面深刻地影响我国经济社会发展。

（一）数字产业化基础实力持续巩固

数字产业化，具体包括电子信息制造业、电信业、软件和信息技术服务业、互联网和相关服务业等。2021 年，我国数字产业化规模达到 8.4 万亿元，同比增长 11.9%，占 GDP 的比重为 7.3%，其中，ICT 服务部分在数字产业化中的主导地位更加巩固，软件产业和互联网行业的占比持续小幅提升。

（二）产业数字化发展进入加速轨道

产业数字化，即传统产业应用数字技术所带来的产出增加和效率提升部分，包括但不限于工业互联网、智能制造、车联网、平台经济等融合型新产业、新模式、新业态。2021 年，我国产业数字化规模达到 37.2 万亿元，同比增长 17.2%，占 GDP 的比重为 32.5%。各行各业已充分认识到发展数字经济的重要性，工业互联网成为制造业数字化转型的核心方法论，服务业数字化转型持续活跃，农业数字化转型初见成效。

（三）数字化治理体系逐步构建

数字化治理，包括但不限于多元治理、以"数字技术＋治理"为典型特征的技管结合，以及数字化公共服务等。我国数字化治理正处在从用数字技术治理到对数字技术治理，再到构建数字经济治理体系的深度变革中，数字政府加速建设，新型智慧城市建设稳步推进。

（四）数据价值发掘探索进一步深入

数据价值化，包括但不限于数据采集、数据标准制定、数据确权、数据标注、数据定价、数据交易、数据流转、数据保护等。基于数据采集、标注、分析、存储等全生命周期价值管理链的数据资源化进程不断深化。数据资产化探索逐步深化，数据确权在顶层规划中有序推进，数据定价、交易流通等重启探索，迎来新一轮建设热潮。

二、地方推动数字经济战略落地

地方政府加大数字经济布局力度。目前，我国31个省（自治区、直辖市）已陆续出台数字经济相关规划、行动计划、指导意见等，涵盖数字经济、制造业与互联网融合、智慧城市、数字政府等领域，持续推动数字经济战略政策实施。2022年，我国31个省（自治区、直辖市）发布数字经济法规186件，其中地方性法规7件，地方性规范性文件29件，地方司法文件3件，地方工作文件147件。北京市、上海市、广东省等依托自身在技术、经济、人才等方面的综合优势，全方位布局数字技术、数字产业、数字化转型、数据要素等领域，打造具有全球影响力的数字经济高地。中西部地区数字经济政策以区位、资源、产业等方面的特色及优势产业为重点，做大做强优势特色领域，重点打造某一领域数字经济发展新优势。

三、各地数字经济发展稳中求进

2023年伊始，31个省（自治区、直辖市）政府相继发布2022年度《政府工作报告》及经济运行"成绩单"。从各地《政府工作报告》和经济运行情况来看，我国数字经济发展较快、成就显著，特别是近年来，数字技术、数字经济在各行各业发挥了重要作用，我国数字经济持续做强做优做大。

（一）北京市

数字经济赋能新发展。北京市2022年数字经济增加值为17330.2亿元，比2021年增长4.4%，占北京地区生产总值的比重达到41.6%，比2021年提高1.2%，其中数字经济核心产业增加值为9958.3亿元，增长7.5%，占地区生产总值的比重为23.9%，同比提高1.3%。

新型基础设施统筹布局。北京市2022年新建5G基站2.3万个，"长安链"推出全球最大区块链存储引擎"泓"，超大规模人工智能模型训练平台建成投用，北京国际大数据交易所成立全国首个数据资产登记中心，工业互联网数字化转型促进中心（北京）揭牌，银河航天"小蜘蛛网"卫星组成全国首个低轨宽带通信试验星座，高级别自动驾驶示范区3.0阶段启动建设，国内首个无人化出行服务商业化试点开放，首条自动驾驶巴士线路落地。

高技术产业投资快速增长。北京市2022年高技术产业投资增长35.3%，占北京市固定资产投资的比重为15.7%，比2021年提高3.7%。其中，高技术制造业投资在集成电路制造、医药制造项目带动下增长28.3%，高技术服务业投资在互联网相关服务领域带动下增长41.3%。云计算、人工智能等加快布局，新基建项目投资增长25.5%，占北京市固定资产投资的比重为11.1%，比2021年提高2%。

（二）天津市

2022年，天津市产业数字化、数字产业化进程加快，实施智能制造专项资金项目203个，新打造智能工厂和数字化车间100家，上云工业企业突破9000家。2022年1~11月，规模以上服务业中，天津市新服务营业收入增长7.9%，其中，现代技术服务与创新创业服务营业收入增长13.8%。

新兴领域投资较快增长。2022年，天津市战略性新兴产业投资增长7.3%。高技术制造业投资增长10.0%，比2021年提高3.3%，主要投向电子及通信设备制造业、航空航天器及设备制造业和医药制造业。

新兴业态蓬勃发展。2022年，天津市限额以上单位通过公共网络实现的商品零售额增长9.8%，比

2021年提高5.1%。已集齐市场采购、跨境电商、外贸综合服务企业、离岸贸易、海外仓和保税维修全部6种国务院加快培育的外贸新业态。

（三）河北省

2022年，河北省国家高新技术企业从3174家增长到1.24万家，高新技术产业增加值年均增长10%，高端装备制造、电子信息等战略性新兴产业规模壮大，数字经济发展势头良好，新动能加速成长。

新兴产业增长较快。2022年，河北省规模以上工业战略性新兴产业增加值增长8.5%，比规模以上工业增加值增速高3%。

新兴业态发展壮大。河北省2022年网上零售额实现4192.5亿元，比2021年增长16.4%。其中，实物商品网上零售额达3891.5亿元，增长16.8%，占社会消费品零售总额的比重为28.4%，比2021年提高7.1%。

（四）山西省

2022年，山西省数字经济发展势头日益强劲。5G基站达到6.7万个，太原国家级互联网骨干直联点、国家超级计算太原中心建成运行，数字经济规模突破5000亿元。

新兴产业发展壮大。2022年山西省规模以上工业中，工业战略性新兴产业增加值增长15.5%，其中，新能源汽车增长62.2%，节能环保产业增长36.4%；汽车制造业增长32.3%；食品工业增长12.9%，均明显高于山西省规模以上工业增速。

互联网相关行业增势较好。2022年1～11月，山西省规模以上服务业中，互联网和相关服务业营业收入增长51.5%，软件和信息技术服务业增长6.3%。

（五）内蒙古自治区

内蒙古自治区新动能加速释放。2022年内蒙古自治区高技术制造业和装备制造业增加值增速均快于内蒙古自治区规模。

以上工业增速。在"科技兴蒙"行动的引领下，2022年1～11月，内蒙古自治区规模以上工业企业研发费用同比增长40.7%，为未来经济增长积势赋能。

2022年，内蒙古自治区坚持育产业、换动能，精心谋划八大产业集群和12条重点产业链，实行"两图两库两表"推进机制，建成全产业链项目140个，落地链主企业近百家，战略性新兴产业增加值增长19%以上、高技术制造业增长33%以上、装备制造业增长43%以上。内蒙古自治区服务业增加值占地区生产总值的比重为40.0%，信息传输、软件和信息技术服务业增长11.6%。

（六）辽宁省

辽宁省以"数字辽宁、智造强省"建设为战略抓手，制定《辽宁省深入推进结构调整"三篇大文章"三年行动方案（2022—2024年）》，聚力打造先进装备制造、石油化工、冶金新材料3个万亿级产业基地，22个重点产业集群建设取得积极成效。

辽宁省强化数字赋能增效，建成数字化车间和智能工厂152个、应用场景1235个，规模以上工业企业关键工序数控化率、数字化研发设计工具普及率首次高于全国平均水平。

辽宁省实施延链、补链、强链行动，化工精细化率达到44.1%，冶金新材料营业收入占比提高1.5%。新增制造业单项冠军8家，高端装备制造业营业收入占比提升2%，新能源汽车产量增长39.1%。2022年，辽宁省成功举办2022全球工业互联网大会。"星火·链网"节点（沈阳）正式上线，省级工业互联网平台新增32家。

（七）吉林省

吉林省大力推动电子信息制造业发展，支持"长春光谷"、光电信息产业园、CMOS高端图像传感器等重点项目建设，"吉林一号"卫星2022年发射52颗。

（八）黑龙江省

黑龙江省新兴服务业保持增长。2022年黑龙江省服务业（第三产业）增加值同比增长3.8%，高于全国1.5%，拉动黑龙江省经济增长1.9%，对经济增长贡献率达到68.6%。

2022年，黑龙江省信息传输、软件和信息技术服务业增加值同比增长10.8%。高技术制造业投资增长0.6%。线上消费保持增长，黑龙江省网上零售额同比增长4.5%，其中，实物商品网上零售额增长4.9%。

（九）上海市

上海市工业新动能加快发展。2022年上海市工业战略性新兴产业总产值为17406.86亿元，同比增长5.8%；占规模以上工业总产值的43.0%，比重比2021年提高2.4%。

全力打造三大先导产业引领新动能。上海市集成电路、生物医药、人工智能三大先导产业"上海方案"102项任务全部落地，2022年三大先导产业总规模达到1.4万亿元，引领上海市工业战略性新兴产业总产值占规模以上工业总产值比重提高到42%左右。

加快构建数字化转型完整生态。上海市揭牌8个市级数字化转型示范区，加快25个数字生活标杆场景建设，打造40家智能工厂，设立上海数据交易所数字资产板块，推进5G创新应用869项，新建5G室外基站1.3万个，进一步夯实智慧城市数字底座。

（十）江苏省

2022年，江苏省新增国家先进制造业集群4个、居全国首位，高新技术产业产值、工业战略性新兴产业产值占比分别提高到48.5%、40.8%。培育创新型企业集群，全省高新技术企业达4.4万家；扎实推进战略性新兴产业融合集群发展，工业战略性新兴产业、高新技术产业产值占规模以上工业比重分别达40.8%、48.5%；加快推进"531"产业链递进培育工程，特高压设备、晶硅光伏等7条产业链达到中高端水平；2022年新增48家国家制造业单项冠军和424家国家专精特新"小巨人"企业。

江苏省积极培育数字经济新增长点，实施《江苏省制造业智能化改造和数字化转型三年行动计划（2022—2024年）》，2022年共有3万家规模以上工业企业启动改造项目，1万家完成改造任务，新增国家智能制造示范工厂9家、工业互联网标杆工厂79家。

（十一）浙江省

浙江省规模以上工业增加值中，2022年数字经济核心产业制造业增加值比2021年增长10.7%。高技术、战略性新兴、装备和高新技术等产业制造业增加值分别增长11.5%、10.0%、6.2%和5.9%，均高于全部规模以上工业增加值。

线上消费带动力持续显现。2022年，浙江省实物商品网上零售额为17307亿元，比2021年增长9.8%；其中，限额以上单位通过公共网络实现的零售额增长19.8%。

浙江省培育"415X"产业集群，累计评定"万亩千亿"新产业平台4批共27个。新增国家单项冠军企业（产品）40家、专精特新"小巨人"企业601家。

（十二）安徽省

安徽省工业生产较快增长，高技术制造业和装备制造业占比提升。2022年规模以上工业增加值比2021年增长6.1%，比全国高2.5%。其中，高技术制造业增加值增长10.3%，占规模以上工业增加值比重由2021年的13.6%提高到14.2%。

新兴服务业发展迅速，2022年服务业增加值增长2.2%。节能环保和互联网平台等新兴领域增势强劲，营业收入分别增长44.8%和38.9%。新增规模以上工业企业3036家、总数突破2万家，高技术制造业增加值增长10.3%左右，新增国家级专精特新"小巨人"企业256家、总数居全国第7位。规模以上生产性服务业营业收入增长8%左右，软件产业主营业务收入增长20%左右。工业互联网平台体系加快建设，科大讯飞"图聆"晋级国家"双跨"工业互联网平台，羚羊工业互联网获评全国工业互联网年度最佳平台。

（十三）福建省

福建省数字经济加快发展。高标准建设国家数字经济创新发展试验区，2022年福建省数字经济增加值达2.6万亿元，对经济增长的贡献进一步加大。福建省深入实施"上云用数赋智"行动，纵深推进制造业数字化转型，形成6个国家级平台、27个省级工业互联网示范平台、222家标杆企业。优化提升网络基础设施，"千兆到户"实现县级以上区域全覆盖，5G网络实现所有乡镇全覆盖。制定实施公共数据资源开放开发管理办法，上线公共数据资源开发服务平台，推进公共数据资源化价值化进程。

（十四）江西省

2022年，江西省数字经济增加值突破万亿元、占GDP的比重为35%，智能制造能力成熟度居全国第八位。深入实施数字经济做优做强"一号发展工程"，梳理确定元宇宙、VR、智能终端、数字文创等20条主攻赛道，"一道一策"促进数字产业加快发展。大力实施"上云用数赋智""全景江西"建设等八大工程，全面推进赛道、项目、企业、集聚区、场景"五张清单"，南昌国家级互联网骨干直联点开通运营，赣州市、鹰潭市分别获批国家区块链创新应用试点、国家IPv6综合试点，5G网络实现"乡乡通"。

（十五）山东省

2022年1~11月，山东省信息技术产业营业收入突破1.5万亿元，较2021年约提高1.4%。2022年山东省新增国家"双跨"工业互联网平台2个，累计达到4个，占全国的1/7；在工业和信息化部衡量工业互联网发展水平的14项主要指标中，山东省有13项居全国前三、5项排名第一。2022年1~11月，山东省信息技术产业营业收入增长18.2%，其中，软件业务收入突破1万亿元，增长18.9%，增速在全国软件产业前十强省市中居首位。

2022年1~11月，山东省实施500万元以上技改项目12395个，培育省级数字经济重点项目523个，制造业数字化指数达到80.3，居全国首位；数字化效益规模7877亿元，位居全国第三；山东省入围2022年国家新一代信息技术与制造业融合发展试点示范20个、移动物联网应用典型案例11个，数量均居全国第一。

（十六）河南省

2022年，河南省规模以上高技术制造业、战略性新兴产业增加值分别增长12.3%、8.0%，增速分别高于规模以上工业增加值7.2、2.9%；高技术制造业投资增长32.2%，高于工业投资增速6.8%。数字消费和数字产业发展势头较好。2022年河南省限额以上单位通过公共网络实现的商品零售额同比增长15.7%，高于社会消费品零售总额增速15.6%；2022年1~11月，互联网和相关服务业营业收入增长14.3%，增速高于河南省规模以上服务业15.2%。

（十七）湖北省

2022年，湖北省大力实施数字经济跃升工程，数字经济增加值达到2.4万亿元，对经济增长贡献率超过60%；上云工业企业达到4.6万家，5G工厂108家，5G网络实现县域全覆盖；12个项目入选国家新型信息消费示范项目，数量位居全国第二，13个项目入选国家大数据产业发展试点示范项目，数量居全国第三。2022年，湖北省创新动能茁壮成长、新兴产业强筋壮骨、经济量质并进的特征更加鲜明。

（十八）湖南省

2022年，湖南省以算力为代表的"新基建"支撑先行一步。算法创新等六大行动率先启动实施，长沙国家级互联网骨干直联点开通运行，国家超级计算长沙中心算力达到200PFlops，在国内领先。国家工业互联网创新发展示范区成功获批，数字经济连续5年保持两位数增长，规模突破1.5万亿元。

新产业加快培育。湖南省通过实施服务业"双百"工程和示范集聚区提升工程，推动电子信息、新能源汽车、现代石化"新三样"加快发展。2022年高新技术产业增加值达11897.34亿元、增长12.7%，占GDP比重达24.4%，比2021年提高0.4%。新业态发展强劲。网上零售额增长11.3%；限额以上餐饮企业通过线上实现收入增长28.7%。

（十九）广东省

2022年，广东省规模以上工业高技术制造业增加值同比增长3.2%，占规模以上工业增加值比重29.9%，其中，医药制造业增长15.1%，计算机及办公设备制造业增长12.6%，医疗仪器设备及仪表制造业增长8.3%。先进制造业增加值增长2.5%，占规模以上工业增加值比重55.1%，其中，先进装备制造业增长9.6%，生物医药及高性能医疗器械增长12.5%。制造业发展新动能快速培育，高技术制造业投资增长25.5%，先进制造业投资增长17.8%。居民消费方式加快向线上转移，网络购物持续释放潜力，2022年广东省限额以上单位通过公共网络实现商品零售额增长13.4%，占社会消费品零售总额比重为12.2%。

（二十）广西壮族自治区

广西壮族自治区2022年新增国家级专精特新"小巨人"企业22家，总数排西部第4位，推进工业数字化升级，新培育智能工厂、数字化车间各70家，建成"星火·链网"超级节点，创建广西（柳州）国家级车联网先导区。我国首个面向东盟的F根镜像节点和国家域名顶级节点在南宁上线。

（二十一）海南省

2022年，海南省高技术制造业增加值增长1.6%，装备制造业增加值增长19.5%。2022年1～11月，海南省规模以上互联网和相关服务业营业收入同比增长24.4%，利润总额增长107.5%；软件和信息技术服务业营业收入增长3.5%；电信、广播电视和卫星传输服务业营业收入增长9.1%。

（二十二）重庆市

2022年，重庆市国家数字经济创新发展试验区和新一代人工智能创新发展试验区建设扎实推进。科技型企业、高新技术企业、国家专精特新"小巨人"企业分别达到42989家、6348家、255家。

重庆市开展制造业"一链一网一平台"试点示范，建成国家工业互联网数字化转型促进中心，新实施智能化改造项目1407个，推动企业"上云"1.3万余家。专班推进汽车、电子等重点产业保链稳链和集群发展，加快布局卫星互联网、硅基光电子等产业新赛道，战略性新兴产业增加值增长6.2%，软件业务收入增长10.5%。

新动能蓄势赋能，引领性作用增强。重庆市以创新发展为引领，大力推进数字经济相关行业发展，新动能保持良好增势。2022年1～11月，重庆市规模以上互联网平台、数字内容服务、信息处理和存储支持服务等营业收入分别增长1.2倍、49.7%和55.0%。

（二十三）四川省

四川省数字经济全面赋能，网络强省、数字四川、智慧社会建设加快，大数据、云计算、物联网运用更加广泛。2022年，四川省设立数字经济发展基金；如期完成国家数字经济创新发展试验区建设任务；启动建设全国一体化算力网络成渝枢纽节点，算力排名全球前十位的成都超算中心纳入国家序列，中国·雅安大数据产业园成为全国首个"碳中和"绿色数据中心。四川省数字经济核心产业增加值达到4324亿元。

（二十四）贵州省

2022年，贵州省加快发展大数据产业，全力推进全国一体化算力网络国家（贵州）枢纽节点和"东数西算"工程，贵阳大数据科创城集聚大数据及关联企业超过400家，华为数字经济创新中心落地贵州省。2022年贵州省软件和信息技术服务业收入增长90.5%，电子信息制造业增加值增长45.9%，数字经济增速连续7年居全国第一。省级"专精特新"中小企业新增228家、国家级"小巨人"企业新增17家。

（二十五）云南省

2022年，云南省数字经济快速发展，新建5G基站2.58万个，完成昆明国际互联网数据专用通道建设，昆明国家级互联网骨干直联点、根域名镜像服务器项目获批。

新动能引领作用增强。2022年，云南省高技术制造业增势良好，增加值增长39.4%，比2021年高4.5%；装备制造业高速增长凸显工业经济韧性，增加值增长49.1%，比2021年高16.4%。高技术制造业与装备制造业分别比规模以上工业增加值高31.7和41.4%。智能手机、新能源汽车等高技术产品产量分别增长75.7%、78.3%。

（二十六）西藏自治区

2022年，西藏自治区高新数字产业加快发展。

5G 网络已实现 74 个县及重点乡镇覆盖，新建 5G 基站 1423 个，千兆光纤已覆盖 5 万户家庭。拉萨区域性国际通信业务出入口局已建成运行，西藏自治区大数据中心挂牌运行。西藏自治区共有上云、上平台企业 300 余家、高新技术企业 112 家、国家级创新基地 13 家，2022 年数字经济增加值 200 亿元以上，同比增长 10% 以上。

（二十七）陕西省

陕西省经济运行稳中有进，预计 2023 年生产总值增长 4.5% 左右，固定资产投资增长 8.1%，规模以上工业增加值增长 7.1%。加快推进重点产业链优化升级，陕汽重卡扩能、隆基单晶电池等项目建成投产，比亚迪零部件扩产等项目落地，新能源汽车产量同比增长 272.7%，高技术制造业和装备制造业增加值同比增长 7% 和 12% 左右。大力实施科技型企业"登高、升规、晋位、上市"四大工程，科技型中小企业增长超过 40%，新增国家级专精特新"小巨人"企业 52 家，总数达到 162 家。国家超算西安中心一期建成投用，两个全国重点实验室、西安综合性科学中心和科技创新中心获批建设。

（二十八）甘肃省

甘肃省新动能加快积蓄，2022 年规模以上工业新入库企业 463 家，拉动甘肃省规模以上工业增加值增长 2.6%。装备制造业投资、制造业技改投资和高技术制造业投资分别增长 68.9%、54.4% 和 14.7%。信息传输、软件和信息技术服务业增加值分别增长 11.7%、10.2% 和 8.4%。

甘肃省科技创新持续活跃，2022 年共登记科技成果 1851 项，技术市场成交合同金额比 2021 年增长 20.7%。新基建扩面增效，建成 3.15 万个 5G 基站、66 个数据中心、15 个工业互联网平台。5G 网络实现市州城区全覆盖。兰州市获评全国 5G 网络速率最佳城市。全国一体化算力网络国家枢纽节点获批建设，兰州国家级互联网骨干直联点、庆阳数据中心集群、甘肃省算力资源统一调度服务平台加快建设。

（二十九）青海省

2022 年，青海省工业生产规模持续增长，高技术制造业增势强劲。青海省规模以上工业增加值比 2021 年增长 15.5%。从特色优势产业看，高技术制造业增加值同比增长 1.1 倍。

信息传输、软件和信息技术服务业保持良好发展势头。2022 年，在电信业务总量较快增长的带动下，青海省的行业增加值比 2021 年增长 12.9%，对经济增长的贡献率达 13.5%，拉动 GDP 增长 0.3%。计算机、通信和其他电子设备制造业实现利润 111.4 亿元，增长 3.8 倍。

（三十）宁夏回族自治区

2022 年，宁夏回族自治区数字经济起步发力。7 个大型数据中心建成投用，总装机能力达到 70 万台，数字政府建设等工作走在全国前列。算力质效指数居全国第四，数据中心产业发展指数居西部第一。

宁夏回族自治区创新步伐明显加快。2022 年，规模以上工业高技术制造业增加值增长 31.6%，战略新兴产业增加值占规模以上工业增加值的 17% 左右。综合科技创新水平指数从全国第二十位提升到第十八位。

（三十一）新疆维吾尔自治区

新疆维吾尔自治区抢抓政策和市场机遇，及时出台促进硅基新材料、新型电力系统、石油化工和现代煤化工等产业加快发展的政策措施，建立重点产业链供应链企业"白名单"制度，狠抓 50 项重大工业项目建设，硅基电子材料、新能源等产业实现快速增长，2022 年新疆维吾尔自治区工业投资增长 28.1%，规模以上工业企业利润增长 27.3%。

新疆维吾尔自治区充分发挥科技创新引领作用。2022 年，新疆维吾尔自治区本级新增 20 亿元财政科技经费投入，带动全区研发经费投入增长 27.2%，扭转了过去 5 年逐年下降的趋势。2022 年，新疆维吾尔自治区出台"科技创新 26 条"，组织实施重大科技项目 194 个，克拉玛依国家高新技术产业开发区、昌吉国家农业高新技术产业示范区获批建设，高新技术企业净增414家、增长43.4%，取得历史性突破。

四、数字经济发展关键举措

2023年是全面落实党中央、国务院关于发展数字经济重大战略部署的关键阶段，把握新形势、新特征、新要求，建议从以下关键举措入手来做优做强做大我国数字经济。

（一）继续推进新型数字基础设施建设

根据数字经济发展需求及发展基础，滚动推进新一代网络基础设施、绿色算力节点、新技术基础设施、融合基础设施适度超前建设。发挥工业和信息化系统各部门的牵头作用，协同各相关部门单位做好数字基础设施的保护工作，为数字经济持续快速发展奠定坚实的数字底座支撑能力。

（二）以创新技术驱动产业链进化升级

加强关键核心技术攻关，加快高端芯片、操作系统、人工智能等关键核心技术研发，注重原始创新和生态培育。聚焦集成电路、工业软件、高端装备等重点领域，加快补齐产业链短板，打造自主可靠的数字产业链供应链。以产业园区为载体，面向资源共享、协同制造等重点环节，开发数字化解决方案，培育一批园区数字化转型标杆，推进产业集群化发展。

（三）深化制造业数字化转型升级

引导制造业企业借助工业互联网实现数字化升级。推动矿山、能源、交通、物流、医疗等重点行业数字化升级，形成一批可复制、可推广的行业数字化转型系统解决方案。围绕制造业企业数字化转型需求，鼓励大企业、领军企业搭建数字化平台，面向中小企业开放销售数据资源、共享能力，将中小企业纳入大企业创新体系和供应体系，带动中小企业数字化转型。打造区域数字化制造集群，培育数字化特色工业园区和制造业产业集群。

（四）全面提升数字经济治理水平

推动规范平台、数据、算法等制度出台，划清市场行为的违法违规边界，针对新业态变化快、创新多的特点，更好地发挥行业公约、标准规范等对法律法规体系的有效补充作用。推动数字平台反垄断监管常态化发展，将企业的"二选一"、大数据杀熟、屏蔽封杀等滥用行为纳入常态化监管，推动行业规范有序健康发展。强化数字技术在治理中的应用，利用互联网、大数据、云计算、人工智能、区块链等数字技术提升治理效能，用好工信大数据平台，降低治理成本，提高治理效率。

（五）构建数字经济现代市场体系

优化数据资源供给，建设国家数据统一共享开放平台。培育数据要素市场，加快构建数据要素市场规则，培育规范的数据交易平台和市场主体，推动数据资源交易流通。建立公平开放的市场准入制度，制定和实施产业准入负面清单制度，加强平台经济、共享经济等新业态领域反垄断和反不正当竞争规制，完善数据安全保护管理和个人信息保护制度，建立行业企业网络安全分类分级管理制度。加强资本对数字技术研发、新型基础设施建设的投入力度，加强数字技能培训，培育数字技术人才和应用创新人才。

五、数字经济发展趋势展望

近年来，我国完善了要素市场体系，积极发展数据要素市场，建立数字经济发展部际联席会议制度，全面开展新型基础设施建设，积极推行数字人民币，推动"上云用数赋智"，加大传统产业数字化转型力度，推动建立数据基础制度体系等，数字经济宏伟蓝图已初具形态。数字经济与实体经济的深度融合，已经成为我国经济发展的主旋律。

（一）"5G+工业互联网"成为企业数字化转型的重要路径

截至2022年，我国5G基站总量已达231.2万个，占全球比例超过60%。5G融合应用不断拓展，数字化发展支撑作用不断增强。2022年，智能制造、智慧医疗、智慧教育、数字政务等领域的5G融合应用成果不断涌现。全国投资建设的"5G+工业互联网"项目数超 4000 个，打造了一批 5G 工厂，"5G＋工业互联网"成为企业数字化转型的重要路径。在政府的合理引导下，产业链核心企业发挥牵头作用，带领产业生态内的相关企业，建立工业互联网技术标准体系，打通产业链上下游的数据通道，促进数据要素在产业生态内的流通，重塑产业的价值创造模型。2023 年，在智能制造领域将会大量出现"5G＋工业互联网"示范工程，促进该领域产业数字化的发展。

（二）人工智能成为数字经济发展的核心赋能技术

随着以 ChatGPT 为代表的人工智能大数据模型不断突破，人类社会逐步进入通用人工智能时代。北京市提出，2023 年要全面夯实人工智能产业发展底座。支持头部企业打造对标 ChatGPT 的大模型，着力构建开源框架和通用大模型的应用生态。人工智能从研发到应用落地需要政府的支持。北京市把人工智能当作战略产业来推进，从政策到法规给予了大力支持。在数据层面，北京市对外开放了 115 个市级单位的数据，包括公共服务事项指南、财税金融、城市管理等领域的 15880 个公共数据集。在算力层面，除了昇腾人工智能计算中心，北京市计划在未来几年持续加强人工智能算力建设，预计到 2025 年年底可以新增 4500PFlops 算力，为人工智能产业的成长提供强大的数字底座。

（三）数据要素在数字经济发展中的作用愈加凸显

发展数字经济必须要激活数据要素，激活数据要素就必须要建立完善、公平、可信的数据市场。2022 年 12 月，《中共中央 国务院关于构建数据基础制度更好发挥数据要素作用的意见》印发，该意见为建立规范、公平、完善的数据市场提供了指导，数据市场在 2023 年将超越近些年各地所尝试的"数据交易所"模式，与数据流通场景更加紧密地融合，在统一监管下创新打造一系列的场景数据市场。其中，政府数据市场非常值得期待，政府的海量数据资源将会以各种形式进入市场。以北京市为代表的数据资源发达地区，将会推出"公共数据目录""数据共享机制"等市场政策，建立政府数据市场的基本架构。

（四）数字化转型逐步向县域和中小企业下沉

"十四五"中期，地级市以上的城市数字化转型将取得较好的成效，数字化转型逐步向县域和中小企业渗透。县域工业经济在我国工业体系中占据半壁江山，诞生了大量的小商品"隐形冠军"。部分"隐形冠军"以空间地域的产业集群为单位推进整体数字化转型，已形成近 3000 个数字化产业带。数字化产业带以中小企业为主力军，构成了我国工业数字化转型的产业基础。同时，中小企业的"数据意识"逐步觉醒，从营销环节向企业经营全链条展开，加速推进数据要素化和数据变现增值。未来，数字化原生型中小企业将加速涌现，凭借特色性竞争优势向"专精特新""独角兽"型实体企业发展。

（五）数字政府赋能数字经济营商环境进一步向好

2023 年，加快恢复经济发展成为最重要的主题。各地推出一系列改革举措，积极打造高效便捷、公平有序的营商环境，持续激发市场主体活力和创造力。2023 年 2 月 17 日，《国务院办公厅关于深入推进跨部门综合监管的指导意见》发布，该意见提出，依托"互联网＋监管"等现有信息系统，推动市场竞争更加公平有序、市场活力充分释放。同时，我国数字政府建设正处于持续升级的重要阶段。在此过程中，政务服务从数字化、网络化向融合化、智能化迈进，社会治理现代化水平不断提高；以"网络协同"为特征的智慧政务成为常态，形成开放共享的数据资源体系，将充分释放数字化发展的红利，为数字经济和营商环境建设持续赋能。

（中国信息通信研究院　李治民）

数字经济与实体经济融合发展的困境和解决策略

实体经济是社会发展的重要支撑，也是为人们生活提供物质保障的基础。在现阶段的网络技术发展中，不断衍生出新的经济形态。数字支付、数字购物、数字旅游等新形态对经济发展起到了新的推动性作用，也满足了人们多样化的文化娱乐需求。新形势下，我国对经济的发展提出了新要求，数字经济与实体经济的融合发展可以加快社会的运转效率，改善社会的发展现状，稳定经济发展成果。电子信息技术的发展优化了社会的运转效率，各个行业与互联网行业的融合发展促进了数字经济的发展。在教育方面，数字化教育资源的共享有利于打破教育资源的均衡问题；对实体制造企业来说，数字经济可以加快行业产业链整合，促进订单管理、运输、仓储、配送等流程的数字化管理，使生产的管理和产品的销售产生实质性的变革。但是，在实际的融合发展过程中，可能会遇到一些融合问题，存在数字系统研发更新速度较慢的现象。这就需要我们在融合创新发展中做到实体经济的数字化转变、行业产业链的数字化变革、基础技术与共性技术的研发投入等，一方面可以确保两者的融合力度，另一方面也可以加快产业创新，提升市场竞争力，生产出更好的产品。

一、数字经济与实体经济融合促进高质量发展的逻辑分析

（一）数字经济的发展推动实体经济资源整合

传统的实体经济发展形式较为单一，其生产加工是一个体系，销售售后是另一个体系，制定行业目标则由上层进行统筹规划，这不利于员工的上通下达。在数字经济的发展中，可以将实体经济的制造销售模式进行转化，以满足客户需求为主要目标，然后整合上下游供应链，缩短供应时间，合理安排供应量，降低存储量，提升实体经济的配置能力，对主要产业进行重组创新，以数字形式展示各项流程指标，这既提升了效率，又降低了管理成本。

（二）数字经济的发展促进经济体制融合创新

数字经济的发展实现了实体经济的快速融合。在强国目标的推动下，加快经济供给侧改革，创新合作优势，深化经济合作发展，是现有经济体制融合的重要推动力。同时，在数字经济的推动下，网络平台、数字化处理改变了创业就业方式，为实体经济的流通、分配、合作提供了更加广阔的平台。

二、数字经济与实体经济融合发展的现状和挑战

（一）数字经济与实体经济融合发展的现状分析

在现阶段，数字经济与实体经济相融合，部分实体经济的数字化体现较为明显，在社会上也形成较大的反响，对数字经济的发展起到了促进作用。例如，在移动支付领域，支付宝和微信支付已经占据了主要的支付渠道，是先进支付的一种数字化体现。但是，在其他领域，还有若干融合问题或行业的发展受限。

（二）数字经济与实体经济融合发展的约束与挑战

数字经济与实体经济的融合发展会遇到许多问题。数字化硬件产品的输入是主要的约束问题，不利于数字经济的转移。例如，部分企业对数字化工厂持怀疑态度，担心实体经济与数字经济融合后会

增大经济泡沫化的概率,影响实体经济的发展;部分企业的资金投入少,不足以支撑数字化办公、数字化制造、数字化销售反馈等流程;部分企业对数字化融合的积极性和重视程度不够,是现阶段遇到的主要挑战。

(三)数字经济治理体系亟待完善与加强

数字经济的发展历程较短,在行业管理体系建设中存在不足之处。例如,数字经济治理体系的管理方式较为粗浅,还没有建立起统一的数字化管理平台,在发展过程中可以对各项指标进行分析,加强大数据分析与数据要素的管理,加强对客户的活动资源进行数字化分析,不断促进数字经济体系的管理创新。

三、数字经济与实体经济融合发展的策略分析

(一)加强基础技术与共性技术研发

基础设施建设是开发数字经济的核心,首先是在国家政策的推动下,不断完善各项数字化设备的硬件建设,在各地建设数据中心等;再将不同行业的实体经济与数字经济进行共性融合;最后对实体经济的数字化体现进行合理的运转,实现数字经济与实体产业的促进发展。基础硬件是保证数字经济运转的基础,而共性技术的开发可以简化数字化流程,保证数字经济的运转效率与合理性。

(二)以实体经济为基础打造数字经济产业链

实体经济不是由单一的厂区、销售门店等实体组成的,而是由多个上下游渠道配合打造的。在数字经济中,做好产业链的数字化是关键。例如,在制造业的数字化推进过程中,可以将互联网技术与制造研发技术相匹配,利用三维建模、二维制图、制造模拟等缩短制造流程,降低制造成本,做好研发与制造之间的匹配;在装配制造环节中,需要有多个供应商渠道供货,最后在集成车间进行组装交付,转为数字化生产后,可以将生产订单流程化,打造专业的工业数字平台,在订单生成后,由各个供应商计算好供应件的交付时间,组装车间依据经验做好零件到位、产品的交付时间,对实体产品的上游供货商、集成车间、客户交付等流程进行数字化产业链打造,进而形成合作共赢的产业链条。

(三)加强实体经济的数字基础建设

对于实体经济而言,难以应用数字经济的发展模式和发展渠道,在两者融合的过程中,需要将大量的物理资产通过数据化的方式展现,利用远程交易模式进行更多的交易,从而提升整体融合效率。但是这种融合在一定程度上来说是建立在各交易主体相互信任的基础上的。要促进两者的融合,必须加强对相关人员的教育和指导,不断培养其数字经济意识,提高对数字经济的应用水平,以此在融合的过程中促进产业全面升级,不断提升产业发展质量,从而提升经济发展质量。

随着经济增速的逐渐放缓,数字经济与实体经济的融合十分必要。在数字经济与实体经济的融合发展中,首先要加大对数字经济的重视力度,不断创新经济体制,加快两者的融合深度与广度;加大资金投入力度,建设全面的数字经济平台,在数字平台上完成对实体经济发展模式的数字化展现;另外,加大数字经济的基础设施建设,技术在更新发展,要将更多的产业链融合到数字经济中,强化实体经济的数字化基础建设。在工业实体经济发展中,依托数字经济实现全产业的升级创新是核心,也是推动工业体系创新发展的关键。

(中国通信企业协会 赵俊涅)

F5G 构筑数字经济底座，赋能千行百业

一、数字经济与数字基础设施

数字经济是继农业经济、工业经济之后的主要经济形态，是以数据资源为关键要素，以现代信息网络为主要载体，以信息通信技术融合应用、全要素数字化转型为重要推动力，促进公平与效率更加统一的新经济形态。

数字基础设施是数字经济的底座，涵盖了第五代移动通信技术（5th Generation Mobile Communication Technology，5G）、第五代固定网络技术（The 5th Generation Fixed Network，F5G）、数据中心、云计算、人工智能、物联网、区块链等技术，以及基于此类技术形成的各类数字平台。数字基础设施已经开始像水、电、公路一样，逐渐成为社会生产生活的必备要素，其重要性与日俱增。国务院印发的《"十四五"数字经济发展规划》，部署了优化升级数字基础设施等8个方面重点任务，明确了信息网络基础设施优化升级等11个专项工程。

数字基础设施与铁路、公路等传统基础设施在建设内容、行业生态、监管要求等方面存在诸多不同。为引导数字基础设施合规发展，2022年，我国一些地方政府相继出台了有关数字基础设施的规定，明确了数字基础设施的基本内涵、主管部门、建设要求等内容，逐步建立及完善数字基础设施领域的法规体系。从整体情况来看，目前各地方关于数字基础设施的立法内容主要以两种方式呈现。

一是将数字基础设施的规定作为数字经济促进条例或者数据条例的专章进行规定，例如，2022年出台的《北京市数字经济促进条例》《深圳经济特区数字经济产业促进条例》《辽宁省大数据发展条例》等地方性法规或草案，均有关于数字基础设施的专门性规定，并将数字基础设施作为数字经济发展的重要组成方面，与数字经济中的数据资源发展利用、数据安全、数字治理等板块的规定衔接，共同形成数字经济领域的整体规定。

二是针对数字基础设施出台了专门的法规、规章或政策性文件，例如，2022年出台的《贵州省信息基础设施条例》《广东省通信工程建设监督管理暂行办法》《上海市信息基础设施管理办法》《深圳市推进新型信息基础设施建设行动计划（2022—2025年）》等。该类规定中，除了部分政策性文件对于数字基础设施发展提出原则性和方向性的意见，其余专项法规、规章对于数字基础设施的相关问题都进行了较为详细具体的规定。

二、F5G

欧盟发布了《欧洲数字十年：2030年数字目标》和《超大容量网络指南》，从政策、资金、监管等方面指引欧洲各国千兆光纤网络的建设。2020年2月，欧洲电信标准组织（European Telecommunications Standards Institute，ETSI）正式发布F5G标准，提出了"光联万物"产业愿景，以宽带接入10Gbit/s无源光网络（Passive Optical Network，PON）、光纤到房间（Fiber to The Room，FTTR）、第六代Wi-Fi（Wi-Fi 6）、光传送单波200Gbit/s和光交叉连接（Optical Cross-Connect，OXC）为核心技术。F5G是在光网的接入侧提升光纤化、宽带化水平，实现千兆速率，承载侧利用全光底座实现千行百业的品质承载。

F5G从标准组织到行业应用都实现了快速发展。

欧洲电信标准组织的会员近 100 家，提交了 1000 余篇的文稿，成立了 13 个工作项目进行技术研究，召开了 60 余场次的周边组织研讨，极大地带动了 F5G 的标准化工作以及行业应用。F5G 构筑数字基础设施的连接底座逐步成为全球产业的共识。中国社会科学院的研究报告显示，2020—2025 年，F5G 平均每年能拉动中国的国内生产总值（Gross Domestic Product，GDP）增长 0.3%。

三、F5G Advanced

2022 年。我国数家机构联合发布了《F5G Advanced 白皮书》，其目标是实现像水、电、公路一样的"无处不在的全光基础设施"，在 F5G 原有特征的基础上，F5G Advanced 新增了增强宽带、绿色敏捷全光网、全光联接等特征，具体如下。

一是增强宽带。从千兆接入迈向万兆家庭、万兆园区网络。

二是绿色敏捷全光网。打造光传送网一跳直达、10 倍能效提升的绿色敏捷全光网。

三是全光联接。打造智能家居、智慧楼宇、全光园区的数字化底座，提升宽带品质。

四是低时延高可靠工业级联接。时延达到微秒级超可靠的全光生产网，助力千行百业数字化、智能化升级。

五是体验可保障。家庭宽带从可视定位到体验自优化，专线 / 算网极速智能联接提质。

六是通感一体化。光缆数字化，挖掘光纤网络的潜能。

四、F5G Advanced 主要技术

（一）400Gbit/s 和 800Gbit/s

随着我国"东数西算"工程正式全面启动，优化东西部间互联网络和枢纽节点间直连网络，成为一项重要的任务，国外围绕数据中心建网也成为趋势。数据中心互连和干线光网络流量持续提升，需要传送网的传输端口速率持续翻番，并能在距离不变的情况下单纤容量倍增，实现骨干网络的大容量传输。

在技术和设备标准化方面，400Gbit/s 城域标准已经发布，400Gbit/s 长距标准在 2021 年年底完成立项，预计于 2024 年发布；800Gbit/s 标准当前在讨论，线路侧及系统标准后续会跟随产业发展逐步提上日程。

为了适配这一需求，光电产业需要在光模块、光谱、光纤及相应的系统调测领域做好关键技术准备。一是光模块端口速率需要由当前的 200Gbit/s 提升到 400Gbit/s 和 800Gbit/s，同时要能保持相同或近似的传输能力，需要在高性能编解码算法、FEC 算法及非线性补偿算法方面进行研究。二是光放在 400Gbit/s 阶段将从原来的 C 波段扩展到 C+L 波段，实现频谱翻倍，从而可以在频谱效率基本不变的情况下实现容量翻倍。在频谱效率面临瓶颈的情况下，800Gbit/s 代际可继续探索更宽频谱的技术演进路线。三是新型光纤的研究和探索，包括有效面积大、非线性低的 G.654E，以及多芯少模光纤、空芯光纤等。

（二）端到端波长交换

目前，全球范围内骨干层面均已经部署大规模的可重构光分插复用器（Reconfigurable Optical Add/Drop Multiplexer，ROADM）/ 光交叉连接网络，光层调度逐步向城域汇聚及接入层延伸。与传统的光层平面相比，全光网实现业务波长级一跳直达，减少复杂的电光转化，建立无阻塞、超低时延、全光调度式"高速立交"，高效疏导业务流量，极大地提升了带宽调度效率。

（三）光业务单元

光业务单元是光传送网（Optical Transport Network，OTN）面向城域网大规模、小颗粒专线承载场景演进的网络技术，采用更小的时隙粒度（Mbit/s 级），支持海量的弹性硬管道连接，提供可承诺的确定性低时延，完善的端到端操作维护管理功能，满足城域网专线承载场景的高品质需求。

国内外标准组织积极开展光业务单元标准的研究与制定，中国通信标准化协会（China Communications Standards Association，CCSA）已经完成光业务单元标

准立项，国际电信联盟（International Telecommunication Union，ITU）已经完成 G.OSU 标准的立项、场景需求及技术方向的讨论，在 2022 年 9 月 ITU-T SG15 全会上达成众多的技术方向共识，为光业务单元标准制定奠定了基础。

光业务单元关键技术特点如下。

一是海量连接。单 100Gbit/s 支持 10000 级别的连接，实现单个城域网络内十万级的连接数。

二是带宽弹性可调。支持按业务需求，实现管道带宽的无损调整。

三是时钟透传。支持固定比特率业务的透明传输，满足用户业务的时钟性能要求。

四是业务感知和映射。支持业务感知，实现业务流到光业务单元管道的封装映射。

五是稳定低时延。大颗粒业务电层穿通处理时延达到 10μs 以内。

（四）50Gbit/s PON

2021 年 9 月，国际电信联盟批准发布了 50Gbit/s PON 标准。50Gbit/s PON 采用点到多点（P2MP）架构，利用波分复用实现单纤双向传输、下行时分复用、上行时分多址接入技术，实现 OLT 和 ONU 之间的点到多点通信。第一版本支持下行 50Gbit/s 和上行 12.5Gbit/s 或 25Gbit/s，未来增强版将支持对称 50Gbit/s。50Gbit/s PON 的业务支持能力也得到增强，单帧多突发、注册窗口消除、协作动态带宽分配（Cooperative Dynamic Bandwidth Allocation，Co-DBA）等技术降低了传输时延和抖动，PON 切片技术提升了确定性业务质量保障的能力。

2022 年 7 月，中国联通携手烽火通信在武汉完成我国首个 50Gbit/s PON 现网业务试点。试点结合虚拟现实（Virtual Reality，VR）、超高清视频、企业云办公等多个场景，对 50Gbit/s PON 技术的实际应用，以及 50Gbit/s PON 与 10Gbit/s PON 共享光分配网络（Optical Distribution Network，ODN）的可行性进行了现网验证，推动 50Gbit/s PON 产业的逐步成熟。

（五）Wi-Fi 7

电气电子工程师学会（Institute of Electrical and Electronics Engineers，IEEE）成立 802.11be EHT[1] 工作组，从网络吞吐、干扰抑制、频谱效率和时延优化等多个维度对无线保真（Wireless Fidelity，Wi-Fi）标准进行优化提升，制定了第 7 代 Wi-Fi 标准。按照 EHT 工作组立项时的目标：对于无线局域网（Wireless Local Area Network，WLAN），将吞吐量提升到 30Gbit/s（大约是 Wi-Fi 6 的 3 倍）；对于实时应用，将时延控制在 5ms 以内。为此，Wi-Fi 7 在 Wi-Fi 6（IEEE 802.11.ax）的基础上引入以下新技术。

一是物理层的提升。Wi-Fi 7 工作在 2.4GHz、5GHz 和 6GHz 3 个频段上，最大频谱带宽为 320MHz，从频谱角度来看，在相同流数和相同编码的情况下，相比 Wi-Fi 6 的 160MHz 带宽，峰值理论吞吐量提升了一倍；支持 4096-QAM（Quadrature Amplitude Modulation，正交振幅调制），每个符号承载 12 比特的信息，在相同的编码下可以提升 20% 的速率；支持 16×16 MIMO[2]，单个路由器理论上可以通过 16 根天线（16 条空间流）收发信号，物理传输速率将提升两倍。

二是多链路聚合。为了实现所有可用频谱资源的高效利用，需要在 2.4GHz、5GHz 和 6GHz 频谱上建立新的频谱管理、协调和传输机制。Wi-Fi 7 定义了多链路聚合（Multi-Link Operation）技术，主要包括增强型多链路聚合的媒体存取控制位址架构、多链路信道接入和多链路传输等相关技术。多链路聚合是指多个频段或者信道的聚合。多链路设备（Multi-Link Devices，MLD）可以同时使用 2.4GHz、5GHz 和 6GHz 频段，通过负载均衡，或跨多个频段进行数据聚合，从而显著提高整体速率

---

1. EHT（Extremely High Throughput，极高吞吐量）。
2. MIMO（Multiple Input Multiple-Output，多输入多输出）。

并降低连接时延。

三是正交频分多址（Orthogonal Frequency Division Multiple Access，OFDMA）增强。支持多资源单元（Multi-Resource Unit，Multi-RU），Wi-Fi 7 允许单个站点（Stat）同时占用多资源单元，并且不同尺寸的 RU 可以进行组合；支持前导码打孔，在连续信道遇到干扰时，将主信道和剩下的不连续的可用从信道捆绑，提升频谱的利用率。

四是多接入点（Access Point，AP）协同。Wi-Fi 7 不仅提升 AP 本身的性能与可靠性，也关注多个 AP 间进行更合理的资源配置，以达到整个网络的性能最优。多 AP 间的协同调度方式主要包括协同空间重用（Coordinated Spatial Reuse，CSR）、联合传输（Joint Transmission，JXT）、协同正交频分多址（Coordinated Orthogonal Frequency Division Multiple Access，C-OFDMA）和协同波束赋形（Coordinated Beamforming，CBF）。

除了上述技术，Wi-Fi 7 还涉及非正交多址接入（Non-Orthgonal Multiple Access，NOMA）、混合自动重传请求（Hybrid Automatic Repeat reQuest，HARQ）及更优的信道探测等技术。Wi-Fi 7 的 Release1 版本重点关注的特性主要集中在物理层，包含 320MHz 频谱带宽、4096-QAM、多链路聚合和 OFDMA 增强等。16×16 MIMO 和 HARQ 等特性将会在 Release2 版本中。

Wi-Fi 7 引入的新功能将提升数据的传输速率并提供更低的时延，更有助于新兴应用，例如，智能家居、虚拟现实课堂、远程医疗影像、工业互联网、云计算、边缘计算等。

（六）FTTR

宽带发展联盟统计显示，截至 2022 年 8 月，我国超过 20 个省（自治区、直辖市）发布了 FTTR 业务，在"十四五"期间，将有 15%～20% 的家庭采用 FTTR。

FTTR 是将光纤进一步延伸至家庭/小微企业内部的每一个房间，通过光纤构建信息基础设施，围绕业务体验保障为室内每个区域提供高质量的网络。

FTTR 由主设备、从设备和室内光纤分布式网络 3 个部分组成。在家庭/小微企业接入点位置部署主设备并以其为中心，通过室内光纤分布式网络连接多个从设备，从设备基于需求和规划部署，为每个区域提供千兆光纤、千兆 Wi-Fi 的网络覆盖。

室内光纤分布式网络是 FTTR 的主要特征，全屋一张网是 FTTR 的发展趋势，通过集中网管可以实现业务与连接协同、光和 Wi-Fi 协同等，将一张 FTTR 网简化为一个管理点，支持一键式业务发放及智能运维。FTTR 一张网运维框架和管理模型有待业界共同研究和定义。

（七）确定性 PON 切片

PON 在企业园区需要面向企业办公、园区安防、生产制造等多种应用场景的融合。确定性 PON 采用网络切片技术动态实现了 PON 业务承载的微服务，即细分确定性 PON 的性能，从而按照不同的应用场景，把同一张物理 PON 全光网络划分为多个互相独立的逻辑网络。不同应用场景下的业务由不同性能的网络切片承载，既保证不同业务的差异化网络服务，又保证在某个切片中的流量突发异常等状况下不影响其他关键数据流的性能。确定性 PON 切片按照不同应用场景需求可以分别选择管理级切片、设备级切片和业务级切片。

（八）自智网络

电信管理论坛（Telecom Management Forum，TMF）、ITU、ETSI、3GPP、IETF、CCSA 等标准组织持续聚焦各自专长领域，立项自智网络相关课题和标准，并借助多标准化组织自智网络合作会议协同推进，初步形成"需求用例＋参考架构＋分级标准＋技术规范""通用标准＋多专业标准"的标准体系。

支撑光网络自智网络的关键技术主要覆盖以下 4 个技术方向。

一是运力可视。通过实时感知算网状态，对网络利用率、时延等多因子进行综合权值分配，可计算出满足不同业务的服务级别协议需求，同时均衡利用网络资源的路径。

二是秒级自动开通。 通过打通业务支撑系统（Business Support System，BSS）/运营支撑系统（Operation Support System，OSS）的各子系统间接口，整合设备商网络管控系统的光业务自动发放能力，可支持应用驱动的秒级自动开通。

三是超大网管控。 部署"Super控制器＋域控制器"两级架构，域控制器负责单域业务调度，Super控制器完成跨域业务调度，两级控制器协同实现百万级大网灵活调度。

四是个性化服务。 光线路终端具备智能化能力，在线智能识别质差、体验状态、家庭组网、质差瓶颈4类70多个网络支撑系统的标签，从而实现业务支撑系统面向千兆网络和光纤到房间，更精准地实现个性化服务。

（九）通信感知融合

通信感知融合技术主要包括以下3种。

光纤传感技术。 光纤不仅可以进行信号传递，同时，具备良好的振动、温度、应力等感知功能。通信感知融合是大势所趋，数字化感知实现万物智联，光感知助力社会安全高效生产，向自动化、智能化迈进。

Wi-Fi传感技术。 受到环境和人类活动的影响，Wi-Fi信号在传输过程中存在衰落、阴影、多径等效应，通过测量发送信号和接收信号之间的线性变换关系，可以得到表征信道环境特征的通道状态信息（Channel State Information，CSI）。Wi-Fi传感基于信号处理、特征分析、深度学习等技术，对通道状态信息进行信号噪声过滤和特征提取，进而识别出环境中的人员活动状态、动作类型和活动规律等信息。IEEE将推出Wi-Fi传感标准802.11bf，将无线设备转变为传感器，计算人和物体物理空间中信号的干扰和反弹收集有关人和物体的数据。已建立的Wi-Fi设备将成为用于确定特定区域内人、物体位置和网络交互的一部分。

光纤传感技术。 光纤传感器是以光学量转换为基础，以光信号为变换和传输的载体，利用光纤传输光信号的一种传感器。光纤传感器主要由光源、光纤、光检测器和附加装置等组成。

五、F5G/F5G Advanced 应用场景

F5G/F5G Advanced的应用场景主要包括面向消费者（C）端、家庭（H）端的生活场景（例如，智能家居、云VR、超高清视频等），以及面向商业（B）端的垂直行业场景（例如，智慧教育、智慧医疗、智能制造等）。

（一）智慧家庭

随着千兆家庭业务渗透率的提升，千兆家庭向智慧家庭发展，各种家庭终端通过全光接入和Wi-Fi 6/Wi-Fi 7实现互联，承载智能家居、元宇宙等时延敏感业务。Omdia公司预测，2027年31%的固定宽带用户将订阅千兆服务。

智能家居以住宅为平台，基于物联网技术，是由硬件（智能家电、智能硬件、安防控制设备等）、软件系统、云计算平台构成的一个家居生态圈，能够实现用户远程控制设备、设备间互联互通、设备自我学习等功能，通过收集、分析用户行为数据为用户提供个性化的生活服务。通感一体化的Wi-Fi传感技术将成为全屋智能安防的关键切入点。Wi-Fi传感技术为运营商提供了一个统一数字家庭安防和网络安全的机会，例如，用户通过一个应用程序监控网络安全、家庭入侵、烟雾报警等。Omdia公司的数字消费者服务提供商洞察报告显示，超过57%的运营商认为智能家居是数字消费者市场的最大商机，在线视频与游戏等其他受欢迎的数字服务都排在它的后面。具体包括：一是消费者对能够改善家庭安防的解决方案尤其感兴趣，例如，配备专业监控服务的智能报警系统（48%）、智能锁（48%）、智能视频门铃（47%）及智能安防摄像头（45%）；二是消费者健康意识的增强促进了智能技术的普及，智能健康监测设备的采用率在2021年上升。监测健康突发事件（例如突发心脏病）的智能设备采用率增幅最大，采用率从2020年的15%增至2021年的21%，推动这一设备类别的排名上升到第二位；三是鉴于网络被黑客攻击的威胁，越来越多的消费者意识网络安

全服务的价值。2021年，网络安全服务在采用率和消费者兴趣水平这两个指标上均同比出现增长。

元宇宙通常是指经由人体感知与人机交互设备（例如虚拟现实、增强现实设备等），实现生活、生产等活动，并实现与现实社会交互、映射和影响的数字虚拟空间和虚实融合社区，具备虚实共生、沉浸交互、开放生态等特点。随着元宇宙概念持续升温，2022年我国一些省市相继发布了元宇宙产业规划。元宇宙在C端的应用围绕社交、游戏等消费场景，借助实时音视频、虚拟现实、增强现实等关键技术，聚焦提升多场景下的多感官沉浸式体验。以云化虚拟现实为例，网络技术的匹配度决定了云化虚拟现实沉浸体验的程度。从体验提升的维度出发，云化虚拟现实业务的演进可分为4个阶段：发展早期阶段、入门体验阶段、进阶体验阶段和极致体验阶段。进阶体验阶段和极致体验阶段的用户对家庭网络带宽的需求分别达到560Mbit/s和1520Mbit/s，端到端时延在10ms以内，丢包率小于10^6。用50Gbit/s PON、Wi-Fi 7、FTTR构建的家庭网络能满足业务极致体验阶段的云VR对确定性低时延和超大带宽的需求。

（二）智慧教育

教育部等六部门印发的《关于推进教育新型基础设施建设构建高质量教育支撑体系的指导意见》提出"升级校园网络，推动校园局域网升级，保障校内资源与应用的高速访问"。

具备增强宽带、绿色敏捷全光网、全光联接等特征的F5G/F5G Advanced网络构成智慧教育的数字底座。以采用无源光局域网（Passive Optical LAN，POL）组网的全光校园网为例，在校区放置2台光局端OLT，实现"1+1"冗余备份及双上行级联，采用Type B双归属保护或Type C双归属保护。同时，全光校园网将校园网和设备网接入部分融合为一张网，通过无源光网络共同承载，简化网络结构，融合后的光局端OLT上行采用10GE光口分别与现有核心交换机对接。不同类型的业务走不同的业务通道实现业务隔离，同时通过硬管道隔离及加密技术确保业务安全。

全光校园网的应用场景包括虚拟现实课堂、远程教学等。虚拟现实课堂有助于解决教育公平和居家学习效率提升的痛点。与传统授课方式相比，虚拟现实课堂更直观、更具趣味性，学生们可以在模拟的教室中直接与三维教学内容互动，还可以在线上与同学和老师协作，不受地理位置限制。在虚拟现实课堂中，学生可以"穿越"到特定的历史时期，亲身体验事件发生地点和经过，或进行物理、化学、生物等模拟实验等。

（三）智慧医院

工业和信息化部等十部门联合印发的《"十四五"医疗装备产业发展规划》提出改造提升医疗卫生健康网络基础设施，构建新型的数字基础设施和医疗平台，支撑有序有效的分级诊疗。国家卫生健康委员会印发的《关于进一步完善预约诊疗制度加强智慧医院建设的通知》指引医院加强智慧医院建设，加快建立线上线下一体化的医疗服务新模式，发挥互联网医疗服务在改善医疗服务中的积极作用，持续推动智慧医院、互联网诊疗和互联网医院快速、健康发展。

具备增强宽带、绿色敏捷全光网、全光联接等特征的F5G/F5G Advanced网络构成智慧医院的数字底座。智慧医院的全光网主要包括全光医院园区、全光院区互联。全光医院园区采用无源光局域网的组网方式，连接医院院区内部医疗设备、医院信息系统、网络设备等。全光院区互联采用光传送网设备，用于医院不同院区之间的网络连接，以及不同医院之间的网络连接。光传送网提供超大带宽、超低时延、高可靠性的硬管道连接。

智慧医院全光网的应用场景包括远程影像和虚拟现实医疗等。随着医学影像精度的提高，医学影像数据量也在不断增加：拍摄一次计算机断层扫描影像产生的数据量为数百兆字节，拍摄一次核磁共振会生成数百张图片，数据量可达数吉字节，冠状动脉造影的数据量更大。在虚拟现实医疗场景下，医疗机构将每位患者器官的三维模型上传至病历系统服务器，与患者的身份、病情等其他信息相匹配，并与相关的虚拟现实设备连接，便可建立基于虚拟现实的电子病历系统。该系统可以展示患者的身体三维模型、诊断记录、手术记录、医嘱等，患者可以通过移动设备以扫描二维码的形式访问该系统，并利用虚拟现实设备浏览携带自身健康信息的三维模型。

（四）智能制造

工业和信息化部等八部门联合印发的《"十四五"智能制造发展规划》部署了我国智能制造"两步走"战略，提出了一系列具体目标，其中，到2025年的具体目标：一是转型升级成效显著，70%的规模以上制造业企业基本实现数字化、网络化，建成500个以上引领行业发展的智能制造示范工厂；二是供给能力明显增强，智能制造装备和工业软件市场满足率分别超过70%和50%，培育150家以上专业的水平高、服务能力强的智能制造系统解决方案供应商；三是基础支撑更加坚实，完成200项以上国家标准、行业标准的制/修订，建成120个以上具有行业和区域影响力的工业互联网平台。

具备增强宽带、绿色敏捷全光网、低时延高可靠工业级联接等特征的F5G/F5G Advanced工业光网构成智能制造的数字底座。工业光网是工业OTN、工业PON等采用光技术实现设备互联互通的网络技术总称，可根据工业企业的实际建网需求部署，为企业生产管理业务提供便捷高效的光网络承载。企业可以通过建设一张全光网实现工业网络的生产控制、厂区监控、办公业务的统一接入等，完成人、机、物的全面互联。此外，企业还可以按照发展需求将工业光网与工厂内现有网络相结合，实现工业光网与工业以太网、5G、Wi-Fi等网络技术的融合组网。

工业OTN设备可以部署于工业园区网络中的园区骨干网，用于连接园区云基础设施、园区公共服务网络和企业生产网络，此外还可以通过部署OTN网络实现不同园区的互联互通，以及从园区到公有云的连接。

工业PON设备可以部署在企业车间、工厂等，用于承载企业的生产、监控和办公业务，是构建工厂智能化的基础。工业互联网PON技术可以有效解决智能工厂和数字车间的通信交流，构造安全可靠的工厂内网络，完成制造业基础设备、工艺、物流、人员等方面的基础信息采集，实现工业现场协议的灵活转换等。

在工业光网络中还需要研究一些关键技术，包括网络切片技术、融合网络架构、工业网络安全体系、工业网络监测体系、工业网络标准化、云化可编程逻辑控制器等，以便根据不同的制造业领域需求形成更具针对性的解决方案。

工业光网络在智能制造的主要应用场景包括大数据收集、远程监测与精准控制，具体如下：

大数据收集。工业生产过程中，自动化设备可以实时产生大量的数据，并通过传感器等实现实时收集、反应和预测，从而形成全过程端到端的大数据。以钢铁及石化工业为代表的流程制造业，正在努力实现从数字化交付到数字化运营的全方位数字化转型的目标。

远程监测。远程监测主要用于工业生产中人工难以作业的场合。

精准控制。利用通信技术满足工厂内信息采集及大规模机器间的通信需求，利用毫秒甚至是微秒级的低时延技术为工业机器人与机器设备之间带来实时互动和协调，提供高效精准的工业控制。

（五）智能轨道交通

交通运输部和科学技术部印发《"十四五"交通领域科技创新规划》，提出大力发展智慧交通，推动云计算、大数据、物联网、移动互联网、区块链、人工智能等新一代信息技术与交通运输融合，加快北斗导航技术应用，开展智能交通先导应用试点。

轨道交通传输网分为线网传输系统和线路传输系统。线网传输系统是连接轨道交通主用、灾备中心及各线路中心等主要业务节点之间的主干传输系统，主要用于连接城市交通控制中心与各条轨道交通线的控制中心，部分地方还会连接线网云平台，它能统筹管理各条轨道交通线路的运力分配和列车调配，协调轨道交通、公交与城市交通的运力，实现城市公共交通资源的最佳配合。线路传输系统则主要用于单条轨道交通线的业务传输，是连接轨道交通主用、灾备中心及本线各车站、车辆段、停车场等业务节点的传输系统。线路传输系统作为各种业务信息基础承载平台，为通信系统的各子系统及其他自动控制、管理系统提供控制中心至车站（或车辆段）、车站至车站（或车辆段）的信息传输通道。云计算、大数据、人工智能的引入，对轨道交通通信提出了新的挑战。相对于传统的轨道交通信，云化业务对传输带宽和实时性要求更高，要求将各业务系统的数据实时传递到云平台，这就对传输网提出了新的要求：云化带来数据存储位置上移，高清、高质量监控点的建设与增加，这些都需要传输带宽匹配。

具备增强宽带、绿色敏捷全光网、体验可保障等特征的 F5G/F5G Advanced 网络构成智能轨道交通的数字底座。对于轨道交通业务来说，除了视频监控，大部分业务的颗粒均在 100MHz 以下。以列车调度业务为例，该业务主要完成调度指挥信息的记录、分析、车次号校核、自动报点、正晚点统计、运行图自动绘制、调度命令计划下达等功能，实际带宽量不大，轨道交通传输网引入 OSU 封装后，OTN 平面可以直接提供 OSU 通道来承载该业务，实现车站到调度所的小颗粒管道直达，同时也和其他业务实现物理隔离，确保业务之间相互不受影响。

除了提升业务的承载效率，OTN 还能实现云网协同等特性，帮助轨道交通业务实现云化存储，为轨道交通业务全面上云提供网络层面的支持。

（六）数字乡村

中共中央网络安全和信息化委员会办公室等十部门印发《数字乡村发展行动计划（2022—2025 年）》，部署了数字基础设施升级行动、网络帮扶拓展深化行动、智慧农业创新发展行动、新业态新模式发展行动、数字治理能力提升行动、乡村网络文化振兴行动等方面的重点行动。

具备增强宽带、绿色敏捷全光网、体验可保障等特征的 F5G/F5G Advanced 网络构成数字乡村的数字底座。一方面，数字乡村建设加速推动"双千兆"在农村地区的覆盖，持续优化乡村网络基础设施条件；另一方面，通过物联网芯模和物联网管理平台构建数字乡村感知体系，逐步实现从"基础连接"到"万物智联"的跃升，打通数字乡村的神经末梢。

（七）智慧楼宇

我国多地相继发布了"十四五"期间智慧楼宇行业发展规划，提出要依托 5G、F5G、大数据、数字孪生等技术，构建智慧楼宇服务体系。中国联通开展楼宇商企深耕行动，面向中小企业开展"云 + 网 +X"融合营销，带动云网业一体化规模发展，2B2C 协同发展。中国电信在楼宇市场提出数字化智慧楼宇，打包"双千兆宽带 + 定制终端 + 公有云桌面"业务，为中小企业提供整体信息化服务。中国移动集中专项资源优先覆盖楼宇客户，以企业宽带为基础，面向聚类市场分类推广"网 + 云 + 应用"业务，在楼宇市场进行 C 端、H 端、B 端的融合拓展。

六、展望

F5G/F5G Advanced 构筑数字经济底座，孵化新模式新业态，在生活、家庭、教育、医疗、政务等民生领域形成示范性的应用，逐步赋能制造、交通、农业等行业，缩小城乡数字基础设施和数字经济发展能力差距，协同推进数字产业化和产业数字化，促进数字技术和实体经济深度融合，为高质量发展注入强劲动能。

（中国联通研究院　程海瑞　贾　武）

以中国式元宇宙助力数字经济做强做优做大

《数字中国建设整体布局规划》指出,"建设数字中国是数字时代推进中国式现代化的重要引擎,是构筑国家竞争新优势的有力支撑。加快数字中国建设,对全面建设社会主义现代化国家、全面推进中华民族伟大复兴具有重要意义和深远影响"。同时强调,"推进数字技术与经济、政治、文化、社会、生态文明建设'五位一体'深度融合。做强做优做大数字经济,培育壮大数字经济核心产业,推动数字技术和实体经济深度融合,加快数字技术创新应用,支持数字企业发展壮大,推动平台企业规范健康发展;打造自信繁荣的数字文化,大力发展网络文化,加强优质网络文化产品供给,推进文化数字化发展,深入实施国家文化数字化战略,提升数字文化服务能力,打造若干综合性数字文化展示平台,加快发展新型文化企业、文化业态、文化消费模式"。2023年国务院《政府工作报告》也指出,"大力发展数字经济,提升常态化监管水平,支持平台经济发展"。无论是战略层面的顶层规划还是实践层面的政策落地,我国都对发展数字经济给予了前所未有的重视与支持。

元宇宙作为数字经济的新高地,是网络强国和数字中国的新前沿,是数字经济和实体经济深度融合的新领域、新赛道,是高质量发展的新动能、新优势。中国移动咪咕公司作为科技创新国家队、数字经济主力军、新媒体国家队主力军、沉浸式媒体先锋队,始终聚焦数字内容的生产、聚合及传播,进行前沿探索与积极实践。2021年11月,中国移动咪咕公司发布了元宇宙MIGU演进路线图,此后又联合清华大学马克思主义学院针对元宇宙相关基础理论开展了理论研究,并通过"内容+科技+融合创新"开展了一系列元宇宙创新实践,努力在推进元宇宙及数字经济的发展中,争取为讲好中国故事、发展中国理论、服务中国实践贡献力量。

一、中国式元宇宙战略布局

纵观世界文明史,人类先后经历了农业文明、工业文明、信息文明3个阶段。经济形态也快速从自然经济、商品经济、服务经济向体验经济形态演进;媒介形态随着高速网络的发展,呈现信息密度不断加大、互动性不断增强、媒介形态不断升级的新特征;通信技术不断加速发展,其所承载的信息密度不断增强,信息量爆发式增长。新一代信息技术将信息社会推向数智时代。元宇宙将为人们提供更具拟真感的沉浸式体验,并不断加速演进,逐步实现新一代信息技术的融合、数字空间与实体空间的融合、科技与金融的融合,以及碳基生命与硅基生命的融合。

基于以上认知,中国移动咪咕公司在2021年中国移动合作伙伴大会上,正式对外发布了元宇宙MIGU演进路线图,路线图自下而上包含4层架构:一是输出算力的5G+算力网络层,以"网络无所不达、算力无所不在、智能无所不及"为目标,实现以数促实;二是以算力为动力,以大幅提升生产效率、降低技术门槛为目标的新型数字引擎和数字工具机,以数助实,赋能千行百业;三是基于全新的动力和引擎,为用户打造新型数实融合场景,以数强实,提供沉浸式体验;四是基于沉浸式体验,数实融合,构建原生于物理时空又深度交融的多重混合时空。

二、中国式元宇宙理论探索

探索元宇宙的"中国自主的知识体系",是为我国及广大发展中国家在元宇宙的国际治理中争取话语权、主导权、议题设置权和规则制定权做理论探索。基于此,中国移动咪咕公司围绕人类文明演进的基本规律及元宇宙的理论积极进行前沿探索。

能量和信息是驱动人类文明演进的基本规律,通过能量信息化、信息能量化、能量和信息一体化推动人类文明不断发展和进步,推动信息文明从初级阶段的网络文明发展至高级阶段的元宇宙文明。当前,人类社会加速迈入信息文明时代,信息和能量作为驱动人类文明进步的两条主线,正由相对独立发展向彼此融合创新演变,拓展了全社会数字化转型的丰富多样性和无限可能性。

元宇宙理论围绕元宇宙的历史必然性、客观现实性、价值规范性和治理公共性进行较为深入的研究,并得出以下重要结论。一是关于元宇宙与元宇宙文明。元宇宙概念的魅力在于愿景聚合,元宇宙成功描绘了完整的信息技术愿景,统一了以往在信息技术领域移动通信技术、云计算技术、虚拟现实技术、区块链技术对未来图景的描述。元宇宙概念的核心在于时空构建,元宇宙将以现实的而不是虚拟的面貌呈现在人面前,是可以与物理时空交融的数字时空。元宇宙可以实现时间压缩和空间拓展,助力生命的时空遍历。元宇宙的发展必然孕育元宇宙文明,元宇宙文明是信息文明的高级阶段。二是关于元宇宙的历史必然性。元宇宙适应新一轮工业革命的需要,且必然推动经济基础变革,催生新产业新业态、变革经济系统逻辑,拓展经济增长的空间,因此元宇宙是技术高地和产业高地,也是我国必争之地。三是关于元宇宙的客观现实性。能量利用水平和信息传递水平的发展趋势展现了元宇宙的客观现实性。元宇宙描绘了人类信息传递水平在及时、方向、感知、便捷、能力和能耗这六大维度上进一步变革的可能,即实时反馈、万物互联、全感官体验、解放创造力和绿色低碳循环。四是关于元宇宙的价值规范性。元宇宙应是迈向人类命运共同体的阶梯和实现全人类共同价值的数字时空,积极引导元宇宙服务于全人类共同价值,应坚持和谐、创新、绿色、安全、共赢的产业发展之路。五是关于元宇宙的治理公共性。元宇宙治理需要应对认知障碍挑战、伦理道德挑战、权责界定挑战、文明冲突挑战、技术垄断挑战、数字货币挑战、数字主权挑战和内容安全挑战。

三、中国式元宇宙产业实践情况

中国移动咪咕公司基于元宇宙理论探索,在理论指导下围绕"比特景观"不断开拓创新,开展了一系列中国式元宇宙产业创新实践。"比特景观"是指原生于物理时空且与之交融的数字时空编排,包括比特空间、比特资产、比特数智人、比特场景、比特转播等。其中,比特场景是在比特景观中发生的一切活动和事件的总称,比特数智人是基于算力、数字引擎及新一代技术融合建构于全新时空的数字形象,比特资产是指可存在于比特景观里,且具备使用和交换价值的一切数字现实。

(一)比特场景实践

1. 5G冬奥元宇宙

作为2022北京冬奥会官方转播商,中国移动首次实现530余场全量赛事直播,为广大用户带来了首个数实融合的"冬奥冰雪元宇宙",为冰雪运动和冰雪行业进入元宇宙打造了标杆。创新元宇宙互动演艺形态,打造主流文化影响力,举办了首个冬奥会官方认证支持的冬季冰雪运动IP数字音乐会——集光之夜,六大数字场馆打造纵向多层次的平行世界,明星艺人与数字偶像组成跨次元阵容共同演出,用户以游戏第一视角任意穿梭互动,真正实现边看边玩。通过咪咕视频、移动高清、视频彩铃"铁三角"产品矩阵构建沉浸观赛体验,实现全球首次8K超高清直播规模化应用，推出首个冬奥冰雪小镇，创造性地将 HDR Vivid、360°环拍技术、5G + XR、AI 智能字幕等十大黑科技应用到冬奥赛场，让广大用户在冬奥元宇宙中感受独特的冰雪魅力。冬奥会期间，共收获 340 亿内容播放量、511 个策划热搜、711 亿全网热度，其中包括 6700 万次的国外曝光，中国移动咪咕公司为 5 位冠军打造的数字分身还参与了国家广播电视总局的网络春晚演出，助力推进体育运动和冰雪文化加速破圈。

2. 世界杯元宇宙

作为卡塔尔世界杯持权转播商，中国移动咪咕公司创新推出了宏大奇妙的世界杯元宇宙比特景观，打造了 5G 时代首个世界杯元宇宙，为体育产业打造了产业数字化的新范式。在我国实现首创批量数智人参与全球顶级赛事转播和内容生产，数智人在全部嘉宾中占比 17%，元宇宙数智化制作场次占比 40%；首创中国自主知识产权音视频标准——AVS3 编解码、HDR Vivid 和 Audio Vivid 的商业化播出；基于中国移动双千兆网络，首创 5G + 低时延转播方案，端到端时延下降 80%；首创基于 3D 渲染引擎的裸眼 3D 视频彩铃，播放量超 12 亿次；首创多屏多视角"车里看球"智能座舱（覆盖 80% 2022 年新能源汽车企业）；首创 5G + 算力网络 + 云引擎对赛事进行比特转播并实现跨手机 / 平板计算机 /AR/VR/ 大屏的全新体验，让用户身临其境，通过云 AR/VR 360°体验运动员第一视角进球场景；首创 5G + 算力网络的元宇宙地标性比特景观"星际广场超时空派对""星座·M 元宇宙互动空间"；全球首个 5G + 算力网络元宇宙比特音乐盛典，动感地带数智代言人橙络络惊艳启动。登录中国移动咪咕全系产品首批领取比特身份入住"元住民"超 180 万，元宇宙互动体验用户超 5700 万，360 亿次全场景内容播放量，2079 个全端热搜。

3. 数智竞技

数智竞技是在数实融合的时空中进行智能比拼的科技体育新模式，是基于算力网络和分布式引擎打造的全新场景。中国移动咪咕公司聚焦 MCG 数智竞技、XR 数智竞技、体育实况元宇宙及传统电竞升级不断拓展创新，独家运营 2022 年杭州亚运会机器人竞技表演赛 VR 数字科技体育表演赛，积极参与数智竞技生态的打造，与亚洲电子体育联合会（AESF）共同成立亚洲数智竞技创新中心（IDEA），充分发挥自身优势，推进数智竞技国际化标准建设，大力推动数字技术与新兴体育项目的融合发展。

（二）比特空间实践

1. 文旅元宇宙鼓浪屿示范项目

作为文化和旅游部 T.621 产业联盟的牵头单位，中国移动咪咕公司与厦门市人民政府于 2022 年达成战略合作，积极推进厦门元宇宙建设，打造国内文旅元宇宙标杆示范项目。在第二十二届中国国际投资贸易洽谈会期间，依托 5G + T.621 + AR 技术创新，推出鼓浪屿元宇宙 AR 夜景秀，首创超大范围、超广视野的山、海、岛、城多维空间融合场景，跨海域总长达 6.5 千米，覆盖面积超百万平方米。通过映射物理时空，中国移动咪咕公司推动数实融合，提出国家级数字空间新概念，通过开放空间探索，激发用户共创，创新用户经营共创新玩法，通过聚合生态平台，探索文旅创新，打造产业生态共赢新模式。世界杯期间，编号 178151"鼓浪屿"元宇宙比特小行星也进入星座 M，成为世界杯元宇宙比特景观中最亮的一颗星，成功地为文旅行业产业升级和产业演进到元宇宙提供了中国移动方案。

2. 星际广场 / 星座·M

世界杯期间，基于 5G + 算力网络打造的元宇宙比特空间星际广场 / 星座·M，为演艺行业和文博行业打造了互动演艺元宇宙和互动文博元宇宙的新典范。用户可以通过云渲染技术一键生成元宇宙比特形象，以专属的比特身份登录星际广场，参与万人同屏观赛，打卡世界杯名场面。不仅可以实现多屏多端无界连接，还可以实现人、场、演、物、游全景交互。用户的比特分身还可以前往星座·M，畅游六大比特景观区（世界杯球场 / 主秀场、音娱空间、体育空间、艺术空间、游戏空间、商城空间），参与由明星艺人及其数智分身共同演绎的全球首个元宇宙比特音乐盛典——动感地带世界杯音乐盛典咪咕汇。该盛典创新地使用了"实时渲染、高精建模、数实融合、全景交互"等技术，为每一位明星艺人和数字分身量身定制了超写实的 XR 舞美景观，为数字演艺行业升级打造了新方案。星际广场 / 星座•M 实现业内首创的单一比特空间实时渲染全互动用户破万，5G + 算力网络分布式实时渲染并发破十万次，5G + 算力网络云游戏全场景月活破亿，以 94 亿曝光、167 个热搜、3.76 亿次全场景观看量席卷全网。

（三）比特数智人实践

1. 数智明星

中国移动咪咕公司结合优势 IP 内容资源及数智人最新生产技术，通过研发超高清人脸三维重建、三维人脸拟合、物理仿真、3D 妆容、声音复刻及带情感 TTS 语音合成等能力，攻克流体与布料、毛发交互难题，赋能超写实数智人生产制作的全流程，实现超写实数智人的智能化生产。冬奥冠军谷爱凌数智分身 Meet Gu 成为奥运首个超写实数智达人，实现了亚毫米级真人复刻、3D 人脸拟合精度、全自动化表情，并首创谷爱凌真人与数智分身 Meet Gu 连麦互动直播；与 NBA 联合打造的首个超写实篮球数智达人古逸飞，以篮球运动为内核，任务功能专业且多元；为国家京剧院带来首个数智人——尤子希是首个超写实格斗数智达人，应用精准动作、表情捕捉技术制作而成；中国移动视频彩铃 M 启明星——R.I.M 瑞米以元宇宙原创音乐唱作人身份出现，成为数字厂牌"赛博现场"演出者，并发行首支摇滚单曲《超越无界》。清华大学新闻与传播学院新媒体研究中心发布的《2022 虚拟数字人综合评估指数报告》显示，Meet Gu 综合排名位列四强，尤子希位列第十。

2. 个性化比特身份

兔年春节期间，中国移动咪咕公司首创数智人视频彩铃拜年新玩法，创新地将元宇宙体验引入熟悉的新春拜年场景，让人人都有自己专属的比特分身。用户只需要进入"数智人视频彩铃"活动页面，选择新春系列视频彩铃模板，或者上传个人照片通过 AI 技术，自由捏脸、换装，并随意搭配背景，定制自己专属的元宇宙比特分身，在通话场景享受到元宇宙大拜年的惊喜与乐趣。在新时代传递新年味，让更多元宇宙体验与玩法走近千家万户的日常生活。视频彩铃拜年引发全网热议，体验用户达 1.09 亿。

四、未来展望

随着数字经济的快速发展，数字经济和实体经济将在更大范围、更宽领域、更深层次深度融合，信息能量融合创新大有可为、信息服务大有可为、数字经济大有可为。中国移动咪咕公司将以全力构建基于"5G + 算力网络 + 智慧中台"为重点，系统打造数字经济新型信息基础设施；通过创新构建"连接 + 算力 + 能力"新型信息服务体系，赋能千行百业，促进数字经济和实体经济深度融合；通过"内容 + 科技 + 融合创新"，推动物质文明和精神文明协同发展，不断满足人民对美好生活的向往，以中国式元宇宙助力数字经济做强做优做大，为实现中国式现代化贡献中国移动的力量。

（咪咕文化科技有限公司　朱　泓　苏　婕）

我国算力产业发展分析与面临的挑战

当前，算力的重要性已被提升到新的高度。算力作为数字经济时代新的生产力，对推动科技进步、行业数字化转型及经济社会发展发挥着重要作用。在全球算力规模快速增长的大背景下，我国算力产业发展迎来难得的机遇期，却也面临着诸多挑战，只有牢牢把握行业数字化、智能化的发展趋势，遵循算力发展的特点和规律，才能构建我国算力产业发展新格局，为数字经济蓬勃发展提供有力的支撑。

一、我国算力产业发展的机遇

全球算力进入新一轮快速发展期，人工智能、数字孪生、元宇宙等新兴领域的崛起，推动算力规模快速增长、计算技术多元创新、产业格局重构重塑。

（一）算力规模保持快速增长态势

在以万物感知、万物互联、万物智能为特征的数字经济时代背景下，全球数据总量和算力规模继续呈高速增长态势。根据国家数据资源调查报告，2021年全球数据总量达到67ZB，2019—2021年平均增速超过26%。中国信息通信研究院分析，2021年全球计算设备算力总规模达到615EFlops，增速达到44%，经过多年发展，我国已形成体系较完整、规模体量庞大、创新活跃的计算产业，日益提升在全球产业分工体系中的重要性。然而，我国算力产业发展仍面临产业基础薄弱、技术创新不足、供需匹配失衡等挑战。

2021年，全球基础算力、智能算力、超算算力规模分别为369EFlops、232EFlops、14 EFlops。结合华为全球产业展望预测，2030年，人类将迎来YB数据时代，全球算力规模达到56ZFlops，平均年增速达到65%。多样化的智能场景需要多元化的算力，人工智能、科学研究及元宇宙等新兴领域快速崛起对算力提出了更高的要求，英特尔预估元宇宙需要将计算能力提升1000倍，英伟达认为沉浸式体验下的实时渲染算力还差百万倍。我国算力规模也在持续扩大，数据中心、智能计算中心、超算中心等算力基础设施加快部署，2021年基础设施算力规模达到140EFlops，位居全球第二；2021年计算设备算力总规模达到202 EFlops，全球占比约为33%，保持50%以上的高位增长，高于全球增速。

（二）算力技术呈现多元创新特点

万物智联时代，海量数据和多样应用需求拉动算力规模成倍增长、算力结构持续调整，以多元化、融合化为特征的先进计算技术迎来新一轮的发展浪潮。面向海量数据、实时响应、泛在多元、绿色安全等场景的信息处理需求，通过计算理论、器件、部件、系统平台等融合性创新和颠覆性重构，形成更高算力、更高能效、更加灵活多样的计算技术和产品，这将有助于实现单点计算性能的提升与算力系统的高效利用。一方面，先进计算作为推动技术革新的新动力，推动基于硅基半导体的经典计算技术持续向前演进，以系统化思维逐步改变芯片设计思路，形成专用计算架构、异构计算架构、泛在协同计算架构等多样化的计算架构；另一方面，计算技术与数学、物理、生物等多学科交叉融合，由此衍生的量子计算、存算一体、光计算、类脑计算等颠覆性计算技术取得突破性进展，推动非经典计算从理论走向实践。

（三）算力产业格局有望重构重塑

在整机方面，受益于经济的快速复苏，全球服务器市场持续增长，IDC统计数据，2021年全球服务器市场出货量和销售额分别为 1353.9 万台和 992.2 亿美元，同比增长 6.9% 和 6.4%，HPE/新华三、戴尔、浪潮、联想和华为排名市场前五位，市场份额分别为 15.6%、15.4%、8.9%、6.4% 和 1.9%。随着训练数据规模和模型复杂度的不断增大，AI 服务器需求快速增长，根据 IDC 的统计数据，2021 年全球 AI 服务器市场规模达 156 亿美元，同比增长 39.1%，超过服务器整体增速，浪潮、戴尔、HPE、华为和 IBM 排名市场前五位，市场份额分别为 20.9%、13%、9.2%、5.8% 和 4.1%。在芯片方面，使用 x86 架构的服务器 CPU 仍然占据绝对优势，ARM 芯片产品也在逐步崛起，英伟达、亚马逊、华为、阿里巴巴等企业已陆续推出自研 ARM 服务器 CPU，2022 年第二季度 ARM 处理器约占服务器市场的 7.1%，ARM 处理器市场份额仍将不断提升，到 2024 年接近 10%。在 AI 芯片方面，英伟达、英特尔、AMD 等传统芯片企业加速完善 AI 芯片产品体系，不断推进全能力建设，抢占多样性算力生态主导权。国内芯片厂商、整机系统厂商、互联网厂商纷纷加速 AI 芯片的研发和产业化，算力产业格局有望重构。

二、我国算力产业发展面临挑战

我国计算产业规模约占电子信息制造业的 20%，规模以上企业 2300 余家，算力创新能力不断提升。2021 年，我国计算机领域发明申请超过 3 万件，先进计算领域涌现一批创新成果，基础软硬件持续突破，新兴计算平台系统加速布局，前沿计算技术多点突破，"创新突破、兼容并蓄"的产业发展新格局正在加快构建。然而，我国算力产业发展仍面临一些挑战。

（一）我国算力产业基础依然薄弱，产业生态体系仍需完善

在芯片层面，服务器芯片市场长期被英特尔的 x86 架构主导，2021 年英特尔、AMD 的市场份额分别为 81%、16%；在 AI 芯片市场，英伟达在云端 AI 芯片的市场份额超过 90%。在生态层面，芯片、操作系统、数据库等多样性算力产业体系仍需完善，先进计算软硬件自主研发投入不足，国内产品存在一定的同质化竞争现象，软硬件平台难以支撑上层业务的应用发展。此外，有待完善先进计算技术标准体系，亟待加强现有标准化工作的推进，不同芯片、操作系统、固件、整机系统兼容性问题制约了产业的进一步发展。

（二）我国算力技术创新存在不足，系统创新思维亟待提升

当前算力的提升面临多维度的挑战，从芯片到算力的转化依然存在"鸿沟"，单一技术升级路径已经难以匹配算力高质量发展的需求，我国计算产业迫切需要针对不同的应用领域，提升全体系协同、多路径互补的系统创新能力，以系统化思维创新芯片设计思路和优化计算系统架构，实现分布式算力的集约化应用，提高计算效率，克服"功耗墙""存储墙"等发展瓶颈。

（三）我国算力供需之间匹配失衡，算力应用赋能亟待加强

我国算力需求在逐步释放的同时，算力应用的广度和深度仍需加强，应用场景落地推广难度较大。我国互联网行业仍然是算力需求最大的行业，占整体算力的 50%。尽管算力对各个行业数字化、智能化升级的支撑赋能作用日益显著，目前，垂直行业的算力需求匹配度依然不足。算力应用存在标准不足、数据共享不够、资源接口不统一等壁垒，多元化、普惠性的算力设施建设尚不完善。

三、未来发展的建议

当前，国家及各地"十四五"算力发展规划加速落地，下一步要全面贯彻落实党中央、国务院的决策部署，立足制造强国、网络强国和数字中国建设，牢牢把握行业数字化、智能化发展的浪潮，结合算力发展的特点和规律，不断培育壮大算力产业规模，

提升算力供给的能力，激发创新驱动的活力，持续优化发展环境，强化应用赋能效应，深化对外开放合作，着力构建我国算力产业发展的新格局，为数字经济蓬勃发展提供有力支撑。

（一）夯实算力基础设施建设

坚持适度超前的原则，加快数据中心、智能计算中心、超级计算中心等算力基础设施建设，以建带用、以用促建，推动算力基础设施水平的持续提升。加快构建全国一体化大数据中心体系，强化算力统筹智能调度，建设若干国家枢纽节点和大数据中心集群，建设E级和10E级超级计算中心。持续推动算力基础设施绿色低碳发展，统筹布局绿色智能的算力基础设施建设，有序推动传统算力基础设施绿色升级，加快打造数网协同、数云协同、云边协同、绿色智能的多层次算力设施体系。

（二）促进算力核心技术研发

充分发挥我国超大规模市场和体制优势，紧扣科技自立自强的要求，打造以算力为核心的软硬件协同创新生态体系，以多元化、系统化创新带动产品链条升级。加强先进计算关键技术创新，推动高端芯片、计算系统、软件工具等领域的关键技术攻关和重要产品研发，着重弥补短板薄弱环节。加强基础研究和多路径探索，加快存算一体、量子计算、类脑计算等前沿技术领域战略布局，构建未来发展竞争优势。鼓励算力企业持续提升自主创新力和知识产权布局能力，增强核心竞争力。加强"产、学、研、用"的协同机制，强化算力领域高端人才的培养和引进。

（三）提升计算产品供给能力

加快培育壮大先进算力产业，推动面向多元化应用场景的技术融合和产品创新，增强计算设备、计算芯片、计算软件等计算产品的竞争优势，推动产业发展迈向全球价值链中高端。构建先进计算企业梯度培育体系，在做大做强先进计算领军企业的同时，引导中小企业"专精特新"发展，构建大中小企业融通发展、产业链上下游协同创新的发展新格局。优化各地区先进计算产业布局，促进产业集聚集群发展，提高现有园区的发展质量和水平，形成区域布局合理、辐射带动影响大的算力产业体系。

（四）营造算力产业发展环境

引导社会资本参与算力基础设施建设和算力技术产业发展，引导金融机构加大对算力重点领域和薄弱环节的支持力度，鼓励符合条件的金融机构和企业发行绿色债券，支持符合条件的企业上市融资。深化公共数据资源的开发利用，加快推进区域数据共享开放、政企数据融合应用等数据流通共性设施平台。加快数据全过程应用，构建各行业各领域规范化数据开发利用的场景，提升数据资源价值。加强数据收集、汇聚、存储、流通、应用等全生命周期的安全管理。

（五）强化算力行业应用赋能

深入挖掘算力在新型信息消费、智慧城市、智能制造、工业互联网、车联网等场景的融合应用，完善算力供需对接。强化算力应用推广，充分发挥算力对制造、金融、教育、医疗等各行各业的赋能作用，打造千行百业应用标杆，推动形成关键领域共性标准模式。鼓励加强先进算力系统解决方案和行业应用创新，推动异构计算、智能计算、云计算等技术在垂直领域的拓展应用，加快传统行业数字化转型，促进实体经济高质量发展。

（六）深化对外开放和国际合作

加强与"一带一路"沿线国家在算力基础设施、算力技术产业、数字化转型等领域的合作，打造互信互利、包容、创新、共赢的合作伙伴关系，拓展数字贸易的广阔发展空间。进一步优化营商环境，促进公平竞争，加强知识产权保护，激励更多的外资企业进入中国市场，鼓励国内企业积极拓展海外市场。持续深化拓展算力领域的国际交流与合作，促进技术创新要素在国家间的流动，为我国算力发展营造良好的国际环境。

（中国信息通信研究院　王骏成）

我国算力网络发展趋势分析

近年来,数字经济已成为发展新动能,算力也将成为继热力、电力之后新的关键生产力。在"新基建"战略和"东数西算"工程的指引下,2022年我国算力基础设施快速发展。工业和信息化部数据显示,截至2022年6月,我国服务器规模约为2000万台,算力总规模从2016年的31EFlops增长至150EFlops,位列全球第二。截至2022年年底,我国在用数据中心机架总规模超过650万标准机架。

据不完全统计,2022年3家电信运营商服务器招标总量近60万台,总价值超200亿元。其中,中国移动服务器集中采购数量最大,根据公示集中采购结果的项目标包,中国移动合计34.39万台,中国电信共计约20万台,中国联通云服务器招标总量为4.48万台。

一、算网建设处于"泛在连接"阶段,多领域广泛应用

"以网强算,以算促网"产业共识深入人心,如今算力不再是狭义上的计算能力,而是集"算力、存力、运力"于一体的新型生产力,算力在数字政府、工业互联网、智慧医疗、远程教育、金融科技、航空航天等领域得到广泛应用。

在算力广泛应用的同时,我们看到不同场景对算网功能呈现不同的需求,例如,热业务对时延要求最敏感,包括金融、直播、游戏等场景;温业务对算力需求最大,包括智慧城市、智慧政务等场景。不同场景对算力网络功能的需求对比如图1所示。

业务类型	平均网络时延	部署建议	平均算力需求	典型业务场景		
热业务 (低时延业务)	<10ms	城区部署	5%~10%	金融交易	直播	游戏
				车联网	物联网	AI推理
温业务 (时延相对敏感业务)	<30ms	区域部署	55%~60%	智慧城市	智慧政务	工业互联网
温冷业务 (时延不敏感业务)	<100ms	算力枢纽 (东数西算)	20%~30%	灾备	视频转播	医疗影响
				基因测序	大数据	云会议
冷业务 (时延不敏感、数据读写频率低业务)	>100ms	算力枢纽 (东数西算)	10%	数据备份	归档	
				AI训练	邮件	

资料来源:《东数西算专题研究报告》,艾瑞咨询研究院自主研究及绘制。

图1 不同场景对算力网络功能的需求对比

随着算力逐步赋能千行百业,一批具有示范效应的算力平台、新型数据中心及产业基地相继落地,带动地方数字经济发展。但算力网络建设和发展过程并非一蹴而就,主要分为泛在连接、融合感知和无感调用这3个阶段。

目前,我国算力网络建设正处于泛在连接阶段,由电信运营商牵头各研究院和相关组织共同立项开展研究,同时推进大型数据中心和异构算力层面的算网资源补齐。一方面,截至2022年9月,"东数西算"八大算力枢纽节点中新开工数据中心项目60

余个，新建数据中心规模超110万标准机架项目总投资超4000亿元。另一方面，2022年10月，"东数西算"八大算力枢纽节点间算力网络及调度平台建设战略合作签约仪式在上海举行。

随着算力网络理念进入大众视野，2022年，我国算力网络迅速发展，具体可以从算力网络基础设施、算力承载网络和行业标准3个方面阐述。

第一，算力网络基础设施建设迅速铺开。"东数西算"工程驱动全国数据中心建设步伐加快，5G快速发展驱动边缘计算产业繁荣。就电信运营商而言，中国移动、中国电信和中国联通在2022年上半年算力网络等相关业务资本开支分别达到200亿元人民币、101亿元人民币和46亿元人民币，3家电信运营商的云业务在2022年上半年均实现翻番。

第二，算力承载网络基础不断夯实。"IPv6+"的快速发展为算力网络奠定更强大的技术基础。例如，2022年11月，中国联通联合华为申报"IPv6+"标准制定、设备研制、组网设计及规模应用，标志着"IPv6+"相关产业的快速发展。

第三，算力网络行业标准制定有序开展。 2022年，我国从总体技术要求到算力标识、算力路由，再到算网融合控制，相关算力网络标准制定工作在中国通信标准化协会的带领下全面开展。

上述成绩离不开政府政策的支持，从国家层面的"十四五"规划到地方政府的文件制定，均对算力网络提出明确目标和可落地的措施及方案。作为算力网络的提出者和建设者，我国3家电信运营商积极发挥"领头羊"作用，纷纷加码算力网络建设，形成各具特色的发展路线。

（一）中国移动：围绕三大主线，铸强算力引擎

2022年，算力网络融入中国移动整体发展战略，成为构建"连接＋算力＋能力"新型信息服务体系的重要环节，中国移动全面推进泛在融合的算力网络建设，打造"一点接入、即取即用"的算力服务，围绕三大主线，铸强算力引擎。

主线一：算网设施升级。中国移动构建"4+N+X"数据中心和"N+31+X"移动云布局，数据中心机架数超120万架，中心节点间实现全光高速互联，省级算力中心超300个，中国移动建设超过1500个内容分发网络（Content Delivery Network，CDN）节点，发展1000余个边缘计算节点，数据中心互联云专网覆盖320余个地市。同时，中国移动网络架构也正在以数据为中心加快结构优化，打造枢纽节点20ms、省域/区域节点5ms、城市本地1ms 3级时延圈网络，枢纽节点间带宽向400Gbit/s演进。

主线二：算网技术攻关。中国移动发布《算力网络技术白皮书》《存算一体白皮书》《算力网络安全白皮书》，提出算力网络十大技术方向，厘清核心技术路线，明确32项算力网络关键技术，提出算力网络技术栈。此外，中国移动攻关多样性算力等算力提升技术，并在2022中国移动全球合作伙伴大会上发布基于强大算网能力的最新扛鼎力作——移动云电脑。

主线三：算网服务升级。中国移动推进"5G＋算力网络"融合创新，在智能制造、智慧矿山、智慧交通、智慧医院等18个细分行业，打造超过200个5G龙头示范项目和超过8600个商用案例。

面向新服务，中国移动打造算力网络新产品和"东数西算""东数西训"等全新能力，探索任务式服务、智算型服务、元宇宙服务，以及算力并网交易等服务。未来，中国移动将以"五个构建"为核心，推动算力网络从理念走向现实，最终实现"网络无所不达、算力无所不在、智能无所不及"的愿景。

第一，构建体系化算力网络架构，系统化推动算力网络发展；第二，构建形成算力网络一体化信息基础设施，筑牢数字经济坚实底座；第三，构建形成算力网络全栈产品体系，开创算网服务新模式；第四，构建形成算力网络创新技术体系，打造原创技术策源地；第五，构建形成算力网络的多元融合生态，促进产业健康可持续发展。

（二）中国电信：坚持云网融合，算力规模3.1EFlops

中国电信的算力网络发展坚持云网融合主线，

中国电信2022年半年报显示，围绕"东数西算"工程需求，中国电信2022年上半年IDC收入达179亿元，构建"2+4+31+X+O"资源布局，算力总规模达到3.1EFlops，预计"十四五"末将达到16.3EFlops，中国电汽将在内蒙古和贵州两地建立数据中心园区，将在京津冀、长三角、粤港澳、川陕渝4个区域布局一大批数据中心。2022年，中国电信不断将创新研究成果进行实践落地，在甘肃、江苏等地率先打造业界面向"东数西算"场景的云网融合应用案例，将东部算力需求有序引导到西部，促进东西部协同联动。中国电信基于"东数西算"工程的实践探索，离不开企业在标准制定、设备实现、平台研发与部署应用等方面取得的一系列成果。

首先，在算力网络技术标准化方面，中国电信围绕算力网络体系架构与关键技术，立项算力网络国际/国内标准数十项，发布首个算力网络国际标准——ITUTY2501，推进算力网关设备及协议系列标准的制定。

其次，在CP-BGP[1]设计上，中国电信通过支持算力网络的扩展BGP将信息在网络中进行通告，基于BGP update报文进行扩展，通过新增路径属性承载算网信息。

再次，在算力网络平台总体架构上，中国电信算力网络平台研发多云纳管、算网编排、交易与管控等功能，实现算力服务、管理全流程的云网核心能力。同时，中国电信融入基于IPv6的应用感知网络，扩展算力网络业务智能感知能力。

最后，在算力网关体系架构及设计原则上，中国电信研发业内首套算力网关设备，连接供给侧的算力资源和需求侧的算力用户，以及自顶向下、端到端、软硬解耦的开放体系架构，可按需灵活定制底层硬件和上层软件。

未来，中国电信将利用先进的云网基础设施及综合运营能力、渠道能力，聚合云、边、端多级算力、天翼云和第三方的多方算力，以及基础算力、智能算力、超级算力等多样算力，提供算力资源一体化服务。

（三）中国联通：投资145亿元，发展算力精品网络

2022年，中国联通延续CUBE-Net 3.0体系下的算力精品网络发展思路，打造网络与计算深度融合的算网一体化产业格局，提供"5G+CDN+MEC"算网一体化服务，实现网随云动、网随算动，取得以下5个方面的工作进展。

第一，布局算力基础设施，打造数字经济第一引擎。从沃云（1.0版）、新沃云（2.0版）到联通云（3.0版），2022年上半年联通云增速超140%。同时，中国联通2022年算力网络计划投资达145亿元，同比提升65%，补齐个别区域算力资源短板。

第二，深耕算力承载网络，全光底座和"IPv6+"成绩亮眼。在2022年世界电信和信息社会日当天，中国联通发布算力时代全光底座，提供超广覆盖、超大带宽、超低时延等网络能力，涵盖"东数西算"工程八大枢纽及31个省级（自治区、直辖市）节点间的超大容量品质连接，覆盖20000余个全光算力锚点，100000余个商务楼宇。

同时，中国联通构建新型算力精品网络，通过构建多级算力供给，实现200多个城市"一市一池"，移动边缘计算节点部署超400个，在四大城市群打造低时延圈，在"东数西算"工程八大枢纽间部署超100Gbit/s的直达通道。

第三，积极引领"IPv6+"技术创新和应用。中国联通打造1ms时延圈的"冬奥智慧专网"。此外，中国联通在广东和河北雄安新区等地开展"IPv6+"网络产品研发与产业化工作，建成雄安"IPv6+Ready第一城"，将河北打造为"IPv6+第一省"。

第四，开展算网融合创新业务，实现算网统一编排调度。中国联通开展"IPv6+"网络技术研究，构建可编程服务架构及技术体系，推出基于SRv6服务功能链（Service Function Chain，SFC）技术的云网安一体化服务产品，已在2022年进行试用和推广。

---

1. BGP（Border Gateway Protocol，边界网关协议）。

第五，打造算网编排调度与应用服务体系，实现算网一体化智能编排调度。中国联通于2022年11月发布5G边缘计算平台3.0，明确了集"固移融合通信、网络大数据、网络增强能力"于一体的边缘计算多接入体系。

从整体来看，在算力网络发展过程中，3家电信运营商各施所长，均取得了瞩目的成绩和长足的发展。但算力网络构建需要产业链各方鼎力合作，在各领域、各环节和各层级优势互补，通过技术与场景的渗透和融合，共同推进算力网络建设落地。

从算力网络产业链及产业图谱可以看到，算力网络构建中电信运营商以提供顶层设计指导和基础资源为主，在资源纳管、调度、安全、运维等软件层面，算力交易商业模式和具体业务场景应用等领域均需要与产业链各方展开深度合作。

二、算力网络发展的三大挑战和四大趋势

2022年，算力网络在国家政策和全产业链的推动下，取得不错的成效，但也面临一些挑战。

首先，算力网络核心技术创新突破待加强。 算力网络是涉及多领域和多技术的复杂工程。目前，算力网络在硬件设备、基础软件、数据处理算法等多领域的关键技术瓶颈亟待突破，我国需要加快实现自主算力服务能力提升和突破。

其次，算力网络各项标准待统一。 在算力度量层面，异构算力标识与度量标准尚未统一；在路由协议层面，算力路由的基础协议尚未统一；在体系架构层面，算力大脑分层与子脑构建逻辑尚未统一。

最后，算力网络产业现代化水平待提升。 一是算力网络相关软硬件操作系统等核心供应链存在风险；二是计算和网络产业相对独立，计算和网络设备之间的各项标准不统一；三是AR/VR、云、手机等云、边、端典型应用规模推广需要加大力度，应用场景服务模式待明确。

预计到2023年年底，我国数据中心总算力要超过200EFlops。2023年，算力网络将进入应用拓展阶段，并呈现以下四大趋势。

趋势一：算力网络的终极形态是实现"计算+网络+存储"的联合运行。 为了达到这一目的，我国现有算力基础设施呈现的泛在、多点分布有望得到改善，更多的"算力孤岛"将被打通，形成有效的互联互通，东西部算力之间的供需矛盾有望得到缓解。

趋势二：未来，算网协同将得到发展，为算网融合及算网一体化打下基础。 值得注意的是，IPv6在算网协同中起到直接沟通、互联和异构连通等关键作用，将全面服务算网协同的发展。

趋势三：计算和网络领域核心技术将进一步加强。 随之而来的是芯片、操作系统、异构编译开放环境等全产业链自主研发，算力原生、算力路由、在网计算等原创技术领域的研发布局和创新也会加强。

趋势四：产业链各方之间的协同性将会得到提高。 主要体现在完善技术标准，凝聚产业共识，推动"产、学、研"协同，为产业链各方提供端到端的技术和应用实验平台，实现算网产业生态繁荣健康的发展。

未来10年，算力网络将成为数字经济时代的重要"引擎"。在国家"东数西算"工程的引导下，希望"产、学、研"各界联合力量，加强算力网络顶层设计，构建算力网络生态链，形成产业合力，共同推进算力网络不断发展。

（黄海峰）

算力网络推进"东数西算"工程

"东数西算"工程是我国从国家战略、技术发展、能源政策等方面出发，在"新基建"的大背景下启动的一项至关重要的国家工程，首次将算力资源提升到像水、电、燃气等基础资源同等高度，统筹布局建设全国一体化算力网络国家枢纽节点，助力我国全面推进算力基础设施化。

一、"东数西算"工程的背景和实施情况

（一）"东数西算"工程的背景和目的

"东数西算"中的"数"指数据，是数字经济中的关键生产要素；"算"指算力，代表对数据的处理能力。"东数西算"工程是指通过构建数据中心和网络协同、融合的新型算力网络，将东部算力需求有序引导到西部地区，优化数据中心布局，促进东西部联动，实现算力的高效调度和使用，全面赋能经济发展。"东数西算"工程是全国一体化大数据中心建设目标在算力领域的进一步延伸，"东数西算"工程的实施需要依托八大枢纽节点，同时还需要结合算力网络的相关技术。"东数西算"可以实现提升国家整体算力水平，促进绿色发展，扩大有效投资，推动区域协调发展。

"东数西算"工程的目的包括以下4点：一是提升算力网络的技术水平，即通过加强技术创新和技术研发，提高算力网络的技术水平和竞争力；二是加强算力网络的基础设施建设，即通过加大投入力度，提升算力网络的基础设施建设水平；三是推动算力网络与其他领域的融合，即通过促进算力网络与其他领域的融合，提升算力网络的应用价值和实际效果；四是提高算力网络的国际竞争力，即通过推进国际合作和加强国际交流，提高算力网络在国际市场上的竞争力。"东数西算"工程旨在推进算力网络的发展，推进我国的数字化、信息化、智能化和产业化进程，提升我国在人工智能和区块链等领域的创新能力和国际竞争力。

"东数西算"工程是破解区域发展不平衡的必然要求。目前，我国算力网络区域发展不平衡、不充分的问题较为突出，现有数据中心布局具有东多西少的特点，而东部受土地、电力、能耗等资源的制约，"东数西算"工程希望跨越地理维度解决资源分配问题，进而解决区域发展的不平衡问题。"东数西算"工程是加快产业互联网创新发展的必然要求。产业互联网的创新发展需要坚实的数字底座，面向企业客户的多样化需求，其建设更为复杂，涉及技术范围更广，互联互通的要求更高、低成本需求更强，如果完全依托市场运作，难以保障有序投资和资源的高效利用，因此，国家推动"东数西算"工程可以有效调控资源。

"东数西算"工程是实现能源低碳转型的必然要求。电力系统碳减排是能源领域碳减排的重中之重，输配电成本在电力成本中的占比较高，国内电力资源分布不均也是催生"东数西算"的一种因素。

（二）"东数西算"工程的发展历程

"东数西算"工程可以视作5G新基建工程的衍生。2021年5月，国家发展和改革委员会等四部门联合发布《全国一体化大数据中心协同创新体系算力枢纽实施方案》，标志着"东数西算"工程正式

拉开帷幕。2025年，数据中心和5G基本形成绿色集约一体化运行格局。2022年1月12日，国务院发布《"十四五"数字经济规划》，提出要加快实施"东数西算"工程，推进云网协同发展，提升数据中心跨网络、跨地域数据交互能力，加强面向特定场景的边缘计算能力，强化算力统筹和智能调度。2022年2月17日，国家发展和改革委员会等四部门函复同意京津冀地区、长三角地区、成渝地区、粤港澳大湾区启动建设全国一体化算力网络国家枢纽节点。至此，我国"东数西算"工程建设工作全面启动，正式进入实施阶段。

按照全国一体化大数据中心体系布局，8个国家算力枢纽节点将作为我国算力网络的骨干连接点，发展数据中心集群，开展数据中心与网络、云计算、大数据之间的协同建设，并作为"东数西算"工程的战略支点，推动算力资源有序向西部转移，促进解决东西部算力供需失衡问题。

（三）"东数西算"工程的实施情况

"东数西算"工程自启动至今，已初见成效。从算力设施来看，目前，8个国家算力枢纽节点建设方案均进入深化实施阶段，新开工数据中心项目达到60余个，新建数据中心规模超过110万标准机架，项目总投资超过4000亿元，算力集聚效应初步显现。特别是，西部地区数据中心占比稳步提高，全国算力结构逐步优化。另外，国家发展和改革委员会同有关部门，充分运用中央预算内投资、政策性开发性金融工具、地方政府专项债等，支持建设国家算力枢纽和数据中心集群建设。同时，我国鼓励和支持各地出台电力、网络、用水、用能等方面的配套政策，特别是在绿色能源使用方面大胆探索、创新方式，保障国家算力枢纽的顺利建设。

8个国家算力枢纽所在的地方政府高度重视，在体制机制、顶层规划等方面的建设不断深入，积极出台相关政策，统筹规划全面推进集群建设。宁夏回族自治区人民政府办公厅印发《全国一体化算力网络国家枢纽节点宁夏枢纽建设2022年推进方案》《关于加快推进"东数西算"工程建设全国一体化算力网络国家枢纽节点宁夏枢纽建设若干政策的意见》；贵州省人民政府办公厅印发《关于加快推进"东数西算"工程建设全国一体化算力网络国家（贵州）枢纽节点的实施意见》；四川省发展和改革委员会等部门印发《全国一体化算力网络成渝国家枢纽节点（四川）实施方案》；甘肃省庆阳市人民政府办公室印发《庆阳市建设全国一体化算力网络国家枢纽节点（甘肃·庆阳）暨"东数西算"工程要素保障方案》等。

二、算力网络助推"东数西算"工程实施

（一）算力网络的发展现状

算力如同农业时代的水力、工业时代的电力，已成为数字经济发展的核心生产力，是国民经济发展的重要基础设施。目前，我国算力规模排名全球第二。《中国算力发展指数白皮书》显示，美国、中国、欧洲和日本在全球算力规模中的份额分别为36%、31%、11%和6%，其中，全球基础算力竞争以美国和中国为第一梯队，且中美差距不断缩小，美国在全球基础算力排名第一，份额达43%，中国以26%的份额排名第二；在智能算力方面，中国和美国处于领先位置，算力在全球占比分别为52%和19%；美国、日本、中国在超级计算综合性能指标方面优势明显，总算力份额分别为31%、23%、20%。

全国一体化大数据中心和"东数西算"工程核心的技术挑战是要具备实现算力统筹和智能调度的枢纽设施——算力网络，从而实现在全国范围内，根据动态业务需求，在云、网、边之间实现按需分配和灵活调度计算、存储、网络等资源。与电力系统完善的分级调度不同，算力网络的实现机制、调度机制和运行机制在短期内还无法建立。算力网络的功能是将所有方的计算、存储等资源通过网络整合起来，按照用户业务的不同需求提供最优的资源服务与

网络连接，核心是复杂系统的多资源联合优化，相当于把全网当成一台计算机调度，实现在全国范围内实时、全网、面向任务调度的高服务质量资源调度。

（二）"东数西算"对算力网络的要求

面向"东数西算"，算力网络提出了六大关键需求，具体如下。

① 大带宽。随着"东数西算"枢纽规划中机架数量的增加，骨干网带宽需要增加3～4倍才能满足越来越大的数据传输需求。

② 弹性敏捷。算力网络需要支持秒级连接、动态可调、百TB数据分钟级搬移等能力，以便快速响应不同业务场景的需求。

③ 低时延。网络时延越低，能够迁移到西部数据中心集群的业务就越多，所以算力网络需要具备低时延的特点，以提高跨区域算力调度的效率。

④ 安全可靠。由于算力网络面向高价值用户，所以需要具备高可靠、物理隔离等安全技术，以确保数据的安全性。

⑤ 架构优化。结合"全国一体化大数据"的规划，算力网络需要优化网络架构，打破行政区划，减少数据绕行，以优化算力资源的分配和利用。

⑥ 算网协同。算力网络需要结合"算力位置、成本、负载"与"网络时延、带宽、负载等"等因素，灵活选择最佳的西部算力，以满足东部的算力需求。

（三）算力网络为"东数西算"保驾护航

全光算力网络的出现提高了算力网络的基础承载能力、智能管控能力和业务提供能力，为泛在算力资源的高效连接和灵活调度提供了高品质、低时延的运力保障，更好地支持了"东数西算"工程的建设。全光算力网络的专用通道能够在业务密集区和算力聚集区之间提供快速高效的连接，使跨区域算力调度更加便捷和高效。此外，全光算力网络的智能调度能力，可以根据业务需求和资源状况进行智能分配和调度，提高算力的利用效率和资源利用率。

在此基础上，电信运营商需要加快打造极致时延、高度自治的承载网络，进一步提升算力网络的运行效率和可靠性，为"东数西算"工程保驾护航。同时，还需要在网络智能感知能力、云网一体化交付能力、算网的智能调度能力等方面持续突破，为算力的供给、输送和调度提供更加完善的技术支持。

综上所述，全光算力网络作为算力网络发展的重要趋势，对于推动"东数西算"工程的实施发挥了重要的作用。随着技术的不断进步和发展，全光算力网络将在未来的算力网络发展中扮演更加重要的角色，为数字经济和人工智能等领域的发展提供更强大的支撑。

三、结论

通过分析"东数西算"工程的背景、目的和发展历程，以及算力网络在推动"东数西算"方面的作用，可以得出以下结论。

"东数西算"工程是我国推动数字化、信息化和智能化发展的重要战略之一，旨在促进区域经济协调发展，加强区域创新能力和核心竞争力。

算力网络是实现"东数西算"的重要手段之一，可以提供高品质、低时延的泛在算力资源连接和灵活调度服务。

算力网络需要满足六大关键需求，包括大带宽、弹性敏捷、低时延、安全可靠、架构优化和算网协同，以满足不同业务的需求。

电信运营商需要加快打造极致时延、高度自治的承载网络，为算力网络提供运力保障。

通过不断提高算力网络的技术水平和服务能力，我国能够更好地发挥数字化、信息化和智能化的优势，提高国家的创新能力和核心竞争力，推动"东数西算"工程的实施。

（中国信息通信研究院　魏　卉　刘芊岑）

算力网络技术发展及落地实践

算力网络是指在计算能力不断泛在化发展的基础上，通过网络手段将计算、存储等基础资源在云、边、端进行有效调配，以此提升业务的服务质量和用户的服务体验。

一、算力网络标准体系进展

2019年10月召开的ITU-T SG13全会上，中国移动主导的"算力感知网络的需求及应用场景"立项通过，成为算力感知网络首个国际标准项目。提出方是中国移动、中国电信、华为、中国科学院声学研究所。在ITU-T SG13上，中国电信主导的算力网络框架与架构的草案也得到获批。

2019年11月召开的互联网工程任务组第106会议上，中国移动联合华为组织了"计算优先网络"技术研讨会，主导提交了3篇核心提案，引发与会专家的热烈讨论，为推进算力感知网络协议技术的标准化工作奠定了坚实的基础。

2020年6月，网络5.0产业和技术创新联盟成立算力网络特别工作组。中国通信标准化协会已启动算力网络总体架构和技术要求、集中控制系统技术要求、交易平台技术要求、标识解析技术要求、路由协议要求等相关标准的工作。2021年4月，中国通信标准化协会TC3工作委员会统一"算力网络"名称，标志我国3家电信运营商就算力网络标准架构达成共识。

2021年7月5日～16日，在ITU-T SG13报告人会议上，通过了由中国电信研究院网络技术研究所牵头的算力网络框架与架构标准（Y.2501），该标准是首项获得国际标准化组织通过的算力网络标准。

2021年7月，ITU-T开启了Y.2500算力网络系列编号，标志着算力网络国际系列标准的启航。

二、算力网络落地实践

（一）临港算力平台

为探索算力公共服务业务的市场定位和运营模式，临港算力公司在上海电信信息园区搭建了一个小规模的算力试点平台，服务人工智能训练和推理、图像媒体渲染等电信内部与政务行业算力需求。本项目由上海邮电设计咨询研究院负责项目方案的编制。

此算力试点平台主要定位以GPU算力为主，少量通用计算、存储能力为辅，配套丰富的算力网络资源，提供CPU与GPU的异构高性能计算和存储能力，融合电信城域网、专线、互联网等多种网络资源接入，实现面向电信内部部门、外部企业客户及政务行业客户的各类算力应用场景的能力服务。

此算力试点平台可以支持的应用场景包括但不限于视频编解码/转码AI算法模型训练、数字孪生3D实时建模及渲染、云录音转写与质检、智能AI转文字、离线质检功能、智慧校园AI体测算法、智慧消防与安防集中监控、智慧医疗AI医学影像分析、AI引擎能力平台自然语言学习、无人机三维及正射图像展示算力分析、5G + AR/VSLAM点云绘制室内定位、12345市民热线AI应用、12333 AI应用等。

此算力试点平台还支持为各类场景容器或虚拟化应用需求自动化部署虚拟专属环境（Virtual Private Cloud，VPC），具有逻辑独立的互联网接入或专线接入、虚拟防火墙和租户专属的容器/虚拟机，支持挂接块存储或文件存储，支持提供云管理平台自动化部署容器/虚拟机的操作系统以及存储挂接、文件传输工具等配置或应用等。

临港算力平台业务示意如图1所示。

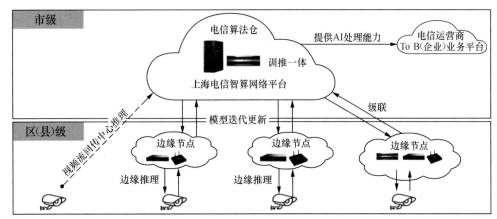

图 1　临港算力平台业务示意

1. 架构训推一体

依托训练资源支持不同业务算法的迭代更新，逐步构建算法仓库；推理资源中心和边缘两级部署，实现多业务统一调度，协同共享。

2. 构筑应用生态

对准内/外AI业务需求，围绕智算网络平台逐步构筑各类AI解决方案，并逐步构筑生态体系，形成电信运营商切入千行百业的能力。

（二）智算中心

2020年12月和2021年5月，国家发展和改革委员会、中共中央网络安全和信息化委员会办公室、工业和信息化部、国家能源局4部门联合印发《关于加快构建全国一体化大数据中心协同创新体系的指导意见》《全国一体化大数据中心协同创新体系算力枢纽实施方案》，围绕"数网、数纽、数链、数脑、数盾"五大体系构建全国一体化大数据中心协同创新体系，明确在京津冀、长三角、粤港澳大湾区、成渝等重点区域和部分能源丰富、气候适宜的地区布局大数据中心国家枢纽节点。

中国电信一体化算力服务体系架构如图2所示，总体方案包括算力调度层、多云管理层、云管层和云平台层4层架构。

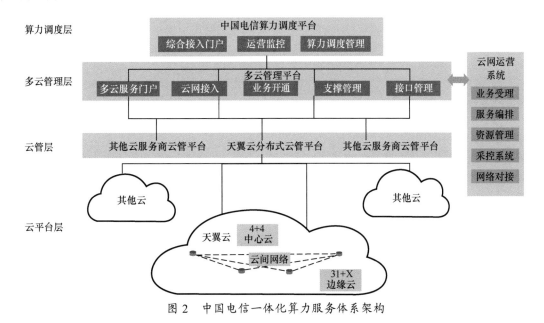

图 2　中国电信一体化算力服务体系架构

①算力调度层。中国电信算力调度平台在区域中心及全国中心部署。平台建设分两步走：首先，实现区域枢纽节点内部算力资源的调度；其次，实现东西部枢纽节点间的算力资源的调度。

②多云管理层。多云管理平台在区域中心部署。具备多云、异构资源管理，与云网运营系统对接，实现网络统一接入、开通、监控与编排的云网一体化能力。

③云管层。云管平台各云服务商自行部署。向上为多云平台提供云管API，实现对云服务商自有云基础资源的统一管理、监控与编排，具备云、边分布式资源的统一管理能力。

④云平台层。云平台各云服务商自行部署。基于IDC、网络基础设施，面向公有、专属、信创行业提供IaaS、PaaS、SaaS产品和解决方案。

算力调度管理架构如图3所示。

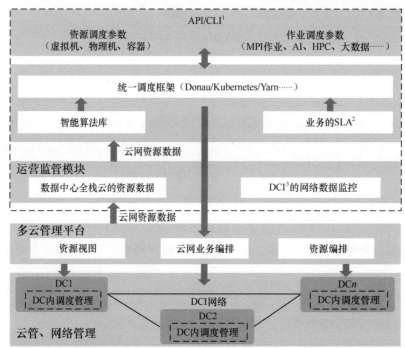

注：1. CLI（Command-Line Interface，命令行界面）。
2. SLA（Service-Level Agreement，服务等级协议）。
3. DCI（Data Center Internet，互联网数据中心）。

图3 算力调度管理架构

本项目支持的业务场景包括东数西备场景、东数西存应用分层场景、智能动态负载场景、混合云AI算力西算东用场景、公有云用户迁移场景、东部企业IT西部上云场景等。

（三）多云管理平台

随着云计算模式的日渐成熟，混合云的市场发展越来越旺盛。一般情况下，不同云服务商的云资源系统是不互通的。在我国实施"东数西算"工程的大背景下，跨地域、跨网络、跨云服务商、跨架构的算力资源调度能力成为数据实现共享的关键要素。

多云管理平台是提供上述解决方案的重要产品，可以提供对不同技术架构、不同模式云的统一集成管理，提供统一资源管理和调度能力。多云管理平台功能架构如图4所示。

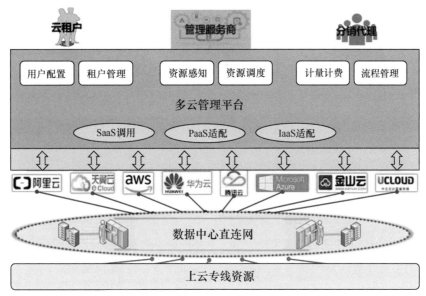

图 4 多云管理平台功能架构

多云管理能力的核心目标是为实现跨云服务商、跨网络的多云接入和资源管理需求，实现专线入云、云间互连、多云资源分配和"一站式"云网管理能力。

从功能架构上来看，多云管理平台需要通过开放的 API 架构和灵活的资源适配能力，支持对接多种跨云服务商的异构云平台，支持调度多种异构算力资源。从技术架构上来看，多云调度管理平台是在基于多云之间交互的 DCI 网络平面上架构的云网一体运营管理系统。

借助算力枢纽节点高效直达网络，多云管理平台可以以更高速的数据传输速率、更全面的资源覆盖面向电商、物联网、新兴制造、金融、游戏、视频、政务、中小企业群等解决多云应用场景下的融合问题。

三、算力网络应用前景展望

（一）赋能行业

未来的生产模式将从观察生产信息到感知生产信息、实时响应和处理生产信息，从操作性生产到智能化生产变革。这种变革需要更高效的数据传输和更强大的数据处理能力。算力网络通过与人工智能、数字孪生、5G、物联网、边缘计算等技术的深度融合，全面赋能行业，打造行业数智能力新基石。

（二）赋能社会

未来泛在算力的分布将受到能源供给、气候条件、网络连接等因素的影响。在我国"东数西算"工程的驱动下，将催生以数据为关键生产要素、以算力为核心生产力的绿色算力经济新形态。算力网络可以提供基于数据、计算、智能、绿色、网络融合发展的新型共享服务模式，广泛服务于智能科学模拟、数字政府治理等场景。

算力网络创新平台型共享经济服务模式，盘活了新建和存量算力资源，提供云、网、边、端一体化协同的开放解决方案。面向高算力消耗场景，通过算力网络搭建可信共享交易平台，促使算力消费者和算力提供方整合各方资源和实力，降低算力设备的租赁成本，最大化获取算力服务收益。

（上海邮电设计咨询研究院有限公司

王　悦　黄　瑾　张钟琴）

中国移动算力网络应用实践

近年来,国家发展和改革委员会发文指导全国一体化大数据协同建设,启动"东数西算"工程,推动算力网络体系的建设,并在知识理论上对算力规模、服务方式、应用场景等方面有一定的延展,充分利用闲置的算力资源,盘活端侧算力资源,成为发挥端侧算力资源优势的突破点。

一、算力网络应用现状

(一)算力网络产品体系与应用案例

算力网络核心技术逻辑是在底层云计算的基础上,实现统筹调度、资源分配,减少算力成本损耗。作为一项新型服务,其融合了异构资源、分布式算力并完成统一的编排调度,创新了服务模式。在算力规模上,连接在网络上的设备都可以成为算力服务器,从理论上讲,算力网络在规模与可调用数上有更好的表现。在服务方式上,算力网络综合计算资源、存储空间、网络带宽,可提供更加灵活的服务搭配与"去中心化"的算力服务配置。

目前,互联网头部企业、电信运营商、各类科技企业入局云计算领域,企业主要提供预留实例、按需实例、竞价实例3种计费模式。互联网头部企业技术力量雄厚,产品种类丰富,云计算应用覆盖全行业;电信运营商则在网络资源、属地化服务、节点数量等方面具备优势。中国移动算力网络是以算为中心,以网为根基,发挥网络领先优势,实现算网共生,同时深度融合"网、云、数、智、安、边、端、链"多要素,提供"融合、智能、无感、极简"的一体化服务,并在2021年11月的中国移动产业链创新及算力网络论坛上发布多算力孵化平台"芯巢",提升多元化计算能力。

(二)应用场景与需求研究

目前,市场主流算力业务产品分为ToC(个人)和ToB(企业)两种模式。在个人场景中,云端存储、云端娱乐、云端渲染等终端算力不够用,以相对成熟的业务为主要应用方向。在企业场景中,保障数据安全、提升办公效率等企业办公业务为主要应用方向。而算力网络的发展促进了云手机的到来,使其在分身存储场景、娱乐场景、工作场景有了创新发展。

(三)端侧算网应用关键技术研究

研究云、边、端一体协同端到端技术架构,搭建端侧算力网络实验环境,提供了端侧算网计算模型方案,实现对算网资源的统一纳管和调度,充分利旧,盘活闲置设备算力,创新和丰富端侧算网服务应用。

二、云终端平台关键技术之超分与超卖能力应用

云终端平台关键技术研究通过对云、边、端一体化协同开展研究,提升算力调度能力,突破实例超分等关键技术,实现"一座多端、一端多座"云终端平台。

基于ARM服务器CPU算力调度研究,通过抢占空闲资源,在低负载情况下可以使用更多的空余算力,使用户可以获得更高规格的云机实例。同时优化调度算法,实现30→60超分,并通过针对CPU和GPU分组的交叉临界点,设计对于CPU、GPU的分组临界值,实现更高技术规格的60→100超分

（超分后实现双核 CPU 性能的实例降本超过 40%）。同时结合实际运营情况，区分游戏（4 核 CPU 高性能）与日常使用（双核 CPU 普通性能）两类场景，动态调节 30→60 超分与 60→100 超分技术的分配使用份额，降低平台资源损耗与浪费。

同时，对计算与存储分离技术进行研究，通过对象存储服务（Object Storge Service，OBS）及小盘备份技术（该技术原理是在用户下线时，将用户云机数据压缩并备份到 OBS 存储块上，将实例分配给其他用户使用；如果此用户再次上线，则后台将备份数据解压并恢复到其他云机，以供用户使用），从而实现计算与存储负载的解耦，使系统负载均衡调度更加灵活，进一步提升实例密度，降低服务器成本，最终实现超卖能力，满足商业化推广的需求。

以上述超分超卖技术为核心，打造 IaaS+PaaS 基础能力和应用框架层的结合，配合云手机批量控制功能等技术辅助，打造弹性可扩展、版本灵活可迭代的统一底座。

结合以移动云盘为存储主体的统一资源能力、算力与平台资源编排的统一调度能力、用户及资产统一管理能力及以开放者社区为前端的统一门户能力。突破统一底座与统一平台之间的端云协同技术瓶颈，在关键技术上实现自研可控，完成账号体系、计费结算、数据存储三者的统一，实现"一座多端"云终端平台；再以此平台为基础，对外开放标准化的底座技术和以云手机为主的产品模式形态，实现"一端多座"的云终端目标架构。

对 CPU 资源调度及计算与存储分离等关键技术开展研究，突破超分超卖技术瓶颈，具体如下。

超分能力：基于 CPU 等资源的调度研究，研发云终端产品资源管理能力，抢占空闲资源，优化资源调度算法，强化可配置规则的资源分配能力，提升服务器实例密度，从而降低资源成本。

超卖能力：研究计算与存储分离技术，对服务器资源进行动态申请与释放，并通过 OBS 及小盘备份技术，备份及还原用户数据，从而实现算力成本优化，进一步提升实例密度，降低服务器成本，满足商业推广需求。

三、算力网络应用研究成果

实现平台资源编排与调度编排能力，完成基础云终端平台搭建，同时结合多终端外设与文件管理、云终端智能安全等能力，打造移动特色云手机，突破超分和超卖的关键技术，优化资源调度算法，强化可配置规则的资源分配能力，提升服务器实例密度，从而降低资源成本。

突破面向家庭 NAS 场景的端侧算网应用关键技术，设计开发以微信小程序和录屏 App 为代表的端侧算网应用，创新和丰富算网应用，搭建分布式端侧算力网络实验环境平台，提供统一接口纳管安卓端侧设备算力资源，盘活闲置设备的算力。

四、算力网络应用研究展望

在算力需求持续增长的背景下，未来算力网络在社会应用、行业应用、个人应用等层面会有进一步发展，需要面对大量泛在接入情况，后期工作规划将围绕平台技术研究、行业标准和国际标准的制定以及应用方案实践和技术成果的积淀来开展，实现"算力泛在、算网共生、智能编排、一体服务"，逐步推动算力成为像水电一样，可"一点接入、即取即用"的社会服务，实现"网络无所不达，算力无所不在，智能无所不及"的愿景。

（中移互联网有限公司

黎伟健　胡　斌　胡贺吉　曾雨生）

我国数据中心绿色低碳发展路径探析

近年来,随着我国信息化程度的加快,数字经济逐渐成为驱动我国经济增长的核心力量。据统计,2021年,我国数字经济总量规模达到45.5万亿元,占GDP比重为39.8%。数字经济的发展离不开数字技术的支撑,以5G、人工智能、大数据等为代表的数字技术已渗透各行各业,数据应用需求呈现出爆发式增长。数据中心作为承载数据的基础物理单元,成为数字化发展的关键基础设施,建设体量和规模迅速增长。截至2021年年底,我国在用数据中心机架规模达到520万架。同时,数据中心也是基础设施中的能耗大户,近10年来,数据中心的能源消耗以每年超过10%的增速递增。探索数据中心绿色低碳发展路径,对数据中心高质量发展具有重要意义。

一、数据中心绿色低碳发展现状

我国高度重视数据中心产业的发展,工业和信息化部、国家发展和改革委员会等部门先后出台《新型数据中心发展三年行动计划》(2021—2023年)等重要政策文件,有效规范了我国数据中心产业的发展。目前,各级政府和企业不断优化整体布局,全面提升市场规模,持续推动数据中心的绿色化发展。

近年来,我国数据中心机架规模稳步增长,按照标准机架2.5kW统计,截至2021年年底,在用数据中心机架数达到520万架,比2020年增长21%,近5年年均复合增速超过30%。我国数据中心机架如图1所示。其中,大型规模以上数据中心机架规模增长更为迅速。据标准机架2.5kW统计,2021年,大型规模以上数据中心机架为420万架,占比达到80%。

二、数据中心绿色低碳发展面临的挑战

根据国际化标准组织(ISO)发布的ISO 14064标准,企业温室气体的排放可划分为3个范围:范围

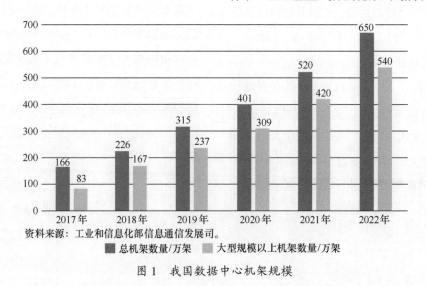

资料来源:工业和信息化部信息通信发展司。
■ 总机架数量/万架 ■ 大型规模以上机架数量/万架

图1 我国数据中心机架规模

一是企业拥有的排放源产生的直接排放；范围二是企业外购电力、热力和蒸汽用于生产而产生的间接排放；范围三是间接排放，包括企业上下游产业链所产生的排放总和。数据中心90%以上的碳排放属于范围二，我国当前发电量的72%左右都是燃煤发电，因此，随着业务量的增加，数据中心消耗电量和产生的碳排放量也在逐年增加。

（一）绿色建造水平和智慧运维技术运用有待提升

绿色数据中心建造水平低，绿色采购和绿色施工推动缓慢。绿色采购方面，对网络、IT、电源及空调等设备的用能效率、制造工艺、使用寿命等要求停留在"设计"层面，须进一步落实；绿色施工方面，须落实BIM、物联网、机器人等智能建造手段的使用，须重点推进绿色低碳产品在IT设备、制冷系统及施工过程中的应用，提升数据中心能源利用率。

智慧运维运营理念"纸上谈兵"多，技术落地难。数据中心运维阶段是其全生命周期历时最长、耗能最多、节能空间最大的阶段，强化运维阶段的绿色管理能力，对数据中心节能降碳至关重要。现阶段，数据中心运营阶段使用绿色技术产品相对较多，但要实现从"基于规则的故障发现"到"基于AI机器学习的故障预知"的跨越，还需要技术的进一步提升。

（二）存量设施绿色化改造成本高、难度大

老旧机房改造涉及面广，投入成本高。一是老旧机房使用年限长，线路老化，机房内灰尘、防雷、温湿度保护措施欠佳，部分墙面和地面受损等问题，需要全面整理改造；二是配套设备的更新需求量大，包括空调、UPS及蓄电池扩容、配电架扩容等设备。

运营状态机房改造需要中断客户服务，难度较大。由于改造的老旧机房处于运营状态，要通过中断服务才能进行新旧设备倒切工作，给客户的使用带来不确定性，存在风险。同时，当机柜改造时，如果没有空间设置新机柜，则需要拆除原设备，但设备使用年限较长，存在台账丢失、标签无法辨认等问题，机柜改造难度大。

（三）绿色能源供需不匹配，部分区域绿电供应存在困难

在绿色电力供给分布上，陆地风电、光伏等新能源集中在"三北"地区。在绿色电力需求上，东部地区需求大，经济最发达的沿海地区，包括部分中部省份，数据中心行业绿色化发展对绿色电力需求量非常高，而这些地区自发绿色电力匮乏，需要"西电东送"来满足绿色电力的需求。但是，跨区域运输调配能力和电网灵活运行能力不足，同时，各类能源系统壁垒严重，制约了我国中东部地区数据中心行业绿色电力供给，给数据中心绿色化发展带来一定的难度。

三、数据中心绿色低碳发展路径探析

（一）绿色技术产品应用提高数据中心能源利用率

IT基础设施的高效节能是推动数据中心绿色低碳发展的关键环节。服务器作为IT基础设施中最基本的算力设备，需承担的计算量越来越大，在提升其运算能力的同时，能耗也在成倍增长，给数据中心的维护和成本支出带来了压力。数据中心IT基础设施应重点关注服务器节能，目前服务器节能技术有：一是整机柜服务器，按照模块化设计思路打造的服务器解决方案，集中供电和散热设计，使整机柜服务器仅需要配置传统机柜式服务器10%的电源数量就可以满足供电需要，电源效率可以提升10%以上，且单台服务器的能耗可以降低5%；二是液冷服务器技术，针对CPU精确定点冷却，精确控制制冷分配，将高密度部署带到前所未有的更高层级（例如20～100kW高密度数据中心），是数据中心节能技术的重点发展方向；三是高密技术的应用，进一步增加了数据中心功率密度和提升了数据中心"每平方米"的计算能力，降低机体重量和空间占用，提升数据中心单位面积算力，同时提升电源和散热系统的使用效率，降低数据中心运营成本。

制冷系统的高效节能有助于降低数据中心的PUE，该系统是数据中心PUE贡献占比最大的影响因素。利用外部冷源可降低整体消耗，例如，微软将数据中心沉入海底，利用海底的自然冷却温度来消耗数据中心产生的热能。现有的数据中心绿色低碳发展，可选择新的制冷技术来降低数据中心能源消耗，目前国内主流制冷技术包括蒸发冷却式冷水机组、磁悬浮变频离心式冷水机组、变频离心式冷水机组、节能节水型冷却塔、风墙新风冷却技术、模块化机房空调、热管冷却技术及空调等。

（二）运维技术优化数据中心运维阶段能源管理

智能网络运维是数据中心智能运维重要的应用场景之一。数据中心智能运维技术主要围绕智慧运营管理平台和数据中心基础设施管理（Data Center Infrastructure Management, DCIM）智能管理系统展开。一是智慧运营管理平台，通过构建数据中心动力、安防、环境、配电、暖通、消防等系统，以及服务器等基础设施的统一管理平台，对数据进行分析和聚合，从而提高数据中心运营效率。二是利用人工智能的DCIM智能管理系统，通过对数据中心基础设施的监测、管理和优化，将数据中心运营管理和运维管理有机结合，提供数据中心全业务流程管理，结合人工智能，实现电能利用效率的最大化。

数据中心冷却系统运维管理技术应用围绕AI数据运维系统和制冷系统智能控制展开。一是基于人工智能数据中心运维管理系统，通过对机房能耗、温度、空调及水冷主机的运行参数进行数据采集、处理、分析，形成机房运行特征的图谱，依托大数据、人工智能等技术，输出制冷系统节能控制策略，提高数据中心制冷效率。二是基于制冷系统智能控制系统，采集数据中心制冷系统的相关运行数据，利用人工智能技术，通过对制冷系统运行参数进行分析，实现自动调节制冷的效果。

（三）"新能源＋储能技术"提升数据中心绿色能源占比

自建光伏等新能源技术与储能技术融合加深，可以有效转变数据中心能源结构，提升绿色低碳水平。

自建光伏、风力发电已经逐渐成为企业降低碳排放的新方式。企业可以充分发掘屋面、园区空余场地，部署分布式光伏发电，从供电侧最大限度地开发利用清洁可再生能源，就地消纳新能源，实现数据中心与可再生能源的深度融合，从而降低数据中心碳排放。新能源与储能技术融合能够有效提升新能源供电的稳定性，解决可再生能源系统应用过程中的供电不平衡、稳定性差等问题。

国内外数据中心行业已逐步推广"新能源＋储能"的规模化供电方案。2020年8月，美国能源开发商Capital Dynamics与数据中心运营商Switch签署了一份太阳能和储能项目电力采购协议。基于此协议，Switch将获得全天候绿色电力支撑，该项目包含一个127MW的太阳能发电场和一个240MWh的电池储能系统。2021年7月，世纪互联新一代荷储数据中心项目在佛山智慧城市数据中心合闸，该项目实现了规模化储能技术的应用，以数据中心为主要负荷对象，配备2MWh储能容量，输出功率为1MW，整个储能系统由储能集装箱、PCS仓、环网柜组成，并与光伏发电系统在交流侧耦合，在数据中心10kV高压侧实现最终并网，使数据中心形成一个负荷可变、可调的复合体，并根据电网需求、新能源发电需求，调整充放电策略。

（四）绿色电力交易成为企业短期降碳的主要手段

绿色电力的交易重点是通过参与绿色电力市场化交易、签署长期购电协议、绿证自愿认购等方式推动企业绿色电力交易量，降低企业碳排放。具体方式如下。

一是绿色电力交易。我国于2021年9月试点的绿色电力交易是在常规电力市场中长期交易框架下设立的独立绿色电力交易品种，参加绿色电力交易的产品为风电和光伏发电企业上网电量。目前，全国超过26个省（自治区、直辖市）支持绿色电力市场化交易，有效推动了绿色电力的发展，但同时存在资源稀缺、跨省交易难等问题。

二是签署长期购电协议。企业与独立电力的生产商、公用事业公司或金融公司签署协议，在约定期限内以固定价格承诺购买一定数量的可再生能源电力。大的工业用户也会签署一些直接购电协议，以锁定长期电价，规避风险，同时保证绿色电力的消费。

三是绿证自愿认购交易。绿色电力证书即可再生能源电力证书，简称绿证，绿色证书可以与物理电量捆绑销售，同时代表电力的物理价值和环境溢价，也可以与物理电量剥离，单独销售体现可再生能源的环境溢价。绿证的作用包括计量可再生能源电力配额，证明用电企业和个人消费绿色电力，也可进行交易和兑换货币。

随着国内对绿电需求的增加，预期会有越来越多的用电企业、新能源发电企业签署长期的购电协议，绿色电力交易将成为通信行业企业实现"双碳"目标的重要途径。

（中国信息通信研究院　康文斌）

面向算网一体的工业 PON

《数字中国建设整体布局规划》指出，要夯实数字中国建设基础；打通数字基础设施大动脉；加快 5G 网络与千兆光网协同建设；系统优化算力基础设施布局；整体提升应用基础设施水平，加强传统基础设施数字化、智能化改造。

算力和网络作为数字基础设施的两大核心要素，通过相互促进、深度融合推动算力网络持续演进。算网一体是算力网络发展的目标，是计算和网络深度融合形成的新型技术簇，是融合贯通多要素的一体化服务，是实现算力网络即取即用社会级服务愿景的重要途径。算网一体的演进涉及多领域学科和技术的交叉融合，需要解决多个关键技术问题，包括网络和计算资源的统一度量、算网一体的灵活按需调度、"转发即计算"的在网计算模式、算网一体的确定性服务等。

国内外标准化组织已经逐步在算网融合方面开展相关工作。国际电信联盟已初步建立包含多项标准的算力网络国际标准体系，并形成统一术语——算网融合（Computing and Network Convergence，CNC），覆盖了 IMT-2020 及未来网络、下一代网络演进（Next Generation Network Evolution，NGNE）、新型计算等技术领域，涉及需求、架构、服务保障、信令协议、管理编排等方向。国际互联网工程任务组成立在网计算研究组，主要面向数据中心，研究在网计算技术的需求和应用场景。3GPP 也开始面向 R19 对算力感知网络等进行相关立项和讨论。中国通信标准化协会在 2022 年成立了算网融合标准推进委员会，积极推动算网融合标准实施和产业化。

一、面向算网一体的确定性工业无源光网络

工业生产网络的通信模式主要涉及确定性周期通信、确定性非周期通信、非确定性通信和混合通信。除了非确定性通信，其他 3 类通信模式对指令的时延和抖动均有严格要求，如果无法在确定性时间完成指令的下发和执行，则会影响产品的生产效率和良品率。

工业无源光网络（Passive Optical Network，PON）主要包括位于局端的光线路终端（Optical Line Terminal，OLT）和位于用户侧的光网络单元（Optical Network Unit，ONU），工业 PON 的 ONU 也称为工业网关。OLT 和 ONU 通过光分配网（Optical Distribution Network，ODN）连接。确定性工业 PON 采用业务流打时间戳和基于固定时延调度机制来实现 PON 端到端确定性时延、超低抖动、零丢包的网络传输。

对于两个工业网关之间的横向网络传输：首先，确定性业务在工业 PON 设备的入口，即入 ONU 用户接口处被识别并打上时间戳信息；其次，系统根据确定性业务在工业 PON 的两个 ONU 之间传输的固定时间要求，计算出业务报文在出 ONU 用户接口发送的时间；最后，系统严格按照计算时间进行报文调度和业务包发送，保证确定性业务报文的传输时间维持在一个恒定值。

对于 ONU 和 OLT 上联之间的纵向网络传输：首先，确定性业务在工业 PON 设备的入口，

即入 ONU 用户接口处或 OLT 上联口处被识别并打上时间戳信息；其次，系统根据确定性业务在工业 PON 的 ONU 和 OLT 上联口之间传输的固定时间要求，计算出业务报文在出 OLT 上联口或 ONU 用户接口发送的时间；最后，系统严格按照计算时间进行报文调度和业务包发送，保证确定性业务报文的传输时间维持在一个恒定值。

确定性工业 PON 还采用网络切片技术动态实现 PON 业务承载的"微服务"，即细分确定性工业 PON 的性能，从而按照不同的应用场景，在同一张物理 PON 上划分多个相互独立的逻辑网络。不同应用场景下的业务由不同性能的网络切片传输，这既能保证不同业务的差异化网络服务，又能保证在某个切片中的流量在发生异常等状况下不影响其他关键数据流的性能。

二、面向算网一体的工业网关

面向算网一体的工业网关通常为盒式设备，采用高级精简指令集机器（Advanced RISC Machine，ARM）架构的处理器，实现硬件支持大于 3000DMIPS[1] 的算力。面向算网一体的工业网关系统架构如图 1 所示，其主要包括 ONU 侧开放式平台软件和云侧开放式平台软件。其中，ONU 侧开放式平台软件运行主要由协议和消息转化模块和容器模块（Docker）组成。云侧开放式平台软件由容器化管理系统和镜像仓库组成。

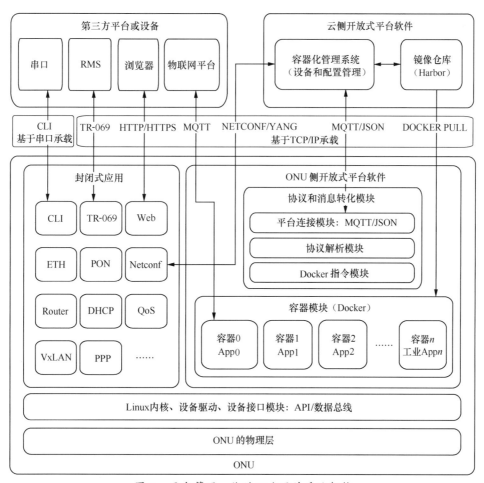

图 1　面向算网一体的工业网关系统架构

---

1. MIPS（Million Instructions executed Per Second，每秒执行百万条指令）。

此外，第三方平台或设备中的远程管理系统（Remote Management System，RMS）为现网已有的固网终端管理系统，通过 TR-069 协议簇管理固网终端。第三方平台中的物联网平台主要接收工业 App 采集的数据。封闭式应用为 ONU 的软件开发工具包（Software Development Kit，SDK）中的原有模块。面向算网一体的工业网关与平台基于传输控制协议/互联网协议（Transmission Control Protocol/Internet Protocol，TCP/IP）进行通信，通过 ONU 的 PON 接口等物理接口连接，可以在网络侧远程管理，也可以在用户侧本地管理。基于串口承载的 CLI 为本地管理。

（一）ONU 侧开放式平台软件

ONU 侧开放式平台软件运行在 ONU 的嵌入式操作系统 Linux 上。在产品实现过程中，通常会将 ONU 芯片商提供的 Linux 系统的 API 和命令进行少量的封装，便于 ONU 侧开放式平台软件在不同的 Linux 发行版本上运行。

ONU 侧开放式平台软件的协议和消息转化模块完成协议和消息的转化和适配功能，主要由平台连接模块、协议解析模块、Docker 指令模块组成。在平台连接模块建立 ONU 与容器化管理系统的连接后，协议和消息转化模块接收容器化管理系统（设备和配置管理）的 MQTT[1]/JSON[2] 消息，解析并转化为 Docker 操作指令，并通过 Docker 指令模块，向 Docker 输出操作指令。反之，协议和消息转化模块接收 Docker 的操作指令后，转化、封装为 MQTT/JSON 消息，并向容器化管理系统输出。

ONU 侧开放式平台软件的容器模块采用一个开源的应用容器引擎 Docker，Docker 完全使用沙箱机制，相互之间不会有任何接口。通过 Docker 为每个 App 分别建立一个容器，并将镜像 App 从镜像仓库拉到 Docker。

工业 App 运行在 Docker 中。工业 App 主要包括数据采集 App、工业协议解析 App、基于国际电工委员会（International Electrotechnical Commission，IEC）61149 的可编程逻辑控制器 App 等。工业网关通过以太网口连接工业温/湿度传感器，数据采集 App 读取传感器的温/湿度数据，进行数据格式转化，将数据上传到物联网平台进行展示。工业网关连接工业仪表，工业协议解析 App 解析可寻址远程传感器高速通道（Highway Addressable Remote Transducer，HART）封装的数据，获取工业仪表测量的数值。4DIAC 是 IEC 61499 分布式控制系统的开源项目，主要由集成开发环境（Integrated Development Environment，IDE）和 Forte 两个部分组成；该 IDE 基于 Eclipse 集成开发环境，使用 Java 语言，而 Forte 使用 C++ 开发的程序，运行在工业网关的容器中；在实际工程中使用需要对 4DIAC 项目进行二次开发和扩展，对 Forte 而言，主要是功能块库、动态功能块库等方面的扩展。

（二）云侧开放式平台软件

云侧开放式平台软件在云服务器或物理服务器中运行。云侧开放式平台软件的容器化管理系统，主要完成 ONU 侧的设备管理和配置，主要功能模块包括：一是容器和镜像管理模块，主要完成镜像信息管理，包括提供标准化的管理镜像的版本、配置、镜像 App 信息等，以及将镜像 App 拉到 Docker。二是 ONU 设备管理模块，主要实现对设备的注册认证，展示和配置 ONU 的基础信息、容器管理、串口配置、通信配置、工业接口配置等，该模块可以在 OpenDayLight 开源框架的基础上进行开发。三是云侧平台管理模块，主要完成云侧开放式平台软件本身的管理，包括用户管理、角色管理、菜单管理、部门管理等功能。

容器化管理系统通过两种协议与 ONU 交互：一是 MQTT/JSON，用于容器化管理系统与 ONU 上运行

---

1. MQTT（Message Queuing Telemetry Transport，消息队列遥测传输协议）。
2. JSON（JavaScript Object Notation，JS 对象简谱）。

的 ONU 侧开放式平台软件的交互，主要完成 Docker 和 App 的相关管理和配置操作；二是 NETCONF/YANG，用于容器化管理系统完成 ONU 设备本身（包括硬件端口、基础通信功能等）的管理和配置工作，包括读取设备信息，下发串口、数字量输出（Digtal Output，DO）口配置，为 Docker 分配串口等相关操作。NETCONF 基于可扩展标记语言（Extensible Markup Language，XML）的网络配置协议，由 RFC4741-474 标准定义；YANG 是数据模型定义语言，可用来描述基于 NETCONF 协议通信的用户端和服务器之间的交互模型。云侧开放式平台软件的镜像仓库可用于存储和管理 Docker 镜像的仓库管理系统。镜像仓库可以使用 Docker 官方提供的在线镜像仓库，也可以使用开源镜像仓库 Harbor 等。

三、工业 PON 在离散制造业的应用

离散制造业的主要生产活动可以概括为将多个零件经过一系列不连续的工序加工装配为成品，其特点是车间管理过程比较复杂，接入终端数量较多。在数字化生产背景下企业关注产品各个生产环节的数据信息采集，一般离散制造企业车间生产过程中的数据通常包括物料、加工设备、工装、加工过程、质量等，涉及制造执行中的各个环节。

基于工业 PON 的制造车间数据采集系统方案主要包括 OLT 通过以太网接口上联数据采集与监控系统（Supervisory Control And Data Acquisition，SCADA），通过光分配网络连接工业网关。工业网关通过 5 类线布线接入各种数控机床等工业设备，工业网关集成有 RS232/485、以太网、DO 等多种接口，实现对各种总线的工业现场级设备的接入和数据采集。工业网关将采集到的信号进行统一的协议、数据转换，将车间生产基础数据信息采集汇聚到 SCADA 系统，为制造执行系统提供设备的实时信息，同时为 MES 提供设备管理和工艺下发的链路。

四、展望

随着产业发展及技术创新，计算和网络的融合已经成为产业界的热点，呈现一体化发展趋势，从离散制造业场景走向千行百业。面向算网一体的工业 PON 还需进一步探索网络和计算的协同感知、协同编排、算网一体的自优化和自运维等能力。

（中国联通研究院　程海瑞　贾　武）

信息安全篇

值得信赖的行业数智使能者

公司简介

中电信数智科技有限公司，成立于1996年，是中国电信集团的全资子公司。公司致力于为客户提供数智综合信息服务，是中国电信推动云改数转战略、助力数字中国建设的重要力量。

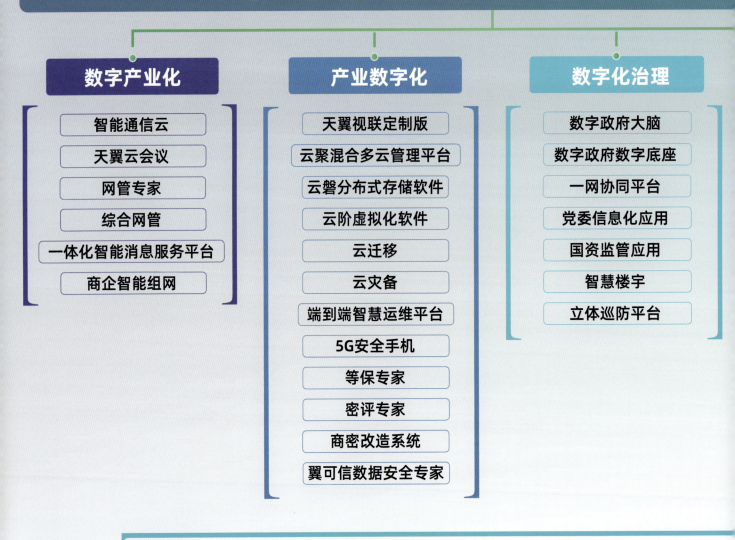

广告

服务应用

▶ 融合IT总集成、行业数字平台、5G、AI、云计算、大数据、物联网、信息安全、灾备、移动互联网等服务应用。

场景化DICT解决方案

▶ 聚焦中国电信的政企客户业务，以诚信服务为本，提供政务、金融、医疗、水利等行业场景化DICT解决方案。

司产品能力及服务体系

数据价值化
- 数据中台
- 翼联呵护
- 翼点触达
- 数据安全综合治理平台

数字化服务
- 咨询规划服务
- 集成交付服务
- 软件研发服务
- 运营运维服务

▶ 翼研低代码平台

广告

烽火通信科技股份有限公司(股票代码:SH600498)是国际知名的信息通信网络产品与解决方案提供商,自1999年成立以来,始终专注于全球信息通信事业的进步与发展。公司主营业务立足于光通信,深入拓展至信息技术与通信技术融合而生的广泛领域,并成为我国智慧城市、行业信息化、智能化应用等领域的核心企业。

面向5G时代,烽火通信以数字连接价值造福人类社会为使命,以提振产业经济为己任,瞄准世界先进技术、提升核心竞争力、加速国际化进程,以更加开放的胸怀和更有远见的视野,贡献烽火智慧和烽火方案,让社会共享信息通信带来的美好生活。

烽火通信科技股份有限公司

网址: www.fiberhome.com
地址: 湖北省武汉市东湖新技术开发区高新四路6号
邮编: 430205
经销商查询电话: +86-27-87703169(工作日)
邮箱: qdgl@fiberhome.com

售后技术支持及咨询热线:
800-8800787   400-8890787

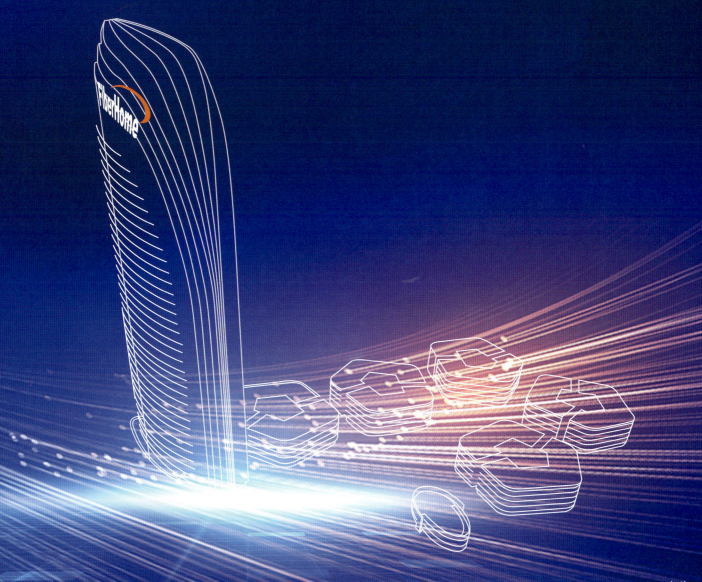

连接数字化
美好未来

广告

中星26卫星
超百Gbit/s容量的高通量卫星
覆盖广　部署便捷　随遇接入　按需供给　灵活高效

中国卫通集团股份有限公司(简称:中国卫通)是中国航天科技集团有限公司从事卫星运营服务业的核心专业子公司,具备国家基础电信业务经营许可证和增值电信业务经营许可证,是我国拥有通信卫星资源且自主可控的卫星通信运营企业,被列为国家一类应急通信专业保障队伍。2019年6月28日,中国卫通成功登陆上交所主板挂牌交易,股票代码:601698。

中国卫通运营管理着17颗优质的通信广播卫星,覆盖中国全境、日本、蒙古、东南亚、南亚、中东,以及欧洲、俄罗斯、澳大利亚、非洲和太平洋等国家和地区。公司拥有完善的基础设施、可靠的测控系统、优秀的专业化团队、卓越的系统集成和7×24小时全天候高品质服务能力,为广大民众提供安全稳定的广播电视信号传输,为政府部门、行业用户和民众提供专属通信服务和互联网接入服务,为重大活动和抢险救灾等突发事件提供及时可靠的通信保障,赢得了广大客户的好评和高度信赖,树立了良好信誉和品牌形象。

网络强省 创新注智
四川电信勇当数字四川建设主力军

近年来，四川电信积极践行初心使命，积极承接国家"数字中国"战略，全面贯彻落实四川省委省政府和中国电信集团的各项决策部署，勇当数字四川建设主力军，率先启动"网络强省"行动计划、"数字四川"行动计划、四川数字经济创新驱动发展行动计划，助力四川在"网络强国""数字中国""智慧社会"等重点工作上领跑全国，让人民群众畅享美好信息生活，为四川经济社会高质量发展贡献电信力量。荣获"全国五一劳动奖状""全国工人先锋号""全国扶贫创新奖""全国首批精准扶贫最具影响力企业""四川省优秀服务业企业""四川省脱贫攻坚先进集体""行业突出贡献奖"等多项荣誉。

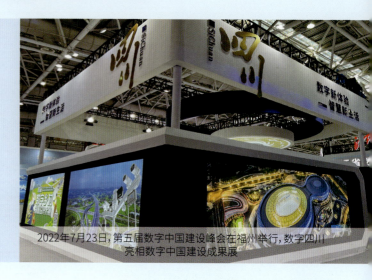
2022年7月23日，第五届数字中国建设峰会在福州举行，数字四川亮相数字中国建设成果展

▎一以贯之的韧劲，打通信息大动脉

在四川省大凉山，位于海拔1400多米悬崖之上的"悬崖村"，中国电信架设的"信息天路"，让村民们装上光纤宽带，看上IPTV超高清电视，用上手机，通过互联网融入现代生活，开启信息致富之路。打通"悬崖村"信息天路，是四川电信持续践行"以人民为中心"，不断提升四川信息化水平的缩影。

在四川电信的全力推动下，四川信息基础设施能力和综合信息服务水平实现跨越式发展，建成全球较大IPTV视讯网、全国综合智能信息服务精品网、全国较大规模5G示范网，率先发布5G双千兆，率先实现8K IPTV业务商用。信息网络在经济社会发展中的战略性、基础性、先导性地位更加凸显。从百兆到千兆，智慧生活成为天府之国的新标签；从"光网四川"到"数字四川"，数字经济成为引领四川高质量发展的强大引擎。

▎一马当先的拼劲，奠定数字经济算力基石

近年来，四川电信积极响应国家"东数西算"战略，加快构建以成都为核心的云锦天府"2+5+X"算力中心体系，推动四川新基建云网能力全国稳步发展，为全川智慧城市、智慧政务、智慧产业、智慧民生等场景提供落地支撑，助力成渝地区双城经济圈建设。

在成都天府新区，中国电信天府云计算中心为高科技企业提供云计算、大数据和小型超算资源支持；在雅安，中国·雅安大数据产业园（川西大数据产业园）超15万台服务器正为全球提供海量数据信息服务，规模体量迈入全国第一方阵，已引进大数据及关联产业项目114个，总投资430亿元；在宜宾，长江上游区域大数据中心暨川南大数据中心，打造"一带一路"南向国际节点，开展国际数据服务，构建中西部地区的信息枢纽中心、流量汇聚中心和网络节点中心，集聚大数据、云服务、互联网、人工智能、物联网等新兴技术；在广元，川北大数据中心为区域数字经济发展提供IDC基础资源支撑。

2021年3月，四川电信和四川能投集团联合打造的国内国资企业专属云——"四川国资云"正式上线，全面赋能国资企业数字化转型应用示范和数据共享，助力万企上云和数字化转型。2022年9月，中国电信天翼云川南中心在泸州开园。作为按照全国一体化大数据中心和算力布局规划建设的国家云重要枢纽，该中心将与国家高速骨干网络直连，全面推动科技、应用、产业系统性创新，助力成渝双城经济圈数字经济发展，为四川建设国家数字经济创新发展试验区贡献力量。11月15日，作为"东数西算"国家算力枢纽成渝天府集群节点之一的川东大数据中心在达州开园，该项目集大数据中心、云计算中心、灾备中心、5G创新研究中心、产业赋能中心于一体，是达州乃至万达开川渝统筹发展示范区发展数字经济的关键性支撑平台，为地方数字经济发展注智赋能。

2022年9月27日，天翼云川南中心开园仪式现场

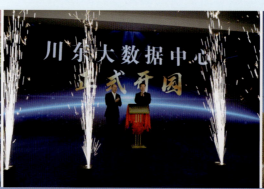
川东大数据中心开园

中国电信服务无处不在，四川电信员工在海拔3000米的壤塘县保障通信

广告

一抓到底的干劲，描绘产业发展新征程

基于云网融合的数字化转型升级，四川电信全面推进云改数转，发挥自身信息化优势赋能千行百业，打造美好数字新生活。

在5G+智慧城市方面，四川电信积极配合省级相关部门，成功培育出电子政务、智慧天网、居家养老等多个示范应用，助力经济社会发展和民生改善；创新打造"魔方""魔镜"聚合平台，被列入《国家数字经济创新发展试验区（四川）建设工作方案》；依托物联网、云计算、大数据、人工智能、5G等技术，打造"全光化、全云化、全物联网化、全整合化、全实景化"的5G智慧园区；运用绿码通、人脸识别、魔镜AI等技术建设5G数字孪生小区，助力基层治理体系建设和治理能力提升。

在5G+工业互联网方面，四川电信携手泸州老窖、通威太阳能等60余家企业，打造5G+8K+AI智能识别、5G+AGV物流、5G+AI质检、5G远程运维、5G+IoT设备数字孪生等创新应用，为优化生产管理、提升生产效率提供有力的"智慧"支撑。

在5G+智慧医疗方面，四川电信联合四川省卫健主管部门和四川大学华西医院打造的全国5G+新冠肺炎远程会诊系统高效助力疫情防控，世卫组织总干事高级顾问布鲁斯·艾尔沃德给予高度评价。四川电信携手四川大学华西医院打造的"四川大学华西医院5G+远程重症监护项目"，实现远程专家沉浸式VR查房、远程双向沉浸式VR探视、医疗设备全维接入、远程操控、中央监护、AI预警等，打造集远程会诊、查房、探视、示教、科研于一体的5G+远程重症监护平台。目前，该项目相关应用已在甘孜、阿坝、凉山等多家医院落地，创新打造了跨区域远程诊疗的先进模式，促进优质医疗资源共享，提升医疗健康水平。

在5G+智慧旅游方面，四川电信打造的"5G三九大·云上游四川"，让全国人民足不出户就能欣赏"天府之国"九寨沟、峨眉山金顶、稻城亚丁等美景。基于云网融合网络，四川电信以天翼云、5G、VR、物联网等技术助力宽窄巷子、九寨沟、三星堆、峨眉山等景区实现智慧化管理。

一心为民的热劲，鼎力担当央企责任

四川电信始终牢记"国之大者"，积极践行"以人民为中心"的央企担当，全心全力服务民生。

四川电信切实履行央企社会责任，勇担脱贫攻坚任务，全力承接四川盐源、木里对口支援任务，从网络、资金、人才、项目等各方面持续发力，集中优势资源强力推进脱贫攻坚。强力推进网络扶贫，累计投入农村通信建设资金200余亿元，全省脱贫村光纤宽带、4G网络通达率100%。加大定点帮扶力度，为贫困村捐赠帮扶资金2000余万元，支持产业发展和基础设施建设；创新开展消费扶贫，打造天虎云商+益农社电商平台，2015至今，销售农副产品超10.18亿元，其中扶贫产品约1.96亿元；全面实施信息化帮扶，在全国提前开通IPTV"精准扶贫"专区，积极推进"学前学会普通话"项目，惠及凉山州7300余个村级幼教点；建设远程诊疗、教育、智慧牧业、政务ITV平台，实现优质资源城乡共享。

四川电信坚持"用户至上、用心服务"，全面推进提速降费，先后取消长途费、漫游费，大幅降低国际漫游费标准，先后实施15次免费提速惠民行动，推动智慧家庭千兆普及；开展暖春行动、春晓行动精准惠企，为中小企业纾困解难；筑牢网信安全屏障，保护人民群众财产安全；发布"114助老服务、孝心卡、IPTV长辈模式、尊长台席、爱心翼站、点心关爱基金等"适老化服务，帮助老年人融入数字社会；推出数智随心、关爱随心、网络随心、消费随心、便捷随心、安全随心等六大"好服务"，全面增强了百姓的获得感、幸福感。

一往无前的闯劲，描绘乡村振兴新画卷

随着信息技术的发展，新型基础设施建设实现智慧化转型升级，成为现代农业发展的重要引擎，让农业生产更"智慧"、更"聪明"。

在成都大邑县祥和村稻乡渔歌现代农业产业园，四川电信打造的数字乡村智慧农场应用场景，实现农田四情监测，水肥一体化、智慧灌溉及农产品从生产到加工、销售的全产业链数字化追溯，打造数字林盘发展新模式，为智慧农业腾飞插上科技的翅膀。

在德阳旌阳区新中镇旌秀桂花村5G无人农场，数字技术让农业生产由"会种田"向"慧种田"转变。四川电信运用5G物联网技术，对农作物生长情况进行监控，配备智能喷灌滴灌、水肥一体化、实时监控系统等智慧设施，实现"耕种管收"农业全智慧化管理。目前，桂花村数字农业示范区（5G+无人农场）项目已成为智慧农业标杆。

依托政务IPTV、魔镜慧眼、农民工平台、天虎云商、翼支付等平台与资源，四川电信创新构建数字乡村信息服务平台，激发乡村振兴内生动力；建成"城镇有天网、农村有雪亮、农户有慧眼"的三级视频监控体系，助力全省1/3的农村达到平安乡村建设目标；打造智慧农业创新实验室，积极开展5G与8K、AR、VR等融合发展，助力智慧农业和数字乡村建设。

初心如磐，奋楫笃行。中国电信四川公司继续秉持红色电信精神，不断夯实四川经济社会高质量发展的数字底座和信息化服务能力，进一步加快"网络强省""数字四川"建设，助力新时代治蜀兴川再上新台阶，为实现中国式现代化贡献电信力量。

2022年9月7日，中国电信抢险队员在泸定地震灾区保障通信

2021年1月21日，中国电信天虎云商直播带货助力普格县扶贫产品热销

德阳旌阳区新中镇旌秀桂花村5G无人农场，数字技术让农业生产由"会种田"向"慧种田"转变。

广告

中国移动四川公司
"数智"赋能治蜀兴川新征程

中国移动作为行业龙头企业,已成为全球排名前列的移动通信及固网运营商,我们一直以网络强国、数字中国、智慧社会建设主力军为己任,基于"5G+算力网络+智慧中台",加快构建面向"连接+算力+能力"的新型信息服务体系,推动信息服务融入百业、服务大众。中国移动通信集团四川有限公司(以下简称中国移动四川公司)是中西部网络规模较大、服务客户最多、综合实力最强、社会口碑最优的主导通信运营商。现有员工超2万人,主营业务包括移动语音、数据、宽带、IP电话、云业务和多媒体业务等。截至目前,中国移动四川公司个人客户规模超5400万户(四川每三位手机客户中就有两位是我们的客户),互联网电视客户超1500万户,家庭宽带客户超1600万户(全省近一半家庭客户使用我们的宽带及互联网电视),服务集团客户单位超240万家,物联网连接数超2700万,基站总数超32万个,5G基站超6万个(已率先实现全省县城及以上区域连续覆盖、重点乡镇区域良好覆盖),已累计在川投资超2300亿元、累计纳税超360亿元,带动就业岗位近50万个,并充分发挥四川5G产业联盟理事长所在单位作用,在医疗、教育、交通等多领域实现突破,多个合作项目成为全国优秀范例。

中国移动四川南区枢纽中心工作人员调试设备,为"东数西算"积攒"能量"

9月6日,移动无人机高空基站在甘孜威镇高高升起,保通信

移动工作人员指导凉山州布拖县补尔乡竹尔苦村黑绵羊产业园区,工作人员利用养殖环境监测设备追踪黑绵羊生长过程

9月5日,中国移动四川公司网络保障团队紧急抢修石棉至泸定的受损光缆

广告

围绕"践行党的宗旨、履行央企责任、融入四川战略、服务治蜀兴川",中国移动四川公司在保持自身良好发展态势的同时,积极服务经济社会发展,重文化、重品质、重创新、重服务,全力服务于数字经济发展、乡村振兴以及成渝地区双城经济圈建设,坚决落实新基建、提速降费、携号转网等要求,社会责任全面彰显。2022年,公司荣获5G"绽放杯"全国总决赛二等奖;荣获"国家级网络安全攻防演习优秀防守单位";连续十九年保持"全国安康杯竞赛优胜企业"荣誉称号;荣获四川省诚信企业、四川省抗震救灾先进集体、超高清视频产业联盟突出贡献企业奖等诸多奖项。

移动网络工程师踏着过膝积雪前往阿坝宁南县石梨镇花石村进行线路保障

中国移动四川泸州古蔺分公司装维工程师指导村民手机查看"千里眼",共建平安乡村

中国移动四川公司网络工程师现场坚守保障自贡灯会通信

2023年,中国移动四川公司按照集团公司成为世界信息服务科技创新公司"新定位",以及"一二二五"战略实施思路,因地制宜,自我加压,持续深化"1234567"经营发展理念,坚持以"践行党的宗旨、履行央企责任、融入四川战略、服务治蜀兴川"为行动纲要,紧扣"四化同步、城乡融合、五区共兴"总抓手,全力服务于数字经济发展、服务于乡村振兴、服务于成渝地区双城经济圈建设,在服务地方经济社会发展中更好推动公司发展,为奋力写好中国式现代化的四川篇章贡献移动力量!

广告

浙里十年 数智赋能

中国电信浙江公司：
勇当数字浙江建设主力军 持续推动数字经济高质量发展

十年织网，固定宽带从百兆提升到千兆，光网城市全面建成；十年飞越万里"关山"，移动通信从3G、4G演进到5G，实现网络、产业、应用全球领先；十年跨越新征程，推动数字化服务普惠共享，提升服务民生水平；十年改革创新探路，彰显高质量发展成色。

回首是春，俯首是秋。十年来，中国电信浙江公司勇当"数字浙江"建设主力军，践行"八八战略"，紧密围绕浙江省新基建发展、数字经济"一号工程"建设、"最多跑一次"改革、政府数字化转型和数字化改革等重点工作，打造科技型、安全型、服务型企业，为浙江经济社会发展注入新动能，结出累累硕果。

持续加码云网布局 激活社会发展动能

开展全光网络建设。浙江公司2011年2月全面启动"宽带中国·光网城市"工程。十多年来，持续开展全光网络建设，行政村通宽带率达到100%，率先实现千兆网络升级，布局万兆光网能力，实现城区无条件受理千兆宽带，通过杭州、宁波千兆城市标杆引领，目前全省各市基本达到千兆城市标准；建设高速云骨干网，构建全国领先的"云+城域云网+边缘+安全"融合基础架构，打造多云、多网、安全的一站式服务。

建设5G精品网络。2010年3G商用、2014年4G商用、2019年实现5G商用，浙江电信不断加大基站投入力度，截至目前，5G基站累计开通6万余个，实现全省主城区、县城及重点乡镇连片覆盖，重点场景和地铁线路的深度覆盖。5G下载峰值速率达千兆，比十年前的3G提升了100多倍。加快打造5G精品网络，在杭州实现全国5G超清视话（VoNR）规模商用。

打造算力高地。浙江公司主动承接"东数西算"工程，按照"4（区域中心）+11（城市中心）+X（边缘节点）"部署，初步形成省内"中心集群+浅边缘+深边缘"层次布局，启动杭州、嘉善大数据中心建设；衔接国家云建设，布局"天翼云"一城一池，打造分级部署、高速互联的分布式云，全域覆盖，实现泛在计算。

加速布局5G建设

强基赋能安全底座 筑牢数字安全屏障

"没有网络安全就没有国家安全。"在信息时代，网络安全事关国家安全和人民群众的工作生活。基于强大的基础设施，浙江电信利用自身拥有的云原生安全核心技术、云网融合的纵深防御以及云安全合规认证，不断强化自主研发创新、属地化交付、网信安全服务三大关键核心能力；利用互联网反欺诈平台、全增值运营平台、云堤、智云护航四大核心技术，构筑起网信安全堡垒；构建"2+11"安全能力池全覆盖，夯实网络、信息、数据安全底座；打造"云网端数用边"六端安全运营体系；拥有3000多名专业安全工程师，向全省客户提供全程全网的属地化服务。

同时，浙江电信建设了数据安全管理平台，引入了大数据、AI算法等技术，开发部署了数据资产管理、数据操作审计、风险发现、数据脱敏、数据防泄漏、数据安全评估六大核心数据安全能力，为7个省级部门/中心以及11个市分公司赋能，提供多维度、跨部门、全流程的数据安全治理能力。

聚力加快数字"大脑"建设 全方位纵深推进数字化改革

打开外卖在线App，商家后厨随即映入眼帘，都能够识别抓拍所有图像；96110反诈预警"云上一张网"，为人民群众挽回经济损失数亿元；支撑建设"七张问题清单"……这些应用，是浙江省数字化改革成果的缩影，也是浙江电信激发数智相生新动能、助力数字化改革实战实效的典型案例。

浙江电信积极发挥"数字浙江建设主力军"作用，深度参与浙江数字化改革"1612"体系建设，为数字化改革迭代升级、提质扩面，提供管用好用、实战实效的电信智慧、电信方案；重点打造多层次的云网融合算力布局体系，支撑建设"七张问题清单"等16个全省最佳应用，承建"浙里红色根脉强基工程"等重大应用，参与推进"阳光厨房"等多个重点项目。

在数字政府领域，浙江公司共支撑6个最佳应用建设，其中，自主研发"应急救援综合管理应用""特种设备在线应用""畜牧增产保供""浙里营商"等，自研能力延伸至市县18个场景。

疫情防控，中国电信时刻在线

广告

在数字经济领域,浙江公司自研开发新智造公共服务平台、工业物防链应用,打造省企业服务综合应用、数字经济综合应用,为实体经济降本增效提供电信解决方案。以新型云网底座助力工业互联,提供"网边云用服"五位一体的5G定制网融合服务,积极探索"产业大脑+未来工厂"的创新发展,围绕各行业头部企业打造了一系列标杆性的应用场景。在吉利汽车研究院,通过5G+MEC的部署,直接对接吉利原有工业环网,确保了数据不出园区,国内实现5G车载软件刷写、群控IPC电脑无线化等汽车制造领域可复制的场景。在浙江三花智控,通过5G赋能,创新实现了新能源汽车零部件生产的全要素品质管理、生产节拍和能源管理优化,使产能提升11%,节能减排15%,5G+全域性溯源管理使产品废品率从1%降低到3‰,以实际行动助推浙江全球先进制造业基地建设。

在农业领域,浙江公司自主研发数字乡村云平台,打造标准化软件平台。平台融合云网、5G、物联网、视频等原子能力,以及浙江省行业能力平台,建设乡村各类智慧场景;致力于服务"三农"事业,自研浙里未来乡村在线、浙农富裕、浙里牧畜增产保供等平台,助力乡村振兴工作。浙江公司还成功举办2022数字乡村"金翼奖"活动,合力打造数字乡村十佳县(市、区)、十佳应用和百村优秀案例。

全球首例骨科手术机器人多中心5G远程手术

数字赋能5G未来工厂

践行"以人民为中心" 让电信"温度"无处不在

"我经常来学习,现在会用手机交水电费了,也能和孩子们一样用手机扫码坐车了,还会预约挂号,不怕出门不方便了。"家住杭州采荷小区78岁的李奶奶口中提到的,是浙江公司在"爱心翼站"提供的适老化服务。

十年来,浙江公司始终秉承"人民邮电为人民"的宗旨,切实贯彻"我为群众办实事"的服务理念,把"让人民满意"作为衡量工作的标准,不断增强人民群众的获得感、幸福感、安全感。

浙江公司实施数智随心、关爱随心、网络随心、消费随心、便捷随心、安全随心等"好服务更随心"六大服务举措,持续提升基础服务水平、全面满足客户信息需求,更快更便捷响应客户诉求;大力推进适老化服务,建成千家"爱心翼站",开展幸福学堂超10000场、服务近10万人次,万号热线一键呼入老年客户260万人次,114适老服务60万人次。

食品安全搭上数字化快车

坚守初心薪火相传 电信铁军全面护航

浙江公司从基础通信保障到疫情防控信息化、科技化建设,始终冲锋在前,推陈出新。利用5G、云计算、物联网、大数据、人工智能等新技术在互联网医疗、智慧医院、疫情防控平台、核酸检测、流调溯源、二合一门禁等阵地"大显神通"。智能化"方舱医院"高速落地,为隔离点累计安装智能门磁20万套,安装天翼大喇叭4000套,再一次见证"电信速度"。

浙江夏季台风多发,在突如其来的自然灾害严峻考验面前,浙江公司调动一切力量开展抢险救灾保通信工作。十年来,累计迎战台风数十次,出动应急保障人员81025人次、应急车辆27011辆次、发电油机21332台次、其他应急设备5438台套次,累计发送应急短信超过1亿条。

浙江公司在乡村振兴工作中,大力实施网络帮扶、业务帮扶、信息帮扶、就业帮扶、消费帮扶,取得扎实成效。过去十年,累计支出帮扶捐赠资金1312万元。结对的缙云东渡镇雅村村在产业帮扶上取得了突破性进展,提前两年达到了浙江省结对帮扶工作目标。

砥砺奋进十年路,不忘初心再前行。浙江公司将牢记初心使命,大力弘扬红色电信精神,勇挑重担、冲锋在前,发挥数字要素的乘数效应,数智赋能实战实效,在高质量发展建设共同富裕示范区的生动实践中彰显新担当、展现新作为。

疫情防控,中国电信时刻在线

广告

中国移动通信集团福建有限公司

中国移动通信集团福建有限公司（以下简称中国移动福建公司）是福建规模体量领先、收入利润位居前列的区域主导运营商。截至目前，中国移动福建公司个人客户规模近3000万（福建省每三位手机客户中有两位是我们的客户），互联网电视客户超700万、家庭宽带客户规模超800万（全省近一半的客户使用我们的宽带及互联网电视）、服务集团客户超100万家、物联网连接数超2700万。累计纳税超400亿元，占全行业80%。带动直接和间接就业岗位超25.3万个、带动省内产业链上下游及主要生态伙伴超1100家，成为数字福建高质量发展的可倚靠的央企力量。

数字福建是关于数字中国建设的探索源头和实践起点。从"经济要发展，邮电要先行"到"发展经济，通信先行"，再后来亲自擘画"数字福建"，福建始终走在时代前沿。面向新时代的数字福建建设，中国移动福建公司将始终以网络强国、数字中国、智慧社会建设主力军为己任，全面助力福建打造数字经济新高地。

移动云（福建）中心节点正式发布，将第一时间支撑本地业务的数字化发展，为数字福建铸就算力基底

中国移动（福建福州）数据中心，是一座超大型绿色"新基建"数据中心，获评2022年国家新型数据中心典型案例

全面推动"两个新型"建设，畅通经济社会发展的信息"大动脉"。

系统打造以5G、算力网络、智慧中台等为重点的新型信息基础设施，创新构建"连接+算力+能力"新型信息服务体系，持续引领智能化综合性信息基础设施建设发展，进一步放大拉动投资、促进消费的"扁担效应"。截止目前，5G基站超4.3万个，每万人拥有5G基站数达10.6个，实现5G网络在乡镇以上区域连续覆盖，千兆网络覆盖用户超1840万。具备"2+9+X"算力资源布局，涵盖福州、厦门两大省级数据中心，9个市级中型数据中心、近5000个汇聚机房，累计投产IDC机架数2.2万架，省级数据中心获得国标A级（增强型）认证和三级等保认证，核心技术100%国产，吸引了腾讯，阿里，兴业银行等龙头用户入驻，并保障了e福州等平台在疫情期间的高并发需求，成为数字福建主力军、网信事业排头兵的践行者。

全面融入福建"四大经济"发展大局，助力经济社会数智化转型。

为落实"四个更大"发展要求，福建省提出做大做强"数字经济、海洋经济、绿色经济、文旅经济"四篇文章，高起点激发经济新动能。中国移动福建公司积极响应上级部署，推动传统行业全方位"上云"、深层次"用数"、多领域"赋智"，推进数字经济和实体经济融合发展。目前已拥有5G融入千行百业的丰富实践案例：累计建成"5G+工业互联网"应用超300个，输出5G+智慧工厂、5G+智慧冶金、5G+智慧电力、5G+智慧园区、5G+智慧海洋等20多个细分行业解决方案。打造了厦门远海全球5G智慧码头、宁德时代全球5G专网等；搭建了全国全域旅游镇级"电视大屏"；树立了三天建成一朵抗疫云，2个月交付兴业银行金融云的移动速度和优异交付口碑，成为经济社会数智化转型的赋能者。

中国移动福建公司与信泰科技共同打造的5G智慧纺织工厂,加速纺织鞋服等传统产业转型升级

福建移动加快5G技术与核工业融合,为漳州核电提供5G专网支持,让"大国重器"有了智慧力量

福建移动搭建全国全域文旅县市级"电视大屏"

全面融入社会治理体系,助力提高福建数字经济治理体系和治理能力现代化水平。

中国移动福建公司加快向人工智能、物联网、云计算、大数据等技术能力的系统集成、开放共享转变,其中视频AI、移动认证、大数据溯源等300多项能力,广泛应用于基层治理、生产生活、网络安全各领域。通过自主研发数字福建能力底座基层治理平台,打造数字乡村、智慧园区、智慧养老等一揽子解决方案。累计为1.2万行政村提供数字服务,与省民政厅联合打造5G+智慧养老全场景能力体系,提供老年大学课程、养老病床、健康诊疗等多项服务,在厦门发布了全国5G智慧公交大脑,信息安全能力获得公安、工信部门肯定,成为坚实的"数字底座"。

全面贯彻落实中央决策部署,坚持以人民为中心,扎实履行央企责任。

中国移动福建公司全面完成扶贫攻坚目标,赓续乡村振兴任务。相继派出六批干部驻村扶贫,累计投资超4亿元,完成1643个普服建制村(含海岛)光纤宽带建设。依托"1+3+X"网络+乡村振兴模式,实施数智乡村振兴计划,积极为农业农村现代化注智赋能。筑牢网络和信息安全防线。配备"天、空、地"立体化应急通信保障手段,实现城区"1分钟响应、20分钟到场、45分钟抢通"。创新反诈治理"近邻模式",有效打击电信网络诈骗。依托公司网络安全人才和产品优势,向省农商行、兴业银行、泉州银行等重要客户输出网络安全防护能力,获得业界认可,成为"国之大者"。

公司成立以来,先后荣获"全国文明单位"、"全国五一劳动奖状"、"全国通信行业用户满意企业"等荣誉称号,并连续三届被评为福建省"党建先进单位"。

在福建漳浦县,省派驻村第一书记林衍栋带领村民发展猪肚菌特色产业,并结合移动5G+智慧农业,让农户从靠天吃饭到靠"云"吃饭

在福建省泰宁县,中国移动福建公司工作人员正在安装调测网络设备,为革命老区高质量发展示范区建设贡献移动力量

广告

植根山东 服务齐鲁
山东联通全面赋能数字强省建设

当前,数字经济已成为经济高质量发展的重要增量。中国联通坚决当好为中国式现代化筑牢数字底座的大国"顶梁柱",奋力成为以数字化网络化智能化助力中国式现代化的产业"领头羊",倾力打造为中国式现代化提供算力服务的云计算"国家队",聚力做好为中国式现代化提供网络安全保障的主力"护航员"。

山东联通紧跟集团公司脚步伐,围绕山东发展大局,锚定"走在前、开新局",贯彻高质量发展理念,践行集团"国家队、主力军、排头兵"新战略定位,加快推动信息基础设施建设和以5G为代表的新一代信息技术应用突破,以高质量的信息技术服务,引导数字经济和实体经济深度融合,促进数字经济发展,积极助力山东新旧动能转换和新时代现代化强省建设。

发力新基建,夯实网络"底座"

近年来,山东联通聚焦网络通信服务主业,以"双千兆"网络协同发展为重点,全面完成5G等新基建目标,逐步建成高速泛在、云网融合、智能敏捷、安全可靠的新型信息基础设施,为数字山东建设打造坚实的"底座"。

作为省内全业务主导通信运营商,山东联通全面加快5G精品网建设,目前已在全省累计建成5G基站7.8万站,5G/4G精品网实现乡镇以上连续覆盖,行政村覆盖率99.2%,人口覆盖率99.3%。打造了全国海洋超远连续覆盖网络。

作为中国联通5G核心网络北部运营大区,在全国联通完成多项5G业务首创型部署,为山东省抢占了5G发展先机。宽带精品网覆盖市县城区、乡镇和全部行政村,全部城区和乡镇驻地均实现千兆光网覆盖。全省范围实现全面通达、全光打底的宽带网络,16市的联通网络已全部达到千兆城市网络指标,36%的行政村具备千兆宽带开通能力。为数字经济发展和乡村振兴铺就出一条振兴"数智路"。

与此同时,山东联通坚持规模部署、超前布局,积极构建新一代承载能力体系,率先开启智慧光云城市建设,入网即入云,2021年年底,全省1000个光节点深度覆盖热点区域。基于我省"一群两心三圈"城市规划,打造一二级云池及重点城市群低时延圈,确保城市内、城市间时延分别不高于1ms、3ms。2022年计划建成1600+节点,城市综合业务接入区PeOTN 100%覆盖。同时加速网络架构极简化,全力推动节能增效。

广告

融合创新，助推数字经济

我们要加快发展数字经济，促进数字经济和实体经济深度融合，打造具有国际竞争力的数字产业集群。通过夯实双千兆网络底座，山东联通不断加快加快培养"双千兆"融合应用，以数字化优势赋能山东数字经济，加快推进"双千兆"能力跨界赋能，打通了经济社会发展的信息"大动脉"。

在5G全连接工厂方面，山东联通已形成覆盖钢铁、制药、服装、汽车制造等12个行业的30款数字化赋能方案，服务企业超百家。其中，分别与滨州愉悦家纺、泰安中联水泥合作的5G全连接工厂项目入选工业和信息化部5G+工业互联网典型应用场景。打造5G智慧油井项目，服务胜利油田1700多口油井，助力解决油井全要素采集实时回传和巡检运维问题。

在化工领域，山东联通自主打造化工云平台，已在淄博齐鲁化工园区、滨州博兴化工产业园、泰安岱岳化工产业园等园区应用，有效提升化工行业本质安全能力；危化品安全生产管控平台已被纳入山东省智慧化工综合管理服务平台。

在电力领域，山东联通打造的山东电力5G智慧电网作为国内省域5G电力专网，入选中国联通5G专网PLUS十大示范项目，并参展2023年世界移动通信大会。

在矿山领域，山东联通承建了中国联通矿山军团，参与制定3项国家级智慧矿山标准，打造了覆盖基础设施、网络、平台、应用系统的39个解决方案，服务山能集团、山东黄金、中钢集团等近150家企业，并向全国17个省超百个项目进行技术输出，提升了山东矿山数字化技术全国影响力。

在安监领域，山东联通参与省住房城乡建设厅关于全省燃气安全监测的顶层设计，推出一体化解决方案，实现燃气可防可控，为业主、物业、燃气公司等提供分层多级联合监控。

以网强算，赋千行助百业

数字化时代，无处不在的数据对算力提出了更高阶的需求，谁能抢先构建起兼具算力和运力的算力网络，就能在"一点接入、即取即用"的社会级服务中拔得头筹。锚定新的历史机遇，山东联通从夯实算力底座、打造算网应用新业态、加快数字化转型等方面入手，不断推动算网融合发展。如今，在山东联通的赋能加持下，算力在山东加快嵌入和生长，一幅供给普惠化、应用多样化的发展蓝图跃然眼前。

在淄博齐鲁化工园区，山东联通打造了全省第一个运用5G专网并实现数据全面上云的化工园区项目。通过"5G专网+边缘云"，山东联通将"数"与"智"融入园区管理、决策和服务中，极大地提高了化工园区的数字化、精细化管理水平和数据安全。

山东联通智慧矿山军团，服务山东能源鲍店煤矿，结合联通5G专网将算力系统下沉至矿区，既满足了客户上云需求，又保障了客户数据不出园区，管理效能提升26%。

基于数海存储云，山东联通打造的省级医学影像云平台，目前已接入全省180余家二级医院，有效地解决了基层优质医疗资源难获取的问题。

面对政务部门对数据的"高门槛"要求，山东联通积极推进算网融合，成效凸显。目前，枣庄政务云已覆盖全市95%以上的政府机关单位；淄博政务云作为全省首批新型数据中心试点，保障了全市近200个业务系统和各区县政府的非涉密系统迁转上云和稳定运行。

当前，山东社会经济各领域数字化转型仍在持续，联通力量派生出无数生动的数字"注脚"。阔步迈上新征程，山东联通，以"国家队、主力军、排头兵"的新使命、新定位，全力加快"双千兆"网络建设，推动实体经济与数字经济融合发展，奋力谱写着新时代数字山东高质量发展新篇章。

智慧矿山

网络保障

广告

联通双千兆
幸福千万村

中国联通5G网络已覆盖全部乡镇及以上区域
900MHz广覆盖频段
增强网络能力，助力数字乡村
千兆宽带，让家庭联接更高速
让幸福生活更智能

中国移动 China Mobile | International

千行百业 连接无界 优质服务

企业业务 iSOLUTIONS

7000+ 企业客户
200+ 全球合作伙伴

运营商业务 iCONNECT

970+ 运营商客户
直连 **400+** 全球运营商及转接商

个人市场业务

5700 万无忧行用户
CMLink于英国、日本、泰国、新加坡等方向开通5G 及VoLTE服务

广告

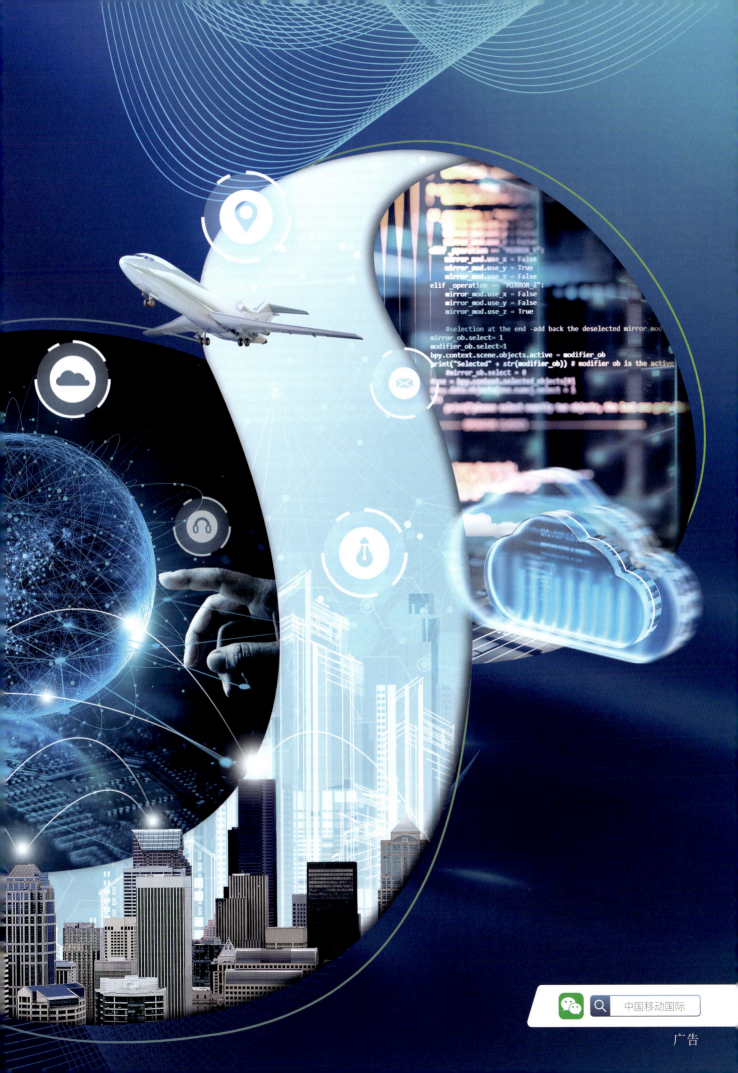
广告

中国联通

30+ 境外分支机构
310+ 产品PoP点
60+ 国际海缆系统
179T 国际海缆容量
22 全球陆缆边境站
12 国际传输维护中心

丰富的国际海陆缆资源
专家级的系统集成能力
数字技术融合创新优势

为运营商和企业客户提供全球互联、云与数据中心、ICT及物联网等综合信息解决方案

为个人商旅客户提供通达全球的语音和数据漫游服务

广告

 中国联通国际

奋进新征程 建功新时代
中国电信安徽公司

近年来，中国电信安徽公司充分发挥信息化建设主力军作用，积极践行建设网络强国和数字中国、维护网信安全的使命责任，紧密围绕现代化美好安徽建设要求，努力打造服务型、科技型、安全型企业，加速推进通信基础设施建设，积极赋能各行业数字化转型。

中国电信安徽公司切实强化政治责任和使命担当，积极落实网络强国战略，全面推进新型基础设施建设。 中国电信安徽公司持续加大投入开展网络建设和运营，作为省内普遍服务试点项目独家承建单位，公司精心构建"四通八达"优质基础网络，实现所有行政村4G网络、光纤宽带100%覆盖，自然村4G网络、光纤宽带平均覆盖率99%，为农村地区经济社会发展架起信息化桥梁。

中国电信安徽公司坚持与长三角等高建设，持续加大5G网络、千兆光纤、大数据中心等新型网络基础设施投入。5G网络实现市区、县城及所有乡镇全覆盖；千兆网络实现县城以上区域及重点乡镇覆盖；构建了覆盖全省"2+16+X"云网融合的算力基础设施，积极承接国家"东数西算"战略工程，高标准打造中国电信安徽智算中心，加速芜湖数据中心集群建设运营，为安徽经济发展筑牢"数字底座"。

中国电信安徽公司持续加大科技创新力度，赋能数字经济发展，积极助力各行业数字化转型。 近年来，中国电信安徽公司发挥在5G、云计算、大数据、物联网和人工智能等方面技术优势，积极推动与政府、企业数字化应用的深度融合。累计已建成1000多个5G典型应用场景，打造了海螺水泥、马钢南山矿业和芜湖港等多项5G行业项目标杆。积极探索5G+工业互联网应用，建成一个市级工业互联网平台-安庆"工业互联网大脑"，助力安徽瀚海新材料、安庆环新集团等900余家企业建设5G+数字工厂。

广告

"平安乡村"云监控平台

中国电信安徽公司充分利用自身云网融合优势，开展量子科技创新，推动成立了中电信量子科技有限公司，连续两年牵头组织量子产业大会，参与全球量子城域网—合肥量子城域网建设，量子密话、量子加密对讲、量子加密物联网等产品实现规模商用；积极探索城市安全治理新模式，打造了城市生命线的"合肥模式"，成为全国标杆；研发推出全国运营商级天翼安全攻防平台，为全省1200家基础设施、近千家客户提供安全检测；打造天翼安全大脑，推出天翼安全专线，服务超1.1万家客户。

中国电信安徽公司积极践行以人民为中心思想，持续提升服务水平，切实满足群众数字生活需求。中国电信安徽公司不断提升客户服务体验，打造"爱心翼站"智能普惠服务渠道、适老化数字平台，坚决落实提速降费、携号转网工作部署，扎实开展实名合规、反诈等信息安全工作，践行"服务好不好，用户说了算"的服务理念。积极推进脱贫攻坚，所有定点帮扶村贫困人口100%脱贫，被授予"安徽省脱贫攻坚先进集体"。发挥行业技术和服务优势，通信赋能，有效支撑社会各行业复工复产，保障学生"停课不停学"。

中国电信安徽公司持续加强综合智能信息产品和服务供给，积极满足群众数字化生活需求。全面助力打造智慧家庭，累计已为超过20万户家庭提供信息化服务；提供智慧社区升级方案，解决物业/社区信息化管理需求，建成智慧社区1400个；积极助力乡镇政府开展基层治理，已为全省80%以上的行政村提供数字乡村服务，为新农村建设插上"智慧的翅膀"。

十四五期间，中国电信安徽公司将立足新发展阶段，把新发展理念贯穿发展全过程和各领域，积极融入"双循环"新发展格局、融入长三角一体化发展大局之中，积极承接安徽省打造"三地一区"的发展战略，为建设经济强、格局新、环境优、活力足、百姓富的现代化美好安徽贡献电信力量！

广告

浙江联通：以"数"为笔，描绘高质量发展新蓝图

各类议案、提案中，数字经济都是其中的高频词汇。从2017年上升为"一号工程"，到今年再次迭代至"数字经济创新提质'一号发展工程'"，5年来，浙江勇立潮头，加快构建以数字经济为核心的现代化产业体系。

面对广阔的数字新蓝海，浙江联通勇担"国家队、主力军、排头兵"的职责使命，持之以恒地帮助众多政府部门、企业在数字蓝海的航道上乘风破浪，当好智能升级的护航员、数字转型的赋能者、万物互联的铺路人，奋力跻身浙江"一号发展工程"的中坚力量。

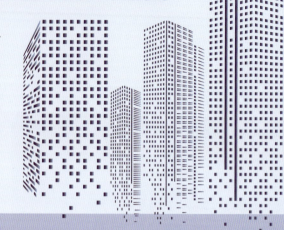

换道加速，浙江智造如虎添翼

位于宁波前湾新区的极氪汽车生产基地，是浙江省"未来工厂"，也是目前国内先进的汽车工厂之一。在其"智能、敏捷、透明"三位一体的智能制造体系背后，是由浙江联通为其量身定制的5G+MEC、5G+数据采集、5G+AI合规检测、5G+AR远程运维、5G+轮毂检测等一系列先进应用，助其在新能源汽车的研发和生产中一马当先。

作为行业示范型"头雁工厂"，宁波北仑的中集物流在联通的支持下，依托物联网、数字孪生、智能检测、大数据分析等先进技术，打造了生产可视化、物流自动化、质检数字化、闸口无人化、能耗集约化等多个数字化的典型应用场景，企业的制造和管理都实现了转型升级。

未来，浙江将出现越来越多这样的"极氪"和"中集"——要大力推进数字产业化和产业数字化，培育超百亿元数字企业40家，新增智能工厂和数字化车间150家，力争数字经济核心产业增加值增长10%。

联通定制的"智慧大脑"，将越来越多地出现在这些智能工厂、未来工厂中，成为浙江"智"造的硬核力量。浙江联通将持续打好以5G为核心的大联接、大计算、大数据、大应用、大安全"组合拳"，携手全省制造业各方大力推进5G+工业互联网开花结果，着力将"5G+工业互联网"融合应用的成熟模式在省内更多行业和领域复制推广。

以数为媒，共绘乡村共富图景

杭州市淳安县下姜村，20年来经历了从"土墙房、烧木炭、半年粮"，到"农家乐、民宿忙，游人如织来下姜"的美丽蜕变。20年转瞬即逝，这其中，浙江联通有幸以"参与者"的身份见证了发展的全过程。

为解决留守老人多、医疗资源不平衡、急救医疗条件不足等诸多问题，浙江联通杭州分公司与浙大医学院附属邵逸夫医院携手，在村内卫生院设立了浙江省"5G+AR云诊室"，院内医生只需佩戴AR眼镜，可随时随地连线专家开展急救，让村里的老百姓享受更好的医疗条件及养老保障。

广告

在助力浙江振兴乡村、发展现代农业的征程中,联通始终将自身的技术优势与浙江的产业特色结合在一起。浙江是渔业大省,中国联通为浙江打造的渔船安全精密智控一体化平台"浙渔安"系统,依托卫星宽带通信网,实现了"宽带入海"上渔船、海陆互联的全覆盖,大幅提升了渔船的风险防控能力和应急救援保障水平,成为破解海洋渔业安全管理困境的关键一招。"浙渔安"已成为农业农村部智慧渔业全国优秀试点项目,并入选2022年数字化改革"最佳应用"。

在共同富裕的征程中,浙江以"乡村大脑+产业地图+数字农业工厂(基地)"为抓手,不断加快山区26县的数字经济创新发展。浙江联通将围绕农业农村数字化改革变革、乡村产业数字赋能创新、乡村数字服务实践、乡村网络文化活力和乡村整体智治引领,持续丰富农业生产、乡村治理、农民生活等环节的智慧应用场景,逐步构建起系统化、数字化、精细化的数字乡村建设格局,探索数字赋能产业振兴、美丽生态与美好生活的数字乡村建设之路。

聚焦民生,提升幸福感获得感

1月16日,嘉兴南湖区中心医院呼吸内科主任、副主任医师陈正进在5G远程查房车前发起了医疗救治远程会诊申请,电脑的另一端是医联体医院——嘉兴市第二医院。嘉兴市第二医院为积极响应的城市医联体,联合浙江联通依托5G+数智医联体急危重症协同救治建设,运用数字化改革最新成果,织密救治线上线下协同"一张网",实现患者"就近""就优"救治,为他们提供安全、方便、及时、有效的医疗专业化救治服务。

在数字引擎加速推进工、农业高质量发展的进程中,浙江联通同步推进新型数字化服务的课题,针对医疗、教育等民生服务,不断推动浙江向数字化社会转型,提升老百姓生活的幸福感、获得感。

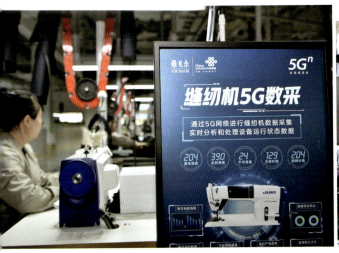

在教育领域,浙江联通参与建设的"岱山县城乡教育共同体"两次获得《焦点访谈》栏目点赞报道,并被列入省教育主管部门数改创新试点项目;创新推出的"5G+智慧接送"平台,聚焦校园治理场景,通过物联设备与5G技术融合,实现对家长、学生和车辆的短时高效调度,解决了"上、下学"期间路面交通时效性与安全性问题;围绕中考体育考试,依托5G高速网络和人工智能算法,实现体育考试成绩自动识别、违规精准监测、动作科学评判……

以数字赋能教育,用智学引领变革,联通通过在教育领域开展各种数字化转型的创新实践,加速推进5G、云计算、大数据、人工智能、虚拟现实等新兴技术与教育教学的深度融合,为推进数智驱动的教育变革不断书写精彩答卷。

在数字经济的赛道上,浙江联通正全力以赴,为助力浙江经济社会高质量发展跑出加速度。

广告

电信天翼云

载千行 成百业

云网融合 / 安全可信 / 绿色低碳 / 开放合作

广告
中华人民共和国基础电信业务经营许可证(A1.A2-20090002)
中华人民共和国增值电信业务经营许可证(A2.B1.B2-20090001)

湖南联通赋能千行百业数字化转型

湖南联通"C+R"实训教学系统推动教育数字化

湖南汽车工程职业学院联合湖南联通探索运用5G、虚拟仿真、数字孪生技术和资源，创设教学场景，共同打造了5G智能制造"C+R"云端操作+真场执行的实训教学系统，构建了"虚拟场景"与"物理场景"融合交互的智能学习空间。

学生在"虚拟场景"中完成工艺设计、程序编制和仿真验证后，将数据传输至"物理场景"，并远程启动工业机器人、加工中心、3D打印机等线下物理设备实施生产。同时，"物理场景"生产画面和数据呈现在"虚拟场景"中，教师和学生能实时监控生产行为、分析生产质量、处理突发问题；通过历史回放，结合AI分析，总结经验、查摆问题、决策改进。该智慧教育创新应用做法获教育部部长点名表扬。

湖南联通打造全国高校智慧图书馆标杆

南华大学联合湖南联通利用5G网络、Wi-Fi6、VR/AR、GIS等技术实现空间的虚实融合，使用户在应用服务平台进行学科咨询、虚拟交互等各项智能信息服务时体验多维感知乐趣，再通过大数据分析让用户感受差异应用体系，打造具有"三维+知识+创新"的五维特征新型智慧图书馆。

该项目实现了6个国内引领，即国内优先提供全场馆Wi-Fi6泛在服务的高校图书馆、国内完全支持国产操作系统和国产数据库部署的图书馆管理系统、国内EM和RFID全兼容的自助借还系统、国内5G全景全息应用建设试点、国内基于微服务架构新一代智慧图书馆综合管理服务平台3.0建设试点、国内创建图书馆五度空间试点。

广告

湖南联通"云镝"工业互联网平台为企业赋能提速

"云镝"工业互联网平台聚焦湖南特色产业集群,面向政府、产业、企业提供全生产过程管控优化、生产执行控制、生产设备管理优化、工业大数据分析、供应链协同制造、产业链垂直电商、数字工厂、工业数字孪生等数字化服务。

目前,已有山河智能、中伟新能源、安华黑茶等多个项目成功落地,并获得第四届"绽放杯"5G应用征集大赛多项荣誉。服务行业包括新能源、石化化工、食品、工程机械、轨道交通、汽车、轻工、纺织服装、矿山、医药等领域,覆盖生产作业、质量管控、产品服务、采购供应、计划调度、仓储物流、运营管理、企业管理、营销管理等环节。

湖南联通"5G+智慧矿山"项目为采矿业提效能、保安全

辰州矿业"5G+智慧矿山"项目是基于"二网一智一自控"(5G、物联网、人工智能技术、自动控制技术)的井下无人驾驶机车智能自控方案,机车具有自主驾驶、障碍物(行人)检测、紧急制动停车、安全监视检测等能力,为辰州矿业的安全生产、安全运输、人员管理和机车管理提供融合创新的解决方案。

辰州矿业有轨运输无人驾驶系统主要包含网络通讯单元、电机车自动运行单元、编组辅助单元、视频控制系统单元、信集闭控制单元,以及控制中心系统单元。在控制室设置无人驾驶电机车运输及集中控制室辅助编组、自动清扫、信集闭控制,安装无人驾驶电机车运输控制设备,用于日常远程控制井下电机车、监控轨道运输生产等任务。形成前后机车无线通信、编组辅助、远程遥控、自动清扫和信集闭机车调度等多功能于一体的无人驾驶电机车运输系统。实现井下电机车的自主巡航驾驶、远程无人驾驶,可以改善工人的环境,减少运输环节作业人员数量,提高运输效率,还可为安全生产提供保障,为实现智能化矿山打下良好的基础。

中国联通海南省分公司

LNR900网络建设是中国联通打造精品移动网络的一项重要举措。为加强手机信号城区弱覆盖及农村广覆盖，海南联通加快L900网络建设进度，让海南人民尽快享受到联通优质网络，海南联通网络建设人员克服高温酷暑所带来的施工困难，统筹安排、提前谋划，形成了高效安全施工体系，用匠心织就精品网络。

据介绍，900MHz频段属于低频段，具有覆盖广、穿透力强的优势，对于提升农村及边远地区和室内覆盖具有明显的优势，例如常常被诟病的办公室内、楼道内、地下室内有待改善的情况会得到改观，在农村、山野、高速公路等区域也将会实现全面深度覆盖。同时，L900基站也为后续打造一张高效、弹性、绿色的5G精品网提供了参考和指引，是响应国家"双碳"目标的具体实践。

截至2023年3月底，海南联通按中国联通集团公司要求，保质保量在全省开通L900基站近3100个站点，4G室外物理站点规模达到10000个以上，4G中低频协同实现人口覆盖率达到98%以上，行政村覆盖率达到97%以上。

为确保完成全省L900基站建设任务，海南联通网络战线的干部职工把该建设任务作为加速实现"高品质服务"战略目标的最佳契机，紧盯目标不放松，创造了短时间内快速开通基站的纪录。

广告

据了解，在建设过程中，面临的主要困难是施工和现有传输资源光纤调测难度大。面对难题，海南联通成立了L900基站建设项目组，落实项目经理责任制，制定了全省日均开站目标，分解落实到18个地市公司，逐个基站编制施工组织计划，对设备到货、铁塔资源到位、配套传输到位、参建方人员配置等环节落实时间计划表。同时，项目组采取分阶段制定差异化措施、科学匹配人力资源、全省调拨设备资源、重点解决难点问题、从无线到传输的端到端管控办法，每天通报进度，及时调整措施，深入分公司逐站查找问题，全力推进L900基站建设并坚持"边开站、边营销"的网业联动策略，快速解决农村4G网络覆盖问题。其间，各分公司网络线网格还积极与市场营销部合力开展网业联动，基站开通后快速形成营销能力，目前，已开展营销的基站日均流量达到177GB以上，有力地支撑了市场发展。

2023年海南联通网络线全体员工将不忘初心，攻坚克难，以"严实精细快"的工作作风，基本甩掉"网络差一点的帽子"，推动网络数字化运营工作再上新台阶！

广告

中国移动通信集团设计院有限公司(简称"设计院"),是中国移动通信集团有限公司的直属设计企业,中国移动研发机构之一的"网络规划与设计优化研发中心"。设计院是国家甲级咨询勘察设计单位,具有承担各种规模信息通信工程、通信信息网络集成、通信局房建筑及民用建筑工程的规划、可行性研究、评估、勘察、设计、咨询、项目总承包和工程监理任务的资质;持有电子通信广电行业(通信工程)甲级、电子系统工程专业甲级和建筑行业(建筑工程)甲级资质;具有信息系统集成及服务一级资质;具有承担国家发展和改革委员会委托投资咨询评估资格;业已通过ISO9001国际质量体系认证;持有《中华人民共和国对外承包工程经营资格证书》,可承接对外承包工程业务。

设计院技术力量雄厚,设计手段先进,服务质量优良。公司聚焦网络领域规划、设计、优化"三大"基础业务能力,先后完成了一大批全国性的通信骨干网工程和新技术首例工程的设计任务,为中国通信网络的建设发展提供了强有力的技术支持和保障。公司在信息能源、数据中心、网管、DICT(垂直行业)、软件工作量评估、采购咨询(招标代理)等新业务领域持续发力,研究成果有力支撑国家"十四五"大数据中心规划布局,数字能源机柜不断助力数据中心降本增效,各项新业务均取得显著成效。同时面向AaaS咨询服务、专网、软硬件集成等战略业务开展研发创新,为中国通信行业"数智化"转型提供了强有力的技术支持和保障。

中移咨询产品体系

中移咨询为客户提供从评估、洞察、战略、市场、运营、技术、数据到管理的全流程咨询产品服务,重点面向党政军、工业能源、交通、金融、大数据等行业,并不断创新服务形式,依托中国移动强大的"连接+算力+能力"信息服务体系,全方位覆盖千行百业数智化转型需求。

数智化转型咨询产品体系

服务形式

敏捷共创 — 轻量级咨询
汇集跨领域专家,与客户采取敏捷共创的形式,快速迭代咨询方案

系统性咨询 — 定制化咨询方案
基于AaaS数智化转型咨询方法论输出定制化咨询方案

培训服务 — 按需设计培训
战略、技术、管理等跨领域、定制化培训课程

知识服务 — 知识与信息整合输出
为客户提供定制化政策解读、行业洞察等服务

体系支撑 — 持续、伴随式咨询服务
以多领域专家智力贡献为基础、以总体架构设计为手段、以持续共创为具体形态的体系总体服务模式

10kV输入逻辑集成不间断电源

① 产品简介

10kV输入逻辑集成不间断电源是基于变、转、备、配电一体化逻辑集成的设计理念,自主研发的数字智能供配电系统,系统高密逻辑集成、工厂预制模块化设计、AI智能运行与维护,系统可有效降低设备占地空间、提升系统效率及智能化运维水平,从而降低核心局楼、数据中心建设及运营成本,打造绿色低碳算力网络基础设施,助力网络演进更快、更省、更简单。系统可应用于核心局楼、数据中心供配电系统新建及改造场景。

② 产品特点

三省 占地面积节省40%,能效提升3%、工程周期缩短75%

一可靠 全链监控可视、可监,系统AI智能预测运维

③ 核心技术

隔离开关+融合功率模块
创新使用隔离开关+融合功率模块(高能量功率模块+熔断器)替代传统UPS系统中UPS输入断路器、UPS主机的方案,实现1个柜替2个柜,从而减少设备占地面积,实现系统高密逻辑集成。

智能在线模式工作
系统优先UPS旁路供电,具备自动依据电网质量(电压V和频率F)和输出负载(功率因数PF,谐波THDI)判断是否对输出负载谐波主动进行补偿功能,最终实现系统能效提升。

"廊桥式"母排+工程一站式交付
系统支持整体工厂预制总装测试,整体运输,工程现场一站式交付。与传统方案相比,新方案工程管理简化,现场组装简便,工程质量可控,工程交付周期缩短。

系统全链可视监控
系统实时监控且全链可视,全链温度监测,智能告警,部分易损件基于AI大脑实现智能寿命预测预警,系统智能维护,降低维护人员巡检工作量。

软件工作量评估产品

核心自主能力、年评估量超100亿元。基于国际标准（ISO/IEC）功能点分析方法、国家标准（GB/T）软件开发成本度量规范的"服务+平台"产品，基于行业最大的软件度量基准数据库"中国移动软件度量过程基准数据库"打造，通过智能评估平台为客户提供权威、客观、科学的**定制化开发软件的规模、工作量和成本评估服务**，助力客户把握软件管理能力，降本增效、避免开支风险。

产品优势

01. …核心资源
- 年评估量超100亿元，涵盖运营商、党政军、建造、金融
- 已连续七年入选中国移动核心能力及自主产品清单
- 国家科技改革示范性超大型央企，服务分支机构遍布全国，信誉度佳，产品安全，保密性好

02. …技术先进
- 作为COSMIC国际官方组织在中国区两个商业合作伙伴之一
- 采用基于智能平台贯穿软评全生命周期
- 精通COSMIC/NESMA等评估方法，可以基于客户场景进行评估，提供客观、详尽、可追溯的第三方评估报告

03. …权威共赢
- 严格遵循标准，方法统一，保障客观、详尽、全面的第三方评估报告
- 给出改进提升方向，帮助委托方降本增效，避免审计风险

产品功能

软件造价评估服务
根据客户业务场景需求，提供适宜的评估服务，完成相应评估报告成果。

软件度量体系建设咨询服务
体系建设：建设匹配企业管理的软件评估体系
基准数据库建设：建设企业的基准数据库

软件度量技术培训服务
方法培训：提高企业软件评估业务水平
实施培训：提高企业项目管理实施水平

应用场景

01需求管理	02投资预算	03采购管理	04实施管理	05结算核算	06后评估管理
明确需求，统一颗粒度，确定软件功能点规模和预估人天工作量，作为需求的依据	明确通过对功能点、工作量和成本的度量，确定投资预算，作为立项和采购申请的依据	依据软件度量预算结果确定采购谈判预算，提升主动权、效率、成功率	依据工作量评估结果的实施更加有序、可控，提升软件开发进度和质量	依据软件度量结算结果核算结算造价，提升主动权、效率、成功率	验证和评估前期预算是否合理，系统是否按照需求建设等

中国移动新型绿色数据中心成套技术

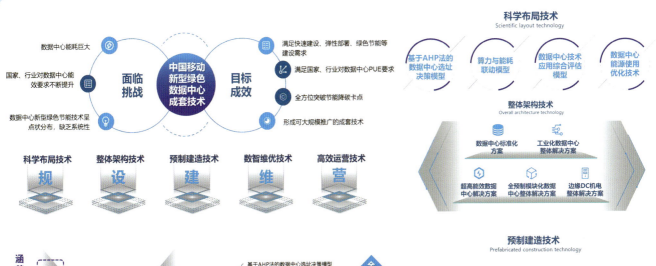

广告

2022年国内外网络安全进展分析与展望

全球主要国家为应对复杂多变的网络安全态势,从安全管理、安全标准、安全技术、安全产业等多个方面发力,采取一系列有利于网络安全能力提升的安全举措,致力于提升国家层面的网络安全综合防御能力。基于当前的发展情况,我们对未来国内外网络安全形势进行了合理预判。

一、国内外网络安全形势依旧严峻

(一)勒索软件依然成为网络安全领域的劲敌

2022年10月,勒索软件RansomEXX的运营者声称攻击了汽车制造商法拉利,法拉利证实了一些内部文件(包括维修手册、数据表等)被泄露,泄露文件达到6.99GB。2022年10月,印度最大的电力集团塔塔电力公布遭到网络攻击。勒索组织Hive成员声称从塔塔电力窃取了数据,并对外公布数据截图,如果目标公司拒绝支付赎金,则谈判失败,勒索组织可能会泄露或出售窃取的数据。2022年11月,德国跨国汽车巨头大陆集团遭到勒索软件组织LockBit的攻击,并被窃取了一些数据。

(二)工业和制造业等重点行业关键基础设施仍为网络攻击重灾区

2022年8月,英国南斯塔福德郡水务公司遭到网络攻击,导致IT系统服务中断。2022年10月,工业网络安全公司OTORIO透露黑客组织GhostSec攻击伊朗工业控制系统。2022年11月,德国铜生产商奥鲁比斯宣布该公司遭到网络攻击,迫使其关闭IT系统以防止攻击扩散。2022年11月,受到网络攻击的影响,丹麦国家铁路公司旗下的所有列车均陷入停运,连续数个小时未能恢复行驶。2022年11月,加拿大肉类生产企业Maple Leaf Foods因为一起网络安全事件,导致系统与运营中断。

(三)以窃取重要数据和个人敏感信息为目标的网络安全事件数量居高不下

2022年7月,欧洲天然气管道被再度攻击,超过150GB的数据被泄露。2022年8月,德国电力电子制造商Semikron遭到专业黑客组织的网络攻击,部分IT系统和文件被加密。2022年9月,英国PVC制造商Eurocell通知其现员工和前员工个人信息被泄露。2022年9月,攻击者曾通过"钓鱼攻击"入侵了美国航空公司部分员工的电子邮件账户,并获得了个人信息的访问权限。2022年10月,伊朗原子能组织发表声明称布什尔核电站的电子邮件服务器遭到黑客攻击,大量敏感数据被泄露。

二、国内外网络安全进展分析

(一)不断修订完善网络安全相关法案,夯实法规保障基础

2022年3月,美国参议院通过《加强美国网络安全法案》,要求关键基础设施组织在72小时内向基础设施与网络安全局报告网络攻击,确保电网、供水网络和交通系统等关键基础设施实体能够在网络遭到破坏的情况下迅速恢复。2022年6月,加拿大提出《尊重网络安全法》,以加强其在金融、电信、能源和运输行业的网络安全,强制要求有关单位采取措施以应对发现的网络安全威胁或漏洞,扩大了网络威胁信息的共享范围,加强私营部门与政府之间的合作。2022年12月,美国参议院通过《量子

网络安全防范法案》，专注于改善联邦政府对基于量子计算的数据泄露的保护。《量子计算网络安全防范法案》于 2022 年 7 月在美国众议院通过，并于 2022 年 12 月签署成为法律。2022 年 12 月，欧盟委员会启动"欧盟—美国数据隐私框架充分性决定"的进程，并发布充分性决定草案，主要围绕"欧盟—美国数据隐私框架""美国公共当局访问和使用从欧盟传输的个人数据"两个部分展开。

（二）针对存在的突出网络安全问题，陆续出台针对性网络安全管理文件

2022 年 5 月，美国政府签署一项新的政策指令，重点是将量子计算技术纳入美国网络安全基础设施和政策环境，以保护美国基础设施免受未来量子计算机的侵害。2022 年 10 月，美国在通信、水资源与医疗保健三大关键基础设施行业推行新规定，由各级联邦机构执行，环境保护署将审查现有法规，借此保障水资源基础设施的物理与网络安全。2022 年 10 月，美国运输安全管理局发布《加强铁路网络安全指令》，对客运和货运铁路运营商的网络安全提出了多项要求，要求对指定的客运和货运铁路运营商实施监管，通过基于绩效指标的措施增强网络安全弹性，进一步加强国家铁路运营的网络安全预防与弹性水平。2022 年 11 月，欧盟行政及外交部门提出欧盟网络防御政策，这项网络防御政策是一份战略文件，意在加强欧洲安全网络能力、促进军民合作、填补潜在安全漏洞、减少战略依赖并发展网络技能。

（三）细化重点领域行业网络安全标准指南，切实为企业提供安全指引

2022 年 2 月，美国国家标准与技术研究院（National Institute of Standards and Technology, NIST）发布《软件、物联网和消费者网络安全标签指南》，旨在让消费者深入了解其购买的软件和物联网设备的安全性，并提高软件和物联网设备制造商的透明度。2022 年 3 月，NIST 发布针对制造业工业控制系统环境下信息和系统完整性指南，旨在帮助制造商改善其工业控制系统环境的网络安全保障。2022 年 4 月，NIST 的国家网络安全卓越中心与 9 家供应商合作推出 NIST-(SP)1800-10，降低工控系统完整性风险，同时保护这些系统处理的数据。2022 年 9 月，NIST 发布消费者物联网产品的物联网核心基线配置文件的最终版本，采用了 2022 年 2 月关于消费者物联网产品网络安全委员会推荐标准白皮书中的物联网网络安全标准，并将其正式纳入 NIST 的物联网网络安全指南系列。2022 年 11 月，美国国家安全局、美国网络安全和基础设施安全局、美国国家情报总监办公室共同发布了保护软件供应链安全指南，主要提及软件供应商在供应链中需要承担的责任和改进方法。

（四）加强网络安全技术创新，推出实用型网络安全解决方案

2022 年 2 月，卡内基梅隆大学的研究人员公开了一种通过使用射频指纹技术增强物联网抵御风险能力、提高物联网设备安全性的新方法。2022 年 4 月，网络安全人工智能公司 Darktrace、Zscaler 等将检测和自主响应能力扩展到"零信任"技术，用于保护 IT 和 OT 环境中重要行业的客户，防止 IT 漏洞扩散到工业系统。2022 年 4 月，运营技术安全公司 Industrial Defender 推出一种基于云的新技术产品 Immunity by ID，可将 OT 资产清单信息转化为基于风险的漏洞管理计划。2022 年 8 月，恩智浦半导体在上海宣布推出 NCJ37A 安全芯片，这款安全微控制器符合汽车标准，带有高级加密加速器，内置抗电气攻击功能，适用于各种安全型汽车应用。2022 年 10 月，英国电信开设先进的网络安全运营中心，为整个北爱尔兰公务员系统的 ICT 资产提供全天候管理。2022 年 11 月，瑞典国有研究机构 RISE 启动欧洲先进车辆测试专用网络安全计划，RISE 自动化网络测试实验室使汽车行业能够使用最新的网络技术和世界上最严格的测试方法来测试汽车，网络测试实验室将提供一系列相关测试措施、测试方法和测试床。

（五）加大网络安全攻防演练力度，实网实景模拟网络攻防对抗

2022年1月，欧盟针对成员国芬兰的一家虚拟电力公司进行一次模拟网络攻击演习，以测试成员国的网络防御能力。2022年3月，美国基础设施与网络安全局举行第8次"网络风暴"演习，共有来自约200家政府机构、私营部门和外国组织的近2000人参与了此次演习，涉及运营商（例如工业控制系统）、传统企业系统等场景。2022年5月，斯洛文尼亚核安全局与国际原子能机构和奥地利理工学院合作开展核设施国际网络安全演习，国内外共70名专家代表参与，证实了核设施网络安全的重要性。2022年8月，美国网络司令部举行年度大型演习"网络旗帜22"，此次演练的网络操作人员是被要求保护其所在机构的关键网络基础设施的工程师。

（六）持续深化网络安全合作范围，合作共赢强化网络安全保障能力

2022年5月，欧盟各成员国达成一致，对大型能源、运输和金融公司、数字提供商和医疗设备制造商实施更严格的网络安全规则。2022年10月，新加坡网络安全局与德国联邦信息安全局签署了协议，相互承认两国发布的网络安全标签，这种相互认可将适用于消费者物联网设备，包括智能电视、智能玩具、健康跟踪器、智能照明和智能恒温器。2022年11月，欧洲数据保护监督局和欧盟网络安全局双方签署谅解备忘录，加强网络安全和数据保护，就共同感兴趣的主题围绕政策等相关事宜进行合作，并为其他欧盟机构、办公室和机构组织的类似活动做出贡献。2022年12月，第六届韩美国防网络政策小组协议会议在美国华盛顿举行，双方共享了两国政府的网络安全相关政策，并就今后强化合作的方案进行了讨论，并商定将保持政策合作。

（七）网络安全投融资市场活跃度不减，丰富壮大网络安全市场

2022年1月，工业网络安全公司Xage获得3000万美元B轮融资。2022年4月，土耳其工业和金融集团SabanciGroup以4500万美元收购OT安全公司Radiflow，将更好地为客户提供工业安全风险管理、可见性和异常检测及安全访问产品。2022年4月，美国能源部资助气候友好型电网安全和弹性的发展，借助资金建立更强大的电网来实现未来安全有弹性的清洁能源的承诺。2022年5月，韩国Autocrypt获得2550万美元B轮融资，将着重研发车载系统安全产品与制定解决方案。2022年7月，美国众议院通过了8400亿美元的年度国防政策法案，其中包括一项条款，用于识别和更好地保护最容易受到网络攻击的关键基础设施。2022年8月，美国能源部宣布一项4500万美元的融资机会公告，旨在创建、加速和测试保护电网免受网络攻击的技术，此举将支持6个拟议主题领域的项目，这些项目将有助于确保美国能源系统安全、有弹性和可靠。2022年8月，加拿大公共安全部宣布联邦政府将为抵御量子网络威胁提供675000美元资金，这笔资金由网络安全合作计划提供，以加强加拿大金融、电信、能源和运输部门的网络安全保障工作。

（八）密切关注网络安全产业发展需求，研究发布网络安全报告白皮书

2022年4月，美国国家安全局和基础设施与网络安全局等联合发布咨询报告《针对ICS/SCADA设备的APT[1]网络工具》，可以利用定制工具针对工业控制系统/监视控制和数据采集设备实施攻击，这会导致关键设备或功能中断。2022年5月，美国能源部发布《2022制造业网络安全路线图》，概述了未来5年美国制造业网络安全的广阔前景，针对中小型制造商、大型制造商及为大型生产行业提供服务的原

---

1. APT（Advanced Persistent Threat，高级持续性威胁）。

始设备制造商提出发展建议。2022年7月，IDC发布《工业互联网与工业软件发展趋势》，并指出工业软件和工业互联网一"老"一"少"，是支撑和服务制造业高质量发展的重要手段，赋予了智能制造更丰富的内涵特征和应用场景。2022年9月，世界经济论坛发布研究报告《网络空间安全的零信任模型：向理解和实施迈进》，评估了OT环境缺乏技术准备的情况涉及多种因素，指出了主要工业协议中的协议支持缺失，物联网和工业物联网设备中存在计算资源的限制。2022年12月，美国政府问责管理和预算办公室发布关键基础设施物联网设备使用方面监管审查报告，敦促牵头机构衡量他们为保护物联网和关键基础设施部门的运营技术使用而建立的网络安全计划的有效性。

三、国内外网络安全发展展望

（一）网络安全形势更加复杂多变，处理好安全与发展的关系重要性凸显

近期，全球数字经济正处于蓬勃发展的关键时期，做好网络安全保障工作是当前各个国家的重要任务。各个国家应结合自身存在的网络安全问题挑战，积极应对并采取相应的网络安全举措，不断提升网络安全的防范能力。安全是发展的基本前提和重要保障，只有充分认识并处理好安全与发展的关系，基于当前的安全需求，采取相应的网络安全应对举措，才能在数字浪潮中切实为企业、行业、产业保驾护航，助力国家经济向健康有序的方向发展。

（二）全球主要国家在网络安全领域的投入力度将持续增加

当前，全球主要国家意识到网络安全的重要性，在相关的网络安全法案、网络安全战略、网络安全管理政策文件中着重提出加大在网络安全领域的投入。其中，最为重要的是网络安全方向的资金投入，为相关企业、行业、产业开展网络安全建设提供基本的资金保障。同时，增设网络安全细分赛道的人员岗位，吸引网络安全人才在对应岗位上就职，相关人员可以提供专业的网络安全技术研发、应急保障、安全服务输出等保障。此外，全球主要国家将持续加大安全技术投入力度，将人工智能、区块链、边缘计算等新技术充分应用到网络安全领域，不断研发新产品和制定新方案。

（三）网络安全保障体系构建需体系化考虑安全管理、技术与服务

全球主要国家正在积极探索、构建符合本国发展实际的网络安全保障体系，按需出台相关的网络安全法案，制定重要的网络安全战略，细化网络安全管理政策措施，不断研发突破网络安全技术，输出实用型网络安全解决方案，优化高效的网络安全服务。为更好地满足当前网络安全需求，应体系化考虑网络安全管理、技术与服务之间的关系，从全要素角度出发构建综合的网络安全保障体系。

（四）网络安全人才需求量将加大，亟须输出实用型网络安全人才

当前，国家、行业、企业等各层面纷纷采取积极策略吸引网络安全人才，网络安全人才需求量猛增。国家层面，主要通过在相关网络安全法案、网络安全战略、网络安全政策文件中明确提出培养优秀的网络安全人才，鼓励高等院校、科研机构等加速培养专业型、实用型、创新型网络安全人才。行业层面，制定相应的网络安全指南标准，细化各领域网络安全人才要求，为相关企业引进相关网络安全人才提供参考依据。企业层面，通过高薪、有竞争力的待遇吸引优秀的网络安全人才加入企业，在提升企业网络安全防护水平的同时，向其他有需要的企业提供优质的网络安全服务，并借助国家专项资金，加大网络安全技术研发和解决方案输出。

（五）国家间"政、产、学、研、用"等各方网络安全合作将是大势所趋

跨国开展网络安全合作已是大势所趋，以美国、欧盟、日本等为代表的国家和地区不断扩大在网络安全领域的合作范围，共同提供网络安全保障能力。

与此同时,"政、产、学、研、用"等各方遵循优势互补、互利共赢的原则,在网络安全领域合作的步调提速,开展网络安全合作越来越频繁和密切。政府作为政策的制定者与管理者,只有深入企业才能更加了解产业的真正需求;产业界是网络安全的实践者,也是网络安全产品、解决方案的输出者,是网络安全建设的中流砥柱;研究机构是网络安全标准的制定者,同时也是政府与产业的纽带。各层面资源各有倾向,只有形成工作合力,才能更好、更快、更实地做好国家整体网络安全工作。

四、结束语

当前,国内外网络安全形势依旧严峻,勒索软件依然是网络安全领域的劲敌,工业和制造业等重点行业的关键基础设施仍为网络安全攻击的重灾区,以窃取重要数据和个人敏感信息为目标的网络安全事件数量居高不下。

放眼国内外网络安全举措,不断修订完善网络安全相关法案,夯实法规保障基础;针对存在的突出网络安全问题,陆续出台针对性网络安全管理文件;细化重点领域行业网络安全标准指南,切实为企业提供安全指引;加强网络安全技术创新,推出实用型网络安全解决方案;加大网络安全供方演练力度,实网实景模拟网络攻防对抗;持续深化网络安全合作范围,合作共赢强化网络安全保障能力;网络安全投融资市场活跃度不减,丰富扩充网络安全市场;密切关注网络安全产业发展需求,研究发布网络安全报告白皮书。

未来网络安全形势更加复杂多变,处理好安全与发展的关系的重要性凸显;全球主要国家在网络安全领域的投入力度将持续增加;网络安全保障体系构建需要体系化考虑安全管理、技术与服务;网络安全人才需求量将加大,亟须输出实用型网络安全人才;国家间开展"政、产、学、研、用"等网络安全合作将是大势所趋。

(中国信息通信研究院 刘晓曼)

大变局下从全球路由安全看网络空间安全

《总体国家安全观学习纲要》系统论述了新时代国家安全的主阵地和主战场，明确确立了维护网络、人工智能、数据安全在11个主阵地的地位，并指出当今世界，一场新的全方位综合国力竞争正在展开，围绕网络空间发展主导权、制网权的争夺日趋激烈。作为数据的传输通路和现实世界的数字化投影，网络空间是决定虚拟世界上层建筑的基础。作为新基建在数字世界的投影，网络空间的控制能力和主导能力，将是考验电信运营商的重要指标。

一、网络空间安全的现状

（一）IP 地址资源不足

IP 地址是网际互联的基本要素，数字的特性决定了其稀缺性。我国 IPv4 地址共有约 3.4 亿个，仅占全球可用 IPv4 地址数量的 8%，我国申请了 8616 个网段，掩码长度从 10～24 不等，实际使用中的掩码大多是 22～30 位不等，这导致了实际可以使用的 IP 地址少之又少。其实，我国不仅人均自然资源有限，在网络空间上，我国的 IP 地址资源也是严重不足的。

地址不足，也就意味着网络空间的阵地不足和资源不足，也极大限制了我国的经济发展和技术提高。IPv6 对此虽有缓解，但 IPv4 网络仍然承载着大部分的网络资源，且与我国的人口和 GDP 规模不匹配。

如何在长期资源不足的情况下发展自身，获取网络话语权，成为摆在电信运营商面前的一个重大问题。

（二）全球路由安全问题日益突出

此外，针对全球网络空间的路由攻击日益增多。此类攻击位于全球互联网承载网中，所以具有特殊性，与域内安全事件有着显著的区别。除了传统的 DDoS 流量攻击，目标为路由信息和路由系统的攻击行为更加高效经济，这种类型的攻击逐步成为攻击者的"新宠"。基于全球路由系统 BGP 进行的劫持、路由黑洞等行为时有发生，且损失和危害难以估计。针对路由攻击窃取流量的行为持续时间较短且隐蔽，很多劫持事件仅持续几分钟，10 分钟以内完成攻击的事件占到已完成攻击事件的近 60%。虽然攻击持续时间短，在全球路由加持下却能窃取大量的数据。

由于动态路由协议本身的复杂性，路由系统不仅容易成为外部攻击的目标，也很容易配置错误而产生影响网络稳定性和可达性的事件。累计数据表明，该类事件数量呈逐步上升趋势，并且在特殊时段显著增加。由于缺少足够的监控技术与评估手段，仅能从路由技术上识别疑似攻击行为，而无法有效评估攻击的确切目标和损失。

BGP 路由安全事件主要由以下问题产生：直接预期异常，即蓄意发送的路由安全攻击；直接非预期异常，即错误配置引起的路由泄露等故障；间接异常，路由系统外部组件引起的路由异常；链路故障，从保障链路可用、路由可达的角度衡量。各种路由事件均应纳入广义的安全事件中，进行统一管控。

由于此类攻击的特殊性，在制网权上仍然需要长期的积累和创新才能应对日益复杂的网络空间环境。BGP 异常事件数量趋势如图 1 所示，BGP 路由攻击持续时间分段统计如图 2 所示。

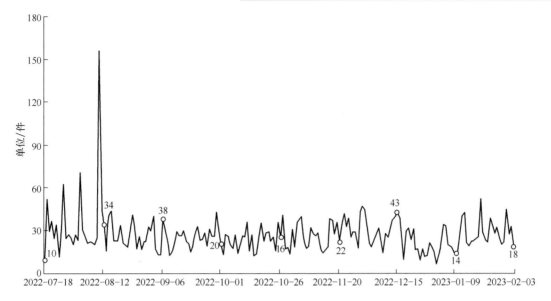

图 1　BGP 异常事件数量趋势

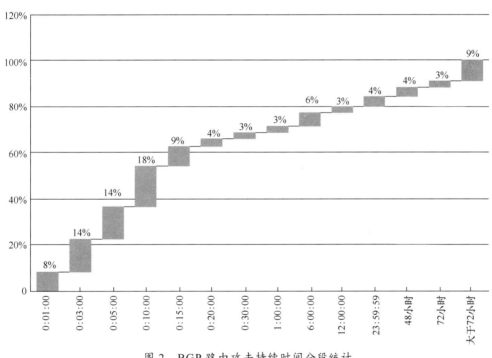

图 2　BGP 路由攻击持续时间分段统计

二、趋势展望

复杂严峻的网络安全形势向网络运营者提出了新要求，网络不仅要能通能快，还要知道通哪里、通什么、如何通，在保证全链路安全的同时，还要主动参与网络空间国际治理进程，自主创新推进网络强国建设，提高网络安全的保障水平。中国电信的主营业务之一是互联网接入及应用，因此中国电信必须承担起《总体国家安全观学习纲要》提出的筑牢国家网络安全屏障的历史责任，并铸造捍卫国家网络安全的第一道屏障，保障网络安全空间的发展主导权和制网权。

（一）网络空间安全运营平台化

在"云改数转"战略下，网络运营与安全将以更紧密的形式出现，从相互独立的产品，向安全运营型综合平台转化。新型平台将整合路由运维、网络空间探测、安全事件识别与反制等能力，达到减少运维故障、缩短安全时间响应周期的目标。

尤其在网络空间的可测、可知、可防和可控方面，只有扎实的基本能力才能增强网络安全防御能力和威慑能力。在此领域，中国电信安全公司凭借集团优势和技术积累，开发了全球路由可视化系统，利用大网路由信息，对全球路由信息进行全局监控。通过自主研发的人工智能算法实现自动识别攻击，缩短可疑攻击的发现时间，提高攻击的识别精度。

（二）网络空间安全能力协同化

1. 对内跨行业整合，扩充网络空间内涵

网信事业的发展贯彻以人民为中心的思想，把增进民生福祉作为信息化发展的出发点和落脚点。随着互联网的深入发展，网络与各行业深度耦合，单一的网络空间事件将不能满足社会发展需求。现有的网络基础设施已经具备支撑现实世界数字化的硬件环境和强大算力，5G、人工智能算法的广泛应用，使网络空间安全处理的信息将不再是单一的网络流量数据，而是多元化信息。网络安全分析单元将从字节、报文、消息，扩大到事件、人员、设备、组织。因此网络空间安全将与更多的系统进行关联。例如，利用人工智能算法实现设备识别，利用知识图谱完成网络空间元素和现实实体的关联。

2. 对外整合世界网络资源，应对跨境网络安全问题

网络安全是全球性挑战，没有哪个国家能够置身事外、独善其身，维护网络安全是国际社会的共同责任。因此，网络空间安全也是世界各国共同的诉求。我国在网络空间安全领域的合作项目在世界范围内获取了广泛支持，例如合作建设监测点、技术能力出口等，这既解决了我国 IP 地址资源紧缺的问题，也推动了世界网络空间安全水平的提升，从而在恶意行为探测、攻击流量压制、跨境安全事件分析等方面取得长足进步，获得更有利的发展主导权和制网权。

三、结束语

纵观全球路由安全态势，攻击数量逐年增加，攻击形式越来越多样，而且攻击事件数量与世界重大事件存在一定的相关性，全球路由安全形势十分严峻。美国国土安全部网络安全和基础设施安全局在 2022 年 11 月发布的《2023—2027 战略技术路线图（第五版）》中用一整页的篇幅阐述了 BGP 安全主题，全球路由安全的重要性也可见一斑。面对百年未有之大变局，关注网络空间安全更是具有深远的战略意义。安全团队，尤其是电信运营商的安全团队，应当充分借鉴国外商业和权威机构的积极举措，并结合我国发展的实际情况和存在问题，通过在全球路由安全领域不断创新，从而在网络空间中争取到更大的发展主导权和制网权，捍卫国家网络安全的第一道屏障。

（中国电信安全公司　贾晋康　边占朝　刘　翔　崔金奥　危嘉祺）

云计算安全现状分析与发展展望

一、国内外云计算安全风险趋势分析

（一）国外云计算安全风险趋势分析

依据 SANS（新三思集团）的《2022 年云安全调查报告》，从全球视角出发，云计算安全风险主要集中于以下 3 个方面。

① 云资产的漏洞风险。

② 云计算服务中断（可用性失败）。

③ 敏感数据泄露。

其中，在公有云中曝出的重要安全事件具体如下。

① 2021 年，AWS 经历了 3 起严重的云服务中断事故，导致许多云客户的网站和在线服务停止数个小时。被影响的知名站点包括 Roku（北美最大的流媒体平台公司之一）、Delta Air Lines（达美航空）、Disney+ 等。

② 2021 年，微软 Azure 公有云服务运营团队，向一些使用 Azure App 服务的客户通报了多个安全漏洞（dubbed "NotLegit" 漏洞）。在通报之前，这些漏洞已造成数百个源代码库泄露。

③ 2021 年，Verizon 发布的数据泄露调查报告显示，企业使用外部云托管服务的资产，相比企业本地部署的资产，会经历更多的数据泄露和其他安全事件。许多针对云资产的攻击主要指向了用户身份凭证，一旦身份凭证泄露之后，这些被盗取的身份凭证会被用来对其他基于云的应用服务（例如邮件服务）执行身份仿冒攻击。

（二）国内云计算安全风险趋势分析

依据腾讯发布的《2021 年度公有云安全报告》的数据，勒索软件、挖矿木马、高级可持续性威胁是威胁云计算安全的主要手段。安全威胁特点具体如下。

① 恶意软件逐年增加且增长迅猛，日均截获量近 14 万个，包括 DDoS 木马、蠕虫病毒、挖矿木马、间谍软件等。

② 勒索软件成为上云企业最大的安全难题，且具有明显的高级可持续性威胁特征。

③ 挖矿木马逐渐成为上云企业的潜在安全风险，拦截量呈波动上升趋势。

④ 漏洞成为黑客攻击云主机的主要通道。

⑤ 弱密码爆破依然是黑客云主机攻击的主要通道。

⑥ 云上资产的安全基线管理现状不乐观。

国内与云计算相关的安全重要事件具体如下。

① 2021 年 8 月，阿里云的一名电话销售员工违反公司规定，将阿里云众多用户注册信息透露给分销商员工。

② 2021 年 12 月，工业和信息化部网络安全局通报，阿里云作为工业和信息化部网络安全威胁信息共享平台合作单位，在发现阿帕奇（Apache）Log4j2 组件严重安全漏洞隐患后，未及时向电信主管部门报告，未有效支撑工业和信息化部开展网络安全威胁和漏洞管理。

③ 2022 年 7 月，我国迄今为止规模最大的云端数据泄露事件被曝出，一名匿名攻击者提出以 10 比特币的价格出售超过 10 亿中国公民的被盗个人数据，约合 20 万美元。该攻击者声称数据来自阿里云的私有云服务器。

二、国外云计算安全发展情况

（一）国外云计算安全市场发展情况

全球公有云服务终端用户支出预测见表1。

表1 全球公有云服务终端用户支出预测
（单位：百万美元）

	2021年	2022年	2023年
云业务流程服务（BPaaS[1]）	51410	55598	60619
云应用设施服务（PaaS[2]）	86943	109623	136404
云应用服务（SaaS[3]）	152184	176622	208080
云管理和安全服务	26665	30471	35218
云系统基础设施服务（IaaS[4]）	91642	119717	156276
桌面即服务	2072	2623	3244
共计	410915	494654	599840

注：1. BPaaS（Business Process as a Service，业务流程即服务）。
2. PaaS（Platform as a Service，平台即服务）。
3. SaaS（Software as a Service，软件即服务）。
4. IaaS（Infrastructure as a Service，基础设施即服务）。

全球公有云服务终端用户，2022年在云管理和安全服务方面的支出为304.71亿美元（约合2095.76亿元）。而2023年的预测值为352.18亿美元（约合2422.25亿元）。

此外值得关注的是，公有云PaaS服务的年均增长率达26.6%，仅次于IaaS服务年增长率（30.6%），PaaS服务的增长呈现加速趋势。

（二）国外云计算安全能力发展情况

2021年云安全技术成熟度曲线如图1所示。Gartner的2021年云安全技术成熟度曲线可以佐证与PaaS相关的云原生安全技术和产品发展态势。多项云原生安全技术正处于稳步爬升恢复期，并逐步走向生产成熟期。而大多数的IaaS安全服务已经处于生产成熟期。

（三）国外云计算安全法规政策发布情况

目前，国外方面针对云计算安全的法规政策发布方向，已集中于云原生安全方向，包括容器安全、软件供应链安全等领域。

①2017年9月，美国国家标准与技术研究院（NIST）发布了SP 800-190《应用容器安全指南》，总结概括了在容器使用过程存在的安全问题，并针对这些问题提供了对策建议。

②2020年11月，英国推出《电信（安全）法案》，旨在赋予政府新的权力，以提高英国电信网络的安全标准，并消除高风险供应商的威胁。

③2021年3月16日，美国联邦风险和授权管理计划发布了《容器漏洞扫描要求》，通过描述"使用容器技术的云系统漏洞扫描的特定流程、架构和安全考虑"，确保云服务提供商保持其容器技术合规，弥补了传统云系统和容器化云系统之间的合规差距。

④2021年5月，美国总统拜登签署了第14028号行政令《改善国家网络安全行政令》，指示NIST发布《软件供应链安全实践指南》。2022年2月，NIST发布了"第14028号行政令第4e节下的软件供应链安全指南"，提出应在整个软件生命周期中集成安全软件开发实践，从而减少已发布软件中的漏洞数量，减少利用未检测到或未解决的漏洞的潜在影响，查找产生漏洞的根本原因，防止漏洞再次出现。

2021年11月，澳大利亚发布《关键技术供应链原则》，从安全设计、透明度和诚信3个方面制定了10项基本原则，帮助企业安全地采用和开发人工智能、量子计算、区块链等关键技术，供其自愿遵守。

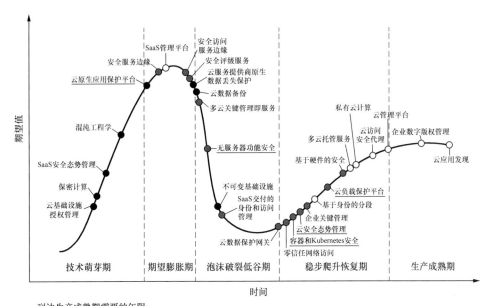

图 1　2021 年云安全技术成熟度曲线

三、国内云计算安全发展情况

（一）国内云计算安全市场发展情况

2017—2022 年中国云安全市场规模及增速如图 2 所示。2017—2022 年中国网络安全市场规模及增速如图 3 所示。

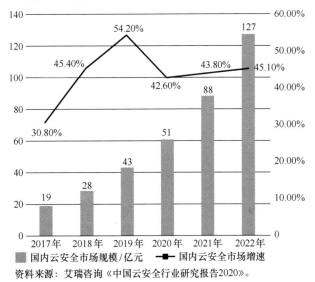

资料来源：艾瑞咨询《中国云安全行业研究报告2020》。

图 2　2017—2022 年中国云安全市场规模及增速

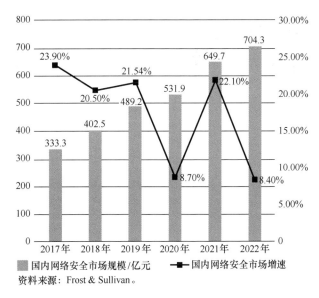

资料来源：Frost & Sullivan。

图 3　2017—2022 年中国网络安全市场规模及增速

依据艾瑞咨询《中国云安全行业研究报告 2020》和 Frost&Sullivan 报告，对 2017—2022 年中国云安全与网络安全的市场规模和增速情况进行横向对比，可以得出以下两个主要内容。

① 云安全市场规模约占网络安全市场整体规模

的 18%，接近 1/5。

② 云安全市场规模的平均增速，是网络安全市场整体增速的 2 倍以上。

可得出结论：一方面，云安全市场正伴随云计算市场的高速发展而展现出强劲的发展势头；另一方面，云安全是网络安全市场的主力发动机。

（二）国内云计算安全能力发展情况

依据中国信息通信研究院《云计算白皮书2022》，对国内公有云不同服务模式下的市场规模进行测算，增长重心已从 IaaS 逐步转移到 PaaS。"云原生安全"也将成为未来云安全技术和能力的主要增长点。公有云市场细分规模和增速情况如图4所示。

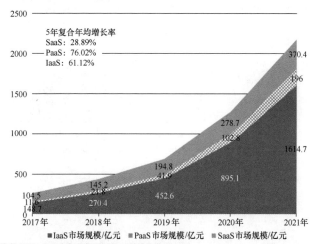

资料来源：中国信息通信研究院《云计算白皮书2022》。

图 4 公有云市场细分规模和增速情况

此外，依据中国信息通信研究院发布的"云原生关键技术栈及市场采纳周期双曲线"，与云原生安全直接相关的安全技术栈（例如容器安全、云原生安全），已处于孵化期和爆发期。云原生关键技术栈及市场采纳周期双曲线如图5所示。

（三）国内云计算安全法规标准发布情况

我国在云计算安全法律法规方面的标准发布情况如下。

① 2019 年 12 月，GB/T 22239—2019《网络安全等级保护基本要求》正式发布，加入了"云计算安全扩展要求"，和"云计算应用功能场景说明"。

② 近年来，中国信息通信研究院牵头布局了面向云原生安全相关领域的行业标准，包括目前已报批的《云原生能力成熟度 第3部分：架构安全》，已公示的《基于容器的平台安全能力要求》，处于征求意见阶段的《云原生安全能力 第1部分：API 安全治理》《云原生应用保护平台（CNApp）能力要求》等。

③ 即将正式开始实施的 GB/T 39204—2022《信息安全技术 关键信息基础设施安全保护要求》中，也提到针对关键信息基础设施，需要执行年度化、制度化的安全制度落实情况自查或委托测评活动，涵盖等级保护落实情况、商用密码安全性评估情况、数据安全防护情况、供应链安全保护情况、风险评估情况、应急演练情况和攻防演练情况等。

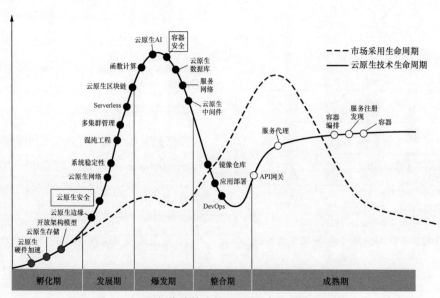

图 5 云原生关键技术栈及市场采纳周期双曲线

四、当前云计算安全能力

参考等级保护2.0的安全通用要求和云计算安全扩展要求，以及云原生能力成熟度模型的架构安全模型，结合主流云服务商和安全供应商能力视图。

纵向从底向上：按照云计算服务模型（IaaS/PaaS/SaaS）划分各个层面所需的安全能力，安全能力有的来自组件本身，有的来自安全配置和最佳实践，还有的来自第三方安全产品的能力。在顶端构建云安全管理平台，可着力解决安全能力建设标准不统一；安全运营工作多主体多团队，工作成果无法量化评估，跨多层次的安全事件因为团队割裂无法有效响应；安全运营动作自动化和智能化程度低、效率低下等主要问题。

横向从左向右：在PaaS和SaaS部分，按照云上应用系统的生命周期，秉承安全左移理念，从软件开发阶段就开始关注软件自身和软件环境构建的安全问题。直至软件成品的部署运行阶段的基础环境，对外通信，应用于威胁防范、数据安全管控等方面。

此外，最右侧是等级保护合规、密码合规、数据安全合规等方面。

五、云计算安全未来发展展望

（一）当前我国云计算安全面临的主要问题

我国在云计算安全领域是后发国家，目前凸显以下3个问题。

① 云计算安全专业人才稀缺，难以应对高级威胁预警、分析和处置。

② 客户自建云上SOC，面临着投入巨大、投资回报不确定等问题。

③ 云计算安全供应商的主要精力仍然在合规安全市场，面向高级威胁的安全闭环能力的投入仍显不足。

（二）行业发展展望

面向云基础设施的网络安全能力，将呈现与云计算市场发展同步，且相对发展速率略高的态势。关注重点从IaaS安全，逐步转向PaaS和SaaS安全。

云计算安全也呈现出新的发展方向，即安全以云服务的形式向客户提供。从国际视野来看，托管安全服务（Managed Security Service，MSS）正逐步演进至以云为基座的云托管安全服务（Cloud MSS，CMSS）形式，且发展迅猛。

依托CMSS服务，将安全运营工作转由专业的安全团队进行"一站式"托管可以很好地解决现存问题，具体如下。

① 依托于服务商自身的行业积累，具备专业化的人才、团队、资源和流程，弥补了专业人才缺失的问题。

② 服务商能够利用统一、规模化的批量管理，有效降低客户安全资产投入，从而实现降低成本的效果。

③ CMSS有机融合针对高级威胁的闭环安全能力，并依托云服务赋能至客户。

六、结束语

云原生是云计算的下半场，云原生安全将是未来几年云计算安全的主要发展方向。随着新基建的快速推进，云原生技术与信息基础设施的融合成为一个明显趋势。依托云计算的安全服务将成为网络安全的重要发展方向，这已成为不可逆转的趋势。

云计算安全和安全云服务，是伴生云计算安全发展的两个主要方向，随着云计算技术的成熟和拓展，云计算安全逐步走向成熟和完善。

中国电信作为我国网络安全的主要从业者之一，形成"听党指挥、信念坚定、一心为民、变革创新、崇尚科技、安全畅通"的24字红色电信精神。中国电信始终深刻把握红色电信精神中关于"安全畅通"的内涵，始终把网络安全作为大事、要事来抓。在云计算安全领域也将继续秉承"安全畅通"精神内涵，为我国云计算安全发展贡献力量。

（中国电信安全公司　安　鹏）

云转数改下看供应链安全问题

一、从国际供应链安全事件看网络安全

自供应链安全的概念提出以来，世界各国对供应链的安全性给予了高度重视。出于对供应链安全性和脆弱性的担忧，许多国家多年前便开始规划国家层面软件供应链的安全策略，出台了一系列相关政策和重点项目，以便加强供应链相关安全控制。

与此同时，开源软件作为应用系统开发过程中重要的部分之一，世界上许多知名企业都在加大对软件相关供应链的安全风险管理，并利用开源软件的构件分析技术，确保第三方开源构件的安全。开源软件的引入在缩短开发时间的同时，增加了软件供应链安全的复杂度。2021年的Log4j漏洞事件是典型的开源软件导致的供应链事件，为安全厂商与网络安全从业者敲响了警钟——必须警惕开源软件的供应链中暗藏的危机，并采取有效的行动。

二、我国供应链安全现状

（一）我国供应链发展现状

聚焦于国内网络安全发展热点，紧跟网络安全国际形势，我国高度重视供应链安全。

在供应链安全方面，2017年，我国发布并实施了《网络产品和服务安全审查办法》，将"确保软件产品测试、交付和技术支持过程中供应链的安全"作为重点审查内容。2020年，国家互联网信息办公室等12个部门联合发布《网络安全审查办法》，该政策的发布使软件供应链安全进入了国内公众的视野。2022年5月，国务院发布《扎实稳住经济的一揽子政策措施》，提出部署7项保产业链供应链稳定的政策。

供应链风险管理一直是网络安全建设过程中的薄弱环节。在目前远程办公逐渐常态化、规模化的环境下，企业或组织内来源于全球供应链的设备、系统、服务、数据都存在供应链安全风险，对供应链的高度依赖将使供应链安全和风险成为现代企业或组织无法忽视的问题。在企业或组织寻求供应商安全解决方案的当下，供应链安全服务的创新与风险转变能力，将协助企业或组织保持良好的发展势头。

（二）我国供应链面临的安全挑战

供应链完整性受到挑战。一些西方国家通过实行严格的技术封锁，建立完善的出口管制法律体系，导致国际供应链的竞争加剧，供应链的完整性面临严峻挑战。我国需要制定供应链战略规划，确保软件供应链的自主性、可控性和安全性。

供应链效率出现重大变革。数字技术与生产生活的深度融合，推动供应链数字化、智慧化发展，企业更加重视从终端客户需求到供应链上下游各环节的信息对接。

企业自身的供应链安全能力不完善。企业缺乏针对供应链的完备管理体系；对供应商的准入审核不够细致，容易引入安全能力及技术能力欠佳的供应商，造成后续服务过程中发生问题及整改困难；在服务过程中，缺乏及时有效的监控机制，可能导致问题无法在第一时间得到妥善处理；在自身内部或供应商的软件开发工作中，很少依靠技术手段对第三方组件进行检查，尤其是对供应商开发的软件，只要求供应商提供第三方组件列表，难以应对第三方组件带来的安全风险。由此，容易导致后续无法主动发现、监控安全风险，在紧急事件发生后，出现

处置、排查困难等问题。

供应商能力不足是造成供应链安全问题的主要原因之一。企业常因业务需要将内部数据或资产托管给供应商，当供应商的安全能力不足，出现服务中断情况时，将直接影响企业业务的连续性，带来严重后果；同时，托管在供应商系统中的不同机构数据及资产，如果没有做好访问控制工作，不同客户之间没有有效隔离，则很可能面临数据泄露的风险；对于供应商的员工，如果受利益驱使恶意窃取或篡改数据，将造成严重的数据安全事件。

软件开源趋势增强，安全风险不断加剧。源代码是软件的原始形态，源代码安全是软件供应链安全的基础。开源作为创新的基础，不断推动着信息技术深度创新发展，随着开源软件的复杂性增加，其出现安全事件的概率会呈爆发式增长。安全问题一旦出现，将对供应链产生非常严重的影响。

三、未来供应链安全建设趋势

在网络空间对抗不断升级、数字化加速转型、国家战略推动、开源代码被普遍使用的情况下，供应链安全建设势在必行。如何更加全面、高效地保障供应链的安全对我国云转数改进程的推进具有重要意义。

在企业层面，我国领先的互联网企业和安全制造商已经开始投资软件供应链的建设，重点确保软件供应链的安全，并充分发挥创新技术在软件供应链网络安全保障中的作用，增加软硬件安全检测分析、攻击和反渗透、源代码安全审计、漏洞挖掘、大数据分析等技术，有效保障软件供应链的安全，构建动态安全防护体系。

加强供应商安全监管。按照《网络安全审查办法》要求，关键信息基础设施保护工作部门应组织针对本行业本领域采购的产品和服务开展风险预判。

采购产品安全评测。关键信息基础设施运营者在采购产品正式上线使用前应进行软件安全技术检测和安全管理能力评估，根据检测评估结果和《网络安全审查办法》的要求，协助关键信息基础设施运营者向网络安全审查部门备案。

开源技术安全治理。关键信息基础设施保护工作部门针对产品供应商、关键信息基础设施运营者针对软件外包商及软件开发部门选择的开源软件进行开源技术安全治理评估，出具开源技术安全治理能力分析报告，发现开源技术使用隐患，评测安全治理能力水平。

建立供应链风险管理机制。企业应评估和识别供应链中的风险，并采取相应的措施来控制和管理这些风险；建立紧急物资储备和备件库存，以应对突发事件的发生；加强对供应商信息安全的管理，保护企业的商业机密不被泄露。

四、总结

要深入分析网络安全的实质内涵和发展趋势，准确把握内外部环境形势，科学研判网络安全行业面临的机遇和挑战，合理开展国际间交流与合作，从而全面运筹和推进我国网络安全行业的建设与发展。

（中国电信安全公司　徐晗迅）

数据安全发展态势研究

一、安全事件与风险分析

为了抢抓数字经济快速发展的历史机遇，赢得全球数字经济博弈的主动权，世界各国均将发展数字经济作为经济复苏的关键举措。相关数据显示，2015—2025年，网络攻击引发的全球潜在经济损失可能高达2940亿美元。网络风险的升级，让政府、企业和个人都对该风险愈加关注。然而，大数据、云计算、物联网等技术和应用高速发展，海量数据在互联网企业生成、汇聚、融合，在释放数据价值的同时，跨境数据流动、用户数据泄露等问题也带来了巨大的数据安全风险。

数字经济时代的数据价值挖掘，必须符合日渐严格的合规监管要求，如何在个人信息收集、使用过程中保障个人信息主体的自决权利，并平衡数字化发展需求与保障个人信息安全之间的矛盾，成为亟待解决的问题。账号、权限、API是数据保护的脆弱环节，同时数据安全状态持续保障难以落地，包括数据分布广泛和规模海量、数据资产难以梳理、数据流转快、场景复杂，安全防护遇到空前挑战。

二、数据安全在国外的发展情况

数据已成为国家重要战略资源和生产要素，数据的网络攻击及数据滥用情况不容乐观，提升数据安全治理水平刻不容缓。

（一）进一步完善数据安全保护法律法规

2018年5月，欧盟《通用数据保护条例》正式生效，爱尔兰、西班牙、比利时与塞尔维亚等欧盟国家参照《通用数据保护条例》研究制定或发布国内数据保护相关规定，阿根廷、巴西、伊朗、印度、泰国等非欧盟国家也调整其数据保护法规与《通用数据保护条例》保持一致。

（二）加紧研究数据跨境流动规则

2018年4月，巴西向世界贸易组织提交文件，督促其对互联网数据流动的规则展开讨论。2018年7月，日本和欧盟达成协议，将实现双方数据自由流动。2018年10月，欧盟议会通过《非个人数据自由流动条例》，消除欧盟成员国数据本地化的限制。

（三）大力推进数据安全执法检查

2018年1月，美国联邦贸易委员会对伟易达处以65万美元罚款，因其安全漏洞导致数百万个家长和孩子的数据曝光。2018年2月，比利时一法院判定，美国社交媒体Facebook公司在比利时网民不知情的情况下搜集和保存其上网信息，违反比利时隐私法。2018年8月，韩国政府开始对20家跨国公司在韩办事处开展用户数据安全审查。2018年10月，欧洲数据保护监督官员称，在2018年年底对外公布第一批依据《通用数据保护条例》处罚的情况。2019年，数据安全风险更加突出，各国继续完善相应的法规体系，积极开展相关的执法检查。

三、数据安全在我国的发展情况

近年来，人们对数据安全的重视程度不断加深，数据安全市场规模不断增长。数据显示，2017—2021年，我国数据安全市场规模由22.9亿元增长至70.9亿元，复合年均增长率达32.6%。未来，数据安全技术将持续突破，数据安全在不同行业领域的应用将逐渐深入，预计 2023 年年底我国数据安全市场规模达 109.5 亿元。

2021 年 9 月，《中华人民共和国数据安全法》颁发，2021 年 11 月，《中华人民共和国个人信息保护法》施行。2021 年 11 月 14 日，我国配套推出了《网络数据安全管理条例（征求意见稿）》，进一步细化落实数据安全管理，对多项原则要求进行细化，满足了当前日益迫切的数据安全管理需求。2022 年 1 月，《网络安全审查办法》修订版颁发。2022 年 7 月 7 日，国家互联网信息办公室发布了《数据出境安全评估办法》，对当前数据出境过程中的相关要求进行了整合细化。在两部法律颁布后迅速配套推出相关条例、办法、规定、通知，这既体现了我国对数据安全的高度重视，也反映出其急迫性。当前我国数据安全法律法规建设取得了长足进步，我国数据安全保护工作已迈入法治化的强监管时代。

四、针对数据安全目前的防护手段

数据安全技术是网络安全技术的拓展和延伸，建立有效的数据安全技术防护体系，需要对数据全生命周期各阶段进行安全防护，包括从数据采集、数据访问控制、数据传输安全、数据存储安全、数据处理安全、数据交换安全、数据销毁安全、数据安全服务等多个维度进行综合考量，涉及的数据安全治理技术也较为多样。基于目前数据安全技术应用的热点及当前数据安全技术的前沿发展趋势，并参考中国电信数据安全推进计划的数据安全治理技术体系的设计，通过数据识别、数据加密、数据审计、数据脱敏、数字追踪溯源、隐私计算和零信任等关键技术，梳理技术发展现状，展望技术发展趋势，以期为数据安全技术的发展提供前瞻性思考。

（一）数据资产梳理

数据资产梳理是指对目标环境中的数据资产进行全面清查、摸排，对数据资产进行及时准确的梳理，以掌握其中敏感数据资产的分布、数量、权限及使用状况，是进行后续数据安全建设工作的基础。

（二）数据访问控制

数据访问控制通常被用在数据生命周期中的数据使用环节，主要包括两种应用场景：一种是内部人员通过业务系统访问数据，另一种是运维或系统管理人员通过运维客户端访问数据存储系统。

（三）数据安全防护

通过数据加密、数据脱敏、数据库防泄露、数据库防火墙等安全能力实现数据安全防护。

（四）数据安全审计

数据安全审计通过数据库审计、API 监测及 UEBA 用户行为监测等技术有效执行和落地，是快速发现潜在风险和行为的重要手段和环节。

五、针对未来数据安全发展的建议

全球数据安全产业向服务化和细分化方向转型，我国颁布的《中华人民共和国数据安全法》迎合了数据安全合规发展的契机，除了鼓励数据安全创新产品和技术的研发，更加积极打造数据安全创新服务业态，面向重点行业开展数据安全综合服务能力体系构建，重点发展数据安全保险、大数据安全审计、安全态势感知、大数据安全情报分析、数据安全咨询/培训等，以服务业态创新提升我国数据安全产业等级。

（中国电信安全公司　于建鹏）

我国网络安全法律体系简析

一、我国网络安全法律体系历史沿革

我国网络安全法律体系经历了一个不断完善发展的过程，该过程与互联网在我国的发展路径一脉相承。从1994年接入互联网开始，我国出台了一系列相关法律法规进行互联网管理。例如，1994年2月18日，《中华人民共和国计算机信息系统安全保护条例》颁布，2000年4月26日，《计算机病毒防治管理办法》颁布，2000年12月28日，《全国人民代表大会常务委员会关于维护互联网安全的决定》颁布，2012年12月，《全国人民代表大会常务委员会关于加强网络信息保护的决定》等文件通过，这些文件的出台为我国互联网管理奠定了初步的基础。

当前，网络和信息技术迅猛发展，已经融入我国经济社会的各个方面，改变和影响着人们的社会活动和生活方式，但在促进技术创新、经济发展、文化繁荣、社会进步的同时，网络安全问题日益凸显，已经成为关系国家安全和社会发展、关系人民群众切身利益的重大问题，网络安全的重要性日益提高。

党的十八大以来，党中央从总体国家安全观出发对加强国家网络安全工作做出了重要部署，也对加强网络安全法制建设提出了明确的要求。2014年2月27日，中央网络安全和信息化领导小组宣告成立，体现了我国最高层在全面深化改革、加强网络安全顶层设计的思路，显示出我国保障网络安全、维护国家利益、推动信息化发展的决心，是我国践行网络安全和信息化国家战略的重要举措。随后，2015年7月出台的《中华人民共和国国家安全法》也明确提出国家建设网络与信息安全保障体系，提升网络与信息安全保护能力。

二、《中华人民共和国网络安全法》正式出台

我国是网络大国，也是面临网络安全威胁最严重的国家之一，迫切需要建立和完善网络安全的法律制度，提高全社会的网络安全意识和网络安全保障水平，使我们的网络更加安全、更加开放、更加便利，也更加充满活力。网络安全已经成为关系国家安全和发展、关系广大人民群众切身利益的重大问题。在这样的形势下，我国于2016年11月正式出台《中华人民共和国网络安全法》（以下简称《网络安全法》），并于2017年6月1日起正式施行。作为我国网络安全法律体系中的主体法律，《网络安全法》的实施标志着我国网络安全法律体系的正式成形。

从立法意义上来说，《网络安全法》是国家安全法律制度体系中的又一部重要法律，是网络安全领域的基本法律，与之前出台的《中华人民共和国国家安全法》《中华人民共和国反恐怖主义法》等属同一位阶。《网络安全法》对于确立国家网络安全基本管理制度具有里程碑式意义，具体表现在6个方面：一是服务国家网络安全战略和网络强国战略；二是助力网络空间治理，护航"互联网+"；三是构建我国首部网络空间管辖基本法；四是提供维护国家网络主权的法律依据；五是有利于在网络空间领域贯彻落实依法治国精神；六是为网络参与者提供普遍法律准则和依据。

《网络安全法》明确了网络安全的内涵和工作体制，反映了中央对国家网络安全工作的总体布局，标志着网络强国制度保障建设迈出了坚实的一步。《网络安全法》共有七章七十九条，明确了网络空间主权的原则、网络产品和服务提供者的安全义务、网络运营者的安全义务，进一步完善了个人信息保护规则、建立了关键信息基础设施安全保护制度，以及确立了关键信息基础设施重要数据跨境传输的规则。

三、网络安全法律体系框架已基本成型

网络安全法律体系是由保障网络安全的法律、行政法规和部门规章等多层次规范相互配合的法律体系。

《网络安全法》作为我国网络安全的基本法律，设置了最基本的网络安全制度框架，包括关键信息基础设施保护制度、网络安全等级保护制度、应急保障制度等。这些制度的落实需要出台一系列的配套规定予以支撑落地实施。因此，近年来我国不断完善网络安全相关的法律法规，在《网络安全法》的指引下，中共中央网络安全和信息化委员会办公室、工业和信息化部、公安部等相继发布了《网络安全法》的相关配套制度。这些配套制度的内容涵盖关键信息基础设施保护制度、网络安全审查制度、网络安全等级保护制度、漏洞管理制度、应急和监测预警制度等诸多领域的网络安全。《网络安全法》及其配套制度共同构成了网络安全领域的法律法规体系。这些网络安全法律法规体系的逐步完善，对网络安全建设提出了新标准和新要求，为我国织牢网络安全网、守护国家网络安全提供了重要的保障。

四、主要配套法律文件

（一）关键信息基础设施保护制度

党中央、国务院高度重视关键信息基础设施安全保护工作。关键信息基础设施是经济社会运行的神经中枢，是网络安全的重中之重。保障关键信息基础设施安全，对于维护国家网络空间主权和国家安全、保障经济社会健康发展、维护公共利益和公民合法权益具有重大意义。《网络安全法》第三十一条规定，国家对公共通信和信息服务、能源、交通、水利、金融、公共服务、电子政务等重要行业和领域，以及其他一旦遭到破坏、丧失功能或者数据泄露，可能严重危害国家安全、国计民生、公共利益的关键信息基础设施，在网络安全等级保护制度的基础上，实行重点保护。关键信息基础设施的具体范围和安全保护办法由国务院制定。

《网络安全法》对关键信息基础设施安全保护制度相关实施对象、责任主体、工作内容等进行了总体性规定。作为《网络安全法》的重要配套法规，2021年7月30日，《关键信息基础设施安全保护条例》（以下简称《关保条例》）正式公布，自2021年9月1日起施行，标志着我国网络安全保护进入了以关键信息基础设施安全保护为重点的新阶段。

《关保条例》积极应对国内外网络安全保护的主要问题和发展趋势，立足工作落实，界定了适用范围、监管主体、评估对象等关键信息基础设施安全保护相关的系列基本要素，提出了安全保护要求和安全保障措施，确保对象具体、权责清晰、任务明确，为安全保护工作的开展提供了系统指引和工作遵循。《关保条例》明确了关键信息基础设施范围和保护工作原则目标、监督管理体制，完善了关键信息基础设施认定机制，明确了运营者责任义务、保障和促进措施，以及法律责任，为下一步加强关键信息基础设施安全保护工作提供了重要的法治保障。

从具体要求来看，一是强化了安全主体责任。《关保条例》强调关键信息基础设施运营者在关键信息基础设施安全保护中承担主体责任，并对运营者自身安全管理机制的设置进行了严格要求。二是细化了安全保护要求。《关保条例》强化关键信息基础设施的安全保护，在《网络安全法》的基础上对运营

者提出了更高的安全防护要求。三是强化了重点安全保障。一方面，提出针对关键信息基础设施实施的漏洞探测、渗透测试等活动，应得到国家网信部门、公安部门批准或者保护工作部门、运营者授权；另一方面，提出能源、电信行业将为其他行业和领域的关键信息基础设施安全运行提供重点保障。

在标准方面，2022年11月7日，国家市场监督管理总局标准技术司、中共中央网络安全和信息化委员会办公室网络安全协调局、公安部网络安全保卫局联合发布了GB/T 39204—2022《信息安全技术 关键信息基础设施安全保护要求》。该标准是我国第一部关键信息基础设施安全保护的国家标准，将于2023年5月1日正式实施。作为落实关键信息基础设施安全相关法律法规的重要抓手，该标准是规范关键信息基础设施安全保护工作的具体依据，也是指导关键信息基础设施安全保护工作的实施指南。该标准提出了以关键业务为核心的整体防控、以风险管理为导向的动态防护、以信息共享为基础的协同联防的关键信息基础设施安全保护3项基本原则，从分析识别、安全防护、检测评估、监测预警、主动防御、事件处置6个方面提出了111条安全要求，为运营者开展关键信息基础设施安全保护工作提供了强有力的保障。

（二）网络安全审查制度

《网络安全法》第三十五条规定，关键信息基础设施的运营者采购网络产品和服务，可能影响国家安全的，应当通过国家网信部门会同国务院有关部门组织的国家安全审查。《关保条例》第十九条规定，运营者应当优先采购安全可信的网络产品和服务；采购网络产品和服务可能影响国家安全的，应当按照国家网络安全规定通过安全审查。

为提高网络产品和服务安全可控水平，防范网络安全风险，我国于2017年发布《网络产品和服务安全审查办法（试行）》，于2019年发布《网络安全审查办法（征求意见稿）》，2020年国家互联网信息办公室、国家发展和改革委员会等12个部门联合发布了《网络安全审查办法》。2021年重新修订《网络安全审查办法》，网络安全审查重点从网络安全扩展至数据安全，将中国证券监督管理委员会纳入网络安全审查工作组，正式稿于2022年2月15日正式施行。新版《网络安全审查办法》要求网络平台运营者开展数据处理活动，影响或者可能影响国家安全的应进行网络安全审查。这意味着除了关键信息基础设施运营者采购网络产品和服务，网络平台运营者开展影响或者可能影响国家安全的数据处理活动，也将在网络安全审查范围内。

（三）网络安全等级保护制度

《网络安全法》第二十一条规定，国家实行网络安全等级保护制度。2018年6月27日，公安部发布《网络安全等级保护条例（征求意见稿）》。作为《网络安全法》的重要配套法规，该条例对网络安全等级保护的适用范围、各监管部门的职责、网络运营者的安全保护义务，以及网络安全等级保护建设提出了更加具体、操作性更强的要求，为开展等级保护工作提供了重要的法律支撑。

2020年9月，公安部网络安全保卫局发布《贯彻落实网络安全等级保护制度和关键信息基础设施安全保护制度的指导意见》，以贯彻落实网络安全等级保护制度和关键信息基础设施安全保护制度为基础，以保护关键信息基础设施、重要网络和数据安全为重点，实施分等级保护、分等级监管，重点保障关键信息基础设施和第三级（含第三级）以上网络的安全。在落实网络安全等级保护制度的基础上，突出保护重点，强化保护措施，组织认定关键信息基础设施。明确关键信息基础设施安全保护工作职能分工、落实关键信息基础设施重点防护措施、加强重要数据和个人信息保护、强化核心岗位人员和产品服务的安全管理。

（四）漏洞管理制度

《网络安全法》第二十二条、二十五条、二十六条规定，网络产品、服务的提供者发现其网络产品、服务存在安全缺陷、漏洞等风险时，应当立即采取补救措施，按照规定及时告知用户并向有关主管部门报告。网络运营者应当制定网络安全事件应急预案，及时处置系统漏洞等安全风险。向社会发布系统漏洞等网络安全信息，应当遵守国家有关规定。

基于《网络安全法》漏洞管理有关要求，2021年7月，工业和信息化部、国家互联网信息办公室、公安部联合制定《网络产品安全漏洞管理规定》，该规定自2021年9月1日起正式施行，明确了漏洞管理的主要目的是维护国家网络安全，保护网络产品和重要网络系统的安全稳定运行；规范漏洞发现、报告、修补和发布等行为，明确网络产品提供者、网络运营者，以及从事漏洞发现、收集、发布等活动的组织或个人等各类主体的责任和义务；对网络产品提供者提出了漏洞报送的具体时限要求，以及对产品用户提供技术支持的义务。该规定明确了对漏洞收集平台实行备案管理，由工业和信息化部对通过备案的漏洞收集平台予以公布，并要求漏洞收集平台采取措施防范漏洞信息泄露和违规发布。鼓励各类主体发挥各自技术和机制优势开展漏洞发现、收集、发布等相关工作。

2022年10月，基于《网络安全法》及《网络产品安全漏洞管理规定》，工业和信息化部出台《网络产品安全漏洞收集平台备案管理办法》，自2023年1月1日起施行。该办法明确，漏洞收集平台是指相关组织或者个人设立的收集非自身网络产品安全漏洞的公共互联网平台，仅用于修补自身网络产品、网络和系统安全漏洞用途的除外。该办法指出，拟设立漏洞收集平台的组织或个人，应当通过工业和信息化部网络安全威胁和漏洞信息共享平台如实填报网络产品安全漏洞收集平台备案登记信息。此外，漏洞收集平台应在上线前完成备案，已上线运行的漏洞收集平台应在该办法施行之日起10个工作日内进行备案。

（五）应急和监测预警制度

根据《网络安全法》对应急预案的一系列要求，2017年1月，中央网络安全和信息化领导小组办公室发布《国家网络安全事件应急预案》。2022年11月，全国信息安全标准化技术委员会发布《信息安全技术 关键信息基础设施网络安全应急体系框架（征求意见稿）》，文件给出了关键信息基础设施网络安全应急体系框架，包括机构设立、分析识别、应急预案、监测预警、应急处置、事后恢复与总结、事件报告与信息共享、应急保障、演练与培训等内容。该应急体系框架适用于关键信息基础设施运营者建立健全网络安全应急体系、开展网络安全应急活动，也可供关键信息基础设施安全保护的其他相关方进行参考。

五、结束语

总体来说，随着我国网络安全法律法规体系的逐步完善，在保障网络安全，维护网络空间主权和国家安全、社会公共利益，保护公民、法人和其他组织的合法权益，促进经济社会信息化健康发展方面起到了非常重要的作用。从基础性立法到行业规范，针对网络安全领域的法律法规在近几年密集出台，彰显了我国在维护网络安全方面的坚定决心。网络安全，未来可期。

（中国信息通信研究院　刘芊岑）

我国数据安全法律体系简析

数据作为数字经济时代最核心、最具价值的生产要素，正在加速成为全球经济增长的新动力、新引擎。随着信息技术和社会生产生活交汇融合，数据呈爆炸式增长，数据的应用对经济发展、社会治理和人民生活产生了深刻的影响。

一、《中华人民共和国数据安全法》出台

《中华人民共和国数据安全法》（以下简称《数据安全法》）经历了3次审议与修改，于2021年9月1日正式施行。《数据安全法》的出台可谓正逢其时，这是我国数据领域一部具有奠基意义的基础性法律，也是我国进行数据安全保障能力建设的纲领性文件。作为一部统筹数字经济时代安全和发展的法律，其出台标志着我国在数据安全领域的治理有法可依，也将为数字经济发展提供安全保障。《数据安全法》是我国第一部有关数据安全的专门法律，《数据安全法》的出台，标志着我国数据使用、流动、保护等有了最高的规范依据，我国力图构建中国特色数据安全法律体系的全景蓝图也日益清晰地展现出来。《中华人民共和国数据安全法》与《中华人民共和国网络安全法》《中华人民共和国个人信息保护法》一起全面构筑我国网络与信息安全领域的法律框架。

《数据安全法》全文共七章五十五条，从数据安全与发展、数据安全管理制度、数据安全保护义务、政务数据安全与开放等多个角度对数据安全保护的义务和相应法律责任进行规定。该法明确了数据安全主管机构的监管职责，搭建了数据安全协同治理体系，为提高数据安全保障能力、促进数据出境安全和自由流动、促进数据开发利用、保护个人及组织的合法权益、维护国家主权和发展利益，以及数字经济的安全健康发展提供了有力支撑。

二、《数据安全法》相关配套制度

（一）数据分类分级制度

数据分类分级保护制度是我国数据安全管理的基础制度之一。《数据安全法》第二十一条规定，国家建立数据分类分级保护制度，对数据实行分类分级保护。各地区、各部门应当按照数据分类分级保护制度，确定本地区、本部门及相关行业、领域的重要数据具体目录，对列入目录的数据进行重点保护。

为支撑数据分类分级保护制度的贯彻落实，解决由于缺乏国家统一的数据分类分级规则，相关国家数据安全制度、数据分类分级保护要求不易落地的问题，2022年9月14日，全国信息安全标准化技术委员会发布国家标准《信息安全技术 网络数据分类分级要求（征求意见稿）》，进一步明确了数据分类分级框架和考虑要素，给出了数据分类分级的原则和方法，用于指导各行业、各领域、各地方、各部门和数据处理者开展数据分类分级工作，是数据分类分级保护制度的进一步落地。

（二）数据安全应急处置制度

《数据安全法》第二十三条规定，国家建立数据安全应急处置机制。发生数据安全事件，有关主管部门应当依法启动应急预案，采取相应的应急处置

措施，防止危害扩大，消除安全隐患，并及时向社会发布与公众有关的警示信息。《网络数据安全管理条例（征求意见稿）》对数据安全应急处置制度提出了具体的细化要求。特别是进一步提高了网络安全事件与数据安全事件中报告义务的时间要求：数据处理者应当在三个工作日内将安全事件和风险情况、危害后果、已经采取的补救措施等以电话、短信、即时通信工具、电子邮件等方式通知利害关系人，无法通知的可采取公告方式告知。安全事件涉嫌犯罪的，数据处理者应当按规定向公安机关报案。

当数据安全事件涉及"重要数据"达到"十万人"门槛时，数据处理者还需：在发生安全事件的八小时内向设区的市级网信部门和有关主管部门报告事件基本信息，包括涉及的数据数量、类型、可能的影响、已经或拟采取的处置措施等；在事件处置完毕后五个工作日内向设区的市级网信部门和有关主管部门报告包括事件原因、危害后果、责任处理、改进措施等情况的调查评估报告。

（三）重要数据保护制度

2017年，《网络安全法》第三十七条首次提出了"重要数据"的概念。《数据安全法》虽然也未对重要数据的概念进行界定，但是在《网络安全法》的基础上提出了各地区、各部门要确定重要数据的具体目录，并强调对列入的数据进行重点保护。

2021年11月出台的《网络数据安全管理条例（征求意见稿）》对重要数据提出正式定义，并专章列明具体的管理规则。以数据可能造成的影响程度作为标准决定重要数据的界限，并通过列举的方式描述了部分典型的重要数据场景，包括未公开的政务数据、出口管制数据、国家经济运行数据、重点行业数据、达到高精度或规模的国家基础数据等，并通过"其他可能影响国家政治、国土、军事、经济、文化、社会、科技、生态、资源、核设施、海外利益、生物、太空、极地、深海等安全的数据"这一兜底条款来扩大重要数据可能适用的范围。

2022年1月，全国信息安全标准化技术委员会出台的《信息安全技术 重要数据识别指南（征求意见稿）》给出了识别重要数据的基本原则、考虑因素、识别流程及重要数据描述格式，为各地区、各部门制定本地区、本部门，以及相关行业、领域的重要数据具体目录提供了参考。

（四）跨境数据流动制度

《数据安全法》第三十一条规定，关键信息基础设施的运营者在中华人民共和国境内运营中收集和产生的重要数据的出境安全管理，适用《中华人民共和国网络安全法》的规定；其他数据处理者在中华人民共和国境内运营中收集和产生的重要数据的出境安全管理办法，由国家网信部门会同国务院有关部门制定。

近年来，随着数字经济的蓬勃发展，数据跨境活动日益频繁，数据处理者的数据出境需求快速增长。在经济和科技全球化的时代背景下，数据的跨境流动将会越来越频繁。数据作为数字经济的核心要素，已经成为国家之间争夺的重要战略资源，"数据主权""数据隐私""数据跨境流通规则"等越来越受到世界各国的关注。完善我国数据出境管理规则势在必行。

2022年7月7日，国家互联网信息办公室出台《数据出境安全评估办法》（以下简称《评估办法》），该办法自2022年9月1日起施行。经过多年酝酿和公开讨论的《评估办法》凝聚了各方共识，在充分平衡各方利益的基础上对数据出境安全管理做出新探索，既着力于维护国家安全、公共利益和个人与组织合法权益，也为全球数字经济健康发展提供了中国方案。

《评估办法》落实上位法的数据出境安全评估要求。一是划定可能影响国家安全的数据出境行为，若向境外提供重要数据，需要进行安全评估。从数据处理者来看，关键信息基础设施运营者和处理个人信息达到特定数量的个人信息数据处理者向境外提供个人信息，也需要进行安全评估。二是强化数据处理者的数据出境风险自评估义务，除了规定必须向网信部门申请安全评估的数据出境情形，还要求所有数据处理者需要在向境外提供数据之前开展数据安全风险的自评估。此外，《评估办法》在评估对象、评估流程、管理机制等方面做出了明确的规定，为数据出境安全评估工作提供了具体指引。

（五）数据安全审查制度

《数据安全法》第二十四条规定，国家建立数据安全审查制度，对影响或者可能影响国家安全的数据处理活动进行国家安全审查。

随着美国《外国公司问责法案》落地执行，美国证券交易委员会要求在美国上市的外国企业披露是否由政府实体拥有或控制、存在的监管环境风险，同时要求审计公司接受美国公共公司会计监督委员会的检查，披露上市公司的审计细节、工作底稿等信息。因此，赴国外上市的运营者将面临更多的国家数据安全风险，例如关键信息基础设施被外国政府影响、控制、恶意利用的风险；国外监管机构调取上市公司的敏感数据，导致核心数据、重要数据或者大量个人信息被外国政府影响、控制、恶意利用的风险，以及网络信息舆论被境外机构操纵风险等。

数据安全审查制度对于维护国家安全，避免数据处理活动危害国家安全利益，具有重要意义。国家互联网信息办公室等13个部委联合发布新版《网络安全审查办法》（以下简称《审查办法》），于2022年2月15日正式施行。《审查办法》将网络平台运营者开展数据处理活动影响或者可能影响国家安全等情形纳入网络安全审查范围，并明确要求掌握超过100万用户个人信息的网络平台运营者赴国外上市必须申报网络安全审查。《审查办法》明确运营者赴国外上市的安全审查要求，为切实保障国家数据安全提供了有力抓手。

三、行业数据安全管理

《数据安全法》明确中央国家安全领导机构通过建立国家数据安全工作协调机制，对数据安全工作进行统筹协调。从监管职责分工来看，国家网信部门统筹协调数据安全和监督管理工作。公安机关、国家安全机关承担数据安全监管职责。工业、电信、交通、金融、卫生健康等主管部门承担本行业、本领域数据安全监管职责。当前，相关行业主管部门均在推进落实各自行业的数据安全管理制度。

（一）工业和信息化数据安全管理

为全面对接《数据安全法》相关要求，构建工业和信息化领域数据安全监管体系，工业和信息化部于2021年12月出台《工业和信息化领域数据安全风险信息报送与共享工作指引（试行）（征求意见稿）》，由工业和信息化部网络安全管理局组织建设、运行工业和信息化领域数据安全风险信息报送与共享平台，收集、汇总数据安全风险信息，并发布、通报风险提示。工业和信息化部鼓励部系统各单位、安全企业、数据处理者、科研院所、行业组织等单位开展风险信息报送，以加强工业和信息化领域数据安全风险信息获取、分析、研判和预警工作，及时掌握工业和信息化领域数据安全整体态势，提高数据安全风险处置能力。

2022年12月，工业和信息化部出台《工业和信息化领域数据安全管理办法（试行）》，于2023年1月1日正式施行。该办法明确了工业和信息化部、地方工业和信息化主管部门、地方通信管理局等管理部门的职责范围，同时细化了工业和信息化领域数据的分类分级与重要数据安全管理、数据全生命周期安全管理、数据安全监测预警与应急管理、数据安全检测/认证/评估、监督检查方面的具体要求。

面向工业领域，2022年1月，工业和信息化部出台《关于做好工业领域数据安全管理试点工作的通知》，部署做好工业领域数据安全管理试点工作，明确在辽宁等15个省（自治区、直辖市）及计划单列市开展试点工作，要求各地工业和信息化主管部门明确数据安全管理部门和负责人，指导本地区工业企业开展数据安全管理工作，强化政策支持和资金投入，加强数据安全监测、风险报送、事件处置等技术能力建设，全面提升本地区数据安全监管能力。2023年2月，按照《工业和信息化部办公厅关于组织开展工业领域数据安全管理试点典型案例和成效突出地区遴选工作的通知》要求，经申报、评审和网上公示，确定了29个工业领域数据安全管理试点典型案例和5个试点成效突出地区，并予以公示，为工业领域数据安全管理工作起到了积极的示范和推动作用。

（二）金融数据安全管理

金融数据分类分级方面，中国人民银行出台《金融数据安全 数据安全分级指南》，按照数据安全性遭到破坏后的影响对象和所造成的影响程度，将数据安全级别划分为五级，并结合具体数据级别，指导组织机构围绕业务需求与安全保护平衡设置不同的侧重点。《关于银行业金融机构做好个人金融信息保护工作的通知》规定，在中国境内收集的个人金融信息的存储、处理和分析应当在中国境内进行。除法律法规及中国人民银行另有规定外，银行业金融机构不得向境外提供境内个人金融信息。《个人金融信息保护技术规范》规定了个人金融信息在收集、传输、存储、使用、删除、销毁等生命周期各环节的安全防护要求，从安全技术和安全管理两个方面，对个人金融信息保护提出了规范性要求。《中国人民银行金融消费者权益保护实施办法》规定，银行、支付机构应妥善保管和存储所收集的消费者金融信息，防止信息遗失、毁损、泄露或者被篡改。银行、支付机构及其工作人员应当对消费者金融信息严格保密，不得泄露或者非法向他人提供。

（三）交通数据安全管理

2021年8月，国家互联网信息办公室、国家发展和改革委员会、工业和信息化部、公安部、交通运输部联合发布《汽车数据安全管理若干规定（试行）》，自2021年10月1日起施行，该规定旨在规范汽车数据处理活动，保护个人、组织的合法权益，维护国家安全和社会公共利益，促进汽车数据合理开发利用。该规定的出台一方面是为了防范化解汽车数据安全问题和风险隐患，例如汽车数据处理者过度收集重要数据、违规处理个人信息、违规出境重要数据等；另一方面是为了明确汽车数据处理者的责任和义务，规范汽车数据处理活动，促进汽车数据依法合理有效利用和汽车行业健康有序发展。

工业和信息化部于2021年9月15日发布了《关于加强车联网网络安全和数据安全工作的通知》，要求智能网联汽车生产企业、车联网服务平台运营企业加强数据分类分级管理、提升数据安全技术保障能力、规范数据开发利用和共享使用、强化数据出境安全管理；2021年10月，我国首个汽车数据安全技术文件《汽车采集数据处理安全指南》正式发布，该指南通过技术文件建议的方式明确了境内汽车重要及敏感数据的采集、传输、存储和出境要求，对汽车制造商实施数据安全保护提出具体要求。2021年10月19日，全国信息安全标准化技术委员会秘书处发布了国家标准《信息安全技术 汽车采集数据的安全要求（征求意见稿）》，内容与《汽车采集数据处理安全指南》基本一致，旨在将技术文件上升为国家标准。

（四）卫生健康数据安全管理

在医疗健康领域，《人口健康信息管理办法（试行）》《国家健康医疗大数据标准、安全和服务管理办法（试行）》《中华人民共和国人类遗传资源管理条例》等法律规定人口健康信息、健康医疗大数据和人类遗传资源的出境要求：一是人口健康信息必须严格遵循本地化处理要求；二是健康医疗大数据原则上应存储在境内安全可信的服务器上，因业务需要确需向境外提供的，应当按照相关法律法规及有关要求进行安全评估审核；三是人类遗传资源在特定条件下可以跨境传输。

四、结语

随着我国数字经济高速发展，数据安全管理也将迎来新的发展阶段。未来，我国将把握机遇，继续强化数据安全谋篇布局，不断完善数据安全法规政策体系，细化数据安全各项配套政策制度，加强各行业数据安全管理，进一步构建良好的数据安全生态。

（中国信息通信研究院 刘芊岑）

我国数据跨境流动管理制度简析

经济合作与发展组织于1980年正式提出了"数据跨境流动"这一概念，意指数据与信息在传输过程中跨越属于不同政治国家的虚拟载体的行为。在信息技术高速发展、全球数据互联互通的当下，数据的频繁跨境流动是全球信息、资料、技术等现代发展要素全球化的必然结果。与此同时，数据的跨境流动也与个人隐私、国家安全等问题息息相关，数据跨境流动的法律规制也由此成为国家发展战略中的一个焦点问题。

一、国际上数据跨境流动管理模式各异

国际上，数据跨境管理模式可分为三大类。第一类是以美国为代表的国家所主张的数据自由流动，但限制敏感数据出口。美国对重要数据采取严格出境管理，对政府信息出境制定具体要求，严格控制敏感个人信息和人工智能等关键技术的外商投资。同时，凭借已有技术经济和数据市场优势，对全球数据实施基于"自由秩序"、国家利益的"长臂管辖"。例如，2018年3月，美国政府颁布《澄清境外合法使用数据法》，简化了美国政府跨境调取数据流程，进一步强化了"谁拥有数据谁就拥有数据控制权"的理念。第二类是以欧盟等国家主张的区域性自由流动，在同等保护水平条件下促进数据跨境流动，加强成员国之间的数据共享，平衡数据的流通与使用，以打造欧洲共同数据空间。欧盟颁布《通用数据保护条例》，通过白名单、风险评估、协议控制等方式进行个人信息出境安全管理。第三类是以俄罗斯、印度等国家主张的数据本地化。俄罗斯数据本地化立法主要侧重于实施数据镜像政策，要求数据可以在境外传输和处理，但必须在本国境内的服务器上存储和处理公民的个人信息。印度逐步推进数据本地化政策，要求建立数据中心，强制金融数据本地化存储。

二、我国数据跨境流动管理制度体系不断完善

2020年，我国将数据列为新型生产要素，数据要素市场化配置上升为国家战略。数据已成为国家战略资源，数据安全对于个人隐私、经济发展、政治稳定和国家安全等具有重要意义。2021年，我国出台并实施了《中华人民共和国数据安全法》（以下简称《数据安全法》）和《中华人民共和国个人信息保护法》（以下简称《个人信息保护法》）等法律，对数据处理活动、数据安全、数据开发利用，以及个人信息处理和保护等相关规则进行阐述。《数据安全法》作为数据安全领域的基础性法律，体现了安全与发展并重的理念。《个人信息保护法》是我国首部个人信息保护专项立法，在保护个人信息的同时也为数据的自由流动和开发提供了保障，在针对个人信息数据跨境流动的规制中也重申了个人信息安全的重要性。

近年来，我国也在逐步完善数据出境管理制度，旨在保证国家数据安全的同时促进数据的有序跨境流动。当前，我国数据跨境流动管理制度体系已基本成形，形成以《中华人民共和国网络安全法》（以下简称《网络安全法》）《数据安全法》《个人信息保护法》为核心，以《数据出境安全评估办法》《个人信息跨境处理活动安全认证规范V2.0》《个人信息

保护认证实施规则》《个人信息出境标准合同办法》等为补充的规则框架。对于特定行业的特定类型数据，明确本地化要求；对于数量较大的个人信息和重要数据进行境内存储，经监管机构审批出境；对于一般个人信息出境，规定了标准合同、安全认证等多样化合规措施。特别是2022年9月1日正式生效的《数据出境安全评估办法》，构建了相对完善的数据出境安全评估流程，进一步明确了我国数据出境安全评估的条件、流程和要求，将事前评估和持续监督相结合、风险自评估与安全评估相结合，进一步完善了数据出境安全评估的实施细则。上述法律法规的出台标志着我国数据跨境流动正式进入"有法可依"的时代。

三、地方积极推进数据跨境流动试点

2020年8月，商务部发布的《全面深化服务贸易创新发展试点总体方案》中明确提出，在北京、上海等试点地区探索跨境数据流动分类监管模式，开展数据跨境传输安全管理试点。之后在地方层面，北京、上海、广东等地积极出台相关政策，推进数据跨境流动试点。

北京提出聚焦人工智能、生物医药、工业互联网、跨境电商等关键领域，在试验区内探索开展数据跨境流动试点；分阶段推动跨境数据流动的有序开放，积极推动试验区内少量试点企业与国外特定范围内实现数据流动合规；开展跨境数据分类分级，建立国际数据跨境流动安全保护及风险控制等机制；逐步构建跨境数据流动规则，不断扩大国际合作范围；依托自贸区等重大国家战略，以中日韩、东盟十国等区域的交流合作为基础，不断打开局面，逐步拓展与美国、欧盟等国家和地区的数据跨境流动。

上海提出在临港新片区开展汽车产业、工业互联网、医疗研究（涉及人类遗传资源的除外）等领域数据跨境流动安全评估试点；试行允许符合条件的外资金融机构因集团化管理而涉及其在境内控股金融机构向境外报送有关数据，特别是涉及内部管理和风险控制类数据；根据国家有关部委规定，探索优化对科研机构访问国际学术前沿网站（自然科学类）的保障服务。

广州提出建设南沙（粤港澳）数据要素合作试验区，探索建立"数据海关"，开展跨境数据流通的审查、评估、监管等。

深圳立足于建设中国特色社会主义先行示范区，在跨境数据业务领域，重点围绕金融、交通、健康、医疗等领域做好国际规则衔接，积极参与跨境数据流动国际规则制定，在国家及行业数据跨境传输安全管理制度框架下，开展数据跨境传输（出境）安全管理试点，建立数据安全保护能力评估认证、数据流通备份审查、跨境数据流通和交易风险评估等数据安全管理机制。

珠海提出在横琴粤澳深度合作区探索科研数据跨境安全有序流动。一是在监管机制层面，在国家数据跨境传输安全管理制度框架下，开展数据跨境传输安全管理试点，研究建设固网接入国际互联网的绿色通道，探索形成既能方便数据流动又能保障安全的机制。二是在数据类型方面，优先探索科研数据类跨境流动。支持珠海、澳门相关高等院校、科研机构在确保个人信息和重要数据安全的前提下，实现科学研究数据跨境的互联互通。

四、我国境内数据合规出境的3种情形适用于不同场景

依据《网络安全法》《数据安全法》《个人信息保护法》《数据出境安全评估办法》等相关规定，因业务等需要，确实需要向我国境外提供数据或个人信息的，主要通过以下3种途径进行数据出境：一是通过国家网信部门组织的安全评估；二是按照国家网信部门的规定经专业机构进行个人信息保护认证；三是按照国家网信部门制定的标准合同与境外接收

方订立合同，约定双方的权利和义务。

（一）安全评估

依据《网络安全法》，我国数据出境采取安全评估措施，对象为关键信息基础设施产生的个人信息与重要数据。《网络安全法》第三十一条第一款对关键基础设施的界定，包含了公共秩序要素与国家安全要素两大方面。《关键信息基础设施安全保护条例》进一步明确以国家安全、国计民生、公共利益等价值理念为衡量关键信息基础设施的标准。《个人信息保护法》则要求处理个人信息达到国家网信部门规定数量的，个人信息出境应当通过国家网信部门的安全评估。

2022年出台的《数据出境安全评估办法》对安全评估措施的对象与流程予以详细说明。该办法第四条表明我国采取主体加数量双重标准界定评估对象：一是凡是涉及向境外提供重要数据的一律需进行安全评估，二是关键信息基础设施运营者与处理100万人以上的数据处理者主体适用安全评估；三是自2021年1月1日起累计向境外提供10万人个人信息与1万人敏感个人信息为界，对达到量级的数据处理者适用安全评估。在流程上，我国要求数据出境主体自行开展数据出境风险自评估，再按要求提交相关材料报送省级网信部门，即"自评估＋安全评估"的程序。此外，国家网信部门在规定时间内出具评估结果决定其是否可以出境，同时还赋予数据处理者评估结果救济权利，对评估结果有异议的可以申请网信部门复评。

（二）保护认证

对于《数据出境安全评估办法》提到的必须通过安全评估才能出境的4种情形以外的情况，根据全国信息安全标准化技术委员会2022年12月出台的《个人信息跨境处理活动安全认证规范V2.0》相关规定，可采用个人信息保护认证的方式进行数据跨境，但主要适用于两种情形。一是跨国公司或者同一经济、事业实体下属子公司或关联公司之间的个人信息跨境处理活动，可由境内一方申请认证。二是《个人信息保护法》第三条第二款规定的在境外处理境内自然人个人信息的活动，分析、评估境内自然人行为的个人信息处理者，可由其在境内设置的专门机构或指定代表申请认证。

2022年11月，依据《中华人民共和国认证认可条例》及《个人信息跨境处理活动安全认证规范V2.0》，国家市场监督管理总局、国家互联网信息办公室联合发布《个人信息保护认证实施规则》，决定实施个人信息保护认证，鼓励个人信息处理者通过认证方式提升个人信息保护能力。

个人信息保护认证的认证模式为："技术验证＋现场审核＋获证后监督"。一是技术验证，技术验证机构应当按照认证方案实施技术验证，并向认证机构和认证委托人出具技术验证报告。二是现场审核，认证机构实施现场审核，并向认证委托人出具现场审核报告。认证机构根据认证委托资料、技术验证报告、现场审核报告和其他相关资料进行综合评价，做出认证决定。对符合认证要求的，颁发认证证书；对暂不符合认证要求的，可要求认证委托人限期整改，整改后仍不符合的，以书面形式通知认证委托人终止认证。三是获证后监督，认证证书有效期为3年，认证机构应当在认证有效期内，对获得认证的个人信息处理者进行持续监督，并合理确定监督频次，对获证后监督结论和其他相关资料进行综合评价，评价通过的，可继续保持认证证书；不通过的，认证机构应当根据相应情形做出暂停直至撤销认证证书的处理。

（三）标准合同

为落实《个人信息保护法》相关规定，2023年2月，国家互联网信息办公室公布《个人信息出境标准合同办法》，该办法将于2023年6月1日起施行。依据该办法规定，对个人信息处理者来说，通过订立标准合同的方式向境外提供个人信息的，应当同时符合下列情形：不是关键信息基础设施运营者、处理个人信息不满100万人的、自上年1月1日起累计向境外提供个人信息不满10万人的、自上年1

月1日起累计向境外提供敏感个人信息不满1万人的。在此条件下，个人信息处理者可通过与境外接收方订立标准合同的方式向境外提供个人信息。向境外提供个人信息前，应当开展个人信息保护影响评估，并按照国家网信办提供的个人信息出境标准合同模板与境外接收方订立标准合同，并在标准合同生效之日起10个工作日内，向所在地省级网信部门提交所签订的合同及个人信息保护影响评估报告以进行备案。

（四）3条路径对比分析

一是从适用范围来看，数据出境安全评估的适用范围为3条路径中最广的一条。我国互联网用户基数较大，意味着中型互联网企业和其他领域头部企业可达到"100万人以上个人信息"这一门槛，且重要数据与关键信息基础设施运营者所进行的跨境传输活动仅能通过安全评估后才能出境。标准合同的适用范围广于保护认证，就目前来看，保护认证的适用情形较为狭窄。

二是从流程与时限上来看，安全评估的流程最为复杂，其流程时限也最长。理论上，不需要材料补正与审查时限延长情况下的最长用时为57个工作日（5+7+45=57），若评估结果为不得出境，另有15个工作日的复评申请期，相当于3～4个月。标准合同路径下的个人信息出境仅以标准合同生效为前置条件，其时限相对最短，是处理个人信息未达到安全评估门槛的企业的最佳选择。至于保护认证，目前相关认证的时限尚未明确。

三是从灵活度来看，安全评估与标准合同都具备"一事一议"性，相关法规均规定了有效期内需重新签订标准合同或申报安全评估的情形。相较而言，保护认证适用于跨国公司或者同一经济、事业实体下属子公司或关联公司之间的个人信息跨境处理活动。保护认证有效期更长，在有效期（3年）内，若认证事项没有发生实质性变化，已取得的安全认证也可作为人事、邮件信息交换等连续、高频率跨境处理活动的合法性基础，企业不需要重复申请认证。

四是从所需的法律文件要求来看，3条路径均对数据处理者与境外接收方之间订立的法律文件有明确要求，其中签订标准合同与安全评估两条路径都要求签订协议或合同。值得注意的是，尽管安全评估路径对文件形式的要求不限于协议，可以是其他具有法律效力的文件，但是安全评估将对该类文件是否约定数据安全保护责任进行实质审查，故该路径下法律文件的自由度有限。协议内容上，标准合同对于境外接收方接受中国法律管辖的规定相较于安全认证路径较为宽松，后者要求境外接收方承诺接受认证机构监督，并接受中国个人信息保护相关法律、行政法规管辖，而标准合同仅限定合同受中国法律管辖，对争议解决方式的规定也有一定自由度。

五、结束语

综上所述，我国对于数据跨境流动的规则愈发细致化、体系化和可操作化，数据跨境流动规制的架构不断走向实际且不断完善。当前，我国已正式提出申请加入《全面与进步跨太平洋伙伴关系协定》（Comprehensive and Progressive Agreement for Trans-Pacific Partnership，CPTPP），进一步彰显我国参与数字经济国际合作的诚意与态度。与《区域全面经济伙伴关系协定》（Regional Comprehensive Economic Partnership，RCEP）相比，CPTPP更加强调数据跨境的自由流动，限制数据本地化措施与重视个人信息保护，对我国数据跨境流动规则提出了更高要求。为此，我国应积极把握RCEP生效的契机，充分贯彻RCEP数据跨境流动框架多元共治理念，推动RCEP区域数据跨境流动规制与标准形成，以进一步提升我国规则的区域影响力，为正式加入CPTPP做好制度准备。

（中国信息通信研究院　刘芊岑　魏卉）

2022年工业大数据的安全风险分析及应对建议

一、工业大数据的概念特征

（一）工业大数据基本概念

工业大数据是工业领域产品和服务全生命周期数据的总称，包括工业企业在研发设计、生产制造、经营管理、运维服务等环节中生成和使用的数据，以及工业互联网平台中的数据等[1]。工业大数据是深受工业数字化转型影响，由传统单一的工业模型数据为基础，与大数据分析技术相融合，而产生的覆盖全工业流程的一种新型大数据，产品数据是其核心，应用数据和算法是其外延。数据的获取流转是工业大数据技术的基础，基于全维度的工业数据深度挖掘是信息技术与制造企业智能化、服务化转型升级相结合的重要方式。工业大数据的主要来源包括设备物联数据、生产经营业务数据和外部数据。从产品全生命周期角度分析，工业大数据涉及研发数据、生产数据、运维数据、管理数据、外部数据5个维度，共同构成以产品为核心的工业数据流。

工业大数据技术是挖掘和展现工业大数据中所蕴含价值的一系列技术与方法，包括数据规划、采集、处理、存储、分析、展现和控制等。工业大数据应用是对专有的大量工业数据集合，使用大量数据分析的算法，获得有价值信息进而改造提升生产效率的过程，其核心目标是通过全量获取工业品生产运营各个环节的数据，通过数据汇集并进行深度分析，获得数据分析结果反馈优化相关环节的控制决策，覆盖虚拟的数据空间和真实的生产经营流程两个方面，形成"虚实"结合的反馈闭环，实现工业生产质量和效率的提升。

当前，建设企业级工业大数据系统，面临数字化、信息化、智能化等多个层面的挑战。首先是业务的数字化问题，业务层面涉及生产组织的设备、人力、运营、创意等多个环节的数字化，这些环节的数据产生质量、性能、指标各异，需要加以有效梳理分析，同时受制于数字化能力，需要根据大数据技术的应用能力去除冗余信息，从而形成完善的数据体系，尝试在虚拟空间中构建工业生产关键流程；其次是工业技术与信息技术的融合问题，技术层面需要选择合适的应用场景，建立符合工业生产要求的、相对统一的大数据处理系统进行分析；再次是算法应用的选择问题，智能算法有其应用的限制条件，需要重点考虑高质量数据集合采集、异构数据融合分析、算法实时处理、多时空域联动控制等因素，才能有效发挥人工智能算法等技术的优势；最后是网络安全和数据安全问题，工业系统中的网络数据安全问题对产品质量控制、生产排期等至关重要，在工业系统信息化程度越来越高、市场竞争响应越来越快的今天，网络数据安全成为工业系统安全和稳定应用大数据技术的前提。

我国高度重视大数据在经济社会中的应用，尤其是在工业、服务业领域。党中央、国务院于2020年发布了《关于构建更加完善的要素市场化配置体制机制的意见》，把"数据"与土地、劳动力、资本、技术等传统要素并列，加快数据要素市场培育，使

1.《工业和信息化部关于工业大数据发展的指导意见》。

大数据成为推动经济高质量发展的新动能。2020年4月，工业和信息化部发布《关于工业大数据发展的指导意见》，提出促进工业数字化转型，激发工业数据资源要素潜力，加快工业大数据产业发展，打造工业大数据生态体系。工业大数据安全管理贯穿工业数据流转全过程，是工业生产、管理极其重要的一部分。按照《工业数据分类分级指南》，可将工业数据分为一、二、三共3个级别，其中三级数据的安全防护要求最高，关系到国民经济、行业发展、公众利益、社会秩序乃至国家安全。2022年12月，工业和信息化部印发《工业和信息化领域数据安全管理办法》，在工业和信息化领域对国家数据安全管理制度要求进行细化，明确开展数据分类分级保护、重要数据管理等工作的具体要求，细化数据全生命周期安全义务，为行业数据安全监管提供制度保障；构建工业和信息化领域数据安全监管体系，明确工业和信息化部、地方行业监管部门的职责范围，建立权责一致的工作机制；根据工业、电信、无线电领域的实际情况，明确数据全生命周期保护要求，指导数据处理者健全数据安全管理和技术保护措施，履行安全保护主体责任。

2019年以来，我国工业大数据市场蓬勃发展，IDC、赛迪等公司统计，2019年我国工业大数据行业收益规模为145.7亿元，2019年至2024年预计增速达到27.8%。2020年3月，工业和信息化部已公布的工业大数据融合应用产业发展试点示范项目共90项，发展区域覆盖北京、江苏、武汉、新疆、湖北等地。近年来，我国大数据产业蓬勃发展，产业基础日益巩固、数据资源极大丰富、产业链初步形成。新产品、新模式不断涌现，大数据产品和服务体系初步形成。北京、上海等地先后成立数据交易所，积极探索数据要素流通利用新业态。规模以上工业企业关键工序数控化率和数字化研发设计工具普及率分别达到55.5%和75.0%，大数据与制造、金融、医疗等领域融合不断加深。大数据生态体系持续优化，区域集聚成效显著，建设了12个大数据领域国家新型工业化产业示范基地，推动形成14个中国软件名城，成立了首家自主开源基金会。我国制定并发布了一批国家标准，一批大数据头部企业快速崛起，初步形成大企业引领、中小企业协同、创新企业不断涌现的发展格局。

（二）工业大数据特征应用

工业大数据具有一般大数据的4V特征[海量性（Volume）、高速性（Velocity）、多样性（Variety）、价值型（Value）]，在此基础上其价值属性和产权属性更为突出。工业大数据的发展离不开工业互联网的广泛应用：一方面，通过工业大数据分析等关键技术，能够实现设计、工艺、生产、管理、服务等环节智能化水平的提升，满足用户定制化需求，提高生产效率、降低生产成本，为企业创造可量化的价值；另一方面，这些数据具有明确的权属关系和资产价值，企业能够决定数据的具体使用方式和边界，数据产权属性较明显。此外，受工业生产具体流程的影响，工业大数据还具有隔离性、多模性、强关联、高通量等特点。

工业体系具有专业性与复杂性，通用化产品及解决方案难以满足工业企业客户对数据增值的需求。专业服务是工业大数据服务商的核心业务模式。工业大数据服务商的业务模式包括专业服务、功能订阅、金融服务、应用市场等。部分工业大数据服务商升级商业模式，提高服务水平，传统工业软件企业将软件能力转化为PaaS及SaaS服务，一方面以低成本、灵活交付的优势吸引更多的用户采购，另一方面借助PaaS、SaaS提升数据采集及分析能力。

从产业链角度看，工业大数据软硬件服务商构成行业上游资源供应商，由于工业环境的特殊性，与通用的大数据软硬件服务不同，上游软硬件服务商需要结合工业场景提供多样化的软硬件资源，从而保障工业大数据产品和服务正常运转。行业中游服务商为下游各领域的具体企业用户提供面向工业环境的定制化大数据产品及服务。随着信息化与工业化的深度融合，数据对工业生产的驱动作用日渐突出，工业大数据技术产品覆盖范围从前期的研发设计、生产交付，逐渐扩展到订单采购、交付运维、售后增值的产品全生命周期，包括设备故障诊断、生产过程可视化、生产流程优化、供应链优化等。根据 IDC 提供的数据，预计到 2025 年全球以数字孪生为代表的工业大数据市场规模持续增长，其中仅数字孪生市场规模将增长至 264.6 亿美元，2020 年至 2025 年保持环比 38.35% 的增长。

市场研究公司 Mordor Intelligence 的数据显示，截至 2020 年年底，全球工业大数据市场规模已达到 161.36 亿美元，预计到 2025 年达到 284.98 亿美元。同时，Accenture 报告显示，全球有 74% 的制造业企业已经将工业大数据纳入其业务战略，其中 56% 的企业表示工业大数据的应用已经为其带来了重大的商业价值。根据 GE 和 Accenture 的合作研究，工业大数据的应用将为制造业企业带来约 1.5 万亿美元的商业价值，在工业物联网、智能制造和供应链管理等领域具有重要作用。总之，工业大数据已经成为制造业转型升级的关键技术之一，工业大数据市场处于快速发展阶段，有着广阔的应用前景和市场潜力，但也面临着激烈的市场竞争和技术创新的挑战。

二、工业大数据的安全风险分析

工业大数据作为一种新技术，其相关的网络安全事件越来越受到关注。近年来，发生的工业大数据网络安全事件较多，说明了工业大数据网络安全面临的威胁和风险。为保障工业大数据网络安全，需要制定科学的安全策略和技术措施，加强对工业控制系统等关键设备的保护和监测，以及增强员工的安全意识和提高技能水平。

从技术角度来看，工业大数据的快速发展，产生了数据质量、隐私保护、标准规范等方面的问题。一是数据质量问题，工业大数据的应用离不开高质量的数据，然而数据的质量往往受数据来源、采集方式等因素的影响，存在数据不一致、缺失等问题，影响算法分析结果的质量和行业应用。二是隐私保护问题，工业大数据的应用离不开人的因素，数据采集过程往往涉及个人隐私、商业机密等重要信息，如何保护这些信息的安全性和隐私性是一个重要的问题，多方计算、区块链等技术在工业领域的应用也受到影响。三是大数据技术瓶颈问题，尽管大数据技术在信息服务领域得到快速发展，但在工业控制系统的具体应用中，还面临实时性、可靠性、稳定性等方面的挑战。工业大数据技术的实际应用涉及多个领域和行业，但各个行业的标准和规范不同，导致数据采集设备的通用性差、成本高，限制了工业大数据的应用。

从业务角度来看，工业大数据存在保护力度不够、设备资产监管程度不够、运维管理不完善的问题，直接影响工业系统的网络安全。一是保护力度不够。受工业信息化水平的限制，工业企业实施数字化转型后，存在对工业控制网络本身安全和漏洞防护不足的问题。具体体现在网络结构风险评估不到位、网络边界保护管理举措不足等，导致系统数据信息被动泄露；受工业信息化技术影响，部分工业控制安全系统设备来源多样，发现漏洞问题及时修复难度大，导致工业控制网络系统风险管理能力不足；具体操作方面的安全审计作业环节缺失，系统出现网络安全问题的应急响应机制和能力不足。二是设备资产监管程度不够。工业企业对设备信息化部分包含的数字资产认知不够清晰，构建的资产视图并不具备现实作用，尤其是对终端设备接入的管理防护重视不足，形成的工业大数据不具备及时感知安全问题的能力，难以及时应对防范网络安全事件。三是运维管理不完善。部分工业企业存在"重生产安全，轻网络安全"的问题，企业内安全组织机构人员职责不完善、专业网络安全人员配备不齐、工业控制系统运维外包无审计监管等隐患，一旦发生事故无法及时确定问题原因、影响范围，也无法追究责任。

综上，国内工业大数据发展面临的问题和挑战需要政府、行业和企业共同应对。

三、工业大数据的安全应对建议

当前,随着数字经济的蓬勃发展,新一代信息技术与制造业融合发展,工业大数据的来源范围不断扩大,工业数据的采集方式、传输交换、分析处理、存储保管等应用都在发生新的变化。工业大数据对于信息网络的依赖性增强,伴随而来的网络安全和数据安全风险更加严峻,既有弱口令、数据库注入、非授权访问等导致的传统网络安全问题,也有数据违规传输、恶意挖掘、云端数据泄露等导致的新网络安全问题,既涉及传统的企业资源管理系统、工业辅助设计软件,也涉及新兴的云化设计系统、分布式管理系统,因此,强化工业大数据安全防护刻不容缓。

坚持统筹发展和安全,牢固树立"保安全、促发展"的理念。做好工业大数据应用环境防护,促进工业数据安全高效的流通,是实现工业大数据价值、做好工业大数据安全保障工作的意义所在。随着国家对网络安全、数据安全的重视,相关政策、标准和监管措施得以不断完善,工业企业安全防护资金投入也在不断增加。然而,当前企业面临大范围网络化生产带来的安全防护范围变大的挑战,往往超出单一的网络安全团队的处理能力,以及信息网络技术快速迭代带来的安全防护水平不断提升的挑战,仅凭企业自身的安全防护团队往往难以兼顾。依托互联网技术衍生的网络安全众测服务应运而生,网络安全众测服务采用分布式协作的方式解决信息化产品测试问题,具有协作共享的特征,可实现测试需求和测试人才资源的整合,兼具任务发布灵活、结果反馈快速、测试效果显著、更具性价比等优势,受到诸多企业青睐。在工业大数据和工业互联网领域,网络安全众测能够充分调动运用安全生态中各类技术专家资源,更有效、更便捷地帮助企业解决安全漏洞威胁,为企业业务的长远发展及企业用户的信息安全保驾护航,在实践中推动网络安全和智能制造的各项工作机制协调、统一、灵活地运转起来,为保障工业数据安全、促进数字经济和制造业高质量发展、护航制造强国和网络强国建设筑牢坚实根基。

(陆希玉 严定宇)

钢铁行业工业互联网安全体系建设

一、基于钢铁行业业务发展的安全需求

钢铁行业安全需求着重从设备、控制、网络、标识、平台、应用和数据等方面考虑。在设备安全方面，主要关注边缘智能设备安全，涉及无人行车、各工序工业机器人等智能设备，温度、电力等各类智能仪表，以及其他类型智能设备。在控制安全方面，主要关注过程控制安全，包含终端工控机、工控系统及组态软件等。在网络安全方面，关注生产现场网络安全、企业内跨基地网络安全、跨企业通信安全等，包含现场总线、工业以太网及5G等网络安全。在标识解析安全方面，包含标识解析节点架构、标识解析系统安全、标识解析数据安全、标识解析运营安全等。在平台安全方面，包括平台设备与系统安全接入、工业云平台基础设施安全、平台数据安全等。在应用安全方面，重点关注平台边缘接入安全和运行安全，确保企业经营管理类业务、供应链产业链协同类业务等各类业务的应用安全。在数据安全方面，需要关注边缘智能仪表数据采集与传输安全、企业相关客户个人信息保护、企业内外部重要数据、敏感数据的安全。此外，钢铁行业应同步做好涉及工业互联网全要素的安全管理、安全分类分级、安全监测、安全评测工作。

二、钢铁行业工业互联网安全功能架构

美国工业互联网联盟和德国工业4.0超前布局工业互联网安全研究工作，先后发布了《工业互联网安全框架》和工业4.0参考架构，为我国构建工业互联网安全框架提供了可借鉴和学习的模式。

为确保钢铁行业不同类型业务的安全，应建设稳定架构，钢铁行业工业互联网安全功能架构如图1所示。该架构体现了工业互联网安全功能在"设备、边缘、企业、产业"的层层递进，具体包括设备安全、控制安全、网络安全、应用安全和数据安全，以及贯穿于整个层级的安全管理、安全评测（漏洞扫描、漏洞挖掘、渗透测试、上线检测）和安全态势感知与风险监测（安全配置、资产安全管理、安全监测与审计、安全态势感知、风险预警）。

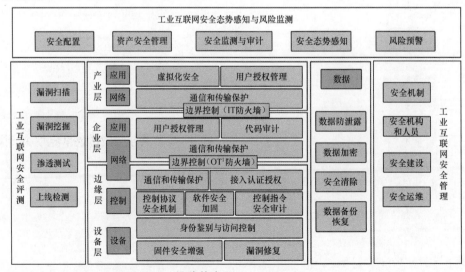

注：1. OT（Operation Technology，操作技术）。

图1 钢铁行业工业互联网安全功能架构

三、钢铁行业工业互联网安全建设部署

（一）边缘层安全防护体系建设

1. 设备安全

设备安全主要包含智能装备的软件安全与硬件安全，通过采取设备身份鉴别与访问控制、固件安全增强、漏洞修复等安全策略，确保钢铁边缘侧设备的安全。在智慧炼铁应用场景中，根据工作环境制定工业传感器相应的保护措施，保障其工作状态安全与数据采集的准确可靠，例如，高炉具有炉顶热成像自保护功能，热电偶采用柔性材质防止碳砖形变、扯断、损坏。在设备身份鉴别与访问控制方面，对于接入工业互联网的压力传感器、流量传感器、温度传感器等现场设备，应支持基于硬件特征的唯一标识符，确保只有合法的设备能够接入工业互联网并根据既定的访问控制规则向其他设备或上层应用发送或读取数据。在固件安全增强方面，设备供应商需要采取措施对设备固件进行安全增强，阻止恶意代码传播与运行，可从操作系统内核、协议栈等方面进行安全增强，并力争实现对于设备固件的自主可控。在漏洞修复方面，设备供应商应对工业现场中常见的设备与装置进行漏洞扫描与挖掘，发现操作系统与应用软件中存在的安全漏洞，及时对漏洞进行修复。

2. 控制安全

控制安全主要包含控制系统安全和控制协议安全，具体包括控制协议安全机制、软件安全加固、控制指令安全审计等安全策略。例如，在智能烧结应用场景中，烧结智能控制系统服务器采用双机热备方式进行搭建，提高了系统容灾能力。在控制协议安全机制方面，为了确保控制系统执行的控制命令来自合法用户，必须对使用系统的钢铁企业用户进行身份认证，未经认证的用户所发出的控制命令不被执行。在控制协议的通信过程中，一定要加入认证方面的约束，避免攻击者通过截获报文获取合法地址建立会话，影响控制过程的安全。不同的操作类型需要不同权限的认证用户来操作。在设计控制协议时，应根据具体情况，采用适当的加密措施，保证通信双方的信息不被第三方非法获取。在控制软件安全加固方面，控制软件的供应商应及时修复控制软件中出现的漏洞或提供其他替代解决方案，例如，关闭可能被利用的端口等。在控制指令安全审计方面，通过对控制软件进行安全监测审计可及时发现网络安全事件，避免发生安全事故，并可以为安全事故的调查提供详实的数据。

3. 边缘层网络安全

边缘层网络安全主要涉及企业内网安全，具体包括通信和传输保护、边界控制、接入认证授权等安全策略。例如，在智能烧结应用场景中，现场核心模块通信采用相关的安全隔离设备（例如，工业防火墙、工业网闸等），并限制访问量与访问频率，防止控制系统的冲击带来的影响。在通信和传输保护方面，钢铁企业采用相关技术手段保证通信过程的机密性、完整性和有效性，防止数据在网络传输过程中被窃取或篡改，并保证合法用户对信息和资源的有效使用。

同时，在标识解析体系的建设过程中，需要对解析节点中存储和在解析过程中传输的数据进行安全保护。在边界控制方面，在OT安全域之间采用网络边界控制设备（工业防火墙），以逻辑串接的方式进行部署，监控安全域边界，识别边界上的入侵行为并进行有效阻断。在接入认证授权方面，接入网络的设备与标识解析节点应该具有唯一性标识，网络应对接入的设备与标识解析节点进行身份认证，保证合法接入和合法连接，对非法设备与标识解析节点的接入行为进行阻断与告警，形成网络可信接入机制。网络接入认证可采用基于数字证书的身份认证等机制来实现。

4. 边缘层标识解析安全

边缘层标识解析安全主要从运行环境安全、身份安全、数据安全等层面采取安全策略，确保钢铁企业标识解析的安全可靠。在运行环境安全方面，钢铁企业主要从物理环境、设备及软件系统、网络等方面部署安全防护措施，保障工业互联网标识解析终端、节点等运行环境安全。在身份安全方面，钢铁企业主要从终端、协议等方面采取防护措施，保障工业互联网标识解析终端、节点组织机构身份可信，防止伪造身份的中间人攻击、重放攻击及越权访问。在数据安全方面，钢铁企业主要对数据采集环节采取防护措施，确保工业互联网标识解析各主体数据可用性、完整性和保密性。

5. 边缘层数据安全

边缘层数据安全主要集中在数据采集保护，通过工业互联网从外部系统收集数据，在数据收集的过程中，必须做好安全防护措施，防止敏感数据泄露、业务数据出错，以及额外采集无关的敏感数据。数据采集应遵循合法、正当、必要的原则收集与使用数据及用户信息，公开数据收集和使用的规则，向用户明示收集使用数据的目的、方式和范围，经过用户的明确授权同意并签署相关协议后才能收集相关数据。授权协议必须遵循用户意愿，不得以拒绝提供服务等形式强迫用户同意数据采集协议。另外，不得收集与其提供的服务无关的数据及用户信息，不得违反法律、行政法规的规定和双方约定收集、使用数据及用户信息，并应当依照法律、行政法规的规定和与用户的协议处理其保存的数据及个人信息。

（二）企业层安全防护体系建设

1. 企业层网络安全

企业层网络安全主要涉及企业外网安全，具体包括通信和传输保护、边界控制等安全策略。在通信和传输保护方面，与边缘安全防护系统中的针对网络安全的通信和传输保护的具体策略保持一致。在边界控制方面，IT安全域之间采用网络边界控制设备（防火墙），以逻辑串接的方式部署，监控安全域边界，识别边界上的入侵行为并进行有效阻断。

2. 企业层标识解析安全

企业层标识解析安全主要从身份认证、服务运营安全和数据安全等层面采取安全策略，为钢铁企业提供安全保障。在身份认证方面，与边缘侧标识解析安全的身份认证相关策略保持一致。在服务运营安全方面，主要包括建立健全安全管理支撑、标准规范指引、技术手段保障、资源管理协同的安全服务运营体系，提升服务运营安全，保障标识解析体系安全、稳定、持续运行。在数据安全方面，应从存储、传输、使用等方面采取防护措施，确保工业互联网标识解析各主体数据的可用性、完整性和保密性。

3. 企业层数据安全

企业层数据安全主要关注数据分析服务安全。工业互联网平台经常采用相关算法对数据进行挖掘分析，获取并得到业务所需的数据，因此必须要保障数据分析服务的安全。在数据挖掘方面，针对不同接入方式的数据挖掘用户，应采用不同的认证方式，需要检查使用数据的合法性和有效性。在数据挖掘过程中，应对挖掘算法使用的数据范围、数据状态、数据格式、数据内容等进行监控，应对挖掘内容、过程、结果、用户进行安全审计。在数据输出方面，应对应用数据的各种操作行为、操作结果予以完整记录，确保操作行为的可追溯，对所有输出的数据内容进行合规性审计，对数据输出接口进行规范管理。如果需要将数据输出到平台以外的实体，则在输出前应对数据进行脱敏操作，确保输出的数据满足协议要求且不泄露敏感信息。

4. 企业层应用安全

企业层应用安全主要关注钢铁行业各类工业应用场景的业务应用及其配套应用程序等，通过采取用户授权管理、代码审计等安全策略确保企业层的应用安全。在用户授权和管理方面，钢铁行业工业互联网平台用户分属于不同企业，需要采取严格的认证授权机制，保证不同用户能够访问不同的数据资产。同时，认证授权需要采取更加灵活的方式，确保用户之间可以通过多种方式将数据资产分模块分享给不同的合作伙伴。在代码审计方面，钢铁企业主要通过代码审计检查源代码中的缺点和错误信息，分析并找到这些问题引发的安全漏洞，并提供代码修订措施和建议。

四、产业层安全防护体系建设

（一）产业层网络安全

产业层网络安全主要涉及跨企业通信安全，具体包括通信和传输保护、边界控制等安全策略。在通信和传输保护方面，与边缘安全防护系统和企业安全防护系统中，针对网络安全的通信和传输保护的具体策略保持一致。在边界控制方面，与企业安全防护系统中，针对网络安全的边界控制的具体策略保持一致。

（二）产业层标识解析安全

产业层标识解析安全主要从身份认证、服务运营安全和数据安全等层面采取安全策略，为钢铁企业提供安全保障。在身份认证方面，与边缘层和企业层标识解析安全的身份认证相关策略保持一致。在服务运营安全方面，与企业层标识解析安全的服务运营安全相关策略保持一致。在数据安全方面，与企业层标识解析安全的数据安全相关策略保持一致。

（三）产业层应用安全

产业层应用安全主要关注供应链产业链协同类业务相关应用安全等，通过采取用户授权管理、虚拟化安全等安全策略确保企业侧应用安全。在用户授权管理方面，与企业安全防护系统中的针对应用安全的用户授权管理方面的具体策略保持一致。在虚拟化安全方面，虚拟化是边缘计算和云计算的基础，为避免虚拟化出现安全问题影响上层平台的安全，对平台的安全防护要充分考虑虚拟化安全。虚拟化安全的核心是实现不同层次及不同用户的有效隔离，其安全增强可以采用虚拟化加固等防护措施来实现。

（四）产业层数据安全

产业层数据安全保护需要在企业级数据安全防护要求的基础上，满足数据交换共享与公开披露、数据归档与销毁等方面的要求。

在数据交换共享与公开披露方面，建立数据交换共享安全监控措施，监控交换共享的数据及数据交换共享行为等，确保交换共享的数据合理规范使用，未超出授权范围。

在数据归档与销毁方面，对访问频率极低的数据进行归档，建立归档数据保护机制，防止篡改和删除数据。采用硬盘格式化等技术手段，确保数据销毁流程合规。建立数据销毁审批机制，设置数据销毁相关监督角色、监督操作过程等。采用硬盘格式化、多次擦写、消磁等技术手段，确保数据完全销毁，不留痕迹，不能恢复。

五、安全管理体系建设

安全管理体系建设贯穿于钢铁行业各个层级，主要涉及安全机制、安全机构和人员设立、安全建设、安全运维等方面。

在安全机制方面，应对安全管理活动中重要的管理内容建立安全管理制度，制定安全工作的总体方针和安全策略，定期对安全管理制度的合理性和适用性进行论证和审定，对存在不足或需要改进的安全管理制度进行修订。

在安全机构和人员设立方面，设立安全管理工作的职能部门，设立安全主管、安全管理的负责人岗位，并定义部门及各负责人的职责，定期进行常规安全检查，检查内容包括系统日常运行、系统漏洞和数据备份等。

在安全建设方面，在规划时充分考虑安全需求，进行安全方案设计，选择合适的安全防护措施。在开发过程中，关注自行软件开发和外包软件开发中的安全要求和实际执行情况。在测试验收时，制定测试验收方案，并进行上线前的安全性测试。在系统交付时，根据交付清单进行清点，并对负责运行维护的技术人员进行相应的技能培训。

在安全运维方面，对于网络和系统安全管理，应建立配套的安全管理制度和操作手册，并详细记录运维操作日志。制定安全事件报告和处置管理制度，明确不同安全事件的报告、处置和响应流程。建立统一的应急预案框架，制定重要事件的应急预案,并定期进行应急预案的培训和演练。

六、企业网络安全分类分级体系建设

钢铁行业相关企业应依据工业互联网企业网络安全分类分级相关管理指南,参照《联网工业企业安全防护规范》《工业互联网平台企业安全防护规范》《标识解析企业安全防护规范》等国家标准,加快推进企业网络安全分类分级工作,落实与自身安全级别相适应的防护措施,开展标准符合性评测和风险评估。钢铁行业相关企业应按照企业自主定级、企业定级上报、形成定级清单、开展定级核查的步骤有序开展分类分级工作。

七、安全态势感知与风险监测系统建设

工业互联网安全态势感知与风险监测系统建设通过技术手段实现对安全威胁的发现识别、理解分析、响应处置,主要包括安全监测与审计、安全态势感知等关键技术。工业互联网安全态势感知技术在网络空间搜索引擎的基础上,添加工业控制系统及设备的资产特征,利用软件代码模拟常见的工业控制系统服务或工控专用协议(例如 Modbus、Profinet、FINS 等),利用深度包检测技术,对网络及应用层协议(例如工控专用协议、通用协议等)进行逐层解析与还原工作,最终完成访问日志合成、工控设备资产检测、工控漏洞及安全事件识别等安全检测工作。

八、安全评测系统建设

工业互联网安全评测系统建设需采取技术手段对工业互联网安全防护对象进行测试和评价,了解其安全状态,主要包括漏洞挖掘、渗透测试等技术。在工业互联网中,需要采用 IT 和 OT 融合环境下的漏洞挖掘思维,运用多种组合且深度融合的漏洞挖掘技术。在渗透测试方面,工业互联网中的渗透测试技术,要以工控系统中渗透测试的实际需求为出发点,辅以渗透测试执行标准、NIST SP800-115《信息安全测试评估技术指南》、开源安全测试方法、《开放式网页应用程序安全项目测试指南》等渗透测试和安全测试流程指南,完成对工控系统渗透测试的检测与分析,提取关键流程、步骤、技术。

九、结束语

我国应进一步明确钢铁行业工业互联网安全业务发展需求,构建符合我国发展实际的钢铁行业工业互联网安全架构,有序开展钢铁行业工业互联网安全体系建设,助力制造业数字化转型安全和高效。

(中国信息通信研究院 刘晓曼)

基于等保和国产化要求自主研发的专线无忧解决方案实践

用户在建设网络安全时面临三大痛点：一是安全投入成本高；二是安全产品使用难度大；三是无应急响应措施。中国联通充分发挥自身在大网和数据上的资源优势和集成优势，利用现有的专线网络资源建设专线无忧服务，为用户提供使用方便、成本低且符合等级保护的安全服务。

一、方案概要

天津联通凭借深厚的网络安全技术积累，以及中国联通覆盖全国的联通大网能力发布了专线无忧解决方案，可以解决以下问题。

第一，中国联通专线无忧解决方案具备防网络入侵、防勒索病毒、防钓鱼邮件等功能，通过AI自动分析，确保发生安全风险时可以及时发现、阻止并且告警，实现秒级阻断。

第二，中国联通专线无忧解决方案具有防入侵和防病毒功能，同时还可以针对终端设备的流量情况，进行异常分析，有效杜绝"挖矿"病毒或私人使用公司网络资源的情况发生。

第三，中国联通专线无忧解决方案可以优化配置网络带宽，优先保障公司正常业务使用带宽，限制下载及其他非关键业务占用带宽。

第四，中国联通专线无忧解决方案实时同步联通云端智能安全运营平台，为用户提供持续的安全运营服务，解决用户自身网络安全能力偏弱的问题。

二、整体方案架构

中国联通专线无忧解决方案是面向互联网专线、企业宽带场景的网络安全增值服务，为政企客户提供一体化安全防护体系。中国联通专线无忧设备由部署在客户互联网专线出口的专线安全网关和联通云端安全运营平台两个部分组成。

中国联通专线无忧设备具备丰富的检测与防护功能，包含应用识别与入侵检测防护、防病毒等标准化安全功能，具备管端联动能力。中国联通专线无忧解决方案包括专线安全网关和联通云端安全运营平台两个关键组成部分。专线安全网关有些是国产化产品，设备关键器件全部是国产化产品；联通云端安全运营平台是部署在中国联通自主开发建设的中国联通信创云平台上，依托于中国联通覆盖全国的联通大网能力，可以为用户提供远胜于传统运营商的网络防护及安全监测能力。中国联通专线无忧解决方案架构如图1所示。

（一）方案特点

1.安全网关防护能力

①防火墙：支持一体化安全策略、访问控制，支持攻击防范、支持DDoS攻击防御等。

②入侵防御：特征库的攻击检测防御，实现攻击特征库分类，支持多种入侵防御策略，支持攻击分类防护策略。

③防病毒：高性能防病毒引擎，可基于病毒特征进行检测，支持基于文件协议、邮件协议、共享协议的病毒防护能力。

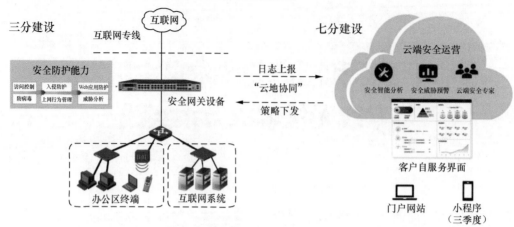

图 1 中国联通专线无忧解决方案架构

④Web 应用防护:针对安全事件发生时序进行安全建模,为 Web、Webmail 服务器提供防护。

⑤上网行为管理:提供流量管控、应用限制、行为审计、数据分析等功能,保障客户业务带宽和网络访问的稳定性。

⑥高级威胁分析:提供 DGA 恶意域名、"挖矿"检测等高级威胁检测和分析功能。

2. 云端安全运营能力

①一点感知,全网响应:基于中国联通基础网络和属地化安全运营中心,打造全国一体化安全运营体系,实现安全威胁预警全网联防联控,杜绝"木桶效应"。

②"云地"联动,用户可感知:本地实时防御、威胁自动拦截阻断、防御策略自动下发;云端专家"在线诊断",威胁实时预警。

③全流程闭环运营的安全运营体系:包括安全态势感知、资产全量运营、漏洞闭环运营、安全事件预警、威胁情报共享。

④云端安全专家全程守护安全无忧:一线值守专家、二线研判专家、三线高级专家"全程守护安全";业务风险评估、精准威胁判定、应急响应处置、专家安全托管。

⑤安全需求场景套餐灵活配置:灵活多样的服务套餐规格,满足用户不同的安全防护需求。等保套餐通过云端实时运营,解决堆砌式的等保认证。

3. 客户自服务体验

用户可以在自服务平台上进行专线无忧服务的管理和使用,查看交付内容,通过监控了解设备的运行情况;定期通过报告了解业务系统的安全风险情况。自服务平台同时具备态势感知和安全运营大屏、资产和漏洞的运营管理功能、安全事件闭环管理、等保合规管理、安全威胁预警等功能,以平台化的交付方式满足客户自服务的需求和体验。

(二)核心优势

中国联通专线无忧解决方案除了完善的防火墙功能,最核心的产品优势是基于中国联通大网的云端安全运维能力,为用户提供以下服务。

1. 云端运维整体能力

①安全远程集中统一运维。

②部署、巡检、故障处理服务。

③设备支持 SaaS 订阅功能,不需要增加额外硬件,可支持漏洞扫描、日志审计等功能,为用户提供精准的安全威胁事件展示。

2. 边界防护与响应能力

①支持通过安全事件聚合和关联模型的分析,提供攻击的判定结果和处置建议。

②支持识别失陷主机,并按失陷主机维度自动聚合事件,根据不同的失陷类型提供有针对性的分析和处置建议。

③支持黑白名单设置能力,保护已知业务,快速阻断威胁攻击源。

④支持短信、邮件紧急安全通知,针对失陷主机事件发送紧急通知,及时指导进行响应。

⑤ 按周、按月为用户提供安全服务报告，安全服务报告将以邮件形式发送至用户的订阅邮箱。通过安全服务报告，用户能够清晰地了解以下信息：安全服务概况、威胁防护次数及趋势、失陷主机数量及详情、外部攻击源数量及趋势、恶意文件数量及趋势。

⑥ 基于安全防御节点的安全日志能够进行日志的聚合、分析、判定操作，去除安全日志的噪声，可在安全日志分析后进行阻断处置及标注为"确认为攻击""已下发告警"等状态，为用户提供精准的安全威胁事件展示。

⑦ 设备 SaaS 功能配合业务平台对精准安全威胁事件联动安全防御节点进行外部攻击者 IP 的封禁，及时高效地帮助用户拦截攻击者的持续攻击行为。

⑧ 威胁信息检索：支持全球恶意 IP、恶意域名、恶意文件、漏洞信息等威胁信息的快速检索，数据详情包括但不限于威胁类型、风险级别、置信度、场景信息、地理位置、关联历史事件、关联恶意威胁信息、相关文章等信息。

⑨ 高性能威胁信息查询接口：提供高性能的全球恶意 IP、恶意域名、恶意文件、漏洞信息、URL 分类等威胁信息的查询接口，辅助自动化分析人员进行分析取证及处置，提升运维效率。

⑩ 自动化威胁分析及处置：对接威胁信息服务的高性能威胁信息查询接口，查询告警中的恶意 IP、恶意域名、恶意文件、漏洞信息、URL 分类等威胁信息，结合数据详情中威胁类型、风险级别、置信度、场景信息、地理位置等信息对告警进行自动化分析和处置，提升人工分析和处置效率。

3. 漏洞扫描能力

① 支持在可登录系统和不登录系统两种应用场景下，对服务器、终端设备、安全设备、网络设备、中间件和数据库等多种资产类型进行漏洞扫描，并支持分组资产扫描。

② 支持定时自动扫描。

③ 支持自动识别不可执行漏洞扫描的设备，并提示原因。

④ 支持针对数据库、Web 进行独立扫描配置。

⑤ 支持资产漏洞发现后，资产漏洞的展示，含资产风险评分、漏洞名称、风险等级、发现时间、漏洞风险简介、修复建议等。支持人工处理标记并可分类展示待处置漏洞及已处置漏洞。

⑥ 支持导出扫描报告，扫描报告中应体现整体漏洞态势、漏洞详情、漏洞风险级别、修复建议等信息。

4. 日志审计能力

① 可对资产原始日志信息进行查询展示。

② 可基于时间段、日志类型、上报日志资产名称、日志级别等条件进行多维度查询。

③ 可展示整体日志存储态势，含整体日志数量、不同风险级别日志数量、不同类型日志数量。

④ 可展示接入日志资产类型分布、不同重要级别接入日志资产数量分布。

⑤ 可对上报日志资产进行资产类型配置、日志上报状态查询。

三、推广性分析

（一）功能推广性价值

中国联通专线无忧解决方案主要面向商企云快线用户及有互联网应用需求的中小企业用户。主要针对用户的互联网边界及核心资产的基本防护能力、互联网边界安全等保合规、互联网应用安全防护、边界安全防护托管、核心资产安全防护等需求。

（二）社会推广性价值

中国联通专线无忧解决方案从云端平台到用户侧硬件安全网关，可以对现有的 CISCO 等国外厂商进行国产品牌替代。同时，中国联通专线无忧解决方案软件和硬件的核心零部件，都实现了完全国产化。

（中国联合网络通信有限公司天津市分公司

陶世元）

工业互联网与人工智能篇

工业互联网应用和发展

工业互联网是互联网和新一代信息技术与工业系统全方位深度融合形成的产业和应用生态,是工业智能化发展的关键综合信息基础设施。工业互联网的发展成熟将是一个长期过程,其对工业的革命性影响将逐步释放,由局部到整体、由浅入深,最终实现信息通信技术在工业全要素、全领域、全产业链和价值链的深度融合与集成应用。

一、发展工业互联网的意义

工业互联网的关键要素包括网络、数据和安全等。其中,网络是工业互联网的基础要素,即工业互联网需要通过物联网、互联网等信息通信技术实现工业系统、工业生产要素的互联互通,使工业数据得以充分流动和无缝集成。数据是工业互联网的核心要素,即工业互联网通过工业数据全生命周期的感知、采集、分析和应用,促进基于数据的智能化能力的形成,以此推动实现机器柔性生产、生产协同组织、运营管理优化及商业模式创新,最终达到工业智能化的发展目标。安全是工业互联网的发展保障,即工业互联网通过构建覆盖工业全系统的安全防护体系,保障工业智能化的实现。

目前,我国的平台应用更关注生产过程管控和资源配置优化场景,占比分别达到32%和21%。这一方面是因为我国制造业企业生产管理系统需求旺盛但普及率欠佳,形成了一批提供云化生产管理应用的平台企业;另一方面是因为我国有大量中小型制造业企业,这些企业通过工业互联网平台,将自身的能力融入社会化生产体系,借助制造能力交易获取订单、挖掘潜在市场的机会。

我国工业互联网平台应用分布情况如图1所示。

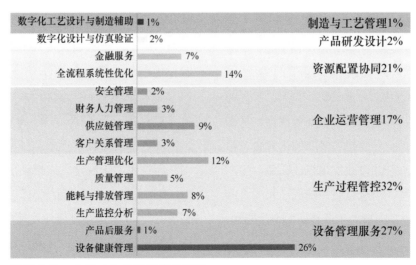

资料来源:中国工业互联网产业联盟。

图1 我国工业互联网平台应用分布情况

二、网络、应用的日益丰富与进化

5G 作为新一代移动通信技术和新基建的重要组成部分，成为数字经济发展的重要通信载体。在各类 5G+ 应用中，工业互联网和 5G 的结合是一直被各界看好的，尤其在移动边缘计算（Mobile Edge Computing，MEC）上正在加速规模发展。

MEC 是指靠近物或数据源头的一侧，采用网络、计算、存储、应用核心能力为一体的开放平台。

MEC 的部署位置更靠近用户，但不同行业对 MEC 部署位置的理解和认知不尽相同。电信运营商掌握了端到端基础设施中的大部分环节，具体可按照业务场景的时延、服务覆盖范围等要求，将所需的网元和 MEC 部署在相应网络层级的数据中心。从企业数字化转型技术发展来看，产线柔性化、仓储自智化、工厂绿色化成为发展趋势，这些趋势加速了 5G 专线网络向 MEC 技术演进。

MEC 组网示意如图 2 所示。

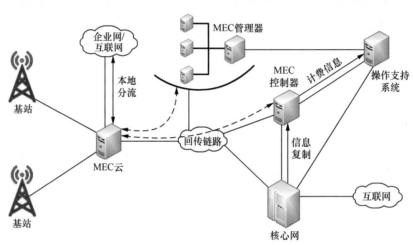

图 2　MEC 组网示意

MEC 将计算存储能力与业务服务能力向无线网络边缘迁移，使应用、服务和内容可以实现本地化、近距离、分布式部署。

低时延是大部分制造业数字化、智能化、网络化转型的基本需求。时间敏感网络最重要的就是"时间"，其在应用中的根本目标是提供一种方法来保障信息在一个明确的、可以预测的时间范围内，从源节点传递到目的节点。目前绝大多数的工业企业数字化转型先要从网络开始。在实现机器设备、生产材料、工业控制系统、信息系统、制成品和人之间的网络互通的基础上，通过对工业数据的全面感知、实时传输、快速计算、高级建模、智能分析，实现制造过程的智能控制、企业管理的运营优化及生产组织方式的变革。

三、工业元宇宙、智能制造与工业互联网

在基础信息化智能化能力和应用日趋成熟的过程中，出现了越来越优秀的应用，例如，预测性维护。预测性维护是指在工业生产过程中使用的各种设备，设备在日常的运转、维护过程中可以归纳总结形成比较全面、系统的机器故障类型、产生机理、表现特征，以及故障防治方法。

新技术的出现，大力推动了制造业的数字化转型，应运而生的"工业元宇宙"也是智能制造的"未来形态"，是制造业高质量发展的重要引擎。智能制造贯穿于设计、生产、管理、服务等工业活动的各个环节，具有信息深度自感知、智慧优化自决策、精准控制自执行等功能的先进生产制造过程、系统

与模式的总称，工业智能与智能系统是制造业智造的"工业大脑"。

智能制造与工业互联网有着紧密的联系，智能制造的实现主要依托两个方面的基础能力：一方面是工业制造技术，包括先进装备、先进材料和先进工艺等，是决定生产制造边界和能力的根本；另一方面是工业互联网，包括智能传感控制软硬件、新型工业网络、工业大数据平台等综合信息技术要素，是充分发挥工业装备、工艺和材料潜能，提高生产效率、优化资源配置效率、创造差异化产品和实现服务增值的关键。工业互联网从智能化生产、网络化协同、个性化定制、服务化转型等方面赋能生产制造的智能化和数字化转型。

四、安全与隐私

近年来，网络安全威胁加速向工业领域蔓延，随着工业互联网技术的深入发展，工业体系逐渐由封闭走向开放，网络安全威胁开始向工业环境渗透。

工业互联网标识解析系统，类似于互联网中的域名系统（Domain Name Systm，DNS），是支撑网络互联互通的神经枢纽。在探索推进工业互联网标识解析系统的过程中，应同步规划部署相应的安全措施，考虑整体架构的安全和实际运行中与DNS的互联互通，以及将会面临的网络攻击。

工业互联网数据种类和保护需求多样，数据流动方向和路径复杂，设计、生产、操控等各类数据分布在云平台、用户端、生产端等多种设施上，仅依托单点、离散的数据保护措施难以有效保护工业互联网中流动的工业数据安全。

工业互联网安全在具体技术实现上具有工业领域的特殊性，包括需要支持多种工业协议、满足业务生产的高可靠和低时延的要求等。当前，密码技术已被广泛应用于保证信息的机密性、完整性和不可否认性。密码测评建议主要包括基础信息网络、重要信息系统、重要工控系统等。以"数字化、智能化、网络化"为特征的工业互联网面临传统IT和以物理攻击为主的安全威胁，密码技术可以为工业互联网构建可信的"信任根"和"信任链"，是建立工业互联网安全体系的关键技术之一。

五、发展与挑战

我国制造业处于发展转型关键时期，工业互联网通过面向工业全要素的广泛连接，能够很好地促进供需对接，为深化供给侧改革、实现新旧动能转换、调节制造业产能过剩的局面提供支撑。

工业互联网是实体经济数字化转型的关键支撑，通过与工业、能源、交通、农业等实体经济各领域的融合，为实体经济提供网络连接和计算处理平台等新型通用基础设施支撑，有利于促进制造业企业数字化转型。

相较于传统的工业运营技术和信息化技术，工业互联网平台的复杂程度更高，部署和运营难度更大，其建设过程中需要持续的技术、资金、人员投入，在商业应用和产业推广中也面临基础薄弱、场景复杂、成效缓慢等诸多挑战，将是一项长期、艰巨、复杂的系统工程。

（上海邮电设计咨询研究院有限公司　浦巳怡）

工业互联网安全评估评价体系研究

一、工业互联网安全评估评价的重要性和必要性

（一）工业互联网安全评估评价的重要性

当前，工业互联网正处于快速发展期，政府、产业、企业也做了很多推动工作，评估评价企业、行业、区域等的工业互联网安全能力及能力成熟度是常用的手段。

一方面，评估评价成为企业实施的重要指南。2021年5月，澳大利亚政府提出了关键基础设施提升计划，综合采用网络安全能力与成熟度模型（C2M2）和8种基础成熟度模型评估国家级关键基础设施与系统的网络安全成熟度，旨在帮助供应商提升网络安全防护能力。美国能源部发布网络安全成熟度模型C2M2 2.0，旨在通过对网络安全风险等级的定量评估，指导能源行业企业提升工业控制系统网络安全水平，以应对日益严重的网络安全威胁。2018年，美国工业互联网联盟发布了工业物联网安全成熟度评估模型和方法，为工业互联网相关企业和从业者提供详细可行的安全评估方法。

另一方面，评估评价成为全球多个国家制定政策措施的重要依据。全球网络安全指数是国际电信联盟牵头开展的一项衡量各国网络安全能力水平的持续研究项目，旨在加强全球网络安全，缩小全球各国之间在网络安全领域的差距，促进全球各国在国家层面开展网络安全相关能力建设，推动全球各国政府改进应对网络安全威胁的综合措施。2020年12月，欧盟网络安全局发布《国家网络安全能力评估框架》，成员国可对照该框架对其国家网络安全战略进行自我评估，及时对国家网络安全战略目标做出调整，并有针对性地增强网络安全能力。2021年年初，英国牛津大学全球网络安全能力中心发布了《国家网络安全能力成熟度模型》，旨在为国家网络安全提供指导和评估模型，为政府决策者提供建议和支持。

由此可见，评估评价已经成为指导安全防护能力提升，摸清安全底数，为政策提供参考的重要工具。

（二）工业互联网安全评估评价的必要性

1. 政府层面，区域"底数"不清，工作推动找不到方向

在顶层设计方面，若不了解区域的安全现状和需求，则无法对症下药、有效制定推进策略；无法使其他地区的优秀经验本地化。工作实施方面，若安全工作开展后，实施成效难以量化评价，缺乏数据支撑，则无法准确定位工作实施过程中存在的问题以便后续改进，整体工作推进难以闭环。

2. 产业层面，供需对接不畅，能力提升找不到方向

需求侧企业找不到方向和路径，企业不了解自身建设发展问题，找不到突破点和升级方向，不同类型企业安全需求个性化较强，缺乏合适的解决方案。供给侧供应商找不到市场，供应商找不到企业需求，有好产品但卖不出去；不少供应商工业积累不够，无法开发出满足市场需求的解决方案和产品。

评估评价可以解决我国工业互联网安全发展中的一些问题，推动产业深入持续地发展。

二、国内外典型工业互联网安全评估评价模型分析

从评估主体、评估对象、评估内容、评估成果

4个方面对国内外主要工业互联网安全评估评价相关的模型进行初步梳理，可以得出，评估主体以研究机构、联盟、政府部门为主，评估对象以工业、制造业企业为主，评估内容涉及战略组织、运营管理、技术防护等多个方面，评估成果包括分析报告、提升路径图、发展建议等。

（一）网络安全能力成熟度模型2.0（C2M2）

网络安全能力成熟度模型2.0注重安全实践性。C2M2建立了"10＋42"的评估指标体系结构，包括资产、变更和配置管理、威胁和漏洞管理、风险管理、身份访问管理、态势感知、事件响应与持续运营、第三方风险管理、员工管理、网络安全架构和网络安全计划管理10个领域。每个领域都有多个目标，共42个目标，每个目标中均会在一个成熟度指标级别处定义一系列实践，共有342项网络安全实践。

C2M2确定从MIL0到MIL3的4个等级，成熟度指标水平独立适用于每个域，MIL在每个域都是累积的，为了在特定领域获得MIL，必须执行该级别及其前任级别的所有实践。其中，MIL0指的是未执行实践；MIL1指的是初步开始实践，但可能是临时性的；MIL2的管理特点是记录实践，有足够的资源支持这个过程方法特点，实践变得完善或高于MIL1标准；MIL3的管理特点是由政策（或其他组织指导）指引活动，实践执行人员具备相应的技能和知识，定义了执行相关的义务、职责和权利，评估并跟踪活动的有效性。此时，实践变得完善或高于MIL2标准。

使用C2M2模型的方法包括4个步骤。执行评估：对组织内的网络安全活动实施情况进行度量，与合适的参与者一起就C2M2进行讨论，输出C2M2自评估报告。差距分析：模型实践效果的差距，根据结果检查目标，确定重要差距点，确定关键差距问题，形成差距与潜在影响列表。优先级排序与计划：对需要实施的行动进行优先级排序，制订计划来弥补差距。执行计划并定期评估：执行制订的计划，跟踪进度以制订计划，发生阶段性或重大变更时重新评估，以缩小现有差距，并记录项目跟踪数据。

（二）工业物联网安全成熟度模型（SMM）

2019年2月25日，美国工业互联网联盟发布了《工业互联网安全成熟度模型：从业者指南》，旨在全面指导工业互联网相关企业开展安全实践工作。工业物联网安全成熟度模型同步关注评估实践，侧重运维。

SMM建立了3个安全域、9个安全子域和18个安全实践方面的安全成熟度模型层次结构。3个安全域包括治理（大致流程）、启用（技术）和加强（操作），对应的9个安全子域包括安全战略和治理、威胁模型和风险评估、供应链和外部依赖管理域、身份和访问管理、资产改变和配置管理、数据保护、脆弱性和补丁管理、态势感知、事件响应操作的连续性，并细化为18个安全实践方面：安全项目管理、合规管理、威胁模型、风险态度、产品供应链风险管理、第三方服务机构管理、建立和维护身份、访问控制、资产更改和配置管理、物理保护、数据保护模型和策略、履行数据保护控制、脆弱性评估、补丁管理、监测实践、态势分析和信息共享、事件检测和响应计划、操作的整治恢复和连续性。

SMM创建度量安全成熟度的"综合程度＋范围级别"二维可视化方法。综合程度包括0～4级，0级是无、1级是最低要求、2级是特别要求、3级是一致性要求、4级是正式化要求；1级是通用、2级是特定行业、3级是特定系统。

SMM形成了动态的工业互联网安全评估流程。SMM要求企业管理者先设立成熟度目标，技术从业者根据目标问卷来定义目标，并根据他们对系统的理解，将这些目标转化为更详细的安全要求。接下来，开展安全评估来获取当前的成熟状态，通过比较目标状态和当前状态来确定差距。基于差距分析制定改进路线图，循环重复此过程以确保在不断变化的威胁环境中始终保持安全状态。

SMM提供了3个典型的工业互联网安全应用案例，详细介绍了工业互联网从业者如何在实践中应用SMM，直观地讲述了如何将安全理论应用到安全实践。3个案例研究包括更安全智能的数据驱动装瓶生产线、住宅区摄像头利用SMM匹配适用的安全程序、支持OTA的汽车安全网关。

（三）工业控制系统信息安全防护能力成熟度模型

工业控制系统信息安全防护能力成熟度模型系统性强，覆盖技术和管理。工业控制系统信息安全防护能力成熟度模型基于核心保护对象安全和通用安全构建评估指标体系，指标体系包括10个过程类、40个过程域、365个基本实践。其中，10个过程类包括工业设备安全、工业主机安全、工业网络边界安全、工业控制系统安全、工业数据安全、安全规划与架构、人员管理与培训、物理与环境安全、监测预警与应急响应、供应链安全保障。40个过程域包括控制设备安全、现场测控设备安全、设备资产管理、存储媒体保护、专用安全软件、漏洞和补丁管理、外设接口管理、安全区域划分、网络边界防护、远程访问安全、身份认证、安全配置、配置变更、账户管理、口令保护、安全审计、数据分类分级管理、差异化防护、数据备份与恢复、测试数据保护、安全策略与规程、安全机构设置、安全职责划分、人员安全管理、安全教育培训、物理安全防护、应急电源、物理防灾、环境分离、工业资产感知、风险监测、威胁预警、应急预案、应急演练、产品选型、供应商选择、采购交付、合同协议控制、源代码审计、升级安全保障。

工业控制系统信息安全防护能力成熟度模型依据工业企业安全防护能力的建设由低到高确定发展等级，五大发展等级由高到底包括智能优化级、综合协同级、集成管控级、规范防护级和基础建设级。

工业控制系统信息安全防护能力成熟度模型使用步骤包括选取适用的安全过程域、进行成熟度等级核验、识别与核验等级的差距、制订防护等级提升计划、选择合适的成熟度等级，并重复循环此过程，且在此动态循环中不断优化调整。

工业控制系统信息安全防护能力成熟度模型采用加权评分和最低得分原则相结合的评估评分方法，各基本实践权重相同，总体通过率要高于80%。

（四）德国工业4.0就绪度模型（VDMA）

德国工业4.0就绪度模型注重分级分类，建立"6+18"的评估指标体系。其中，6个一级指标包括战略及组织、智能工厂、智能操作、智能产品、数据驱动服务和员工；18个二级指标包括战略、投资、管理创新、数字模型、设施设备、数据利用、IT系统、云的利用、信息安全、过程自动化、信息分享、应用阶段的数据分析、ICT附加功能、数据共享、资产共享、数据驱动的服务、技能培训、运功技能树。

VDMA确定了从未规划级到顶尖级的6个等级，6个等级包括顶尖级、专家级、熟练级、中间级、初始级和未规划级。

VDMA的评估结果通过不同权重进行加权汇总得到。其中，战略及组织权重为0.25，智能工厂权重为0.14，智能操作权重为0.19，智能产品权重为0.14，数据驱动服务权重为0.10，员工权重为0.18。

VDMA在实践中得到了应用，德国机械设备制造业联合会对德国234家机械与设备制造企业进行评估，得出工业4.0就绪度整体水平为顶尖级比例为0%，专家级比例为1%，熟练级比例为4.6%，中间级的比例为17.9%，初始级的比例为37.6%，未规划级的比例为38.9%。

三、我国工业互联网安全评估评价模型构建思考

（一）从全面性和专业性角度确立工业互联网安全成熟度评估评价指标体系

要构建全面的指标体系，以适应最新的工业互联网安全监管要求和产业发展安全需求，全面覆盖国内外主流工业互联网安全要素，充分考虑联网工业企业、工业互联网平台企业、工业互联网标识解析企业等面临的安全风险。综合考虑工业互联网安全相关的国家政策（《关于深化"互联网+先进制造业"发展工业互联网指导意见》《加强工业互联网安全工作的指导意见》《工业互联网创新发展行动计划（2021—2023

年)》)、标准指南(《联网工业企业安全防护规范(试行)》《工业互联网平台企业安全防护规范(试行)》《工业互联网标识解析企业安全防护规范(试行)》《工业互联网企业数据安全防护规范(试行)》)、先进体系架构(《工业互联网体系架构1.0》《工业互联网安全框架》《工业互联网体系架构2.0》)的要求,参考国外经典评估模型,充分考虑企业面临的安全风险,梳理工业互联网企业安全能力建设关注的重点要素,建立一套全面的工业互联网安全成熟度评价指标体系。

要构建专业性指标体系,使一套工业互联网安全成熟度评价体系满足不同安全评估评价需求。在主要评估模块不变的基础上,通过对细分评估指标的灵活组合,满足不同类型工业互联网企业的关注重点,以及不同垂直行业的侧重要素。对平台企业进行安全成熟度评价时,更侧重企业云平台的安全,更关注云安全、数据安全。对标识解析企业进行安全成熟度评价时,更侧重企业作为新型基础设施的安全保障能力,更关注基础设施安全、网络安全、数据应用安全等。若企业的评估需求存在差异,中小型企业安全投入有限,则要更关注安全是否合规。

(二)明确工业互联网安全能力成熟度评估评价指标权重和发展等级

通过对典型经典模型的研究,我们可采用Delphi法、问卷调查法、试评价结果反馈调整3种方法结合的方式确定权重。首先,在评估指标体系制定初期,邀请工业互联网产业联盟、工业互联网安全领航计划相关业界的专家参与讨论,征集意见,形成初步指标权重。其次,在企业线上评估时设置调查问卷,邀请企业按照重要程度对5个指标进行排序。最后,邀请企业进行初步试评估,检验权重的实践性,并结合反馈信息,再次组织专家讨论,完善指标权重。

采用"技术+管理+监测感知"确定工业互联网安全能力成熟度评估评价模型防护等级:综合考虑技术防护、管理制度、监测感知能力3个核心要素,设置工业互联网安全成熟度等级。主动前瞻和智能感知是工业互联网安全风险应对的关键。由被动防护到主动前瞻转变是工业互联网融合发展的安全防御能力新目标。在工业互联网发展过程中,IT与OT的融合打破了工控系统封闭可信的环境,针对控制协议、软件脆弱性暴露,工业互联网安全防护理念将从被动防护转向主动前瞻。从单点防御向智能感知转变对工业互联网安全防护能力体系化提升有重要作用。随着设备联网、上云数量增多,工业互联网安全防护措施部署将融合"单点"智能监测设备告警,感知"全网"网络安全威胁状态,建立企业级网络安全综合防御体系,提升全网防护设备安全威胁协同处置能力。因此,需要将监测感知能力作为确定工业互联网安全能力成熟度评估评价模型防护等级的重要因素。

(三)形成工业互联网安全能力成熟度评估评价题库与报告

针对不同工业互联网安全能力成熟度评价指标设置不同的评价题目,并且建立模块化、针对性强的评价题库,针对工业互联网不同类型企业特点,建立大部分题目通用、少量题目可替换的评估题库。可对三级指标基于问题打分,上层指标加权求和计算,成熟度总分可判断成熟度等级。设置评价要素的自动匹配规则:提前设置好相关描述进行匹配,重复计算工作由系统进行。根据不同类别的评价结果,提前设置不同的发展建议,并对评价结果进行分类,对照分类,指出现状和问题,给出发展建议。

四、结束语

我国应从全面性和转型角度确立工业互联网安全成熟度评估评价指标体系,明确工业互联网安全能力成熟度评估评价指标权重和发展等级,形成工业互联网安全能力成熟度评估评价题库与报告。通过构建符合我国发展实际的工业互联网安全评估评价模型,助力企业提升工业互联网安全防护能力建设,最终服务工业互联网产业健康有序发展。

(中国信息通信研究院 刘晓曼)

"5G+工业互联网"趋势分析

一、技术标准持续演进,融合标准力争数量更多、适配更好

当前,中国信息通信研究院牵头研究编制了《"5G+工业互联网"综合标准化体系建设指南》,对网络、终端、安全、应用等相关标准进行整体规划,建立统一、综合、开放的"5G+工业互联网"融合标准体系,行业融合标准的构建是下一步发力重点。

一方面,跨行业标准工作机制将逐步建立,融合标准行业互认成为刚需,跨行业标准合作制定、测试认证闭环成为共同努力的方向;另一方面,融合标准制定速度将进一步加快,以更好地发挥标准先行、服务行业发展的作用。

依托中国通信标准化协会"5G+工业互联网"标准子组,加速制定5G工厂建设、行业融合终端、行业融合组网等产业标准。面向垂直行业的"5G+工业互联网"应用场景及技术要求系列相关标准,将加速报批、发布等进程。

二、基础设施建用互促,网络建设力求成本更低、模式更多

一是"加快建网速度"与"降低用网成本"一起推进,通过高速建设夯实基础设施。当前我国5G网络基础设施建设稳步推进,已形成"以建促用、以用带建"的良性循环。下一步,5G、工业互联网、数据中心、千兆光网等相关基础设施建设将继续提速,尤其是面向垂直行业的5G网络基础设施将加快部署,工业企业5G网络覆盖率进一步提高,为需求侧探索5G应用建立良好基础。

二是"成熟模式复制"与"新型模式探索"相得益彰,通过高质量供给创造有效需求。当前,基础电信企业已面向垂直行业形成"虚拟专网、混合组网、独立组网"三大组网模式,其中混合组网为现阶段主流模式,满足大部分工业企业探索需求,领先企业开展独立专网试点建设。下一阶段,混合组网模式依然是"5G+工业互联网"应用的主流建网模式,面向工业现场网的UPF设备技术和规范要求将成为关注重点。与此同时,5G LAN、5G uRLLC等标准将不断落地实践。

三、5G模组"提量降价",终端产品向更多种类、更加适配演进

近3年,我国5G模组平均每年降价约40%,下一阶段,5G模组将继续"提量降价",并在定制化方面有所突破,支撑下游终端产品的生态构建。

一是5G通用模组价格将继续降低。RedCap标准冻结为模组精简化指明了方向,在工业互联网领域,5G通用模组精简化过程需要紧密结合相应的行业应用场景,在降成本和维持高性能间做好平衡。

二是5G工业模组将加速研制。基于矿业等具体行业的5G定制化模组不断涌现,并在与行业终端适配的过程中不断打磨,有望通过垂直行业的批量应用逐步形成规模。

三是融合终端产品将进一步丰富。在现有十余款终端的基础上,5G AGV、5G摄像头等通用

型终端品类将不断增加，电信运营商推动不同种类融合终端研发、上市。5G 工厂的建设，将进一步拉动融合终端产品的应用部署需求，带动产业发展。

四、公共服务持续发力，产业生态向更具活力、更加开放迈进

当前，我国基础电信企业、工业企业、设备商等产业主体共同开展"产业团体赛"，并取得显著成效，涌现了一批优秀项目和典型案例，但仍面临产品和解决方案提供商较分散，供需对接不及时、不充分等问题。下一阶段，各方将聚力搭平台、连供需、促创新，用好"两种资源、两个市场"，助力产业生态更加活跃，营造新产品、新主体良好发展环境。

一是公共服务平台将在整合各方资源、服务中小企业发展、促进"5G + 工业互联网"在生态构建方面发挥积极作用。全国"5G + 工业互联网"发展管理平台能力将进一步对外开放，并向公共服务平台方向升级，为企业提供更多资源和有效信息。地方政府将继续整合电信运营商、高等院校、重点工业互联网平台等资源，围绕区域产业创新集群升级，打造具备地方特色的区域级服务平台。

二是面向"5G + 工业互联网"重点行业的联合实验室、实训基地、测试床等继续加速落地。依托工业互联网产业联盟，企业、高等院校和科研机构、行业组织等联合建成的"5G + 工业互联网"技术测试床将发挥更大的作用，开展融合技术、标准、设备、解决方案的研发研制、试验验证、评估评测等工作。

五、政策、产业"双轮驱动"，融合应用向更深程度、更大规模发展

当前，我国"5G + 工业互联网"在建项目超过 4000 个，覆盖国民经济 41 个大类，已形成十大重点行业、二十大典型应用场景，实现工业生产流程的全覆盖。下一阶段融合应用发展将向重点生产环节不断深入、持续创新攻关，并在加速适配的基础上向规模化发展迈进。

一是"5G + 工业互联网"园区建设和先导区探索，将带动典型应用场景的大规模复制应用，并凝聚园区产业主体探索建网模式、运维模式、商业模式、安全管理等现实问题。以产业园区为基础载体的"5G + 工业互联网"融合应用先导区建设，将引导新应用、发展新模式、构筑新业态，形成具备一定先导示范效应的创新区域。未来，在 100 余个 5G 工业园区的基础上，"5G + 工业互联网"融合应用先导区的建设有望呈现全国"多点开花"的局面。

二是以 5G 工厂为契机，"5G + 工业互联网"应用由单点、局部应用向深度、全环节应用演进，从检测监测等生产外围环节向研发设计、生产制造等核心环节不断渗透，并逐步探索赋能更加深入的远程运维、生产控制等环节。除了 CPE、5G 工业网关、5G 工业路由器等数据终端，与产线深度融合的终端产品研发部署将进一步提升 5G 工业设备连接率。5G 工厂建设围绕工厂这个 5G 工业互联网建设主阵地，打造工厂级"一揽子"解决方案，有望催生一批新标杆应用，孵化一批解决方案提供商。

总体而言，2023 年，产业界正继续探索"5G + 工业互联网"创新应用，我国"5G + 工业互联网"发展将迸发更大的生机与活力。

（中国信息通信研究院　于青民　管子健）

面向工业互联网的光网络单元的设计

随着制造业规模的日趋壮大，传统工厂网络性能、稳定性、业务支撑、通信协议等面临掣肘，工业亟须大算力、灵活、保障的整体网络解决方案。搭建一张承载力强、业务部署灵活、成本相对低的端到端网络，实现工业场景中各元素的互联互通，是工业互联网化的基础条件。

无源光网络（Passive Optical Network，PON）具有高速率、低成本等优势，主要由位于局端的光线路终端（Optical Line Terminal，OLT）和位于用户侧的光网络单元（Optical Network Unit，ONU）组成，目前面向企业的光网络单元的主要产品形态为企业网关，是一种用户驻地设备（Customer Premises Equipment，CPE），主要完成电信网络协议和用户网络协议的转化，算力比较弱。结合工业场景业务和技术特点，增强光网络单元的算力，能够为园区、工厂内车间、现场级等场景提供基于PON的网络承载、数据采集、智能管控的工业PON组网方案。

一、面向工业互联网的ONU产品形态

面向工业互联网的ONU通常为盒式设备，采用算力增强的硬件架构，实现设备大于3000DMIPS[1]的算力。在面向工业互联网的ONU上运行开放式容器化软件系统——Docker，在容器中承载工业App。

面向工业互联网的ONU典型的规格：上联网络侧接口有1个无源光网络接口，用户侧接口有4个千兆的以太网接口、Wi-Fi接口、若干个工业接口（例如，1个RS232接口、1个RS485接口）。

二、工业互联网的ONU开放式容器化软件系统

面向工业互联网的ONU开放式容器化软件系统总体架构如图1所示。ONU开放式容器化软件系统主要由云侧开放式平台软件和ONU侧开放式平台软件组成。其中，云侧开放式平台软件由容器化管理系统和镜像仓库组成；ONU侧开放式平台软件运行主要由协议和消息转化模块和Docker组成。

此外，第三方平台中的远程管理系统（Remote Management System，RMS）为现网已有的固网终端管理系统，可用于管理网关类形态的固网终端。第三方平台中的物联网平台主要接收工业App采集的数据。封闭式应用为ONU的软件开发工具包中的原有模块。面向工业互联网的ONU与平台基于TCP/IP进行通信，可以通过工业互联网的ONU的PON接口、以太网接口或Wi-Fi接口等物理接口进行连接，可以在网络侧远程管理，也可以在用户侧本地管理。基于串口承载的CLI为本地管理。

---

1. DMIPS（Million Instructions executed Per Second，每秒执行百万条指令）。

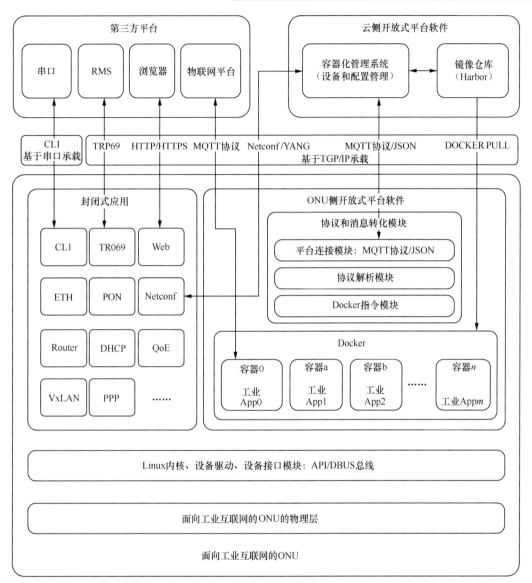

图 1 面向工业互联网的 ONU 开放式容器化软件系统总体架构

（一）云侧开放式平台软件

云侧开放式平台软件运行在云服务器或物理服务器中。云侧开放式平台软件的容器化管理系统，主要完成 ONU 侧的设备管理和配置，主要功能模块包括以下内容。一是容器和镜像管理模块，主要完成镜像信息管理，包括提供标准化的管理镜像的版本、配置、镜像 App 等，以及将镜像 App 拉到 Docker 容器；二是 ONU 设备管理模块，主要实现对设备的注册认证，展示和配置 ONU 的基础信息、容器管理、串口配置、通信配置、工业接口配置等；三是云侧平台管理模块，主要完成云侧开放式平台软件本身的管理，包括用户管理、角色管理、菜单管理、部门管理等功能。

容器化管理系统通过以下两种协议与 ONU 交互：一是消息队列遥测传输（Message Queuing Telemetry Transport，MQTT）协议/JSON，用于容器化管理系统与 ONU 上运行的 ONU 侧开放式平台软件的交互，主要完成对 Docker 和 App 进行相关管理和配置操作；二是 Netconf/YANG，用于容器化管理系统完成 ONU 设备本身（包括硬件端口、基础通信功能等）的管理和配置工作，包括读取设备信息，下发串口、DO 口配置，为 Docker 分配串口等相关操作。Netconf 基于可扩展标记语言（Extensible Markup Language，XML）的网络配置协议，由 RFC4741-474

标准定义；YANG 是数据模型定义语言，可用来描述基于 Netconf 协议通信的用户端和服务器之间的交互模型。

云侧开放式平台软件的镜像仓库是存储和管理 Docker 镜像的仓库管理系统。镜像仓库可以使用 Docker 官方提供的在线镜像仓库，也可以使用开源镜像仓库 Harbor 等。

（二）ONU 侧开放式平台软件

ONU 侧开放式平台软件运行在 ONU 的嵌入式操作系统上。在产品实现的过程中，通常会将 ONU 芯片商提供的嵌入式 Linux 系统的应用程序接口（Application Programming Interface，API）、命令进行少量的封装，便于 ONU 侧开放式平台软件在不同的 Linux 发行版本上运行。

ONU 侧开放式平台软件的协议和消息转化模块完成协议和消息的转化和适配功能，主要由平台连接模块、协议解析模块、Docker 指令模块组成。在平台连接模块建立 ONU 与容器化管理系统的连接后，协议和消息转化模块接收容器化管理系统（设备和配置管理）的 MQTT 协议 /JSON 消息，解析并转化为 Docker 操作指令，并通过 Docker 指令模块，向容器模块输出操作指令。反之，协议和消息转化模块接收 Docker 的操作指令后，转化、封装为 MQTT 协议 /JSON 消息，向容器管理系统输出。

ONU 侧开放式平台软件的容器模块中，Docker 容器完全使用沙箱机制，彼此之间不会有任何接口。通过 Docker 分别为每个 App 建立一个容器，并将镜像 App 从镜像仓库拉到 Docker 容器。

（三）工业 App

工业 App 运行在 Docker 容器中。工业 App 主要包括数据采集 App、工业协议转化 App、基于 IEC61149 的可编程逻辑控制器 App 等。数据采集 App 的 ONU 物理接口（工业接口）连接工业温 / 湿度传感器，数据数据采集 App 从 ONU 的工业接口读取温 / 湿度数据，进行数据格式转化，将数据上传到物联网平台进行展示。

三、展望

工业互联网方兴未艾，目前，工业 PON 主要应用于一些离散的工业生产场景，部署于企业车间、厂房等，用于承载企业的生产、监控和办公业务。工业 PON 技术可以有效地解决智能工厂和数字车间的通信，构造安全可靠的工厂内部网络，完成制造业基础设备、工艺、物流、人员等方面的基础信息采集工作，以及工业现场协议的灵活转换。

（中国联通研究院　程海瑞　贾　武）

人工智能技术发展趋势分析

AI技术已经深入我们的日常生活和工作中,多数行业将AI作为重要的战略计划,以寻求产业方向的转型突破。

工业和信息化部数据显示,我国AI核心产业规模超过4000亿元,比2019年同期增长6倍多,居全球第二位,企业数量超过3000家,AI专利申请量占全球一半以上,智能芯片、终端、机器人等标志性产品创新能力持续增强。

2022年,通信行业积极引入AI技术、推出各种AI应用,推动千行百业智能化。例如,在智慧港口场景引入"5G+AI"技术,使用智能机器人搬运,以提升工作效率;在交通行业的无人机、无人驾驶等领域不断取得突破;在购物领域的VR智能换装方面,让消费者所见即所得。

产业界普遍认为,信息通信业是全面支撑经济社会发展的战略性、基础性和先导性行业,加速通信技术和AI技术的融合,实现相互促进,会对我们的生产生活及社会产生深远、持久的影响。

一、产业规模突破6000亿元,与通信行业积极融合

目前,我国AI产业发展态势良好,已建立起完备的AI产业体系,涵盖AI基础理论、AI芯片、深度学习框架等领域。

艾瑞咨询数据预测到2026年,我国AI核心产业规模将突破6000亿元,带动相关产业规模超过2万亿元。AI将成为推动我国科技跨越发展、产业优化升级、生产力整体跃升的战略力量。

AI技术与通信及各行各业的不断融合,已取得初步成效。

第一,网络安全和智能运维。一方面,AI可以通过机器学习进行行为分析,提高网络攻击检测能力,建立安全防护体系。另一方面,AI可以从多维度、多数据源对现场操作和维护指标特征记录来实时预警,提高运维效率。

第二,相比地面通信技术,无人基站技术更加灵活,处理速度更高效、敏捷,目前,已广泛应用于农业、军事、交通等领域。AI技术与5G技术的结合,解决了无人基站技术中的安全保障不足、路径优化不到位等问题。

第三,针对无人驾驶无法自动修正驾驶状态、网络带宽不足问题,5G网络低时延和高速率特征为自动驾驶技术提供重要保障,而基于自动巡航技术则能够开发出适用于各种道路的自动驾驶路线,凭借系统自动分析、处理能力、高度感知能力进行分析和判断,保证安全驾驶。

二、合力发展AI成为3家电信运营商共识

作为通信行业发展的网络主力军,3家电信运营商在2022年不断提升自身AI能力,尝试在更多元的智能场景中融入AI技术,以促进其智能运营和

智能服务，拓宽 5G 带来的社会经济生产力提升价值，创造性推出了一系列产品应用。

（一）中国电信："十四五"末 AI 场景算法超过 20000 种

中国电信作为网络 AI 化的先行者，围绕云网融合 3.0，集聚"AI+5G+云+安全+绿色"五大要素，预计在"十四五"末达到超 20000 种 AI 场景算法。

2022 年 9 月，中国电信成立 AI 产业联盟；2022 年 12 月，中国电信邀请 4 位科学家和 8 位 AI 行业专家组建科技创新咨询专家委员会 AI 专家组；同月，在 2022 年天翼数字科技生态大会上，中国电信发布星河 AI 平台、天元平台、边缘智能盒和星河城市治理 AI 通用系列模型四大产品。

为了加快 AI 核心能力建设，中国电信成立了数字智能科技分公司，打造万级 AI 算法舱，打造多场景、多应用、可复制的标准产品和平台，并在多方面取得成果。

在网络运营方面，中国电信通过自主研究 AI 算法和节能模型，构建 AI 节能平台，优化基站运营管理，累计纳管近 370 万个节能扇区，覆盖全网近 9 成小区，每年节电超 3 亿千瓦时。

在智慧产品方面，中国电信提升"语音+视觉"的"双 AI"能力建设，推出天翼看家、天翼云眼产品，打造区域入侵、智能播报等 AI 功能，灵活适配数字家庭、智慧社区、数字乡村、数字治理等场景。

在行业应用方面，在 AI 城市领域，中国电信积极参与智慧城市建设，涉及社区、园区等 20 多个行业智能应用；在金融领域，中国电信通过 AI 技术打造高效智能、安全隐私、"去中心化"的金融可信基建新底座；在工业领域，中国电信以工业视觉场景为突破口，融合 AI 技术，搭建 AI 工业视觉开放平台。

面向未来，中国电信将持续加强生态体系建设，助力 AI 产业生态共赢：在资源投入方面，将设立专项产业基金，支持产品研发、渠道拓展、交付运维等方面再突破；在技术支持方面，联合浦江国家实验室，共同打造星河城市治理通用系列模型；在产品保障方面，依托全网交付集中运营的资源和组织优势，加速合作生态产品拓展；在产业赋能方面，聚焦政法、公安、政务等重点行业，结合 5G、云计算、安全等自有能力和合作生态的优势产品解决方案。

（二）中国移动：九天 AI 产品服务个人用户超 10 亿人

中国移动重视 AI 发展，自主研发构建九天 AI 产品体系。九天 AI 产品已服务个人用户超 10 亿人，服务行业客户数超 300 家，能力调用量超 7.1 万亿次。此外，中国移动还推出 8 个 AI 平台，打造 300 余项 AI 能力，形成面向多领域的智慧应用及行业解决方案。

第一，打造智能化基础设施。九天 AI 平台持续推进自智网络向 L4 等级演进，成为移动云上的平台即服务，助力实现云智融合。

第二，服务社会民生。在浙江，发挥九天平台视觉 AI 能力优势，中国移动落地"明厨亮灶"等产品，助力食品安全监督。在甘肃，基于九天 AI 平台在语音等方面的能力，中国移动为 2500 万名百姓提供"省市县乡村"五级超百万项的政务事项"一站式"办理。

第三，打造精彩数智生活。在个人市场，九天 AI 团队为超过 1200 万名用户提供智能电话代接服务，通过 AI 技术帮助用户与主叫方完成快递、外卖等 50 余个场景沟通。在家庭市场，中国移动为 6300 万个家庭提供"一人一面、随时而变"电视大屏数字内容推荐服务。

第四，赋能产业数智化转型。在医疗行业，九天 AI 平台为北京多家三甲医院提供医学 AI 科研创新、智能导诊、辅助诊疗、术中智能化能力承载等服务。在工业领域，九天 AI 平台已支持东航、鞍钢等企业加速实现质检智能化。

（三）中国联通：工业 AI 平台赋能客户应用超 100 项

中国联通在 AI 领域发力已久，2019 年 6 月，中国联通发布网络 AI 平台智立方 CubeAI，聚焦"5G+AI"、智能运维及行业创新等场景；2020 年 1 月，中国联通上线"沃助理"，提供话前名片、漏话提醒、语音留言、智能应答等服务；2022年8月，中国联通算法模型开发和运营一体化平台荣获2022可信AI标杆案例；2022年11月，中国联通智慧医疗军团荣获2022世界AI大赛一等奖。

通过多年的探索实践，中国联通打造了由1个开发平台、50余类模型算法、7类垂直功能和多种细分行业组成的AI平台。

一方面，模型算法完整覆盖视觉、语音等核心领域的多项核心能力，有多项算法在国际评测中排名前五。另一方面，面向细分行业，中国联通提供软硬件一体化的快速定制，让用户即使不了解AI技术，没有云网资源，也能够迅速、高效地部署和应用。

值得一提的是，中国联通打造的工业AI平台已赋能马钢、一汽大众、中国一拖、国网电力、雅戈尔等超100多项客户应用，申请50余项专利，在"工业互联网+AI"和"工业互联网+安全生产"两个专项赛中获奖。

在赋能千行百业数字化转型阶段，中国联通以"平台+应用"，构建网络AI应用体系，赋能网络智慧运营。

第一，网络AI中心作为中国联通网络"大脑"，以"AI平台+知识中心"双引擎驱动网络AI向认知智能演进，支撑意图驱动、闭环自治的智能算网运营的实现。

第二，平台能力覆盖"规建维优营"各场景，包括感知运营、故障处置、建维质检、效能洞察、营销推荐等，面向各生产运营系统提供AI赋能。

第三，智能运维机器人包括故障监控、排障定位、巡检作业等场景，实现接入网、传送网、云化网络等全专业全场景应用覆盖，已实现全国31省（自治区、直辖市）集约化覆盖，每年支撑运维工作效率提升超150%、网络能耗成本压降超2亿元。

三、华为、中兴通讯、百度大力投入，稳步推进AI增量发展

电信设备商拥有较强的研发能力，面对电信运营商及产业的需求，同样积极发力"通信技术+AI"，支撑运营商网络、运营、业务等引入AI技术。

（一）华为：全方位赋能运营商，斩获多项大奖

相比于运营商和其他AI厂商，华为AI的最大区别在于提供了全链路端到端的解决方案，在2022年5月，《互联网周刊》发布的2021年度中国人工智能排行榜中，华为位列第二。

在产品解决方案发布方面，华为在2022年推出IntelligentRAN、智能云网2.0和SmartCare全新升级，推动网络智能化和数智化运维。

第一，2022年2月，华为发布IntelligentRAN，作为自动驾驶网络（Autonomous Driving Network, ADN）在无线网络的承载，为实现L4高级自智网络提供全场景关键能力，开启无线网络向智能化的演进之路。

第二，2022年3月，华为数字化运营转型服务SmartCare品牌正式宣布升级，并发布了下一代体验管理白皮书和Smart系列产品方案，为运营商开启数智化转型之旅。

第三，2022年7月，华为发布智能云网2.0解决方案，带来新架构、新体验、新模式、新服务4个方面的升级，全面提升智能云网能力，助力运营商"联接+"，使能云网融合发展迈向新阶段。

在赋能运营商和千行百业方面，华为联合浙江移动、内蒙古电信、中国联通和东风汽车打造自制网络、实现智能化运维等多领域突破。

第一，2022年3月，浙江移动联合华为通过精品5G、敏捷5G、弹性5G、智能5G和绿色5G五大维度打造自智网络，助力5G业务高速发展，实现了5G发展领先。

第二，2022年5月，安徽移动联合华为首创网络代维机房智能站点AR巡检，并在全省推广使用，效率提升50%，准确率达到80%，年均节约成本100万元。

第三，2022年6月，内蒙古电信联合华为帮助准能露天煤矿在鄂尔多斯部署的MAE-Lite多域网管

系统成功商用，部署周期从2周缩短至2天，提高运维效率60%。

第四，2022年7月，中国联通联合华为，以自智网络架构为牵引，以"平台+应用"基本框架为基础，探索和打造网络智慧运营体系，迈向了集约化、平台化、数字化、智能化、敏捷化的演进道路。

第五，2022年，华为数据中心自动驾驶网络解决方案，实现了跨数据中心网络的自动化开通、安全调度和统一运维，助力东风汽车迈入智联时代。

第六，2023年1月，天津移动联合华为完成IntelligentRAN 5GtoB Suite端网智能运维方案在天津港专用网络的商用，替代人工运维方式，节省运营成本，提高业务运营效率70%。

2022年，华为斩获多项大奖，收获来自行业的高度认可：5月，华为自动驾驶网络解决方案荣获Layer123网络自动化行业"最佳技术颠覆奖"；9月，华为智能运维解决方案联合中国联通荣获TM Forum数字转型世界峰会2022年度最佳新项目奖。

2023年1月，河南移动联合华为申报的"OTN智能Incident管理"创新项目荣获ICT中国（2022）案例年度评选之"最佳创新应用"案例称号。

（二）中兴通讯：与全球数十家运营商展开深度合作

在AI领域，中兴通讯已与全球数十家领先运营商及合作伙伴开展深度合作，积极参与AI技术与产业融合的开源平台Acumos项目，促进AI应用共享和普及。

在赋能运营商和千行百业方面，中兴通讯推出智能节能、自智网络等多项解决方案，助力5G网络建设及智能汽车发展。

打造绿色低碳5G网络，中兴通讯PowerPilot智能节能方案实现多频多制式网络深度协同，融入人工智能、大数据分析等智能化技术，以更精细、更灵活的节能策略实现网络能耗有效降低30%以上。

中兴通讯Common Core解决方案通过5G和AI技术的结合，实现商业切片智能化、运维智能化和网络资源智能化，目前，已经在全球范围内实现规模商用，助力电信运营商建设全球最大的5G SA网络。

第一，在FTTR产品方面，中兴通讯开发了基于AI和大数据的家庭光纤宽带智能管理平台，可以支持网络问题的精准诊断定位、家庭网络的智能运维，并协助运营商开展千兆光网业务的精准营销。

第二，2022年8月，中兴通讯联合广东移动完成SPN自智网络动态AI节能技术现网验证，采用该技术后，平均节能效率达15.28%，并能经受住重大活动流量压力考验。

第三，2022年12月，中兴通讯宣布uSmartNet自智网络解决方案全面支撑L3，已参与山东、福建、贵州、宁夏、青海等多省（自治区、直辖市）质量管理系统建设，实现30多项AI能力落地。

第四，2022年11月，中兴通讯和黑芝麻智能科技达成深度合作，双方将基于在车用操作系统和车用SoC智能AI芯片等领域发挥各自优势，共同打造符合市场需求的"国产芯+国产软"解决方案。

2022年，中兴通讯基于对通信领域的多项应用，获得业界高度认可：1月，中兴通讯uSmartNet自主进化网络方案荣获人民邮电报"AI技术创新先锋"案例的称号；3月，中兴通讯新一代云AI家庭看护摄像头Pro荣获GLOMO最佳互联消费设备奖，通过在云端部署海量AI应用，用户按需加载，实现一个摄像头多种用途；4月，中兴通讯SPN智能故障诊断应用案例在"2021年度中国SDN、NFV、网络AI优秀案例征集活动"中获得"应用创新案例奖"；12月，中兴通讯结合AI的DCIM数据中心智能管理系统等模块化数据中心智能化综合节能技术入选《国家工业和信息化领域节能技术装备推荐目录（2022年版）》。

（三）百度：合力赋能产业转型升级

百度在AI领域的动态也十分值得关注。百度进入AI领域已有十余年，累计研发投入超1000亿元，营业收入规模达1245亿元，AI专利数量位居全球前二，为社会培养超过300万AI人才。

百度AI数字人、百度智能云等应用在通信领域得到广泛应用，例如，C114通信网已正式接入百度文心一言。更值得一提的是，2022年12月，百度与中国联通签署全新的五年期战略合作协议，双方将加大人工智能与产业融合创新力度，在各行各业培育创新应用，合力赋能产业转型升级。

四、未年AI发展的四大趋势

得益于运营商和产业链伙伴的共同努力，AI作为引领未来的新兴战略性技术，正成为通信行业产业优化升级、生产力整体跃升的核心驱动力。越来越多的企业将AI技术视为战略盟友，以数据推动战略决策，做好AI战略投资。在普华永道一项关于AI技术用途的调查中，AI技术正被用在经济增长、气候变化等众多领域。

2023年，AI技术在信息通信领域应用步伐将加快，未来将会呈现哪些变化趋势，又将为企业生产和消费者生活带来哪些改变？

第一，AI技术作为网络架构中心不可或缺的重要组成部分，将可以为网络自动化运行、服务管理和编排，以及各种应用提供按需的AI服务，其产品、应用和服务智能化进一步增强。

第二，电信业务的部分垂直领域，例如，智能客服、智能营销、智能推荐等服务将会高度智能化，为消费者带来更友好、更快捷的使用体验。

第三，在智慧家庭领域，运营商可以基于嵌入式AI技术，为AI家庭视频监控设备端提供移动检测、人形检测、人脸识别3种不同报警程度的安全监控级别，满足消费者不同场景的使用需求。

通过与5G技术的持续融合，AI技术将在交通领域、工业领域、智慧城市领域等得到广泛的应用。

面向未来，5G作为通信领域的"杀手锏"和必不可少的"催化剂"，将会助力AI技术在通信行业大放异彩，这种渗透作用也将持续影响各个领域，推动下一波创新浪潮，推动人类生产生活的跨越式发展。

（黄海峰）

人工智能在网络安全领域的应用和展望

近年来，AI 技术已经逐渐成为人们生产和生活中不可或缺的一部分。随着以 ChatGPT 为代表的大规模生成预训练模型的爆发及蓬勃发展，其强大的智能化学习能力，为各个领域的持续应用和创新提供了重要条件。

随着网络威胁情况的演变，网络安全解决方案的需求也在发生变化，力争实现"先发制人"，通过 AI 服务抵御新形势下日益复杂的攻击成为一些企业和组织机构的新选择。网络安全是一个复杂且不断变化的领域，AI 可以提供处理新威胁所需的智能化、敏捷性。

一、AI 技术应用于网络安全的必要性

随着大规模计算能力的提高、AI 技术和模型的进步，尤其是近几年 AI 技术的突破性进展，AI 技术在网络安全领域中的应用具有颠覆性效果。

（一）大幅提升日常安全工作运维效率

1. 减少安全配置的人为错误

人为配置错误可能是导致网络安全问题的主要原因，即使有大量的工作人员，管理和创建完美的系统配置也是一件非常困难的事情，而且当前新技术如雨后春笋般出现，保障计算机安全比以往任何时候都要艰巨。使用 AI 作为网络安全配置的管理员，会更不容易出错，网络安全工作人员只需要完成相关的配置即可。

2. 减少低效的重复操作

对网络安全运营相关工作人员来说，开通对端口的网络通路，与相关开发人员进行沟通，是重复且繁重的工作。而 AI 技术可以辅助网络安全运营相关工作人员完成这些工作，而且可以同时服务很多人，进行多线程操作。

（二）大幅提升安全事件发现的准确性及响应效率

1. 提高准确性并减少误报

AI 技术可以提供比传统安全分析方法更准确的结果，以减少经常让网络安全团队不堪重负的误报数量。例如，使用监督学习算法训练模型以区分正常流量和恶意流量，或使用无监督学习算法发现未知的网络威胁。强化学习算法可以帮助人工智能系统在不断的试错过程中学习如何更好地识别安全事件，并调整其行为以减少误报次数。

2. 减少威胁响应时间

网络安全团队对网络安全威胁的响应时间也是一个重要的参考指标，一些网络的攻击可能会迅速发生并实施，工作人员很难在短时间内采取有效的措施。而使用 AI 技术可以基于之前积累的大量事件处理案例，学习相关知识，实现自动化响应，将网络安全威胁降到最低。

（三）AI 达到领域专家水平，大幅提升智能决策水平

1. 判断网络安全警报级别

由于网络安全涉及的领域复杂，许多安全告警系统一检测到常见的威胁就会立刻向管理员发出通知，相关工作人员需要理解并梳理这些告警，判断处理的优先级。对网络安全领域的专家来说，他们通常会先解决优先级较高的问题，这恰恰是一个网络安全隐患，而利用 AI 工具辅助解决各种问题可能会更有成效。

2. 主动发现网络威胁

AI 技术可以分析网络设备和用户的正常行为模

式，并检测异常行为。例如，通过机器学习算法分析历史数据来发现潜在的网络威胁。还可以使用强化学习算法，自动学习网络设备和用户的正常行为，进而识别异常行为。AI 技术可以分析威胁情报，以识别可能受到的网络攻击。例如，可以使用自然语言处理技术，以处理海量的威胁情报数据，识别潜在的网络威胁，并生成实时警报。

二、AI 技术在网络安全领域的重要应用场景

作为抵御网络攻击的有力工具，AI 技术在网络安全领域的应用场景众多。

（一）日常运维场景

1. 日常异常检测

AI 技术可以帮助工作人员查找与网络、网站或应用程序相关的异常迹象并发送通知，同时提供相关建议，以便工作人员可以进一步调查并采取必要的措施抵御攻击。

2. 风险预测

AI 技术可以用于预测潜在的网络威胁。通过内部系统数据和外部威胁情报的训练数据，可以得到一个用于预测系统存在安全风险的模型，实现对潜在攻击的防御。

3. 发现网络攻击趋势

AI 技术可以用于分析网络安全社区、相关媒体及新闻网站，以便更好地了解哪些网络攻击在特定领域会增多，以及知晓网络安全专家目前认为最令人担忧的网络攻击是什么。通过应用自然语言处理技术，网络安全运营人员可以从互联网的信息流中获取有价值的信息。

（二）网络安全事件处理场景

1. 威胁检测

AI 可以通过分析数据集的模式和异常来识别新的、以前未知的网络威胁并确定其优先级，使组织机构能够快速有效地应对新威胁。此外，AI 技术可以关联不同的数据集以提供攻击的完整场景，以便网络安全团队可以了解其范围和性质，并在未来更好地抵御网络攻击行为。相比之下，传统的网络安全分析方法通常需要网络安全领域的专家来人工筛选大型数据集，这既耗时又容易出错。

2. 自动恶意软件检测

恶意软件是指利用连接设备造成网络中断的软件。传统的恶意软件检测方法涉及监控网络以查找匹配的签名，这需要网络安全领域的专家进行大量的人工工作。相比之下，AI 技术可以通过分析大量历史数据自动查明 0day 等恶意软件。此外，AI 技术可以识别过去攻击的模式和趋势并提醒工作人员，帮助改进现有的安全策略并主动保护系统免受此类攻击。

3. 社会工程学攻击检测

有超过 80% 的网络安全攻击是社会工程学攻击。以前，AI 技术用于社会工程学攻击的难题在于它们不能完全"解释"这些内容。然而，ChatGPT 的出现使基于 AI 的系统在对抗社会工程学攻击方面比传统的安全电子邮件网关和类似系统更加有效。此外，AI 还可以用来创建"钓鱼模拟"，测试用户对社会工程学攻击的易感性，这是确保网络安全运营人员更好地应对社会工程学攻击的一个很好的方法。

（三）专家智能决策场景

1. 对事件响应进行优先级研判

对经验丰富的网络安全专家来说，防御工作痛点之一就是对事件响应优先级的排序。大部分的网络安全运营人员会对安全警报量不知所措。虽然 AI 无法取代网络安全运营人员，但是技术可以简化他们的工作并使其轻松。现在的 AI 模型可以跟踪不断变化的网络威胁形势，并帮助分析师决定首先响应哪些安全警报。因此，AI 可以帮助网络安全运营人员先将精力分配给最关键的威胁，从而降低整体风险。

2. 攻击智能响应

除了预测和检测，一些组织机构现在还使用 AI 进

行实时对抗和阻止攻击。通过对AI软件进行改造，利用其可以编写代码的能力，实现检测潜在威胁，并打通全链路，不需要人工干预。例如，AI通过在面临网络安全威胁时，自动开发虚拟补丁和其他保护机制。

三、AI技术与网络安全的未来展望

AI技术与网络安全的结合可以产生巨大的业务价值，希望通信企业，特别是负责网络安全的相关部门，重点关注以下3个方面。

（一）推动政策法规的持续完善，打击利用AI技术进行网络犯罪

AI技术的发展，极大地降低了网络攻击者的攻击成本和准备时间，同时，也提高了攻击的精准度和隐蔽性，这给网络安全带来了巨大的挑战。因此，推动政策法规持续完善，打击利用AI技术进行网络犯罪是至关重要的。

政策法规应该对利用AI技术进行网络犯罪的行为进行规定，明确法律责任和刑事处罚。同时，应该建立健全网络安全管理和监管体系，加强对网络安全技术和人才的培训和支持，提高网络安全防御和响应能力。政策法规还应该推动AI技术的规范化和标准化，确保AI技术的安全可靠。在AI技术的开发、应用和管理的过程中，应该遵循严格的规范和标准，确保数据安全和隐私保护，防止数据泄露和滥用。此外，政策法规也应该加强对AI技术的监管，遏制不正当的AI技术应用。针对利用AI技术进行网络攻击和犯罪的情况，采取有效的技术手段和措施，及时发现和打击网络犯罪活动。

（二）持续跟进AI技术在网络攻击和防御应用情况，做到知己知彼，精准打击

不同行业的参与者总是依靠最新的技术在竞争中保持领先地位，而与此同时，这些技术和设备的大规模扩散也为网络犯罪分子创造了新的机会。也就是说，在我们开发AI工具来方便自己的同时，黑客也会开发AI工具用于辅助他们的恶意网络攻击行为。

近期，ChatGPT的广泛流行可能为网络安全带来新的挑战。虽然ChatGPT不具备执行程序的能力，不能直接攻击网络，但它可以生成代码，帮助用户寻找代码中存在的漏洞，这些能力如果被非法组织利用，很容易成为网络攻击的工具。

（三）持续规划软硬件及人力投入，做好积累和布局

将AI引入组织机构存在一定的阻力。一方面，部署AI基础设施需要在计算能力、内存和数据中心上投入大量的金钱和时间；另一方面，就业市场缺乏具有相应水平的AI专业知识和能力的人。

针对上述问题，企业负责人需要平衡短期、中期、长期投入分配，做好战略部署和准备，在构建大数据的基础上，采用小步快跑的迭代模式，逐步形成AI模型的验证反馈闭环。相反，如果企业不及时采取措施，则将面临巨大的网络安全风险。

四、结束语

AI技术的应用，为网络安全带来了新的突破和机遇。我们应该继续推动政策法规的持续完善，加强对利用AI技术进行网络犯罪的打击力度，同时，要跟进AI技术在网络攻击和防御应用情况，实现精准打击。此外，我们还需要持续规划软硬件及人力投入，做好积累和布局，加强AI技术在网络安全领域的应用研究和开发，提高网络安全的整体水平。AI技术在网络安全中的应用和未来展望是广阔的，有着不可限量的发展前景。只有持续推进AI技术与网络安全的深度融合，才能更好地保障网络安全，实现互联网的安全稳定和可持续发展。

（中国电信安全公司　韩　颖　贾晋康　张　敏）

AI 技术在 5G 消息产品的应用思考

一、AI 技术和 5G 消息发展现状分析

（一）AI 技术发展现状

近期，ChatGPT 广泛流行。ChatGPT 基于人类反馈强化学习进行机器学习模型训练，它能够深入学习和理解人类的语言，给出符合人类语言特征的答复，并且其知识面具有一定的广度和深度。ChatGPT 凭借其超越的智能，令 AI 技术再一次进入人们的视野。AI 技术发展快速，在自然语言处理、图像处理、自动驾驶、智能机器人等领域均取得一些成果。

（二）5G 消息发展现状

2020 年 4 月，中国移动、中国联通和中国电信正式发布《5G 消息白皮书》，标志着传统短信正式向 5G 消息升级。

相对于传统的文本消息，5G 消息基于手机终端及全球移动通信系统协会制定的富媒体通信服务标准（Rich Communication Suite，RCS），不仅支持发送文本消息，还支持发送图片、语音、视频、位置等富媒体消息，此外，通过引入消息即平台（Message as a Platform，MaaP）模式，实现了行业消息的交互，为企业与个人之间搭建了基于 RCS 的沟通服务桥梁，进一步提升了企业的服务水平，带动了行业价值的提升。

二、AI 技术与 5G 消息业务结合点

（一）功能结合

5G 消息基于 MaaP 开发了 Chatbot，Chatbot 是一款聊天机器人，可以通过识别用户发送的消息，并与开发者提前设置的关键词匹配，实现根据用户发送的消息内容进行有针对性的回复，达到人机交互的目的，但也正因为是关键词匹配的回复逻辑，Chatbot 的智能性并不高，如果用户未命中其设置的关键字，则不会得到任何回复，从而无法满足用户的预期。

而自然语言处理技术能够很好地解决这个问题，自然语言处理技术能够对文本内容进行词法、语法、语义、语用等维度的分析，通过大量的数据训练，机器模型能够识别并理解文本消息所表达的含义，理解人类自然语言，实现更智能的人机交互。

通过与自然语言处理技术结合，Chatbot 不再是一个只会根据关键词回复的机器人，而是能够实现更高阶功能的智能机器人。

（二）场景结合

Chatbot 与自然语言处理技术的结合，使 Chatbot 发挥更大的效能，例如，智能客服场景。目前主要的客服系统是用户通过浏览问题列表，逐页查找问题的解决方案，如果未查询到，则在文本框输入问题，客服系统通过关键字匹配回复解决方案，因同为关键字匹配，客服系统无法准确地理解用户问题，这时用户就会要求人工客服介入来解决问题，用户体验感差，企业也需要投入较多的人力成本。而基于自然语言处理技术的问答系统，则能很好地解决这个问题，不仅应用于智能客服场景，还能在翻译、便民等场景中发挥作用。

1. 智能客服场景

当前，绝大多数客服系统通过用户主动浏览或关键词匹配检索来返回用户咨询的问题，在用户体验及问题处理的效率上均有所欠缺。通过使用基于自然语言处理技术构建的问答系统，并结合 5G 消息

的双向发送能力，能够高效地基于用户问题进行检索，并给出让用户满意的答案。

2. 翻译场景

通过自然语言处理技术构建的翻译系统，比传统的基于词与简单句式的翻译更精准，更符合人类语言的特征。相较于网页翻译或者手机 App 翻译，使用 Chatbot 进行在线翻译，具有简化流程、优化内存等优势。

3. 便民政务场景

电信运营商可以与政务部门达成深度合作，由电信运营商搭建基于 Chatbot 为入口的政务服务系统，协助建设政务知识库，利用自然语言处理技术分析市民提出的问题，并检索知识库，反馈问题答复、给出操作指引等，减轻基层人员的服务压力，同时提高市民的办事效率。

三、AI 与 5G 消息业务结合的技术实现

（一）5G 消息技术原理

5G 消息系统主要由 5G 消息中心（5GMC）和 MaaP 组成。其中，5GMC 具备 5G 消息用户的接入控制、注册认证、消息的路由寻址、终端配置管理等功能；MaaP 承载在 5G 消息中心上，可以提供统一接口，负责行业客户和消息的接入管理、鉴权，以及多媒体内容上传与存储等功能。

行业客户通过 Chatbot 以点对点或群发的方式给个人发送消息，Chatbot 相关素材存放至 MaaP，MaaP 再通过 5GMC 将消息发送给个人，个人给 Chatbot 发送或回复消息也通过 5GMC。此外，Chatbot 的消息界面可以配置"建议操作""建议回复"的按钮，用户单击"建议操作"按钮将触发跳转网页或打开 App、唤起电话、查询地理位置等功能；用户单击"建议回复"按钮将会向 Chatbot 回复一条配置在按钮上的文本等内容，该消息对用户可见。

（二）自然语言处理技术原理

自然语言处理技术基于机器学习实现，传统的机器学习方法通过支持向量机（Support Vector Machine，SVM）模型、马尔可夫（Markov）模型、条件随机场（Conditional Random Field，CRF）模型等方法对自然语言进行处理，但传统的机器学习方法存在以下不足：过于依赖人工标注的训练集质量，人工标注训练集也需要较长时间；人工标注的训练集往往仅用于某一场景，用于其他场景会出现较大差异，不具备广泛的适用性；在处理更高阶、更抽象的语言时，缺乏训练集，机器无法判断出语料。

因传统的机器学习方法存在一些不足，研究人员开始使用深度学习模型，例如，卷积神经网络、循环神经网络等；相较于传统的机器学习模型，深度学习模型可以将句子或者词语向量化，提取出更加抽象的语言特征，即可以综合句子结构、上下文等来解读语句所表达的含义，深度学习不需要人工定义训练集，可以通过神经网络来自动学习高层次特征。

（三）技术结合实现方案

5G 消息作为电信运营商产品，是传统短信的升级形态，提升了用户端的体验，加强了行业端的能力，作为通道服务于行业与用户；而自然语言处理技术能够增强对文本内容的理解，并给出合理的预测、回复、辨别等。从二者的功能定位上分析，自然语言处理技术适合用在行业端，针对用户发送的文本内容予以答复，并通过 5G 消息回传给用户。AI 与 5G 消息结合方案示意如图 1 所示。在技术上的实现方式如下。

1. 建设基于深度学习的问答系统

一是要根据应用领域的需求，建立相应的文本知识库。文本知识库是自动对话的基础，能够作为模型回答问题的依据，将非结构化的文本数据组织成结构化的三元组。

二是要构建深度学习的自然语言处理模型：基于词向量、词袋模型、向量空间模型等方式，对自然语言的原始特征进行表示，选择合适的深度学习模型。

自然语言具有递归性，可以使用具有递归特性的深度学习模型，例如，循环神经网络、递归神经网络、卷积神经网络等模型。基于对用户文本的阅读和理解，模型可以从文本知识库中快速检索出关系最为匹配的实体，并对用户提出的问题进行答复。

2. 模型接入 5G 消息 MaaP

问答系统搭建完成后，接入 MaaP，由 MaaP 转发用户发送的文本信息，经问答系统处理并予以答复，再由 MaaP 发送给用户，其中为确保信息安全可控，消息在发送至用户终端前，会经过不良信息筛查平台的审核校验，确保提供给用户的信息是可控的。

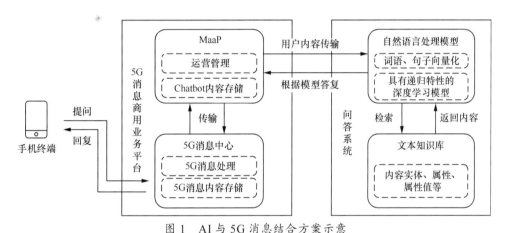

图 1 AI 与 5G 消息结合方案示意

四、AI 与 5G 消息商业模式思考

AI 与 5G 消息以 Chatbot 为载体，自然语言处理为驱动，使 Chatbot 更智能、更友好，能在许多领域中发挥重要作用。在电信运营商层面可以提供两项能力：一是基于 MaaP 的 Chatbot 能力，多种发送方式实现消息必达，有效触达用户；二是可以构建基于深度学习的自然语言处理模型。电信运营商将二者作为能力赋能给行业客户，由行业客户使用并服务于其用户。

针对每次交互应用价值比较高的对话，可按次计费，例如，翻译类对话、文案编写类。针对交互比较频繁，但每次交互价值没有那么高的能力调用，可包日（月、年）计费。针对一些服务类 Chatbot 能力调用，前向采取免费的模式，在交互消息中插入后向广告，按照转化情况由 AI 厂商向广告商收取费用。

五、结束语

AI 领域中的自然语言处理技术与 5G 消息结合，可以提高 Chatbot 的智能性；基于知识库的建设，能实现人机交流，使 Chatbot 在客服、翻译、政务等场景发挥重要作用。电信运营商作为 5G 消息的发起者及行业标准的制定者，对行业发展具有一定的影响力，能带动更多的行业用户使用 5G 消息，引入 AI 能力，使 Chatbot 满足更多的应用场景，同时采取分场景的商业模式，使产业链各方获得相应的收益，推动产业发展。

（中移互联网有限公司　李　睿　吴华挚
　　　　　　　　　　谭　俊　李　刚）

车联网网络与数据安全政策标准梳理分析与思考

一、车联网网络与数据安全政策梳理分析

我国高度重视车联网发展，先后出台了多项相关战略政策文件。2019年9月，国务院印发《交通强国建设纲要》，提出要完善交通基础设施安全技术标准规范，持续加大基础设施安全防护投入，提升关键基础设施安全防护能力。2021年1月，国务院发布《新能源汽车产业发展规划（2021—2035年）》，明确健全安全保障体系，强化企业对产品安全主体责任，加强安全状态监测，健全安全标准和法规制度。

工业和信息化部相继出台《国家车联网产业标准体系建设指南》总体要求、智能网联汽车、信息通信、电子产品与服务、车辆智能管理、智能交通等分册，明确我国车联网产业标准体系建设目标和重点任务，其中也规划了车联网安全相关标准体系的主要内容。2018年12月，工业和信息化部发布《车联网（智能网联汽车）产业发展行动计划》，明确了车联网发展的目标和主要任务。2019年12月，国家发展和改革委员会等部委印发《智能汽车创新发展战略》，明确构建全面高效的智能汽车网络安全体系，重点完善安全管理联动机制、提升网络安全防护能力，加强数据安全监督管理。

我国在推动车联网发展的同时，坚持发展与安全并重，同步强化车联网安全顶层设计。2021年6月，工业和信息化部发布《关于加强智能网联汽车生产企业及产品准入管理的意见》《关于开展车联网身份认证和安全信任试点工作的通知》和《车联网（智能网联汽车）网络安全标准体系建设指南》（征求意见稿）；2021年8月，国家互联网信息办公室出台《汽车数据安全管理若干规定（试行）》（以下简称《规定》），工业和信息化部、国家互联网信息办公室和公安部印发《网络产品安全漏洞管理规定的通知》；2021年9月，工业和信息化部发布《关于加强车联网网络安全和数据安全工作的通知》和《关于加强车联网卡实名登记管理的通知》。接下来，我们将选取5个与车联网网络安全密切相关的政策文件进行分析。

（一）《关于加强车联网网络安全和数据安全工作的通知》

2021年9月，工业和信息化部印发《关于加强车联网网络安全和数据安全工作的通知》，立足于车联网产业快速发展、网络安全和数据安全保护需求，统筹发展和安全，强化车联网安全工作落地部署，注重管理与技术并重，推进构建全方位、多层次的车联网网络安全管理和防护工作体系，强调安全管理制度、工作机制、防护措施、技术手段、标准规范等体系化工作落地，共明确了六大类17项安全要求。

在车联网安全基本要求方面，具体包括落实企业安全主体责任和全面加强安全保护两项要求。在加强智能网联汽车安全防护方面，具体包括保障车辆网络安全和落实安全漏洞管理责任两项要求。在加强车联网网络安全防护方面，具体包括加强网络设施和网络系统安全防护能力、保障车联网通信安全、开展车联网安全监测预警、做好车联网安全应急处置和做好车联网网络安全防护定级备案的要求。在加强车联网服务平台安全防护方面，具体包括加强平台网络安全管理、在线升级服务安全和漏洞检测评估、强化应用程序安全管理3项要求。在加强车联网数据安全保护方面，具体包括加强数据分类分级管理、提升数据安全技术保障能力、规范数据开发利用和共享使用、强化数据出境安全管理4项

要求。在健全车联网安全标准体系方面，具体包括加快车联网安全标准建设这一项要求。

（二）《汽车数据安全管理若干规定（试行）》

2021年8月，国家互联网信息办公室、国家发展和改革委员会、工业和信息化部、公安部、交通运输部联合发布《汽车数据安全管理若干规定（试行）》（以下简称《规定》），《规定》自2021年10月1日起施行，在《中华人民共和国网络安全法》等法律法规既有规定的基础上，对实践中汽车行业关注较多的数据安全问题进行了规定。

《规定》对概念更迭、适用对象覆盖全行业、全链条，将原有的"运营者"概念转换为"汽车数据处理者"，更贴近汽车行业实务中对数据的处理模式。从产品的研发设计到销售给终端客户后的管理汽车的全生命周期，汽车数据处理者均应按照《规定》的要求处理个人信息或重要数据。在进一步精简、概括的基础上，整个汽车行业全链条上所有的经营者都被纳入《规定》的适用范围。

受保护的信息范围呈现汽车行业特征，《规定》第三条指出：个人信息是指以电子或者其他方式记录的与已识别或者可识别的车主、驾驶人、乘车人、车外人员等有关的各种信息，不包括匿名化处理后的信息。《规定》以列举的方式更加有针对性地明确了汽车行业中的重要数据，对汽车制造商、零部件和软件供应商、经销商、维修机构，以及出行服务企业等提供了重要指引。

《规定》明确汽车数据处理者处理个人信息和重要数据的原则，《规定》第六条，倡导汽车数据处理者在开展汽车数据处理活动中坚持：车内处理原则、默认不收集原则、精度范围适用原则、脱敏处理原则等。

细化个人敏感信息的处理要求，个人敏感信息是指一旦泄露或者非法使用，可能导致车主、驾驶人、乘车人、车外人员等受到歧视或者人身、财产安全受到严重危害的个人信息，包括车辆行踪轨迹、音频、视频、图像和生物识别特征等信息。与个人信息相同，个人敏感信息的范围也扩大至除车主以外的驾驶人、乘车人、车外人员等。《规定》第九条，汽车数据处理者处理敏感个人信息时，应符合相关要求或者符合法律、行政法规和强制性国家标准等其他要求。

《规定》明确个人信息与重要数据跨境传输的相关要求，《规定》第十一条，重要数据应在我国境内存储，因业务需要确实需要向境外提供的，应通过国家网信部门会同国务院有关部门组织安全评估。《规定》针对汽车数据处理者向境外提供重要数据提出：汽车数据处理者向境外提供重要数据，不得超出出境安全评估时明确的目的、范围、方式和数据种类、规模等。

（三）《关于加强车联网卡实名登记管理的通知》

该文件要求道路机动车辆生产企业、电信企业按照行业主管部门要求，履行车联网卡实名制工作的职责，全面贯彻落实车联网卡实名制工作；明确车辆销售全流程各阶段，车联网卡实名制工作的责任主体及有关要求。

（四）《关于加强智能网联汽车生产企业及产品准入管理的意见》

工业和信息化部发布《关于加强智能网联汽车生产企业及产品准入管理的意见》，提出加强智能网联汽车生产企业及产品准入管理，加强汽车数据安全、网络安全、软件升级、功能安全和预期功能安全管理，保证产品质量和生产一致性。

（五）《关于开展车联网身份认证和安全信任试点工作的通知》

试点方向包括车与云安全通信、车与车安全通信、车与路安全通信、车与设备安全通信。申报主体覆盖产业链的所有环节，包括基础电信企业、互联网企业、汽车生产企业、电子零部件企业、网络安全企业、商用密码企业、交通运输企业、科研院所，以及网络安全创新应用先进示范区、国家级车联网先导区、国家智能网联汽车测试示范区（基地）、智慧城市基础设施与智能网联汽车协同发展试点城市等的建设运营单位。

二、车联网网络与数据安全标准梳理分析

2017—2021年，我国先后发布关于国家车联网产业标准体系建设的总体要求、智能网联汽车、信息通信、电子产品与服务、车辆智能管理、智能交通等系列标准体系，各标准体系中同步对车联网网络与数据安全相关标准进行部分规划设计。

2022年3月，《车联网网络安全和数据安全标准体系建设指南》（以下简称《指南》）发布，提出强化标准的体系化推进和重点方向布局，按照不同行业属性，分为1个总体要求和5个分册。

《指南》涉及总体与基础共性标准、终端与设施网络安全标准、网联通信安全标准、数据安全标准、应用服务安全标准和安全保障与支撑标准6个重点领域及方向。《指南》建设目标包括两个：一是截至2023年年底，初步构建车联网网络安全和数据安全标准体系，重点研究基础共性、终端与设施网络安全、网联通信安全、数据安全、应用服务安全、安全保障与支撑等标准，完成50多项急需标准的研制；二是截至2025年年底，形成较为完善的车联网网络安全和数据安全标准体系，完成100多项标准的研制，提升标准对细分领域的覆盖程度，加强标准服务能力，提高标准应用水平，支撑车联网产业安全健康发展。

三、新形势下加强车联网网络与数据安全工作的思考

（一）车联网网络与数据安全风险加剧形势严峻，安全工作任重而道远

车联网网络安全能力普遍不足，安全事件频发。现阶段分析，信息安全事件的数量仍然呈现明显上升的趋势。关键环节主体均面临安全风险，形势不容乐观，车联网网络安全涉及车辆安全、通信安全、平台安全、应用安全等方面。车联网安全监管面临全新挑战，亟须重点突破，主要表现为针对车联网环境下复杂的通信安全技术，缺少技术要求标准和测试验证标准的支撑；车联网安全缺少国家或行业层面的监测和监督管控。新技术和新业务不断落地实施，风险挑战并存，一方面，自动驾驶、人工智能等新技术的发展和应用，智能网联汽车面临信息安全问题快速响应和信息安全技术快速应用的挑战；另一方面，车联网信息安全技术无论从技术的完善度、应用的成熟度，以及攻防平衡的合理度都成为全新的挑战。

（二）车联网产业生态的日益成熟，亟须构建全方位的安全保障体系

伴随汽车智能化、网联化和新型应用服务业态的构建，车联网在通信网络、平台、应用服务、数据和车端发生了深刻的变化，催生新的安全风险，行业亟须覆盖"云、管、端"全方位的安全保障。车联网"人-车-路-云"全方位的网络互联互通，打破了汽车无外部通信的封闭载体状态。云计算、大数据、5G和边缘计算等技术应用，对车联网平台安全能力提出了更高的要求。汽车行业涉及的个性化定制、生产设计协同、特定行业管理等业务模式兴起。数据信息在产业链主体和各环节间打通了产业壁垒。车端集成通用智能芯片、车载操作系统、应用软件及车载计算处理平台，集感知、决策、智能辅助驾驶为一体。车端安全风险主要包括攻击直达汽车内部、攻击影响范围加大、传统网络攻击从车外渗透、网络安全与功能安全矛盾加剧等。平台安全风险主要包括平台接入面临风险、平台安全防护策略、5G、C-V2X等通信技术安全风险、安全策略或安全机制缺失等。通信安全风险主要包括攻击门槛降低、协议漏洞、安全需求增强、资源调度和数据处理安全等。应用服务安全主要包括各业务安全保护需求差异大、业务应用安全保障能力要求高等。数据安全风险主要包括数据泄露风险增大、数据信息共享风险加剧等。

（三）车联网安全管理体系仍需进一步完善，安全责任意识有待加强

多数车企在安全管理制度建设和合规管理、安

全管理体系规划和建设、供应商安全管理能力方面，管理能力参差不齐，建设步调不一。但普遍存在安全管理体系不健全、人员能力不足、责任落实不到位等问题。一是企业安全管理组织体系尚未健全，多家企业缺乏公司层面自上而下的安全组织体系，安全岗位分散，缺乏跨部门统筹协作机制，个别企业尚未建立专门的安全管理机构，企业网络安全主体责任落实不到位。二是安全管理制度和体系建设不完善，大多数企业尚未建立安全管理制度体系，已建立安全管理制度体系的企业，仍存在重大缺项，合规管理责任不明确，管理流程不清晰，制度执行不到位，企业普遍缺乏体系化的安全管理规划指导工作落地部署。三是大多数企业尚处于初步规划或前期建设阶段，安全事件应急响应处置能力弱。如何统筹协同供应商和企业资源做好安全应急响应处置，目前业内还处于探索研究阶段。

（四）车联网安全防护体系存在薄弱环节，安全防护水平需升级优化

一是汽车联网率提升，汽车成为网络攻击的重点目标，安全问题风险突出，但车内安全防护措施部署不到位，安全防护基础薄弱，行业普遍缺乏有效部署措施。车企考虑成本、技术成熟度、网络安全对功能安全影响的不确定性等因素，车内安全防护以软件措施为主。目前，身份认证、硬件加密、车内硬件隔离等安全举措应用欠佳。二是车联网无线通信连接对象多样，场景丰富，需求复杂。当前，通信协议和网络接入还存在安全隐患，整车企业安全防护水平参差不齐，安全防护能力普遍薄弱。仅小部分整车企业部署了通信加密、车载端访问控制、分域管理、基于公钥基础设施（Public Key Infrastruture，PKI）的通信加密等措施。基础电信企业利用电信运营商优势，部署网络异常流量监测措施，能及时发现安全威胁，开展事件监测预警和应急处置。基于高安全等级和点券等级的双接入点（Access Point Name，APN）网络接入方式在行业中的应用仍不广泛。三是服务平台作为车联网业务的核心环节，能够实现车辆远程控制、远程无人驾驶、交通监控管理等功能，而网络攻击可能会直接影响行车安全，甚至引发交通事故，风险突出。当前，平台安全防护措施部署不到位，存在多种安全问题和安全漏洞隐患，企业平台安全防护水平亟须提升。四是汽车及服务业态逐步深入人心，对规模化车辆、汽车后市场、智慧出行和行业服务管理等多元化服务模式安全需求激增，安全保护需求差异化加大，当前应用安全存在安全漏洞等隐患。五是车联网数据体量大、种类多、价值高，安全问题复杂。目前，大多数企业存在数据安全管理机制不健全，数据管理要求不明确，数据过度采集、越界使用、敏感信息明文存储等多种安全问题，对数据关键环节的保护措施部署不到位。

四、结束语

车联网网络安全与数据安全工作十分重要，任重而道远。可以看到，车联网产业生态日益成熟，亟须构建全方位的安全保障体系，车联网安全管理体系仍需进一步完善，安全责任意识有待加强，车联网安全防护体系存在薄弱环节，安全防护水平需要升级优化。车联网产业各方需要加强协作，推动构建符合我国发展实际的车联网安全保障体系。

（中国信息通信研究院　刘晓曼）

AIGC发展趋势报告

2022年，从引爆AI作画领域的DALL-E2、Stable Diffusion等AI模型，到以ChatGPT为代表的接近人类水平的对话机器人，AIGC不断刷新网络，其强大的内容生成能力给人们带来了巨大震撼。学术界和产业界也达成共识：AIGC绝非昙花一现，其底层技术和产业生态已经形成新的格局。

就内容生产而言，AIGC作为新的生产力引擎，代表着AI技术从感知、理解世界到生成、创造世界的跃迁，正推动人工智能迎来下一个时代。腾讯研究院正式发布《AIGC发展趋势报告2023：迎接人工智能的下一个时代》。

一、AIGC技术和产业生态迎来发展快车道

AIGC的大爆发不仅有赖于AI技术的突破创新，而且离不开产业生态快速发展的支撑。在技术创新方面，生成算法、预训练模型、多模态技术等AI技术汇聚发展，为AIGC的爆发提供了肥沃的技术土壤。AIGC技术累积融合如图1所示。

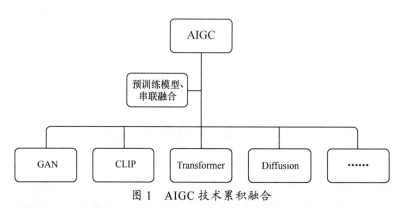

图1 AIGC技术累积融合

（一）基础的生成算法模型不断突破创新

例如，GAN、Transformer、扩散模型等，这些模型的性能、稳定性、生成内容质量不断提升。得益于生成算法的进步，AIGC现在已经能够生成文字、代码、图像、语音、视频、3D物体等各种类型的数据。

（二）预训练模型，即基础模型、大模型，引发了AIGC技术能力的质变

虽然过去各种生成模型层出不穷，但是使用门槛高、训练成本高、内容生成简单和质量偏低，远不能满足真实内容消费场景中的灵活多变、高精度、高质量等需求。而预训练模型适用于多任务、多场景、多功能需求，能够解决以上诸多痛点。预训练模型技术也显著提升了AIGC模型的通用化能力和工业化水平，同一个AIGC模型可以高质量地完成多种多样的内容输出任务，让AIGC模型成为自动化内容生产的"工厂"和"流水线"。正因为如此，谷歌、微软、OpenAI等企业纷纷抢占先机，推动人工智能进入预训练模型时代。

（三）多模态技术推动了AIGC的内容多样性，进一步增强了AIGC模型的通用化能力

多模态技术使语言文字、图像、音/视频等多种类型数据可以互相转化和生成。例如，CLIP模型能

够将文字和图像关联，例如，将文字"狗"和"狗"的图像进行关联，并且关联的特征非常丰富。这为后续文生图、文生视频类的AIGC应用的爆发奠定了基础。

未来，算法的进步将带来更多应用，语言模型会得到进一步发展，可以自我持续学习的多模态人工智能将成为主流，这些因素会进一步推动AIGC领域的蓬勃发展。

在产业生态方面，AIGC领域正在加速形成3层产业生态并持续创新发展，正在走向模型即服务的未来。

目前，AIGC产业生态体系的雏形已现，呈现为上、中、下3层架构，AIGC产业生态体系雏形如图2所示。

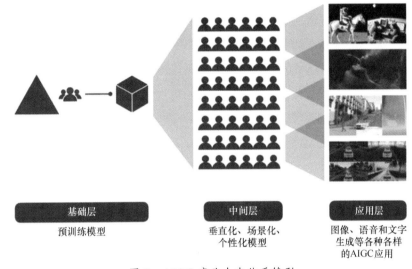

图2　AIGC产业生态体系雏形

其中，基础层是以预训练模型为基础搭建的AIGC技术基础设施层。在国外，以OpenAI、Stability.ai为代表，通过受控API、开源等方式输出模型能力。

中间层是在预训练模型的基础上，通过专门的调试和训练，快速抽取形成垂直化、场景化、定制化的小模型和应用工具层，可以实现工业流水线式部署，同时兼具按需使用、高效经济的优势。例如，知名的二次元画风生成模型Novel-AI，以及各种风格的角色生成器等，就是基于Stable Diffusion开源进行的二次开发。随着AIGC模型加速成为新的技术平台，模型即服务开始成为现实，预计将对商业领域产生巨大影响。

应用层，依托底层模型和中间层的垂直模型，开发各种应用，使各厂商进一步开放面向个人用户和企业用户的各种各样的AIGC产品和服务，以满足海量用户的内容创建和消费需求。例如，群聊机器人、文本生成软件、头像生成软件等AIGC消费工具。

二、AIGC在消费互联网、产业互联网和社会价值领域持续产生变革性影响

目前，AIGC领域呈现的内容类型不断丰富、内容质量不断提升、技术的通用性和工业化水平越来越强等趋势，使AIGC在消费互联网领域日趋主流化，涌现了写作助手、AI绘画、对话机器人、数字人等爆款级应用，扩充着传媒、电商、娱乐、影视等领域的内容需求。目前，AIGC也正在向产业互联网、社会价值领域扩张应用。

（一）在消费互联网领域，AIGC推动数字内容领域全新变革

目前，AIGC的爆发点主要在内容消费领域，

且呈现百花齐放之势。AIGC 生成的内容种类越来越丰富，而且内容质量也在显著提升，产业生态日益丰富。

1. AIGC 有望成为新型的内容生产基础设施，塑造数字内容生产与交互新范式，持续推进数字文化产业创新

过去，AI 在内容消费领域的作用主要体现在推荐算法成为新型的传播基础设施。推荐算法对数字内容传播，短视频为主的数字内容新业态发展，起到了颠覆式的变革作用。而现在，随着 AIGC 生成的内容种类越来越丰富，内容的质量不断提升，AIGC 将作为新型的内容生产基础设施对既有的内容生成模式产生变革影响。

2. AIGC 的商业化应用将快速成熟，市场规模会迅速壮大

当前，AIGC 已经率先在传媒、电商、影视、娱乐等数字化程度高、内容需求丰富的行业取得重大发展，市场潜力逐渐显现。例如，在广告领域，腾讯混元 AI 大模型能够支持广告智能制作，即利用 AIGC 将广告文案自动生成广告视频，降低了广告视频制作成本。巨大的应用前景将带来市场规模的快速增长。国外商业咨询机构预测，2030 年 AIGC 市场规模将达到 1100 亿美元。

3. AIGC 还将作为生产力工具，不断推动聊天机器人、数字人、元宇宙等领域发展

AIGC 技术让聊天机器人达到接近人类水平日益成为现实，AIGC 提升"数字人"的制作效能。例如，腾讯 AI LAB 的虚拟歌手 AI 艾灵能够基于 AIGC 实现作词和歌曲演唱。在元宇宙领域，AIGC 在构建沉浸式空间环境、提供个性化内容体验、打造智能用户交互等方面发挥重要作用。只有借助 AIGC，元宇宙才可能以低成本、高效率的方式满足海量用户的不同内容需求。

（二）在产业互联网领域，基于 AIGC 技术的合成数据迎来重大发展，合成数据将引领人工智能的未来

合成数据是真实世界数据的替代品，用来训练、测试、验证 AI 模型。AIGC 技术的持续创新，让合成数据迎来新的发展契机，开始迸发出更大的产业发展和商业应用活力。这主要体现在以下 4 个方面。

1. 合成数据为 AI 模型训练开发提供强大助推器，推动实现 AI 2.0

用真实世界的数据训练 AI 模型，存在数据采集和标注的成本高，数据质量较难保障、数据多样化不足、隐私保护挑战等多方面问题。而合成数据可以很好地解决这些问题。使用合成数据不仅能更高效地训练 AI 模型，而且可以让 AI 在合成数据构建的虚拟仿真世界中自我学习、进化，扩展 AI 应用的可能性。从某种意义上，合成数据让 AI 模型训练从 1.0 阶段发展到 2.0 阶段。

2. 合成数据助力破解 AI "深水区"的数据难题，持续拓展产业互联网应用空间

目前，合成数据正在迅速向交通、金融、医疗、零售、工业等诸多产业领域拓展应用，帮助破解产业互联网应用中的数据难题。

3. 正是由于合成数据对人工智能未来发展的巨大价值，合成数据正加速成为一个新产业赛道，科技大厂和创新企业纷纷抢先布局

目前，全球合成数据创业企业也已达到 100 家，英伟达、亚马逊、微软等头部科技企业也在加速布局，涌现了合成数据即服务（Synthetic Data as a Service，SDaaS）这一全新商业模式。

4. 合成数据加速构建 AI 赋能、数实融合的大型虚拟世界

合成数据指向的终极应用形态是借助游戏引擎、3D 图形、AIGC 技术构建数实融合的大型虚拟世界。基于合成数据构建的大型虚拟世界，为测试、开发新的人工智能应用提供了一个安全、可靠、高效、低成本、可重复利用的环境。这将成为 AI 数实融合的关键载体，包括为 AI 开发提供数据和场景、试验田等。例如，腾讯的 AI 开放研究环境，该环境已经吸引了国内外众多决策智能领域的研究团队使用。

（三）在社会价值领域，AIGC也在助力可持续社会价值的实现

例如，在医疗健康方面，AI语音帮助病人"开口说话"。语音合成软件制造商Lyrebird为肌萎缩侧索硬化患者设计的语音合成系统实现"声音克隆"，帮助患者重新获得"自己的声音"。此外，AIGC也可以用于文物修复，助力文物保护传承。腾讯公司利用360°沉浸式展示技术、智能音视频技术、人工智能等技术手段，对敦煌壁画进行数字化分析与修复。

总之，随着AIGC模型的通用化水平和工业化能力的持续提升，AIGC将极大降低内容生产和交互的门槛和成本，并有望带来一场自动化内容生产与交互变革，引起社会的成本结构的重大改变。未来，"AIGC+"将持续大放异彩，深度赋能各行各业高质量发展。

三、以可信AIGC积极应对科技治理问题与挑战，拥抱人工智能的下一个时代

发展总是与挑战并生，AIGC的发展也面临许多科技治理问题的挑战。目前，发展主要面临知识产权、安全、伦理和环境4个方面的挑战。

首先，AIGC引发的新型版权侵权风险，已经成为整个行业发展所面临的紧迫问题。因版权争议，国外艺术作品平台ArtStation上的画师们掀起了抵制AIGC生成图像的活动。其次，安全问题始终存在于科技发展的应用中。在AIGC中，主要表现为信息内容安全、AIGC滥用引发诈骗等新型违法犯罪行为，以及AIGC的内生安全等。再次，算法歧视等伦理问题依然存在。最后是环境影响，AIGC模型训练消耗大量算力，碳排放量惊人。此前就有研究表明，单一机器学习模型训练所产生的碳排放相当于普通汽车寿命期内碳排放量的5倍。

为了应对以上挑战，面向人工智能的下一个时代，人们需要更加负责任地、以人为本地发展应用AIGC技术，打造可信的AIGC生态。面对AIGC技术应用可能带来的风险挑战，社会各界需要协同参与、共同应对，通过法律、伦理、技术等方面的多元措施支持构建可信AI生态。在立法方面，中央网信办等3个部门出台的《互联网信息服务深度合成管理规定》针对深度合成技术服务提出的要求和管理措施，例如，禁止性要求、标识要求、安全评估等，亦适用于AIGC。接下来，需要着重从以下4个方面持续推进AIGC的政策和治理。

第一，政府部门需要结合AIGC技术的发展应用情况，制定并明晰AIGC的知识产权与数据权益保护规则。

第二，研发应用AIGC技术的主体需要积极探索自律管理措施。例如，秉持不作恶、科技向善等目的，制定适宜的政策（消极要求和积极要求），采取控制和安全措施保障AIGC的安全可控应用，采取内容识别、内容溯源等技术确保AIGC的可靠来源。

第三，打造安全可信的AIGC应用，需要深入推进AI伦理治理。例如，行业组织可以制定可信AIGC的伦理指南，更好地支持AIGC健康可持续发展；AIGC领域的创新主体需要考虑采取伦理委员会等方式，推进落实AI风险管理、伦理审查评估等，在AIGC应用中实现"伦理嵌入设计"。

第四，社会各界需要携手应对AIGC领域的能源消耗问题，推行绿色AI的发展理念，致力于打造绿色可持续、环境友好型的AI模型，实现智能化与低碳化融合发展。

未来已来，让我们拥抱AIGC，拥抱人工智能的下一个时代，打造更美好的未来。

（腾讯研究院　曹建峰　胡晓萌）

中国联通 AI 技术融合数字乡村移动网自动路测研究与应用

数字乡村是我国建设数字中国的重要内容，也是乡村振兴的战略方向。中国联通参与中央单位定点帮扶工作 22 年，认真践行"人民邮电为人民"的初心使命，坚持"数字信息基础设施运营服务国家队、网络强国数字中国智慧社会建设主力军、数字技术融合创新排头兵"的责任担当。其中，乡村场景网络优化工作是数字乡村建设的重要环节，利用 AI 精准定位和大数据挖掘，创新赋能重点场景网络环境优化，实现生产精准导向，替代劳动密集型的道路测试和分析工作，提升优化效率，有效降低测试成本。

一、高精度乡村场景定位

目前，针对乡村场景 4G/5G 网络的测试与分析仍以人工方式为主，但人工方式往往需要较长的优化周期。虽然现阶段 4G 网络引入了最小化路测（MDT）作为道路测试评估模式，但只实现了覆盖、质量类问题评估，对关乎用户体验感知的事件类、感知类指标仍采用人工路测方式进行统计和分析。因此，本文基于 4G/5G 关键道路指标动态拟合技术和 5G 定位跟踪算法，在提升定位精度的同时实现多维指标数据乡村场景归属。在数据方面，本文利用全网道路的 4G/5G 用户"7×24"小时众筹测试，获得测试车辆无法到达区域的测试样本，使评估数据更全面；出现问题及时上报，使定位更及时，通过海量用户上报数据，更能真实地反映用户感知，同时实现乡村场景下一级道路、二级道路、三级道路、四级道路、五级道路分层高精度定位，相比传统路测更客观地反映道路覆盖质量及用户感知。与此同时，中国联通已具备基于数据中心新底座 0 域大数据贯穿分析能力，并可关联多维 4G/5G MDT/XDR/PM/CM 各类关键网络数据，通过 AI 特征拟合、高准度标签构建、XGBoost 集成训练，输出高精度拟合数据，形成高精度道路栅格问题定位能力。数字乡村 AI 高精度定位技术栈如图 1 所示。

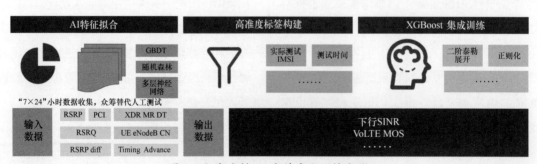

图 1　数字乡村 AI 高精度定位技术栈

二、乡村场景智能洞察

现阶段优化方式为专业路测工程师配备专业设备和车辆现场采集数据，进行实地测试和数据收集，单农村场景通常需要花费 1 天的时间完成测试，数据采样具有一定的局限性，且测试效率不高。后台优化工程师利用 DT log 数据导入专业软件进行覆盖、语音等指标分析，制定方案，通常会花费 3～4 天完成数据整理、分析、方案制定工作，如果测试效果不佳，则会进行复测。而目前针对乡村网络环境优化评估需要综合覆盖指标、质量指标、VoLTE 语音指标及感知指标等关键 4G/5G 指标数据，协同多维数据进行分析，如果想提升路测及评估效率，则需要一种革新的技术手段。本文将这些指标通过前台页面 GIS 智能可视化显示后台分维度统计计算，实现一屏通览，一屏分析，为一线优化工程师提供"一站式"分析能力。

三、乡村智能优化管控

通过乡村场景智能洞察，中国联通实现对乡村场景的 4G/5G 各类关键指标纵向深度，横向多维智能优化、探取洞察。

① 多维感知：MDT/XDR/PM 等多维度数据，形成高精度道路栅格问题定位能力，实现乡村场景各级道路的 4G/5G 用户"7×24"小时众筹测试，相比传统路测，更能客观反映道路覆盖质量及用户感知。

② 经验认知：通过海量一线优化专家经验案例系统形成专家模型，智能输出每个乡村及对应道路的根因问题。

③ 辅助决策：基于智能诊断系统中的 AI 模型自动匹配优化方案，提供给一线优化人员，用于优化辅助决策。

④ 方案执行和闭环评估：通过一线人员优化方案执行后，把问题路段作为问题管控对象，系统可周期性地自动评估对应道路问题的优化效果，通过前台友好交互界面，可及时更新乡村及道路管控状态。问题路段闭环管控前台页面如图 2 所示。

图 2　问题路段闭环管控前台页面

四、结束语

通过高精度乡村场景定位、乡村场景智能洞察和乡村智能优化管控三阶段性的体系研究，中国联通能够实现乡村场景无线网络优化数字智能优化，让 AI 集成学习技术融合一线优化生产，使新兴信息技术持续促进数字乡村治理体系完善。天津市内共计 3000 余个乡村场景，且地处偏远，通过中国联通 AI 技术融合数字乡村移动网自动路测能够极大地节省了人力，实现每日 224 人完成一轮优化测试。

（中国联合网络通信有限公司天津市分公司　柴明璐）

5G 技术与行业应用发展篇

中移互联网 5G 快签
助力数字中国（可信认证）应用实践

一、数字中国加速政企数字化，助推电子签名场景拓宽

随着数字化、网络化、智能化的信息技术、5G网络及数字应用的深入发展，萌芽于1996年的电子签名技术作为政企数字化转型的重要工具，近年来已在多个行业领域落地开花，基本覆盖电子政务、医疗、房地产、金融等行业，应用于人们的日常生活，展现出巨大的发展潜力。

电子签名一键处理公文审批；电子签章在线签署劳动合同；启用电子签约服务，可实现商品房买卖网签备案不见面……作为数字化转型、可信认证升级乃至构建信用社会的重要手段，电子签名技术正向多行业领域、多应用场景拓展。

二、电子签名行业发展趋势

（一）市场高速增长，未来可期

电子签名以互联网为基础，通过各类技术对电子文档进行电子形式的确认与签署。在数字经济、政务数字化等大背景下，中央持续推出各种数字化发展规划，各地区政府积极拓宽电子签名业务范围和应用领域，企业、群众办事无纸化进程正替代传统印章，越来越多的G端、B端、C端用户接受电子签名，逐渐形成类似手机支付的网络协同效应。

公开数据显示，2022年我国电子签名行业市场规模为217.1亿元，同比增长42.1%，2025年有望达486.6亿元，数据表明电子签名行业用户日趋增多，企业生态融入能力增强，电子签名行业整体步入快速发展阶段。

（二）提升生产效率，降本增效

近年来，企业从粗放式发展进入精细化运营高质量行驶快车道，降本增效、业务模式创新已经成为企业的核心目标之一。数字化作为其中最直接、最有效的方式，逐渐被越来越多的企业接受，成为企业发展的必选项。

电子签名通过公安部、电信运营商、国家市场监督管理总局等权威机构验证实名信息，以实名数据要素校验、生物特征识别等多重身份验证技术确保真实身份，在签名时采用加密登录、短信验证、号卡认证、刷脸认证等方式保证签署人的真实意愿，结合时间戳、哈希算法、区块链技术，实现签署内容可追溯、不易篡改，通过电子认证确保签署过程真实、完整及信息准确，以更高效率、更低成本，解决了异地签署、代签、冒签等问题，为政企数字化转型及电子签名业务提供可信认证全新升级模式。

（三）政策红利持续，加速落地

《中华人民共和国电子签名法》颁布以来，在我国提出"建设数字中国"等大背景下，各级政府部门都在加大对电子签名、电子印章的推广力度，政务数字化改革进入爆发期。

目前，企业及政府的购买习惯已经逐步形成，电子签名逐渐渗透政务、金融、互联网等领域。在地方政务，尤其是涉及民生服务领域，电子签名正加速落地，帮助群众简化办事程序，从"最多跑一次"

逐渐升级到"一次都不跑"。

作为企业数字化基建的"最后一公里",电子签名助力企业打通线上业务闭环。以劳动合同为例,劳动合同往往具有起草时间长、有漏洞、表述不严谨、修改缺依据、合同管理难等痛点,通过电子签名整体解决方案,数字化签署代替纸质签署,数字化合同管理代替纸质合同管理,极大地解放了法务、人事等部门的生产力。

公开调研数据显示,企业电子签名主要用于人力资源、商务合作、金融业务三大场景。如何实现信息服务科技创新应用赋能产业已经成为指导企业生产高质量管理的必答题。

三、赋能千行百业,5G快签助力政企数字化探索实践

电子签名市场的扩容和企业端需求的稳步增长,吸引了互联网大厂、证书(代理)机构(Certification Agency,CA)、电信运营商纷纷抢占电子签名赛道。电子签名企业利用新一代信息技术面向企业组织、政务服务体系、个人用户,提供领先的电子签名服务,构建数据闭环、打通数据壁垒。

5G快签是由中国移动全资子公司中移互联网有限公司组织研发建设的电子签名平台,具备身份认证、数字证书、电子签名、证据保全等能力,向用户提供具备高安全性身份认证和全渠道信息触达的全生命周期电子签名解决方案。

中国移动与中国金融认证中心强强联合,聚焦中国移动"号、卡、消息、云"四大战略业务,融汇移动认证、超级SIM、5G消息、中国移动云盘四大产品创新升级,自主研发打造具备"一键快捷登录、金融级安全认证、高效消息触达、双重云端存储"等特色功能的"一站式"电子签名"智慧服务+智能办公"新模式,并与数字政务、房屋网签、物业管理、业务办理等多样化场景深度融合,形成特色一体化电子签名解决方案,助力千行百业数字化实践。

(一)5G快签加码数据安全建设,完善信创生态

随着国家信息安全意识的提升,数据隐私性、安全性成为政企用户在选择电子签名厂商时最重要的条件之一。电子签名平台集合基础软件、应用软件、信息安全于一身,是推动政企数字化转型的重要依托。5G快签采用权威CA颁发的数字证书,依托中国移动认证安全基座,电子签名、加V认证等连接中国移动区块链平台,融合"互联网+信息安全"账号服务,多向贯通,确保电子签名流程的可信度,从接入、注册、认证、服务等方面进行加密、互通、互信、确权,构建可信认证体系,确保可信电子服务(包括电子签名、电子印章、时间戳、可信电子数据送达和网站认证等)产生的结果与纸质流程具有同等法律效力。在房地产领域,中国移动5G快签平台助力湖北省黄石市住房和城乡建设局,开创数字政务网签服务先河,创新政务服务方式,施政为民,涵盖一手房和二手房的网签新系统已正式使用、平稳运行。

(二)应对复杂、多样场景,实现快捷签署

个性化、完整化服务能力也成为5G快签的独特优势,在触达用户的方式上,5G快签支持计算机/App/5G消息/微信小程序/H5等多种触点;在对接模式上,5G快签为用户提供软件即服务或基于API的电子签名全流程解决方案,支持公有云/私有云/混合云多种部署方式,满足多样化场景需求;在签署方式上,5G快签支持电信运营商用户快捷登录,提供批量签署、二维码扫码签署、模板签署等多种签署方式,并通过打造覆盖电子签名、电子公章、电子认证、电子合同管理等一体化解决方案的完整服务闭环,构筑产品竞争力。在加速乡村政务服务数智化转型过程中,中国移动5G快签助力广东省揭阳市惠来县隆江镇实现公文审批、公文签发、公文流转等公务流程、信息收集及协议签署等场景的无纸化办公,有效减少当地群众及工作人员线下奔波耗时,多份文件批量签署时复用已有签名,大幅提升了政务效率。

（三）签约减碳，共筑绿色契约生态共同体

"双碳"逐步成为企业和社会发展关注的焦点，也被认定是一项广泛影响社会生产、生活各领域的深刻变革。作为重要的碳排放源，企业在绿色低碳转型升级已成为企业高质量发展的必由之路。

截至2023年，5G快签通过快速技术升级迭代，为上下游企业创造更多的减碳创新可能，成为企业实现节能减排目标的重要工具，也成为越来越多大型公司青睐的"减碳伙伴"。截至2023年，5G快签平台注册用户数超过250万人，企业合作数量超过2500家，业务调用量超过4800万次，有效减少了传统纸质合同带来的资源消耗，让减碳触手可及。5G快签已向中国移动、保利物业、社区街道、社区卫生服务中心等内外部多个领域企事业单位及个人用户提供电子签署服务，每电子签署一次就能节约一张纸，减少了大量纸张的使用，保护了树木，减少了碳排放量，有效推动了节能减排。用户通过指尖电子签署，相当于完成"云端植树造林"。

（四）号卡赋能，数智反诈，有效防范电信网络诈骗

随着技术发展，电信诈骗犯罪手段新、方式多、迷惑性高，让群众防不胜防。5G快签作为移动认证的高阶形态，实现从号码认证、号卡认证到证书认证的演进，并依托"号、卡、消息、云"等电信运营商特有的资源，以号为人，以卡为钥匙，开启数智办公和数智生活的新生态安全大门，提供电信级和金融级的高安全级别解决方案，实现对电信网络诈骗等的有效防范。

通过移动认证SDK安全基座的身份账号安全、授权安全、通道安全、数据输出安全、存证安全这五大安全保障，结合数字证书、区块链等技术，赋能电子合同签署：用户在签署前进行实名认证，并颁发数字证书，确保签署双方的真实身份、真实意愿，并实现合同签署各个流程透明、留痕、可追溯。在用章管理上，5G快签平台强化了企业印章权限管控和用章审批流程，首先用章企业需要经过企业四要素认证和法人认证，获取CA证书，成为企业认证用户；只有经过企业管理员授权的企业成员才有权利使用企业印章，预防萝卜章、伪造合同等诈骗风险。

在银行大额转账、陌生账号之间转账异常等风控场景，5G快签融合移动认证和大数据能力，可实现事前风险识别和事中风险阻断。当用户对陌生账号进行转账操作时，5G快签可初步识别并起到预警作用；转账过程中，打款方完成转账操作后，钱款可先由金融机构暂管，收款人需要通过5G快签完成身份安全核验后，方可接收账款。

在广东移动"和商汇"App业务办理协议签署场景中，通过5G消息向用户下发业务办理协议，结合5G快签的电子签名能力线上完成用户身份认证和协议签署，有效提升并优化了用户综合业务办理的合规性，不仅提升了用户交互效率、缩短了用户综合业务办理流程，还减少了不知情投诉。5G消息小程序加持5G快签的加V认证后，商户认证更安全可信，交互消息让用户敢信敢点，增进双方信任的同时也可有效降低陌生链接钓鱼风险。

四、5G快签未来发展方向及展望

事实上，5G快签的业务本质是政企或个人签章业务的流程被线上化的过程。因此，5G快签的发展也带来了很多机会，例如，政企数字化云化的过程、数智化乡村、数智化办公、节能减排等。通过成本最优、效率最高的创新服务模式，5G快签更贴近行业、贴近企业客户的数字化转型需求，成为数字社会的信任底层基础设施。

（一）服务社会民生，助力公共服务水平提升

5G快签更多地采用数字技术应用，大力推进以电子签名为抓手的可信认证平台接入，集信息服务科技创新于一体，聚焦政务、医疗、教育、水电、地产、乡村振兴等社会民生领域的数字服务升级，致力于消除信息社会数字鸿沟，创新数字服务方式，提升百姓幸福指数。

（二）打造可信账号体系，助力信用中国建设

诚信是合作的基石。如何打造面向全民的可信账号，实现账号可信、数据可信、合作可信、司法可信，是可信账号体系建设的发力方向。可信账号体系的建设，可实现政府、企业、个人、机构，以及司法机关线上化、智能化，并确保全程线上链条的全节点可信、全链路可信，再通过5G快签的合同服务、行为记录、司法存证、可信溯源，实现让企业、个人、机构及司法等领域的全流程司法效用保障。

（三）强化场景交互，探索元宇宙应用落地

元宇宙正成为全球互联网企业共同争夺的新赛道，但没有信息基础设施，元宇宙就无从谈起。元宇宙旨在把数字世界和物理世界紧密相连，这意味着可能今后现实世界的一切事物都可以映射到虚拟世界，现实世界遍布经济交易，与之对应的虚拟世界里数字交易过程也必不可少。一方面，5G快签可以通过加V认证，进行人的确权、物的确权、数字资产的确权，以中国移动算力网络为依托，大数据、云计算、通信网络等底层技术和基础设施保障千人千面的数字世界交互运行；另一方面，以云头像、虚拟形象、虚拟资产等载体，不断探索数字藏品交易业务形态，促进数智化元宇宙经济价值创造、蓬勃生长，形成全新的信创生态。

（中移互联网有限公司　黄伟湘　石聪慧　陈　臣　姜　雪）

5G 新通话技术创新与实践探索

党的二十大报告明确指出"要加快发展数字经济，促进数字经济和实体经济深度融合。"中国移动深入贯彻落实数字经济发展要求，主动拥抱人类社会能量和信息融合发展的历史潮流，积极发挥以"5G + AICDE"为代表的新一代信息技术，升级"通话"这一传统和基础的电信业务，创新打造"5G 新通话"产品，率先在行业内开展技术创新与实践探索，努力开辟 5G 新通话破局之路。

一、5G 新通话发展态势

（一）通话升级的背景

技术发展引领通话升级。技术变革无疑是通话升级的根本驱动力，当前我国已建立全球规模最大的 5G 网络，根据工业和信息化部统计，截至 2022 年年底全国累计建成 5G 基站 231 万多个，5G 移动电话用户总数超过 5.6 亿户。随着 5G 超高清视频通话（VoNR）、数据通道（Date Channel，DC）等通信技术，IVAS/H.265/H.266 等音 / 视频编解码技术，AR、VR、MR 等沉浸式体验技术，语音识别、语音合成、实时翻译、人脸识别、动势识别等 AI 技术的成熟，5G 新通话已具备充分发展动能。

政策红利引导通话创新。党中央高度重视数字经济发展，2023 年国务院印发《数字中国建设整体布局规划》，明确指出要促进数字经济和实体经济深度融合，以数字化驱动生产生活和治理方式变革；《"十四五"数字经济发展规划》中积极倡导构建体系化 AI 服务，推动 5G 与人工智能技术深度融合。

用户需求呼唤通话变革。随着人民群众对美好数字生活的需求日益增长，用户对表达自我、传递情感、提升效率的通话需求不断升级。根据工业和信息化部数据统计，国内视频通话用户 2021 年已超出语音通话用户，预计到 2025 年，视频通话用户数达 12.3 亿人，约占移动互联网用户数的 80%，通话升级具备强大的市场潜力与空间。

（二）国内外发展情况

国内外电信运营商、互联网及终端厂商积极布局通话升级业务，加速抢占用户通话入口。

国内电信运营商方面，继 2022 年 4 月中国移动首次推出 5G 新通话产品之后，2022 年 4 月中国联通、中国电信联合宣布实现 5G 新通话互联互通，积极推进将 VoNR 与 AI、XR 技术相结合，加快打造 5G 新通话应用。

国外电信运营商方面，韩国 KT 面向 C 端市场，2020 年推出新型音 / 视频通信产品应用 Real 360 和 Narle，在高清通话的基础上叠加趣味性和功能性；日本 NTT 以面向 C 端市场的智能通话为基础，叠加"看得见的翻译"服务，实现英国、中国、韩国、泰国、俄罗斯等 13 国语言和手语（包括日本手语）的转换，同时向 B 端市场拓展，构建多领域高清智能化服务。

互联网企业和终端厂商也通过终端 App 方式提供丰富的视频通话体验，满足个人用户差异化的需求。微信视频通话支持视频群聊、多方视频共享文件及模糊背景等功能；华为畅连支持 1080P 高清视频通话、屏幕共享、多方音 / 视频通话、用户美颜、大小屏互通和背景替换等功能。

二、5G 新通话技术创新概要

中国移动提出"VoNR+"技术体系架构，通过增设"VoNR+ 平台"，充分利用 5G VoNR 的低时延、高质量、稳定音/视频通话优势，结合 IMS 数据通道（IMS Data Channel，IMS DC），为 5G 通信应用创新提供强大的平台支持，让通信连接业务，AI 赋能音/视频通话，实现用户体验与通信效能的大幅提升。5G 新通话体系架构如图 1 所示。

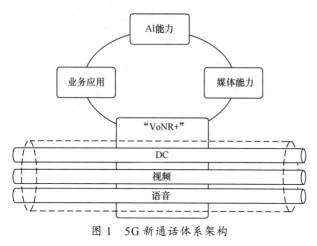

图 1　5G 新通话体系架构

"VoNR＋平台"由"VoNR+ 能力网元""VoNR+ 媒体面"组成，与通信核心网对接，实现 5G VoNR 音/视频媒体流、通话事件、控制等面向业务应用侧的开放，是 VoNR 向"VoNR+"演进的基础。

5G 新通话运营管理平台系统架构如图 2 所示。5G 新通话运营管理平台包括用户订购、业务编排、业务内容与 DC 小程序管理等功能，为 5G 新通话的业务运营提供系统支撑。

DC 小程序以通话小程序的方式为用户提供图形化、多元化的用户交互界面。在 5G 新通话运营管理平台的编排下，DC 小程序可按需直达用户终端，实现端到端或端到云的场景化多媒体实时交互。

5G 新通话业务应用是新通话技术的具体实现，电信运营商将开发统一的业务应用接入网关，为新通话业务应用开发者提供接入服务。

媒体能力平台为 5G 新通话提供音/视频媒体和 AI 能力支持，媒体流支持按需从媒体面复制和分发到媒体能力平台，把密集计算从业务逻辑剥离，实现算力资源的高效合理使用。

5G 新通话运营管理平台在应用建设、能力建设方面均使用了更加开放的业务架构，让 AI 在通话中赋能千行百业，为用户提供功能更丰富、算力更强大的通话服务。

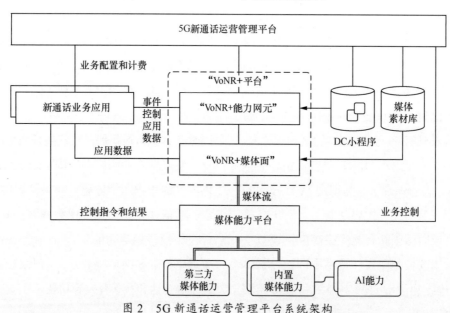

图 2　5G 新通话运营管理平台系统架构

三、5G 新通话特色场景探索

5G 新通话不仅新在网络基础和技术架构，更在于面向新的应用场景提供新的解决方案。除了高清音视频通话，5G 新通话还为用户提供丰富的应用服务。基于现有音/视频通话的新应用探索，将为 5G 新通话率先打开局面；基于 IMS DC 的新通话应用，让通话的可交互性大幅增强，也将为通话的未来储备新动能。基于此，中国移动对 5G 新通话的应用探索分为以下 4 条路线。

1. AI 介入通话，提供通话实时对话辅助服务

电话具有强触达特性，是企业触达目标用户、提供服务的有效手段。基于行业通话具体场景，建立辅助通话的 AI 系统，与原有 IT 系统互通，为通话双方实时进行内容推荐，提升双方沟通效率。例如，在视频通话远程问诊场景下，借助诊疗 AI 系统，向患者和医生推荐病痛描述指引、诊疗建议等。在个人通话场景中，基于语音识别技术，可为用户提供智能翻译、大字转写等服务。

2. 通话数据资产深加工，提供通话挂断后的增值服务

5G 新通话可提供通话内容转存服务，将用户的通话内容转成文字，供用户在通话后查看和管理。

3. 开放通话介入工具，通话双方进行更丰富的内容交互

在特定的沟通场景下，5G 新通话可向用户提供视频插播服务，在无法用语言表述清楚的情况下，可以向对方发送图片/视频，辅助沟通。

4. 基于 IMS DC，拓宽原生通话的交互体验

基于 IMS DC 的 5G 新通话业务，面向具备 5G 新通话 DC 功能的 VoLTE 和 VoNR 终端用户提供服务，通过通话小程序，可实现屏幕共享、AR 标记、内容分享等功能，用户可通过显示界面进行交互。

四、5G 新通话未来发展展望

5G 新通信为电信运营商数智化转型提供新手段，推动从语音"要素"向语音服务的"要素+能力"转型；语音基础 CT 业务向 CT、IT、媒体融合服务转型。5G 新通信将通话升级为能力服务入口，有望为中国移动打造全新入口平台及生态体系。面向未来，中国移动 5G 新通话将基于"网业分离、开放敏捷、可管可控"的业务运营平台和媒体能力平台为基础，持续开展生态合作创新。

1. 立足当下："通话+X"，赢得人心

5G 新通信持续引入优质算法、能力和应用，打造新通话 AI 能力库和特色应用商店，形成以通话为起点，以 AI 为载体，以算法为动能的通话升级服务，将通话打造成为算力"龙头"，一按接听键，能力和算力顺流而下，构建全新的通话体验。

2. 面向未来："X+通话"，赋能百业

5G 新通信坚持终端全面覆盖，面向内外部 App、云终端、泛终端等各类场景应用输出 5G 新通话能力，发挥"连接+算力+能力"优势，将通话深度融入生活、生产、社会治理全流程，实现从通话入口到信息服务平台生态的全新升级。

五、结束语

诚然 5G 新通话面临的发展机遇十分广阔，但是在终端、场景、模式等方面依然存在重重阻力亟须化解。道阻且长，行则将至。约翰·布鲁克在《电话，第一个世纪》一书中曾说道："现在我们一声轻语都能让世界各地的人听到。"他描述的这番情景，即使是古代最富想象力、创造"顺风耳"神话的作者也难以想象。今天，随着 5G、AI、大数据、云计算等技术的发展，我们将再次突破人类想象力的边界，让每一个人都能在通话中不仅拥有"顺风耳"，更能拥有"千里眼"，甚至拥有"读心术"，让 5G 通话成为数字经济发展中的一张闪亮名片。

(中移互联网有限公司　钟　茹　刘振诚
　　　　　　　　　　　姚　响　黄洁珂)

5G 工厂安全保障体系建设研究

5G 工厂是"5G+工业互联网"在工业企业内深度融合应用的产物，构建安全体系是保障 5G 工厂快速高效建设的关键环节。

一、构建 5G 工厂安全保障体系的重要性和必要性

（一）5G 工厂发展的重要意义

5G 工厂是"5G+工业互联网"在工业企业内深度融合应用的产物。一方面，5G 工厂以生产线、车间、工厂为单位，深化工业互联网在工业企业的落地，加快 5G 在工业企业的综合部署应用。另一方面，5G 工厂建设与工业企业实际的生产需求紧密结合，形成工厂建设或改造整体方案。

5G 工厂的建设和发展将为企业数字化转型提供关键支撑。5G 工厂的建设，将为企业解决网络互通、资源共享、IT/OT 深度融合等相关问题做好技术支撑，促进数字孪生工厂建设。5G 工厂满足企业生产的无线化、柔性化、协同化等需求，提升生产工艺，降低生产能耗，改进企业建设运营模式，探索形成新的商业模式。

5G 工厂将开辟 5G 与工业互联网融合发展的新赛道。5G 工厂建设将促进 5G 在工业生产中由局部单点向生产全局、由外围应用向生产核心创新发展，进一步加快"5G+工业互联网"新技术、新场景、新模式向工业生产各领域、各环节的深度拓展。

（二）构建 5G 工厂安全保障体系的必要性

安全是发展的基本前提和重要保障。同步做好工业互联网安全工作，开展战略性、前瞻性、系统性部署，确保安全与发展同步实施，是在当前大融合、大变革的历史阶段，落实国家总体安全观，保障"两个强国"建设的关键举措，也是支撑我国当前重大战略实施和未来长远布局、抢占发展制高点的基础保障，还是全面保障 5G 工厂高质量建设的重要屏障。加速构建 5G 工厂安全保障体系是应对日益复杂的网络安全形势、筑牢网络安全防线的必然要求。5G 工厂内 5G 与工业系统的深度融合发展，势必将大量的 ICT 系统威胁和挑战带入工业 OT 网络，其安全防护更为艰巨，安全保障工作的重要性和必要性凸显。

二、5G 工厂安全防护分析

（一）5G 工厂安全风险及问题分析

一是在接入安全方面，5G 网络加大了大量工业 IT 软件漏洞被利用的风险，5G mMTC 场景下大量泛在智能终端易被利用，成为新攻击源，终端应用场景多元但缺乏统一安全标识和认证管理机制，增加了网络管理难度。二是在控制安全方面，5G 网络打破相对封闭的工控空间，增大了工控协议与 IT 系统漏洞被利用的风险，工业控制协议、控制软件设计之初未考虑完整性、身份校验等安全需求，应用软件持续面临病毒、漏洞等传统安全挑战。三是在网络安全方面，5G 网络切片面临非法访问等切片间、切片内及切面与 DN 的网络安全威胁；5G 网络采用软件定义网络（Software Defined Network, SDN）等 IT 技术，引入网络传输链路上的软硬件安全威胁；边缘计算（Mobile Edge Computing, MEC）技术节点的安全能力不够、易被攻击，且 5G 核心网用户面功能（User Plane Function, UPF）下沉造成网络边界模糊。四是在应用安全方面，工业互联网企业开放平

台，电信运营商对数据的控制力减弱，数据泄露的风险增大；5G网络能力开放架构面临网络能力的非授权访问和使用，以及数据泄露等安全风险；MEC平台上的应用程序存在缺陷，增加了非授权访问的安全风险。

（二）5G工厂安全管理和安全防护的关键技术

1. 安全监测类技术方面

以工业互联网安全态势感知为主，主要包括工业资产探测技术、蜜罐仿真技术和工业异常行为发现技术。工业资产探测技术是指通过主动探测扫描资产，实现对工控设备资产的全面探测。蜜罐仿真技术是指利用软件代码来模拟常见的工业控制系统服务或工控专用协议。工业异常行为发现技术是指对工业数据包深度解析，结合工业异常行为规则库发现网络中的异常行为。

2. 安全检测类技术方面

安全检测类技术主要包括基于模糊测试的工控漏挖和渗透测试技术。基于模糊测试的工控漏挖是指通过生成畸形报文查看控制器状态、测试协议的鲁棒性并发现其中的漏洞。渗透测试技术是指形成工控系统漏洞知识库，集成当前主流的商业或开源漏洞扫描器，实现扫描任务的插件化、脚本化。

3. 安全防护类技术方面

安全防护类技术主要包括工业防火墙技术、工业主机白名单技术、安全隔离与信息交换技术和轻量级密码算法技术。工业防火墙技术通过对工业流量数据包应用层深度解析，实现端口动态跟踪等功能。工业主机白名单技术是指对工业主机等允许运行程序、服务等建立白名单。安全隔离与信息交换技术是指采用"2+1"结构，通过电子开关或专用数据通道进行数据摆渡。轻量级密码算法技术是指在工业设备中，应用基于标识的轻量级密码算法。

4. 5G网络安全能力方面

5G网络安全能力主要包括切片安全、通信安全、5G核心网（5G Core，5GC）安全和边缘计算安全。切片安全是指采用移动网络安全机制和网络切片之间端到端安全隔离机制。通信安全是指采用身份鉴权、传输加密和网络隔离策略。5GC安全是指采取应用程序接口（API）安全和安全域划分策略。边缘计算安全是指从物理、基础设施、系统及平台、业务及数据、管理与运维安全等端到端的安全解决方案。

随着关键技术的不断发展，主动发现威胁和自动响应的能力也不断提升。一是基于威胁情报智能分析助力态势感知实现"智能化分析""高度互联及时响应"。二是未知威胁检测将利用图计算等技术挖掘安全威胁和隐藏的安全问题。三是发现基因检测、沙箱检测等的恶意代码将持续应用。四是基于虚实结合的攻防靶场，通过搭建数字孪生体，实现工业现场"实景"攻防。五是基于安全编排的安全自动化响应将持续助力5G工厂安全保障体系建设。

三、5G工厂安全保障体系构成

5G工厂需要建立安全管理体系、安全技术体系、安全运行体系三大体系，强化工厂的安全管理和防护水平。

（一）安全管理体系

安全管理体系重点包括组织保障、制度建设和分类分级3个部分。一是夯实组织保障基础，涉及责任部门、人员管理和资金投入。在责任部门方面应建立跨部门、跨职能的工业互联网安全联合管理团队，联合产业链上下游，建立工业互联网安全防护联合工作机制，明确工业互联网安全管理责任人，落实工业互联网安全责任制，部署工业互联网安全防护措施。在人员管理方面应建立安全岗位分类机制和人员审查制度，尤其是对关键岗位的人员进行严格审查，在授权访问系统及相关重要信息前进行人员审查，在人员离职或岗位调整时对其进行审查，保留所有工作人员（包括离职人员）的权限记录，发生重大安全事故时进行监视和审查。在资金投入方面应关注"5G+工业互联网"和工业互联网安全领域的政策文件，按照相关要求，加大在安全方向的资金投入。二是不断完善制度建设，涉及安全规划和安全管理制度建设。在安全规划方面应根据实际需求和发展规划，制定详细的5G工厂安全保障规划，明确当前需求和下一步发展要求，明确每个阶段的安全发展目标、安全举措等。在安全管理制度建设方面应不断建立健全工业互联网安全管理制度，动态优化完善制度建设，全面提升综合安全保障能力。三是持续优化分类分级管理，涉及自主定级、上报备案和规范落实。在自主定级和上报备案方面应结合工业互联网企业网络安全分类分级评定规则，依据实际情况，开展网络安全自主定级和上报备案工作，落实与自身等级相适应的安全防护措施，形成定级报告。在规范落实方面应根据实际工作开展情况和发展规划，严格按照工业互联网安全防护规范要求，全面有序开展安全防护工作，动态优化调整规范落实流程，推动分类分级工作有序开展。

（二）安全技术体系

安全技术体系主要包括接入安全、网络安全、控制安全、应用安全和数据安全5个部分。在接入安全方面应主要从终端设备自身、接入认证和访问控制来保证终端接入的安全，包括终端自身的安全加固、鉴别机制和访问控制策略等措施来实现对终端接入的安全防护。在网络安全方面应通过采取通信和传输保护、边界隔离（工业防火墙）、接入认证授权等安全策略，确保工厂内网安全、标识解析安全等，通过通信和传输保护、边界隔离（防火墙）、网络攻击防护等安全策略，确保工厂外网安全、标识解析安全等。在控制安全方面应通过采取控制协议安全机制、控制软件安全加固、指令安全审计、故障保护等安全策略，确保控制软件安全和控制协议安全。在应用安全方面应通过采取用户授权和管理、虚拟化安全、代码安全等安全策略，确保平台安全、本地应用安全、云化应用安全等。在数据安全方面应通过采取数据防泄露、数据加密、数据备份恢复等安全策略，确保包括数据收集安全、数据传输安全、数据存储安全、数据处理安全、数据销毁安全、数据备份恢复安全在内的数据全生命周期各环节的安全。

此外，安全技术体系还应关注切片安全、边缘计算安全等5G通用网络安全技术。切片安全包括切片隔离、切片接入认证、安全机制的差异化、切片的通信安全、虚拟化安全等。在切片隔离方面，每个切片都应具有独立的安全策略，以稳固的方式相互隔离，并且当用户通过多个网络切片访问服务时，要提供切片间的安全隔离。在切片接入认证方面，为确保用户能够正确选择和访问切片，应将合适的网络切片分配给适当的签约用户，以保证切片的接入认证安全；当用户接入切片时，注册切片，通过切片访问控制保证用户接入正确切片，通过会话机制防止用户未经授权访问。在安全机制的差异化方面，应为每个网络切片定义不同的访问安全机制及会话安全机制。在切片的通信安全方面，应根据网络切片功能的敏感级别和网络租户的需求，对网间切片接口和通信进行保护。在虚拟化安全方面，当使用虚拟机部署MEC应用和/或MEC平台时，应支持虚拟机使用的vCPU、内存及I/O等安全隔离，支持镜像签名，防止被非法访问和篡改等；当使用容器部署MEC应用和/或MEC平台时，应支持容器之间资源的安全隔离、镜像仓库安全等。在边缘计算安全方面包括物理安全、通信安全、身份认证与鉴权和访问控制、API安全等。在物理安全方面，边缘计算设施应放置在电信运营商可控，并满足基本物理安全的机房。在通信安全方面，边缘计算应支持安全通信功能，尽量不使用明文通信。在身份认证与鉴权和访问控制方面，应对权限和密码进行安全管理，并保障配置正确。在API安全方面，应在开放的API设计和实现过程中充分考虑安全认证，防止出现未授权访问安全漏洞，开发后应实施漏洞扫描和渗透测试。

（三）安全运行体系

安全运行体系主要包括风险评估、安全监测、应急响应、威胁共享和安全审计等。在风险评估方面应通过采用定性或定量的分析方法对安全事件造成的各种影响进行等级判断，通过识别系统面临的风险来制定相应的响应预案，当企业发生安全事件后，应及时分析事件的影响范围与程度，评估企业处置恢复方案的适用性与有效性，并依据安全事件处理评估结果进行持续修正优化。在安全监测方面应部署相应的监测措施，主动发现来自系统内外部的安全风险，具体措施包括数据采集、收集汇聚、特征提取、关联分析、状态感知等。在应急响应方面应定期对应急计划和应急预案进行评审和更新，制订应急预案培训计划，并向具有相应角色和职责的工业互联网用户提供应急培训。各部门之间应协调开展应急演练，依据已建立的重大安全事件跨单位、跨区域联合应急预案，定期进行应急预案的联合演练。在威胁共享方面，一旦发现安全隐患威胁或发生安全事件，应及时快速在 5G 工厂范围内进行威胁信息共享，最大限度地降低可能带来的安全损失。在安全审计方面，应根据业务运行情况建立较为完善的安全审计管理制度，对重要设备、平台、系统等启用安全审计功能，对重要的用户行为和重要安全事件进行安全审计。部署安全审计工具，保护审计工具免受未授权访问、修改、删除或覆盖等行为的破坏。建立配置管理制度，记录和保存详细配置信息。

四、5G 工厂安全保障体系发展相关思考

当前，我国"5G + 工业互联网"处在蓬勃发展的关键时期，5G 工厂作为重要的应用模式，其安全问题应得到高度重视，"政、产、学、研、用"各方均应做好安全保障工作。

（一）强化安全管理，明确 5G 工厂安全建设要点

2022 年 8 月，工业和信息化部出台了《5G 全连接工厂建设指南》，提出加强网络安全防护，提升安全管理水平和升级安全防护能力，初步明确了 5G 工厂的安全建设方向。接下来，需要进一步研究制定 5G 工厂安全相关机制，细化安全建设要点，指导企业有序开展 5G 工厂安全保障工作。

（二）完善安全标准，加速推进 5G 工厂安全发展

根据《工业互联网综合标准化体系建设指南》《工业互联网安全标准体系（2021 年）》等相关标准文件，持续完善工业互联网安全标准体系，加快推动更多"5G + 工业互联网"和 5G 工厂相关安全保障标准的研制发布，为 5G 工厂安全保障体系建设指明方向，为"5G + 工业互联网"应用的高质量发展保驾护航。

（三）加强安全防护，提升 5G 工厂安全保障能力

以 5G 自身安全能力为基础，结合工业互联网特征与运营模式，融合网络切片、边缘计算、安全态势感知等技术，提升网络安全技术能力，同时做到安全防护、信息共享、协同处置的安全运行闭环，提升"5G + 工业互联网"安全保障能力，全面构建 5G 工厂安全保障体系。

（四）提升安全意识，推动 5G 工厂安全高效建设

充分认识并把握好安全与发展的关系，5G 工厂相关企业应与电信运营商、设备提供商、安全服务商、监管机构等共同协作，建立跨部门、跨行业、跨平台的工作机制，共同推动安全核心技术联合攻关、共享安全技术资源，从而推动 5G 工厂安全高效建设。

五、结束语

在充分认识 5G 工厂安全风险和问题的基础上，构建包括安全管理体系、安全技术体系、安全运行体系的 5G 工厂安全保障体系。为推动 5G 工厂安全保障体系建设，应不断强化安全管理、完善安全标准、加强安全防护、增强安全意识。

（中国信息通信研究院　刘晓曼）

"5G+工业互联网"为企业赋能赋智
助力企业数字化转型升级实现高质量发展

一、5G 关键能力

5G 支持更大宽带吞吐量、超可靠和低时延,以及大规模 IoT 通信。5G 在多领域发挥赋能效应,应用案例超过 5 万个,且呈现持续加速态势。国际电信联盟(International Telecommunication Union,ITU)定义的 5G 三大应用场景如图 1 所示。

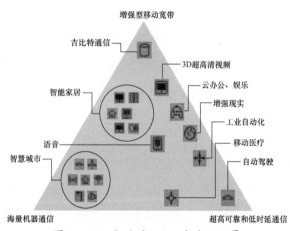

图 1　ITU 定义的 5G 三大应用场景

(一)增强型移动带宽

频段优势、天线矩阵及波束赋形技术加持,5G 网络理论速率可达 10Gbit/s,比 4G 高 10 倍。中国联通某场景 5G 基站实验中的实际下载速率达 1.8Gbit/s。

(二)海量机器通信

4G 改变生活,5G 改变社会,超大容量特点功不可没。据 ITU 发布的标准,5G 连接密度可达每平方千米 100 万台设备,万物互联成为可能。

(三)超高可靠性和低时延通信

理想状态下,5G 网络时延最大不超过 4ms,4G 为 100ms,低时延下可进行远程手术、自动驾驶等,机床行业 5G 工业机器人的响应速度也会更快。

二、"5G+工业互联网"应用场景

5G 是新一代信息通信技术的典型代表,工业互联网是企业数字化转型的重要动力,"5G+工业互联网"加速制造业数字化、网络化和智能化,产生辐射带动和叠加倍增效应,助力建设制造强国,为社会经济注入强大活力。

5G 的高速率、低时延、大连接、高可靠,便于替代传统厂区和城市基建中的通信技术,例如 Wi-Fi、蓝牙等短距离通信技术,使其不再受制于网络接入或安全性,5G 网络切片、TSN 为工业互联网提供良好助力。5G 与工业自动化深度融合,可提升网络连接力和稳定性,打造未来工业连接新架构,支撑未来全连接智慧工厂建设。"5G+工业互联网"重点行业与典型应用场景如图 2 所示。

三、挑战与思考

"5G+工业互联网"融合已深入工业设计、制造、管理、服务等各环节,已进入产业深耕、赋能发展新阶段,但仍面临诸多挑战。

(一)5G 网络建设和网络结构继续调优,加快提升特定场景网络品质

我国已建成全球最大的 5G 网络,但在网络覆盖广度和深度上仍需进一步提升。2023 年电信运营商投资规划有一定程度下降,但 5G 基站总数仍将增加、增速放缓。工业园区对网络要求更高,需要加快网络结构优化调整,强化 5G 广度和室内深度覆盖。

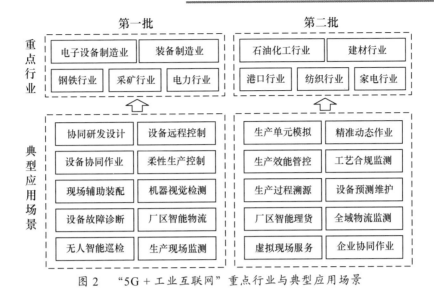

图 2 "5G + 工业互联网"重点行业与典型应用场景

（二）企业数字化转型阶段及业务场景多样性和复杂性，聚焦关键问题突破

企业门类众多，数字化、网络化、智能化转型发展阶段各不相同；工业制造业务场景分散，跨行业、跨领域融合困难；跨界融合专业性要求高，电信运营商、设备商、工业互联网企业之间的"壁垒"较高；电信运营商、设备商对企业业务流程及制造工艺流程理解不深，解决方案不精确。一是以数字化为主线，挖掘一批技术先进、成效显著、易推广复用的工业互联网解决方案，加快工业知识经验快速沉淀、快速传播和快速复用。二是以创造价值为牵引，出台推动芯片研发、终端模组、企业内网改造等政策。三是推动工业互联网平台赋能千行百业的数字化转型。

（三）工业互联网产业是"团体赛"，需要持续推进业态模式创新

5G行业应用爆发式增长，产业规模迈过万亿大关，已覆盖钢铁、电力、矿山、港口等20多个重要行业和领域，形成丰富的应用场景，优秀案例数量持续攀升。电信运营商具备为行业客户提供5G一体化解决方案能力，但工业互联网是一个庞大的生态体系，涵盖智能硬件、数据采集、数据分析、人工智能、云计算等领域，没有一个平台能提供全部的能力和产品。在工业互联网领域，应构建平台体系、打造平台能力、融合应用走深向实，构建基于平台融合发展新格局，搭建"政、产、学、研"创新合作平台，破解工业互联网规模化发展实践中的问题。

（四）商业模式、产业生态和关键技术面临困境，需要以创新思维突破

"5G + 工业互联网"商业模式尚待进一步明晰，产品个性化多、规模化复制推广有难度，共同营利模式和技术产业生态尚未完全成形。因此，一是要不断推进工业互联网互联互通工程，IT、OT、CT网络技术深度融合，加快工业互联网标识解析体系建设。二是成立融合研发创新中心、开放实验室、产业研究院等创新联合体，汇聚资源，提升研发效率和成果转化水平。三是打造新型共性技术平台，解决跨行业、跨领域关键共性技术问题，依托平台打造供需精准对接、各方协同推动产业链上中下游、大中小企业融通创新。四是创新驱动发展，科技自立自强是国家发展战略，要加强基础研究，推进关键核心技术攻关。

（五）复合高端人才需求迫切，加快打造跨界高端人才队伍

工业互联网亟须熟悉行业特点、掌握信息通信技术且具备软件开发能力的复合型人才。一是从国家层面整体统筹从业人才培养。二是根据产业发展特点，以专业交叉和复合型人才需求为切入口，在直接产业和渗透产业内筛选新职业，推动现有人才培养体系变革、重塑专业知识体系。三是加快企业内部专业人才培养。四是加快引进社会成熟人才，领军人才、管理人才、技术人才，建立与高等院校合作培养引进机制。

四、结束语

工业互联网应用场景80%属于物与物通信，第四次工业革命是人类发展的必然趋势，也是工业发展的必由之路。5G、物联网、大数据及人工智能等技术驱动社会生产方式变革，加快企业数字化转型和智能化改造。

中国联通在"5G+工业互联网"转型的背景下，坚持"联接为根、算力为核、数据为先、应用为要、安全为盾"，助力千行百业"上云用数赋智"新发展。

（中国联合网络通信有限公司天津市分公司 李文其）

5G MR 位置数据在新业务发展方面的应用与展望

近些年，在国家提速降费的号召下，用户的通信体验显著提升，同时在降本增效的背景下，市场竞争也愈发激烈。在降低成本投入的同时更精准地为用户画像，支撑公司业务部门开展营销工作、赋能高品质服务成为迫在眉睫的问题。在位置大数据业务方面，通过自研的方式，形成可处理大规模位置信令数据的大数据处理系统，重构驻留和出行模型。以驻留和出行为基础，结合通话数据构建关系图谱网络，赋能家庭、校园、农村、临街、公寓等市场业务拓展。

一、国内位置大数据行业市场发展应用现状

近年来，随着大数据平台实时处理能力相关技术的发展，基于用户位置的位置类便民信息服务成为重点。未来，位置大数据在大数据市场中的比重将持续上升。根据中研普华研究院出版的《2022—2027 年中国位置大数据行业市场发展环境与投资趋势分析报告》统计分析，2021 年中国位置大数据的市场规模达到 92 亿元，相比 2020 年增长 16.5%。随着用户可随时随地查询身边的地铁站、加油站、银行、电力/水力营业厅、移动营业厅及 WLAN 热点等公共基础设施的分布情况，"掌上公交""商户联盟""实时交通"等一系列位置类应用服务广受好评，大数据平台位置类应用的建设必将受到更加广泛的关注。

位置大数据的应用领域非常广，例如，基于位置数据的精准营销、商业选点布局、城市规划及综合治理等。位置大数据的应用将对生产实践产生革命性的影响。基于"位置+用户行为"的广告投放将是广告投放的未来，位置信息对线下广告和移动广告投放的效果能有很大的帮助。对于线下投放，企业可以通过特征人群的位置数据分析，找到最佳的广告投放位置。这只是位置大数据的一个很小的应用，其实在很多方面需要用到位置大数据，每个人都是位置大数据的潜在需求用户。

二、电信运营商传统位置大数据的分析

电信运营商主要的定位技术是基于基站小区的定位。基站定位技术是一种利用移动通信网络中的基站信号来确定移动设备或用户所在地理位置的技术。基站定位的原理是当手机开机、关机或切换基站时，会就近向最优基站鉴权，因此可以通过用户使用的基站位置来确认手机位置。基站定位的准确性取决于定位区域内基站的密度和分布，但这会导致基站定位整体的精度不高。发达地区城市的基站间距一般在 500 米以上甚至更远，在这样的地方定位精度大约是 500 米内。偏远地区、人烟稀少地区的基站间距可达 1 千米甚至几千米以上，这样的地方基站定位误差可达数千米。这也是传统位置大数据发展的短板。

三、5G MR 精准位置定位方法的实现

为了提高定位精度，天津联通通过自研的方

式,形成可处理大规模位置信令数据的大数据系统,超越并替代传统的基站小区位置处理技术,通过训练样本指纹库、栅格聚合运算、小区落点运算等技术将定位精度控制在 50 米以内。该系统重构驻留和出行模型,以驻留和出行为基础,结合通话数据构建关系图谱网络,关联自然地块属性等信息,构建小区维度的数据定位能力,充分赋能家庭、校园、农村、临街、务工、公寓等业务拓展。5G MR 位置信令大数据系统的主要流程如图 1 所示。

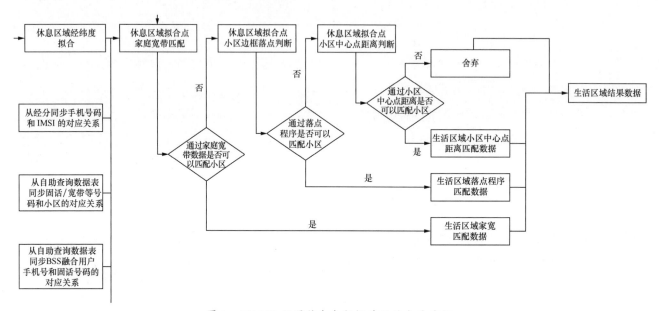

图 1　5G MR 位置信令大数据系统的主要流程

系统由天津联通自主设计、自主研发,采用 J2EE 企业级架构,业务端技术基于 SpringBoot、Jpa、SpringData,可快速搭建轻量级复杂业务逻辑的企业级系统。系统采用 Controller、Service、Dao、Entity 4 层分隔。系统面向接口编程,降低了程序的耦合性,易于程序的扩展和维护。要实现方式如下。

首先,引入日常的 AGPRS/MDT、App 及数据变成训练样本指纹库,将用户上报的测量报告(Measurement Report,MR)位置数据,解析入库后通过指纹库进行特征向量匹配。

其次,对用户 MR 位置数据源进行聚合运算,截取用户晚上 23 点至次日凌晨 5 点时段的点,对天津市地图以 200 米为单位长度画栅格(栅格用以逻辑运算,经纬度间隔为 0.02),将 MR 位置数据源所有点落入栅格中。选取每位用户落点最多的栅格作为中心栅格,再选取中心栅格及周围相邻 8 个栅格里的所有坐标作为最后的运算点。

最后,用聚合坐标和小区边框进行落点运算(点在多边形内)。

具有 14 条边的凹多边形示例如图 2 所示,判断落点是否在多边形内。

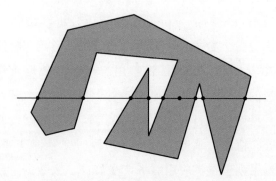

图 2　具有 14 条边的凹多边形示例

解决方案是将测试点的 y 坐标与多边形的每一

个点进行比较，得到一个测试点所在的行与多边形边的交点的列表。在这个例子中，有 8 条边与测试点所在的行相交，而有 6 条边没有相交。如果测试点两边点的数量都是奇数，则该测试点在多边形内，否则在多边形外。在这个例子中，测试点的左边有 5 个交点，右边有 3 个交点，它们都是奇数，因此点在多边形内。这个算法适用于顺时针和逆时针绘制的多边形。

根据上述规则来进行特殊情况的验证，多边形自交的情况如图 3 所示。

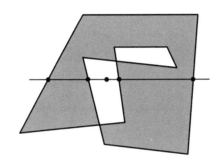

图 3　多边形自交的情况

在这个例子中，测试点 y 坐标的左右两边各有两个交点，为偶数，因此测试点在多边形的外面。

相比于 4G MR 位置数据，5G MR 位置数据更精准，这主要是因为在没有 5G MR 时，只能依靠 4G 的数据进行定位，而目前天津联通的 5G 登网用户的 5G 流量占比已达 75%，仅依靠 4G MR 位置数据无法还原这部分用户真实、完整的出行、驻留情况。另外，5G MR 位置数据可区分移动点和静止点。在沉淀用户常驻位置时可以有针对性地只保留精准点，剔除了移动点的影响。

四、5G MR 位置数据在业务拓展方面的应用情况

根据 5G MR 定位用户所在小区，精准开展社区营销工作，有针对性地向有需求的用户推广宽带业务；对融合套餐中不同手机成员 MR 生活区所在小区的不同用户营销二部宽带；构建务工卡市场模型，根据近半年新漫入天津的外省用户 MR 位置的聚集情况，以及漫入的小区类型，输出每个分公司的务工人员聚集地点及务工卡空间，助力公司务工卡的发展；对满意度较低的用户利用 MR 位置数据进行聚类，对聚集的区域进行网络和口碑修复，提升用户服务满意度；根据用户 MR 位置的常驻坐标和营业厅的位置坐标，通过计算距离来圈定营业厅周边的用户，以短信或外呼的方式触达，定期宣传营业厅的促销活动；通过聚类市场和商务楼宇的边框，找到 MR 工作区归属为围栏边框的用户，结合企业或聚类市场的特殊属性，有助于政企线业务的开发和营销。（对于应用中可能会涉及的敏感数据的展示均进行了脱敏处理，无法脱敏的也都按照数据安全管理办法采取了加密等安全保护措施）。

在移动互联网业务蓬勃发展的今天，用户密度决定了市场宽度，天津联通将信令数据的大数据处理系统能力与大数据平台分析能力相结合，大幅提高了位置大数据服务的价值，为增值服务市场迎来爆发式增长。该系统中使用的核心算法已申请国家专利（申请号：CN202011471525.5　公开号：CN112506972A）。

（中国联合网络通信有限公司天津市分公司　闫相儒）

国家体育场 5G 数字人民币智能零售柜

以国家体育场为代表的大型场馆，在举办各类大型赛事时，集中在场馆及周边地区的观众人数规模大，以传统人工售卖方式为主的零售模式存在占用人数多、收/付款慢、售卖效率低等问题。随着 5G、人工智能、物联网等技术的发展，在大型赛事中，无人零售柜、无人超市等正在为大规模的观众人群提供高效、便捷的食物、赛事纪念品等售卖服务。

数字人民币是中国人民银行发行的数字形式的法定货币，是满足数字经济发展需要的安全普惠的新型零售支付基础设施，在北京、上海、广州、深圳、成都、海南、苏州、雄安等地开展业务试点，并在北京冬奥会和冬残奥会上为八方来客提供服务。

为将数字人民币与 5G、人工智能、物联网等技术相结合，国家体育场等大型场馆采用无人自助零售柜、无人超市等全新零售模式，满足大型赛事中线下零售全时段服务、低成本运营、高效率结算、数字化管理、多场景覆盖的需求，联通支付有限公司（简称"联通支付"）、中国联通北京市分公司联合北京智能建筑科技有限公司研发推出 5G 数字人民币智能零售柜。

联通支付是中国联通全资子公司，拥有支付业务许可证，以"沃支付"为企业品牌，为政企客户提供支付金融综合解决方案，通过中国联通 App 为个人用户提供综合性的支付应用与金融信息服务。2018 年开始受中国人民银行数字研究所和中国联通委托开展数字人民币产品研发、场景拓展、营销推广等工作，结合中国联通主业打造 SIM 钱包、智能电子证、物联网收款模组、5G 智能零售柜等数字人民币创新应用场景。

大型赛事要求无人零售系统提供高效快速的售卖服务及准确安全的支付结算服务。目前已实现大规模部署及应用的 5G 网络，具备高速率、低时延、大容量等优势，能够为无人零售系统前端设备与云端服务软件平台之间的各类数据交互提供高速、稳定的通信保障，确保数据传输的时效性和可靠性，在提升消费者购物体验的同时，也为无人零售创新运营模式提供了基础保障。

数字人民币是满足数字经济发展需要的安全普惠的新型零售支付基础设施，兼顾实物人民币和电子支付工具的优势，具有支付即结算、成本低、便携性强、效率高、易获得、可编程等特点，能够为不同人群提供普惠、安全、便捷的支付体验。

物联网是数字人民币的重要应用领域之一，国家体育场 5G 数字人民币智能零售柜是全国首个实现数字人民币无感支付的无人售货系统，用户不需要进行支付操作，在购物过程中即可完成数字人民币支付，并且实时进行货款结算，在线下零售场景下，大幅提升了支付效率，以及付款方与收款方之间的结算效率。

5G 数字人民币智能零售柜如图 1 所示。

消费者将数字钱包与无人零售柜签约认证，无人零售柜通过高清摄像头拍摄消费者开关柜门、选取商品的视频，通过 5G 网络将视频传输至后端软件平台进行人工智能识别处理，形成订单后，直接从数字人民币钱包扣款，实时结算到国家体育场对公数字人民币钱包。用户开柜门、取货、关柜门即完成支付结算，实现全自助无人值守售卖及数字人民币无感支付。

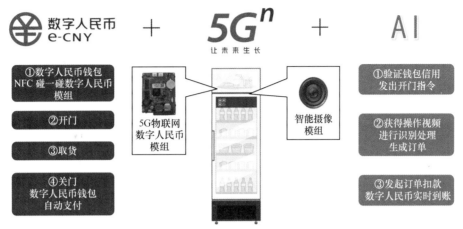

图 1　5G 数字人民币智能零售柜

无人零售系统通过加载物联网数字人民币模组，支持 5G 网络接入的同时，还可以支持数字人民币硬件钱包近场通信（Near Field Communication，NFC）支付，多种形态硬件钱包可以为不同的消费者提供更加便捷的支付体验。

随着科技的发展和人力成本的不断上升，相较于小商店、小超市，智能零售柜的成本将会越来越低。参照发达国家发展智能零售柜的成功经验，我国在推进城镇化进程中将会有越来越多的智能零售柜市场需求。

在中国人民银行的统筹下，随着数字人民币试点推进，特别是数字人民币为北京冬奥会和冬残奥会提供了便捷服务，将进一步推动数字人民币无感支付、支付即结算、智能合约等能力进入包括体育场馆、赛事活动在内的各个商业消费领域。5G 数字人民币智能零售柜的市场定位是新一代智能零售柜，相较于市场上的众多智能零售柜竞品，其特点是 5G 技术加持，响应速度更快；数字人民币应用试点，支付体验更佳；智能动态视觉识别，商品识别更准确。

5G 数字人民币智能零售柜直接面向商户和用户。全国首个基于 5G 实现数字人民币无感支付的无人零售系统在国家体育场应用试点，在"5G + 数字人民币"融合创新方面具有引领示范作用，进一步推动了各类基于 5G 的数字人民币创新应用发展。

（联通支付有限公司　李先华）

能源电力行业 5G 工厂实践应用

一、案例描述

本项目结合 5G、大数据、物联网等技术,采用三维建模、三维可视等方式,建设基于三维虚拟电厂的安全管理系统,涵盖人员定位、出入管理、作业管理、视频管理等功能应用,实现全厂"人、机、环、法"的连接,提升精细化管理能力,提高生产运营过程中的管理效率和经济效益,支撑华电天津分公司及下属发电企业的未来战略规划和发展。

本项目的设计原则如下。

① 前瞻与实用相结合:项目在设计过程中,既要满足对电力系统行业趋势的前瞻判断,又要解决电厂当下面临的实际困难。按照痛点需求优先级排序,在项目的合理预算中,最大限度地解决问题。

② 平台集成一体化:数字化转型的基础是"数据平台"的大整合,因此在项目设计之初就要从数据的角度出发,整体规划、统一集成,避免重复建设造成浪费,同时避免形成"数据孤岛"。

③ 可扩展、可延展:随着技术的演进和需求的发展,不同阶段的安全需求有所不同。因此项目在规划时同样要考虑未来扩展的需求,接口标准化,系统弹性强,以备将来进行多方面业务的延展。

(一)网络架构

基于项目需求建设独立组网的 5G + MEC 专网建设方案,在天津华电南疆厂区机房建设 MEC 边缘云,实现应用数据在主厂区内部完成数据流循环,降低应用访问和调用时延,信令信息将通过联通智能城域网上联至联通 5G 核心网,用于接入点的鉴权与许可。项目网络架构如图 1 所示。

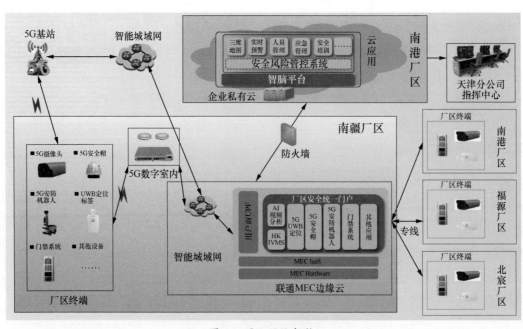

图 1 项目网络架构

（二）建设内容一览

项目建设内容如图2所示。

① 终端层：包括摄像头、定位终端、门禁、安全帽、安防机器人等。

② 网络层：包括5G、数据专线等，为厂区提供稳定、安全的网络环境。

③ 边缘层：包含了MEC硬件、视频管理系统、门禁管理系统、定位管理系统、安全帽管理系统与电厂统一门户等，每个厂区基于统一门户可实现厂区内终端的管理。

④ 平台层：包含了物联分析、设备管理、物联感知、三维建模与物联监控等功能，汇聚所有厂区的设备数据，实现终端层与应用层的解耦，便于后期业务的扩展。

⑤ 应用层：包含了安全可视化中心、智慧安全保障系统、智慧安全管控业务平台等。每个厂区与华电天津分公司的用户可通过该应用实现服务与应用的便捷访问和可视化展现。

二、案例应用场景

（一）安全生产风险智能管控平台：厂区一点全览，风险智能预警

1. 安全风险智能管控驾驶舱

结合区域各单位安全风险预控工作的实际情况，中国联通建立安全风险预警分析模型，根据模型的内置算法，直观量化展示区域4家单位的发电量指标、安全运行天数、环保指标、重大隐患数量、典型高风险作业数量、电厂安全态势等。

在厂侧基于三维全景的厂级管控驾驶舱，动态显示现场运行及检修人员分布、机组启停等信息。辅以电厂安全管控关键KPI，例如，各机组实时负荷、全厂人员数量、重大危险作业区域分布、隐患数量及消除率等，为高层管理者提供"一站式"决策支持，直观监测电厂安全生产运营情况。

2. 安全风险分级管控

结合电厂的实际情况进行全厂安全风险辨识，形成全面的安全风险数据库，实现区域级/厂级/部门级/班组级的风险分级管控机制，定期更新。根据安全风险的辨识评估结果，系统可自动生成电厂的重大安全风险清单进行重点管控。当未获取授权人员闯入重点区域时，实时预警和告知监管人员，联动现场声光报警器、摄像头抓拍，并在监管大屏上实时展示闯入人员信息、预警区域信息等。

（二）5G + AI机器视觉应用：全厂智能监控，风险提前预警

基于5G的多AI视觉技术可检测人员穿戴合规、作业工序合规，有效地对生产现场的人员、工作、环境、设备等进行全方位智能化监测与监管，在MEC上部署了14种智慧电厂的AI算法，通过对160路的145个摄像头的系统接入和改造升级，有效防范了高空坠落、中毒窒息等安全风险，综合事故发生率有效降低，实现来源可查、去向可追、责任可究、规律可循。

（三）5G + 轮式/挂轨式巡检机器人：提升巡检质量，降低事故发生率

通过5G技术、智能机器人技术，实现机器人代替人工进行巡检。巡检机器人搭载高清摄像头、红外成像仪、温/湿度检测仪等多种采集和检测仪器，以自动或者遥控的方式对设备逐一检查，获得设备外观、温度异常等信息。结合生产区域实际情况，在升压站、6kV配电室等高风险区域，部署了5G+轮式/挂轨式巡检机器人，单次巡检时间从2.25小时大幅降低到0.5小时，直接节省人工成本70%，巡检质量提升60%，有效降低了高风险区域人员触电风险。

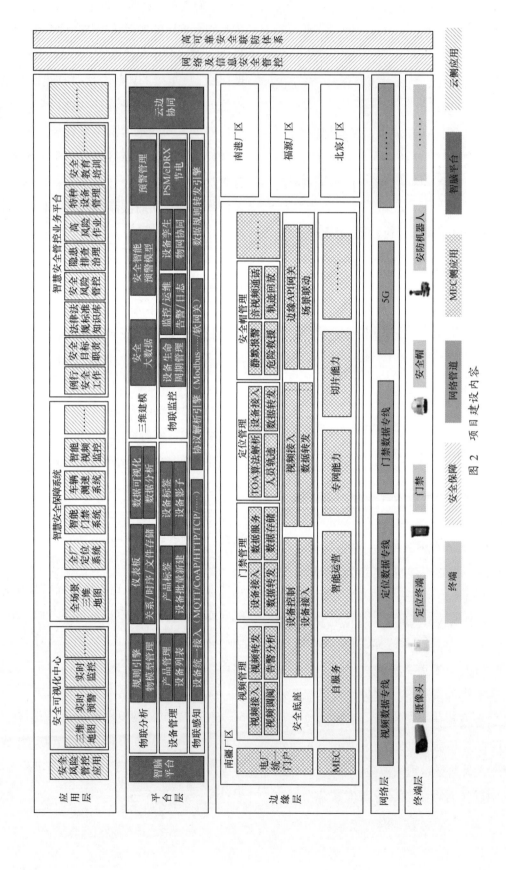

图 2 项目建设内容

（四）5G + UWB 高精度人员定位：作业人员可循、可控、可管

通过部署 280 个 5G 室分和超宽带（Ultra Wide Band，UWB）定位基站，作业人员佩戴标签后，监管人员可在三维数字电厂中看到作业人员的数字替身的实时位移信息，联动视频监控、授权智能门禁，实时辨识作业人员、作业区域的风险，智能预警违章行为，实时联动动态风险，在数字孪生模型中实现人员厘米级定位，降低高空坠落、触电等安全事故的发生概率。

（五）5G + 智能安全帽：提高指挥精准性，提升应急处置时效性

5G + 智能安全帽系统解决了安全生产现场作业过程中的问题，实现"感知、分析、服务、指挥、监控"的五位一体，打造"互联网+"时代的智能化、精细化的安全生产管理新模式。通过配置 30 套具有 14 种功能的 5G 智能安全帽，有效提升了远程应急指挥和现场应急处置的精准性、时效性。

三、案例收益

（一）经济效益

通过"5G + AI 机器视觉应用""5G + 巡检机器人""5G + UWB 高精度人员定位""5G + 智能安全帽"等应用，实现了在"人、机、环、管"4 个方面的"四升两降一减"，即提升监测效率 28%，提升作业效率 35%，提升发电可靠性至 99.99%，提升运营效率 42%，降低误操作率 26%，每年降低人工成本 140 万元，减少非计划停运 0.5 次。

（二）行业示范效益

本项目于 2021 年已获批天津市工业和信息化局"5G 试点示范项目"，并获得第五届绽放杯全国赛二等奖、公共安全赛道一等奖，还获得 2021 年度电力科技创新奖、2021 年度电力设备管理技术创新成果，入选 2022 中国 5G + 工业互联网大会典型应用案例、2022 年度能源领域 5G 应用优秀案例集案例清单。

四、案例典型经验和推广前景

定位准：安全是电力生产企业的头等大事，我国多次下发有关安全生产的重要指示和文件，华电天津分公司将 5G、AI、工业互联网等新技术应用于安全管控模式，提升安全技防能力，落实"预防为主，综合治理"的方针路线，重塑安全管理新模式，培育华电天津区域安全新理念、新文化。

场景全：通过建设 5G 网络及应用，串联电厂生产和管理安全线条，形成"红、橙、黄、蓝"四色分级风险管控模式，对"人、机、环、管"进行全流程的闭环管理，实现区域级公司和基层企业两级安全生产监督体系和保障体系的动态联动，更加夯实了企业的安全生产基础。

连接广：通过建设"5G + AI 机器视觉""5G + 巡检机器人""5G + UWB 高精度人员定位""5G + 智能安全帽"等重点应用，接入 5G 网络终端设备近千个，为电力行业实现"5G 电厂"奠定了坚实基础。

未来，天津联通将继续深耕电力行业，持续打造电力行业标杆案例，赋能全国千家发电企业转型升级，带动电力行业上下游产业创新发展，形成能源电力行业 5G 工厂生态。

（中国联合网络通信有限公司天津市分公司 张明山）

专家视点与专题研究篇

2023 年 ICT 发展十大趋势

国家统计局数据显示，2022 年 1～9 月我国计算机、通信和其他电子设备制造业占制造业出口货值比重为 43.33%。2023 年，中国信息通信业有以下十大趋势。

趋势一：5G 向 5G-Advanced 演进

移动通信经过 1G、2G、3G、4G 时代，现在已经进入 5G 时代。可以看到，从应用、性能和技术层面，5G 相比前几代在技术上有了很大的发展，应用场景有了很大的扩展，性能有了很大的提升，开创了移动通信新时代。

5G-Advanced 作为 5G 后续阶段的增强演进，致力于提升个人实时交互体验，增强蜂窝物联网能力，不断探索上行超宽带、实时宽带交互和感知定位等新场景，基站的"降碳"也将取得进展。其研究方向将主要聚焦于网络智能化、行业网融合、家庭网融合、天地网融合、AR/VR 融合、用户面增强、确定性通信能力增强、网络切片能力增强、通感一体增强、组播广播增强。

趋势二：5G 推动星地融合

当下，移动通信难以做到对边疆、海洋及应急场景等的低成本广覆盖。不过，手机直连卫星（同步轨道、低轨、北斗卫星导航）已经实现单向发送救援短报文。低轨卫星的出现为使用小型终端直接接入提供了可能，但由于卫星过顶时间短，需要数百到上万颗卫星联合组网。

基于此，卫星移动通信系统的发展方向是与地面移动通信 5G 网络融合。不过，星地融合依然面临挑战，例如终端与卫星之间的信息传输时延大，卫星覆盖小区半径达上百千米，导致中心和边缘处的终端到卫星的传输时延相差很大；多普勒频移比地面大上百倍，影响帧同步和随机接入等流程；卫星因无法使用 mMIMO，频谱效率仅为地面网的 1/4。因此，星地网络应协同设计，进而推动卫星移动通信发展。

趋势三：6G 的研究从愿景开始

随着 5G 进入规模商用阶段，6G 也步入概念形成和技术储备的关键时期。未来，6G 将实现人、物理世界和数字世界的"智慧联接"，实现多空间深度融合。发展 6G 不必一味求"快"，它更大的意义在于覆盖 5G 力所不及的地方，将许多目前的"不可能"变为"可能"。

物理层技术增强（超大规模 MIMO、全双工）、新物理维度（智能超表面、全息、轨道角动量）、新频谱技术（太赫兹、可见光）、融合技术（通感一体、"通信+AI"）、网络技术（内生智能网络、分布式自治网、确定性网络、算力感知网、星地一体网、网络内生安全）等将成为关键。

趋势四："5G+工业互联网"构建数实融合平台

中小企业使用公有云可以通过 5G 在工业互联网构建企业上云平台。5G 核心网的用户面，可以为一组用户组成一个 5G 局域网的用户群，实现第二层数据包的转发，缩短转发距离。相对 Wi-Fi，5G 有更好的覆盖及业务隔离效果。

此外，企业级的用户面功能（User Plane Function，UPF）可以直接放置在网络边缘，基于 IPv6 多归属特性，可以实现数据的本地分流，保障敏感数据不出企业；同时可提升数据处理效率，满足超低时延、超大带宽和安全性的需求。

趋势五："IPv6+"提升对数据的流感知与管控能力

"十四五"时期是加快数字化发展、建设网络强国、建设数字中国的机遇期，我国 IPv6 发展处于攻坚克难、跨越拐点的关键阶段。我国与发达国家相比，IPv6 起步还不算晚，而且我国原来使用私有地址，故相较地址数更为看重 IPv6 的可编程空间。因此，我国率先在互联网工程任务组（IETF）倡议并积极开发"IPv6+"新功能，目前在 IETF 关于"IPv6+"新功能的文稿中，由我国提交的文稿占 60%。由此可见，我国在"IPv6+"系统与产品开发创新的努力，为全球"IPv6+"标准发展做出了积极贡献。

IPv6 海量地址预留了很大的编程空间，但地址的使用须提前规划。例如，有规划的地址分配可从地址直接区分用户所在区域和业务类型等。"IPv6+"开拓了互联网标准研究的新热点，我国有全球规模最大的互联网，为"IPv6+"技术应用提供了丰富的场景，也有利于标准技术的试验验证，可以显著提升对数据流的感知与管控能力。

趋势六："云网融合 + 算网协同"打造互联网"新基建"

《"十四五"数字经济发展规划》明确提出要推进云网协同和算网融合发展，加快构建算力、算法、数据、应用资源协同的全国一体化大数据中心体系，加快实施"东数西算"工程，推进云网协同发展，提升数据中心的跨网络、跨地域数据交互能力，加强面向特定场景的边缘计算能力，强化算力统筹和智能调度。从国家要求、业务和应用的发展来看，云网融合和算网融合是一种自然的选择。

一般而言，企业可以按路径、算力容量、使用成本及性能等选择云节点。企业通过通信网络向互联网数据中心（Internet Data Center，IDC）发出计算请求，利用 IDC 提供的付费或免费的模型、算法、数据和算力，也包括企业自有模型、算法和数据，将计算结果通过网络返回企业。因此通过"云网融合 + 算网协同"打造的新型信息基础设施，既夯实了互联网行业发展的底座，也为 ICT 产业创新再出发提供了广阔空间。

趋势七：抓住摩尔定律持续的机遇

当下，集成电路（Integrated Circuit，IC）的工艺已发展到纳米级，3nm 的 5G 手机芯片已商用，随着半导体制程工艺逐渐接近 1nm 并进一步推进，多项技术推动摩尔定律延续。据悉，目前单枚芯片中可有一千亿个晶体管，今后 7～8 年将增长 10 倍，英特尔预计在 2030 年实现在单芯片上汇集上万亿个晶体管。

伴随芯片技术进步的是对开放统一、跨架构编程模型的需要。基于标准的统一软件堆栈，对源自不同厂商的 CPU、GPU、XPU、FPGA、AI 加速器等底层硬件能力进行统一描述，并通过各种不同的高性能库进行封装，允许使用业界标准的编程语言直接对这些硬件能力进行编程，统一代码维护，可显著提升开发效率。同时，得益于芯片技术的发展，5G 的大带宽、低时延特性也将得以发挥。

趋势八：AI 自动生成内容将迎来爆发式增长

针对 AI 前景，下面以 OpenAI 为例加以阐述。OpenAI 成立于 2015 年，于 2020 年开发出 GPT-3 语言模型（拥有1750亿个参数），2022年12月1日基于GPT-3的聊天机器人ChatGPT开放测试，因其高质量的回答内容迅速走红，上线5天使用者数量就超百万，对传统搜索引擎形成挑战。

AIGC作为基于大规模数据训练的模型，将颠覆现有内容生产模式，可以实现以十分之一的成本、百倍千倍的速度，生产出有独特价值和独立视角的内容。AIGC不仅用于内容生产，其新思路和途径也可用在工业领域。德勤发布的《Tech Trends 2023》报告预计，未来18～24个月将出现更具沉浸感的互联网、超级云及更值得信赖的人工智能。

趋势九：Web 3.0支持数字资产与实物资产关联

Web 1.0是计算机端互联网；Web 2.0是移动互联网，用户可以在社交网络上进行分享和移动支付等，但用户自身价值难以体现，基本由平台垄断。Web 3.0是价值互联网，是以"去平台中心化"或"用户中心化"为目标，利用区块链、智能合约等，构建互联网新应用形态，通过确权使用户在网上创造的作品成为数字藏品（NFT——非同质化通证，即可信数字权益凭证），实现平台与用户利益分享。

Web 3.0可以应用到博客、游戏、数字藏品等领域，实现数字资产与实物资产关联，催生数字藏品创作市场及相应的工作岗位。

趋势十：元宇宙要尽快从"炒作"转到务实

元宇宙是指人类运用数字技术构建的，由现实世界映射或超越现实世界，可与现实世界交互的虚拟世界。狭义的元宇宙是一种基于AR/VR/MR等技术，整合了用户化身、内容生产、社交互动、在线游戏、"虚拟货币"支付的网络空间。元宇宙源于现有技术的集成，但目前尚未成熟，而且沉浸式的XR、全息影像和感官互联等需要很大的带宽，5G难以支持。

元宇宙前景还不清晰，目前主要是面向消费的应用（例如沉浸式文旅、高体验游戏、感官互动等），未来还可进行产业应用（例如数字创意设计、开发平台、虚拟办公空间等）。元宇宙尽管蕴含着无限的想象空间，但其研发成本高、研发周期长，且难成大众刚需，短期内很难获得回报。

（中国工程院院士　邬贺铨）

工业互联网夯实产业数字化发展根基

工业互联网是融合新一代信息技术与先进制造业技术的新兴业态，是推动工业实现数字化、网络化、智能化发展的新型基础设施，是重塑工业生产制造和服务体系、助力工业经济转型升级的关键依托。

一、工业互联网赋能实体经济发展成效显著

近年来，我国工业互联网赋能实体经济发展成效显著。

一是工业互联网成为实体经济稳定增长的重要引擎。二是工业互联网持续赋能行业转型升级、融通发展。工业互联网带动各行业的增加值规模持续增长。工业互联网作用影响范围从制造业延伸到电力、交通、能源、建筑、金融等45个国民经济大类，在支撑工业经济数字化转型的同时，有效助力农业现代化和服务业高端化，促进产业融通发展。三是工业互联网优化就业结构、稳定就业增长。工业互联网产业的快速发展，催生了大量高技术就业岗位，促进了就业结构优化。同时，工业互联网带动了产业链上下游数字化转型，不断创造新就业岗位，激发新增长点。四是工业互联网促进区域协同发展。一方面，重要经济圈的工业互联网发展迈上新台阶，2021年我国重点区域工业互联网产业增加值普遍增长，其中长三角地区、珠三角地区、长江中游地区优势明显；另一方面，西北地区工业互联网发展提速，西北地区紧抓"东数西算"工程发展机遇，工业互联网直接产业快速增长，成为促进实体经济增长、培育竞争优势的重要抓手。

二、工业互联网是企业数字化转型的物理载体

下面分别从理论逻辑和技术逻辑两个方面分析工业互联网赋能实体经济发展。

在理论逻辑上，工业互联网是产业数字化转型和实体经济高质量发展的新型基础设施。工业互联网的核心要义是实现"生产要素上线"，通过数字与实体耦合、物质与信息耦合，大幅提升生产资料、生产要素的效率，促进生产力提升和生产关系变革，推动经济增长的质量变革、效率变革、动力变革；工业互联网是产业链生产要素的集聚平台和资源配置平台，有助于加速产业基础高级化、产业链现代化进程，夯实产业数字化发展根基；工业互联网是新一代信息技术、制造业数据与劳动、资本、土地、知识、技术、管理等生产要素的深度融合，提供了有效的基础设施载体和数据资源管理能力，是企业数字化转型的物理载体。

在技术逻辑上，可以从工业互联网四大体系的角度加以分析。

从网络体系来看，工业互联网有助于实现生产要素、经营要素的全面连接。其中包括企业内部生产要素的连接、企业间的连接，以及供应链、价值链相关要素的连接。

从平台体系来看，工业互联网平台具有促进数据汇聚和应用的强大功能。众所周知，工业互联网平台面向制造业数字化、网络化、智能化需求，向下可以对接海量工业产品装备、业务系统的数据，向上可以支撑工业App的快速开发和部署。

从数据体系来看，通过工业互联网，数据能够

真正成为生产要素。通过数据对行业机理知识进行建模，加强数据应用，提升数据价值，从而实现企业经营模式的创新。

从安全体系来看，工业互联网安全防护体系能够有效识别和抵御各类风险，化解多种安全风险，保护数据和信息资产，是工业互联网规模化推广、产业数字化转型的必要条件。目前，我国已初步建成国家、省（自治区、直辖市）、企业三级协同的监测服务体系，监测范围已覆盖14个重要领域、140个重点平台、11万余家互联网企业。

三、工业互联网赋能实体经济的3点思考

工业互联网作为推动数字经济与实体经济融合发展的关键支撑，已成为全面开启数字经济新时代的"金钥匙"。然而，在数字化转型升级的历史关口，如何进一步促进工业互联网赋能实体经济发展呢？

（一）立足工业视角

从机械化开始，工业发展经历了电气化、自动化、信息化阶段，现在又发展到数字化、网络化、智能化阶段。每一次工业革命，都是共性赋能技术与制造技术的深度融合，在这个过程中，工业企业始终占据主导地位，对融合过程发挥主导作用。

由于工业本身的特点，其发展不能简单照搬消费互联网的经验、模式、思路、技术架构，工业互联网厂商应有清晰的行业定位，摆脱消费互联网路径依赖，主动对接企业的实际需求，逐行逐业甚至逐企寻找切入点，制定精准解决方案，为企业创造实际价值。

（二）重视中小企业

中小企业保持韧性是我国经济保持韧性的重要基础，因此，我国要加快5G、工业互联网、大数据中心等新型基础设施建设，为中小企业提供优质、高效的网络服务；要引导工业互联网平台企业加强与中小企业的合作，带动中小企业数字化转型；要健全优质服务体系，建设一批中小企业数字化转型公共服务平台，打造一批转型样板，培育一批高水平数字化服务商，推广一批小型化、精准化转型方案；要促进"专精特新"发展，支持"专精特新"企业参与制造业强链、补链、稳链，激发更多"专精特新"中小企业涌现。

（三）坚持长期思维

工业互联网赋能实体经济是一个渐进的，甚至是波峰波谷、螺旋式前进的，长期积累且持续迭代优化的过程，不能急于求成。因此，工业互联网要与行业特有的技术、知识、经验、痛点紧密结合，需要政府引导、业界深耕、技术突破、资本浇灌，其建设发展绝非一朝一夕之功，而是一场持久战、攻坚战。

（中国工业互联网研究院　王宝友）

六大因素驱动我国数字经济加速发展

当前，数字经济已经成为全球经济增长的关键动力。过去20年，我国数字经济发展实现量的合理增长和质的有效提升，未来10年，数字产业将在数字技术、网络基础设施、ICT产业、数据价值、数字经济、治理体系六大方面持续发力，助推我国数字经济加速发展。

一、量质齐升，我国数字经济开启新10年发展大幕

随着社会数字化转型的逐步深入，我国数字经济发展实现量的合理增长和质的有效提升，并加速转向深化应用、规范发展、普惠共享的新阶段，数字经济也由经济的组成部分转变为经济发展的引领力量。2021年，我国数字经济规模达45.5万亿元，同比增长16.2%。2002—2011年，我国数字经济占GDP比重由10%提升至19.4%，占比年均提升约1.0%；2012—2021年，我国数字经济占GDP比重由20.9%提升至39.8%，占比年均提升约2.1%。

当前，我国数字经济正进入新一轮快速发展阶段。2023年，我国数字经济规模将会超过52万亿元。其中，ICT产业快速发展，收入增速将达9.4%，较2022年显著提升。预计2022—2025年ICT产业收入年均增长10%，产业数字化发展进入加速轨道，各行业数字化转型成效进一步显现。

具体来看，在效率方面，我国数字经济整体投入产出效率由2002年的0.9%提升至2022年的3.0%，预计2023年提升至3.2%。同时，2017年以来，数字技术对工业效率的提升作用显著，预计2023年提升1.23倍。在动力方面，2019年至今，工业数字化占产业数字化的比重明显上升，由2019年的26.8%提升至2021年的29.8%，工业数字化加速渗透，与服务业数字化共同构成驱动数字经济发展的"双引擎"。

二、六大因素驱动我国数字经济加速发展

随着数字经济发展动能持续壮大，在经济下行压力加大的情况下，数字经济依然保持平稳快速增长，数字经济作为国民经济"稳定器""加速器"的作用凸显。

（一）数字技术迭代创新，锻造数字经济核心驱动力

数字技术正处于系统创新和智能引领的重大变革期，新一代信息技术加速集成创新和产业部署，颠覆式、前沿型、集成化的新产品相继出现，核心数字技术领域竞争将更加激烈。

（二）网络基础设施持续升级，成为数字经济的重要载体

通信网络迈向高速全光组网，协同与智能助力发展。一方面，全光组网推动全光交叉在维度、规模等方面进一步扩展，并持续完善技术标准；另一方面，5G网络加速发展，预计到2025年，我国5G移动用户数会超过9亿，用户渗透率超50%。

（三）ICT产业持续发展，成为数字经济的先导力量

2023年，我国电子信息制造业将保持平稳快速增长，服务器、光纤光缆等领域规模持续扩大，产业自主创新加快；软件产业收入增速稳步回升，产

结构持续优化，基础软件、工业软件等关键领域技术创新加速；电信业加快算力基础设施建设，5G及数字化转型业务快速增长；互联网企业对内持续深耕传统行业，赋能生产行业数字化转型，对外继续拓展全球发展版图。

（四）数据价值持续释放，打造数字经济关键要素

2020—2022年，我国数据产量每年增长约30%，2021年，我国数据产量达6.6ZB，同比增加29.4%，占全球数据总产量（67ZB）的9.9%，位列全球第二。当前，我国处于数据资源化阶段，已经形成比较完备的产业体系，而数据的资产化和资本化还处于探索中，我国正在通过技术应用、市场流通、制度设计三措并举，推动数据要素价值释放。

（五）数字经济融合发展不断深入，构建数字经济主战场

数字化转型支出持续扩张，成为推进数字技术与实体经济融合的重要动力。相关机构预测，2022—2026年，我国数字化转型总支出将达到2.38万亿美元，其中，硬件支出占比最大，未来5年将保持48.6%的市场份额，软件支出增长最快，未来5年复合增长率将达到24.5%。

（六）治理体系加速构建，筑牢数字经济重要保障

当前，与数字化发展相适应的数字治理制度体系框架基本形成，数字经济监管规则密集重构，围绕竞争、数据、算法相关的制度规则将加速健全；数字市场监管将步入常态化，企业各种行为的违法边界将逐步清晰；驱动资本扩张的逻辑将转变，专注创新和竞争力打造将是赢得未来的核心。同时，全球数字治理新规则将持续构建，新议题将不断涌现。

（中国信息通信研究院　何　伟）

6G 架构牵引关键技术从广袤走向纵深

目前，全球 6G 网络发展尚处于早期阶段，业界仍在持续探索 6G 网络的发展方向和技术路径。在 6G 网络技术的发展进程中，网络架构至关重要，它将定义网络的发展形态，决定技术走向并影响产业基础，具有全局性、系统性、继承性和前瞻性的特点。2023 年，6G 网络架构的研究仍然是重中之重，在此基础上引导各项关键技术的研究逐步深入。

趋势一：6G 网络架构将从概要设计走向详细设计

移动通信网络是一个复杂的系统，网络架构是这个复杂系统的基座，决定了整个系统的效率和能力。网络架构的发展是移动通信网络代际发展的核心标志之一，是每代通信网络的"骨骼"和"中枢"。

2021 年 9 月，IMT-2030（6G）推进组发布了《6G 网络架构愿景与关键技术展望白皮书》（以下简称《白皮书》），首次针对 6G 网络架构及关键技术领域提出发展指导。《白皮书》中指出网络技术创新将在 6G 阶段起到更关键的作用，并从新型业务场景、DOICT 融合技术、IP 组网 3 个方面阐述了 6G 网络架构演进的驱动力；提出了"坚持网络兼容、坚持至简设计"和"集中向分布转变、增量向一体转变、外挂向内生转变、地面向泛在转变"的 6G 网络架构设计原则。《白皮书》阐述了分布式自治的 6G 网络架构愿景，并介绍了 6G 网络的十二大潜在关键技术，为推动"产、学、研"各方在 6G 网络关键技术方面达成共识奠定了基础。

2022 年 6 月，中国移动通过对驱动力、研判、理念的系统分析，提出"三体四层五面"的 6G 网络总体架构设计，从空间视图、分层视图与功能视图 3 个视角呈现跨域、跨层、多维立体的 6G 网络架构全视图。其中，"三体"为网络本体、管理编排体和数字孪生体，"四层"为资源与算力层、路由与连接层、服务化功能层和开放使能层，"五面"为控制面、用户面、数据面、智能面和安全面。

"三体四层五面"的总体架构是业界首次系统化的 6G 网络架构设计，将有力地促进产业界在 6G 架构设计、关键技术选择等方面达成共识。

在总体架构设计的基础上，中国移动进一步给出了架构实现的孪生设计、系统设计和组网设计。通过数字化方式创建虚拟孪生体，实现具备网络闭环控制和全生命周期管理的数字孪生网络（Digital Twin Network，DTN）架构。通过服务定义端到端的系统，实现全服务化系统架构（Holistic Service-Based Architecture，HSBA）。在组网上，实现具有分布式、自治、自包含特征，支持按需定制、即插即用、灵活部署的分布式自治网络（Distributed Autonomous Network，DAN）。

2023 年，6G 网络架构研究依然是重中之重。6G 网络的逻辑架构已具雏形，但是局部架构有待进一步完善和细化，并从概要设计逐步走向详细设计。

趋势二：6G 网络关键技术逐步收敛，走向专题深入

系统架构对网络设计有着至关重要的作用。随着业界对 6G 网络技术的不断探索，在网络架构的牵引下，2023 年 6G 网络关键技术将逐步聚焦，并从广袤的方向性探索走向深入的专题技术研究。本文

列举了 8 个 6G 网络关键技术，并分析了这 8 个关键技术在 2023 年潜在的深入研究方向。

（一）全服务化架构

服务化架构（Service-Based Architecture，SBA）自 5G 引入后不断深入发展，从 SBA 到服务化架构增强再到 6G 的 HSBA，其领域在 6G 时代将拓展到无线接入网、用户面等，实现彻底的服务化，以此奠定架构设计的基础。HSBA 在 6G 总体架构中是核心和基石，是服务化功能层中各个功能面的基本设计。在 5G 网络中，服务依然需要依附于某个网元，这种模式在一定程度上限制了服务的灵活升级和自由组合。未来网络将呈现网络规模扩大、行业网络个性化需求增长的趋势，6G 网络将逐步向"集中 + 分布"的组合部署方式发展。在 6G 的网络结构设计中，真正打破网元的限制、消除不同原子服务之间的耦合性、深入贯彻服务化的设计理念，是亟待解决的问题。HSBA 应从服务框架、服务接口、原子化服务等方面进行增强，以适应网络的分布式组织、服务的智能调度和行业专网的灵活部署。

2023 年，HSBA 将从以下 3 个方面演进。一是服务框架朝着更加分布式的方向演进，优化服务的解耦设计，通过网络的业务处理和通用的通信功能解耦，进一步实现通信功能独立，从而在海量服务、复杂架构和网络中建立稳定的通信机制。二是服务接口朝着更加灵活开放、高效可靠的方向发展，6G 网络在演进过程中需要积极采用新兴的 IT 协议，控制面和用户面协议设计朝着下一代互联网协议演进。三是原子服务进一步解耦重构，支持更加灵活的组合及更加轻量级的调用，通过将原子服务进一步解耦重构，真正做到部署应用时不需要考虑基础设施建设，实现自动化构建、一键式部署和启动服务。

（二）分布式自治

分布式自治已成为 6G 核心网的重要趋势。6G 将面向更多的行业，其业务场景更加多元化、动态化、复杂化，对信令和数据的处理有更多的本地化需求，而且需要根据多变的环境，快速自适应地组建网络及调整功能和服务。基于分布式自治的网络框架，可以方便快捷地组建新的网络，自动接入正在运行的 6G 整体网络，在无人干预和管理的情况下自主运行，自动感知环境变化并实时调整网络。2023 年，分布式自治将从以下 4 个方面演进。

一是分布式网络功能的同质化组成及按需扩展。 6G 核心网的分布式网络单元中包含控制面、用户面、数据面等，具备用户控制和数据转发等基础能力，从而构成同质化的分布式同构微云基础单元。微云基础单元可以根据特定的业务场景、用户规模、地理环境等要求进行个性化扩展，增加定制化的网络能力，快速生成个性化网络，从而有针对性地提供网络服务。

二是分布式网络下的移动性管理及业务连续性。 基于分布式存储的用户上下文数据，用户可以实现"零互操作"的跨域移动和无损的业务接续。基于分布式单元之间的协同或者分布式单元和集中单元之间的协同，可以实现复杂业务及跨区域漫游。

三是分布式网络的可靠性管理。 在分布式单元出现故障时，其他单元通过分布式存储的用户上下文数据，无损地接管该单元的用户。

四是分布式网络的自动化治理。 通过对网络环境的动态感知和认知学习，实现网络架构、系统功能等方面的智能生成，以及自维护和自管理。

（三）数字孪生

6G 网络将构建平行的物理和数字网络，形成虚实融合管理手段，一方面支持不同网络和业务形态的实时建模，另一方面支持从虚拟向物理实体灵活实时的一体化策略控制，进一步支持基于数字系统实现物理系统的预测和迭代，实现网络的低成本试错、智能化决策和高效率创新。数据、存储、转发、计算等多维度资源，通过孪生机制，实现可复用、易管理、轻定制、自适应、能预测的"物理 + 数字"映射、反馈和闭环，并实现对整体、局域多形态的资源进行动态化、自动化的部署和优化。

2023 年，将从以下两个方面深入研究数字孪生。

一是如何对网络本体进行部分或者全部孪生镜像。构建一个网络孪生体需要数据、模型、映射和交互4个关键要素。6G网络架构中所有网络功能均可以按需构建对应的网络功能孪生体，孪生体与真实物理网络可实时交互数据，通过建模和映射还原真实物理网络的运行状态和环境，进行网络部署前预验证，进而提供网络策略的最优解，提升网络决策和部署的可靠性。

二是如何通过内外闭环，助力6G网络实现智能面，达成柔性网络和智慧内生等目标。网络运维和优化、网络智能化应用、意图驱动的网络智能自治及网络新技术、新业务创新等均可通过北向接口向网络孪生体输入需求，并通过网络孪生体的模型化实例进行业务部署和验证。网络孪生体的内生闭环具备验证网络的能力，验证后，网络孪生体通过南向接口将控制更新下发至物理实体网络。

（四）智慧内生

6G网络内嵌AI能力，实现架构级智慧内生。对内能够优化网络性能，提升用户体验，实现自动化网络运营，即AI构建网络；对外能够抽取和封装网络智能，为各行业的用户提供网络和AI结合的通信及计算服务，即网络赋能AI。6G网络内嵌AI能力可实现DOICT融合的智能感知、智能连接、智能发现、智能服务、智能管理和智能编排，奠定万物智联的基础。

2023年，智慧内生将重点考虑以下3个关键点。**一是从云化到分布式网络智能的转变**。鉴于网络中数据和算力的分布特性，要求6G构建开放融合的新型网络架构，实现从传统的"Cloud AI"向"Network AI"转变。**二是加强对上行传输性能的关注**。与之前网络以下行传输为核心不同，智能服务将带来基站与用户之间更频繁的数据传输，需要重点考虑上行通信的场景需求，以更有效地支撑分布式机器学习运用。**三是数据处理从核心到边缘的转变**。未来，数据本地化、极致时延性能及低碳节能等，要求将计算带到数据中，支持"数据在哪里，数据处理就在哪里"。

为了应对这些转变，新的网络架构需要对内优化网络性能，提升用户体验，实现自动化网络运营，实现智能连接和智能管理；同时对外为各行业用户提供实时AI服务、实时计算类新业务。

（五）空天地一体化组网

随着航天技术的飞速发展，为了解决偏远地区、海域、空域、灾害救援等场景下的互联网接入和宽带数据传输需求，利用空天地一体化组网方式提供互联网服务的方案受到越来越多的关注。在6G网络中，天基网络、空基网络、地基网络将深度融合，组成一张空天地一体化全域覆盖的网络，为用户提供极致、可靠、连续的通信服务。

2023年，针对空天地一体化网络的研究将围绕以下两个方面进一步展开。**一是分布式按需部署的一体化网络架构**。空天地一体化网络将提供全场景服务，网络应能够根据不同的业务需求提供与之相匹配的网络服务能力。6G网络需要构建随需取用、灵活高效的网络能力资源池，实现网络能力的按需定制、动态部署和弹性伸缩，适应空天地一体化信息网络的可靠性和稳健性需求。**二是移动性/会话管理与动态路由技术**。卫星星座存在网络拓扑动态变化快、传输时延高、星间链路鲁棒性差等问题，空天地一体化网络的移动性管理和会话管理是亟待解决的问题。同时，大规模动态路由技术及高效的网络资源管理策略，有助于提高带宽、降低时延等指标，提升用户服务质量。

（六）移动算力网络

在6G时代，网络不再是单纯的通信网络，而是集通信、计算、存储为一体的信息系统。对内实现计算内生，对外提供计算服务，重塑通信网络的格局。为了满足未来网络新型业务及计算轻量化、动态化的需求，网络和计算的融合已经成为新的发展趋势。在网络和计算深度融合发展的大趋势下，网络演进的核心需求是网络和计算相互感知、高度协同。算力网络将实现泛在计算互联及云、网、边高效协同，提高网络资源、计算资源的利用效率，进而实现实时准确的算力发现功能、服务灵活动态调度功能、算力服务功能、算网编排管理功能、算力路由功能，并且可以提升用户体验的一致性。

2023年，移动算力网络将重点对算力度量与建模技术、基于算力资源感知的算力路由技术和在网计算技术等进行深入研究。

（七）确定性网络

移动通信网络逐渐从服务消费互联网向服务产业互联网转型，并将逐渐成为工业互联网、能源物联网、车联网的技术基础和产业升级发展的动力。未来，ICT与OT的进一步融合将使移动通信网络从提供"尽力而为"的服务，向提供"确定性"服务演进。6G时代是确定性网络广泛发展的时代，将从移动通信网络、固定网络独立发展的模式向跨域融合发展的模式转变。面向6G的确定性网络将是内生确定、跨层确定、跨域融合的确定性网络。

2023年，确定性网络将重点考虑移动通信网络如何与固定网络的确定性机制融合，如何突破传统IP层转发机制，如何确保跨域的精确时间同步等。此外，跨域的端到端确定性网络的实现将涉及多个网段、多个层面的技术，是多种技术的结合，可以从降低复杂性、动态自适应、结合具体业务等方面尝试改进。

（八）数据服务

未来，6G的生态系统本身将产生、处理、消费海量的数据，这些数据将使能更加完善的智能服务，为电信运营商提供增值渠道，也对电信运营商高效地组织和管理数据提出新的要求。6G网络架构中可能引入独立的数据面，构建架构级的统一可信的数据服务框架，提供可信的数据服务。

2023年，数据服务一方面要重点考虑异构多源的数据收集、处理及海量存储，另一方面还需要重点考虑如何融合已有的数据服务单点技术，基于可信机制及数据和知识双驱动的智能分析，从系统架构层面实现数据服务和可信服务。

未来3～5年进入6G网络发展"窗口期"

网络架构的创新关系到网络的总体发展。新需求、新场景和新技术的出现，赋予了6G网络架构在传统连接和转发之外的计算、感知、智能、安全等多维能力需求，也为6G网络架构的创新带来了新的驱动力，将显著提升网络能力，为用户提供更加极致和更加丰富的业务体验。

6G网络发展将在未来3～5年进入战略"窗口期"。DOICT新要素和移动通信网络的融合创新，将为新一代移动通信网络架构设计注入强劲动力，有望解决空口瓶颈，大幅提升网络性能，促成6G网络跨越式发展。因此，业界需要持续深入开展全服务化架构、分布式自治、数字孪生、智慧内生、空天地一体化组网、移动算力网络、确定性网络、数据服务等相关支撑技术的研究，为6G网络的发展奠定技术基础。

（中国移动通信有限公司研究院　陆　璐）

元宇宙的发展与安全风险对策分析

当前，元宇宙已经成为世界各国争相战略布局的新高地，相关技术与产业正在加速发展，然而元宇宙还处在初期阶段，发展与应用还不成熟。本文阐述了元宇宙的概念与数字信息技术的应用现状，总结了元宇宙的发展特点，并分析了元宇宙存在安全风险的可能原因，目的是加快信息产业与数字经济的发展，从而推动网络空间与元宇宙新技术应用健康有序的发展。

一、元宇宙发展演变及关注成因分析

（一）元宇宙的定义

元宇宙是一种互联网应用和社会形态，是通过虚拟现实、数字孪生、区块链、人工智能等新一代信息技术交叉融合，将虚拟社会和现实社会汇聚创新的产物。目前，元宇宙还没有清晰统一的概念，主要是科技领域与行业专家学者对其进行定义：元宇宙建立在互联网技术的发展基础之上，它是一种新的经济模式，同现实社会之间有一定的互动关系。

其实，元宇宙更像是一个商业符号，其本身没有什么新技术，而是集成一大批现有的技术并不断随着新技术发展应用而生的超越现实的世界，并与现实世界互动或高于现实世界的多维空间形态。

（二）元宇宙发展阶段

元宇宙从诞生起大致可以分为5个阶段：早期构思阶段、数据创建阶段、数字仿生阶段、虚拟镜像阶段、虚实共生阶段。

早期构思阶段：元宇宙的思想源头是1981年美国小说《真名实姓》中描绘的通过脑机接口进入并获得感官体验的虚拟世界。1992年科幻小说《雪崩》正式提出"元宇宙"一词，并描绘了人们在虚拟现实世界中用数字化身来相互竞争的场景。这个阶段仍然是对虚拟现实世界的摸索与想象。

数据创建阶段：2021年被学术界称为元宇宙元年，这个阶段元宇宙借助大数据、人工智能等新技术，使用AR/VR等技术构建虚拟现实，主要应用在娱乐方面，使个体获得一种沉浸式体验与满足。

数字仿生阶段：这个阶段基本是运用数字孪生建立仿真虚拟现实，能够进行实际情境的单项感知，在提升工作效率的同时，建立仿真虚拟社会，打通元宇宙应用通道。

虚拟镜像阶段：这个阶段通过脑机接口、脑电感应等技术形成一个与现实社会同等且独立的虚拟社会，能够实现虚拟和现实的对点交互，从而实现身临其境的感觉。

虚实共生阶段：通过量子物理创造一个虚拟空间，与现实生活相互融合，使个体在虚拟空间获得全方位的真实感触，甚至影响现实世界。

（三）元宇宙引起关注的原因分析

1. 支撑技术成熟亟须创新应用

随着移动互联网覆盖与5G的成熟，元宇宙的内容生产、存储、通信、虚拟现实等环节需要用到人工智能、区块链、VR等技术。目前，支撑元宇宙的基础技术逐渐成熟，但还有很多内容没有得到开发，需要创造相应的应用场景，搭建更好的创新应用平台。

2. 商业价值前景驱动资本入局

元宇宙的特点是沉浸式体验，它在生产和消费领域都有普遍应用。有报告指出，元宇宙的市场规模将在 2024 年超过 8000 亿美元，2030 年有望达到 1.5 万亿美元，其潜在市场空间将超过 8 万亿美元。随着技术的发展，元宇宙推动技术融合、加快虚拟现实技术的应用，相关产业也得到很大的升级。

二、元宇宙可能带来的安全风险分析

（一）挑战国家治理体系

在元宇宙发展初期，会产生一套和现实社会不同的虚拟社会规则，这套规则会对一些国家的治理产生冲击。

（二）操纵资本市场

元宇宙的初期阶段存在很多不确定性，很多投资者都有盲目追随的特点。现在，科技公司、投资集团、电信运营商等都在元宇宙方面进行开发，很多投资机构资本无序扩张，借助元宇宙进行融资诈骗等，出现了很多违法犯罪活动。

三、元宇宙安全风险的对策与建议

要提高元宇宙的商业价值，不但需要继续开发先进技术，还要制定相关的规范与运行规则，指导其健康发展。因此，需要提前做好元宇宙的规划，并积极防范可能存在的安全风险，从而打造成熟的网络治理体系。

（一）构建数字治理监管体系

目前，我国已经推出了《中华人民共和国网络安全法》《中华人民共和国数据安全法》等法律法规，并出现了很多配套的细则，提高了企业数据的合法性，保证了个人信息安全。要想做好元宇宙的治理和监督，需要开展严格的法治管理，在数字治理领域完善相关的立法，尤其是在人工智能、大数据、区块链等方面，应组织相关法律人员研究关于元宇宙的治理内容，建立符合元宇宙情况的法律法规。

（二）激发产业创新开放能力

我国要做到独立创新，吸收外来经验，从而促进元宇宙更快更好地发展。要深入研究芯片技术、云计算技术、虚拟现实技术及数字孪生和人工智能技术等，还要对脑科学、量子物理等开展分析，逐步打造元宇宙开源社区，形成知识产权保护下的生态圈，促进元宇宙产业开发链条与产业应用。

（三）夯实网络信息安全支撑

创造一个开放的网络环境，分析元宇宙网络信息技术和硬件支撑技术，提供不同模态、不同层次、大容量和跨平台等信息。认真发现并总结元宇宙可能面临的网络安全风险，特别是信息安全方面的风险。逐步建立虚拟技术安全防护与元宇宙应用程序的安全测评和监管，有效保护用户的信息，不断完善元宇宙的网络功能，建立数据安全保障制度。

（四）建立健全标准体系建设

在发展初期应当围绕现有技术应用建立并健全一套元宇宙发展标准体系，发挥团体标准快速响应新技术应用的优势，加快元宇宙团体标准的制定与发布，并推动其向国家标准转化，避免出现有违伦理、道德甚至法律边界的研究活动。

总之，元宇宙受到了全世界的广泛关注，它将是一片"新蓝海"，需要不断探索和实践。元宇宙发展过程中存在很多不确定性，这使现实社会面临很大的冲击，要想消除可能的安全风险，需要制定相关的措施和法规，从而引导元宇宙安全有序的发展。

（中国通信企业协会　赵俊涅）

绿色金融赋能电信运营商"碳中和"的探讨及建议

中国联通通过建立三大碳管理体系、聚焦五大绿色发展方向、深化拓展共建共享，以及数字赋能行业应用，持续提高通信网络基础设施绿色化水平，助力企业绿色低碳高质量发展。

一、运营商特色碳交易机制

欧洲碳交易市场运营经验和成效证明，碳排放权交易已经成为目前相对有效的减排制度。我国碳排放权交易市场已于2021年7月正式开市，纳入发电行业重点排放单位2225家，覆盖约45亿吨二氧化碳排放量，是全球规模最大的碳市场。截至2022年12月底，全国碳市场排放配额累计成交量达2.3亿吨，累计成交额104.74亿元，市场运行总体平稳有序。目前，我国碳排放交易市场暂未纳入通信行业，但电信运营商开展碳交易研究实践，对于引导企业节能减排，达成"双碳目标"并提高我国信息通信企业在国际碳市场的话语权具有重要意义。因此，电信运营商应当学习借鉴国外碳市场的领先经验，加强与国际同类机构的合作，并凭借自身渠道、品牌、信息、风控等优势，率先开展电信运营商特色碳交易机制研究及实践。

通过对比2021年12月31日—2022年12月30日中国和欧洲碳市场配额收盘价格可知，我国碳排放交易价格远低于欧洲碳市场，未来还有较大的升值潜力。中国和欧洲碳市场价格对比见表1。

表1 中国和欧洲碳市场价格对比

区域	2021年12月31日	2022年12月30日
中国（元/tCO_2e）	54.22	55.00
欧洲（欧元/tCO_2e）	80.65	88.00

参考目前国家碳排放权交易机制，建议电信运营商布局碳交易市场，打造具有电信运营商特色的碳交易创新产品和交易模式。全国碳排放权交易采用免费分配配额的方式，各试点地区碳排放交易采用免费分配和少量拍卖相结合的方式。在免费分配的前提下，已经出现了一批排放权分配模型与方法，其中，零和收益DEA模型（ZSG-DEA）在碳配额分配方案设定的模拟效果较好。ZSG-DEA模型见式（1）。

$$\min_{\rho,\delta} \rho$$

$$st.\begin{cases} \sum_{n=1}^{N}\delta_n y_{mn} \geqslant y_{mi}, m=1,2,\cdots,M \\ \sum_{n=1}^{N}\delta_n x_{kn} \leqslant x_{ki}, k=1,2,\cdots,K \\ \sum_{n=1}^{N}\delta_n x'_{jn} \leqslant \rho_{x_{ji}} \\ \delta_1+\delta_2+\cdots+\delta_N=1 \\ \delta_1,\delta_2,\cdots,\delta_n \geqslant 0 \end{cases} \quad (式1)$$

式（1）中：

n 表示决策单位（DMU）；

m 表示产出变量；

k 表示投入变量；

ρ 表示ZSG-DEA模型下的距离函数，也是第 i 个决策单位（DMU_i）效率值；

x_j 表示投入要素，其总量既定，DMU_i 为提高效率而减少对 x_{ji} 的投入，必然会使其他DMU对该项的投入增加；

x'_{jn} 表示其他决策单位对要素 x_j 的新投入量，是 ρ 的函数。

电信运营商可以通过ZSG-DEA模型模拟计算各部门、分/子公司及重点用能单位的碳排放配额分配和再分配的有效方案，并参考目前国家碳排放权交易机制，逐步建立起企业内部碳交易平台，组织电信运营商各分/子公司、数据中心及上下游产业链能耗单位，按照集团统一分配配额、配额平台交易、到期履约清缴的手段，实现内部碳排放交易的总量控制及逐步减排的效果。交易碳价可以参考上海环境能源交易所每日发布的市场价格。当遇到碳配额充裕但无买家竞价时，可以通过集团内部设立的碳基金进行碳质押、碳托管或者用碳债券方式保存，或顺延使用。

目前，欧洲碳交易市场95%的交易量都来源于碳金融衍生品，美国的碳交易市场也有同类产品。相较于欧美国家，我国的碳交易市场虽然也陆续推出了碳金融的创新业务和产品，但仍以交易现货为主，产品类型单一。国内外学者对碳金融产品定价模型均进行了探讨，给出了碳排放期货和期权在不同假设条件下的模型。

（一）碳排放权期权估价模型

假设：a. 碳排放权价格收益率服从于齐次马尔可夫过程；b. 碳排放权不涉及红利、股息等发放；c. 不考虑交易市场套利机会；d. 交易成本忽略不计且交易持续进行。满足以上条件后，期权估价模型见式（2）。

$$C = N(d_1) \, S_p - \frac{X}{\ln(1+r_f) \, t} N(d_2) \quad 式（2）$$

式（2）中：

$$d_1 = \frac{\ln(S_p/X) + [\ln(1+r_f) + 0.5\sigma^2]t}{\sigma\sqrt{t}};$$

$$d_2 = \frac{\ln(S_p/X) + [\ln(1+r_f) - 0.5\sigma^2]t}{\sigma\sqrt{t}}$$

C 表示碳排放权期权初始合理价格；
S_p 表示碳排放权交易市场现价；
X 表示碳排放权期权执行的价格；
r_f 表示无风险利率；
t 表示期权的有效期，即期权有效天数和365天的比值；

σ 表示碳排放权连续复利（对数）回报率的年度波动率（标准差），为碳排放权的收益风险，表示即期价格的波动幅度大小，以连续计算的年回报率的标准差来测度；

$N(d)$ 表示正态分布变量的累积概率分布函数，对于给定的变量 d_1 和 d_2，它们服从平均值为0，标准差为1的标准正态分布 $N(0,1)$ 的概率。

（二）碳排放权期货定价模型

此处基于不完全市场的衍生产品定价模型，假设市场无摩擦，碳排放权价格服从对数正态过程见式（3）。

$$dS_t = \mu S_t + \sigma S_t dZ \quad 式（3）$$

式（3）中：

S_t 表示现货价格；
μ 表示遵从正态分布的随机变量均值；
σ 表示随机变量标准差；
Z 表示标准维纳过程。

假设期货价格对 t 一阶连续可导，对现货价格 S_t 二阶可微，根据伊藤引理可得到式（4）。

$$dF_{t,T} = \frac{\partial F_{t,T}}{\partial S_t} dS_t + \frac{\partial F_{t,T}}{t} dt + \frac{\partial^2 F_{t,T}}{2\partial S_t^2}(dS_t)^2 \quad 式（4）$$

进一步可得到式（5）。

$$dF = \left[\frac{\sigma^2 S^2 F_{ss}}{2} + \mu S F_s + F_t\right] dt + (\mu S F_s) dZ \quad 式（5）$$

再令：

$$\frac{dF}{F} = \mu_f dt + \sigma_f dZ \quad 式（6）$$

碳排放期货的即时收益率表示为：

$$\mu_f = \left[\frac{\sigma^2 S^2 F_{ss}}{2} + \mu S F_s + F_t\right]/F \quad 式（7）$$

式（7）中，即时收益率标准差为 $\sigma_f = \sigma S F_s / F$。

再用碳排放权现货和期货构建投资组合 P，那么有：

$$\frac{dP}{P} = (\omega_f \mu_f + \omega_s \mu) \, dt + (\omega_f \sigma_f + \omega_s \sigma) \, dZ \quad 式（8）$$

式（8）中，ω_s 和 ω_f 分别表示现货和期货的投资额比重，$\omega_s + \omega_f = 1$。在完全市场条件下，通

过该选择ω_f可使随机项系数$\omega_f\sigma_f+\omega_s\sigma=0$。在不完全市场条件下，投资组合无法完全避险，收益率也不以无风险利率r_f度量，$\omega_f\sigma_f+\omega_s\sigma=0$不一定成立。在碳排放权期货市场，期初无现金流流出，那么有$\omega_f\mu_p=\omega_f\mu_f+\omega_s\mu$，$\omega_f\sigma_p=\omega_f\sigma_f+\omega_s\sigma$，由此得到不完全市场条件下的均衡条件：

$$\frac{\mu_f}{\sigma_f-\sigma_p}=\frac{\mu-\mu_p}{\sigma-\sigma_p} \quad 式（9）$$

将μ_f和σ_f的表达式分别代入式（9），并令$\mu_a=(\mu_p-\mu\sigma_p/\sigma)/(1-\sigma_p)/\sigma$，那么碳排放权期货价格可表示为：

$$\frac{\sigma^2 S^2 F_{ss}}{2}+\mu_\alpha SF_s-\mu_\alpha-\mu_p F=0 \quad 式（10）$$

$$F(S,T)=S_T \quad 式（11）$$

结合式（8）和式（9）求解得：

$$F_{t,T}=S_t\times e^{\mu_p(T-t)} \quad 式（12）$$

完全市场条件下，期货价格的二阶偏微分方程和边界条件分别为 $\frac{\sigma^2 S^2 F_{ss}}{2}+rSF_s+F_t=0$ 和 $F(S,T)=S_T$，最终可得到完全市场条件下的碳期货持有成本定价模型为：

$$F_{t,T}=S_t\times e^{r(T-t)} \quad 式（13）$$

电信运营商可以通过设计符合其发展特色的碳交易模式，率先在内部试点开发碳金融衍生品、碳债券、碳质押、碳借贷、碳托管、碳期货、碳指数等各类碳金融产品，并联合碳排放权交易所和相关金融机构，通过金融手段发掘电信运营商及其上下游产业链用能单位的绿色资产金融属性和价值，拓宽企业融资渠道，为绿色金融服务"碳中和"提供有益探索。

二、电信运营商专属碳账户体系

碳账户体系建设是实现"双碳"目标重要的绿色微观层面操作。完善企业碳账户构建和个人碳账户构建，可以统一记录管理企业运营过程和个人生活场景中的碳排放量，提升碳管理的广度、深度与精度，逐步实现企业、个人之间碳数据互通，提升碳排放权交易的覆盖和参与程度。

（一）企业碳账户

电信运营商可以构建集团、省、市三级企业碳账户，在便于"双碳"考核指标的逐级落实的同时，也可以开展集团不同账户间的交易试点，为日后全面放开碳排放交易建立良好的基础。

参考资产负债表记录方式，电信运营商可以考虑将碳账户的资产端记为清洁能源使用、植树造林、森林碳汇等行为等价而成的碳排放节能量。同理，碳账户的负债端记为传统化石能源使用造成的碳排放量，当碳排放量在某个时点到达历史最高值后开始逐渐回落记录为"碳达峰"状态，当资产与负债二者相等时则记为"碳中和"状态。

（二）个人碳账户

针对用户侧，电信运营商应研究并建立专属个人碳账户体系，构建碳普惠生态圈，对用户进行碳行为认定、碳足迹追踪、碳积分统计和碳权益兑换的技术研究和应用示范。首先，通过分析个人用户的绿色通勤、绿色支付、节水节电等行为，定义有效的通信用户绿色低碳行为。其次，依托现有的移动端App或平台，研发建立碳账户监测平台，对用户的低碳行为进行数据采集。再次，利用大数据、机器学习建立数学模型，量化用户的碳减排量，并转化成相应的碳积分储存到用户的碳账户中。用户碳减排量的量化可参考国内外温室气体减排量化方法学，例如，清洁生产机制（Clean Development Mechanism，CDM）方法学、国家发展和改革委员会公布的国家温室气体自愿减排方法学备案清单及区域碳普惠试点城市低碳行为量化方法学。此处以CDM的AM0031:Bus rapid transit projects（version 08.0）方法学为例，计算用户搭乘快速公交系统碳排放计算过程见式（14）。

$$PE_y=PE_{FC,y}+PE_{EC,y} \quad 式（14）$$

式（14）中：

PE_y 表示用户在第 y 年搭乘公交系统温室气体排放量（tCO_2）；

$PE_{FC,y}$ 表示用户在第 y 年搭乘燃油公交排放量（tCO_2）；

$PE_{EC,y}$ 表示用户在第 y 年搭乘电力公交排放量（tCO_2）；

搭乘燃油公交车排放可进一步通过式（15）计算。

$$PE_{FC,y} = \sum_n \begin{bmatrix} FC_{PJ,n,y} \times NCV_n \times \\ \left(\begin{array}{c} EF_{CO_2,n} + \\ GWP_{CH_4} \times EF_{CH_4,n} \end{array} \right) \end{bmatrix} \times 10^{-6} \quad 式（15）$$

式（15）中：

$FC_{PJ,n,y}$ 表示公交在第 y 年使用 n 类燃料总消耗量（t）；

NCV_n 表示 n 型燃料的净热值（TJ/Gg）；

$EF_{CO_2,n}$ 表示 n 型燃料的 CO_2 排放系数（tCO_2/TJ）；

$EF_{CH_4,n}$ 表示 n 型燃料的 CH_4 排放系数（tCH_4/TJ）；

GWP_{CH_4} 表示 CH_4 的全球变暖潜势（tCO_2e/tCH_4）；

n 表示燃料的类型。

搭乘电力公交车排放可进一步通过式（16）计算。

$$PE_{EC,y} = \sum_j EC_{PJ,j,y} \times EF_{j,y} \times (1 + TDL_{j,y}) \quad 式（16）$$

式中：

$EC_{PJ,j,y}$ 表示公交在第 y 年使用的 j 类型的电力的消耗量（MWh/yr）；

$EF_{j,y}$ 表示 j 类型的电力在第 y 年的电网排放因子（tCO_2/MWh）；

$TDL_{j,y}$ 表示 j 类型的电力在第 y 年的平均技术输配电损失；

j 表示电力的来源类型。

最后，电信运营商应注重研究并设计碳积分兑换模式，通过话费、流量兑换、电子券、绿色特权、普惠信贷等方式，奖励通信用户对"碳中和"的贡献，提高用户获得感，进而增加用户黏性。例如，"未使用的套餐话费""月度剩余套餐流量"等电信运营商特色消费，通过大数据建模分析将其转换为个人碳减排量和碳积分。同时，对客户进行分层分级，对不同等级客户在个人信贷、金融分期、信用免押等过程中提供差异化的额度、利率及还款方式，接入绿色生态合作伙伴，打造以"通信碳账户"为服务核心的开放运营商生态圈。

三、电信运营商专有碳信用评级

碳信用评级是企业碳信用的评价体系和方法论，可被用于企业投融资过程中的信用风险分析，评估企业在"双碳"战略下的碳价值和碳风险，反映企业的碳信用。

电信运营商应充分借鉴国内外信用评级体系，并结合国内外ESG[1]评级系统，对各用能单位在一定时期内的能耗及排放情况进行采集、加工、分析和评价，运用大数据、机器学习搭建电信运营商碳信用评分模型和评价体系，综合反映其碳信用状况。从用能单位的业务和资产角度，构建碳信用评级整体框架。在打分卡指标选取方面，可从宏观风险、区域风险、行业风险和企业地位4个方面评估业务状况；从企业拥有的碳资产、固定资产、应收账款、存货、投资等非碳资产的增值潜力和贬值风险角度评估资产状况。确定打分卡指标和权重后，应当依据科学的程序指引，开展碳信用评级。此处可借鉴穆迪（中国）信用评级有限公司信用评级程序指引，设定碳信用评级程序指引。

信用评级程序指引如图1所示。

---

1. ESG（Environment、Social、Governance，环境、社会、公司治理）。

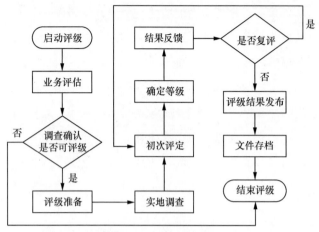

图 1 信用评级程序指引

当前，信用评级已从主观判断阶段，逐步过渡到参数统计计量模型阶段和非参数统计计量模型阶段。碳信用评级应当参考主流公司开发的信用评级商用模型，开发适合电信运营商的模型，以提高评级的科学性和客观性。

电信运营商专有碳信用评级体系建立后，可尝试使用多种模型预测该体系的准确性。但目前通过"碳"视角研究企业信用风险的案例较少，但仍可参考对企业ESG的研究，展开对"碳"信用评级与企业信用风险影响的关联程度研究。在分析模型选择方面，判别分析模型、logistic模型、神经网络模型，以及支持向量机SVM模型为行业常用分析模型。考虑我国企业碳数据积累时间短、信息相对缺失等问题，采用假设条件较少、适用性较高的模型更加符合现阶段碳信用评级与企业信用风险关联研究的需求。因此可参考logistic模型见（式17），预测碳信用评级体系的准确性程度。

$$E(def_i) = P(def = 1|x) = \frac{1}{1 + exp\left[-\left(\alpha + \beta_1 Carb + \sum_{i=2}^{n} \beta_i x_i\right)\right]} \quad 式（17）$$

式（17）中：

P 表示预测信用违约概率；

def 表示被解释变量，即是否发生信用风险事件；

$Carb$ 表示核心解释变量，即企业碳排放总量、强度等指标。

相对于传统的信用评估，碳信用评级将突出"双碳"指标和气候变化对电信运营商各分/子公司及用能单位信用维度的影响，可以将其与绿色信贷、绿色债券、绿色保险和绿色信托等绿色金融服务相结合，不同的评级对应差异化的内部监管措施、融资渠道和政策支持。与此同时，碳信用评级也可以与ESG信用评估系统相衔接，丰富和完善ESG信用等级及促进电信运营商现有的"双碳"应用示范和绿色低碳体系建设。

四、运营商新型绿电交易策略研究

我国的绿电[1]交易[2]在2021年9月7日正式启动全国试点，南方电网和北京电力交易中心分别于2022年1月和5月发布了《南方区域绿色电力交易规则（试行）》和《北京电力交易中心绿色电力交易实施细则》，明确了绿电交易过程中的市场主体、价格机制、交易流程等。绿电交易是在传统的电能价值上附加了环境价值，在整个交易过程中优先组织、优先执行、优先结算，其本质是打通可再生能源的需求侧与供给侧。从需求侧的角度来看，买家企业愿意为绿电的环境价值买单，通过购买绿电完成企业自身的低碳转型，为其生产的产品获取绿电消费认证，更好地宣传企业自身品牌价值。从供给侧的角度来看，卖家可以更好地促进波动性新能源消纳，获取相应的政策补贴，促进新能源的发展。

南方电网广州电力交易中心绿电交易流程如图2所示。

---

1. 绿电即绿色电力，是指在生产电力的过程中，其二氧化碳排放量为零或趋近于零。
2. 绿电交易是指以风电、光伏等绿色电力产品为标的物的电力中长期交易。

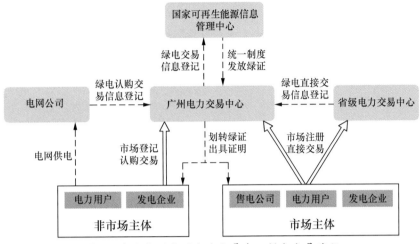

图 2 南方电网广州电力交易中心绿电交易流程

电信运营商作为间接排放不断增加的能耗大户，应充分借鉴国内外绿电交易的模式与机制，结合自身的"双碳"战略规划，提前布局绿电交易。

1. 绿电交易的规则与机制

在掌握国内绿电交易流程与规则的基础上，参考国外灵活的绿电交易机制，例如，绿电期权、绿电股权、绿电积分、绿电衍生品等。

2. "双碳"

电信运营商实现碳达峰的时间由其自身网络能耗的增幅和绿电购买的交易涨速决定，当二者相等时即可实现碳达峰，当二者绝对量相等时则可实现碳中和。因此，电信运营商应合理评估自身的网络能耗增长速度，通过绿电交易锁定"双碳"。

3. 绿电项目

借鉴国际巨头（例如，苹果、可口可乐、宝马等）的绿色转型经验，电信运营商可以通过自建绿电项目，直接投资集中式或分布式绿电项目，以及对新能源运营商进行股权投资等方式涉足绿电领域，提高绿电使用比例。

4. 区块链技术

通过区块链技术完整地记录电信运营商绿电生产、交易、消费等各环节的信息，绿电交易过程中的登记、申报、确认、出清、结算等全程留痕，确保其不可篡改，实现绿电全生命周期的可信溯源及绿电消费认证的权威性。

电信运营商应当对绿证定价和交易决策等主要因素进行研究，参考配额主体参与绿证的边际价格动态模型见式（18），在承担可再生电力消纳量任务的同时，尽可能降低企业运营成本。

$$Pri_{(t,j,h)} = \frac{\gamma_{(h)}}{\left[1 + r_{(t,j)}\right]^{(Tc-t)}} \quad 式（18）$$

式中：

$Pri_{(t,j,h)}$ 表示 t 时刻 j 企业愿意接受的第 h 种绿证边际交易价格；

$\gamma_{(h)}$ 为可再生能源 h 的补偿金系数；

Tc 为考核周期；

$r_{(t,j)}$ 为 t 时刻 j 企业的折现率。

五、结束语

目前，全球电信运营商都在为实现"双碳"目标做积极的努力，我国电信运营商在碳中和领域处于早期阶段，需要积极借鉴国际领先经验，多措并举、综合施策，研究电信运营商"碳中和"的实施路径和解决方案，探索通过金融创新举措推动企业绿色资产价值最大化，实现绿色低碳转型。

（联通支付有限公司　孔繁华　蒋则明）

中国信息通信法治建设持续推进纵深发展

2022年是我国信息通信领域法治建设持续推进、纵深发展的一年，围绕网络安全、数据管理、数字生态治理、数字技术监管等重点领域不断健全完善法律法规和相关规定，以高质量立法助推数字经济高质量发展，为网络强国和数字中国建设持续提供有力的法治保障。

一、网络安全法律制度持续健全完善

网络安全是信息通信行业和数字经济发展的基石。2022年，我国网络安全相关法律法规制定、修订和实施工作稳步推进，《中华人民共和国网络安全法》制度规则持续健全完善。

（一）网络安全审查制度进一步强化

网络安全审查制度是网络安全领域的重要法律制度，是国家安全审查在网络信息领域的细化落实。2022年1月，国家互联网信息办公室、工业和信息化部等11个部门联合发布修订后的《网络安全审查办法》，修订后的《网络安全审查办法》将"网络平台运营者开展数据处理活动影响或可能影响国家安全"等情形纳入网络安全审查范围，明确要求"掌握超过100万用户个人信息的网络平台运营者赴国外上市必须申报网络安全审查"。根据相关要求，网络平台运营者应当在向国外证券监管机构提出上市申请之前，申报网络安全审查。申报网络安全审查有以下3种情况：第一种是不需要审查；第二种是启动审查后，经研判不影响国家安全的内容，可继续启动赴国外上市程序；第三种是启动审查后，经研判影响国家安全的内容，不允许赴国外上市。

（二）反电信网络诈骗法律制度基本形成

近年来，电信网络诈骗活动严重危害了人民群众的利益和社会的和谐稳定，中央高度重视、社会各界广泛关注。2022年，我国加大了对电信网络诈骗的监管整治力度，全国人民代表大会常务委员会制定出台了《中华人民共和国反电信网络诈骗法》。该法将电信网络诈骗定义为"以非法占有为目的，利用电信网络技术手段，通过远程、非接触等方式，诈骗公私财物的行为"，立足各环节、全链条防范治理电信网络诈骗，精准发力，为反电信网络诈骗工作提供了有力的法律支撑。该法明确了反电信网络诈骗工作的基本原则，完善了电话卡、物联网卡、金融账户、互联网账号有关的基础管理制度，支持研发电信网络诈骗反制技术措施，加强对涉诈相关非法服务、设备、产业的治理，并加大了惩处力度。

（三）拟修改《中华人民共和国网络安全法》

为做好法律之间的衔接协调，完善法律责任制度，进一步保障网络安全，2022年9月，国家互联网信息办公室发布《关于修改〈中华人民共和国网络安全法〉的决定（征求意见稿）》，拟对2016年通过的《中华人民共和国网络安全法》进行修改，主要修改以下4个部分的内容：完善违反网络运行安全一般规定的法律责任制度、修改关键信息基础设施安全保护的法律责任制度、调整网络信息安全法律责任制度，以及修改个人信息保护法律责任制度。

二、数据治理配套制度规则相继建立

数据已经成为关键生产要素，2022年是我国数据治理工作纵深发展的一年，应围绕数据出境监管、重点领域数据安全管理和数据要素价值释放等方面建立健全相关制度规则。

（一）数据出境监管规则初步建立完善

落实《中华人民共和国网络安全法》《中华人民共和国数据安全法》《中华人民共和国个人信息保护法》中关于数据和个人信息跨境的相关要求，2022年7月，国家互联网信息办公室公布《数据出境安全评估办法》（以下简称《评估办法》）。《评估办法》秉持安全和发展并重的基本原则，进一步明确了数据出境安全评估的具体流程和要求，为数据出境提供了具有可操作性的法律依据。《评估办法》明确规定了4种应当申报数据出境安全评估的情形：数据处理者向境外提供重要数据；关键信息基础设施运营者和处理100万人以上个人信息的数据处理者向境外提供个人信息；自2021年1月1日起累计向境外提供10万人个人信息或者1万人敏感个人信息的数据处理者向境外提供个人信息；国家网信部门规定的其他需要申报数据出境安全评估的情形。

（二）工业和信息化领域数据安全管理专门规定出台

2022年12月，工业和信息化部发布《工业和信息化领域数据安全管理办法（试行）》。该文件作为工业和信息化领域数据安全管理顶层制度文件，重点解决了工业和信息化领域数据安全"谁来管、管什么、怎么管"等问题。该办法主要包括以下7个方面的内容：一是界定工业和信息化领域数据和数据处理者概念，明确监管范围和监管职责；二是确定数据分类分级管理、重要数据识别与备案相关要求；三是针对不同级别的数据，围绕数据收集、存储、加工、传输、提供、公开、销毁、出境、转移、委托处理等环节，提出相应的安全管理和保护要求；四是建立数据安全监测预警、风险信息报送和共享、应急处置、投诉举报受理等工作机制；五是明确开展数据安全监测、认证、评估的相关要求；六是规定监督检查等工作要求；七是明确相关违法违规行为的法律责任和惩罚措施。

（三）数据资源开放利用法规政策有序推进

自2019年党的十九届四中全会首次将数据与土地、劳动力、资本、技术并列作为重要的生产要素以来，我国先后发布了多个政策文件推动数据要素价值释放，地方政府也积极推动出台相关立法，以充分发挥数据要素的作用。2022年12月，中共中央、国务院发布《关于构建数据基础制度更好发挥数据要素作用的意见》，明确提出要构建适应数据特征、符合数字经济发展规律、保障国家数据安全、彰显创新引领的数据基础制度，充分实现数据要素价值、促进全体人民共享数字经济发展红利。与此同时，北京市、重庆市、贵州省等地于2022年分别制定出台《北京市数字经济促进条例》《重庆市数据条例》《贵州省数据流通交易管理办法（试行）》等地方规定，探索建立数据要素收益分配机制，推动数据要素有效流动。

三、数字生态综合治理工作扎实推进

近年来，我国"网络生态持续向好，意识形态领域形势发生全局性、根本性转变"。2022年，中央和有关部门持续推进数字生态综合治理工作，着力解决各界广泛关注的热点、焦点问题，网络空间生态环境持续向好。

（一）依法净化网络空间，健全信息内容管理制度

针对互联网弹窗信息推送、互联网跟帖评论、算法推荐、深度合成等重点信息内容服务类型，中共中央网络安全和信息化委员会办公室等部门先后制、修订《互联网弹窗信息推送服务管理规定》《互联网用户账号信息管理规定》《互联网跟帖评论服务管理规定》《关于切实加强网络暴力治理的通知》等专门管理规定和指导意见，进一步充实数字内容治理领域，细化了数字内容治理具体规则和要求。与此同时，我国2022年深入开展网络直播视听乱象治

理，强化对未成年人等特殊群体的网络权益保护，先后发布《关于加强网络视听节目平台游戏直播管理的通知》《关于规范网络直播打赏加强未成年人保护的意见》《广播电视和网络视听领域经纪机构管理办法》等文件。

（二）加大个人信息保护执法力度，严厉惩处侵害用户权益行为

自《中华人民共和国个人信息保护法》正式施行以来，履行个人信息保护职责的部门积极开展监管执法活动。2022年7月21日，国家互联网信息办公室公布对滴滴全球股份有限公司（以下简称滴滴公司）依法做出网络安全审查相关行政处罚的决定，对滴滴公司处人民币80.26亿元罚款。工业和信息化部持续开展App侵害用户权益专项整治行动，组织对重点应用商店及分发平台进行检查，严肃查处违规行为，2022年先后发布6批《关于侵害用户权益行为的App通报》，督促违规企业进行整改，切实保护用户个人信息权益。

（三）有序规范数字市场竞争秩序

2022年1月，国家发展和改革委员会等九部门联合发布《关于推动平台经济规范健康持续发展的若干意见》，从完善规则制度、明确监管重点、提升监管能力等方面入手，推动完善平台经济治理体系。2022年6月，全国人民代表大会常务委员会通过《关于修改〈中华人民共和国反垄断法〉的决定》，修改后的《中华人民共和国反垄断法》根据平台经济竞争方式和特点，进一步明确了反垄断相关制度在平台经济领域中的适用规则，明确规定经营者不得滥用数据和算法、技术、资本优势及平台规则等排除、限制竞争。国家市场监督管理总局聚焦重点领域部署开展反不正当竞争专项执法行动，2022年5月，国家市场监督管理总局依据《中华人民共和国反垄断法》对中国知网涉嫌实施垄断行为立案调查，调查表明，中国知网实施不公平高价、限定交易行为，排除、限制了中文学术文献网络数据库服务市场竞争，侵害了用户合法权益，影响了相关市场创新发展和学术交流传播。2022年12月，国家市场监督管理总局依法对中国知网做出行政处罚决定，责令知网停止违法行为，并处以罚款。

四、持续探索数字新技术新应用监管

当前，以人工智能、5G、云计算、区块链等为代表的数字技术快速发展，催生了一系列新应用新业态，但也带来了很多新的问题和挑战，亟须进行规范和监管。2022年，我国持续探索构建新技术新业务的法律治理规则，在统筹发展与安全的前提下，依法规范其健康有序发展。

（一）人工智能和算法治理从顶层设计走向实践

2022年3月，中共中央办公厅、国务院办公厅印发《关于加强科技伦理治理的意见》，提出了加强科技伦理治理的要求、原则和重大举措，明确坚持依法依规开展科技伦理治理工作，加快推进科技伦理治理法律制度建设。自《互联网信息服务算法推荐管理规定》首次确立算法备案制度以来，中共中央网络安全和信息化委员会办公室于2022年3月正式上线运行互联网信息服务算法备案系统，截至2023年1月，已经发布3批互联网信息服务算法备案清单，其中首批清单涵盖社会高度关注的重点领域30项算法服务。

（二）为深度合成服务规范发展提供法治保障

2022年12月，国家互联网信息办公室发布《互联网信息服务深度合成管理规定》（以下简称《规定》），对应用深度合成技术提供互联网信息服务制定了系统性、专门性的规则，明确了各类主体的信息安全义务。《规定》要求，不得利用深度合成服务制作、复制、发布、传播法律和行政法规禁止的信息，或从事法律、行政法规禁止的活动；深度合成服务提供者应当建立健全用户注册、算法机制机理审核、科技伦理审查、信息发布审核、数据安全、个人信息保护、反电信网络诈骗、应急处置等管理制度，制定和公开管理规则、平台公约、完善服务协议，

落实真实身份信息认证制度等。《规定》的出台划定了深度合成服务的"底线"和"红线",有助于规范互联网信息服务深度合成活动,保护公民、法人和其他组织的合法权益。

（三）积极探索构建智能网联汽车领域制度

智能网联汽车是全球汽车产业发展的战略方向,是我国实现汽车产业转型升级的战略举措,我国高度重视智能网联汽车的发展,积极探索智能网联汽车的管理要求,加快完善规范并促进智能网联汽车创新应用的政策环境。2022年10月,工业和信息化部发布《道路机动车辆生产准入许可管理条例（征求意见稿）》,提出了智能网联汽车的特殊管理要求,规定生产智能网联汽车企业应当具备车辆产品网络安全、数据安全保障能力,智能网联汽车应当符合预期功能安全、功能安全、网络安全和数据安全相关标准、技术规范要求。与此同时,各地积极制定出台智能网联汽车管理制度,2022年6月,深圳市发布了国内首部关于智能网联汽车管理的地方性法规——《深圳经济特区智能网联汽车管理条例》,对智能网联汽车管理从道路测试到准入登记、使用管理、道路运输、交通事故及违章处理、法律责任等进行全链条立法规范,为智能网联汽车发展提供了坚实的法律保障。

（中国信息通信研究院　何　波）

互联网著作权侵权中不同类型网络服务提供者的责任认定

一、网络服务提供者的定义和种类

（一）定义和种类

提供网络服务的一方是指通过互联网向用户发布信息和掌握信息的机构，也可以说是以了解互联网中的消息为目的的机构。一般而言，这些互联网服务的提供人和组织机构包括提供信息设施、通过介绍商、内容技术服务方面的机构，以及接触互联网的广大群众。根据所提供服务的差异，提供网络服务的人可以分为提供网络信息的一方、提供产品和内容的一方及提供平台的一方。

通过网络在线提供服务的人员如下。

① 向用户提供负责进入网络服务、注册地区的名称，负责提供分析信息、网络到访、保存、计算、传递等服务的人员。

② 向用户提供负责发布信息、网上支付、网络预购、网络游戏、网络直播、网络建设、即时通信、推广各种广告等网络信息方面的服务人员。

③ 向用户提供涵盖医疗、教育、金融、交通等方面的信息服务人员。

（二）网络服务提供者的法律地位

经过多年的实践，社会对网络交易平台提供者的地位已经达成了比较统一的认识，并且相关法律也做出了规定。在线交易平台提供商属于网络服务提供商的一种。例如，《中华人民共和国消费者权益保护法》的第四十四条规定了"消费者通过网络交易平台购买商品或接收服务，其合法权益受到损害时，可以向销售者或服务者要求赔偿"。我们由此可以得知，在互联网上交易的供应方只是提供虚拟交易场所的网络服务提供商，并不参与交易。

因此，如果消费者的权益受到损害，应该向卖家而非平台提供者索赔。

（三）网络服务提供者的特点

网络服务提供者需要具备以下特点。

① 需要具备客户意识，判断客户是否愿意使用产品，同时，需要进行市场调研和需求分析。

② 产品安全性是非常重要的考虑因素，需要考虑客户隐私信息的加密算法和保护程度，以及考虑产品本身是否具有加密和自我保护的功能。

③ 产品需要根据市场环境和用户体验不断更新和完善，以保持与市场的同步。

④ 产品的再现性（模仿性）也需要考虑在内，需要具有独特的程序或科学设计，并且需要申请专利保护。

⑤ 需要重视客户的服务质量，要让客户满意，避免客户流失，并促进新客户的加入。

二、法律责任的种类

根据我国法律的有关规定，此类维权案件中的侵权责任类型主要包括以下4种。

① 网络运营者（中介服务提供者）侵害被害人名誉权的。

② 行为人利用互联网侵害受害人名誉权的。

③ 网络运营者（中介服务提供者）与侵权人共同侵害受害人名誉权的。

④ 网络运营者（中介服务提供者）疏于监控、删除有害信息，或拒绝切断含有侵权内容的网站链接，拒绝提供行为人的在线登录信息。

三、网络服务提供者侵权责任的认定

根据《中华人民共和国民法典》（以下简称《民法典》）第七编 侵权责任的规定，行为人因过错侵害他人民事权益造成损害的，应当承担侵权责任。依照法律规定推定行为人有过错，其不能证明自己没有过错的，应当承担侵权责任。行为人造成他人民事权益损害，不论行为人有无过错，法律规定应当承担侵权责任的，依照其规定。然而，在某些特定情况下，虽然存在过错，但由于存在正当理由，可能不需要承担相应的侵权责任。

因此，与《民法典》侵权责任相似，网络内容服务提供者侵权责任的构成要件应该根据一般侵权行为的构成要件进行分析。

（一）侵权行为的存在

要判断行为是否对用户存在侵权行为，首先需要考虑人的行为是否构成一定的侵权行为。根据《民法典》的规定，人的行为是否侵害他人权利，决定了是否构成侵权。

网络内容服务提供者的侵权行为可以分为作为和不作为两种。作为指法律规定中明确规定的应该做或不应该做的事情，如果网络服务提供者没有按照规定去做或者不去做，就有可能对用户的权利造成伤害或侵犯。而不作为则指法律规定中明确规定的一些行为方式没有去实现或者任其发展破坏。

（二）损害事实的客观存在

侵权行为的客体是民事主体的民事权益，包括民事权益。如果要确定是否对其造成了侵权行为并负责任，首先需要考虑是否对其造成了多大的伤害。如果没有对其造成伤害，则不算是侵权，就不需要承担责任。因此，与民事侵权行为相同，网络内容发布方的侵权行为也必须造成一定的伤害才会构成侵权。

（三）损害事实与侵权行为之间存在因果关系

如果网络服务提供者侵犯了他人的权益，就应该承担相应的赔偿责任。但是，是否存在这种侵犯行为的产生，取决于前因和后果之间的真实关系。在因果关系中，可能存在一因多果、单因多果、多因多果等情况，很难从事件中直接判断。在处理侵权事件时，最终结果将由侵权行为决定，如果犯了错，就应该承担相应的责任，但是产生这种行为的原因很难判断。

（四）侵权行为存在主观过错

与《中华人民共和国刑法》上的故意和过失不同，过错在《民法典》上分为故意、重大过失和一般过失，可通过一定的衡量标准加以区分。对于提供网络服务的一方，其犯错通常分为故意导致和失误导致，并可分为比较严重的错误和一般严重的错误。在判断错误严重程度时，不应只从侵犯对方的行为方面考虑，而应考虑应对其负责的赔偿过失的大小等方面。

（1）故意

故意意味着知道存在损坏的危险，但希望或让损坏发生。网络内容服务提供者的意图与普通侵权人的意图无异，都是追求或让可预见的结果发生。

（2）疏忽

造成失误的根本原因在于这个人在面对事件时过于自信，认为自己可以达到目标，从而出现了马虎和疏忽。在事件发生前，应该提前考虑并做好准备，避免盲目相信自己的判断，将事情置于不利于自己的境地。提供网络服务的人犯错的情况包括向自身上传信息和未履行向网络用户上传信息的监督义务。网络内容服务提供者通过采集、整理上传的信息与传统媒体没有本质区别，因此侵犯他人人身权利的行为更加普遍，例如未经本人同意在举报中使用他人照片，侵犯他人肖像权等。判断网络内容服务提供者的过错，应了解网络内容服务提供者是否履行了监管义务。

作为网络服务提供者，网络内容服务提供者不能仅仅履行普通人的注意义务，还应该主动承担自己的过错责任。作为互联网运营商，互联网内容服务提供者拥有物质和技术保障，比网络用户具有更高的法律意识和地位优势，因此应该更加负责，做好分内的准备工作。当上传内容为作者自己上传到网络上时，负责管理网络的一方仍需履行监督义务，即与第三方同样的注意义务。如果"善意第三人"未尽到注意义务，则视为行为失职。

在美国法律中，网络内容服务提供者在收到被侵权人的通知后，未在合理的范围内采取适当措施删除或断开可能被侵权的信息，或明知用户上传的信息侵权却没有采取措施保护广大群众的利益，也会被视为过错行为。因此，提供网络服务的一方应该拿出正确的态度并履行应该要做的行动，在侵权问题出现时，与发布作品的作者一起承担相应的责任。

四、关于完善网络服务提供商标责任的建议

（一）我网络商标侵权责任立法仍有提升空间

① 网络商标侵权责任规则的现实需求。
② 网络商标侵权责任立法的不足。
③ 我国网络商标侵权责任规则亟待完善。

（二）明确各部门职责

① 签发合同范本，采取适当措施合理分配合同义务；在域名过程中，既要约定域名注册人的权利和义务，也要约定域名所有者的权利和义务，明确区分第三方的债权和债务。

② 解决纠纷的方式有很多，但考虑网络商标侵权法律制度不完善，相关行政机关工作人员可以先做出裁决，促使双方通过和解解决纠纷，节约经济成本和时间，防止部分当事人尝试推迟法律的实施。

③ 行政执法机关还可以提供信息交流平台，发挥更多资源共享功能。该功能通过网络技术进入商标系统。在使用商标或注册域名之前，商标使用者和域名申请人都可以在商标系统中找到该商标或注册域名。

加强对网络经营活动的监管，有针对性地对网络经营主体资质进行审核，提供网络经营主体相关登记、营业执照信息。此外，要在信息系统中公示失信经营者名单，有效防范网络商标侵权行为，不断完善网络消费者投诉渠道，建立快速处理机制。

（三）增强网络服务提供者的责任感

在网络环境下，商标保护可以使相关运营商充分利用网络拦截技术，保障网络服务提供者的安全。根据网络服务提供者的管理，网络服务可以分为两个方面：验证网络平台信息的合法性、验证互联网服务提供者提供商标信息（主要包括对用户身份的核查）。此外，还要检查用户使用的产品是否合法。在相关部门的监督下，网络服务提供者有权要求平台提供侵权信息，使商标权人的合法权益得到保护，从而降低网络侵权的可能性。

五、结束语

网络交易平台中存在许多商标侵权行为，这不仅影响了商标所有者的个人权益，也严重阻碍了在线交易平台的健康发展。因此，为了保护商标所有者的权益，我们应该明确规定网络交易平台的法律法规及其地位，并根据运营方式和服务行为，合理有效地设定法律条款。在立法过程中，我们需要更加细化责任的确定，明确什么是违法的、什么是不违法的，以及责任的具体方面。网络环境的健康发展和法律具体化密切相关，因此，应该制定一套完整周全的商标侵权责任认定体系，以确保网络交易平台的正常运行和商标所有者的合法权益得到保障。

（联通支付有限公司　杨　扬）

物联网产业关键构成要素演进特征及相关发展建议

一、我国物联网产业关键构成要素演进的特征

（一）端：联网终端行业属性日益增强

数字经济时代将传统的人人通信扩展到人物通信，甚至物物通信。物联网的核心在于将物连接起来进行数据传输。"物"的联网可以分为两类：一是物与物之间实现人与人之间通信的联网终端，通信目的在于人与人之间的信息交流，我们称为"通信专有终端"；二是人与物之间、物与物之间实现通信的联网终端，通信目的在于通过赋予物的通信功能，更好地发挥物体原本的功能，实现人对物或者物对物的监测与控制，我们称为"融合终端"。

1. 通信专有终端

此类联网终端虽然形式上是实现物与物之间的通信，但其业务实现目标是提供人与人之间的信息传送服务，具有人与人信息传送功能的终端演进经历了4个阶段。

2. 融合终端

此类联网终端形式上依然是物与物的连接，但其业务实现目标是实现人与物之间及物与物之间的通信，实现对物的监控及控制，任何与生产生活关联的终端都可以被赋予通信功能，主要表现为终端从电信行业内专用终端扩展到与其他功能融合的具有通信功能的终端，我们称为"万物互联"。

此时，联网的"物"从简单的手机扩展到智能可穿戴设备（手表、眼镜等）、智能家居（智能音箱、智能门锁等）、智慧金融（移动电子付款机等）、智慧社区（智能电梯等）、智慧消防（智能烟感等）、智慧文旅（智能讲解器等）、智慧农业/能源（智能环境监测仪器）、智慧公共事业（智能电表、共享单车等）、工业互联网（智能用户驻地设备）和车联网设备终端等，"物"的行业属性日趋增强。

（二）管：接入网技术更新迭代速度加快

1. 技术布局：多种接入技术各有千秋，互补有余

近年来，物联网演进速度较快的技术聚焦在无线技术接入网领域。因使用的电信资源不同，这些技术大体可分为以下4个方面。一是蜂窝移动通信接入技术。其中5G Redcap（Reduced Capability，意为"降低能力"，原名为NR Lite，3GPP在5G R17阶段专门立项研究的一种新技术标准）成为蜂窝移动物联网技术市场的新秀，NB-IoT、4G cat1 和 5G NR 继续承载物与物之间低、中、高速率蜂窝移动通信接入市场的重任（2G/3G/4G/5G 偏重用于人的数据与语音传送）。二是免频率许可类的无线接入技术，包括Wi-Fi、蓝牙、Zigbee、ZETA 和 2.4GHz 等短距离无线接入，以及 LoRa、Wi-SUN 和 Mioty 等长距离无线接入技术。三是卫星物联网接入。随着我国航天航空事业的实力日益增强，卫星产业在偏远地区人和物的信息采集领域发挥的作用越来越大，低轨卫星物联网成为近几年国际市场的竞争焦点。四是无源接入网技术，主要利用光伏、按压发电和无线电波等技术实现能量转换。

2. 市场格局：各行各业需求千差万别，各取所需

通过梳理公共事业（水电气）、交通、金融（支付）、农业、工业、消防、石油、仓储物流、医疗等传统行业现有物联网的开展情况发现，各种应用场

景虽然差异大，但也存在一定的共性。主要差异表现为各行业有专有的业务特性需求，例如，农业对农作物生长环境监测及控制类需求表现突出，公共事业聚焦设备数据上传需求较大，交通物流对位置跟踪信息需求较为突出；主要共性表现为各个行业对数据传输容量、时间、速率及能耗都有低、中、高需求，单一技术方案无法满足企业的所有场景需求，同一场景根据经济实力也可以采用不同的技术方案。

（三）平台：业务分合竞争云化趋势明显

物联网平台种类有很多，根据其实现功能可以分为基于连接管理的平台、基于感知层上传数据进行数据存储并管理的平台、基于感知层上传数据进行管理并控制的平台。物联网平台部署方式可以采用本地部署，也可以采用云上部署。

物联网平台市场运营主体包括设备提供商、网络接入服务商、数据平台存储及计算提供商、数据管理软件平台服务商，以及面向垂直行业企业应用的软件开发商等。

事实上，物联网真正的价值链是通过传感层技术搜集物的信息，并将其通过通信网络传送到系统平台上进行数据处理。业务云化使"云+"成为物联网平台应用基础设施底座，在物联网平台中发挥重要的作用。

当前，物联网平台市场以设备连接、数据存储及管理为主，基本满足对信息初步分析的管理目标。未来，物联网平台市场更多专注于存储资源优化，以及利用大数据和人工智能等信息技术挖掘智能管理决策及智能控制模型等高级管理目标。当前，物联网平台建设呈现各自为营、分散部署的局面。未来，开放网络业务云化是中小企业首选的物联网平台部署方式，且逐步分为通用性和垂直行业专业性两大阵营，分别利用大数据及人工智能挖掘算法进行智能分析服务，最终为生活和生产决策提供有力支撑。

（四）数据：行业商业价值逐步挖掘释放

物联网发展初期，物联网的基本诉求集中于连接功能，随着产业数字化浪潮的出现，端侧接入种类日益增多，物联网产业生态体系不断庞大。在数字经济时代，物理世界在数字空间建立映射，产生大量的数据，此时数据成为重要的生产要素，基于数据挖掘生成的行业价值逐步成为各界关注重点，虽然元宇宙只是一个技术概念勾勒未来数字世界的理想蓝图，但它的确是物联网未来的发展方向，全球数字空间治理必将成为各国竞争的目标。

二、我国物联网产业关键构成要素发展中存在的问题

（一）端：模组成本及标准各异生态圈扩展受限

首先，物联网终端上市初期，受芯片模组研发及产业生态不健全等因素的影响，终端成本偏高，只有达到一定规模，价格才能滑落到普遍服务水平的上限，这个培育窗口期通常需要3～5年。例如，2017年NB-IoT上市价格为120元左右，2022年价格已经降到15元以下，再如，5G模组从最初的1500元左右降到现在的500元以下，可以预判，刚上市的5G RedCAP需要至少3年的时间才能大范围推广。因此，从需求方来看，行业客户需要考量不同接入技术的技术特征及经济性等要素，终端技术路线成本高，进而影响物联智能化工作积极性；从供给方来看，传统终端、芯片及模组同质化严重，市场竞争激烈，利润空间不大。综上所述，端侧入网受阻，产业生态圈形成难度加大。

其次，各个行业应用场景需求特征各异，接入网络终端千差万别，采用网络接入技术标准不统一，问题最大的是物联网终端产品标识不统一，蜂窝类物联网设备目前采取国际移动设备标志（International Mobile Equipment Identity，IMEI）号进行设备识别，存在对设备定位、查询及追溯等问题。物联网设备互联互通成为当前智能化管理亟须解决的问题，亟须建立物联网设备IMEI号和标识码管理数据库，打破现有"烟囱式"搭建个性化终端、网络及平台生

态圈的壁垒，在终端层做好标准化工作，促进形成大规模的产业生态圈。

最后，物联网端侧安全风险日益增加。按照《电信设备进网管理办法》和《关于电信设备进网许可制度若干改革举措的通告》等相关要求，接入公用电信网的电信终端设备、无线电通信设备和涉及网间互联的设备，必须符合国家规定的标准并取得进网许可证。接入公网电信网的物联网设备属于进网许可管理范畴，需要按照许可证制度要求办理电信设备进网许可证。当前，市场大量物联网设备未按照要求入网，多采取自行购置及 SIM 卡内置进行销售及使用，易造成一定的网络安全、数据安全和个人信息等安全隐患。另外，与接入网络市场相对应的非蜂窝物联网终端（例如智能家居、智能车载和健康医疗等）采用大量 Wi-Fi、蓝牙和 Zigbee 等近距离无线接入产品，也存在相应的安全风险，且在技术溯源方面存在一定的管理缺陷。

（二）管：行业领域市场竞争同质化严重，收益低

首先，物联网接入市场行业客户竞争同质化严重，移动蜂窝通信技术、LoRa、Wi-Fi 和蓝牙等无线接入技术在智慧农业、智能家居、智能照明和智能停车等低能耗、低速率应用市场竞争激烈，蜂窝移动通信技术在车联网、可穿戴设备上具有差异化市场竞争力。

其次，物联网在物联网产业生态具有重投资轻收益的特点。以 LoRa、Wi-Fi、Zeta 为代表的按需布建网的商业模式取得了较好的市场收益；蜂窝移动物联网经过多年的建设与运营，一直面临网络投资与业务收入失衡的经营困境，物联网连接服务收入在物联网价值链中的收入占比不到 20%，亟须调整商业模式。

（三）平台：网络接入标准不统一，行业集中度高

虽然物联网平台定位逐渐清晰，但一些物联网平台还存在经营不规范、行业集中度高等问题。一是连接和设备管理物联网管理平台依然存在平台协议与行业标准不统一的问题，难以发挥平台大数据优势。二是物联网平台云化部署趋势增强，云应用基础设施行业集中度日益增加。三是基于行业属性提供的解决方案，聚焦数据存储、分析和控制的物联网平台管理服务的专业化程度不够，平台运营不规范，存在数据过度采集、存储及技术滥用等经营风险。

（四）数据：存储传输计算等经营风险日益增加

随着物联网规模逐渐扩大，数据出现相关问题：一是联网设备搜集的数据格式杂乱无章，大量数据格式不标准，大量数据资源浪费；二是数据种类繁多，尚未利用大数据及 AI 等开发工具达到智能化管理的目的，数据资源利用度不高；三是存在数据采集违规、存储不规范、数据泄露和违法跨境传输等经营风险。

三、我国物联网产业关键构成要素未来发展的建议

通过对人、机、物的全面互联，物联网构建起全要素、全产业链、全价值链全面连接的新型生产、服务和生活体系，是数字化转型的实现途径，是实现新旧动能转换的关键力量。物联网产业未来的发展趋势是全面感知，拓展智能应用方向，形成端、管、平台和数据的开放架构。

（一）端：未来重要发力点

一是借鉴工业互联网标识成功经验，在其他行业继续推进物联网终端统一标识工作；二是遵循"互联网+""云+"向"物+"的技术演进路线，面向政府、企业、家庭和个人用户稳步推进生产与生活相关设备上网；三是做好设备认证工作，物联网发源地—端侧安全，夯实基础，打造结构稳定的物联网生态系统。

（二）管：按需布局建网

一是提前做好算力网络布局，做好边缘网络设

施建设，并提供数据挖掘价值服务。2022年，移动物联网M2M连接数超过移动电话互联网连接数，可以预见，物联网的下一个产业价值增长点将聚焦于数据存储及价值生成阶段，即将迎来垂直行业商业数据存储及价值挖掘市场的大发展期，对算力的需求增长迅猛。二是特殊行业采取因需建网商业模式。技术自上向下兼容可以实现全场景覆盖，物联网碎片化的场景导致的直接结果是在技术标准上调整，定向搭建物联网生态，以此适应不同特性的行业特征，降低大范围建网收益回收期长、收益低等经营风险。

（三）平台：安全有序运营

物联网平台的多样性决定了对其管理采取不同的思路：一是基于通用服务能力的物联网平台多聚焦提供云应用基础设施服务和中间件服务，网络部署多采用集中化云管理平台，这类物联网平台社会影响面大，对其业务运营需要加强管理；二是基于垂直行业特性物联网平台的多定位，提供专用设备监测及控制、数据处理及分析等服务，大量部署边端数据采集、存储及计算管理平台，这类平台如果面向公众运营，也是重点监管对象。

（四）数据：规范安全使用

产业链各方严格遵守现有《中华人民共和国国家安全法》《中华人民共和国网络安全法》《中华人民共和国信息安全法》《中华人民共和国个人信息保护法》《中华人民共和国电信条例》《互联网信息服务管理办法》《非经营性互联网信息服务备案管理办法》《中华人民共和国计算机信息系统安全保护条例》《信息安全等级保护管理办法》《个人信息出境标准合同办法》和《关于加强物联网卡安全管理工作的通知》等法律行政法规及部门规章制度，严格规范与物联网相关数据的采集、传输、存储、计算和控制等处理行为，保障数据的安全使用。

（中国信息通信研究院　马思宇）

新型信息通信技术赋能电信新业务高质量发展关键要素分析

以元宇宙、数字藏品和 ChatGPT 为典型代表的，由新型信息通信技术引发的新业态、新应用和新模式引起全社会各界关注，本文以新型信息通信技术为主线，分析其对行业赋能及信息通信业监管要素影响的演进路径，提出电信新业务界定对信息通信业高质量发展具有重要意义。

一、全球信息通信技术演进路径及发展趋势预测分析

本文以 2000 年为起点，梳理了 3 条典型技术演进路线：一是移动通信从 1G 模拟信号时代迈入 2G 数字通信时代，发展到 2020 年，5G 大范围商用，6G 进入基础研究阶段；二是互联网实现了从 Web 1.0 到 Web 2.0，再到 Web 3.0 的三级跳，从最初的人机连接实现简单的信息传递，到人机之间的工作和生活全面协同，再到人—机—物全面协同；三是虚拟现实、人工智能、大数据、区块链及计算类通信技术不断更新迭代，赋能信息通信业高质量发展。

同时，通过系统梳理 IDC、德勤、Gartner、思科、IEEE 等在 2019 — 2023 年关于新技术发展的趋势发现：云计算、边缘计算、人工智能、区块链、量子通信、隐私/增强计算、AIoT、自治/沉浸式系统及软件定义网络（NaaS 等）是这些机构多年关注的重点。近些年，业界关注的热点聚焦在边缘计算和 AI。

二、新型信息通信技术赋能传统行业转型升级路径演进分析

在融合时代，新型信息通信技术不断更新迭代，对数字经济体系的影响由表及里，涉及行业从原有的电信行业领域扩展到其他垂直行业领域，大体可以归结为以下 4 个发展阶段。

（一）融合初级阶段："互联网 +"

在融合初级阶段，主要体现为利用互联网信息化手段赋能传统行业，突破时间和空间的限制，将各行业的线下行为升级为线上活动，实现提升工作效率、提高人民生活质量的目的。本阶段的典型特征是将人的相关活动搬到网上，典型案例包括当前普遍使用的各种与生产和生活相关的 App。

（二）融合发展阶段："云 +"

在融合发展阶段，确定了云应用基础设施的身份。企业通过利用随时获取、按需使用、随时扩展、协作共享等方式，为用户提供数据存储、互联网应用开发环境、互联网应用部署和运行管理等服务。本阶段的典型特征是各行业把相关数据存储计算基础设施由本地部署转到云上部署，极大地优化了通信基础设施与资源使用的效率。典型案例包括各种云应用，以"数字藏品"为例，其核心商业模式是利用区块链技术将数字藏品存储于云上制作和销售。

（三）融合扩展阶段："物联网 +"

在融合扩展阶段，主要表现在从人与人之间通信转变为人与物之间、物与物之间的通信。本阶段的典型特征是联网终端从通信专用设备向传统设备扩展，实现万物互联智能管理，但仅限于连接规模的扩张，尚未进化到深度挖掘数据价值的阶段。典型案例为智能音响、智能门锁、智慧灯杆、AR/VR 眼镜等各种具有通信功能的设备。

（四）融合成熟阶段："智能化+"

在融合成熟阶段，主要表现为在万物互联的基础上，建立相对稳定的人与人、人与物、物与物之间的信息传输、交互及控制的信息通信基础设施，并基于物理世界构建数字孪生世界。本阶段的典型特征是基于物理世界的经济与社会活动在信息通信基础设施上进行映射并运行，虚实结合，以实为主。以元宇宙为例，它搭建了与现实物理世界对应的数字孪生世界，2023 年火爆的 ChatGPT 只是元宇宙体系中大语言模型的一个极小的应用场景，它把业务从简单的信息搜索功能扩展到信息搜索、信息发布、信息交互和信息生成等融合智能分析功能，扩展了原有业务的数据和内容服务属性。

三、新型信息通信技术赋能新型电信业务高质量发展相关管理分析

当前，针对市场上新概念的各种提法，相关行业主管部门应采取包容审慎的态度利用新型信息通信技术赋能新型电信业务高质量发展。

首先，加强新型电信业务监测与评估工作。 新型电信业务形态是新型信息通信技术在不同行业的应用，新型电信业务商业模式是新型信息通信技术对传统电信技术的改良而衍生的新的商业经营模式，新型电信业务应用是新型信息通信技术在信息通信领域的创新应用。为准确辨别电信新业务的属性，需要对新型信息通信技术衍生的电信新业务影响开展及时的监测与准确的评估，以此确定新型信息通信技术是否衍生了新的电信业务形态、新的电信业务商业模式或新的电信业务应用。

其次，解决调整现有监管边界的问题。 新型信息通信技术对数字经济产生的影响是系统性的、周期性的和广泛的。从"互联网+""云+""物联网+"再到"智能+"，新型信息通信技术促进信息通信业务监管边界从基础设施和资源领域扩展到社会伦理与道德、文化、金融、交通、知识产权和安全等领域，此时亟须涉及多部门的协同动态监管。

最后，动态调整监管要素。 新型信息通信技术会直接或间接地影响监管要素不断演进与调整，主要表现为"互联网+"聚焦电信业务接入资源管理，"云+"扩散到互联网接入及存储资源管理，"物联网+"扩散到电信设备终端、平台及数据的管理，"智能+"扩散到网络、平台及数据等新型生产要素的管理，做到有的放矢的高质量监管要素管理。为此，亟须及时调整信息通信领域监管关键要素的内涵及相关管理举措。

一是做好动态调整宏观监管要素。以数据为例，其作为数字经济的新型生产要素，需要依据搜集、传输、存储、计算及控制等逻辑来调整相关电信业务监管要素。

二是做好动态调整微观监管要素，主要表现为对当前关键监管要素内部进行动态调整。以电信资源为例，对电信资源管理从原有的电话号码和频率扩展到 IP 地址、互联网域名及工业互联网标识等新型信息资源。

（中国信息通信研究院　李治民）

迈向千兆时代的宽带光网络

随着各类新业务的不断出现,宽带接入网络技术继续向更大速率、更多波长、更低时延演进,同时结合了各类软件定义网络(Software Defined Network,SDN)、网络功能虚拟化(Network Functions Virtualization,NFV)、大数据技术、自智网络的进展,在规、建、维、优一体化方面取得了进步。

一、发展概述

(一)宽带网络持续向精品千兆网络发展

2021年3月24日,工业和信息化部印发《"双千兆"网络协同发展行动计划(2021—2023年)》,协同推进"双千兆"网络建设,千兆光网具备覆盖超5亿户家庭的能力,实现"市市通千兆""县县通5G"。截至2023年2月底,我国共有110个城市达到千兆城市建设标准。我国成为全球主要经济体中首个实现"物超人"的国家。

三大电信运营商"提速降费"成效显著。过去5年,提速降费累计让利超过7000亿元。人民群众基础通信服务用得上、用得起、用得好的问题已经基本解决。

根据目前的固定宽带用户数量与光纤端口数量的比例,以及所监测的宽带用户平均流量分析,固定宽带网络的大规模建设已经基本完成。随着千兆宽带套餐的推出,电信运营商开始重视宽带及智慧家庭业务在发展新战略中的意义,均开始持续强化"双千兆"协同网络基础能力。目前电信运营商继续进行一定规模的10G无源光网络(Passive Optical Network,PON)建设和"双千兆"小区覆盖,以确保能够顺利开通相关业务,积极参与市场竞争。

后续电信运营商将结合具体的市场发展需求推进精准建设,以有效控制资本投入并提升网络效能。

(二)宽带网络技术继续向超大带宽、多业务承载、智能化、确定性能力等方向探索

下一代PON技术体制的选择涉及现网的平滑演进,关系到对已规模部署的10G PON投资的保护。2018年1月,我国电信运营商推动50G TDM PON在ITU-T SG15全会上立项。50G TDM PON具备以下主要参数:可重用现网已部署的光分配网(Optical Distribution Network,ODN)的线路资源,例如,光纤光缆和光分路器等,并与10G PON共存;单波下行速率为50Gbit/s,上行速率包括单波12.5/25/50Gbit/s等多个选项。该立项确保了下一代接入网主力设备能够具备充分的能力提升空间,届时,10G PON设备能够共存和平滑演进以充分保护投资,并能够积极应对5G小微基站、扩展现实(Extended Reality,XR)等新业务承载。IEEE的10吉比特以太网无源光网络(10G EPON)设备可以与ITU-T的50G TDM PON通过共用同一光模块的"Combo"方式或单独的分合波器件来实现共存,即不再保留和新部署10G EPON OLT[1]设备,结束接入网产业链ITU-T系列和IEEE系列长期分化的局面。目前,ITU-T相关标准已补充完善了ITU-T的GPON、XG(S)PON和50G TDM PON这三代PON之间实现共存的新增选项。

50G TDM PON关于需求的标准G.9804.1已于2019年11月获得批准。G.9804.1 Amd1(增补项目)、物理层(G.9804.3)和通用协议层标准(G.9804.2)在

---
1. OLT(Optical Line Terminal,光线路终端)。

2021年4月的ITU-T SG15全会上通过，完成第一版后，在2022年9月的ITU-T SG15全会上G.9804.2 Amd.1和G.9804.3 Amd.1通过，进入AAP批准发布阶段。目前在研项目为继续收集和完善需求的G.9804.1 Amd.2。

随着各种新型业务的出现与发展，接入网面临多业务承载现状，不同业务所需的服务质量（Quality of Service, QoS）保障及管控需求各不相同。接入网结合虚拟化技术可以为多业务承载提供相应的解决能力，具体如下。

一是物理网络虚拟切片可支持多业务承载和差异化服务。引入网络切片技术，将单一物理设备在逻辑上分为多个虚拟分片设备，并采用虚拟分片来承载多个独立业务，从而满足多业务在业务规划、运行、维护等多种场景下的隔离和差异化要求，也可满足特殊客户的差异化要求。

二是虚拟扩展局域网（Virtual Extensible Local Area Network, VxLAN）可保证网络的扩展性与穿透性。接入网和城域网的虚拟化将在网络中引入部署虚拟设备的数量和位置的变化，原有的大二层网络在扩展性和穿透性上可能会遇到问题，而VxLAN可以很好地解决大二层网络遇到的以下问题：虚拟机规模受网络规格限制；网络隔离能力限制；虚拟机迁移范围受网络架构限制。VxLAN技术的引入可为客户所需入云相关业务提供支持。

三是接入网控制编排器可实现虚拟集群和统一的网络管理。软件定义的接入网将接入远端/终端设备的转发与控制分离，接入节点的控制面集中上收到控制器中，实现用户会话转发可编程。基于统一的NETCONF/YANG协议模型，面对不同业务的各类新型接入设备及管控需求，可实现海量接入设备与业务的解耦，并加快业务推出速度，同时实现合理管控。多业务、多接入、各种客户定制化模式都可以统一到虚拟的接入节点，从而归一化各种FTTx[1]的控制与管理模式，简化运维，以适应未来接入技术无缝演进。

---

1. FTTx（Fiber To The x，光纤到x）。

在2022年的ITU-T SG15全会上，华为牵头的《单波大于50Gbit/s的点到多点无源光接入系统需求与传输技术》立项成功。这个标准项目将研究系统架构、各项需求（物理层、业务、系统级、运行、共存及演进等）和各项候选技术等。

（三）宽带网络支撑大视频业务，关注XR和新兴的元宇宙热点

近年来，远程教学、视频会展等VR创新应用市场逆势增长，这表现出对新型基础设施更加迫切的需求，并对通信基础设施的带宽、时延等网络传输能力和算力基础设施的计算存储能力提出了不断进阶的支撑要求。VR也正在从业务演示向运营发展，为用户带来全景视频和互动体验，主要分为以下3个阶段。

一是起步阶段：以4K VR为代表，终端屏幕分辨率为2K或4K，用户看到的画面质量相当于在传统TV上观看240P/380P的效果。

二是舒适体验阶段：以8K VR为代表，终端屏幕分辨率为4K或8K，终端芯片性能、人体交互有所提升，画面质量相当于传统TV上观看480P的效果。

三是理想体验阶段：以12K VR为代表，终端屏幕分辨率为8K或16K，终端和内容的发展可使用户获得最佳的使用体验。

网络质量是影响VR业务体验的关键因素。产业界不断地探索传输推流、编解码、最低时延路径、大带宽低时延、VR业务的AI识别等新技术路径，实现无卡顿、无花屏、黑边面积小、标清画质/高清画质切换无感知等用户体验，制定业务质量评估方法，加速VR的规模化发展。

基于XR的元宇宙技术成为新的研究热点。元宇宙通常指经由人体感知与人机交互设备（例如VR、AR设备等），实现生活、生产等活动，并实现与现实社会交互、映射和影响的数字虚拟空间和虚实融合社区，具备虚实共生、沉浸交互、开放生态等特点。随着"元宇宙"概念的持续升温，2022年我国一些省市相继发布了元宇宙产业规划。元宇宙围绕社交、游戏、商业等场景，借助超高清视频、VR、AR、数字人等关键技术，聚焦提升多场景下的多感官沉浸式体验。

（四）"双千兆"时代承载5G小微基站回传

5G时代室内覆盖具有以下重要性：高价值商用客户主要集中在室内；室内覆盖可以精确控制室内信号分布，提高业务质量；良好的室内覆盖是吸引新客户、留住老客户的关键。

根据4G建设经验，宏站在完成基础覆盖后的建设将趋缓，网络建设进入补盲吸热阶段，不同类型的小基站建设规模将呈逐年上升趋势，微宏比（小微基站/宏站）逐年提升。

5G室内覆盖是打造精品网络、提升用户体验的重要方向。目前，各电信运营商已在机场、火车站等重要场所陆续部署5G数字室分系统（Digital Indoor System，DIS）。对5G小微基站与室分系统的技术进展、产品能力、发展趋势持续进行研究，实现承载网络能力与建设成本的最优均衡，已成为电信运营商的迫切期望。室内5G新业务及传输速率模型见表1。

表1　室内5G新业务及传输速率模型

5G新业务	子业务	传输速率
云VR	入门体验级	60～180Mbit/s
	极致体验级	1～4Gbit/s
超高清视频全景直播	1080P	6Mbit/s
	2K视频	10Mbit/s
	8K视频和云游戏	50～100Mbit/s
无线医疗	远程内窥镜，360°"4K+触觉反馈"	50Mbit/s
	远程超声波，AI视觉辅助，触觉反馈	23Mbit/s
智能制造	无线工业相机	1～10Gbit/s
	工业可穿戴设备	1Gbit/s
室内定位	精度5m，带宽为20MHz	不依赖
	精度1m	不依赖

从时延角度来看，支撑智能制造的工业互联网的时延要求较为严格，时延低的小于1ms，时延高的为10ms；室内定位对于时延和抖动的要求较高，对相位同步精度的要求在纳秒级别；VR强交互业务的时延要求为20ms。

针对以上要求，除了数字室分系统，目前业内已有多款5G小微基站产品和方案陆续问世，并参与各类测试。产业界仍在持续完善相关标准和技术。

（五）光纤到房间技术得到迅速发展

自2019年开始，ITU-T Q18/SG15家庭网络研究组（现改为Q3）展开了下一代家庭网络架构功能和业务的研究，明确提出家庭光纤组网是继传统铜线（电话线、同轴线）和空口（Wi-Fi回传）组网方式的下一代组网方案，通过光和Wi-Fi中心化协同架构，为家庭网络新兴业务提供用户体验保障的网络能力。光纤介质具备通信容量大、尺寸小、重量轻、环保、寿命长、无辐射、抗电子干扰等优势，基于光纤的组网技术是家庭组网的理想发展方向。2021年4月，ITU-T SG15全会推动发布家庭光纤组网即光纤到房间（Fiber to the Room，FTTR）的场景和网络需求技术报告，阐述了家庭组网的独特场景和有别于光接入网的网络需求，初步明确了FTTR的技术方向，同时，基于FTTR的系统架构、物理层、数据链路层及网络管理标准均已立项，开始研究制定FTTR标准。2021年6月，中国通信标准化协会针对FTTR技术进行了5项行业标准立项（包括场景、总体架构、物理层、数据链路层和管理）。2022年，ITU-T完成FTTR的小型商企场景相关标准项目G.Suppl.78，并新立项了家庭场景相关标准项目SUP-FTTR2H。众多权威标准化组织联合召开多次工作会，这说明FTTR技术作为下一代家庭网络技术得到了国内外权威机构的广泛认同。

宽带发展联盟发布了《家宽业务体验分级白皮书》《业务体验分级白皮书小微企业》。《家宽业务体验分级白皮书》从打造千兆品质家庭宽带业务的视角，围绕业务体验和网络能力两大要素，提出了家庭宽带业务体验的分级和对应的家庭网络承载能力需求。该白皮书指出,当前我们正处在L1、L2级家庭宽带业务体验保障的发展中,FTTR全光房间作为关键网络使能技术,可以有效保障L1、L2级家庭宽带业务的体验。该白皮书从企业宽带业务出发,当前以提供L1级体验的业务为主,并向L2级体验的业务演进,后续更高级别的体验对超大带宽、稳定可靠、多维并发、云网一体、绿色安全这5个方面的需求更为突出。

目前,国内各电信运营商均陆续推出FTTR产品。截至2022年8月,广西、山东、江苏、河北、广东、四川、云南、陕西、山西、宁夏、北京、上海等超20个省（自治区、直辖市）发布了FTTR业务,山东、河北等地发展用户数已超10万,其他地区发展用户数已超1万。

（六）千兆Wi-Fi

Wi-Fi是一种允许电子设备连接到一个无线局域网（Wireless Local Area Network，WLAN）的技术,目前使用IEEE 802.11ax标准Wi-Fi 6的设备逐渐普及,Wi-Fi 7标准崭露头角。Wi-Fi 7在Wi-Fi 6的基础上引入了以下新技术。

一是物理层的提升：Wi-Fi 7的最大频谱带宽为320MHz,从频谱角度,在相同流数和相同编码的情况下,相比Wi-Fi 6的160MHz带宽,Wi-Fi 7峰值理论吞吐量提升了一倍；支持4096-QAM,在相同的编码下获得20%的速率提升；支持16×16 MIMO,对单个路由器来说,理论上可以通过16根天线（16条空间流）来收发信号,将物理传输速率提升两倍。

二是多链路聚合：Wi-Fi 7定义了多链路聚合相关的技术,主要包括增强型多链路聚合的媒体存取控制位址架构、多链路信道接入和多链路传输等相关技术,显著提高整体传输速度并大幅降低连接时延。

三是正交频分多址（Orthogonal Frequency-Division Multiple Access，OFDMA）增强：支持多资源块（Multi-Resource Unit，Multi-RU），Wi-Fi 7允许单个站点同时占用多资源块,并且不同尺寸的资源块可以进行组合；支持前导码打孔,在连续信道的从信道遇到干扰时,对主信道和剩下的不连续的可用信道进行捆绑,以提升频谱利用率。

Wi-Fi 7引入的新功能将提升数据传输速率并提供更低的时延,有助于推广新应用,例如,智能家居、虚拟现实课堂、远程医疗影像、工业互联网、云计算、边缘计算等。

二、面临的问题及挑战

（一）新兴业务对网络能力提出更高要求

将VR交互应用所需的渲染能力导入云端,有助于降低终端配置成本。云渲染聚焦云、网、边、端的协同渲染,时延不确定性成为关键技术挑战。

VR弱交互业务（例如VR视频）和VR强交互业务（例如VR游戏）的多种编码和传输方式对网络提出了更高的要求,需要综合考虑分辨率、帧率、色深、视场角、编码、传输方式。VR视频对网络的典型需求见表2。

表2 VR视频对网络的典型需求

对网络的需求	起步阶段	舒适阶段	理想阶段
典型视频全景分辨率	4K	8K	12K
典型强交互业务内容分辨率（双目）	3K	4K	8K
主流终端屏幕分辨率	3K	4K	8K
主流终端视场角（°）	100～110	100～110	120
色深（bit）	8	8	10

（续表）

对网络的需求		起步阶段	舒适阶段	理想阶段
编码标准		H.264	H.265	H.265/H.266
帧率（fps）		30（视频），50～60（游戏）	30（视频），60（游戏）	60（视频），90（游戏）
VR 弱交互业务	码率	全视角≥40Mbit/s	全视角≥120Mbit/s FOV≥80Mbit/s	FOV≥280Mbit/s
	带宽要求	全视角≥60Mbit/s	全视角≥180Mbit/s FOV≥120Mbit/s	FOV≥420Mbit/s
	网络双向时延建议	≤30ms	≤20ms	≤20ms
	丢包要求	≤1×10^{-4}	≥1×10^{-5}	≤1×10^{-6}
VR 强交互业务	码率	≥40Mbit/s	≥65Mbit/s	≥270Mbit/s
	带宽要求	≥80Mbit/s	≥130Mbit/s	≥540Mbit/s
	网络双向时延要求	≤20ms	≤20ms	≤10ms
	丢包率	≤1×10^{-6}	≤1×10^{-6}	≤1×10^{-7}

由表2可见，在4G网络和百兆以下的家庭宽带网络，可以满足起步阶段的VR业务，尚难以满足舒适阶段VR业务的规模部署，5G和F5G是VR业务承载的必然选择。此外，延伸光纤网络部署，打通光纤网络"最后一米"接入，FTTR配合Wi-Fi 6/Wi-Fi 7技术，保障每个房间均可实现高质量的虚拟现实体验。

（二）传统网络难以满足业务定制化、差异化需求

目前，接入网发展迅猛：针对公众用户，接入网主要提供宽带、语音、IPTV三大类基础服务及其他服务；对于中小型企业客户，接入网可以同样提供企业级宽带、语音、虚拟专用网（Virtual Private Network，VPN）、QoS等服务；根据各区域业务发展需求与成本运营现状，公众用户与企业用户的业务存在共享同台OLT的情况。以上情况带来了问题与挑战：承载用户数量庞大、业务类型复杂、技术架构相对复杂、设备数量庞大。

与此同时，当前由各种智能设备、云服务、光纤网络和无线通信网络共同构成的全球互联网呈爆发式发展，极大地刺激了网络业务的多样化与复杂化。且随着用户对综合业务通信需求与日俱增，以及定制化、差异化需求的出现，光网络的数据转发朝着超长距离、超大容量、超高速率的方向发展，控制管理面则朝着智能灵活、软件定义、用户交互、安全可靠、高效节能的方向发展。因此，开放化和低成本已经成为未来网络发展的核心目标。

随着互联网OTT[1]厂商的兴起，传统电信运营商逐步被"管道化"，面临"剪刀差"困境。与此同时，接入网服务质量直接关系到电信运营商和宽带用户的切身利益。实现用户的快速接入、快速故障定位及恢复、方便快捷地进行用户终端的配置、提高用户体验、控制运营成本和提高网络收益率，成为接入网亟待解决的问题。

综上所述，接入网作为用户接入互联网的第一道门户，是用户网络体验的核心，是联系业务与用户的纽带，因此需要进一步具备智能、开放、服务化等特点。

（三）市场竞争带来降低CAPEX和OPEX的压力

FTTH发展初期资本性支出（Capital Expenditure，CAPEX）较高，随着规模应用，经营性支出（Operating

---

1. OTT（Over The Top），是指互联网公司越过运营商，发展基于开放互联网的各种视频及数据服务业务。

Expenditure，OPEX）高的矛盾逐步凸显：安装、建设留下的隐患多，或产品质量差，把矛盾转移到运维上；用户分散，用户数量大，又需要服务到户，难度较大；用户知识水平不同，多数用户对FTTH技术的了解甚少，服务工作量大；点到多点的故障定位难度较大，维护成本较高。

目前，电信运营商在宽带网络建设、运维、业务和用户发展上面临需要提高宽带网络维护管理质量、建设投资精准性和宽带网络支撑能力等迫切问题。为了从宽带接入网的网络质量、用户体验、工作流程、支撑系统等维度，对宽带网络建设、维护、运营、管理进行综合评估，需要建立多个评估模型。评估模型输入参数应尽量来源于宽带网络常用的系统和平台；评估模型和算法、流程应简单明了，概念和定义应明确，计算方法和软件易处理、易实现，减少人为输入静态数据，便于后续应用于各类支撑系统。

随着网络的大规模扩展，网络设备和平台的建设工作既满足近期业务需要，又能在期望的时间区间内最优化CAPEX和OPEX，已成为影响宽带接入网规划与建设工作的问题。

（四）5G小微基站承载对光接入网构成多方位挑战

5G的高速率、高频段等特性对承载网提出了关键要求：超高速率（20Gbit/s）、超低时延（ms级）、高精度同步（100ns级）、灵活路由、网络切片和低比特成本。面向5G的光纤网除了连接，其网络架构、功能分布、拓扑、设备形态乃至传输媒介都将发生重要变化。

由于5G的标准要求、频谱划分、设备形态尚未完全确定，光接入网可能面临多种形态的集中单元（Centralized Unit，CU）、分布单元（Distributed Unit，DU）、射频/远端单元（Remote Unit/Radio Unit，RU）设备承载任务。5G的巨大容量和新架构特性给光接入网带来了发展机遇和成本压力，主要体现在以下几个方面：光纤与机房资源紧张；运维和熔纤成本高；5G回传/前传容量扩大几十倍，达数十上百Gbit/s量级，需引入基于25Gbit/s或50Gbit/s的波分复用（Wavelength Division Multiplexing，WDM）技术等，对相关可调激光器和WDM等器件的需求巨大，价格昂贵。

5G宏站主要实现大范围连续覆盖，能够吸纳较均匀分布的用户业务。对室内和人口密集区域覆盖不均衡、容量不均衡等场景需要进行补盲和吸热（有针对性地实现精准覆盖）。5G小微基站主要用于实现室内覆盖和固移融合。相同覆盖范围所需的小微基站数量预计远大于宏站。小微基站方式有独特的困难：回传成本高、站点选址难、取电和维护难，以及如何接入现有承载网络的末端管线资源。现有回传网络可能难以及时提速，以满足小微基站需求。

（五）千兆网络对室内组网方案提出挑战

千兆网络为用户提供端到端的真千兆品质带宽，保障终端用户的体验。在端到端的网络中，"最后10米"的接入一般通过短距离无线连接方式（例如Wi-Fi）。家庭的环境复杂，墙体、门窗、邻里间信号干扰、覆盖不足等会造成Wi-Fi性能衰减，用户使用支持Wi-Fi 6的家用路由器、家庭网关不一定能体验千兆速率。

为了实现全屋覆盖、降低干扰，出现了Wi-Fi中继、Wi-Fi Mesh的无线组网方案。其中，Wi-Fi中继是一种无线信号桥接放大的方案。该方案对各种路由器的适配性好，获取容易，但其对Wi-Fi性能有较大的影响，一次Wi-Fi中继后Wi-Fi性能将折半。Wi-Fi Mesh组网是另一种解决Wi-Fi覆盖和衰减的解决方案。相比Wi-Fi中继方式，Mesh组网方式具有网络拓扑功能，多采用一级或二级接入点（Access Point，AP）级联与主AP（连接有线网络的AP）组网，并可根据AP信号的强弱选择最优的AP建立连接，当网络连接出现故障时，会触发新一轮路径选择，实现网络自愈。该方案的不足在于Mesh方案仍然无法改变信号衰减问题，且需要用户规划频段、信道以减少AP间的干扰，对用户的技术门槛要求较高。

Wi-Fi 联盟已经制定了 Wi-Fi EasyMesh 标准，以实现设备互通，目前支持 Mesh 协议的产品不多。综上所述，无论是 Wi-Fi 中继组网，还是 Wi-Fi Mesh 组网，都难以实现全屋千兆覆盖。

另外，有线组网方式（例如网线组网、电力线组网等方案）可以有效节省 Wi-Fi 空口频谱资源在回传链路上的浪费。然而，网线存在代际划分、质量参差不齐的问题，给实施部署、带宽持续演进升级带来不便；电力线组网方案部署便捷但易受大功率电器的干扰，其稳定性远不如网线，性能衰减严重，极大地影响了上网体验。家庭网络需要更优质的方案，其依赖的传输介质本身要具备可靠、巨大的带宽承载能力，不能成为未来的带宽瓶颈；采用的网络设备要能解决全屋 Wi-Fi 覆盖难题，性能不会因为遮挡、干扰造成大幅衰减。

同时，当前组网方案和 Wi-Fi 连接独立工作，无法精准做到对宽带业务的承载保障，以及不同 AP 的协同。室内组网和 Wi-Fi 连接是构成家庭一张网的两个关键技术，充分协同甚至融合，形成一张整体工作的电信级网络，是未来保障用户体验的关键。

（六）工业 PON 对确定性网络提出要求

工业生产网络的通信模式主要涉及确定性周期通信、确定性非周期通信、非确定性通信和混合模式四大类。除了非确定性通信，其他 3 类通信模式对指令的时延和抖动均有严格要求，如果无法在确定性时间完成指令的下发和执行，可能会造成产品良率及生产效率下降。

传统的 PON 是一种点到多点结构的无源光网络，上行采用时分复用方式，同一时刻只允许一个光网络单元发送数据，避免上行数据冲突，通过动态带宽分配技术对 PON 拥塞进行实时监控，可实现动态带宽调整。所以，传统 PON 的上行时延为毫秒级，上行抖动为百微秒级。确定性 PON 采用业务流打时间戳和基于固定时延调度机制来实现 PON 端到端确定性时延、超低抖动、零丢包的网络传输。

三、发展建议

（一）推动 ITU-T 50G PON 相关技术及产品研发

标准工作涉及网络设备的功能、性能要求和实现方式，对于器件成本、设备研制成本、电信运营商 CAPEX 和 OPEX 均有影响，建议国内电信运营商和设备厂商继续加大宽带接入网标准研究投入力度，紧密关注涉及重大技术路线选择等重要标准的进展。

电信运营商和系统设备商、芯片和器件生产商等联合业界力量，组织团队牵引重大标准走向：推动 10 吉比特对称无源光网络（XGS-PON）、50G PON 的技术发展与器件、设备研究，积极参与系列标准研究制定；继续深化研究接入网承载 5G 方案，包括 10G PON 和 50G TDM-PON 承载 XR 等新兴业务，推动更高速率 PON 的候选技术研究，积极主导接入网智能化、确定性能力和时延控制技术，并继续积极参与协作动态带宽分配等相关研究。

（二）推动 FTTR 标准技术稳健发展，提升全屋千兆优质覆盖

FTTR 点到多点解决方案基于光纤介质组网，在家庭配线箱或家庭中心位置部署 FTTR 主网关，以主网关为核心，采用点到多点的方式，基于分光器和单芯双向光纤，构建家庭光纤网络。FTTR 主网关向上接 OLT，向下通过光纤连接多个从网关，从网关支持千兆以太网口、Wi-Fi 6，随光纤进入每个房间，为每个房间提供有线、无线千兆网络覆盖。

（三）推动运营支撑体系向投资精准、运维高效的规建维优一体化发展

为了努力促进支撑系统智能化以提高 CAPEX 效能，同时提升运维效率以降低 OPEX，需要运营支撑体系努力完善相关功能，例如业务质量监测、故障诊断、网络效能及网络承载能力评估和用户行为分析等。

为了提升用户感知，可在原有 IPTV 等业务质量监测系统研究和部署建设工作的基础上，继续完善对新兴业务的质量监测和用户感知监测，以提升业

务质量和改善用户感知，增强用户黏性。

国内电信运营商已在部分省份部署建设了接入网故障端到端自动诊断功能，包括宽带、语音与IPTV三大基础业务的故障诊断和质量检测分析能力，可提供全面的接入网故障自动诊断功能和解决方案，对承载网的端到端网络状况和平台的服务能力进行监测，迅速诊断和辅助解决故障，协助精准派单，提升运维效率，大幅降低OPEX。建议继续推动完善相关功能，扩大部署应用范围，压缩减少无效派单，进一步降低OPEX。

与传统室外网络相比，5G小微基站在同一楼宇内部署的数量可能较多，室分网络设备的进场部署需要与物业主协调，安装和调试过程复杂，进场维护的成本较高。因此，网络的快速部署和可视化运营维护成为5G室内网络的基本要求。这也推动了相关的管理及评测功能需要具备三维评估验证能力。探索未来PON统一承载家庭用户及5G小微基站的实现方式，对宽带接入网管理系统的能力提升进行预研。

为了提升用户体验，接入网维护引入人工智能技术，进行基于人工智能的PON光路智能诊断，应用人工智能技术进行PON光路拓扑还原和故障定位，解决PON故障定位难题。一方面，基于存量数据、告警数据、性能数据等，通过人工智能技术还原网络拓扑，获得用于故障分析的拓扑底图。另一方面，建立故障特征库，进行数据处理和校验，通过特性提取和模式识别定位故障，自动判断故障恢复情况。

（四）面向新兴业务承载需求，推动接入网智能化

随着全球5G网络的建设和应用及XR行业的发展，全球XR行业市场继续发展，在医疗、工业、教育、消费电子、文娱、旅游等行业领域继续发展。随着视频业务向超高清视频（包括4K/8K等）和XR（AR/VR/MR）发展，要保障用户体验，对驻地网和接入网在带宽、时延/时延抖动、丢包率等方面不断提高要求。当前驻地网和接入网在承载高品质要求的XR等大视频业务中面临网络架构、承载品质、建设成本等诸多挑战。

PON系统在电信运营商网络部署中可同时承载多种业务。需要引入虚拟化/切片技术，以及云、网、边协同技术，实现接入网的智能化，来满足不同业务对速率、时延、时延抖动等网络指标的不同诉求，具体如下。

一是接入网实现虚拟化、切片技术，达到以下效果。**首先，提升接入网资源利用率。**实现网络切片之间业务资源、业务规划、业务运行、业务维护和切片管理的独立隔离及差异化设置，通过大数据分析，掌控网络状态，提高网络管理维护自动化程度。**其次，确定性PON。**采用网络切片技术动态实现PON业务承载的"微服务"，即细分确定性PON的性能，按照不同的应用场景，在同一张物理PON上划分为多个互相独立的逻辑网络。不同应用场景下的业务由不同性能的网络切片传输，既能保证不同业务的差异化网络服务，又能保证在某个网络切片中的流量发生异常或突发等状况下不影响其他关键数据流的性能。**最后，实现能力开放。**通过协同编排层的网络能力开放应用程序编程接口，将提高接入网的能力，例如接入带宽调整、接入网络切片等开放性，或最终用户实现自助服务等。

二是通过云网边协同，将密集型计算任务迁移到网络边缘，降低核心网和传输网的拥塞与负担，减缓网络带宽压力，快速响应用户请求并提升服务质量。以云VR应用场景为例，云VR业务基于多接入边缘计算下沉部署，MEC为应用层提供中央处理器/嵌入式神经网络处理器/图形处理器算力和存储等基础设施能力、动态网络路由和精准资源调用、用户感知和网络能力开放及电信运营商可靠可信可达的服务等级协议服务能力。通过边缘计算服务，进一步降低云VR业务对网络的挑战和终端硬件的门槛，加速VR的规模商用。

（中国联通研究院　贾　武　程海瑞
华为技术有限公司　曾　焱）

面向金融领域的大数据联邦学习平台

联通支付研发的面向金融领域的大数据联邦学习平台的产品应用领域为金融数据消费，面向数据建模、数据分析人员，旨在提供一套在保护用户隐私和数据安全的前提下实现多方协同计算，使数据互联互通产生更大价值的产品方案，保证各方数据不出本地，并通过大数据联邦学习和隐私计算技术，加密交换各方参数，最终得到与各方通过明文计算相一致的结果。该解决方案实现数据可用不可见、数据不动模型（参数）动，不流通数据本身，只流通数据的计算结果。

一、设计理念

联通支付基于 FATE 大数据联邦学习开源平台，扩展增强平台功能，研究协议场景和针对金融细分领域的应用。同时，针对金融细分领域，联通支付研发了联邦学习创新算法模型，建立智能脱敏算法库。设计理念总结如下。

符合趋严的数据安全监管要求。《中华人民共和国数据安全法》明确了数据安全主管机构的监管职责；《中华人民共和国个人信息保护法》提出关于个人信息的特别规定及处理规则；《征信业务管理办法》规范了征信机构对信息采集使用的要求。

满足跨企业数据价值沟通诉求。安全合规融合多方数据价值，充分调动数据资源拥有方、使用方、运营方和监管方等各方主体的积极性，避免出现"数据鸿沟"和"信息孤岛"。

完善针对金融细分场景的应用。目前主流的大数据联邦学习平台支持的应用场景有限，缺少金融授信风险管理、反欺诈预警与识别、金融产品营销等领域的算法模型落地应用。

提升联邦学习数据及建模质量。通过建立多源异构数据的智能脱敏算法库，扩展底层安全协议，完善机器学习算法库，提升金融场景算法模型的精准度、鲁棒性及可解释性。

二、网络架构及整体技术方案

联通支付将基于联邦学习、安全多方计算等技术的相关理论和技术，研发基于隐私计算的联邦学习算法和模型，构建一套自主可控的大数据联邦学习平台，探索基于隐私计算的算法模型在支付公司进行业务应用，从而具备安全合规融合多方数据价值的能力。研究内容主要分为4个部分。

（一）面向横纵协同联邦学习的同态加密协议

为了让数据安全地产生更大的价值，避免在传输过程中发生隐私泄露，首先，需要开展面向联邦学习的安全多方计算、同态加密等隐私计算理论的研究，探索具有较高安全性的联邦学习隐私保护模型。其次，在实际应用中会出现既需要增加训练数据的数据量，又需要增加参与者数据的数据维度的情况。因此，不同于现有的联邦学习方案，通过结合横向联邦学习和纵向联邦学习的优点，建立横纵协同的联邦学习的同态加密协议。

（二）联邦学习创新算法的研究及多源异构数据的智能脱敏算法库的搭建

一是多源异构智能脱敏算法库利用统一的接口对数据质量进行监控并完成各种脱敏处理，保证客户隐私安全；二是联邦学习创新算法的研究有利于确保金融数据传输的安全与稳定，高效地实现机器学习、深度学习算法分布式协同训练。

（三）基于隐私计算的联邦学习模型及算法研究

在隐私计算模型研究的基础上，设计具有隐私保护的联邦学习算法模型，包括常用的联邦学习分类模型和联邦学习回归模型，其中将重点研究基于同态加密的纵向联邦学习模型及算法和基于安全多方计算的纵向联邦学习模型及算法。

（四）研究大数据联邦学习在金融授信风险管理、反欺诈预警与识别、金融产品营销等领域的典型应用

为打通金融支付领域"数据孤岛"壁垒，加速人工智能在金融领域大规模产业化，利用联邦学习相关理论技术开展金融支付领域的典型应用示范研究，将联邦学习技术应用于金融授信风险管理、反欺诈预警与识别等金融领域，旨在解决此类场景下存在的"数据维度缺失"和"数据低频"等问题。通过使用联邦学习技术，打通联通支付使用记录与第三方数据的交互渠道，从用户的其他互联网行为对其进行精准的个性化分析，接入用户的多维精准画像，进行风控建模与反欺诈识别，降低数据合作壁垒，有效提升模型效果。

大数据联邦学习平台整体分层架构如图1所示。

图 1 大数据联邦学习平台整体分层架构

为了充分应用联邦学习模型及算法研究成果，达到效率和隐私的有机平衡，针对金融授信、反欺诈等业务场景，开展面向多领域的大数据联邦学习平台的研发。为了提高大数据联邦学习平台开发的效率和稳定性，将在开源平台 FATE 框架的基础上进行二次开发，将算法研究的结果嵌入平台中。大数据联邦学习平台架构设计如图2所示。

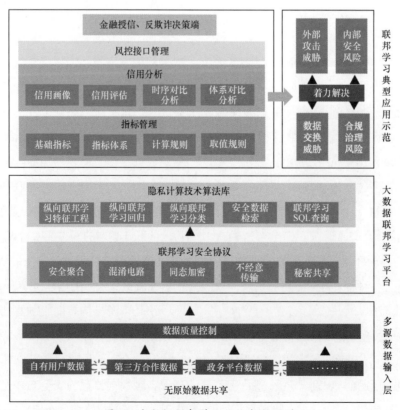

图 2 大数据联邦学习平台架构设计

大数据联邦学习平台的整体架构如图3所示。图3中的虚线框圈出的部分为联通支付需要开发的内容，主要内容如下。

在底层建立多源异构数据的智能脱敏算法库，利用统一的接口对多源异构数据的数据质量进行监控并完成脱敏预处理，保证客户隐私安全。

根据实际应用需要，扩展秘密共享、同态加密、不经意传输等底层安全协议。

从联邦深度学习、联邦特征工程、纵向联邦学习、隐私保护集合交集等方面扩展已有的深度学习算法库。

联通支付在大数据联邦学习平台架构的基础上进行实际的落地应用探索，重点是对大数据联邦学习平台在金融支付领域的典型应用进行研究。

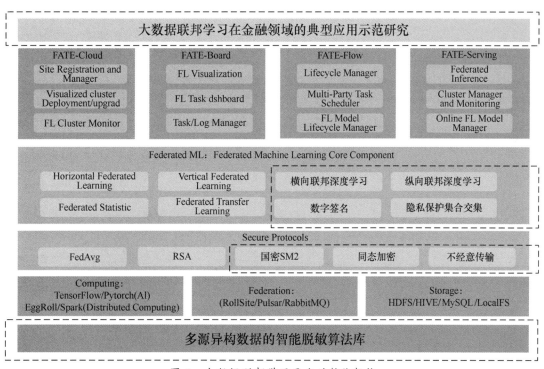

图 3　大数据联邦学习平台的整体架构

三、应用场景

该案例将联邦学习技术应用于金融支付领域典型问题，例如信用审查维度偏少且没有体系化，监督预警不能及时体现等，着力解决外部攻击威胁、内部安全风险、数据交换威胁、合规治理风险等问题。联通支付的大数据联邦学习平台在金融授信风险管理、反欺诈预警与识别、金融产品营销等金融领域的应用研究有助于提升金融智能的准确性、完备性及鲁棒性。

（一）反欺诈应用场景

近年来，金融科技迅速发展，一大批科技银行崛起，消费金融以新的方式影响着人们的生活。相应的欺诈问题也随之涌现，检测信用卡欺诈交易成为金融行业备受关注的话题之一。但公开可用的模型却相当有限，主要原因之一是信用卡交易数据对于发卡机构来说是专有信息。数据拥有者为保护数据安全，避免泄露用户隐私，不会公开自己所使用的数据集和有关模型。而联邦学习技术可以解决金融产业中数据跨机构互联互通的安全难题，降低隐私泄露风险，在不泄露各方原始数据的前提下，帮助数字化转型与智能化应用过程中的银行、保险公司、互联网金融机构等实现跨机构、跨部门的数据安全融合、联合风控建模、联合营销筛选等，提升金融智能的准确性及完备性。在反欺诈应用场景中，能够让企业对威胁信息进行深入分析，为企业提供准确的、可读的、有指导性的分析结果，充分发挥威胁情报的真正价值，为安全决策提供全面支撑。真正解决不同数据方合作应用难度大、实施周期长、数据融合传统方式制约条件多、实现过程复杂等难题。

反欺诈建模依托联邦学习技术框架，在保障公民隐私、企业数据资产安全的前提下，打通金融、消费、电信运营商、互联网、政务"数据孤岛"，实现跨行业反欺诈体系的构建。在该体系下，构建反欺诈服务平台，基于联邦学习的反欺诈建模方案如图4所示，控制模块和计算模块作为该平台的"大脑"，负责控制和计算，实现模型的融合共建；加密模块和学习模块作为该平台的"手脚"，在合作方部署，提供开箱即用的建模和加密服务。

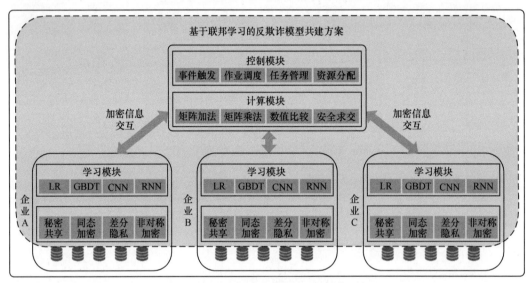

图4 基于联邦学习的反欺诈建模方案

（二）金融授信风险管理

在金融授信风险管理场景中，通过联邦学习技术连接税务、人社、工商、司法等部门数据，构建指标管理系统，明确计算规则、取值规则，通过基础指标建立指标体系，综合采用时序对比分析、体系对比分析等技术，在保护隐私和安全的前提下，筛选多家数据征信企业相关性较高的特征，多方数据助力构建精准用户画像，进行联合建模，建立一个泛化能力更强的模型，提升风险甄别能力，方便管理方进行用户评估。

在数据驱动模型的基础上，结合金融风险管理知识，例如，信用风险计量、市场风险和法律合规风险等因素，筛选多家数据征信企业相关性较高的特征，利用多方数据构建精准的用户画像，进行联合建模，方便管理方进行用户评估。

金融行业是隐私计算领跑行业。隐私计算在金融行业的应用多集中于风控（反洗钱、反欺诈等）和营销等场景。隐私计算商用市场分析如图5所示。从图5中可以看出，隐私计算目前正处于落地初期阶段，金融、政务、电信运营商领域的商用实践相对领先。其中，金融行业对数据安全性、隐私性的要求严格，是隐私计算落地应用的重要阵地。

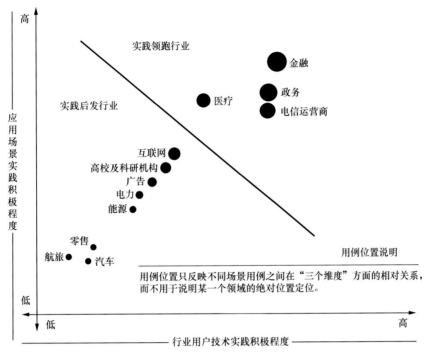

图 5 隐私计算商用市场分析

隐私计算服务商主要有3种商业模式，分别是销售模式、服务模式和分润模式。由于目前行业发展尚处早期，联通支付的大数据联邦学习平台主要以销售和服务模式为主，分润模式还未被广泛使用。其中销售模式可分为以下两种收费类型。①基础服务：隐私计算技术平台使用服务。②数据运营服务：数据接入、挖掘、建模、业务支撑等服务。服务模式可分为"一站式"SaaS云服务及私有化部署服务两类。

联通支付面向金融领域的大数据联邦学习平台合作模式如图6所示。联通支付具备横纵协同联邦学习的金融应用场景。金融领域涉及高敏感的数据，如果能够有效解决数据碎片化和数据隔离问题，不同企业将能够在数据合法合规的前提下进行多方联合建模，使数据的利用价值最大化，具有广阔的研究前景且能够实现社会效益和经济效益最大化，极大地促进社会和AI生态的发展。例如，在和一些资方合作信贷产品时，由于客户信用数据的敏感性，支付公司拿不到客户逾期还款数据，缺少了信贷模型中关键的"Y标签"，因而不能建立有效的信贷模型；同时资方的真实还款数据如果结合了电信运营商的数据，会丰富数据维度，因而提高模型效果。此外，传统的联邦学习算法无法有效对多源异构数据进行加密及脱敏，而联邦学习创新算法的研发与多源异构智能脱敏算法库的搭建能够有效解决此类问题，对金融授信风险管理、反欺诈预警与识别、金融产品营销等金融领域的典型应用具有重要的意义。

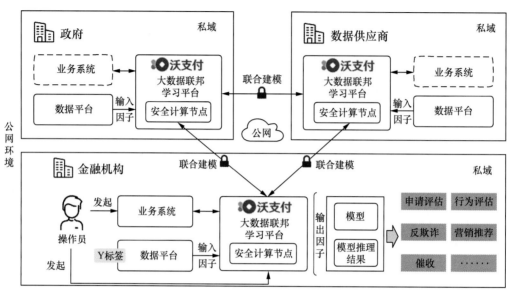

图 6 联通支付面向金融领域的大数据联邦学习平台合作模式

联通支付的大数据联邦学习平台利用联邦学习、多方安全计算等打造数据安全共享的基础设施，实现数据合规使用，增强数据流通保障。主要成效如下。

① 经济效益。一方面，联通支付实现多方数据安全合规交互、联合建模、流通交易的技术平台。另一方面，基于客户定位（包括金融、政务、医疗、文化教育、能源等行业产业链上有数据输入和输出需求的各企业），打造基础服务＋增值服务双轮驱动下的产品盈利模式。

② 社会效益。联通支付的大数据联邦学习平台可以解决金融产业中数据跨机构互联互通的安全性难题，降低隐私泄露风险，在不泄露各方原始数据的前提下，帮助数字化转型与智能化应用过程中的银行、保险公司、互联网金融机构等实现跨机构、跨部门的数据安全融合、联合风控建模、联合营销筛选等，提升金融智能的准确性及完备性。在反欺诈应用场景中，能够让企业对威胁信息进行深入分析，为企业提供准确的、可读的、有指导性的分析结果，充分发挥威胁情报的真正价值，为安全决策提供全面支撑。真正解决不同数据方合作应用难度大、实施周期长、数据融合传统方式制约条件多、实现过程复杂等难题。

③ 规模化成效。该平台基于隐私计算技术赋能信贷风控、金融产品营销、政府监管等多种业务场景）安全地融合政府、电信运营商、银行等多方数据，通过联合建模，形成更完善的风控模型，以解决个人和企业信贷中反欺诈、信用评估难的问题，形成营销模型，丰富用户画像，用以推荐个性化产品或服务，提升转化。多方数据在安全状态下协同计算，满足政府审计、监管核验等需求。

（联通支付有限公司 蒋则明）

中国电信5G双线

5G 商企专网

5G 商企专网，打造全国跨域 5G-5G 安全组网专线，实现即插即用，便捷实现全国跨域组网，还可结合传统专线实现自动备份切换。

 安全跨域 全国一张专属安全切片专网，时延是4G网络的1/10

 网管专家 平台可轻松实现组网自主服务、自主运维组网可视、运维可视

 计费灵活 按需计费，随时启停

 天地备份 与OTN/IPRAN等专线融合备份

5G商企快线

5G 商企快线，时刻在线的移动宽带。插电即可上网，还可与传统宽带实现自动切换，打造永不间断网络。

 超大带宽 优先接入，千兆速率

 云端管理 小程序随时监控设备网络，按需计费，随时启停

 方便快捷 无需布线，一键激活

 永不间断 同时接入宽带和5G自动备份切换

更多咨询及合作 | 请致电 400-828-5656 或当地电信客户经理　　广告

江苏移动推动"5G+工业互联网"赋能数字化转型

工业互联网既是数字产业化新的增长点，又是产业数字化新的基础设施，已成为推进新型工业化进程的核心驱动力量。推动工业互联网发展，是信息通信业助力制造强国和网络强国建设，促进数字经济与实体经济融合的重要任务。

立足江苏制造大省、网络强省发展优势，中国移动江苏公司（以下简称"江苏移动"）依托5G+AICDE技术，聚焦网络、平台、安全、生态四个方面，协同产学研用各方，打造"5G+工业互联网"示范项目超过500个。

夯实底座，推动企业信息互联

网络是工业互联网的基础。江苏移动持续推动网络技术升级，目前已建成5G基站超10万个。以健全"连接+算力+能力"新型信息服务体系为目标，构建覆盖全省的"超大规模+中型规模+边缘计算"数据中心服务集群，投产机架超5万架，可承载服务器超87万台、提供算力超260TFlops，出口总带宽超过67TB，保障工业互联网平稳运行。

基于5G、算力网络等新型信息基础设施，江苏移动为工业企业提供低时延、高可靠、广覆盖的"专属"网络，实现人、机器、车间、企业等各主体，设计、研发、生产、管理等各环节，以及各类相关系统之间全面的泛在互联。

浪潮苏州5G全连接工厂里，AGV快速、自主运输生产材料

平台驱动，支撑多元发展需求

平台是工业互联网的中枢神经，相当于工业互联网的"操作系统"，可提升工业"人机料法环"关键环节数字化水平，是数字化转型的关键驱动力量。

江苏移动以中国移动OnePower工业互联网平台为核心，整合优势能力，加速生产方式和产业形态创新变革：面向地方政府提供工业经济监测、政企服务等功能，辅助政府精准施策，助力区域经济转型发展；面向工厂、冶金、矿山、电力等细分行业，提供无人AGV、无人天车、无人化采掘等5G特色应用，助力企业降本增效提质。

中天钢铁工作人员通过5G+远程集中控制中心调度生产

安全为先，深化产品应用落地

为加强工业领域数据安全管理，亟需构建上下联动、多级协同的安全综合保障体系。

江苏移动全力打造一体化、全方位的内生安全体系，提升工业互联网"云、网、边、端"全链条安全防护能力，保障网络安全、应用安全、生产安全、数据安全。在此基础上，持续拓展产品应用广度，一方面依托工业互联网平台基座，引入12款标准化产品，服务超2000家企业；另一方面，聚合产业开放生态，覆盖10个以上细分领域，构建基于"行业+场景+产品"方案库，带动产业融合发展。

5G机械臂助力浪潮服务器主板制造

融通创新，产业链融成生态圈

工业数字化转型既需要产业政策、技术升级、专业人才的支撑，也需要产学研用多方协作推进。

江苏移动积极整合生态优势资源，汇聚工业互联网解决方案服务商、数据采集服务商、工业互联网配套服务商、工控安全服务商等各类角色，发挥协同效应，在为工业赋能的同时，助力平台与工业企业之间形成了一个愈发密切的、良性的工业互联网发展生态圈，推动江苏工业互联网"建圈强链"。

"5G+柔性生产"技术支撑施耐德无锡工厂数字化生产

广告

我们为万物互联
服务了十七年

高新技术企业
国家级专精特新"小巨人"企业
民营科技企业

博浩科技
BOHAOTECHNOLOGY

公司地址：山西综改示范区太原学府园区南中环街529号
清控创新基地C座25层
服务热线：0351-5289222
联系邮箱：bhkj@bhkjgf.com
微信公众号：bohaokjgf

MULTI INTELLEGENT CONTROLLING PLATFORM

中浙信科技咨询有限公司
智慧化方式提供多元化场景应用

一张数字蓝图 赋能智慧升级，以咨询设计为引领的一揽子解决方案总集成商

TOTAL CONTRACTOR FOR CONSULTING DESIGN-LED PACKAGE SOLUTION INTEGRATION

工程典范
BENCHMARKING PROJECT

竭诚为政府和企业提供信息系统从项目决策-项目实施-项目运营全周期的"顾问+雇员"式工程咨询和系统集成服务。

- **江西省鹰潭智慧科技创新小镇**
  本项目为鹰潭智慧科技创新小镇服务中心提供交钥匙工程，融合"文化、地域、格局、科创"四大板块元素，完美呈现5G、物联网、云计算、数字孪生等智慧化技术的应用，搭建了一个良好的招商引资平台。
- **浙江省杭州市萧山区"舰队式"全媒体融合矩阵建设项目。**

致力于打造设备管理、安全保卫、后勤管理服务等职能管控融合的"多智能系统集成管控智慧楼宇"。

- **广电总局机关大院**
  从基础设施运维、综合安全保卫、智慧管理服务、节能降本增效、应急管理保障各维度为广电机关大院提供全方位的安全播出保障和医食住行智慧后勤服务。
  大数据智能预警分析、可视化资产精细管控、自动化实时监测分析、引领式指挥调度决策、场景式系统联动应用。

结合小镇未来发展的定位，建成一个可视可控、全面感知、科学分析、智能管理、多元服务的信息服务平台。

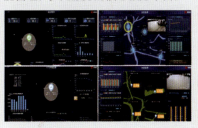

- **武义溪南社区未来社区**
  从武义溪南试点社区的特点和需求出发，提出"后陈经验进社区"核心理念。根据金华市相关指导意见，打造"自治"特色，创建"服务集成型未来社区"。通过数字化和线下服务联动，实现社区服务的精细化、人性化，打造精准匹配、快速响应、零延反馈的高品质服务，实现"小事不出社区，大事内外联动"，通过标杆效应向全省、全国辐射后陈经验。

中浙信科技咨询有限公司（简称中浙信）成立于1984年，前身为杭州市电信规划设计院。公司致力于成为**"以规划咨询为引领的一揽子集成总包服务商"**。

公司主要服务于中国电信、中国移动、中国联通、中国铁塔、国家电网等运营商，国家相关部门和省市县政府部门，华为、烽火、海康、大华等大型企业。公司业务深耕浙江，面向全国重要省市及海外市场，涵盖**通信工程、建筑工程、智慧产品、网信安全**等领域的**咨询规划、勘察设计、软件开发、集成总包**等业务。

公司作为大型央企的一份子，历经近40年的发展，参与了多项国家重大活动的通信保障工作，承接的项目多次获得国家高级荣誉。

 赵亮　　 13357198221　　 ZHAOLIANG@CHINACCS.CN　　　　　　　　广告

股票代码：603220

01 公司简介

中贝通信集团股份有限公司成立于1992年，主要为客户提供5G新基建、智慧城市与5G行业应用服务和光电子器件产品，在国内近三十个省（自治区、直辖市）、国际"一带一路"沿线国家开展EPC总承包业务。公司聚焦5G新基建，在5G网络建设上是中国移动、中国电信与中国联通的重要服务商，同时为中国铁塔、南水北调、中能建、葛洲坝等大型企业与各级政府提供智慧城市及5G行业应用服务。

中贝通信已在全国设立了三十多个二级经营机构与子公司驻地经营服务，在中东、东南亚、非洲等国家设立了海外子公司，公司深化核心专业技术、系统平台和全生命周期项目管理，形成（武汉）管理中心、（北京）营销中心、（香港）国际中心三足鼎立协同发展的经营局面。

中贝通信将新能源业务作为第二主业，大力布局新能源产业，投资新能源汽车动力电池及系统产线，储能系统设备产线；投资分布式光储充项目开发、建设运营，力争在"十四五"末期，公司新能源业务在细分行业领域拔得头筹，成为核心主导业务。

02 公司拥有的行业资质

资质	级别	资质	级别
通信工程施工总承包	壹级资质	工程设计	甲级资质
通信信息网络系统集成	甲级资质	工程咨询	甲级资质
电子与智能化专业承包	壹级资质	工程勘察	甲级资质
安防工程	壹级资质	城市及道路照明工程专业承包	叁级资质
对外通信工程	承包资质	机电工程施工总承包	叁级资质
通信网络代维	甲级资质	电力工程施工总承包	叁级资质
通信建设工程企业安全生产服务	甲级资质	钢结构工程专业承包	叁级资质
CMMI / ITSS	认证资质	建筑工程施工总承包	叁级资质
承装（修、试）电力设施许可	四级资质	建筑装修装饰工程专业承包	贰级资质

03 业务领域

新基建

- 5G新基建
- 智慧城市与5G行业应用
- 光电子器件产品

新能源

- 分布式光伏与储能投资、营运
- 动力电池制造
- 储能系统研发与制造

广告

附录 A

一图读懂十年来我国信息通信业发展情况

行业综合实力显著增强

2012年—2021年

- 电信业务收入从 1.08万亿元 增长到 ↑1.47万亿元
- 网民规模达 10.32亿 增长了 ↑83%
- 10家 企业跻身全球互联网企业市值30强

信息基础设施跨越发展

固定网络实现从十兆到**百兆**、再到**千兆**的跃升

移动网络实现3G突破、4G同步、5G引领的跨越

村村通宽带 县县通5G 市市通千兆

国家级互联网骨干直联点从3个增至19个

固定和移动网络的互联网协议第六版（IPv6）改造全面完成

工业互联网产业规模迈过**万亿元**大关

安全保障能力不断增强

 网络和数据安全管理体系日臻完善

 基础电信网络保持安全稳定运行

 行业数据安全监管体系初步建立

 工业互联网　 车联网　 5G

新型基础设施安全保障框架体系初步形成

 网络安全产业综合实力快速提升
电话用户**实名制**全面实施

防范治理电信网络诈骗 ┐
整治网络黑灰产　　　 ┘ → **行业源头治理工作纵深推进**

 圆满完成突发事件应急处置和重大活动应急通信、无线电安全、网络安全保障任务

 北京冬奥会无线电管理协调小组办公室被中共中央、国务院授予**北京冬奥会、冬残奥会突出贡献集体**

一图读懂《工业和信息化领域数据安全管理办法（试行）》

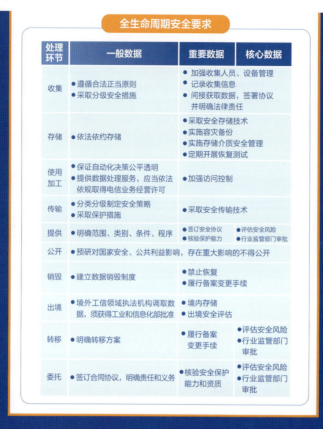

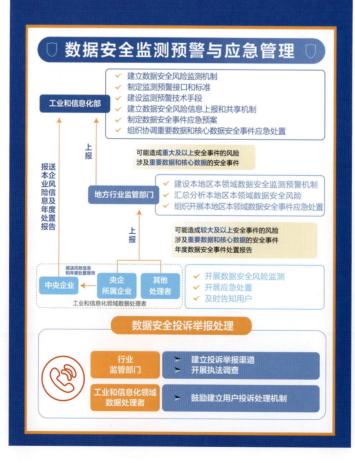

数据安全检测、认证、评估管理

检测认证

工业和信息化部 —指导鼓励→ 具备相应资质机构 —依据标准→ 开展检测认证工作

安全评估

工业和信息化部：
- ✓ 制定行业数据安全评估管理制度
- ✓ 制定行业数据安全评估规范
- ✓ 管理评估机构
- ✓ 指导开展数据安全风险评估、出境安全评估

地方行业监管部门： 组织开展本地区本领域数据安全评估工作

工业和信息化领域数据处理者：中央企业、央企所属企业、其他处理者
- 央企所属企业、其他处理者 → 报送报告 → 地方行业监管部门
- 央企所属企业 → 报送风险评估报告 → 中央企业
- 中央企业 → 报送本企业风险评估报告 → 工业和信息化部

- ✓ 评估方式：自行或委托第三方评估机构
- ✓ 评估频次：每年至少开展一次风险评估
- ✓ 评估效果：及时整改风险问题

监督检查

监督检查
- 行业监管部门：开展监督检查
- 工业和信息化领域数据处理者：履行配合义务

安全审查
- 工业和信息化部：在国家数据安全工作协调机制指导下，开展数据安全审查相关工作

保密要求
- 行业监管部门及其委托的数据安全评估机构工作人员：履行保密义务

法律责任

约谈整改
- 行业监管部门：发现数据处理活动存在较大安全风险的，按照规定权限和程序进行约谈，要求整改，消除隐患

法律责任
- 没收违法所得
- 罚款
- 暂停业务
- 停业整顿
- 吊销业务许可证
- 依法追究刑事责任

一图读懂十年来我国推动工业绿色低碳循环发展成就

着力优化产业结构

初步在钢铁、电解铝、水泥、平板玻璃等行业建立落后产能退出长效机制

2021年，我国高技术制造业、装备制造业增加值占规模以上工业增加值比重分别达到15.1%、33.7%，较2012年分别提高了3.3个和1.9个百分点

加快用能用水绿色转型

规模以上工业单位增加值能耗在"十二五""十三五"分别下降 28%、16%的基础上，2021年进一步下降 5.6%

万元工业增加值用水量在"十二五""十三五"分别下降 35%和近40%的基础上，2021年进一步下降 7.1%

推进工业资源循环利用

培育再生资源综合利用行业骨干企业 **近800家**

已建成覆盖国内31个省、自治区、直辖市新能源汽车动力电池回收服务网点 **超过1万个**

加大绿色技术装备产品供给

工业资源综合利用先进适用工艺技术设备
350项

累计推荐节能技术装备产品
3561项

节水工艺技术装备
353项

推广绿色产品
近2万种

培育国家绿色数据中心
153个

实施绿色制造工程

编制《绿色制造标准体系建设指南》，扎实推进绿色制造政策标准体系建设

打造了一批绿色制造典型

- 带动绿色技术推广应用
- 产业链供应链协同转型

在推行绿色制造方面做了哪些努力，取得的效果如何？

- 截至2021年年底

组织实施了**300余项**绿色制造重大工程项目

发布了**184家**绿色制造系统解决方案供应商

制定绿色制造相关标准**500多项**

培育建设了**2783家**绿色工厂
223家绿色工业园区
296家绿色供应链企业

- 下一步
  - ✓ 建立完善绿色制造和服务体系
  - ✓ 构建绿色低碳升级改造政策体系
  - ✓ 完善绿色低碳标准体系
  - ✓ 完善绿色制造标杆培育机制
  - ✓ 建立数字赋能绿色制造引导机制
  - ✓ 深化绿色制造国际交流合作机制

如何推动实施工业领域碳达峰行动？

- 发布《工业领域碳达峰实施方案》，明确提出到2025年规模以上工业单位增加值能耗较2020年下降13.5%，单位工业增加值二氧化碳排放下降幅度大于18%

- 下一步，着力推进"六大任务、两大行动"落地见效

"六大任务"

| 深度调整产业结构 | 深入推进节能降碳 | 积极推行绿色制造 |
| 大力发展循环经济 | 加快工业绿色低碳技术变革 | 深化数字化智能化绿色化融合 |

"两大行动"

| 重点行业达峰行动 | 绿色低碳产品供给行动 |

在产融合作方面采取了哪些措施？

- **加强政策牵引，系统谋划支持方向和路径**

  立足"研发、生产、供应、消费、国际合作"提出8个重点支持方向和9个方面的政策举措

- **坚持试点先行，探索产融合作新模式新方法**

  支持全国51个产融合作试点城市探索绿色金融改革创新，鼓励率先开展碳核算、健全绿色金融标准体系

- **注重标准建设，开展转型金融标准研究**

  目前初步形成9类39项标准

- **依托平台支撑，提升产融合作质效**

  截至8月底，金融机构上线绿色金融产品81个，累计助企融资突破3000亿元，其中绿色相关企业融资超过1400亿元

- **强化生态汇聚，协调多方资源协同推进**

  联合多家金融机构设立制造业专项贷款，制定工业企业技术改造升级导向计划，将工业绿色发展作为重点支持领域

在推动工业重点行业领域节能提效有哪些重点部署？

- 2012—2021年，规模以上工业以年均2%的能源消费增速支撑了年均6.3%的工业经济增长，能耗强度累计下降36.2%

- **发布实施《工业能效提升行动计划》**

  提出"十四五"期间工业能效提升的主要目标、重点任务和关键举措

- **加强煤炭高效清洁利用**

  我国工业领域用作原料、材料的煤转化量超过1亿吨标准煤

- **大力发展新能源产业**

  2021年，我国多晶硅、硅片、电池片、组件产量占全球总产量的比重超70%，新能源汽车产销量连续7年位居全球第一

采取了哪些措施促进数据中心等数字基础设施节能与绿色低碳发展？

- 向社会推荐百余项为数据中心、5G节能提效服务的先进适用技术产品

- 目前5G基站单站址能耗已比2019年商用初期降低了20%以上

- 全国规划在建的大型以上数据中心平均设计电能利用比值已降到1.3

- 下一步

| 强化政策引导 | 打造典型标杆 | 完善节能降碳标准体系 |

下一步将采取哪些措施保障退役的动力电池得到合理处置？

- 截至8月底，**190余家**汽车生产、动力电池综合利用等企业在国内31个省、自治区、直辖市的**326个**地市级行政区设立了**10235个**回收服务网点

- 培育了**45家**梯次和再生利用骨干企业，探索形成"**梯次电池以租代售**""**废料换原材料**"等一批新型商业模式，回收利用体系正在逐步完善

- 下一步

  加快研究制定新能源汽车动力蓄电池回收利用管理办法

  加大退役电池柔性拆解、高效再生利用等关键技术攻关和推广应用力度

  开展动力电池回收利用试点工作总结

  持续实施废旧动力电池综合利用行业规范管理

为推动原材料工业高质量发展的同时实现碳达峰目标作出了哪些部署？

- **梳理重点行业绿色低碳发展情况**

  摸底调研重点行业**碳排放**情况

  开展典型企业碳排放"**解剖麻雀**"研究

  推动新工艺新技术推广应用

- **引导原材料工业数字化转型发展**

  编制重点行业智能制造标准体系建设指南

  遴选**数字化转型**典型案例

- **坚定不移优化产业结构**

  严格执行钢铁、电解铝、水泥等行业的产能置换政策

  编制实施**《原材料工业"三品"实施方案》**

  加快危险化学品生产企业搬迁改造

  推动光伏压延玻璃行业科学发展、合理布局

- **推动新材料产业创新发展**

  搭建民机材料等**上下游合作**机制

  开展重点新材料首批次保险补偿

  建设新材料三类**29个**平台

怎样进一步推动环保装备制造业高质量发展？

- 据行业测算，"十三五"以来，环保装备制造业产值由2015年的**5500亿元**上升到2021年的**9400亿元**，年复合增长率**9.3%**

统筹推进行业发展

组织开展"补短板""锻长板""聚优势""蓄后势"四大行动，力争到2025年，环保装备制造业产值达到**1.3万亿元**

引导行业技术进步

滚动编制《国家鼓励发展的重大环保技术装备目录》和供需对接指南，搭建装备制造企业与需求用户的有效对接平台，支持核心技术攻关，强化新型装备应用，加快先进装备推广

大力培育优质企业

引导环保装备企业在细分领域精耕细作，不断提高技术工艺水平和市场占有率，分层次打造一批符合行业规范条件企业、专精特新"小巨人"企业和制造业单项冠军企业

如何进一步提高工业固体废物综合利用率，推动工业固废"化害为利"？

- 创建60个工业资源综合利用基地

- 制定200余项行业标准

- 下一步
  - ✓ 推动工业固废规模化利用
  - ✓ 推进工业固废高值化利用
  - ✓ 超前谋划新兴固废利用路径

（工业和信息化部）

附录 B

ICT 中国（2022）创新应用类案例

序号	项目名称	申报单位	主创人员	参与人员
卓越创新应用案例（31 个）				
1	面向 4G/5G 移动通信系统和天地一体化网络的资源优化管理平台	北京邮电大学 中国联通研究院 西北工业大学	中国联通研究院：徐乐西 北京邮电大学：崔高峰、王朝炜	西北工业大学：孙文、张海宾、杨黎斌、刘志强、张盈、王曲北剑、王鹏 北京邮电大学：王程、胡欣、王卫东、和梦敏、邓丹昊 中国联通：程新洲、李明欣、霍明德、贾玉玮、成晨
2	基于"风筝方案"的高可靠 5G 专网在智能矿山中的应用	华为技术有限公司 中国联合网络通信有限公司山西省分公司 联通（山西）产业互联网有限公司	张宇、刘冠宏、孙晨	臧占朝、黄秋炎、朱旋、伏秋宇、刘通、邓飞、王振兴、樊瑞、张亮、万隆、伏煜、孙晨、武艳、李波、凌飞、卢伟荣、张宇、刘冠宏、茚秋琪、朱范延㻋、王泽
3	新一代 5G 基站 MetaAAU	华为技术有限公司	陈以昉、李欣、张兴昊	于庆锐、王春、肖富敏、刘林南、池强
4	"科技冬奥"智能车联网关键技术研究及业务示范	中国联合网络通信有限公司智能城市研究院	刘琪、宋蒙	许幸荣、曾传鑫、梁鹏、夏俊杰
5	"EASY 5G"开放式 5G 端到端网络方案	香港应用科技研究院	庄哲义、范世君、招溢利	张玉贤、韩威、徐英伦、黄铭俊、刘向宇、倪佳、王海满、曾佑佑、董亮、王晓东、张建军、董颖
6	5G＋数字电网示范项目	中兴通讯股份有限公司 中国移动通信集团广东有限公司	广东移动：符春全 中兴通讯：陈永波	常振乾、周承飞
7	千兆光网，让文物"活"起来	中国移动通信集团河南有限公司 中兴通讯股份有限公司 中国移动通信集团设计院有限公司	尹睿哲、柴测、梁冰	中国移动通信集团河南有限公司：仝另帅、刘国辉 中国移动通信集团设计院有限公司：邢冰冰 中兴通讯股份有限公司：王翔
8	赣锋锂业基于 5G 专网＋MEC 的智慧锂电新能源工厂建设项目	中移（上海）信息通信科技有限公司（主报单位） 中国移动通信集团江西有限公司新余分公司	中移（上海）信息通信科技有限公司：朱荣俊、傅乾毓 中国移动通信集团江西有限公司新余分公司：谢根华	中移（上海）信息通信科技有限公司：李海伟、任咏、任骋 中国移动通信集团江西有限公司新余分公司：刘永刚、张理云
9	食品工业加工 5G＋智慧园区的创新实践及应用	中国联合网络通信有限公司湖北省分公司	李捷、谢强	谢强
10	隐私计算平台	联通数字科技有限公司	崔玲龙、闫龙、李越明	宋雨伦、周华、李大中、靳淑娴、牛晓龙、张丝雨、高华超、彭赫、葛灏、周永明、韩垭鑫、王博、刘晓坤、张文奎、张天铭、夏凡、张倬荣

(续表)

序号	项目名称	申报单位	主创人员	参与人员
11	5G智算网助力石化行业数字化转型	中兴通讯股份有限公司 中国电信股份有限公司淄博分公司 山东汇丰石化集团有限公司	中兴通讯股份有限公司：王红欣 中国电信股份有限公司淄博分公司：谭飞 山东汇丰石化集团有限公司：徐钢博	中兴通讯股份有限公司：段东晋、朱亮、林彬 中国电信股份有限公司淄博分公司：李志强、李晓涛 山东汇丰石化集团有限公司：张奇
12	安全生产风险监测预警平台	湖北公众信息产业有限责任公司	朱丽、童亚男、丁正	廖俊威、罗威、彭磊、刘熙、张浩然、王清宇、蒋文秦、谢支朋、张翔、胡路
13	基于数据驱动的机床AIoT生产协作平台	中国通用技术（集团）控股有限责任公司	丁子哲、邓庆野、元海	郭崇宇、王鑫、程箭、礼家宁、闫利文、龙鹏、张雷
14	无线网综合分析支撑平台创新体系研发	中讯邮电咨询设计院有限公司	朱悦、钟志刚、史文祥	刘鹏、司亮、陈玉锋、蔡子龙、周灿、王保利、赵晶怡
15	北京智慧千兆社区应用	中国联合网络通信有限公司北京市分公司 华为技术有限公司	北京联通：郭腾飞、黄燕 华为公司：于洋	北京联通：隗岚、赵金水、刘京、郭晖、麻力波、王鑫、孟清芝、宋萌、孙宁、梁颖 华为公司：尚玉亮、张彬、王镜惠、姚良松、刘理理、唐友国、王世光
16	5G+MEC车路协同边缘云服务系统商用案例	中国联合网络通信有限公司	邱佳慧、张香云、冯选	蔡超、林晓伯、夏小涵、侯迎龙、王晓林
17	万向新元5G+机器人+AR新型智慧工厂项目	万向新元科技股份有限公司	沈宏璐	杨天星、李浩、许天鹏、邱雪
18	智能算力承载网解决方案	华为技术有限公司	张建东、向艳稳、马琳	郝建武、孙同心、张力强、舒志龙、高学刚、刘峰、梁栋、胡伟、李涛、彭亚平、王静溢、胡永健
19	中信科集团5G+F5G+FTTH（10G）全连接工厂	中国联合网络通信有限公司湖北省分公司	杜军、李捷	程诗佳
20	千兆光网+智慧云散养牛融合应用项目	中国电信集团公司吉林省电信分公司	黄海艳、王新阳、张庆武	吉林省农业投资集团科技投资有限公司：刘双龙、高明亮 中兴通讯有限公司：王磊 南京丰顿科技股份有限公司：邵兵 中国电信集团公司吉林省电信分公司：于鑫淼
21	酒钢西沟矿5G智慧矿山演进1.0—无人化作业生产	华为技术有限公司 中国移动通信集团甘肃有限公司嘉峪关分公司	甘肃移动：李志军、黄绍威 华为公司：孙崧铭	甘肃移动：徐正鹏 甘肃西沟矿：张鹏程、何继军、申建军、蔡伟伟、宋吉强、张麒、葛永明 华为公司：韩松博、赵鹏飞、张旭明、高子超、杨俊、孙广元、苗高扬
22	广州港新沙港区5G+智慧港口	中国电信广东亿迅科技有限公司 中国电信股份有限公司东莞分公司	广东亿迅：茅恺	东莞电信：胡亚兰、叶俊文、刘先锋、广东亿迅：施祖阳、张明月
23	鹤壁市5G智慧城市新基建（智慧合杆+边缘计算+应用场景）项目	河南省信息咨询设计研究有限公司 河南垂天科技有限公司	河南省信息咨询设计研究有限公司：栾杰、芦刚、谷山	河南省信息咨询设计研究有限公司：马刚、祁澎泳、张锁、邬俊志、张清杰、张石岩、张晓平、许长峰、李文婧、黄少华 河南垂天科技有限公司：陈璟、崔海涛、李瑞、李振峰

（续表）

序号	项目名称	申报单位	主创人员	参与人员
24	基于5G移动医疗推车的远程会诊解决方案	中移（成都）信息通信科技有限公司	刘金鑫、袁磊、种璟	中国移动通信集团有限公司政企客户分公司：李娜、常祥峰、李钻、肖楠、王锶 中移（成都）信息通信科技有限公司：张文军、张涵悦、王秘剑、陈长龙、张钰、冉洁、王果、沈谊俊、钟浩、肖佳盈 爱格升（Ergotron, Inc）：陈万斌、夏小宝
25	5G+北斗，揭秘城市垃圾碳足迹，破解城市固废精准化处置难题	深圳能源环保股份有限公司 上海诺基亚贝尔股份有限公司	郑岩、陈联宏、刘超	钟日钢、刘小娟、王超、许洪滨、王波、王润、黄肖军、张盼盼、王洪春、罗腾展、肖瑾平
26	烽火科技双5G智慧工厂	中国电信股份有限公司武汉分公司	彭燕、彭斯诚、彭霖	张政、刘晓鸣、张羽、曹尚、魏子骑、王烜
27	武汉市医疗机构发热人群监测5G+智慧疾控项目	中国电信股份有限公司武汉分公司	武汉市卫生健康委员会：孙鉴、夏敏、张涛	武汉市卫生健康委员会：王家刚 武汉市卫生健康信息中心：杨国良 武汉市中心医院：左秀然 武汉市疾病预防控制中心：袁晴川 武汉市卫生健康信息中心：刘欣 电信武汉分公司：梁静、唐文泰、王娜、杨威、全巍、王平、雷禹、何洁、张新武、左立群、山珊、刘华国
28	黄冈市中心医院5G+急危重症一体化救治平台建设而项目	中电信数智科技有限公司	刘瑄、冯雅聪	张克忠、高澄、胡娅玲、李佩、王迪
29	基于IPv6+新技术的算力网络IP底座	中国移动通信集团浙江有限公司 华为技术有限公司	浙江移动：林翀云、黄洁 华为公司：左萌	浙江移动：黄舒昊、叶金晶、朱益佳、郑治昌、李中亚、项明钧、魏号亮 华为公司：孙同心、白雪亮、李东旺、冯文帅、孙昌盛、马明星、关欣、王佳兴、王晋岚、朱航行
30	北京联通SmartLink专线助力智慧冬奥和算力光网	中国联合网络通信有限公司北京分公司 华为技术有限公司	北京联通：臧寅、彭博 华为公司：唐钊	北京联通：杨利刚、宫慧、崔杰、邵阳、王斌、牛宝元、贾金、刘蓬、田娜 华为公司：张彬、于洋、张扬宪、史春钊、罗凯、杜坤、童建辉、罗俊
31	基于高通量卫星的远程医疗应用	中国卫通集团股份有限公司	王守信、赵淑瑶、郭世玉	施永新、刘艳梅、乜学郁、张晓、周婧郁、李玉成、王逸璇、杨向群、赵晨、郝帅玲、张雨茜、谢小芳、孟蓝茹、李妍、崔熠、高远、张琪
		最佳创新应用案例（59个）		
32	"5G+智慧工厂"创新应用项目	中国电信股份有限公司襄阳分公司	刘海波	李康琛
33	基于人工智能的5G+MEC智慧运维技术的研究与应用	中国联通重庆市分公司 中国联通研究院 西南大学	霍明德	及莹、周国语、翁国栋、李好、程新洲、徐乐西
34	天翼智慧社区平台	天翼数字生活科技有限公司	天翼数字生活科技有限公司：王哲哲 天翼数字生活科技有限公司：叶冉 中国电信集团有限公司：崔冬亮	天翼数字生活科技有限公司：边延凤、褚国庆、梁鹰、王刚、邵亚红、丘凌 中国电信集团有限公司：刘丹蓉 天翼数字生活科技有限公司：冯会彬、吴娜、王乙凯、杨荣繁、仇国祥、陈国朗、黄伟胜

(续表)

序号	项目名称	申报单位	主创人员	参与人员
35	5G+顺岸开放式自动化集装箱码头	日照港集装箱发展有限公司 中国电信股份有限公司日照分公司 中兴通讯股份有限公司 北京经纬恒润科技股份有限公司	日照港集装箱发展有限公司：徐冠男 中国电信股份有限公司日照分公司：孔祥宾 中兴通讯股份有限公司：周建华	日照港集装箱发展有限公司：刘杰 中兴通讯股份有限公司：岳坤、郑磊明、石怀柱 北京经纬恒润科技股份有限公司：苏鸿杰、白海明
36	基于5G+MEC的湖北省智慧水库应用创新项目	中国联合网络通信有限公司湖北省分公司	曾宪涛	曾宪涛
37	"数字永联"5G+智慧乡村建设	中国移动通信集团江苏有限公司苏州分公司	李宝祥、陶群、王利民	徐若海、徐金华、杨博、周进安、贺方文、吴剑、姜华、汤丽萍、杨一凡、袁峰、常明波、陆凯、陶晓
38	端到端5G TSN使能绿色电网	中兴通讯 中国移动通信公司研究院 南京南瑞继保电气有限公司	中兴通讯：武广维 中移研究院：黄震宁 南瑞继保：徐舒	中兴通讯：朱建军、蔡建楠、刘西亮、郑兴明、魏贝贝、詹亚军、周建锋 中移研究院：魏彬、都晨辉、张翀、徐要强、王菁 南瑞继保：李彦、李奔、徐晓春、金震、杨贵
39	基于5G的"数字一汽"管理、生产全流程创新探索与实践	中国联合网络通信有限公司吉林省分公司 中国第一汽车集团有限公司 华为技术有限公司	时烁、孟凡莉、金甲	姜孟超、化锋、杜挺克、姚向前、王扬、唐阔、郭彬、黄健、沙淑巍、刘涛、宋文良、陈美文、阎华东、孙盼、张子佳、刘禹圻、陶建尧
40	探索双5G的中小全光工厂建设——实践5G+工业PON机械加工行业应用	华为技术有限公司 中国电信股份有限公司佛山分公司	华为公司：冯志山、赵晓东 佛山电信：韩冬	华为公司：张伟、王国华、董寅、马金戈、尚玉亮、曹建伟、任晖、童伟、史自牧、吕锦雄、周衍平、卢耀华 佛山电信：刘宝龙、沈秀杰、陈凯、邓斯钧、陈彦军
41	融合北斗与电力无线专网的风电场全场景高精度定位系统	亚信科技（中国）有限公司	吴桦、伍轶聪、梁少轩	郝鹏、郑德民、赵灿、邹雯璐、沈海洋、段胜阳、李厚生、方乃胜、刘闻、刘鸿儒、李洪洋、张来宾、许忠海、耿建彬、崔凯、吴晓明、刘士召
42	泛在千兆5G室内分布式Massive MIMO解决方案	华为技术有限公司	何立波、秦晓燕、王越琴	何立波、刘林南、袁涛涛、秦晓燕、谢伟、黄鹏、王越琴、杨权、彭劲东、罗纪、陈敏、赵越、苟伯茹
43	麻城市人民医院5G+智慧医疗远程手术平台项目	中国移动通信集团湖北有限公司	李书保、周宗良、方波	徐海波、钱堃、李浩、赵少华
44	数据中心巡检机器人解决方案	维谛技术有限公司	陈军、廖革文、江永宾	樊情魁、陈聪、肖灿旭、王玮、曲鑫、韩哲、董嘉文、罗维华、张辉、杨静怡、邱鹏武、庞延辉
45	分布式数据库存算分离最佳实践	天翼云科技有限公司 华为技术有限公司	天翼云：黄润怀、魏兴国 华为：黄涛	天翼云：王腾、李跃森、苏飞、叶小朋、梁庆聪、曾令江、周国剑、范郑乐 华为：谢黎明、彭宏、蔡金荣、曹宇、任仁、杨文珺、陈毅、梁梦家、赵礼智

(续表)

序号	项目名称	申报单位	主创人员	参与人员
46	十四运智慧观赛，赋能"智慧全运"新体验	中国移动通信集团陕西有限公司 咪咕文化科技有限公司 中兴通讯股份有限公司	中国移动通信集团陕西有限公司：孔艳 咪咕文化科技有限公司：刘宇 中兴通讯股份有限公司：刘耀东	中国移动通信集团陕西有限公司：王向东、丁蓬勃、张永、刘晨曦、刘致诚 咪咕文化科技有限公司：李芳、王赢胤 中兴通讯股份有限公司：陈晨、张一帧、杨帆、王磊、王文超、葛磊、祁少岩
47	大冶有色丰山铜矿5G专网及UWB精准人员定位系统项目	中国移动通信集团湖北有限公司黄石分公司	王瑞、黄峰	熊利、陶松涛、肖娜
48	5G赋能数字化运营—创新打造民众乐园智慧商业新高地	中国联合网络通信有限公司湖北省分公司	李捷、胡舒乐、方小维	徐冠男、周杰
49	网络AI关键技术及解决方案研究与应用	中国联合网络通信有限公司智网创新中心	张陶冶、欧大春、唐雄燕	刘贤松、赵越、王瑜、廖军、刘永生、邱倩琳、周莹、杨飞虎、孙洋洋、朱宏、尹俊、高有利
50	基于高可靠5G局域网的无线化智能综采面	陕西陕煤黄陵矿业集团有限公司 陕西智引科技有限公司 中兴通讯股份有限公司	陕煤黄陵矿业：薛国华 陕西智引科技：冯炫 中兴通讯：何光明	黄陵矿业：张玉良、韦晓虎 智引科技：许罕栋、兰巍、薛成冰、王周、崔晓涛、潘东、白刚 中兴通讯：丁志强、王文超、程少波、王晓明、钟阳、查希平、陈朝晖、史小君
51	钟祥花山寨森林防火指挥平台	中国铁塔股份有限公司湖北省分公司	杨艳红、罗飞、兰峰	李化明、左星光
52	"郑洛双子星"全光品质算网	中国移动通信集团河南有限公司 华为技术有限公司	河南移动：徐晓蕾 华为：马焘	河南移动：庞桂峰 华为：赵有生
53	5G+数字孪生未来工厂，让制衣变"智"衣	华为技术有限公司 中国联合网络通信有限公司浙江省分公司	樊伟、方波、宋光敏	宋伟全、郑豪、陶司东、荆丽振、吕波、党圆博、吴正刚、王一波、曹刘燕、黄占兵、彭诗瑶、张成功、饶子仁、周习远、顾培、万隆、侯王齐越、巫伟科
54	算网一体深度赋能智慧工厂	赛特斯信息科技股份有限公司	赵著行、王立中	席梦男、王朝
55	5GtoB智慧运维解决方案	中国移动通信集团江苏有限公司 华为技术有限公司	江苏移动：唐语、李明鑫 华为：杨建华	江苏移动：胡贵龙、曹磊、戴寒怡 华为：高黎
56	智能Incident管理创新方案	中国移动通信集团河南有限公司 华为技术有限公司	河南移动：庞桂峰、李勇 华为：鲁驰	河南移动：马小玲、徐晓蕾、王淑蕾、王潇潇、杨文、周兴枫、丁同恒、王祥 华为：赵有生、刘国权、吴开春、周兵、陶凡、龚德光、卢念、王生香
57	量子融合密钥管理系统	中兴通讯股份有限公司	王继刚、祁娟	王庆、魏立平、王名福、丁翔
58	广汽丰田5G+云+智能制造项目	中国电信股份有限公司广州分公司 华为技术有限公司	广州电信：詹永杰 华为：魏太文	广州电信：郑丹丹 华为：吴文、陈招展、刘亮
59	5G+瓦斯智能巡检系统	陕西智引科技有限公司	袁博、季轩影、王周	陕西智引科技有限公司：潘冬、白刚、陈泾、裴晓建、李小强、崔晓涛、王文 陕西集团曹家滩矿业公司：雷亚军、李增林、韩存地、刘安强

(续表)

序号	项目名称	申报单位	主创人员	参与人员
60	区块链服务平台医疗定制版系统	中移动信息技术有限公司	叶可可、张晶、方有轩	赵思远、郑旭晓、黄梦芝、代玉星、张鹏、曹树鹏、王雪龙、贾晓元、郝晓雪、陈籽和
61	5G专网创新方案——"5G沃域通"重定义O2O新商业	中国联合网络通信集团有限公司北京市分公司 华为技术有限公司	北京联通：李晓宁、李雨笛 华为：盛文佳	北京联通：沈大猷、高艳、石塞南、吕轩、彭博、徐立平、刘渠 华为：刘佳琦、王义兴、丁辉、申力心、张卓阳
62	全光接入自智网络解决方案	中国移动通信集团广东有限公司 华为技术有限公司	广东移动：孔轶、许耀顺 华为：刘焱	广东移动：左建、吴威、朱建、蔡静仪、林璟灿、余裔庭、方少寅、张晓峰、王松 华为：范剑波、李奇、彭锐、李龙、陈克科、贺南汀、郑嘉伟、刘业归
63	5G专网跨域管理及网边端业协同服务关键技术研究及应用	中国联合网络通信集团有限公司智网创新中心	冯毅、张勍、罗贤魁	曹亢、丁雨明、秦小飞、冉萌、张明佳、王刚、王磊、郝长茂、李恒谦、从光磊、高天航、吕琦、孙韵、彭恒、陶博、周旸、赵雪聪
64	5G智慧建造远程协作	中国联合网络通信有限公司 北京宜通科创科技发展有限责任公司 北京电信规划设计院有限公司	中国联合网络通信有限公司：成湘龙 北京宜通科创科技发展有限责任公司：季文翀 北京电信规划设计院有限公司：陶咏志	中国联合网络通信有限公司：狄晓靓 北京宜通科创科技发展有限责任公司：仇祎博、王飞、徐悦 北京电信规划设计院有限公司：张博越、宋玺、向磊、冯霄鹏、马振东、杨海涛、赵卫临、栾晓鹏、马营营、夏伟杰、冯荟璇、章峰、刘爽
65	酉阳县远程诊疗平台建设项目	重庆信科设计有限公司	程惠琳、胡燕、夏吉玲	刘伟、夏久洋、高兴友、代婧、何俊杰、蔡延、汪娟、喻富强、张俊、周广庆、周小伟、万聪、杨航、黄培培、黄兴杰、李昊楠、周晓红
66	千兆光网筑基云VR教育创新应用	中兴通讯股份有限公司	李明生、万帅、成超	孙涵、张明铭、马壮、史杰、胡毅海、祝文军、杨昕
67	金融云联络中心安全云坐席	中兴通讯股份有限公司	梁华升、彭志楠	叶伟、汤奎、赵毅、刘真、邓凯、邓鹏、龙旋、杜鹏
68	新型电力系统下电力5G终端安全接入项目	国网山东省电力公司电力科学研究院 中兴通讯股份有限公司	山东电力：王睿 中兴：周承飞	山东电力：刘冬兰、张昊、刘新、马雷、刘晗、李正浩 中兴通讯：滕志猛、岳坤
69	政务应急与智慧安防综合服务平台	中移动信息技术有限公司	张帆	周辉、李岩、郭鑫、刘颖
70	国家重大公共卫生事件医学中心机房租赁项目	中国电信股份有限公司武汉分公司	华中科技大学同济医学院附属同济医院：吴涛、李金、陈妍妍	梁静、肖智勇、夏敏、唐文泰、刘瑞祥、孙毅、熊纪杨、李峰、许波、朱毅、杨芊 华中科技大学同济医学院附属同济医院：张晓祥、汪火明、任宇飞、孙润康、李亚东、单杰
71	5G智慧厂区自动驾驶运营项目	中国电信股份有限公司襄阳分公司	刘海波	李康琛
72	"云网随选一键通"云网融合业务运营系统	华为技术有限公司 中国电信集团广东有限公司	广东电信：闵锐、田葆 华为：王煦	广东电信：姜有强 华为：张杰、陈冲、马乐、喻春瑞、冯小飞、吴瑶

(续表)

序号	项目名称	申报单位	主创人员	参与人员
73	基于5G+北斗的中小型水库雨水情测报和大坝安全监测应用与实践项目	中国移动通信集团湖北有限公司	饶毅	杨军农、操倩
74	基于XR技术的秦岭熊猫元宇宙慢直播项目	新华通讯社陕西分社 中兴通讯股份有限公司	新华通讯社陕西分社：翟书敬 中兴通讯：陆平	新华通讯社：刘峥、徐东健、孙正好、景华、来华 中兴通讯：周琴芬、江洪峰、梁恒、王晋军、张军、张萍、岳玉媛
75	宜昌市中心人民医院5G远程医疗手术示教项目	中国移动通信集团湖北有限公司	邓华蓉、董红林、肖小月	熊梦、朱忠明、钱堃、涂剑锋、赵少华
76	基于多维可控的智能交通网联化管控运维创新技术与应用	武汉大学 沈阳航空航天大学 中国联通研究院	武汉大学：曹越 沈阳航空航天大学：赵亮 中国联通研究院：程新洲	武汉大学：严飞、林海、李雨晴、李俊娥、吕臣臣、宋宇杰 沈阳航空航天大学：范纯龙、林娜、石峻岭、于存谦、关云冲、彭溯 中国联通研究院：徐乐西、李海彬、李明欣、贾敏、李梓轩
77	AI赋能算力网络平台创新项目	中国移动通信集团云南有限公司 华为技术有限公司	云南移动：杨晞、慕林 华为：赵劲中	云南移动：李冰、王宁、龙波、郑晓林、罗琳、范毅龙、李涛 华为：周晓明、胡镭、吴明明、徐进、王菲、王少晨、张江
78	中国电信数字哨兵平台	中国电信集团有限公司	庄梦蝶、夏文财、刘拓	陈柯、崔江鹤、黎靓、吴炜、涂健、戴雅丽、谭雅倩、黎波、巨露、吴勤勤、潘翰琪、袁艺、岳明、周茂武
79	5G赋能智慧矿山，助推矿业高质量发展	中兴通讯 陕西陕煤曹家滩矿业有限公司 陕西联通 陕西智引科技有限公司	中兴通讯：陈新宇 陕煤集团曹家滩煤矿：雷亚军 陕西联通：李鹏	中兴通讯：蔡建楠、朱建军、靖晟、马伟、程少波、叶建阳、王文超、阮一心 陕煤集团曹家滩煤矿：李增林、韩春福 陕煤集团智引科技：潘冬、白刚、王文 陕西联通：祁安、张建平、张健、吴兆和
80	电力5G虚拟专网关键技术及应用	中国电力科学研究院有限公司	马开志、王智慧、孟萨出拉	段钧宝、刘恒、张瑞兵、马宝娟、胡悦、韩金侠、曾姝彦、朱思成
81	数字孪生流域建设方案	新华三技术有限公司	陈阳、张凯、朱明承	王慧锋、张冰洋、杨磊、吴若昊、梅荣证、罗琳、刘丽芳、张婷、张慧泽、金石开、邹桐、刘兴隆、张宇、覃宗悦、邢斌
82	湖南省华菱湘钢5G智慧工厂项目	中国移动通信集团湖南有限公司	刘为、刘斯亮、胡剑炜	刘赛、许华、刘洋波、鲁玉、李威、胡洁、陈剑虹、蒋炼、肖馨、彭琼、胡晓
83	雄安新区容东片区数字道路智能化项目	中电信数字城市科技有限公司	胡军军、沈尔健、秦士良	陈德喜、谭国华、甘志辉、阮建辉、封顺天、张申、李宁、邓辉、张学刚、王雪刚、赵斌、王丛宇、顾洪、赵迅、齐宗江、季少飞、权明旺
84	5G+AR智慧博物馆	中兴通讯股份有限公司 中国电信集团有限公司 中电万维信息技术有限责任公司	中国电信：刘飞 中电万维：陈俊儒 中兴通讯：周琴芬	中兴通讯：陆勇林、江洪峰、施文哲

序号	项目名称	申报单位	主创人员	参与人员
85	FusionOS 替换 CentOS 操作系统实践	超聚变数字技术有限公司 中国移动通信集团有限公司网络事业部	超聚变：翟军、郑委宁 中国移动：阎江、谢洪涛、蔡旭辉、董晓荔 超聚变：田胜、付飞、张帆、张丙库 中国移动：刘鹏飞	中国移动：陈曦、王登、周远、董威、任彦辉 超聚变：张鹏、孙新馨
86	新一代敏捷云平台	联通数字科技有限公司	张建荣、房秉毅、庞玉峰	王宁、姜辉、潘松柏、陈晓明、应飞霞、陈硕、孙方臣、徐少宏、高红妮、张青、刘点、毕波、刘佳伟、乔新亚、王斌、李星月、吴亚会
87	新疆万达连锁商场智慧综合体项目	新疆电信政企客户事业部商业客户部	马维伟	刘波、热夏提、孟雨、李运杰、谭向楠
88	5G+工业实训室项目	中国电信股份有限公司江苏分公司	钱冯元、盛宇伟	徐丽霞、赵剑、杨珺、冯玮、张黎、张欣、浦士刚、王焯炜、吕瑛、蒋沪生、汤巍、李宏伟、张世密
89	中智政源5G+ICT智慧农业解决方案	中智政源技术有限公司 河南赫源智能科技有限公司	舒再森、黄志雄、张昱	范雨萌
90	云网一体化安全能力平台	中国联合网络通信有限公司智网创新中心	张陶冶、李彤、王宏鼎	余思阳、马季春、李长连、王娜、白海龙、曹京卫、刘果、杨飞、徐人勇、寇东梅、燕飞、蔺旋、姜远凯、贾亚运、罗静华、赵通
	优秀创新应用案例（206个）			
91	北京HDICT创新项目	中国移动通信集团北京有限公司 华为技术有限公司	北京移动：王斯博、李瑞峰 华为：于洋	北京移动：杨翌昀、王洋、史雨佳、张丹婷、叶伟、张文祥 华为：靳炜、张祥、杨君泽、杨莹、陈一、邢涛、钱滨、时好雨、姜治军、姚良松
92	湖北省马应龙药业集团5G+工业互联网项目	中国移动通信集团湖北有限公司武汉分公司	王宏宾、王毅、何文军	陈斌、胡彬、程竟、王琼、喻辉、汪志光、袁小涵、周智伟、田明、陆珊娜、盛典伟、靳起浩、郑晨、姚灿、王鹏、张卓尔、黄昊
93	文旅视频AI分析与监测平台	中国电信集团有限公司政企信息服务事业群 中电万维信息技术有限责任公司	徐守锋、刘飞、王春生	程昊、王军涛、颜恩正、贺强、温健健、崔振元、徐晓宁、杨忠忠、向振陆、姚杰
94	基于5G+MEC的国能汉川发电公司智慧电厂创新示范应用项目	中国联合网络通信有限公司湖北省分公司	张晖、杜军、李捷	郑琳、吴远、戈明军、伍呈呈、周响、邱源
95	变频精密基站空调	广东海悟科技有限公司	程竑理、叶泽波、蒋开涛	邓明帅、王雄飞、刘朕、柳晶津、戴安康、方晖、吴宝龙、岳生生、何诚宇、朱业铭、张艳、黎祥松、黄晗、黄永来、张红伟、朱浩林、廖俊

(续表)

序号	项目名称	申报单位	主创人员	参与人员
96	构建面向"云+数+智+安"的全栈国产化体系	中国联合网络通信有限公司北京市分公司	沈松、朱威、王柯	金叶、孙妍、景小芃、徐锐、张皞、武晓頔、赵莉军、徐欢、靳云鹏、冯江璇、马澍、张祎伟、肖难、刘菲、张逸飞、马佩瑶、王翊
97	5G智慧化工云平台	中国联合网络通信有限公司山东省分公司	付秀宁、徐磊	司书国、郭凯、王宏伟、邹文杰、王红波、王璐、刘晓明、孙洁、邢田超、姜卓然、苏晶、刘凯
98	大数据湖仓一体架构创新	中移信息技术有限公司 华为技术有限公司	中移：代莎 华为：杨泽生	中移：傅茗萱、杨志勇、刘玲、鲍向津 华为：郑勇、任云庆、鲁江波、程敬宾、敖华西、李源
99	医学集中隔离中心疫情防控综合服务平台	安徽电信规划设计有限责任公司	徐丹丹、王中友	李羽、陶红涛、陈昌、丁蓝、李琳、李孟磊、李小伟、强昌银、汪涛、刘文逸
100	湖北省健康医疗大数据中心暨公共卫生应急管理平台建设项目	湖北公众信息产业有限责任公司	罗思才、金鑫、梁东升	陈强、周正天、丁振、潘秉奕、张晓、李扬帆、龙威、孙松、李峰林、向亮
101	荆州市长江流域重点水域渔政执法项目创新案例	中国铁塔股份有限公司湖北省分公司	余功华、陆海涛、杨慎	谢丰、冯宇、廖志军、夏慧、谢勇、张俊波、陈康、陈飞
102	云网融合下智能运维一体化协同服务关键技术研究与应用	联通数字科技有限公司	李研、刘金春、李朝霞	温源、毋涛、刘晶、田新雪、肖征荣、李铭轩、于涟、王春发
103	基于IPv6+的骨干算力网络	中国联合网络通信集团有限公司 中讯邮电咨询设计院有限公司 华为技术有限公司	联通集团：周又眉 中讯院：马季春 华为：王志刚	联通集团：郭胜楠、刘雅承、徐猛、冯海东、燕飞 中讯院：张桂玉、肖伟、梁晓晨、许鹏、刘博文、吴红 华为：高晓琦、王若豪、周家乐、郭伟雷、王喆玮、张雪松
104	算网融合全光工业网关	江苏亨通光电股份有限公司	郝祥勇、陈炜、吴敏、王甫涵	张小倩、施宇程、程东杰、徐岩、马秋燕、闵玥、张建峰
105	运营商全域网络SDN创新研发和商用实践	中国联合网络通信有限公司智网创新中心	张陶冶、李彤、王宏鼎	马季春、杨艳松、王路、张桂玉、郭晓琳、张帆、许鹏、刘雪峰、侯佳英
106	5G智慧医疗网关在智慧医院移动DR上的应用	中移（成都）信息通信科技有限公司	刘金鑫、袁磊、种璟	中国移动通信集团有限公司政企客户分公司：李娜、常祥峰、罗菁、闫佳运、王锶 中移（成都）信息通信科技有限公司：张文军、张涵悦、钟浩、陈长龙、张钰、冉洁、王果、沈谊俊、王秘剑、肖佳盈 中国移动河北有限公司：陈伟
107	国网武汉供电公司5G+智慧楼宇	中国电信股份有限公司武汉分公司	彭斯诚	刘晓鸣、冯静、魏子骑、
108	孝南区机动车遥感监测能力与黑烟车抓拍系统建设项目	中国铁塔股份有限公司湖北省分公司	刘翔、汤铁军、高天翔	陈鑫、李少喆
109	智慧新青山初步设计	湖北邮电规划设计有限公司	李劲	李劲、匡小欢、袁丁、李继标

（续表）

序号	项目名称	申报单位	主创人员	参与人员
110	模法师 AI 开发平台	中电金信软件有限公司	单海军、邵钟飞、邓浩	陈伟旭、陈燕燕、郑影、揭英明、丁超、赖现淞、王月、钟清照、王一凡
111	拉萨经济技术开发区智慧园区一期示范段项目	重庆信科设计有限公司	李伟、陈春梅、韩晨晨	邱渝峰、杨晏川、苏文剑、李彬、王丹、杨劲、顾玉龙、黄元虎、李明钟、曹薇、易双双、李哲旬、罗健、秦铭跃、贺彬、蔡延、杨艳
112	"一站式"智慧医院服务平台——武汉协和智慧互联网医院	广州海鹚网络科技有限公司	黄阶、罗权、王纯	王奥林、黄聪、金希、杨爽、吕友文、姚瑀龙、胡静晖、张晓雯、朱丹、陈育华、程伟
113	IP 骨干承载网全网 IPv6 only	中国有线电视网络有限公司	舒庆春、彭劲、彭勃	吕佳徽、黄岩
114	智慧数据中台驱动的医院集团互联网医疗产业链建设实践	通用环球医疗集团有限公司	彭佳虹、李华明、徐长海	李建功、张万里、马德国、陈宝田、万洋洋、刘晶、王冰、白云、张硕、刘冰、王建清、于思洋、豆健美
115	襄州区智慧城市综合管理运营服务平台建设项目	中国移动通信集团湖北有限公司襄阳分公司	赵耀、王宁、琚鲲	赵艳红、汪艳、刘辉、程东梅、孙俊豪、宋云、毛俊勇、高渝舒
116	政企 OTN 精品光网数智服务创新	中国电信集团有限公司 华为技术有限公司	电信集团：闫飞 华为：周军	电信集团：王振方、汪令全、武晓峰、戴柏星、鲁大博、刘宏杰、霍晓莉、张国新、袁伟 华为：王崇、李涛、王刚、向微、肖先锋、廖旻、赵国强、唐川
117	移动政企 OTN 专线 5Smart 智能开通创新方案	中国移动通信集团有限公司 华为技术有限公司 凯通科技股份有限公司	移动集团：郭政华 华为：刘玺 凯通：刘健	移动集团：郭振华 华为：曾天贵、李青松、陈天武、董海云、刘国权、胡宇、顾晓锋、翟耀绪、于小龙、陈天武、周军、储涛、赵发林、金胜 凯通：邓清宇
118	加速迈向高阶自智网络，赋能业务生产	中国移动通信集团浙江有限公司 华为技术有限公司	浙江移动：魏强、郑屹峰 华为：卢卓君	浙江移动：林翀云、竺士杰、彭陈发、唐颖、王娜、陈绪圣、孔华明、尹皓玫 华为：陈涛、齐阳、樊杰、耿明扬、周立洲、杨浩然、闫岷、赵杰、郝秀民
119	5G"700M+X"勾画"中国最美矿山"	国家能源集团煤焦化有限责任公司 中煤科工集团智能矿山有限公司 中兴通讯股份有限公司	国家能源集团煤焦化有限责任公司：樊占文 中煤科工智能矿山有限公司：刘道园 中兴通讯股份有限公司：何光明	国家能源集团：姜英利、郭亮东、宋连喜、李斌、袁治国、郭永红、刘波、徐严军、唐利山、罗武军 中煤科工智能矿山有限公司：杨云博、丁旭阳、武凯萱、王海光 中兴通讯：马琴、邢伟男、丁志强
120	南山区 CIM 智能化辅助流调快速处置平台项目	中电科普天科技股份有限公司	李国、揭玉明、黄一峰	李杰、万能、王金超、杨春、朱海、杨昌烈、陈军、刘峻江、周志康、梁润洪、卢健文、马佳菲
121	5G 新通话在远程银行智能服务中的应用	中兴通讯 建信金融科技有限责任公司	建信金科：谢隆飞 中兴通讯：陈新宇、王全	建信金科：程榆、汪博、刘远浩、罗韬、杨邻瑞、陈威、范志强、韦秋辞、李志福 中兴通讯：孙新国、孙立波、周小军、倪明、郭雪峰、缪永生、章璐、王丽蓉

(续表)

序号	项目名称	申报单位	主创人员	参与人员
122	基于多方安全计算，探索金融行业数据融合应用	中国移动通信集团北京有限公司	张辉、史彦军、朱斌杰	丛丽、唐显莉、彭勇、孟庆琦、邓智群、张菀桐、朴冬临、王伦迪、刘岩、李健梅、陈安琪、张淼、张红霞、葛大圣、林征来、程磊、张娟
123	基于5G尊享专网的野外智能节点油气勘探系统	中国移动通信集团江苏有限公司南京分公司 中兴通讯股份有限公司	中石化物探院：宋志翔 南京移动：桂林 中兴通讯：孙志鹏	周承飞、陈永波
124	湖北宜都化工园智慧平台项目可研及设计服务	湖北邮电规划设计有限公司	余伟	郑言
125	自由视角在大型演出及体育赛事直播中的应用	华为技术有限公司	张晓冬、刁英湖、孙维禄	朱英俊、吴德建、叶驰洲、刘世龙、卜佳楠、陈一、赵财兵、胡斐斐、王德贵、刘刚、黄火荣、张明、曾祥才、张薇、沈超南、李明
126	十堰市能源综合体项目合体项目	中国移动通信集团湖北有限公司十堰分公司	周诗仲、李闯、晏涛	李勇、白世雄、李飞、李闯、甘李、李鹏竹、高晓亮、解世涛、于建航、张丽萍、赵浧、刘远航
127	武汉市经信局区块链基础平台及中小企业服务应用上链示范项目	中国联合网络通信有限公司湖北省分公司	刘影、刘君钊	刘晓波、赵梓伊、卢海敏
128	武汉市蔡甸区新型智慧城市建设顶层规划（2021—2025年）	湖北邮电规划设计有限公司	李娴、喻乐乐	吴和锴
129	黄石市小型小型水库雨水情测报和大坝安全监测项目	中国铁塔股份有限公司湖北省分公司	周靖、王国军	田甜、冷轩、程磊
130	基于千兆网络+AI的多场景互动教育解决方案	中移（杭州）信息技术有限公司	罗红、魏嘉	郑文彬、肖旭、马保雨、崔素英、孙正林、施栋栋、冯冰、侯迎春、王海涛、彭程、林晓玮、陈静怡、董益洲、夏微微、严思韵
131	四川省交通运行监测与应急指挥系统二期工程（南充市）	中电科普天科技股份有限公司	刘飞、吴苏、邱永刚	田玥、刘涛、唐荣、吕宝杰、曹伟、魏伟、刘春萍
132	"千兆光网+政务服务"助力武汉市民之家智慧政务项目	中国电信股份有限公司武汉分公司	陶雷	周毓辉、范海鸥、张敏、宋秀丽、朱婧
133	公众互联网基于IPv6+进行CDN及国际出口加速创新应用	中国电信集团有限公司 华为技术有限公司	中国电信：李玉娟、张会肖 华为：李伟	中国电信：支金龙、钱蓓蓓、张伟、张立涛、陆映潮、王道东、孟琦 华为：林毅、王崇、王志刚、瞿祥明、陈江山、黄文能、蒋林波、高晓琦、王树强、田峰
134	上海健康云双活中心创新方案	天翼云科技有限公司上海分公司 中国电信股份有限公司上海分公司 华为技术有限公司	上海电信：邬来军 天翼云上海公司：杨奇 华为：邵先成	上海电信：张慷、王文东、李德成、季春波、田和茵、沈俊 天翼云上海公司：吴健、周俊、陈娟、杨鑫 华为：伍琛尧、徐浩、魏海星、邹勇、孟德鑫、朱俊清、吴冠雄

(续表)

序号	项目名称	申报单位	主创人员	参与人员
135	《5G三频组网打造露天矿网络覆盖新范式》	中国移动通信集团有限公司陕西分公司 国家能源集团陕西神延煤炭有限责任公司 中兴通讯股份有限公司	王磊、雷志勇、杜旭	狄文远、雷健、王晓琦、王伟、刘鹏、程思霖、刘娟、马小龙、高小强、邵津津、张伦、刘江、冯聪、周建华、王文超、张福涛、丁志强
136	恩施州智慧教育大数据平台解决方案	中国联合网络通信有限公司湖北省分公司	许鹏飞	李刚
137	海淀区"水务大脑"建设	北京电信规划设计院有限公司	王志东	曹玉婷、李通、孙赟恽、匡桂喜
138	一体化数据中台系统DMP2.0	中电金信软件有限公司	李杰、章强、陈浩亮	张静芳
139	业界首创2.1G NR 8T8R创新技术和全场景部署（简称2.1G 8T8R）	华为技术有限公司	方坤鹏、张杰、仇政	刘林南、漆佑军、徐菁、罗家明、尹占辉、陈俊、熊地、袁涛涛
140	"5G+千兆光网"协同助力天津港智慧港口	中国联合网络通信有限公司天津市分公司 中兴通讯股份有限公司	艾艳可、靳冰祎、李岩	雍小建、沈岩、范乃奎、王宁、李恭、孙世琦、王亚锁、刘春杰、周振宇、刘兆麟
141	基于区块链和大数据技术的工业互联网标识解析融合应用，构建供应链金融服务	中国移动通信集团湖南有限公司	鲁玉、胡剑炜	李威、蒋炼、肖玺、陈剑虹、肖燕、彭爱华、甘泉
142	渔政禁捕可视化系统项目视化系统项目	中国电信股份有限公司仙桃分公司	胡永凯	谢超、杜超、昌炯
143	随州市金融信息平台项目	中国电信股份有限公司随州分公司	马溪蔓	
144	广水徐家河水库智慧渔政平台建设项目	中国铁塔股份有限公司湖北省分公司	王国宏、徐安响、潘春旺	王国宏、徐安响、潘春旺、潘仕琦、叶茂
145	雄安新区物联网统一开放平台（一期）项目	中移系统集成有限公司	刘琨、杨忠、刘欣、赵龙军	马玉杰、杨明、王冬景、王伟建、陈敬琨、方绍波、卓定飞、郑京天、陈连路、张晋硕、梁家兴
146	2021年湖北省卫健委健康医疗大数据中心云基础设施工程	湖北邮电规划设计有限公司	闻琛阳	闻琛阳、胡建英、袁舒莲、彭洁
147	东西湖区数字经济发展规划编制项目	湖北邮电规划设计有限公司	衣力	李刚、彭倩
148	十堰市水路交通安全智慧监管信息化服务项目	中国铁塔股份有限公司湖北省分公司	李娟、周红波、唐靖	陶奎德、曾坤、向阳、吴远鑫、李俊、陈尧、黄鹏、汪勇、文海涛、薛代丽、张瀚月
149	5G智慧海洋—海域立体覆盖解决方案	中国移动通信集团福建有限公司 华为技术有限公司	福建移动：黄小田、荀光学 华为：彭希	福建移动：林丽、章金水、张拓、葛振宇、张健、陈建江、林海、方腾、陈晓东、刘昌海 华为：沈亮、黄健、孙英超、雷伟平、金旻、张景、饶鑫、曹昶、彭俊、向懿、李旭、王新鑫

（续表）

序号	项目名称	申报单位	主创人员	参与人员
150	濮阳县棚户区改造清河小区安置房建设项目无线控制高压喷淋降尘系统应用	中国新兴建设开发有限责任公司	雷鸣炜	李志强、张国超、焦键、沈剑、周立霞、马杰、杜杨平、侯思琦、张勇、王硕、陈杰、赵东、赵阳、曹勇、宋铁军、陈思雨
151	上海移动全光智慧城市	中国移动通信集团上海有限公司 华为技术有限公司	上海移动：李学成 华为公司：靳玉志	上海移动：严钧、杜艳艳、翁春黎、范琦勇、王令侃 华为：张博、董悦、杜坤、冯国杰、李从奇
152	武汉市新洲区智慧新洲问津云建设项目	中国电信股份有限公司武汉分公司	徐文学、姚峰、方贞	胡飞、程政、石康辉、成炜、程喜贵、章龙、胡珊
153	智慧窑湾视频监控预警信息服务项目	中国铁塔股份有限公司湖北省分公司	刘又美、马娟、车锋	郭茂盛、罗先维、易正鑫
154	陕西教育云	中国电信股份有限公司陕西分公司 华为技术有限公司	陕西电信：王涛 华为：廖怡炜、代宗权	陕西电信：邓凯 华为：梁晓平、张炜、薛俊杰
155	卫健链	中国卫生信息与健康医疗大数据学会信息及应用安全防护分会	中国卫生信息与健康医疗大数据学会信息及应用安全防护分会：孔云	杭州安存网络科技有限公司：章妍晨 上海信医科技有限公司：冯东雷 易联众云链科技（福建）有限公司：王琳 北京北信源软件股份有限公司：孙建楠 医数源（北京）健康医疗科技有限公司：徐源 上海信医科技有限公司：韦助旺 易联众云链科技（福建）有限公司：程梦珏
156	OTN文体赛事专网应用创新	华为技术有限公司	刘玺、曾天贵、李青松	胡富翔、赵发林、董海云、马曦、刘会军、冷光强、顾晓锋、胡宇
157	深圳市司法局"区块链+法治"试点示范建设项目	中电科普天科技股份有限公司	李国、劳基峰、黄一峰	李杰、万能、王金超、杨春、朱海、杨昌圳、陈军、刘峻江、周志康、梁润洪、卢健文、马佳菲、揭玉明
158	AIoT智慧校园环境监测解决方案	厦门星纵智能科技有限公司	蔡志斌、韩星晨、黄培荣	王祖骅、陈小慧、陈宝强、刘晓杰、陈盼
159	智慧社区	河南软信科技有限公司	李贞臻、白战伟	王玲敏、秦福蔓、符浩博、郝志华、王要雷、谢聪
160	河南省工业互联网安全监测与态势感知平台	河南省信息咨询设计研究有限公司	马刚、任阔、王辉	许学卿、刘畅、郭兵、杨昭、高智涛、景超凡、杨国锋、李雪雷、庞松涛、郑磊明、张彦坡
161	构建"1+N+X"黄河流域高质量发展专网 双千兆光云融合赋能智慧水务	中国联合网络通信有限公司山东省分公司 华为技术有限公司	山东联通：李壮志 华为：黄河胜	山东联通：潘峰、王学刚、张瑞磊、刘爱丽、吕文琳、张巾莹、侯广营、王昊、孙若愚、谭鹏 华为：冯超、赵光磊、邬思明、罗凯、朱彦峰、苑毅
162	"三个和尚"有水喝——××银行××教育局互联网+明厨亮灶项目	中国电信股份有限公司武汉分公司	苏继忠、王燕	徐丽华、高阳、田备正、刘雄、敬敏、万唯佳、袁辰
163	湖北省重大项目及投资智慧应用平台项目	湖北邮电规划设计有限公司	罗骁、王垒、熊瑰	吴诗敏、吴涛、郭圣娥、郭伏波

（续表）

序号	项目名称	申报单位	主创人员	参与人员
164	巴东县大数据运营中心工程建设项目	重庆信科设计有限公司	罗瑶、吴诚、李昊	陈奇华、何俊杰、李飞、李磷、强春旭、杨雪健、张飞翔、王玉珏、钟巧利、刘正华、余文、石春燕、敬开兵、陈川、陈思宇、李辰宇、张林
165	5G、AI识别、物联网、区块链等新技术赋能"生态大脑"	联通（浙江）产业互联网有限公司 中兴通讯股份有限公司	浙江产互：华钦、周哲 中兴通讯：王玉莹	浙江产互：吴非、宋光敏、周洁 中兴通讯：王印龙、王磊
166	ODN 3.0助力网络覆盖，促进教育宽带发展	中国联合网络通信有限公司甘肃省分公司 华为技术有限公司	甘肃联通：郝海平、梁伟民 华为：吴俊方	甘肃联通：侯朝阳、别亚峰、陈峰、史彬哲 中讯设计院：任杰 华为：李元年、尚玉亮、安钰坤、张波、刘丰、夏文宇、耿建立、刘桐
167	5G+MEC技术在三峡集团东岳庙零碳大数据中心智慧园区的示范应用创建	中国联合网络通信有限公司湖北省分公司	卢遥、戚刚	李鹏、杨威、曾宪涛、毛小玲、张怡姝、刘乔
168	黄骅港基于"5G+北斗"的自动化装船系统	中国联合网络通信有限公司智能城市研究院	王题、白秀军、王晓博	杜忠岩、杨杉、冯婷婷、苗滢、邱海、曲嘉旭、叶海纳、庹豪威、闫石、冷超、李良、谢梦楠、蔚来旺、高艺嘉
169	江苏省××区智慧交通项目	江苏亨通光电股份有限公司	王泼、邱广臻、李浩然	张娟、鲁薇、宋艳春、史俊杰、王素江、堵小进、孙健、沈丹宁
170	"5G云林护"照看绿水青山——湖北省林业资源动态监管创新应用	中国联合网络通信有限公司湖北省分公司	韩元伟	全宏磊、楼鹏、张婧勉、汪登
171	卫通大波束综合服务平台	中国卫通集团股份有限公司	栗欣、李偲	徐筱昕、路康、郭皓然、邝裔铃、刘璐、朱明悦、刘飞飞
172	新通话解决方案	华为技术有限公司	孟钰	张立波、张潇
173	算力品质全光底座	中国联合网络通信集团有限公司 华为技术有限公司	联通集团：周又眉 华为：周军、周家乐	联通集团：陈强、马小梅、唐晓强、张佳琳、王光全、尹祖新、陈文雄、刘建新 华为：李涛、梁海昱、杨明华、毛正、吕福华、吴新安、王利、戴佩
174	基于天翼云图的益田假日广场智慧综合体	中国电信集团有限公司深圳分公司	刘卫中、杨文娴、张睿	刘一锋、韩振国、吴宇杰、张弋、舒兰、张小单、诸延杰、颜潇、魏东、曹梦真、张辉、王晓阳、崔玲青
175	应城市人民医院5G移动护理云服务项目	中国移动通信集团湖北有限公司	林洁、张亮、黄曦	钟欢、杨陈明、黄丽姝、钱堃、赵少华、涂剑锋
176	国干基础网创新性升级	中国广播电视网络集团有限公司 华为技术有限公司	中国广电：彭勃、黄岩 华为：郑路	中国广电：彭劲、李婧、孙岩、石钢、袁欣、许敬旭、李凯、周传菊、王众、陈松、姚超 华为：王鑫、辛宇、李明亮、周军、程旭伟、易善洪
177	智慧就业精准服务平台项目	中国移动通信集团湖北有限公司	李炜喆	杨军农、操倩、王汉钟

(续表)

序号	项目名称	申报单位	主创人员	参与人员
178	5G+MEC在湖北省国家级湿地公园闭环智慧化管控平台中的创新应用实践	中国联合网络通信有限公司湖北省分公司	卢遥、戚刚	毛小玲、李鹏、杨威、曾宪涛、张怡姝、刘乔
179	基于5G的应急救援解决方案	中移（成都）信息通信科技有限公司	刘金鑫、袁磊、种璟	中国移动通信集团有限公司政企客户分公司：李娜、常祥峰、李倩 中移（成都）信息通信科技有限公司：张文军、张涵悦、沈谊俊、陈长龙、卢驰、张钰、冉洁、钟浩、王果、王秘剑、肖佳盈 中国移动上海有限公司：顾洪飞、陆显安、李丽
180	浙江国网电力5G+新型城域网切片网络	华为技术有限公司 中国电信股份有限公司浙江分公司	浙江电信：曹懿军、赵正波 华为：谢如绮	浙江电信：张芳、陈旗、周晓杰、丁江峰、杨旭如、伍林伟、赵晖、张磊 华为：倪冰峰、王成、白雪亮、李永奎、段仁庆、刘斌、余红贵、戴巨佳、张伟伟
181	基于用户特征分析的流量智能送费支撑系统研发项目	中国联合网络通信有限公司河南省分公司	李克利、张远生、符纪刚	陈丽静、杨晓波、白银明、王世统、崔建鹏、张因果
182	智能测试中台	中电金信软件有限公司	王壮、段德浩	李敬贺、闫俊均、唐欢、张艳、张煌、明旭、徐波、杨艳辉、管珊珊、叶健、徐洋、夏金磊
183	Air PON组网赋能全光宽网，创新技术助力乡村振兴	中国联合网络通信有限公司青海省分公司 华为技术有限公司	青海联通：朱常波 华为：王山月	青海联通：吴立峰、陈卫军、李朝煊、李巍、张宏图、赵才林、马延祥 华为：彭川、李晓林、李元江、周鹏、李杨、王斌、邱绍彬
184	基于算网协同方案的智慧医院升级项目	中国移动通信集团山西有限公司 华为技术有限公司	山西移动：马晨晖 华为：郝伟	山西移动：李欣林、江涛、史晓军、邓晨、吕乐、畅晓乐 华为：祁向睿、吴宇思琦、钱滨、高学刚、王晓玲 临汾人民医院：王铁忠、成勇
185	全国首个算网一体安全服务链创新应用	中国联合网络通信有限公司广东分公司 华为技术有限公司	广东联通：杨振东、薛强 华为：张建东	广东联通：邓玲、莫俊彬、方逌铿、骆益民、曾楚轩、刘惜吾、陈佳明、罗家尧、邱献超、王晓旭 华为：吴钰麟、朱建华、莫华国、王枳强、梁栋
186	AR智能眼镜园区疫情安保创新案例	中邮世纪（北京）通信技术有限公司	宋杰、满峻	徐雅瑄、曹娟娟
187	5G+智慧矿业解决方案	广州爱浦路网络技术有限公司	吕东、王真	周远长、秦海、梁勇、廖雪松、苏国章、王健、吴云普、王丹、韦翠芙、吴志勇、黄华容、张溢泓
188	安徽省级政务云云服务平台项目	中国电信股份有限公司安徽分公司 华为技术有限公司	安徽电信：郭之超 华为：李攀、路凯	安徽电信：汪改革、张进、郭继康 华为：史晓晨、季卓
189	宜昌大数据产业园智慧园区项目	中国联合网络通信有限公司湖北省分公司	李万炼、刘潇凡	赵政、王斌、苏杨、张丝阳、姚坤

(续表)

序号	项目名称	申报单位	主创人员	参与人员
190	"5G+"大别山森林防火智慧监测平台建设项目	中国铁塔股份有限公司湖北省分公司	熊文涛、马军	徐文忠、黎智华、郑欢欢、方汇海、陈凯
191	便捷式5G专网在新媒体行业的制播应用	中国移动通信集团湖南有限公司 湖南快乐阳光互动娱乐传媒有限公司 中兴通讯股份有限公司	湖南移动：秦华 快乐阳光：旷文彬 中兴通讯：刘振	湖南移动：唐向雄、陈初学、周鸣翔、吴达志 快乐阳光：胡红阳 中兴通讯：刘爽、倪燕子、张允超、任杰、黄娟、黎云华、赵琼鹰、何喜文、乔凤蛟、景亚宁、周琴芬、吕海兵
192	5G新云网赋能智慧地铁	广州地铁 中兴通讯 广州移动	广州地铁：龚小聪 中兴通讯：汪竞飞 广州移动：陈俊民	广州地铁：牛晖萍、陈晓明、黄浩伟 中兴通讯：许建平、何继青、王吉中、汪礼刚、耿建锋、钟朝宇、黄孜、崔飞鹤、陈伟、黄原信 广州移动：谢浪平、陈波、雷俊博
193	智能化健康管理云平台	国中康健集团有限公司	张宗华	王涵、陆宪东、董希杰、张振
194	智慧水利视觉融合方案	新华三技术有限公司	张凯、朱明承、覃宗悦	陈阳、王坚、邢斌、莫耀奎、王慧锋、杨磊、吴若昊、罗琳、刘丽芳、张婷、张慧泽、金石开、邹桐、刘兴隆、张宇
195	AR巡店系统集成服务信息化项目	中国移动通信集团湖北有限公司武汉分公司	胡波、吴娜、石浩阳	
196	智慧医保一体化服务平台解决方案	中国移动通信集团有限公司政企客户分公司 中移系统集成有限公司	刘金鑫、张建强、李东生	路葭、张祺超、武进 任世杰、李双佶、谷金辉、丁静、陈嘉南
197	量子可信云数据托管服务安全平台	中兴通讯股份有限公司 国科量子通信网络有限公司	中兴通讯：陆平、缪贵海 国科量子：左崴东	中兴通讯：王继刚、张滨、祁娟、魏立平、任军、代子彬、彭鹏、赵欣欣、邵莉莉、骆来浩、林昊、甘智勇 国科量子：戚巍、王旭东、辛华、李成东、蒋运平
198	德阳智慧城市政务云项目	四川云上天府科技有限公司 中国电信股份有限公司德阳分公司 华为技术有限公司	德阳电信：陈密、马颖 云上天府：廖敏	云上天府：荀华超、彭思亮、孙瑞奇、彭然、曾郭庞、尹从江 德阳电信：简生强、肖敏、肖洋、欧阳文俊、周蕾、陈伟 华为：伍琛尧、左清清、贾欧阳、陆国隆、杨辉鹏
199	湖北省疾病预防控制中心综合能力提升项目	湖北邮电规划设计有限公司	李厚望、张慧	张凯书、徐继晖、张月天、郭圣娥、黄苏、李铠旭、田野
200	全云化核心网助力中国广电实现全网一朵云	华为技术有限公司 中广电移动网络有限公司	华为：陈曦 广电：谌颖	华为：李宏龙、陈伟、徐志明、常轶钊、刘佳琦、井博、刘伟 广电：梁京、王海涛、狄明、孔博源、石然
201	智慧政务网络安全云服务	中国电信股份有限公司湖北分公司 天翼安全科技有限公司 华为技术有限公司	湖北电信：梁慧敏、蒋萍 华为：戴军琦	湖北电信：张方旗、吴婷、王蓉蓉、张若澜、王世洪、胡晓光、饶青、李文华、邓文、张一帆 天翼安全公司：匡轩、罗亭、丁士红 华为：王安生、徐林林、王思露、余铁源

(续表)

序号	项目名称	申报单位	主创人员	参与人员
202	绍兴市智安校园学生安全守护平台	浙江绍兴安邦护卫有限公司	胡秀荣、汤华虎、宁国新	寿彪、赵毅、陈峰、程伟明、沈铁、张墨墨、郑国、潘文迪、胡华丹、傅政、丁一超、梁君玮、陈佳亨、许彬
203	武汉市第一中学智慧校园建设工程深化设计	湖北邮电规划设计有限公司	李志	叶天翔、王振东、杨钦、李铭、张毅、皇甫延晟、江开宇
204	陕西榆林雪亮工程SPN切片专网项目	中国移动通信集团陕西有限公司 华为技术有限公司	陕西移动：狄文远、吴婷 华为：殷军	陕西移动：付宇辉、王晓琦、何映仙、刘晖、张晗、刘娟、薛小飞、李龙、高宝鑫 华为：谢可、苏晨光、赵人楼、刘颂、李嘉豪、马曦、冯超、高学刚
205	青岛市社会治理网格化智慧工作平台项目设计	山东省邮电规划设计院有限公司	张红玉	邱硕、巩峰峰、乔慧
206	河南电信绿色数据中心	中国电信股份有限公司河南分公司 华为技术有限公司	河南电信：信劲松、李建伟 华为：刘源、黄威骉、李清晨、巩志鑫、张辉、娄彪、赵文发	华为：徐超杰、许文彪、姜伟
207	5G+AR智能警务眼镜解决方案	中邮世纪（北京）通信技术有限公司	宋杰、满峻	徐雅瑄、曹娟娟
208	大众口腔医院影像上云项目	中国电信股份有限公司武汉分公司	周嵬、杨军、李震	陈亮、何旗艳、刘肖文、严海、黄朕、廖仁君、叶茂
209	FarData敏捷大数据开发平台	深圳市法本信息技术股份有限公司	胡梅贤、饶学贵、龙榜	许刚、李天国、刘新、姚振楠、李魁
210	"青易办"电子签署中心	青岛市行政审批服务局	孙明、于斐、牛晓晨	刘迪、常照强
211	数字法治、智慧司法	中电信数智科技有限公司	杨帆、郭浩、柴冰惠	贺俊洁、陈依楠、邱玉婷、马晓磊、胡立飞
212	5G专网SLA保障维优一体化解决方案创新项目	华为技术有限公司 中国移动通信集团有限公司	中国移动：廖佩贞、范苑 华为：张翼	中国移动：戴寒怡、祝远建、杨亚伟、赵炜 华为：靳争团、何朝东、徐浩、杨建华
213	某公安局城市视频监控建设项目	中国电信股份有限公司武汉分公司	徐文学、张蕾、姚峰、成炜	胡飞、熊春、程政、余长顺、石康辉、章龙、吴运新、李威、黄琴、郭俊
214	基于5G+北斗高精度定位技术的智慧物流项目	中移（上海）信息通信科技有限公司（主报单位） 中国移动通信集团山东有限公司青岛分公司 日日顺供应链科技股份有限公司	中移（上海）信息通信科技有限公司：徐爽 中国移动通信集团山东有限公司青岛分公司：王海鸥 日日顺供应链科技股份有限公司：马涛	中移（上海）信息通信科技有限公司：刘金元、刘洁、万晓通、付正军、李海伟、耿纪磊、张毓天、翟凤娇 中国移动通信集团山东有限公司青岛分公司：马志强、李力、郑伟 日日顺供应链科技股份有限公司：孙龙
215	智慧邮政SPN切片专网	中国移动通信集团天津有限公司 华为技术有限公司	天津移动：王志宽、李林宪 华为：张秋实	天津移动：高亢、李冠一、齐欢、杨聘、张鹏、刘宁、尹玲、洪畅 华为：徐文华、张江龙、高学刚、王磊

(续表)

序号	项目名称	申报单位	主创人员	参与人员
216	点军区市域社会治理智能化项目	重庆信科设计有限公司	毛业进、李飞、李昊	吴诚、李伟、李雪平、赵茂伸、占伟、陈豪、杨雪健、冯文芹、廖意豪、戚家元、程惠琳、王鹏、胡燕、王祎、古达文、张自成、樊聪
217	基于5G+SPN专网技术的紧急医学救援创新应用	中国移动通信集团广东有限公司 华为技术有限公司	广东移动：沈文凯、赖建军 华为：赵毅	广东移动：聂磊、蔡发达、张建辉、李学敏、谢剑文、敖贵丽、钟学然、李伯伦、杨建勋、胡建龙 华为：马乐、邹龙庆、许永峰、石玉立、高学刚
218	河北联通基于IPv6+的综合承载解决方案	中国联合网络通信集团有限公司 中国联通河北省分公司 华为技术有限公司	联通集团：屠礼彪 河北联通：兰克勤 华为：左萌	联通集团：周又眉 河北联通：唐迪、陈成连、刘洋、杨涛、闫菲、段树侠、张志华 华为：张建东、黄新宇、严薇、周家乐、郭伟雷、王丹、马彪、张伟、赵晓
219	"智慧恩施"政务云平台（一期）建设解决方案	中国联合网络通信有限公司湖北省分公司	韩元伟、向华	许鹏飞、蓝康、田霞、彭小冬、刘稳、胡俊、易发波、关俊、楼鹏、汪登
220	基于大数据的家宽潜在不满意用户识别及修复	上海诺基亚贝尔股份有限公司	诺基亚上海贝尔：陈辰、孙瑜峰	诺基亚上海贝尔：陈芃、孙刚、袁永福、廖维 诺基亚东软：王鹏、张旭
221	北京市总工会"智慧工会"	北京电信规划设计院有限公司	詹天仪、孙成虎、黄崇轩	古亚辉、马凤、吴泽滨、苏凯莉、秦剑、肖然、安超、李粹容、王衍娇、周延松、陈艳敏、孙景毅、王毅
222	SPN固移融合、新业务SLA保障解决方案	中国移动通信集团广东有限公司 华为技术有限公司	广东移动：胡广峰、杨新建 华为：薛晓帆	广东移动：贾嘉、马伟成、张伟雄、王维波、董晓磊、毕玲娟、林键、金岩冰、陈海波 华为：王平、冯建利、尹志东、杨路路、王乐寻
223	面向自智网络的中兴通讯基站自动配置机器人	中兴通讯	洪功存、施清启、钱铮铁	闫林、钟振锋、邵鹏、陈占海、冯增平、董彦佐
224	中兴通讯RNIA-NGI 5G网络数字化洞察解决方案	中兴通讯	孙凯文、魏航	张晨红、严海波、赵丁、谢永辉、俞胜兵、范国田、陈逸、孙业业、乔宾、吴远江、陈瀚孜、王俊杰、王仕豪、尚子渊
225	场景化5G ToB专网运维支撑系统	上海诺基亚贝尔股份有限公司	诺基亚上海贝尔：屠玮、许璠、刘晓杰、李琪 湖南华诺科技有限公司：冯永军、宋戈锐	诺基亚上海贝尔：胡正飞、陈云涛
226	5G智慧工匠云	中国联合网络通信有限公司 北京宜通科创科技发展有限责任公司 北京电信规划设计院有限公司	中国联合网络通信有限公司：成湘龙 北京宜通科创科技发展有限责任公司：季文翀 北京电信规划设计院有限公司：陶咏志	中国联合网络通信有限公司：狄晓靓 北京宜通科创科技发展有限责任公司：仇祎博、王飞、徐悦 北京电信规划设计院有限公司：向磊、冯霄鹏、马振东、胡春波、高杨、栾晓鹏、马营营、赵汝杰、李铮、刘爽、章峰、夏伟杰、冯荟璇

(续表)

序号	项目名称	申报单位	主创人员	参与人员
227	联通5G千万级跨DC倒换北部大区实践案例	华为技术有限公司 中国联合网络通信集团有限公司	华为：高燕 联通：胡广金、张欣	华为：肖锋、陈凤军、武荣涛、陈亮、吕百尧、连一靖、翁奇、李志军、谷柏峰、安涛 联通：王睿、崔萍、张小勇、林朝晖、朱晓林、李慧敏、钱玉东
228	德州百货大楼集团打造全国首家5G智慧商业综合体连锁集群	中国电信股份有限公司德州分公司 山东德州百货大楼（集团）有限责任公司	叶震威、郑任辉、郭群、王永刚	彭飞、任张军、许清华、韩振国、孙丰全、杨玉晶、张文静、赵宁
229	武汉化工区园区应急管理平台项目EPC	湖北邮电规划设计有限公司	陈佳阳	李劲、潘伟红、万青、陈然
230	重庆市中小企业融资服务信息平台二期项目	重庆信科设计有限公司	高兴友、程惠琳、代婧	李伟、刘伟、胡燕、何俊杰、夏久洋、夏吉玲、贺彬、康有余、冉玉钊、李发伦、廖坤、罗瑶、魏川、鄢华、杨晏川、钟巧利、李昊楠
231	开启后疫情时代下客户服务数智化转型之旅	中兴通讯	何翀	王斌、刘彬、王鹏、刘秋生、李海霞、刘宏、潘跃伦、徐鑫若、苟秋菊
232	智能网络运维解决方案	上海诺基亚贝尔股份有限公司	邬迅韬、洪义、高洁	
233	基于互联网应用分析的数字化运营实践	中国联合网络通信有限公司湖北省分公司 上海诺基亚贝尔股份有限公司	张翔凌、柏广兵、汤霖、詹昱煜	杨硕、江泓兴、严勇、王远驰、严振、胡晓敏、覃世新、李若昀、张伟华、周珺蓉、刘强、苏蔓琳、杨磊、余建军、兰宇、艾涛
234	5G融合数据标签体系及创新应用研究	中国联合网络通信有限公司研究院 香港中文大学（深圳） 重庆邮电大学	中国联合网络通信有限公司研究院：程新洲、叶晓煜 香港中文大学（深圳）：崔曙光	重庆邮电大学：刘媛妮、周由胜 香港中文大学（深圳）：尹峰、黄川、许杰 中国联合网络通信有限公司研究院：晁昆、徐乐西、韩玉辉、宋春涛、李德屹、关键、张恒、吴洋、王建智、郭省力、高洁、王天翼
235	一带一路国家数据中心群部署优秀案例	中兴通讯	陈鹏、蔡杰、许璐	靳智超、张大勇、魏崃、宋超、张向红、柴峰、王庆磊、张超豪、周露、景航飞、李文洲、卢泰古、朱阳、吴炎新、冯伟
236	5G+智慧存储技术赋能城市地铁安全运营	中移动信息技术有限公司 中国移动通信集团江苏有限公司苏州分公司	郭志斌、杨博、王鑫	杨钧、程宇、田国良、邱文举、于明华、蒋强、李钦竹、许轶、王皆顺、王嘉捷、周瑾
237	基于跨层多维分析的网络故障定界定位专家系统及实践	中国联合网络通信有限公司河南省分公司 中兴通讯股份有限公司	河南联通：王志 中兴通讯：赵伟群	河南联通：黄志勇、耿海粟、王孝鹏、桑红梅、阎艳芳、郝双洋、高磊、王杉杉、郭威、谢冬秀 中兴通讯：丁忠、郭兴华、郭益军、寇高参、王永华、郭朝军、刘威威、葛善兵
238	首个自主鉴权的5G+IPV6智慧校园，华中科技大学融合创新实践	中国联合网络通信有限公司湖北省分公司	黄波、吴远	柳斌、张洁卉、章勇、瞿艳、程乾峰、宋雅兰、杨华

(续表)

序号	项目名称	申报单位	主创人员	参与人员
239	精智专线运营升级2.0解决方案	中国移动通信集团广东有限公司 华为技术有限公司	广东移动：吴宝庭、刘福生 华为：储涛	广东移动：胡广峰、郑浩彬、吴威、杨新建、王勇辉、方少寅、贾嘉、张豪杰、郭正坤、张伟雄 华为：杨志昆、鲁驰、刘钢、余艳林、鲍平楚、金胜、张博
240	"智星选"5G移动通信应急业务	中国联合网络通信有限公司研究院 中国联合网络通信有限公司北京分公司机动局 航天科工空间工程有限公司	联通研究院：王光全 北京联通机动局：付海岩 航天科工：何建炜	联通研究院：朱斌、胡悦、林琳 北京联通机动局：王晓辉、吴时东 航天科工：李星、王崇、李鹏鲲
241	基于IPv6+的5G承载切片网络在教育专网VPDN平台应用	中国联合网络通信有限公司湖北省分公司 华为技术有限公司	湖北联通：杨进军、江泓兴、宋雅兰	湖北联通：肖凡、廖志军、赵兴、杨华、罗毅 华为：王林、毛竹、温东杰、姚天龙
242	2022年上海国家会展中心方舱医院云Wi-Fi项目	中国移动集团上海有限公司 中国联合网络通信有限公司上海市分公司 中国电信股份有限公司上海分公司 华为技术有限公司	上海移动：杨忆来 上海电信：徐可 上海联通：李鹏飞	上海移动：李敏、沈浩嵩 上海电信：杨晓东、潘国平 上海联通：颜成祥 华为：杨谦淏、徐浩、李佳、张博、黄柳、杨博臣、袁涛、燕明博、金铭、袁浩、许晓超、李国强
243	基于数字化的光网新型ODN在乡村振兴中的应用	中国电信股份有限公司云南分公司 华为技术有限公司	云南电信：陈玮、李东鸿、马斌	云南电信：杜自力、黄峰、李世雄、郑晖、王家亮、李垚 华为：段斐、尚玉亮、艾飞宇、盛家君、刘仁杰、臧洪彬、安钰坤、马天超
244	安全生产"一张网"推动集团型企业安全管控的研究与应用	中国通用技术（集团）控股有限责任公司	刘海舟、李旭东、肖亚男	沈德继、李立山、赵美玲、宋志勇、郑国伟、程文卓、李蕴芝、李禾炜、狄京琪、周燕琳、杨威、刘原、卢佳慧、陈瑞齐、赵清磊
245	区块链生态环境监管平台	杭州安存网络科技有限公司	滨州市生态环境局邹平分局：张鹏飞、孔云、戴智	糜富、徐岳霖、韩长鸣、简志远、邱樊、章妍晨
246	河南省儿童医院建设国家儿童区域医疗中心（信息化、科研平台）项目	河南省信息咨询设计研究有限公司	齐珂、庞松涛、赵宏伟	肖建东、韩彬、耿尚尚、尚华涛、张志亮、于芬梨、李雪雷、张彦坡、张琨、黄岗、杨国锋、郑纪刚、王潇、郭玉倩、杨茜
247	5G VR 我是接班人大课堂	中国移动通信集团湖南有限公司	段文彬、蒋炼、胡剑炜	朱锋荣、孙洪雪、鲁玉、李威、胡洁、陈剑虹、肖馨、彭琼
248	赤壁青砖茶特色产业5G农业城市大脑茶产业大数据项目	中国移动通信集团湖北有限公司咸宁分公司	陈璐、秦军、李津凯	熊金德、陈璐、胡珊、徐娟、向涛、苏简文、王楠君、徐丽先、廖鹏、周婷、邓丹
249	5G云XR算力引擎，助力打造文化艺术品元宇宙	中国移动通信集团陕西有限公司 唐华北斗数据中心有限公司 中兴通讯股份有限公司	中国移动通信集团陕西有限公司：赵晟 唐华北斗数据中心有限公司：王永刚 中兴通讯股份有限公司：汤徐星	中国移动通信集团陕西有限公司：袁军庆、王向东、马涛军、丁蓬勃、刘致诚、孔艳、张杰、关佳琪 唐华北斗数据中心有限公司：陈亮、罗强 中兴通讯股份有限公司：周琴芬、江洪峰、孟庆伟、王文超、刘耀东、夏鸿飞、葛磊

（续表）

序号	项目名称	申报单位	主创人员	参与人员
250	数字企业运营管控 OS	中国通用技术（集团）控股有限责任公司	刘海舟、陈宇玲、李旭东	姜培育、姜涛、李立山、侯英朗、韩颖、李玉芳、宋志勇、李颖、赵清磊、凌海洋、李蕴芝、肖亚男、李青枝、卢佳慧、李禾炜、钟巧玲及其他人员
251	内蒙古边境地区边防光缆和监控前端设计入围项目	中电科普天科技股份有限公司	杨春昇	张志光、胡兆波
252	大型赛事主运行中心管理（MOC）	湖北邮电规划设计有限公司	陈晓静、龙婧、吴王骞	胡文、向冲、付晗
253	容东城市运营管理中心（容东IOC）	中移系统集成有限公司	曹雪峰、高杨、李铎	陈立新、范明、韩东旭、董沛鑫、胡波、王钲、刘景康、刘浩宇、王蒙、田萌、卫仲江、陈柄硕
254	全千兆全场景全屋智能综合解决方案	中移（杭州）信息技术有限公司	浦贵阳	贾倩、陈进利、范子瑜、周晨良、李英、汪柳青、程平、董帅、王卫、董森、孙红春、韩建萍、柳青、赵媛、童夏、王仲威、张栋宇
255	基于"区块链+联邦学习"的跨行业联防反欺诈系统	中国移动通信集团天津有限公司	赵东明、刘静、田雷	石理、吴娜、陈晨、李承鹏、徐红星、张杰、徐子安、张萌
256	青岛市城市综合管理服务平台初步设计方案编制项目	山东省邮电规划设计院有限公司	张红玉	王宁、王珊珊
257	面向金融行业云办公系统解决方案	永中软件股份有限公司	谈辉、江宝歆、朱玮	丁伟、张敏、李建荣、黄志良、孙琦、钱津铭、王丽、姜鹏、周峰、糜浩、张重阳、孙兆玉、李豪菲、钟明月、刘建华
258	"专线无忧"网络安全云服务创新方案	联通数字科技有限公司 华为技术有限公司	联通数科：张建荣、廖癸龙、肖召红	联通数科：于轶斐、斯鹏、郭丽媛、马丽敏、刘瑞婷、孔强 华为：马烨、周勃、周家乐、张雪松、曾念波、宋新超
259	阿勒泰市边境区域便民服务建设及附属设施建设——光缆、光伏及视频监控技防设计	中电科普天科技股份有限公司	石磊涛、李水宏	范磊、李英峰、李琨、洪江、王成山、高海林、王凯、胡冬、陈富江、李俊峰、阿布都合力力·吐尔孙、袁晨昱、孟颖豪、惠全福、石杰、于长海、张志科
260	基于ROCE无损以太网的客服分布式云系统	华为技术有限公司 中移在线服务有限公司	中移在线：贾业武、白子玉、邹金柱	中移在线：樊宇、魏新源、邢光华、张志锋、王奕鹏、齐韶阳、李超、郭永涛、王琛、许东亮 华为：刘源、马焘、牛文翔、涂霖、李经、潘闽洋
261	数字化供应链智能分析平台	中国邮电器材集团有限公司	李勇、李丹、解静雅	李婧、孙欣、陈曦、王若凡、吕舒雨、郭胜寒、陈曦、何山、闫芳、刘佳、王笑阳、尚蔚、朱丽娟、何秋卓、宋戈、孙林光
262	城区现代治理一体化平台	中电科普天科技股份有限公司	马佳菲、李国、杨春	李杰、万能、王金超、梁润洪、黄一峰、杨昌圳、周志康、朱海、陈军、刘峻江、梁润洪、卢健文
263	智慧园区可视化管理平台	中憬科技集团有限公司	于海波	崔喜才、尹学海、石磊、刘岁成、郝士彬
264	普泰移动5G智能眼镜远程医疗系统创新案例	中邮世纪（北京）通信技术有限公司	宋杰、满峻	徐雅瑄、曹娟娟

(续表)

序号	项目名称	申报单位	主创人员	参与人员
265	重庆国土空间规划通信专项规划（2020—2035年）	重庆市信息通信咨询设计院有限公司	杨桦、程蜀晋、漆建军	王维波、彭小、刘卫民、刘长成、秦茂
266	基于FTTH网络的"智慧社区"应用	中国联通宁夏回族自治区分公司 中讯邮电咨询设计院有限公司 中兴通讯股份有限公司	中国联合网络通信有限公司宁夏回族自治区分公司：王嘉婷 中兴通讯股份有限公司宁夏回族自治区分公司：陈建武 中讯邮电咨询设计院有限公司：黄小兵	中国联合网络通信有限公司宁夏回族自治区分公司：江华 中兴通讯股份有限公司：王立民、李燕宁、陈宗琼、李明生、余平芝
267	面向粤港澳大湾区的5G消息融媒体传播平台	上海大汉三通通信股份有限公司 中国联合网络通信有限公司广州市分公司 广州日报社	上海大汉三通通信股份有限公司：曾斯生 中国联合网络通信有限公司广州市分公司：郭灏 广州日报社：尹恒宜	上海大汉三通通信股份有限公司：梁小溪、金纬 广州日报社：邹新、朱江波、祝春强 中国联合网络通信有限公司广州市分公司：王康宇、汪莉、谭健麟、詹达淳
268	湖南红色文旅信息化平台项目	中国移动通信集团湖南有限公司	肖馨、胡剑炜、王益民	吴芳、彭琼、李璐、曾庆炜、周敏、李威、胡洁、陈剑虹、蒋炼、鲁玉、陈功、李恒达
269	5G远程超声助力基层医院超声学科建设	航天医疗健康科技集团有限公司	郭君	范国婷、王甜甜、任宏义、邢志军、王璇、姜艳、张慧、张翔宇、王双翌、侯海军、谢雪松、李萍萍、梁静茹
270	后疫情时代下中兴通讯云交付模式数智化创新和应用	中兴通讯	洪功存、许正礼、蒋永忠	张大勇、蒋国兵、蔡方寒、杨雅翰、贾佳、罗晓炅、韦贤玮、杨玲玲、高飞、张力伟、王梦楠、冯培轩
271	助力东数西算 运营商领域首个超高楼云数据中心改造成功案例	中兴通讯	陈鹏、蔡杰、许璐	张向阳、张大勇、丁忠、邱久文、张向红、王书德、杨冰、丁治强、宋超、冯凯、王军、石瑜、雷朝辉、李绍辉、张晓忠、胡小冬
272	山西省（长治市）中药材全产业链大数据平台	中国电信长治分公司	李晋霞、张蕾、廖凯	孙鹏飞、刘强、张博渊、赵潇玉、张雨馨
273	基于区块链和物联网技术的疫苗存证和溯源方案	北京泰尔英福科技有限公司	张发振、张志纯、李洋	张彩云、阚雪娇、李龙、单鹏飞、陈文斗、郭凤巧
274	武汉水务集团区块链项目	湖北邮电规划设计有限公司	彭诗杰	彭诗杰、张行、龙威、姚梦辉
275	基于RAN+CN跨域智能编排的业务精准保障	中国移动通信集团河北有限公司	刘淑祎、王亭亭、顾军	赵亚锋、齐辉、张哲、董兵、许勇、刘弘毅、袁牛涛、孙琳娜、王锐、杨亚伟、李飞、费腾、王晓明、王小朋、张维奇、黎云华、冉凡海
276	基于"IPv6+"技术的冬奥专网创新方案	中国联合网络通信有限公司北京市分公司 华为技术有限公司	北京联通：郭文宇、赵金水、秦壮壮	北京联通：王鹏、闫菲、张一凡、刘敏、王笙、董建 华为：张彬、于洋、蒋克旺、王亚萍、王开春
277	数字化供应链物流云平台	中国邮电器材集团有限公司	刘刚	张弓、高卫祥、周志杰、王跃、王悦妍、晁佳鹏
278	广西某港口数字化建设	北京太一星晨信息技术有限公司	于振波、郭成	蒋磊、林浩、潘磊

(续表)

序号	项目名称	申报单位	主创人员	参与人员
279	液冷 FusionPoD 机柜服务器建设实践	超聚变数字技术有限公司 鹰硕（韶关）信息产业集团有限公司	鹰硕：卢启伟、黄奕闽 超聚变：焦延飞	超聚变：汪大林、于超琪、李世强、熊星、唐启明、圣国 鹰硕：陈方圆 超聚变：王广京、王业华、丁俊峰、周泽敏、熊家振
280	"一部手机游湖北"省文旅场所分时预约服务平台	湖北邮电规划设计有限公司	李晓娜	张丽丽、郑莹
281	麻城石材产业园 5G 智慧园区项目	中国移动通信集团湖北有限公司黄冈分公司	向志轩	杨军农、让锋、张海权、桂鲲鹏、胡孝军、方波、丁益、向志轩
282	广东省卫生健康委员会涉疫风险人员排查 12320 专号项目	广州云趣信息科技有限公司	陈茂强、张志青、邓从健	阴翔宇、高文峰、林嘉贤、刘小铭、张菁、郭超、伍耀昆、陈创业、杨杰、林泳贤、彭基敏、冯斯韵
283	同路人——打造集团型企业智慧化合作伙伴生态	中国通用技术（集团）控股有限责任公司	刘海舟、李旭东、田冲	王霞、宋玮、李立山、赵美玲、冀渌戎、万明涛、王凤庆、张慧、李蕴芝、郑国伟、陈文卓、刘伟、李禾炜、狄京琪、陈瑞齐、凌海洋、卢佳慧
284	湖南和教育 5G 智慧研学项目	中国移动通信集团湖南有限公司	段文彬、蒋炼、胡剑炜	罗恬、朱锋荣、鲁玉、李威、胡洁、陈剑虹、肖馨、彭琼、肖玺
285	内蒙古和林格尔新区"多规合一空间规划体系"信息平台建设项目	北京电信规划设计院有限公司	岳斌、刘佳星	任永学、王娟、金波、司文硕、温涛
286	某省数字政府用户身份安全项目	上海派拉软件股份有限公司	李广兵、茆正华	严益昌、郭晓光、曹海红、黄文华、范晓磊、吴汉政、涂伟、万鹏、林海东、季兰兰、赵轩俪、曲红英、谢承齐、刘佳
287	企业登记注册"智能办"	青岛市行政审批服务局	孙明、于斐、牛晓晨	刘迪、常照强
288	随州市"12345"市长热线智能化整合项目	中国电信随州分公司	刘国超	严小辉
289	某市疾控中心统一身份认证项目	上海派拉软件股份有限公司	李广兵、茆正华	陈庆建、郭晓光、冯心、黄文华、范晓磊、陈光亮、涂伟、万鹏、黄茜、黄天宇、姚丽、曲红英、谢承齐、刘佳
290	5G-AOA 高精度定位技术在国家网络安全基地孵化器的创新应用	中国联合网络通信有限公司湖北省分公司	沙跃文	阮恺、吴远、贾超
291	5G 消息智慧工会应用	上海大汉三通通信股份有限公司 中国联合网络通信有限公司淮安市分公司 淮安市总工会	上海大汉三通通信股份有限公司：曾斯生 中国联合网络通信有限公司淮安市分公司：陈金忠 淮安市总工会：朱剑	上海大汉三通通信股份有限公司：黄筱芬、金纬、王少杰、徐善修 中国联合网络通信有限公司江苏省分公司：徐雪东 中国联合网络通信有限公司淮安市分公司：韩少军、刘际田 联通数字科技有限公司江苏省分公司：陈培专
292	智慧通用—未来空间	中国通用技术（集团）控股有限责任公司	刘海舟、丁子哲、蔡铁军	张涛、崔岩、方毅、杨再锦、杨久君、张威、徐淑文、徐佳琪、张伟、郑家树、钟巧玲

（续表）

序号	项目名称	申报单位	主创人员	参与人员
293	5G＋智慧钢铁应用方案	福建省四信数字科技集团有限公司	唐仕斌、陈淑武、张志坤	
294	"智慧江汉"综合指挥中心项目初步设计	湖北邮电规划设计有限公司	刘思思	陈晓静、刘思思、杨俊峰、王亚楠
295	新一代信息技术打造东台智慧健康养老服务体系	北京普天大健康科技发展有限公司	胡炜、张天洋、王单	王丽丽、申燕、成筱文、赵磊
296	数据承载网核心路由器节能技术应用研究	中国移动通信集团有限公司 华为技术有限公司	中国移动：张晟、尹伟 华为：李杰	中国移动：毕成、唐本亭、杨海俊、李苏扬 华为：王志刚、林益辉、汪澍、李剑虹、徐永华

ICT 中国（2022）创新先锋类案例

序号	项目名称	申报单位	主创人员	参与人员
最佳创新先锋案例（4个）				
297	打造中小企业专精特新5G智慧工厂标杆，助力东北工业振兴	本溪工具股份有限公司 中国移动通信集团辽宁有限公司本溪分公司 中兴通讯股份有限公司	本溪工具股份有限公司：夏长生 中国移动通信集团辽宁有限公司本溪分公司：唐云龙 中兴通讯：钱臻	本溪工具股份有限公司：陈扬、吴彬 中国移动通信集团辽宁有限公司本溪分公司：高耸、董旭生、金凤、王强、宫野、姜宇 中兴通讯股份有限公司：李澂、李卓林、钟钰
298	江汉区"全域智能运营"城市治理模式	深圳市万物云城空间运营管理有限公司 珠海市万物云科技有限公司	陈煦文、金鑫、卢亮	陈建伟、李庭凡、陆波、戴兴剑、姜俊楠、戴兴剑、代杰峰、王明月、李晓菲、廖宇智、刘硕、孙晚、赵振宇、贾鹏
299	中央厨房工厂改造项目	中国电信股份有限公司天津分公司	马文林、张玉斌、刘政	张朋、王莹
300	河南巴庄基石餐饮管理有限公司	中国电信郑州分公司	王坤、王雪丽、于巍	贾浩楠
优秀创新先锋案例（10个）				
301	基于"云城队长"的全域智能运营城市治理模式	深圳市万物云城空间运营管理有限公司 珠海市万物云科技有限公司	陈煦文、郭亮、金鑫	赵冬、余海霞、陈泉、卢劭枫、罗旦秋、钟琦、张昊、陈西军、罗平、林家宇、李彦会、黄琼、王强、刘硕、孙晚、赵振宇、贾鹏
302	"一号通"防疫平台解决方案	北京微呼科技有限公司	张建建、苏雷、龚诚	刘志文、罗洁琼、刘强、梁泽文、邓凌凤、王健、董万越、程斯阳、张晓彤、涂昊、王明花、刘云龙、杨晓宇、杨予晗、杨铎
303	运营商哑资源全链路核查技术创新应用	重庆品胜科技有限公司	林晋贤、周敏、孟正伍	何俊杰、张凯、周继余、钟新颖、谭笑、成浩、程铃、段晓艳、唐瑜、陈斯亮、刘鹏、肖强、罗九彬
304	甘肃5G+明厨亮灶后厨直播项目	中国电信股份有限公司甘肃分公司	冯华、李建江、张雪强	韩锐、张开朝、王怀斌、车捷、苏实诚
305	物联智能锁解决方案	温州一卡锁具科技有限公司	纪东亚	徐志国、吴春飞、蔡华山、李陈兵
306	"智慧监所"管控系统	智联信通科技股份有限公司	田常立、董忠清	田艳艳、田红雨、孙凤菊、王忠贵、陈倩、庄敏、翟广厦、沈淼宇、寻广岩、赵彦臣

（续表）

序号	项目名称	申报单位	主创人员	参与人员
307	工业企业的安全能力服务化	中国电信股份有限公司宁夏分公司 北京大禹智芯科技有限公司	中国电信：白冰 大禹智芯：高亚滨	中国电信：叶刚、马彧嵩、兰自强 大禹智芯：余曦、王涛渊、马柯楠
308	横琴粤澳深度合作区"物业城市"创新社会治理新模式	深圳市万物云城空间运营管理有限公司 珠海市万物云科技有限公司	陈煦文、金鑫、李志强	万斌斯、李昱南、李承禄、罗杪柯、李莉、刘硕、孙晚、赵振宇、贾鹏
309	5G数采注智—助力普洱茶数字化转型	中国电信股份有限公司普洱思茅区分公司	刘宇、陶联英、胡志海	电信公司：江绍华、刘少江、李帆、郭云佳、李开梅、阳睿宁、胡雪莲、张毅 祖祥高山茶园有限公司：董继文、董天武、桓靖 捷创：吴小勇、蒋永正、李大召
310	数字乡村	河南软信科技有限公司	李贞臻、白战伟	王玲敏、秦福蔓、符浩博、郝志华

2022 年中国通信企业团体标准

序号	标准编号	标准名称
1	T/CAICI 38—2022	通信用磷酸铁锂电池安全技术要求
2	T/CAICI 39—2022	通信光缆附挂供电杆路技术规范
3	T/CAICI 40—2022	基于北斗网格码的航道信息编码规范
4	T/CAICI 41—2022	大数据分析与应用开发职业技能等级标准
5	T/CAICI 42—2022	5G 消息业务显示规范
6	T/CAICI 43—2022	Chatbot 名称规范
7	T/CAICI 44—2022	双卡 5G 消息终端技术规范
8	T/CAICI 45—2022	通信企业灭火和应急疏散预案编制及实施指南
9	T/CAICI 46—2022	4G/5G 网络联动节能及管控系统规范
10	T/CAICI 47—2022	多功能智慧杆智能网关技术规范
11	T/CAICI 48—2022	面向视频监控的智能边缘网关技术规范
12	T/CAICI 49—2022	商业综合体 5G 数字改造建设规范
13	T/CAICI 50—2022	柜级制冷产品应用技术要求
14	T/CAICI 51—2022	电子围栏施工规范
15	T/CAICI 52—2022	通信机房机柜三维可调底座规范
16	T/CAICI 53—2022	商务楼宇光纤接入通信工程设计规范
17	T/CAICI 54—2022	传输业务汇聚机房技术规范
18	T/CAICI 55—2022	地埋式光交应用场景设计指南
19	T/CAICI 56—2022	县域数字经济发展评价指南

（中国通信企业协会）

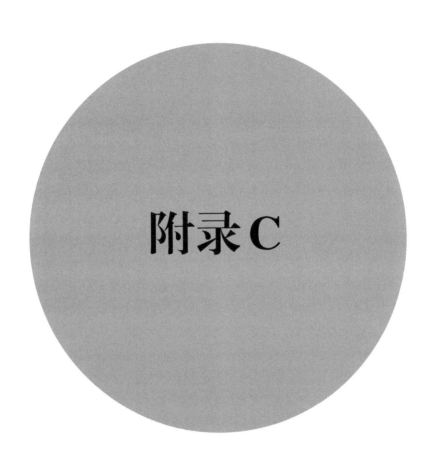

2022年通信业统计公报

2022年，我国通信业深入贯彻党的二十大精神，坚决落实党中央国务院重要决策部署，全力推进网络强国和数字中国建设，着力深化数字经济与实体经济融合，5G、千兆光网等新型信息基础设施建设取得新进展，各项应用普及全面加速，为打造数字经济新优势、增强经济发展新动能提供了有力的支撑。

一、行业运行整体向好

（一）电信业务收入和业务总量呈较快增长

经初步核算，2022年电信业务收入累计完成1.58万亿元，比2021年增长8%。按照2021年价格计算的电信业务总量达1.75万亿元，同比增长21.3%。2017—2022年电信业务收入增长情况如图1所示。

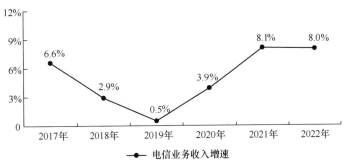

图1 2017—2022年电信业务收入增长情况

（二）固定互联网宽带接入业务收入平稳增长

2022年，完成固定互联网宽带接入业务收入2402亿元，比2021年增长7.1%，在电信业务收入中占比由2021年的15.3%下降至15.2%，拉动电信业务收入增长1.1%。2017—2022年互联网宽带接入业务收入发展情况如图2所示。

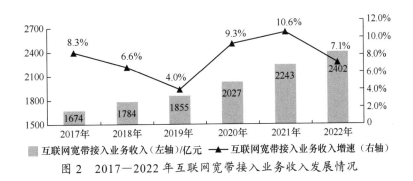

图2 2017—2022年互联网宽带接入业务收入发展情况

（三）移动数据流量业务收入低速增长

2022年，完成移动数据流量业务收入6397亿元，比2021年增长0.3%，在电信业务收入中占比由2021年的43.4%下降至40.5%，拉动电信业务收入增长0.1%。2017—2022年移动数据流量业务收入发展情况如图3所示。

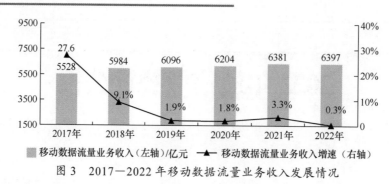

图 3　2017—2022 年移动数据流量业务收入发展情况

（四）新兴业务收入增势突出

数据中心、云计算、大数据、物联网等新兴业务快速发展，2022 年共完成业务收入 3072 亿元，比 2021 年增长 32.4%，在电信业务收入中占比由 2021 年的 16.1% 提升至 19.4%，拉动电信业务收入增长 5.1%。其中，数据中心、云计算、大数据、物联网业务比 2021 年分别增长 11.5%、118.2%、58% 和 24.7%。2017—2022 年新兴业务收入发展情况如图 4 所示。

图 4　2017—2022 年新兴业务收入发展情况

（五）语音业务收入占比持续下降

2022 年，完成固定语音业务收入 201.4 亿元，比 2021 年下降 9.5%；完成移动语音业务收入 1163 亿元，比 2021 年增长 0.8%，扭转 2021 年负增长局面；两项业务合计占电信业务收入的 8.6%，占比较 2021 年回落 0.8%。2017—2022 年话音业务收入发展情况如图 5 所示。

图 5　2017—2022 年话音业务收入发展情况

二、用户规模持续扩大

（一）电话用户总规模保持增长

2022 年，全国电话用户净增 3933 万户，总数达 18.63 亿户。其中，移动电话用户总数 16.83 亿户，2022 全年净增 4062 万户，普及率为 119.2 部/百人，比 2021 年年底提高 2.9 部/百人。其中，5G 移动电话用户达 5.61 亿户，占移动电话用户的 33.3%，比 2021 年年底提高 11.7%。固定电话用户总数 1.79 亿户，2022 全年净减 128.6 万户，普及率为 12.7 部/百人，比 2021 年年底下降 0.1 部/百人。2012—2022 年固定电话及移动电话普及率发展情况如图 6 所示。

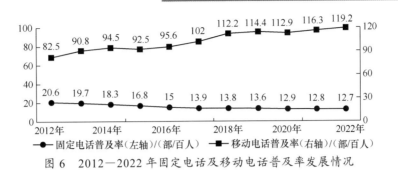

图 6　2012—2022 年固定电话及移动电话普及率发展情况

2022 年各省（自治区、直辖市）移动电话普及率情况如图 7 所示。

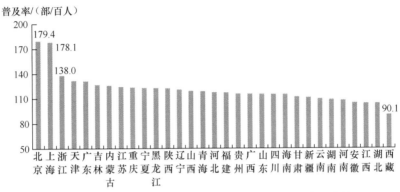

图 7　2022 年各省（自治区、直辖市）移动电话普及率情况

（二）固定宽带接入用户稳步增长

截至 2022 年年底，3 家基础电信企业的固定互联网宽带接入用户总数达 5.9 亿户，2022 全年净增 5386 万户。其中，100Mbit/s 及以上接入速率的用户为 5.54 亿户，2022 全年净增 5513 万户，占总用户数的 93.9%，占比较 2021 年年底提高 0.8%；1000Mbit/s 及以上接入速率的用户为 9175 万户，2022 全年净增 5716 万户，占总用户数的 15.6%，占比较 2021 年年底提高 9.1%。2021 年和 2022 年固定互联网宽带各接入速率用户占比情况如图 8 所示。

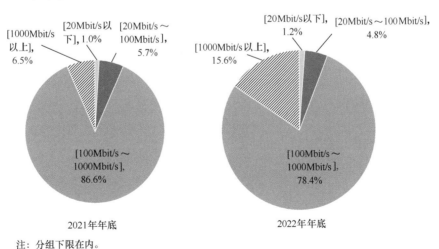

注：分组下限在内。

图 8　2021 年和 2022 年固定互联网宽带各接入速率用户占比情况

固定互联网宽带接入服务持续在农村地区加快普及，截至 2022 年年底，全国农村宽带用户总数达 1.76 亿户，2022 全年净增 1862 万户，比 2021 年增长 11.8%，增速较城市宽带用户高 2.5%。2017—2022 年农村宽带接入用户及占比情况如图 9 所示。

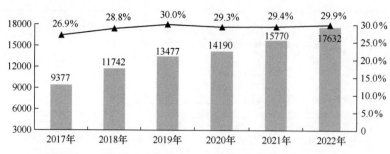

图9　2017—2022年农村宽带接入用户及占比情况

（三）物联网用户规模快速扩大

截至2022年年底，3家基础电信企业发展蜂窝物联网用户18.45亿户，2022全年净增4.47亿户，较移动电话用户数高1.61亿户，占移动网终端连接数（包括移动电话用户和蜂窝物联网终端用户）的比重达52.3%。2017—2022年物联网用户情况如图10所示。

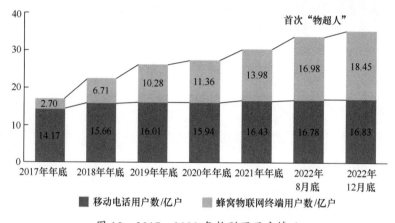

图10　2017—2022年物联网用户情况

（四）IPTV用户稳步增加

截至2022年年底，3家基础电信企业发展IPTV（网络电视）用户总数达3.8亿户，2022全年净增3192万户。

三、电信业务量保持增长

（一）移动互联网流量两位数增长，月户均流量（DOU）稳步提升

2022年，移动互联网接入流量达2618亿GB，比2021年增长18.1%。2022全年移动互联网平均每月DOU达15.2GB，比2021年增长13.8%；12月当月DOU达16.18GB，较2021年年底提高1.46GB。2017—2022年移动互联网流量及月户均流量增长情况如图11所示。

2022年移动互联网接入当月流量及当月DOU情况如图12所示。

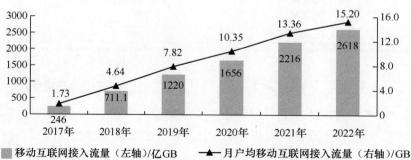

图11　2017—2022年移动互联网流量及月户均流量增长情况

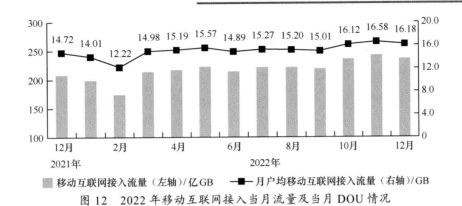

图 12　2022 年移动互联网接入当月流量及当月 DOU 情况

（二）移动短信业务量平稳增长，话音业务量低速增长

2022 年，全国移动短信业务量比 2021 年增长 6.4%，移动短信业务收入比 2021 年增长 2.7%。全国移动电话去话通话时长 2.3 万亿分钟，比 2021 年增长 1.5%。2017—2022 年移动短信业务量和收入增长情况如图 13 所示。

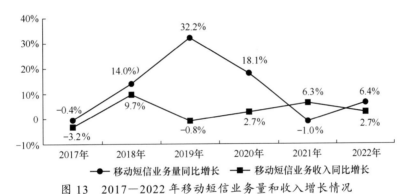

图 13　2017—2022 年移动短信业务量和收入增长情况

2017—2022 年移动电话用户和通话量增加情况如图 14 所示。

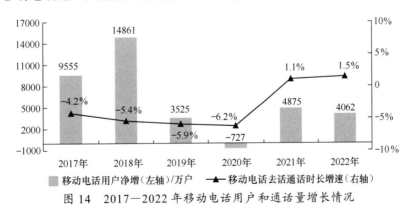

图 14　2017—2022 年移动电话用户和通话量增长情况

四、网络基础设施建设加快推进

（一）固定资产投资小幅增长，5G 投资增速放缓

2022 年，3 家基础电信企业和中国铁塔股份有限公司共完成电信固定资产投资 4193 亿元，比 2021 年增长 3.3%。其中，5G 投资额达 1803 亿元，受 2021 年同期基数较高等因素影响，同比下降 2.5%，占全部投资的 43%。

（二）网络基础设施优化升级，全光网建设加快推进

2022 年，新建光缆线路长度 477.2 万千米，全国光缆线路总长度达 5958 万千米；其中，长途光缆

线路、本地网中继光缆线路和接入网光缆线路长度分别达 109.5 万、2146 万和 3702 万千米。截至 2022 年年底，互联网宽带接入端口数达 10.71 亿个，比 2021 年年底净增 5320 万个。其中，光纤接入（FTTH/O）端口达 10.25 亿个，比 2021 年年底净增 6534 万个，占比由 2021 年年底的 94.3% 提升至 95.7%。截至 2022 年年底，具备千兆网络服务能力的 10G PON 端口数达 1523 万个，比 2021 年年底净增 737.1 万个。2017—2022 年互联网宽带接入端口发展情况如图 15 所示。

图 15　2017—2022 年互联网宽带接入端口发展情况

（三）5G 网络建设稳步推进，网络覆盖能力持续增强

截至 2022 年年底，全国移动通信基站总数达 1083 万个，2022 全年净增 87 万个。其中，5G 基站为 231.2 万个，2022 全年新建 5G 基站 88.7 万个，占移动基站总数的 21.3%，比 2021 年年底提升 7%。2017—2022 年移动电话基站发展情况如图 16 所示。

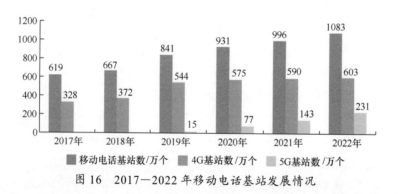

图 16　2017—2022 年移动电话基站发展情况

（四）数据中心机架数量稳步增长

截至 2022 年年底，3 家基础电信企业为公众提供服务的互联网数据中心机架数量达 81.8 万个，2022 全年净增 8.4 万个。2021—2022 年数据中心机架数量发展情况如图 17 所示。

图 17　2021—2022 年数据中心机架数量发展情况

五、东中西部地区协调发展

（一）各地区电信业务收入份额保持稳定

2022年，东部地区电信业务收入占比为51.1%，与2021年持平；中部、西部地区占比分别为19.6%和23.9%；东北地区占比为5.4%，比2021年下降0.1%。2017—2022年东部、中部、西部、东北地区电信业务收入比重如图18所示。

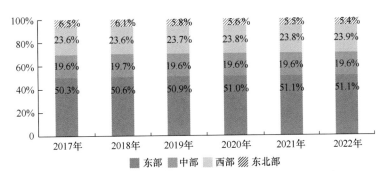

图18　2017—2022年东部、中部、西部、东北部地区电信业务收入比重

（二）东部地区千兆及以上固定互联网宽带接入用户占比全国领先

截至2022年年底，东部、中部、西部和东北地区100Mbit/s及以上速率固定互联网宽带接入用户分别达23359万、14072万、14690万和3259万户，在本地区宽带接入用户中占比分别达到93.5%、95.1%、93.5%和93.7%，占比较2021年分别提高0.8个、1个、0.9个和0.5%。1000Mbit/s及以上接入速率的宽带接入用户分别达4416万、2164万、2308万和286万户，占本地区固定宽带接入用户总数的比重分别为17.7%、14.6%、14.7%和8.2%。2020—2022年东部、中部、西部、东北地区100Mbit/s及以上速率固定宽带接入用户渗透率情况如图19所示。

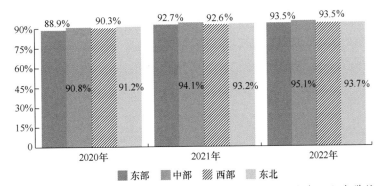

图19　2020—2022年东部、中部、西部、东北地区100Mbit/s及以上速率固定宽带接入用户渗透率情况

（三）中部地区移动互联网流量增速全国领先

2022年，东部、中部、西部和东北地区移动互联网接入流量分别达1117亿吉比、592.2亿吉比、773.3亿吉比和135.1亿吉比，比2021年分别增长17.9%、20%、18.1%和12.2%，中部增速比东部、西部和东北地区增速分别高2.1个、1.9个和7.8%。12月当月，西部地区月户均流量达到17.8GB，比东部、中部和东北地区分别高出1.68GB、2.15GB和5.64GB。2020—2022年东部、中部、西部、东北地区移动互联网接入流量增速情况如图20所示。

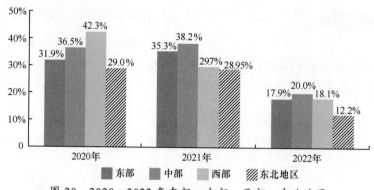

图20 2020—2022年东部、中部、西部、东北地区移动互联网接入流量增速情况

注释：

1. 本公报中2022年数据均为初步统计数，2021年及之前年份采用年报决算数据。各项统计数据均未包括香港特别行政区、澳门特别行政区和台湾省。部分数据因四舍五入，存在总计与分项合计不等的情况。

2. 计算普及率使用的全国人口数据，来源于国家统计局发布的2022年年底人口数。

2022年1—12月通信业主要指标完成情况（一）

指标名称	单位	1～12月累计	比2021年同期增长/%
电信业务总量（按上年不变价）	亿元	17498	21.3
电信业务收入	亿元	15808	8.0
其中：固定话音业务收入	亿元	201	-9.5
移动话音业务收入	亿元	1163	0.8
移动短信业务收入	亿元	401	2.7
互联网宽带接入业务收入	亿元	2402	7.1
移动数据流量业务收入	亿元	6397	0.3
固定资产投资完成额	亿元	4193	3.3
移动互联网接入流量	亿吉比	2618	18.1
移动短信业务量	亿条	18748	6.4
固定电话主叫通话时长合计	亿分钟	834	-10.7
移动电话去话通话时长合计	亿分钟	23023	1.5

注：1. 固定电话主叫通话时长和移动电话通话时长均包含相应的IP电话通话时长。
2. 固定资产投资含中国铁塔股份有限公司。

2022年1—12月通信业主要指标完成情况（二）

指标名称	单位	本月末到达	比2021年年底净增(+)、减(−)
固定电话用户合计	万户	17941	−128.6
移动电话用户合计	万户	168344	4062
其中：移动互联网用户	万户	145385	3820
固定互联网宽带接入用户	万户	58965	5386
其中：100Mbit/s速率以上用户	万户	55380	5513
1000Mbit/s速率以上用户	万户	9175	5716
其中：城市宽带接入用户	万户	41333	3524
农村宽带接入用户	万户	17632	1862
IPTV（网络电视）用户数	万户	38044	3192
蜂窝物联网终端用户数	万户	184452	44674
固定电话普及率	部/百人	12.7	−0.1
移动电话普及率	部/百人	119.2	2.9

注：1. 比2021年年底净增采用2021年年终决算数据计算得到。
2. 普及率全国人口采用2022年年底人口数，各省人口采用2021年年底人口数。

2022年12月电话用户分省情况

省（自治区、直辖市）	固定电话用户／万户	移动电话用户／万户
全　国	17941.4	168344.3
东　部	8318.1	72912.0
北　京	474.2	3926.9
天　津	338.3	1810.1
河　北	651.4	8733.3
上　海	622.1	4432.7
江　苏	1165.7	10566.9
浙　江	1130.8	9023.7
福　建	679.8	4894.4
山　东	1134.2	11700.4
广　东	1944.1	16650.8
海　南	177.4	1172.8
中　部	2884.6	39094.6
山　西	270.4	4141.0
安　徽	521.4	6379.4
江　西	448.2	4694.5
河　南	648.4	10643.1
湖　北	447.5	6055.9
湖　南	548.7	7180.6
西　部	5432.0	44400.6
内蒙古	208.4	3013.1
广　西	512.1	5805.3
重　庆	598.7	3962.2
四　川	1954.3	9623.2
贵　州	235.7	4447.9
云　南	259.7	5132.4

(续表)

省（自治区、直辖市）	固定电话用户/万户	移动电话用户/万户
西 藏	85.1	329.9
陕 西	676.2	4834.4
甘 肃	299.9	2784.4
青 海	144.3	704.4
宁 夏	47.4	891.0
新 疆	410.1	2872.6
东 北	1306.8	11937.2
辽 宁	586.3	5100.9
吉 林	383.7	3007.8
黑龙江	336.8	3828.6

（续表）

2022年第四季度通信业主要通信能力

指标名称	单位	本季末到达	比2021年年底净增
光缆线路长度	千米	59580033	4771800
移动电话基站数	万个	1083	87
其中，5G基站数		231	89
互联网宽带接入端口	万个	107104	5320
其中，光纤（FTTH/O）端口		102527	6534

注：比2021年年底净增采用2021年年终决算数据计算得到。

2022年第四季度通信水平分省情况

省（自治区、直辖市）	固定电话普及率（部/百人）	移动电话普及率（部/百人）
全 国	12.7	119.2
北 京	21.7	179.4
天 津	24.6	131.8
河 北	8.7	117.3
山 西	7.8	119.0
内蒙古	8.7	125.5
辽 宁	13.9	120.6
吉 林	16.2	126.6
黑龙江	10.8	122.5
上 海	25.0	178.1
江 苏	13.7	124.2
浙 江	17.3	138.0
安 徽	8.5	104.4
福 建	16.2	116.9
江 西	9.9	103.9
山 东	11.2	115.0
河 南	6.6	107.7
湖 北	7.7	103.9
湖 南	8.3	108.4
广 东	15.3	131.3
广 西	10.2	115.3
海 南	17.4	114.9
重 庆	18.6	123.3
四 川	23.3	114.9
贵 州	6.1	115.5
云 南	5.5	109.4
西 藏	23.3	90.1
陕 西	17.1	122.3
甘 肃	12.0	111.8
青 海	24.3	118.6
宁 夏	6.5	122.9
新 疆	15.8	111.0

注：普及率＝用户/人口数×100%；全国人口采用2022年年底人口数，各省人口采用2021年年底人口数。

（工业和信息化部）

宽视界·乐享新视界

沉浸式 家庭娱乐 新体验
周到入微的 智家服务

  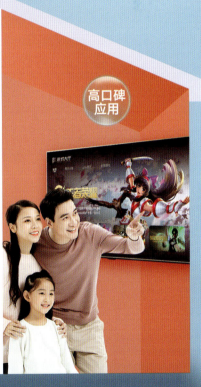

大屏体验	海量内容	百款应用	联通智家
会员创新	独家热门	激活全新	服务到家
自选所爱	院线大片	感官体验	安全到家

广告

上证代码 Stock Code：600522

使　命：光电网联美好生活
Mission: Connecting Wonderful Life with Optic-Electric Network

愿　景：为客户、员工、社会创造价值
Vision: Creating Value for Customers, Employees and the Society

价值观：以品质立尊严　以客户为中心　以奋斗者为本
Values: Honorary Quality, Customer Oriented and Strivers Founded

5G通信 | 工业互联网 | 海洋经济 | 新能源 | 智能电网

 承载网产品群　 无线网产品群　 基础设施产品群　 高端材料群

联合创新平台： 中国电信5G创新中心　中国移动5G联合创新中心　中国铁塔联合创新实验室

 北京总部：金融大街33号　 如东本部：江苏南通如东中天工业园区　 南通新部：江苏南通经济技术开发区

广告

上海邮电设计咨询研究院有限公司

上海邮电设计咨询研究院有限公司创建于1964年,于2006年12月作为中国通信服务上市企业在香港上市,公司2022年收入超15亿,公司注册资本2.2亿元,现有员工近千人。

公司是通信行业内资质齐全的综合性设计院,可提供咨询、规划、设计、施工、工程总承包、系统集成和软件开发等全专业一体化业务。广泛参与国家、行业标准制订,为政府部门、行业客户、集团客户提供信息化解决方案,是国内领先的综合智慧服务专家。公司市场范围以上海为中心,辐射全国。海外市场遍布菲律宾、缅甸、尼泊尔、纳米比亚、斐济、孟加拉、巴基斯坦、新西兰等20余个国家。

公司是全国先进通信设计企业、中国电子通信广电工程设计十强、上海市专精特新企业、上海市设计创新中心、上海市企业技术中心、5G创新企业、高新技术企业和专利工作示范企业。

优秀案例

信息基础设施规划——长三角一体化示范区

数据中心——宁夏中卫云计算基地

智慧城市——上海进博会通信

智慧安防——上海普陀区智联城市

广告

元道通信
WINTAO COMMUNICATIONS

股票代码：301139

中国通信网络的护航者

元道通信股份有限公司成立于2008年9月，于2022年7月在深交所创业板上市。公司主要面向中国移动、中国电信、中国联通等通信运营商和通信基础设施运营商中国铁塔，以及通信设备制造商提供包括通信网络运维与优化、通信网络建设在内的通信技术服务以及ICT服务。公司业务区域覆盖全国30个省(自治区、直辖市)，形成华南、华中、华北、东北、西北五大业务区域。

ICT服务

| 智慧项目 | 软件产品 | 数字化运维解决方案 |

公司打造以业务为中心，贴合运营商建设需求，提供客户与业务端到端的运维解决方案，运用自研的一体化平台，实现各类政企业务的管理、监控和分析能力，全面提升运维能力。

广告 联系方式　　电话/传真：0311-67368382　　邮箱：zongjingban@wintaotel.com.cn

企业简介

广东南方通信建设有限公司，是国内专业的信息通信服务商，是中国通信服务旗下国有大型骨干企业。公司自1993年10月成立以来，追求卓越，不断创新，为客户与行业创造价值。

南建公司紧随国家"十四五"规划，勇担建设网络强国、数字中国战略使命，聚焦泛在智能网络连接、新型基础设施建设，基于CT、IT、DT融合核心能力，致力打造基于信息安全底座的综合智慧服务一体化解决方案，为客户提供5G网络及应用场景、数字政府、新型智慧城市、信息技术应用创新、绿色数据中心、新能源基础设施、交通新基建、数据安全、云计算、产业互联网等领域咨询、设计、建设、维护、运营等全生命周期服务。

企业资质

通信资质
- 通信工程施工总承包壹级
- 信息通信网络系统集成企业服务能力甲级
- 通信网络代维（外包）企业资质：基站 线路 铁塔
- 通信网络优化企业能力评定证书：网络优化专业甲级
- 电子通信广电行业（有线通信、无线通信专业）：无线网络设备维修专业丙级
- 增值电信业务经营许可证：互联网接入服务业务 互联网数据中心业务

信息智能化资质
- 电子与智能化工程专业承包壹级
- 建筑智能化系统设计专项甲级
- 音视频集成工程企业资质壹级
- 音视频智能系统集成工程资质壹级
- 广东省安全技术防范系统设计、施工、装修资格壹级
- CMMI（软件能力成熟度模型集成）5级
- 信息系统安全集成服务资质壹级
- 信息系统安全运维服务资质一级
- 软件安全开发服务资质一级
- ITSS 信息技术服务运行维护标准符合性成熟度叁级
- 信息系统建设和服务能力等级证书优秀级（CS4）

建筑资质
- 建筑装饰装修工程专业承包壹级
- 消防设施工程专业承包贰级
- 公路交通工程（限公路机电工程分项）专业承包贰级
- 机电工程施工总承包贰级
- 建筑装修工程设计专项乙级
- 市政公用工程施工总承包叁级
- 建筑工程施工总承包叁级
- 城市及道路照明工程专业承包叁级
- 环保工程专业承包叁级
- 防雷工程能力评价证书 C 级
- 建筑施工安全生产许可证
- 通信工程建设企业安全生产合格证
- 施工劳务不分等级

电力
- 电力工程施工总承包叁级
- 承装（修、试）电力设施许可证：承装类四级 承修类四级 承试类四级

通用航空企业经营许可证

管理体系
- ISO9001:2015 标准质量管理体系认证
- ISO14001:2015 标准环境管理体系认证
- ISO45001:2018 标准职业健康安全管理体系认证
- ISO20000:2011 信息技术服务管理体系认证
- ISO27001:2013 信息安全管理体系认证
- 企业诚信管理体系认证

政府机构认定及资信评价
- 广东省高新技术企业
- 连续 25 年广东省守合同重信用企业
- 金融机构认定 AAA 级资信等级
- 企业行业信用 AAA 等级——施工 集成 管线运维专业
- AAA 级纳税信用等级
- 履约能力评价 AAAAA
- 售后服务认证 AAAAA